Dívida

David Graeber

Dívida
Os primeiros 5 mil anos

Tradução:
Rogério Bettoni

1ª reimpressão

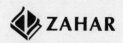

Copyright © 2011 by David Graeber
Copyright do prefácio © 2021 by Thomas Piketty

Publicado originalmente nos Estados Unidos por Melville House Publishing, LLC.

Grafia atualizada segundo o Acordo Ortográfico da Língua Portuguesa de 1990, que entrou em vigor no Brasil em 2009.

Título original
Debt (The First 5,000 Years)

Capa
Bloco Gráfico

Preparação
Claudio Figueiredo
Marina Saraiva

Índice remissivo
Gabriella Russano

Revisão
Natália Mori
Luís Eduardo Gonçalves

Dados Internacionais de Catalogação na Publicação (CIP)
(Câmara Brasileira do Livro, SP, Brasil)

Graeber, David, 1961-2020
    Dívida : Os primeiros 5 mil anos / David Graeber ; tradução Rogério Bettoni. — 1ª ed. — Rio de Janeiro : Zahar, 2023.

    Título original : Debt (The First 5,000 Years).
    Bibliografia.
    ISBN 978-65-5979-132-3

    1. Dívidas 2. Economia – Aspectos sociais 3. História econômica 4. Relações sociais I. Título.

23-161254   CDD: 330.09

Índice para catálogo sistemático:
1. Economia : História   330.09

Tábata Alves da Silva — Bibliotecária — CRB-8/9253

Todos os direitos desta edição reservados à
EDITORA SCHWARCZ S.A.
Praça Floriano, 19, sala 3001 — Cinelândia
20031-050 — Rio de Janeiro — RJ
Telefone: (21) 3993-7510
www.companhiadasletras.com.br
www.blogdacompanhia.com.br
facebook.com/editorazahar
instagram.com/editorazahar
twitter.com/editorazahar

Sumário

Prefácio: Dívida e ideologia, por Thomas Piketty   7

1. Sobre a experiência da confusão moral   11
2. O mito do escambo   37
3. Dívidas primordiais   63
4. Crueldade e redenção   101
5. Breve tratado sobre os fundamentos morais das relações econômicas   119
6. Jogos com sexo e morte   169
7. Honra e degradação, ou Sobre as fundações da civilização contemporânea   217
8. Crédito versus lingotes e os ciclos da história   277
9. Idade Axial (800 a.C.-600 d.C.)   291
10. Idade Média (600-1450)   327
11. Idade dos Grandes Impérios Capitalistas (1450-1971)   397
12. O começo de algo ainda por determinar (1971-presente)   465

Posfácio (2014)   507

Notas   517
Referências bibliográficas   615
Índice remissivo   669

Prefácio
Dívida e ideologia

FICO FELIZ E AO MESMO TEMPO triste em escrever este prefácio para a nova edição do magnífico livro de David Graeber, *Dívida: Os primeiros 5 mil anos*, publicado pela primeira vez em 2011, há exatos dez anos.

Triste, porque o prematuro desaparecimento de David em setembro de 2020 deixou um enorme vazio. "Antropólogo anarquista", David era sobretudo um daqueles pesquisadores em ciências sociais que transcendem as disciplinas e os públicos. Tive a felicidade de debater seu livro pessoalmente com ele em setembro de 2013, em Paris, num cenário campestre um pouco irreal. Como eu gostaria de poder renovar hoje essa experiência!

Mas também feliz, pois, voltando a mergulhar nessas lembranças e neste livro, reencontro a alegria e a felicidade intelectual que senti ao ler *Dívida* pela primeira vez. É uma obra fundamental porque, pela primeira vez, coloca-se numa perspectiva multimilenar a longa história dos ciclos de endividamento e de abolição das dívidas que marcam o ritmo do destino humano, desde a invenção da escrita e das primeiras tabuletas de argila registrando os ativos e os passivos dos credores e dos devedores. David Graeber mostra, sobretudo, que essa história é também, em larga medida, a história da igualdade e da desigualdade, pois há um elo fundamental entre a dívida, o poder e as formas extremas de dominação social, muito especialmente entre a dívida e a escravidão.

David certamente não é o primeiro a insistir no profundo elo antropológico entre a dívida e a escravidão. Uma dívida ilimitada coloca todo o seu trabalho, toda a sua existência nas mãos do credor. Não por acaso os termos *bond* e *bondage* em inglês remetem ao mesmo tempo às dívidas monetárias e às relações de dependência extrema e de trabalho forçado. Em obras amplamente citadas por Graeber, o antropólogo Alain Testart mostrou como as sociedades que autorizam a escravidão por dívida (ou a venda de filhos, esposas ou sobrinhos, outra importante forma de escravidão interna) são sociedades em que as desigualdades de riqueza atingem o paroxismo. A cada momento, as desigualdades habituais entre pobres e ricos podem se transformar em exclusão social absoluta e em poder pessoal ilimitado. Inversamente, a proibição de escravidão por dívida ou, pelo menos, a limitação da pena que um credor pode impor a um devedor incapaz de quitar suas dívidas (pena que, por exemplo, pode ser reduzida a um número limitado de anos de trabalho ou a um tratamento disciplinar não demasiado inumano) permite manter sob controle a fragmentação interna da sociedade, desde as abolições de dívida decretadas por Sólon na Grécia, no século VII a.C., até as legislações do império Han ou dos reinos Axante ou Daomé.*

Em *Dívida: Os primeiros 5 mil anos*, David Graeber leva a reflexão mais além. Ele conhece bem o terreno escravista e pós-escravista, que estudou em Madagascar ao analisar em sua tese de doutorado as relações conflituosas entre antigos proprietários e antigos escravos em comunidades malgaxes rurais.** Mas conhece igualmente bem o mundo da dívida moderna pós-escravista e de suas relações de poder, o mundo de Wall Street (que ele ajudou a ocupar) e do FMI (do qual escarnece ironicamente desde as primeiras páginas do livro). A força da obra de Graeber consiste justamente em permitir pensar o elo entre os dois mundos — o mundo antigo das relações de trabalho forçado e da anulação das dívidas como libertação dos escravos e o mundo novo dos mercados financeiros internacionais, das dívidas monetárias e das decorrentes relações de poder.

Pois, se a modernidade se caracteriza, um pouco por toda parte, pelo fim da transmissão intergeracional das dívidas e, portanto, da perpetuação

---

* Ver A. Testart, *L'esclave, la dette et le pouvoir. Essais de sociologie comparative*. Rennes: Errance, 2001. Ver também, do mesmo autor, *L'institution de l'esclavage. Une approche mondiale*. Paris: Gallimard, 2018.
** Ver D. Graeber, *Lost People: Magic and the Legacy of Slavery in Madagascar*. Bloomington: Indiana University Press, 2007.

familiar da dependência absoluta, existe no entanto uma dívida que sempre pode se transmitir de geração em geração, ao infinito: a dívida pública. Se a pessoa nasce na Grécia ou na Argentina num mau momento, ela pode se ver condenada a sofrer uma austeridade sem fim e a ter de reembolsar juros ao infinito. Publicado em 2011, quando a crise financeira de 2008 estava em vias de se transformar em crise das dívidas públicas na Europa e em outros lugares, este livro sobre "os primeiros 5 mil anos" da dívida encontrou amplo público. A reedição, no momento em que o debate sobre a anulação da dívida associada à covid e sobre a necessidade de uma contribuição especial da parte dos bilionários segue forte, provavelmente terá a mesma acolhida.

Diante de detentores de riquezas e propriedades, cujas ideologias de sacralização da dívida e de seu reembolso se expressam hoje com a mesma desenvoltura do passado, um de nossos melhores antídotos continua a ser a análise antropológica e histórica de David Graeber. Quaisquer que sejam os esforços dos credores em naturalizar sua dominação, o fato é que a história humana é constituída por múltiplas fases de consolidação e anulação das crenças, ao sabor das relações de forças sociopolíticas e de trajetórias historicamente situadas.

No caso, adotando uma perspectiva de longuíssimo prazo, David Graeber distingue claramente no decorrer dos últimos cinco milênios duas fases em que as relações de endividamento e dependência foram levadas a seus extremos, e que correspondem igualmente a fases de sacralização da moeda de metal: uma primeira fase, que vai do ano 800 a.C., aproximadamente, até por volta do ano 600 de nossa era ("a Era Axial"); depois, uma segunda fase em que a escravidão e o poder dos proprietários vão tomar um novo impulso em escala planetária, e que se inicia por volta de 1450, com o desenvolvimento dos grandes impérios coloniais ocidentais. O começo do fim dessa segunda fase se daria com as duas guerras mundiais de 1914-45 e a queda do colonialismo europeu nos anos 1950-60. Para Graeber, a data simbólica que marca o verdadeiro fim dessa "idade dos grandes impérios capitalistas" é o abandono do dólar-ouro em 1971. Essa eliminação da referência metálica, que havia desempenhado um papel central durante o período 1450-1971 e encarnava a sacralização-naturalização da dívida e da propriedade, poderia abrir caminho, segundo o autor, a um novo período de requestionamento radical do poder dos credores, ainda que mobilizações sociais adequadas consigam questionar de forma limitada as forças e as instituições (como o FMI) que assumiram como missão fundamental a proteção dos credores de todos os países.

Nem por isso todos os debates teóricos e históricos estão decididos, longe disso, começando pela questão das formas políticas sobre as quais as transformações futuras se fundarão. Em seus trabalhos, Alain Testart formula a hipótese de que os Estados centralizados tendem historicamente a abolir a escravidão por dívida e a regular as relações de dependência extrema entre possuidores e possuídos: não por grandeza de alma ou por gosto pela igualdade, mas simplesmente para evitar uma fragmentação fatal da comunidade em soberanias dispersas, ou seja, em outros termos, para firmar sua própria soberania política, fiscal e militar, pelo menos no território que controlam diretamente e, depois, em escala mundial. David Graeber, naturalmente, é de outra opinião, tendo em seus últimos textos insistido sobre a necessidade de repensar a história humana, recolocando no centro da análise as múltiplas experiências negligenciadas de descentralização igualitária e de federalismo horizontal, que uma história oficial com foco no Estado central coercitivo e hierárquico sempre tentou lançar no esquecimento.* Essas discussões, infelizmente, terão de prosseguir sem David. Façamos, então, um esforço para levá-las adiante e prolongar a chama de David com o mesmo vigor.

Thomas Piketty
Fevereiro de 2021

---

* Ver D. Graeber, D. Wengrow, "How to change the course of human history (at least, the part that's already happened)", *Eurozine*, 2018.

1. Sobre a experiência da confusão moral

> **Dívida** substantivo 1. quantia que se deve em dinheiro. 2. estado em que se encontra quem deve dinheiro (em dívida). 3. sentimento de gratidão por um favor ou um bem recebido.
>
> *Oxford English Dictionary*

> Se você deve ao banco 100 mil dólares, o banco controla você. Se você deve ao banco 100 milhões de dólares, você controla o banco.
>
> Provérbio norte-americano

Há alguns anos, em razão de uma série de coincidências estranhas, fui a uma festa ao ar livre na Abadia de Westminster. Ao chegar ali, eu me senti um pouco constrangido. Não por causa dos convidados. Eles eram agradáveis e cordiais, e a festa fora organizada por um homem generoso e encantador, o padre Graeme. O problema é que me senti um peixe fora d'água. Em dado momento, padre Graeme se aproximou de mim e disse que havia uma pessoa, junto a um chafariz ali perto, que eu certamente gostaria de conhecer. Então me apresentou a uma mulher esbelta e elegante que, segundo ele, era advogada, "mas do tipo ativista; ela trabalha para uma fundação que dá suporte jurídico a grupos que lutam contra a pobreza em Londres. Provavelmente vocês terão muita coisa para conversar".

Nós conversamos. Ela me falou de seu trabalho. Eu contei que estive envolvido durante muitos anos com o movimento de justiça global — "movimento antiglobalização", como costumava ser chamado pelos meios de comunicação. Ela ficou curiosa: é claro que já havia lido sobre Seattle,

Gênova, gás lacrimogêneo e conflitos nas ruas, mas... bem, tínhamos de fato conseguido alguma coisa com tudo aquilo?

— Na verdade — disse eu —, fico bastante impressionado com o tanto que conseguimos realizar nesses primeiros dois anos.

— Por exemplo?

— Bem, por exemplo, nós conseguimos destruir quase completamente o FMI.

Por ironia do destino, ela disse que não sabia bem o que era o FMI. Então expliquei que o Fundo Monetário Internacional agia basicamente como fiscal das dívidas do mundo — diríamos que é "o equivalente, nas altas finanças, dos caras que vêm quebrar as suas pernas". Comecei a falar sobre os aspectos históricos, explicando que, durante a crise do petróleo na década de 1970, os países da Organização dos Países Exportadores de Petróleo (Opep) injetaram tanto do dinheiro obtido com suas riquezas recém-descobertas nos bancos do Ocidente que estes ficaram sem saber onde investir; falei que o Citibank e o Chase, com isso, começaram a espalhar agentes pelo planeta para tentar convencer os políticos e os ditadores do Terceiro Mundo a tomar empréstimos (na época, isso era chamado de *"go-go banking"*); falei de como eles começaram fazendo os empréstimos a taxas de juros extremamente baixas que quase imediatamente dispararam para 20% ou coisa assim, devido à rígida política financeira dos Estados Unidos no início da década de 1980; de como, nas décadas de 1980 e 1990, isso levou à crise da dívida externa dos países do Terceiro Mundo; de como o FMI interveio e insistiu que, para obterem refinanciamento, os países pobres deveriam abandonar o subsídio de preços dos produtos alimentícios básicos, ou mesmo políticas para a manutenção de reservas estratégicas de alimentos, e abandonar a assistência médica e a educação públicas; falei de como tudo isso levou ao colapso dos principais apoios com que contavam alguns dos povos mais pobres e vulneráveis do mundo. Falei da pobreza, do saque de recursos públicos, do colapso das sociedades, da violência endêmica, da subnutrição, da falta de esperança e de vidas destruídas.

— Mas sobre isso o que *você* defende? — perguntou a advogada.

— Sobre o FMI? Queremos aboli-lo.

— Não, sobre a dívida do Terceiro Mundo.

— Ah, queremos aboli-la também. Nossa primeira reivindicação foi que o FMI parasse de impor políticas de ajuste estrutural, que estavam provocando todos os danos mais imediatos, mas isso, para a nossa surpresa, nós conseguimos realizar rapidamente. O objetivo de mais longo prazo era a anistia da dívida. Algo como o Jubileu bíblico. Na nossa opinião — eu disse —, trinta anos de transferência de dinheiro dos países mais pobres para os países mais ricos já bastam.

— Mas — contestou ela, como se fosse uma coisa óbvia — eles pegaram o dinheiro emprestado! É preciso pagar as próprias dívidas.

Então percebi que aquela seria uma conversa muito diferente da que eu tinha imaginado no início.

Por onde começar? Eu poderia ter explicado que esses empréstimos foram originalmente tomados por ditadores não eleitos, que depositaram a maior parte do dinheiro diretamente em suas contas particulares na Suíça, e poderia ter dito para ela pensar se era justo insistir que os emprestadores fossem reembolsados, não pelo ditador ou seus camaradas, mas com o dinheiro da comida que literalmente se tirava da boca de crianças famintas. Ou pensar que muitos desses países pobres na verdade já tinham pagado três ou quatro vezes a quantia que tomaram emprestada, mas que, graças ao milagre dos juros compostos, ainda não haviam reduzido de maneira significativa o principal da dívida. Eu também poderia observar que existe uma diferença entre tomar empréstimos e refinanciar empréstimos, e que para obter refinanciamentos os países precisam seguir uma política econômica ortodoxa de livre mercado criada em Washington ou Zurique, com a qual seus cidadãos nunca concordaram nem jamais concordariam. E poderia observar ainda que era um pouco desonesto insistir que os Estados adotassem constituições democráticas e depois ressalvar que, independentemente de quem fosse eleito, os países não teriam controle nenhum sobre a política. Eu poderia ter dito ainda a ela que as políticas econômicas impostas pelo FMI nem sequer funcionavam. Entretanto, o problema ali era mais básico: a suposição de que dívidas *têm* de ser quitadas.

Na verdade, o que mais me chamou a atenção na frase "é preciso pagar as próprias dívidas" foi que, mesmo de acordo com a teoria econômica padrão, isso não é verdade. O emprestador deve aceitar determinado grau de risco. Se todos os empréstimos, mesmo que insignificantes, fossem recuperáveis — se não existissem as leis de falência, por exemplo —, os resultados seriam desastrosos. Que razões teriam os emprestadores para conceder empréstimos absurdos?

— Eu sei que isso pode parecer senso comum — disse eu —, mas o engraçado é que, em termos econômicos, não é assim que os empréstimos devem funcionar. As instituições financeiras são veículos de direcionar recursos para investimentos lucrativos. Se o banco tivesse a garantia de receber o seu dinheiro de volta, mais os juros, não importando o que ele fizesse, o sistema como um todo não funcionaria. Imagine se eu entrasse na agência mais próxima do Royal Bank of Scotland e dissesse: "Vejam só, acabo de apostar uma fortuna em cavalos. Será que vocês podem me emprestar alguns milhões de libras?". É claro que eles ririam na minha cara. Mas fariam isso só porque sabem que, se o meu cavalo não chegar em primeiro lugar, não haverá chance de receberem o dinheiro de volta. Mas imagine se houvesse um tipo de lei que garantisse ao banco receber o dinheiro de volta, não importando o que acontecesse, mesmo que isso significasse, por exemplo, eu vender a minha filha como escrava, retirar os meus órgãos para comercializar ou algo desse tipo. Nesse caso, por que não? Por que perder tempo esperando que alguém entre no banco com um plano viável de montar uma lavanderia ou alguma coisa assim? Essa é basicamente a situação que o FMI criou em escala global — por isso vimos todos aqueles bancos dispostos a desembolsar bilhões de dólares para um bando de vigaristas.

A conversa não foi tão longe porque, em determinado momento, apareceu um especialista em finanças, bêbado, que nos viu conversando sobre dinheiro e começou a nos contar histórias engraçadas sobre risco moral — que logo derivou para uma explicação longa e enfadonha de suas conquistas sexuais. Fui me esquivando e escapuli.

Eu nunca soube ao certo como interpretar essa conversa. Seria possível que uma advogada ativista nunca tivesse ouvido falar do FMI ou ela estava só brincando comigo? Concluí que, de um jeito ou de outro, não fazia diferença. Durante vários dias, aquela frase continuou ressoando na minha cabeça: "É preciso pagar as próprias dívidas".

A razão de a frase soar tão poderosa se deve ao fato de ela não ser um enunciado econômico: é uma afirmação moral. Afinal de contas, a moralidade em si não diz respeito a pagar as próprias dívidas? Dar às pessoas o que lhes é devido? Aceitar as próprias responsabilidades? Cumprir as obrigações para com os outros, assim como esperamos que os outros cumpram as suas para conosco? Quebrar uma promessa ou se recusar a pagar uma dívida não são os exemplos mais óbvios de como fugir da própria responsabilidade?

Percebi que era essa aparente obviedade que justamente tornara a declaração tão capciosa. Esse é o tipo de discurso capaz de fazer coisas terríveis parecerem totalmente banais e desinteressantes. Talvez eu pareça estar exagerando, mas é impossível não ser contundente com questões desse tipo depois de testemunharmos seus efeitos. Eu os testemunhei. Durante quase dois anos morei nas montanhas de Madagascar. Pouco tempo depois da minha chegada houve um surto de malária. Foi um surto particularmente mortal porque a doença tinha sido erradicada daquela região havia muitos anos, de modo que, depois de algumas gerações, a maioria das pessoas já tinha perdido a imunidade. O problema era obter o dinheiro para manter o programa de erradicação do mosquito: realizar testes periódicos para garantir que os transmissores não procriassem, e também para as campanhas de pulverização, caso se descobrisse que eles haviam procriado. Não era tanto dinheiro assim, mas, devido aos planos de austeridade impostos pelo FMI, o governo teve de cortar o programa de monitoramento. Dez mil pessoas morreram. Conheci jovens mães chorando a morte de seus filhos. É difícil defender o argumento de que a perda de 10 mil vidas humanas se justifique pelo fato de que o Citibank não poderia ter prejuízos acarretados por um empréstimo irresponsável que, de todo modo, não faria grande diferença no balanço patrimonial do banco. Mas a advogada na festa era uma pessoa inteiramente correta — alguém que, além disso, trabalhava para uma instituição beneficente — e considerava a questão ao pé da letra, em toda a sua obviedade. Como ela mesma disse, os países, afinal de contas, deviam dinheiro, e certamente "é preciso pagar as próprias dívidas".

Essa frase continuou me perseguindo durante as semanas seguintes. Por que dívida? O que torna esse conceito tão estranhamente poderoso? A dívida dos consumidores é a força vital da nossa economia. A dívida passou a ser a questão central da política internacional. Mas ninguém parece saber exatamente o que ela é, ou como pensar a seu respeito.

O próprio fato de não sabermos o que é a dívida, a própria flexibilidade do conceito, é o fundamento da sua força. Se há algo que a história nos mostra, é que não existe maneira melhor de justificar relações baseadas na violência, de fazer essas relações parecerem morais, do que reenquadrá-las na linguagem da dívida — sobretudo porque isso faz com que a vítima seja vista como alguém que comete algo errado. Os mafiosos sabem disso. Assim como os comandantes de exércitos conquistadores. Há milhares de anos, homens violentos se sentem autorizados a dizer a suas vítimas que elas lhes devem algo. No mínimo, elas "devem suas próprias vidas" (uma frase impressionante) por terem sido poupadas da morte.

Hoje em dia, por exemplo, a agressão militar é definida como um crime contra a humanidade, e os tribunais internacionais, quando são acionados, geralmente exigem que os agressores paguem uma compensação. A Alemanha teve de arcar com reparações gigantescas depois da Primeira Guerra Mundial, e o Iraque ainda está pagando ao Kuwait pela invasão comandada por Saddam Hussein em 1990. No entanto, a dívida do Terceiro Mundo, a dívida de países como Madagascar, Bolívia e Filipinas, parece funcionar precisamente no sentido oposto. Os países devedores do Terceiro Mundo são quase exclusivamente nações que, em algum momento da história, foram atacadas e conquistadas por países europeus — muitas vezes aqueles mesmos aos quais devem dinheiro. Em 1895, por exemplo, a França invadiu Madagascar, dissolveu o governo da rainha Ranavalona III e declarou o país colônia francesa. Uma das primeiras ações do general [Joseph] Gallieni depois da "pacificação", como gostavam de chamá-la, foi impor impostos pesados à população de Madagascar, em parte para reembolsar os custos de terem sido invadidos, mas também, como se esperava que as colônias francesas fossem fisicamente autossuficientes, para custear estradas de ferro, rodovias, pontes, plantações etc. que o regime francês queria instalar ali. Ninguém perguntou aos contribuintes de Madagascar se eles queriam aquelas estradas de ferro, rodovias, pontes e plantações, nem permitiu que opinassem sobre onde e como elas seriam construídas.[1] Ao contrário: durante os cinquenta anos seguintes, o Exército e a polícia da França assassinaram muitos malgaxes que se opunham fortemente ao sistema (100 mil, segundo alguns relatos, durante uma revolta em 1947). É como se Madagascar tivesse causado à França algum dano semelhante, o que não é o caso. Apesar disso, desde o começo da colonização dizia-se que os habitantes da ilha deviam dinheiro à França, e até hoje eles estão presos a essa dívida, e o restante do mundo considera justo esse esquema. Em geral, a "comunidade internacional" só nota que existe aí uma questão moral quando percebe que o governo de Madagascar está demorando para pagar as suas dívidas.

Entretanto, a dívida não é apenas um item da justiça do conquistador; ela também pode ser uma das maneiras de punir os vencedores que não deviam ter vencido. O exemplo mais espetacular disso é a história da República do Haiti — o primeiro país pobre a ser posto em permanente servidão por dívida. O Haiti foi um país fundado por antigos escravos que tiveram a ousadia não só de organizar uma rebelião, acompanhada de grandiosas declarações de direitos e liberdades universais, mas também de derrotar os exércitos de Napoleão enviados para subjugá-los e fazê-los retornar à servidão. A França imediatamente afirmou que a recém-criada república lhe devia 150 milhões de francos em danos pelas plantações expropriadas, além dos custos de aprovisionamento das expedições militares fracassadas, e todos os outros países, incluindo os Estados Unidos, concordaram em impor um embargo ao Haiti até que essa dívida fosse paga. A soma era intencionalmente impossível de ser paga (o equivalente a cerca de 18 bilhões de dólares), e o embargo assegurou que desde então o nome "Haiti" passasse a ser usado como sinônimo de dívida, pobreza e miséria.[2]

Algumas vezes, porém, a dívida parece significar exatamente o oposto. Os Estados Unidos, que insistiam, em termos rigorosos, que o Terceiro Mundo tinha de pagar suas dívidas, acumularam tantas a partir da década de 1980 — alimentadas pelos gastos militares — que rapidamente ultrapassaram a quantia devida por todos os países do Terceiro Mundo juntos. A dívida externa dos Estados Unidos, contudo, assume a forma de títulos do Tesouro mantidos por investidores institucionais em países que, na maioria dos casos, são praticamente protetorados militares dos Estados Unidos — Alemanha, Coreia do Sul, Japão, Tailândia, Taiwan e países do Golfo —, quase todos protegidos por bases norte-americanas carregadas de armas e equipamentos pagos com aquele mesmo déficit público. Isso mudou um pouco depois que a China entrou no jogo (esse país é um caso especial, por razões que serão explicadas mais adiante), mas não muito — até mesmo a China acha que possuir tantos títulos do Tesouro norte-americano faz o país estar comprometido, até certo ponto, com os interesses dos Estados Unidos, e não o contrário.

Desse modo, qual é a situação de todo esse dinheiro que é continuamente canalizado para o Tesouro dos Estados Unidos? São empréstimos? Ou tributos? No passado, as potências militares que mantinham centenas de bases militares fora do próprio território eram comumente chamadas de "impérios", e os impérios regularmente exigiam tributos de seus súditos. O governo dos Estados Unidos, é claro, afirma que não é um império — mas é fácil defender o argumento de que o país insiste em tratar esses pagamentos como "empréstimos", e não como "tributos", com o único objetivo de negar a realidade do que está acontecendo.

Ora, é verdade que, ao longo da história, certos tipos de dívidas, e certos tipos de devedores, sempre foram tratados de maneira diferente. Nos anos 1720, uma das descobertas que mais escandalizaram o povo britânico, quando as condições das prisões em que se encarceravam os devedores foram expostas na imprensa popular, foi o fato de essas prisões serem divididas em dois setores. Os presos aristocratas, que muitas vezes consideravam a última moda passar uma curta estada nas prisões de Fleet ou Marshalsea, tinham jantares regados a vinho, servidos por criados uniformizados, e podiam receber visitas frequentes de prostitutas. No "setor comum", devedores pobres eram agrilhoados juntos em celas minúsculas, "cobertos de sujeira e bichos", como nos diz um relato, "e sofriam impiedosamente até morrer de fome e febre tifoide".[3]

De certo modo, podemos imaginar os acordos econômicos mundiais da atualidade como uma versão muito ampliada da mesma situação: nesse caso, os Estados Unidos são os devedores aristocráticos e Madagascar é o pobre faminto na cela ao lado — e os criados dos devedores aristocráticos lhes ensinam como seus problemas foram causados por sua própria irresponsabilidade.

Porém, há algo mais fundamental em jogo, uma questão filosófica que precisamos contemplar. Qual a diferença entre um gângster que aponta a arma para você e exige o pagamento de mil dólares de "taxa de proteção" e um que, com a arma apontada para você, exige que você lhe faça um "empréstimo" de mil dólares? Na maior parte dos casos, obviamente, nenhuma. Mas em outros *há* uma diferença. Como no caso da dívida dos Estados Unidos com a Coreia ou o Japão: se o equilíbrio de poder mudasse em algum ponto, se os Estados Unidos perdessem sua supremacia militar, se o gângster perdesse seus escudeiros, aquele "empréstimo" começaria a ser tratado de maneira bem diferente. Ele se transformaria em uma obrigação genuína. Mas o elemento crucial continuaria sendo a arma.

Há uma antiga piada de vaudeville que diz a mesma coisa de maneira mais elegante — vejamos a cena, melhorada pelas palavras do comediante Steven Wright:

> Certo dia eu caminhava com um amigo, quando, de repente, pulou diante de nós, vindo de uma rua transversal, um sujeito com uma arma que gritou: "Passa a grana!".
>
> Enquanto eu alcançava a carteira, pensei: "Até que o prejuízo não será tão grande". Peguei o dinheiro, me virei para o meu amigo e disse: "Ei, Fred, toma aqui aqueles cinquenta paus que eu estava te devendo".

O ladrão ficou tão injuriado que arrancou uma nota de cem do bolso e, com a arma apontada para o Fred, obrigou-o a pegar o dinheiro e a me emprestar, para depois resgatar tudo de volta.

Em última instância, o sujeito armado não tem de fazer nada que não queira fazer. No entanto, a fim de ser capaz de controlar até mesmo um regime baseado na violência, é preciso estabelecer um conjunto de regras. As regras podem ser completamente arbitrárias. De certo modo, na verdade nem importa quais são essas regras. Ou, pelo menos, isso não importa a princípio. O problema é que, quando se começa a enquadrar as coisas em termos de dívida, as pessoas inevitavelmente começam a perguntar quem de fato deve o quê a quem.

Discussões sobre a dívida existem há pelo menos 5 mil anos. Durante a maior parte da história humana — pelo menos da história dos Estados e de impérios —, a maioria dos seres humanos recebeu a informação de que é devedora.[4] Os historiadores, em especial os historiadores das ideias, estranhamente têm relutado em considerar as consequências humanas dessa situação, tanto mais quando se leva em conta que ela — mais do que qualquer outra — tem causado indignação e ressentimento. É improvável que as pessoas fiquem satisfeitas se dissermos a elas que são inferiores, mas muito raramente isso as levará a uma rebelião armada. Contudo, é bastante provável que inspiremos manifestações de fúria nas pessoas se dissermos que elas são iguais em seu fracasso, que por isso não merecem nem mesmo aquilo que têm, ou seja, o que têm não é seu por direito. É isso que a história parece nos ensinar. Durante milhares de anos, a luta entre ricos e pobres assumiu de modo geral a forma de conflitos entre credores e devedores — de argumentos sobre o que é certo e o que é errado em relação a pagamento de juros, servidão por dívida, anistia, reintegração de posse, restituição, sequestro de ovelhas, apreensão de vinhas e venda de filhos dos devedores como escravos. Nessa mesma lógica, nos últimos 5 mil anos, com uma regularidade impressionante, as insurreições populares começaram da mesma maneira: com a destruição ritual dos registros de dívidas — fossem eles tabuletas, papiros, placas ou qualquer outra forma existente em dada época e local. (Depois disso, os rebeldes geralmente foram atrás dos registros de posse de terra e apuração fiscal.) Como o grande helenista Moses Finley gostava de dizer, no mundo antigo todos os movimentos revolucionários tinham um único plano: "Anular as dívidas e redistribuir a terra".[5]

Nossa tendência a ignorar isso é ainda mais estranha quando pensamos em tudo que nossa linguagem moral e religiosa contemporânea deve, originalmente, a esses mesmos conflitos. Termos como "perdão" e "remissão" são apenas os mais óbvios, pois foram tirados diretamente da linguagem das antigas finanças. Em sentido mais amplo, podemos dizer o mesmo de palavras como "culpa", "liberdade", "perdão" e até "pecado". Discussões sobre quem realmente deve o quê a quem tiveram papel central no nosso vocabulário básico para nomear o que é certo e o que é errado.

O fato de grande parte dessa linguagem ter se originado de debates sobre a dívida torna o conceito estranhamente incoerente. Afinal de contas, para debater com o rei era preciso usar a linguagem do rei, quer as premissas iniciais fizessem sentido, quer não.

Se analisarmos a história da dívida, então, o que descobrimos em primeiro lugar é uma profunda confusão moral. Sua manifestação mais óbvia é que, praticamente em todos os lugares, a maioria dos seres humanos sustenta ao mesmo tempo que: 1) pagar o dinheiro que se tomou emprestado é uma obrigação moral, e 2) toda e qualquer pessoa que tenha o costume de emprestar dinheiro é má.

É verdade que as opiniões sobre esse último ponto variam consideravelmente. Um exemplo extremo poderia ser a situação que o antropólogo francês Jean-Claude Galey encontrou na região leste do Himalaia, onde, ainda na década de 1970, as castas inferiores — chamadas de "derrotados", pois se acreditava que essas pessoas fossem descendentes de uma população conquistada muitos séculos antes pela casta dos donos das terras — viviam em uma situação de permanente dependência financeira. Sem terras e sem dinheiro, elas eram obrigadas a solicitar empréstimos aos proprietários simplesmente para ter o que comer — não pelo dinheiro, pois as quantias eram insignificantes, mas porque os pobres devedores tinham de pagar os juros na forma de trabalho, o que significava que, quando muito, eles tinham comida e abrigo enquanto limpavam as dependências dos credores e arrumavam o telhado de suas choupanas. Para os "derrotados" — assim como para a maior parte da população, na verdade — as despesas mais importantes da vida eram com casamentos e funerais. Para isso era preciso uma quantia razoável, que sempre tinha de ser tomada emprestada. Nesses casos era prática comum, explica Galey, que os agiotas exigissem uma das filhas do tomador do empréstimo como garantia. Assim, muitas vezes, quando um homem pobre precisava fazer um empréstimo para o casamento da filha, a garantia era a própria noiva. Ela tinha de aparecer na casa do emprestador depois da noite de núpcias, passar alguns meses lá como concubina e mais tarde, quando ele já se entediara, era enviada para algum campo de extração de madeira da região para trabalhar durante um ou dois anos como prostituta, pagando assim a dívida do pai. Uma vez paga a dívida, ela voltava para o marido e começava a sua vida de casada.[6]

Isso parece chocante, talvez até ultrajante, mas Galey não relata nenhum sentimento de injustiça generalizado entre a população. Todos pareciam achar que era assim mesmo que as coisas funcionavam. Tampouco havia muita preocupação entre os brâmanes locais, que eram os árbitros supremos em questões de moralidade — o que não surpreende muito, uma vez que os agiotas mais proeminentes muitas vezes eram os próprios brâmanes.

Mesmo nesse caso, é claro, torna-se difícil saber o que as pessoas diziam entre quatro paredes. Se um grupo de rebeldes maoistas estivesse prestes a tomar de repente o controle da região (alguns atuavam nessa parte da Índia rural) e capturassem usurários locais para serem julgados, nós ouviríamos todo tipo de opiniões.

Ainda assim, o que Galey descreve, como eu disse, representa um extremo dessa possibilidade: o extremo em que os próprios usurários são as autoridades morais supremas. Compare isso, digamos, com a França medieval, onde o status moral dos agiotas estava seriamente em questão. A Igreja católica sempre proibiu a prática de emprestar dinheiro a juros, mas as regras muitas vezes caíam em desuso, levando a hierarquia da Igreja a autorizar campanhas de pregação, a mandar frades mendicantes de cidade em cidade para alertar os usurários de que, se não se arrependessem e restituíssem plenamente todos os juros cobrados das vítimas, eles certamente iriam para o inferno.

Esses sermões, muitos dos quais sobreviveram, são cheios de histórias de horror sobre o julgamento de Deus reservado aos emprestadores impenitentes: casos de homens ricos acometidos pela loucura ou por doenças terríveis, assombrados no leito de morte por pesadelos com cobras ou demônios que logo lacerariam ou comeriam sua carne. No século XII, quando essas campanhas chegaram ao auge, começaram a ser empregadas sanções mais diretas. O papado expediu ordens aos párocos locais para que todos os usurários conhecidos fossem excomungados: estavam proibidos de receber os sacramentos e sob nenhuma circunstância seus corpos seriam enterrados em solo sagrado. Um cardeal francês, Jacques de Vitry, registrou por volta de 1210 a história de um agiota particularmente influente cujos amigos tentaram pressionar o pároco para que fizesse vista grossa e permitisse seu enterro no cemitério local:

> Como os amigos do usurário morto foram muito insistentes, o padre cedeu à pressão e disse: "Vamos colocar o corpo em cima de um asno e observar qual é a vontade de Deus e o que Ele fará com o corpo. Para onde quer que o asno o leve, seja uma igreja, campo-santo ou alhures, lá eu o enterrarei". O corpo foi colocado sobre um asno que seguiu em linha reta, sem desviar para a direita ou para a esquerda, até sair da cidade e chegar a um local onde havia um patíbulo em que ladrões eram enforcados. O asno então deu um pinote e lançou o corpo sobre um monte de excrementos embaixo do patíbulo.[7]

Ao examinarmos a literatura mundial, é quase impossível encontrar uma única representação favorável a algum agiota — ou, seja como for, a um agiota profissional, que, por definição, é aquele que cobra juros. Não sei se existe outra profissão (a de carrasco?) com uma imagem tão invariavelmente negativa. Trata-se de algo especialmente notável quando pensamos que, ao contrário dos carrascos, os usurários geralmente estão entre os mais ricos e poderosos de suas comunidades. Contudo, o próprio nome, "usurário", evoca imagens de abutres, dinheiro sujo, cobranças abusivas, comércio de almas e, por trás disso tudo, o demônio, muitas vezes representado como uma espécie de usurário, um contador maligno com livros e registros, ou como uma figura que paira às costas do usurário, esperando o momento de tomar posse da alma de um vilão que, em razão de seu ofício, obviamente fez um pacto com o inferno.

Em termos históricos, houve apenas duas maneiras eficazes de um emprestador tentar fugir de seu opróbrio: ou jogando a responsabilidade em um terceiro, ou afirmando que o tomador do empréstimo é ainda pior. Na Europa medieval, por exemplo, os fidalgos incorriam na primeira categoria, empregando judeus como seus sub-rogados. Muitos falavam inclusive em "nossos" judeus — ou seja, judeus sob sua proteção pessoal —, embora na prática isso geralmente significasse que eles, em primeiro lugar, negariam aos judeus que viviam em seus territórios quaisquer meios de arcar com a própria sobrevivência, exceto a usura (assegurando-se de que fossem muito odiados), e depois se voltariam contra esses judeus, afirmando serem criaturas detestáveis e tomando para si o dinheiro deles. A segunda categoria é mais comum — mas costuma levar à conclusão de que ambas as partes envolvidas no empréstimo são igualmente culpadas; de que a situação como um todo é desprezível e de que, muito provavelmente, as duas partes são malditas.

Outras tradições religiosas têm perspectivas diferentes. Nos códigos de leis hindus medievais, além de os empréstimos a juros serem admissíveis (a única condição era que os juros não excedessem o principal), era comum dizer que o devedor que não pagasse renasceria como escravo da residência de seu credor — ou, em códigos posteriores, renasceria como seu cavalo ou boi. A mesma atitude tolerante para com os emprestadores, e alertas de vingança cármica contra os tomadores de empréstimo, reaparece em muitas correntes do budismo. Todavia, no momento em que se supunha que os usurários estavam indo longe demais, começava a aparecer exatamente o mesmo tipo de histórias encontradas na Europa. Um escritor japonês medieval conta uma delas — insistindo tratar-se de uma história verdadeira —, sobre o terrível destino de Hiromushime, esposa de um abastado governante distrital, por volta de do ano 776.

> Por ser uma mulher excepcionalmente gananciosa, ela acrescentava água à aguardente de arroz que vendia e lucrava bastante com esse saquê diluído. No dia em que emprestava algo para alguém, ela usava um medidor pequeno, mas no dia da coleta, usava um medidor grande. Quando emprestava arroz, sua balança registrava porções pequenas, mas quando recebia o pagamento, era em grandes quantidades. O lucro que ela obtinha de maneira forçada era enorme — geralmente dez ou até cem vezes mais que a quantidade do empréstimo original. Ela era rígida ao cobrar as dívidas, e não demonstrava nenhuma compaixão. Por causa disso, muitas pessoas ficaram angustiadas; abandonaram sua residência para se afastarem dela, peregrinando para outras províncias.[8]

Depois que ela morreu, monges rezaram sobre seu caixão durante sete dias. No sétimo, misteriosamente ela voltou à vida:

> Aqueles que chegavam para vê-la deparavam com um fedor indescritível. Da cintura para cima, ela já havia se transformado em um boi com chifres de dez centímetros na testa. As duas mãos tinham virado cascos, e as unhas estavam rachadas, lembrando agora a frente do casco de um boi. Da cintura para baixo, porém, o corpo ainda era humano. Ela já não gostava de arroz e preferia se alimentar de grama. Não comia, ruminava. Nua, deitava sobre o próprio excremento.[9]

Curiosos chegavam de todo canto. Sentindo culpa e vergonha, a família tentou desesperadamente comprar o perdão: saldou todas as dívidas que tinha com as pessoas e doou grande parte de sua riqueza para instituições religiosas. Por fim, compassivamente, o monstro morreu.

O autor, um monge, sentia que essa história representava um claro exemplo de reencarnação prematura — a mulher estava sendo punida, de acordo com a lei do carma, por violações que cometera contra "o que é tanto razoável quanto correto". O problema era que as escrituras budistas, no que diz respeito ao tratamento que davam explicitamente à questão, não forneciam um precedente. Em geral, eram os devedores que supostamente reencarnariam como bois, não os credores. Sendo assim, no momento de explicar a moral da história, o autor deu um esclarecimento muito confuso:

> Assim diz um sutra: "Quando não restituímos aquilo que tomamos emprestado, nosso pagamento será renascer na forma de boi ou cavalo". "O devedor é como um escravo, o credor é como um mestre." Ou, repetindo: "O devedor é um faisão, seu credor, um falcão". Se sua situação for a de quem concedeu um empréstimo, não pressione excessivamente o devedor para que lhe pague. Se assim o fizer, você renascerá como cavalo ou boi e terá de trabalhar para seu devedor e pagar muito mais do que lhe é devido.[10]

Como fica, então? Os dois não podem acabar como animais instalados no curral um do outro.

Todas as grandes tradições religiosas parecem se chocar contra este dilema, de uma forma ou de outra. Por um lado, uma vez que todas as relações humanas envolvem a dívida, todos estão moralmente comprometidos. É provável que as duas partes sejam culpadas de algo tão somente por entrarem em relação; na melhor das hipóteses, correm um grande risco de se tornarem culpadas se o pagamento for atrasado. Por outro lado, quando dizemos que uma pessoa age "como se não devesse nada a ninguém", dificilmente estamos descrevendo alguém como um modelo de virtude. No mundo secular, a moralidade consiste basicamente em cumprir nossas obrigações para com os outros, e temos uma persistente tendência a imaginar essas obrigações como dívidas. Os monges talvez possam evitar o dilema isolando-se totalmente do mundo secular, mas o restante de nós parecemos condenados a viver em um universo que não faz muito sentido.

A HISTÓRIA DE HIROMUSHIME é o exemplo perfeito do impulso de devolver a acusação para o acusador — assim como na história do usurário morto e o asno, a ênfase dada ao excremento, aos animais e à humilhação claramente tem um sentido de justiça poética, que força o credor a experimentar as mesmas sensações de desgraça e degradação que os devedores sempre são obrigados a sentir. Há um modo muito mais intenso e visceral de colocar a mesma questão: "Quem realmente deve o quê a quem?".

Ela também é um exemplo perfeito de como, no momento em que alguém se faz a pergunta "quem deve o quê a quem?", essa pessoa já começou a adotar a linguagem do credor — da mesma forma que, se não pagarmos as nossas dívidas, "nosso pagamento será renascer como cavalo ou boi", também se você for um credor injusto terá que "pagar de volta". Até mesmo a justiça cármica pode ser reduzida à linguagem dos negócios.

Chegamos, assim, às questões centrais deste livro: o que significa dizer exatamente que nosso senso de moral e justiça é reduzido à linguagem de um acordo comercial? O que significa reduzirmos as obrigações morais a dívidas? O que muda quando uma se transforma na outra? E como falar sobre elas se a nossa linguagem tem sido de tal forma moldada pelo mercado? Até certo ponto, a diferença entre obrigação e dívida é simples e óbvia. A dívida é a obrigação de pagar certa quantia de dinheiro. Disso resulta que a dívida, diferentemente de qualquer outra forma de obrigação, pode ser quantificada com precisão. Isso permite que as dívidas sejam tomadas como alguma coisa simples, fria e impessoal — o que, por sua vez, permite que sejam transferíveis. Quando se deve um favor, ou a própria vida, a outro ser humano, trata-se de algo devido apenas àquela pessoa. Mas quando são devidos 40 mil dólares a 12% de juros, na verdade não importa quem é o credor; tampouco importa, a qualquer uma das partes, pensar no que a outra precisa, deseja ou é capaz de fazer — como ocorreria pensar se o que se deve é um favor, respeito ou gratidão. Não é preciso calcular os efeitos humanos; só é preciso calcular o principal, o saldo a pagar, as multas e as taxas de juros. Se você tiver de abandonar a sua casa e mudar para outras províncias, se sua filha for para um garimpo como prostituta, tudo bem, será uma desgraça, mas isso é secundário para o credor. Dinheiro é dinheiro, e trato é trato.

Dessa perspectiva, o fator crucial, e o assunto que será explorado detalhadamente nestas páginas, é a capacidade que tem o dinheiro de transformar a moralidade em uma questão de aritmética impessoal — e, ao fazer isso, de justificar situações que, de outra maneira, pareceriam ultrajantes ou obscenas. O fator da violência, ao qual dei algum destaque até agora, pode parecer secundário. O que cria a diferença entre uma "dívida" e uma simples obrigação moral não é a presença ou a ausência de homens armados que podem fazer com que a obrigação seja cumprida tomando as posses do devedor ou ameaçando quebrar as suas pernas, mas é simplesmente o fato de o credor ter os meios de especificar, em termos numéricos, exatamente quanto o devedor lhe deve.

No entanto, à luz de uma análise mais profunda, descobrimos que esses dois elementos — a violência e a quantificação — estão intimamente ligados. Na verdade, é quase impossível encontrarmos um sem o outro. Os usurários franceses tinham amigos e mandantes poderosos, capazes de intimidar até mesmo as autoridades da Igreja. De que outra maneira eles conseguiriam cobrar dívidas que eram tecnicamente ilegais? Hiromushime era totalmente inflexível com seus devedores — "não demonstrava nenhuma misericórdia" —, mas, por outro lado, seu marido era o governante. Ela não tinha de demonstrar misericórdia. Quem não dispõe de um exército armado atrás de si não tem condições de ser tão severo.

O modo como a violência, ou a ameaça de violência, transforma as relações humanas em matemática vai aparecer muitas outras vezes no decorrer deste livro. Trata-se da maior fonte de confusão moral que parece rodear tudo o que diz respeito ao tema da dívida. Os dilemas resultantes parecem ser tão antigos quanto a própria civilização. Podemos observar o processo nos primeiros documentos da antiga Mesopotâmia; sua expressão filosófica inicial aparece nos Vedas, reaparece em infindáveis formas ao longo da história escrita e ainda serve de base para a estrutura essencial de nossas instituições atuais — Estado e mercado, nossas concepções mais básicas de natureza e liberdade, moralidade, sociabilidade —, todas elas moldadas por histórias de guerra, conquista e escravidão de uma tal maneira que já não somos capazes de perceber isso porque já não conseguimos imaginar as coisas de outra forma.

Por motivos óbvios, este é um momento particularmente importante para reexaminar a história da dívida. Em setembro de 2008 viu-se o início de uma crise financeira que quase levou a economia mundial à repentina estagnação. Em muitos aspectos, isso de fato ocorreu: muitos navios pararam de cruzar os oceanos e outros milhares foram abandonados ou até destruídos e mandados para o ferro-velho.[11] Guindastes de construção foram desmontados, pois não havia o que construir. Os bancos pararam de fazer empréstimos. A fúria e a perplexidade das pessoas não foram a única consequência da crise: começou também um debate público efetivo sobre a natureza da dívida, do dinheiro e das instituições financeiras, um debate que poderia mudar o destino dos países.

Mas foi apenas um momento. O debate nunca chegou a acontecer realmente.

Havia uma razão para as pessoas ao menos estarem prontas para essa conversa: a história que todas elas tinham ouvido nos dez ou mais anos anteriores se revelou uma mentira colossal. Não há uma maneira mais palatável de dizer isso. Durante anos, todos nós ouvimos falar de uma penca de inovações financeiras ultrassofisticadas: derivativos de crédito e mercadoria, derivativos de títulos garantidos por hipoteca, títulos híbridos, conversões da dívida etc. Esses novos mercados de derivativos eram tão inacreditavelmente sofisticados que — de acordo com uma história que se ouvia à época — uma famosa empresa de investimentos teve de empregar astrofísicos para operar programas de compra e venda tão complexos que nem os financistas conseguiam entender. A mensagem era clara: deixe isso para os profissionais, você provavelmente não conseguirá entender nada. Mesmo que você não goste muito dos investidores financeiros (e poucos parecem dispostos a defender que eles tenham algo de agradável), trata-se de um pessoal muito capacitado; na verdade, tão excepcionalmente capacitado que a fiscalização democrática dos mercados financeiros nem sequer era cogitada. (Até mesmo diversos acadêmicos se deixaram levar por isso. Eu bem me lembro de ir a conferências em 2006 e 2007 em que cientistas sociais badalados apresentaram artigos argumentando que essas novas formas de securitização, aliadas a novas tecnologias da informação, anunciavam uma transformação iminente na própria natureza do tempo, da possibilidade — e até da própria realidade. Lembro de ter pensado: "Otários!". E eles eram mesmo.)

Então, quando a situação degringolou, descobriu-se que muitas dessas inovações financeiras, e talvez a maior parte delas, não passavam de fraudes muito bem elaboradas. Consistiam em operações — como oferecer hipotecas para famílias pobres — planejadas de tal maneira que tornavam inevitável o não pagamento; juntar hipoteca e aposta no mesmo pacote e vendê-lo para investidores institucionais (representando, talvez, os fundos de pensão do titular da hipoteca), afirmando que ele renderia dinheiro independentemente do que acontecesse e que permitiria aos ditos investidores passarem os pacotes para a frente como se fossem dinheiro; transferir a responsabilidade de pagar a aposta para um conglomerado de seguros gigante que, caso tivesse de se esconder embaixo do peso de sua dívida resultante (o que certamente aconteceria), teria então de ser socorrido pelos contribuintes (como de fato esses conglomerados foram socorridos).[12] Em outras palavras, parece muito com uma elaborada e incomum versão do que os bancos fizeram quando emprestaram dinheiro a ditadores na Bolívia e no Gabão no final da década de 1970: realizaram empréstimos totalmente irresponsáveis com a plena ciência de que, quando os políticos e burocratas soubessem o que tinham feito, estes lutariam para garantir que fossem reembolsados de qualquer maneira, não importavam quantas vidas humanas tivessem de ser arruinadas e destruídas.

A diferença, no entanto, foi que dessa vez os banqueiros o fizeram em uma escala inconcebível: a soma total da dívida acumulada era muito maior do que a soma do produto interno bruto de todos os países — isso deixou o mundo em um estado de pânico e quase destruiu o próprio sistema.

Exércitos e polícia se reuniram rapidamente para combater as revoltas e agitações esperadas, mas, a princípio, nenhuma se materializou. Tampouco houve mudanças significativas no modo de funcionamento do sistema. Na época, todos imaginaram que, com instituições centrais do capitalismo (Lehman Brothers, Citibank, General Motors) desmoronando, e vindo à luz tudo que havia de logro naquela suposta sabedoria superior, nós pelo menos recomeçaríamos uma discussão mais ampla sobre a natureza da dívida e das instituições de crédito. E não apenas uma discussão.

A maior parte dos norte-americanos parecia estar aberta a soluções radicais. Pesquisas mostraram que uma maioria avassaladora achava que os bancos não deviam ser resgatados, *independentemente das consequências econômicas*, mas que os cidadãos comuns acuados por causa de hipotecas podres deveriam ser socorridos. É extraordinário que essa opinião tenha sido registrada nos Estados Unidos. Desde a época colonial, os norte-americanos são a população menos solidária com os devedores. O que é estranho, de certa forma, pois o país foi povoado por devedores em fuga. Mas trata-se de um país onde a ideia de que a moralidade está relacionada ao pagamento das próprias dívidas é muito mais arraigada do que em qualquer outro. Na época colonial, costumava-se pregar nos postes, pelas orelhas, os devedores insolventes. Os Estados Unidos foram um dos últimos países do mundo a adotar uma lei de falência: embora em 1787 a Constituição tenha incumbido o novo governo da criação de uma, todas as tentativas foram rejeitadas ou revogadas em razão de "fundamentos morais" até 1898.[13] Foi uma mudança histórica. Por isso mesmo, talvez, as pessoas encarregadas de conduzir debates nos meios de comunicação e os legisladores decidiram que esse não era o momento. O governo dos Estados Unidos fez um curativo de 3 trilhões de dólares para tentar resolver o problema e não mudou nada. Os banqueiros foram salvos, mas os devedores pequenos — com pouquíssimas exceções — não.[14] Pelo contrário, no meio da maior recessão econômica desde a década de 1930, já começamos a ver uma reação adversa contra os devedores — conduzida pelas corporações financeiras que, para aplicar toda a força da lei contra os cidadãos comuns que passam por problemas financeiros, agora recorrem ao mesmo governo que as socorreu. "Não é crime dever dinheiro", afirma o *Star Tribune* de Minneapolis-Saint Paul, "mas as pessoas estão sendo presas rotineiramente por não conseguirem pagar suas dívidas". Em Minnesota, "o uso de mandados de prisão contra devedores aumentou 60% nos últimos quatro anos, com 845 casos em 2009. [...] Em Illinois e no sudoeste de Indiana, alguns juízes condenam à prisão devedores que não cumprem os pagamentos de dívidas expedidos pela Justiça. Em casos extremos, as pessoas ficam presas até conseguirem o valor do pagamento mínimo. Em janeiro [2010], um juiz sentenciou um cidadão de Kenney, Illinois, à prisão 'por tempo indeterminado', até que conseguisse a quantia de trezentos dólares para pagar a dívida feita em um depósito de madeira".[15]

Em outras palavras, estamos vendo o retorno de algo muito parecido com as prisões de devedores. Alguma coisa afinal tinha que acontecer. Em 2011, depois que uma onda de movimentos populares varreu o Oriente Médio e ecoou no mundo todo, milhares de pessoas na Europa e na América do Norte começaram a insistir na necessidade de uma discussão sobre as questões básicas levantadas em 2008. As manifestações logo conseguiram chamar a atenção para si e, em seguida, foram alvo de uma repressão violenta e da reprovação da imprensa. Tudo isso apesar de a economia mundial estar mergulhando inexoravelmente em uma nova catástrofe financeira — e a única pergunta verdadeira é quanto tempo ela vai durar.

Chegamos ao ponto em que até mesmo algumas das principais instituições são obrigadas a admitir, ainda que de maneira tácita, que essa catástrofe está de fato se aproximando. Em meados de 2012, o Banco Central americano propôs um ambicioso plano de alívio das hipotecas, plano que a classe política simplesmente não quis levar em consideração. Durante um tempo, até o FMI, sob a direção de Dominique Strauss-Kahn, começou a tentar se reposicionar como a consciência do capitalismo global, emitindo alertas de que, se a economia continuasse no curso atual, algum tipo de crise seria inevitável e provavelmente não haveria outro resgate financeiro: as pessoas simplesmente não apoiariam isso, e, por fim, tudo iria desmoronar. "FMI alerta que segundo resgate financeiro seria uma 'ameaça à democracia'", dizia uma manchete à época.[16] (É claro que por "democracia" eles entendem "capitalismo".) Certamente isso significa que, mesmo aquelas pessoas que se sentem responsáveis por manter o funcionamento do sistema econômico global atual, pessoas que há apenas alguns anos agiam como se pudessem adivinhar que o sistema em vigor existiria para sempre, agora veem por todo lado a iminência do apocalipse.

Nesse caso, o fmi tinha razão. E nós temos todos os motivos para acreditar que estamos no limiar de transformações extremamente importantes.

Sabe-se que a tendência comum é imaginar tudo o que nos cerca como absolutamente novo. E isso é tão mais verdadeiro com relação ao dinheiro. Quantas e quantas vezes não nos disseram que o aparecimento da moeda virtual — ou seja, a transformação do dinheiro em plástico e das cédulas em informação eletrônica — está nos levando a um mundo financeiro novo, nunca visto? A suposição de que já vivíamos nesse território inexplorado, é claro, foi um dos fatores que ajudaram grupos como Goldman Sachs e AIG a convencer as pessoas com tanta facilidade de que provavelmente ninguém entenderia seus novos e fascinantes instrumentos financeiros. Quando analisamos a questão em uma escala histórica ampla, no entanto, a primeira coisa que aprendemos é que não há novidade nenhuma na moeda virtual. Na verdade, essa era a forma original de moeda. Sistemas de crédito, contas a pagar, até mesmo contabilidade de despesas, tudo isso já existia muito antes do dinheiro vivo. Essas coisas são tão antigas quanto a própria civilização. Também descobrimos que a história tende a alternar períodos dominados por lingotes — em que o ouro e a prata *são considerados* moeda — e períodos em que a moeda é tida como uma abstração, uma unidade virtual de contabilidade. No entanto, em termos históricos, a moeda virtual, ou dinheiro de crédito, vem primeiro, e o que testemunhamos hoje é um retorno de suposições que teriam sido consideradas óbvias e de senso comum, digamos, na Idade Média — ou até mesmo na antiga Mesopotâmia.

Porém, a história nos dá pistas fascinantes do que podemos esperar. Por exemplo: no passado, os períodos de moeda virtual, ou dinheiro de crédito, implicaram invariavelmente a criação de instituições feitas para evitar um descontrole completo — para evitar que os emprestadores se juntassem aos burocratas e políticos e esvaziassem o bolso das pessoas, como parecem fazer agora. Esses períodos são acompanhados pela criação de instituições destinadas a proteger os devedores. A nova era do dinheiro de crédito em que estamos parece ter se iniciado de maneira invertida. Ela começou com a criação de instituições globais como o FMI, destinadas a proteger não os devedores, mas os credores. Ao mesmo tempo, dentro da escala histórica que empregamos aqui, uma década ou duas não é nada. Não temos ideia do que esperar.

ESTE LIVRO, portanto, é uma história da dívida, mas também recorre a essa história a fim de fazer perguntas fundamentais sobre o que são os seres humanos e a sociedade humana, ou sobre o que eles poderiam ser — sobre o que realmente devemos uns aos outros e até o que significa fazer essa pergunta. Assim, o livro tenta, de início, destruir uma série de mitos — não só o mito do escambo, que é discutido no próximo capítulo, mas também mitos rivais sobre dívidas primordiais para com os deuses, ou para com o Estado — mitos que, de uma forma ou de outra, são a base das suposições criadas pelo senso comum sobre a natureza da economia e da sociedade. Na ótica do senso comum, Estado e Mercado se elevam acima de todas as outras coisas como princípios diametralmente opostos. A realidade histórica, porém, revela que os dois nasceram juntos e sempre estiveram entrelaçados. Veremos que todas essas concepções equivocadas têm em comum o fato de tenderem a reduzir todas as relações humanas à troca, como se nossos laços com a sociedade, ou mesmo com o próprio Cosmo, pudessem ser imaginados nos mesmos termos de um acordo comercial. Isso nos leva a outra questão: se elas não forem troca, o que serão? No capítulo 5, começarei a responder a essa questão recorrendo aos frutos da antropologia para fazer uma descrição ampla da base moral da vida econômica. Depois retorno à questão das origens do dinheiro para mostrar como o próprio princípio de troca surgiu em toda parte como efeito da violência — as origens verdadeiras do dinheiro devem ser buscadas no crime e na recompensa, na guerra e na escravidão, na honra, na dívida e na redenção. Isso, por sua vez, abre caminho para começar, no capítulo 8, uma verdadeira história dos últimos 5 mil anos da dívida e do crédito, com suas grandes alternâncias entre períodos de dinheiro virtual e físico. Muitas das descobertas do capítulo são surpreendentes, como o fato de os conceitos modernos de direitos e liberdades terem sua origem na antiga lei da escravidão, de o capital de investimento ter sua origem no budismo chinês medieval, ou ainda o fato de que muitas das mais famosas teses de Adam Smith parecem ter sido plagiadas de obras escritas por teóricos do livre mercado na Pérsia medieval (uma ideia que, a propósito, tem implicações interessantes para compreender o apelo atual do islã político). Tudo isso arma o cenário para uma abordagem nova dos últimos quinhentos anos, dominados pelos impérios capitalistas, e nos permite pelo menos começar a perguntar o que pode realmente estar em jogo nos dias atuais.

Durante muito tempo, o consenso intelectual foi que não podemos mais fazer Grandes Perguntas. A cada dia que passa, no entanto, parece que não temos outra escolha.

2. O mito do escambo

> Para cada pergunta sutil e complexa há uma resposta perfeitamente simples e clara: a que está errada.
>
> H. L. MENCKEN (citação ligeiramente adaptada)

QUAL É A DIFERENÇA ENTRE a mera obrigação, a sensação de que é preciso se comportar de determinada maneira, ou de que se deve algo a alguém, e a *dívida* propriamente dita? A resposta é simples: o dinheiro. A diferença entre a dívida e a obrigação é que a dívida pode ser quantificada com precisão. E isso requer dinheiro.

Não é só o dinheiro que torna a dívida possível: dinheiro e dívida aparecem em cena exatamente ao mesmo tempo. Alguns dos primeiros documentos escritos que chegaram até nós são tabuletas mesopotâmicas com registros de créditos e débitos, provisões distribuídas pelo templo, dinheiro devido pelo aluguel das terras do templo, com o valor de cada item especificado precisamente em grãos e prata. Algumas das primeiras obras de filosofia moral, por sua vez, são reflexos do que significa conceber o comportamento moral nos mesmos termos com que se trata a dívida — ou seja, em termos monetários.

Uma história da dívida, portanto, é necessariamente uma história do dinheiro — e a maneira mais fácil de compreender o papel que a dívida desempenhou na sociedade humana consiste em acompanhar as formas que o dinheiro assumiu, e o modo como o dinheiro foi usado ao longo dos séculos, bem como as discussões resultantes sobre o significado disso tudo. Ainda assim, esta é necessariamente uma história do dinheiro bem diferente daquela com a qual estamos acostumados. Quando os economistas falam sobre a origem do dinheiro, por exemplo, eles sempre consideram a dívida algo secundário. Primeiro vem o escambo, depois o dinheiro; o crédito só se desenvolve posteriormente. Mesmo quando consultamos livros sobre a história do dinheiro, por exemplo, na China, França ou Índia, o que geralmente encontramos é uma história da cunhagem, com pouquíssimas discussões sobre acordos de crédito. Durante quase um século, antropólogos que seguem a mesma linha de raciocínio que eu têm apontado que há algo muito errado nessa abordagem. A versão comum da história econômica tem pouco a ver com o que observamos quando analisamos como a vida econômica é de fato organizada, nos mercados e comunidades reais, em praticamente todos os lugares — nos quais é muito provável encontrarmos pessoas endividadas de diversas maneiras, e transações que em sua maioria se dão sem o uso de moeda.

Por que essa discrepância?

Parte dela diz respeito apenas à natureza dos fatos: moedas são preservadas nos arquivos arqueológicos; acordos de crédito em geral não o são. Todavia, os problemas são mais profundos que isso. A existência do crédito e da dívida sempre teve uma conotação de escândalo para os economistas, uma vez que é praticamente impossível fazer de conta que as pessoas que emprestam dinheiro e tomam empréstimos estejam agindo por interesses puramente "econômicos" (por exemplo, que o empréstimo para um estranho seja a mesma coisa que o empréstimo para um primo); parece importante, portanto, começar a história do dinheiro em um mundo imaginário do qual o crédito e a dívida tenham sido eliminados. Antes de aplicarmos as ferramentas da antropologia para reconstruir a história real do dinheiro, precisamos entender o que há de errado com a explicação convencional.

Os economistas geralmente falam em três funções do dinheiro: meio de troca, unidade de contas e reserva de valor. Todos os manuais econômicos tratam o meio de troca como função primária. Vejamos um trecho razoavelmente típico do livro *Economics* (1996), de Karl Case, Ray Fair, Manfred Gärtner e Ken Heather:

O dinheiro é vital para o funcionamento da economia de mercado. Imagine como seria a vida sem ele. A alternativa à economia monetária é o escambo, em que as pessoas trocam diretamente bens e serviços por outros bens e serviços, em vez de trocá-los por meio do dinheiro.

Como funciona o sistema de escambo? Suponha que você queira croissants, ovos e suco de laranja para o café da manhã. Em vez de comprar os produtos na mercearia usando dinheiro, você teria de encontrar alguém que tivesse esses produtos e quisesse trocá-los. Além disso, você precisaria ter algo que o padeiro, o fornecedor de suco e o vendedor de ovos quisessem. Ter lápis para trocar não adiantará de nada se o padeiro, o fornecedor de suco e o vendedor de ovos não quiserem lápis.

O sistema de escambo requer uma *dupla coincidência de desejos* para que a troca aconteça. Ou seja, para efetuar a troca, eu não preciso apenas encontrar alguém que tenha o que quero, mas a pessoa também precisa querer o que tenho. Quando a variedade de bens trocados é pequena, o que costuma acontecer em economias relativamente rudimentares, não é difícil encontrar alguém para realizar a troca, e o escambo costuma ser usado.[1]

Esse último ponto é questionável, mas é colocado de maneira tão vaga que seria difícil contestá-lo:

Em uma sociedade complexa com muitos bens, o escambo requer muito esforço. Imagine-se tentando encontrar pessoas que ofereçam todos os tipos de produtos comprados na mercearia e que queiram aceitar os produtos que você tem a oferecer em troca dos bens que elas possuem.

Algum meio de troca acordado (ou meio de pagamento) praticamente elimina o problema da dupla coincidência de desejos.[2]

É importante ressaltar que isso não é apresentado como algo que de fato aconteceu, mas sim como um exercício puramente imaginário. "Para entender como a sociedade se beneficia de um meio de troca, imagine uma economia de escambo", escrevem David Begg, Stanley Fischer e Rudiger Dornbusch (*Economics*, 2005). "Imagine a dificuldade que você teria hoje se tivesse de trocar seu trabalho diretamente pelos frutos do trabalho de outra pessoa", escrevem Peter Maunder, Danny Myers, Nancy Wall e Roger LeRoy Miller (*Economics Explained*, 1991). "Imagine que você tenha galos, mas queira rosas", escrevem Michael Parkin e David King (*Economics*, 1995).[3] Poderíamos multiplicar infinitamente esses exemplos. Quase todos os manuais de economia usados hoje em dia colocam o problema da mesma maneira. Historicamente, afirmam eles, sabemos que houve uma época em que não existia dinheiro. Como poderia ter sido essa época? Ora, imaginemos uma economia parecida com a que temos hoje, mas sem dinheiro. Seria algo certamente inconveniente! É claro, as pessoas inventaram o dinheiro visando à eficiência.

A história do dinheiro para os economistas sempre começa no reino da fantasia do escambo. O problema é onde situar essa fantasia no tempo e no espaço: estamos falando dos homens das cavernas, dos nativos das ilhas do Pacífico, das primeiras colônias norte-americanas? Um manual, escrito pelos economistas Joseph Stiglitz e John Driffill, nos leva ao que parece ser uma cidade imaginária na Nova Inglaterra ou no Centro-Oeste dos Estados Unidos:

> Podemos imaginar um antigo sistema de escambo rural com o ferreiro, o alfaiate, o merceeiro e o médico em uma cidade pequena. Para que o simples escambo funcione, no entanto, deve haver uma *dupla coincidência de desejos*. [...] Henry tem batatas e quer calçados, Joshua tem um par de calçados sobrando e quer batatas. O escambo pode deixar os dois mais felizes. Mas se Henry tem lenha e Joshua não precisa de lenha, o escambo pelos calçados de Joshua requer que os dois, ou apenas um deles, saiam procurando mais pessoas na esperança de realizar uma troca multilateral. O dinheiro proporciona um modo muito mais simples de realizar a troca multilateral. Henry vende a lenha para outra pessoa por dinheiro e usa o dinheiro para comprar os calçados de Joshua.[4]

Repetindo, essa é apenas uma terra imaginária, muito parecida com a nossa, mas sem o dinheiro. Sendo assim, ela não faz sentido nenhum:

quem, em sã consciência, montaria uma mercearia em um lugar desses? E como conseguiria suprimentos? Mas deixemos isso de lado. Há uma razão simples que leva todos os autores de manuais de economia a nos contar a mesma história. Para os economistas, trata-se, em um sentido muito verdadeiro, da história mais importante que já nos foi contada. Foi contando essa história, no significativo ano de 1776, que Adam Smith, professor de filosofia moral da Universidade de Glasgow, criou efetivamente a economia como disciplina.

Ele não criou essa história sem algum embasamento na realidade. Em 330 a.C., Aristóteles já especulava sobre o assunto em uma linha bastante similar em seu tratado sobre política. Antes, sugeria ele, as famílias deviam produzir tudo aquilo de que precisavam. Gradualmente, algumas delas presumivelmente teriam se especializado, algumas plantando milho, outras produzindo vinhos, e teriam passado a trocar seus produtos.[5] O dinheiro, supunha Aristóteles, deve ter surgido de tal processo. Mas, assim como os estudiosos medievais que de vez em quando repetiam a história, Aristóteles nunca disse claramente como ele surgiu.[6]

Nos anos que se sucederam a Colombo, enquanto aventureiros espanhóis e portugueses varriam o mundo em busca de novas fontes de ouro e prata, essas histórias imprecisas desapareceram. Certamente ninguém relatou ter descoberto uma terra onde vigorava o escambo. A maioria dos viajantes dos séculos XVI e XVII, nas Índias Ocidentais ou na África, supunha que todas as sociedades teriam necessariamente as próprias formas de dinheiro, uma vez que todas as sociedades tinham governos e todos eles emitiam moeda.[7]

Adam Smith, por outro lado, estava determinado a subverter o pensamento convencional de sua época. Em primeiro lugar, ele se opôs à ideia de que o dinheiro era criação de governos. Nesse aspecto, Smith foi o herdeiro intelectual da tradição de filósofos liberais como John Locke, que argumentava que o governo começa na necessidade de proteger a propriedade privada e funciona melhor quando tenta se limitar a essa função. Smith ampliou o argumento, insistindo que propriedade, dinheiro e mercados não só existiam antes das instituições políticas, como eram os próprios fundamentos da sociedade humana. Desse modo, uma vez que o governo tinha de exercer algum papel nas questões monetárias, ele deveria se limitar a garantir a estabilidade da moeda. Foi em decorrência dessa tese que Adam Smith conseguiu afirmar que a economia é por si só um campo da investigação humana com princípios e leis próprios — ou seja, algo distinto da ética ou da política, por exemplo.

É válido esmiuçar o argumento de Adam Smith porque, como eu disse, trata-se do grande mito fundador da economia como disciplina.

Qual é — assim ele começa — a base da vida econômica propriamente dita? Trata-se de "certa tendência ou propensão existente na natureza humana [...] a intercambiar, permutar ou trocar uma coisa pela outra". Os animais não fazem isso. "Ninguém jamais viu um cachorro fazer uma troca justa e deliberada de um osso por outro, com um segundo cachorro."[8] Os seres humanos, se deixados a agir por conta própria, inevitavelmente começarão a permutar e comparar as coisas. É isso que eles fazem. Até mesmo a lógica e a conversação não passam de modos de estabelecer trocas, e, como em todas as outras coisas, os seres humanos sempre tentarão tirar o máximo de vantagem, buscarão o maior lucro que possam obter com a troca.[9]

É esse impulso para a troca, por sua vez, que cria a divisão do trabalho, responsável por todo avanço da humanidade e pela civilização. Aqui a cena muda para outra terra da fantasia dos economistas — que parece um amálgama dos indígenas norte-americanos com os pastores nômades da Ásia Central:

> Em uma tribo de caçadores ou pastores, por exemplo, determinada pessoa faz arcos e flechas com mais habilidade e rapidez do que qualquer outra. Muitas vezes os trocará com seus companheiros por gado ou por carne de caça; considera que, dessa forma, pode conseguir mais gado e mais carne de caça do que conseguiria se ele mesmo fosse à procura deles no campo. Considerando primeiramente, portanto, o interesse próprio, resolve que fazer arcos e flechas será sua ocupação principal, tornando-se uma espécie de armeiro. Outra pessoa é particularmente hábil em fazer o madeiramento e as coberturas de

suas pequenas cabanas ou casas removíveis. Ela está habituada a ser útil a seus vizinhos dessa forma, os quais a remuneram da mesma maneira, com gado e carne de caça, até que, ao final, acaba achando interessante dedicar-se inteiramente a essa ocupação e tornar-se uma espécie de carpinteiro dedicado à construção de casas. Da mesma forma, um terceiro torna-se ferreiro ou funileiro, um quarto se faz curtidor ou preparador de peles ou couros, componente primordial da roupa dos silvícolas...[10]

É somente quando surgem fabricantes de arcos, cabanas etc. que as pessoas percebem a existência de um problema. Observe que, como ocorre em tantos outros exemplos, nós tendemos a passar de silvícolas imaginários para pequenos comerciantes em cidadezinhas:

Quando a divisão do trabalho estava apenas em seu início, esse poder de troca deve ter deparado frequentemente com grandes empecilhos. Podemos perfeitamente supor que um indivíduo possua uma mercadoria em quantidade superior àquela de que precisa, ao passo que outro tem menos. Consequentemente, o primeiro estaria disposto a vender uma parte do que lhe é supérfluo, e o segundo a comprá-la. Todavia, se esse segundo indivíduo não possuir nada daquilo que o primeiro necessita, não poderá haver nenhuma troca entre eles. O açougueiro possui mais carne do que a quantidade de que precisa para seu consumo, e o cervejeiro e o padeiro estariam dispostos a comprar uma parte do produto. Entretanto, estes nada têm a oferecer em troca...
[...]
A fim de evitar o inconveniente de tais situações, todo homem prudente, em qualquer sociedade e em qualquer período da história após ter se estabelecido pela primeira vez a divisão do trabalho, deve naturalmente ter se empenhado em conduzir seus negócios de tal forma que a cada momento tivesse consigo, além dos produtos diretos de seu trabalho, certa quantidade de uma mercadoria ou outra — mercadorias tais que, em seu entender, poucas pessoas recusariam receber em troca do produto do trabalho delas.[11]

Desse modo, todos começaram inevitavelmente a estocar aquilo que supunham ser da necessidade de outras pessoas. Isso produziu um efeito paradoxal porque, em dado momento, em vez de aquela mercadoria ficar menos valiosa (uma vez que todos já têm um pouco dela), ela se torna mais valiosa (porque se transforma, efetivamente, em moeda):

Conta-se que na Abissínia o instrumento comum para comércio e trocas é o sal; em algumas regiões da costa da Índia, é determinado tipo de conchas; na Terra Nova é o bacalhau seco; na Virgínia, o tabaco; em algumas das nossas colônias do oeste da Índia, o açúcar; em alguns outros países, peles ou couros preparados; ainda hoje — segundo me foi dito — existe na Escócia uma aldeia em que não é raro um trabalhador levar pregos em vez de dinheiro, quando vai ao padeiro ou à cervejaria.[12]

Por fim, obviamente, pelo menos para o comércio de longa distância, tudo se reduz a metais preciosos, pois estes idealmente são apropriados para servir como moeda por serem duráveis, portáteis e capazes de serem divididos continuamente em porções idênticas:

Diferentes foram os metais utilizados pelas diversas nações para esse fim. O ferro era o instrumento comum de comércio entre os espartanos; entre os antigos romanos era o cobre; e o ouro e a prata em todas as nações ricas e comerciantes.
[...]
De início, parece que os referidos metais eram utilizados para esse fim em barras brutas, sem gravação e sem cunhagem.
[...]
O uso de metais nesse estado apresentava dois consideráveis inconvenientes: a pesagem e a verificação da autenticidade ou qualidade do metal. No caso dos metais preciosos, em que uma pequena diferença de quantidade representa uma grande diferença no valor, até mesmo o trabalho de pesagem, para ser feito com a precisão necessária, requer no mínimo pesos e balanças muito exatos. Particularmente a pesagem do ouro é uma operação precisa e sutil...[13]

Não é difícil deduzir o resultado disso. Usar lingotes irregulares de metal é mais fácil que praticar o escambo, mas padronizar as unidades — digamos, prensar peças de metal com designações uniformes que garantam o peso e a pureza da liga, em diferentes denominações — não facilitaria ainda mais as coisas? Certamente sim, e dessa forma nasceu a cunhagem. De fato, a difusão da cunhagem implicou o envolvimento dos governos, pois geralmente eram os governos que forjavam as moedas; mas, na versão clássica da história, os governos tinham apenas esse papel limitado — garantir a oferta monetária — e tendiam a exercê-lo sem a menor competência, uma vez que, durante a história, reis inescrupulosos muitas vezes fraudavam a cunhagem, desvalorizando a moeda, gerando inflação e outros tipos de danos políticos àquilo que originalmente era apenas uma questão de simples bom senso econômico.

De maneira reveladora, essa história teve um papel crucial não só na fundação da economia como disciplina, mas na própria ideia de que existia algo chamado "economia", que funcionava com regras próprias, separado da vida moral ou política — ou seja, algo que os economistas podiam tomar como campo de estudos. "A economia" é a área em que exercemos nossa propensão natural a intercambiar e permutar. Ainda estamos intercambiando e permutando e sempre estaremos. A moeda é apenas o meio mais eficaz para isso.

Mais tarde, economistas como Karl Menger e Stanley Jevons melhoraram os detalhes dessa história, basicamente acrescentando diversas equações matemáticas para mostrar que um agrupamento aleatório de pessoas com desejos aleatórios poderia, em teoria, produzir não só uma única mercadoria para ser usada como dinheiro, mas também um sistema de preços uniformes. Nesse processo, eles também introduziram todo o vocabulário técnico pomposo (por exemplo, "inconveniências" se transformou em "custos de transação"). O problema, contudo, é que essa história se tornou senso comum para a maioria das pessoas. Nós a ensinamos para crianças nos livros escolares e nos museus. Todo mundo a conhece. "Era uma vez o escambo, um sistema difícil. Então as pessoas inventaram o dinheiro. Depois veio o desenvolvimento do sistema bancário e do crédito."

Tudo isso constitui uma progressão perfeitamente simples e objetiva, um processo de sofisticação e abstração cada vez maior que levou a humanidade, de maneira lógica e inexorável, da troca de presas de mastodonte na Idade da Pedra às bolsas de valores, aos fundos de hedge e aos derivativos securitizados.[14]

Essa ideia tornou-se realmente onipresente. Onde quer que haja dinheiro, haverá essa história. Certa vez, na cidade de Arivonimamo, em Madagascar, tive o privilégio de entrevistar um *kalanoro*, uma criaturinha fantasmagórica que um médium local dizia manter escondida dentro de um baú em sua casa. O espírito era do irmão de uma agiota local, uma mulher horrenda chamada Nordine, e, para ser sincero, relutei um pouco em me envolver com a família, mas alguns amigos insistiram — afinal de contas, tratava-se de um ser de tempos remotos. A criatura falava por trás de uma cortina com a voz trêmula e sinistra. Mas o único assunto que lhe interessava era o dinheiro. Por fim, um pouco irritado com toda aquela farsa, eu perguntei: "Então, o que você usava como dinheiro nos tempos antigos, quando ainda estava vivo?".

A voz misteriosa respondeu imediatamente: "Não. A gente não usava dinheiro. Nos velhos tempos, trocávamos diretamente uma mercadoria por outra...".

Essa história, portanto, tornou-se o mito fundador do nosso sistema de relações econômicas. E esse mito está tão profundamente enraizado no senso comum que, até mesmo em lugares como Madagascar, a maioria das pessoas não imaginaria outra maneira possível de aparecimento do dinheiro.

O problema é que não há nenhum indício de que isso um dia aconteceu, mas há numerosos indícios sugerindo que possa não ter acontecido.

Há séculos os pesquisadores tentam encontrar essa lendária terra do escambo — sem sucesso. Adam Smith usa como pano de fundo para seu relato a América do Norte e seus aborígenes (outros preferem a África ou o Pacífico). Em defesa de Smith, pelo menos poder-se-ia dizer que na época dele não havia informações confiáveis sobre os sistemas econômicos dos norte-americanos nativos em bibliotecas escocesas. Já seus sucessores não podem recorrer a desculpas. Mas, em meados do século, as descrições de Lewis Henry Morgan das Seis Nações dos Iroqueses, entre outras, foram amplamente difundidas — e deixaram claro que a principal instituição econômica nas nações iroquesas eram habitações coletivas, chamadas *longhouses*, em inglês, onde a maior parte dos produtos era estocada e depois distribuída pelos conselhos de mulheres, e ninguém nunca trocava pontas de flecha por pedaços de carne. Os economistas simplesmente ignoraram essa informação.[15] Stanley Javons, por exemplo, que em 1871 escreveu o que seria considerado o livro clássico sobre as origens do dinheiro, retira seus exemplos de Adam Smith, como ao falar de indígenas que trocam carne de caça por cervos e pele de castor, e não utiliza nenhuma descrição real da vida indígena, deixando claro que Adam Smith simplesmente inventou esses exemplos. Mais ou menos na mesma época, missionários, aventureiros e administradores coloniais viajavam pelo mundo todo e levavam consigo cópias do livro de Adam Smith, esperando encontrar a terra do escambo. Ninguém nunca encontrou. O que descobriram foi uma variedade quase infinita de sistemas econômicos. Até hoje, ninguém conseguiu localizar nem uma parte do mundo sequer onde o modo comum de transação econômica entre vizinhos seja na forma de troca de "vinte galinhas por uma vaca".

A obra antropológica definitiva sobre o escambo, escrita por Caroline Humphrey, da Universidade de Cambridge, não poderia ser mais enfática em suas conclusões: "Nunca foi descrito nenhum exemplo puro e simples da economia de escambo, muito menos de que o dinheiro tenha surgido do escambo; toda a etnografia existente sugere que esse tipo de economia nunca existiu".[16]

Ora, tudo isso dificilmente quer dizer que o escambo não existiu — ou que nunca tenha sido praticado pelo tipo de gente que Adam Smith chamaria de "selvagens". Significa apenas que quase nunca era empregado, como ele imaginava, entre homens de uma mesma aldeia. Comumente, ele acontecia entre estranhos, até entre inimigos. Tomemos como exemplo os indígenas nambiquaras, no Brasil. Eles parecem corresponder a todos os critérios: uma sociedade simples, praticamente sem divisão de trabalho, organizada em pequenos grupos que tradicionalmente são formados, quando muito, por cem pessoas cada um. De vez em quando, se um grupo vê que outro grupo acendeu as fogueiras para cozinhar, manda emissários para negociar um encontro com propósitos de troca. Se a oferta é aceita, eles primeiro escondem as mulheres e as crianças na floresta, depois convidam os homens do outro grupo para visitar o acampamento. Cada grupo escolhe um chefe; depois que todos se reúnem, cada chefe profere um discurso formal enaltecendo a outra parte e subestimando o próprio grupo; todos deixam as armas de lado para cantar e dançar juntos — embora a dança imite o confronto de guerra. Depois, os indivíduos de um grupo se dirigem aos do outro para a troca:

> Se um indivíduo quer um objeto qualquer, ele o enaltece dizendo o quanto é bom. Se um homem valoriza um objeto e quer algo em troca por ele, em vez de dizer o quanto é valioso, diz que não é bom, demonstrando assim seu desejo de mantê-lo consigo. "Esse machado não é bom, é muito velho e perdeu o corte", dirá ele, referindo-se ao seu machado que o outro quer.
> Esse argumento é defendido em um tom furioso até que se chega a um entendimento. Feito o acordo, um pega o objeto da mão do outro. Se um homem fez o escambo de um colar não irá retirá-lo e entregá-lo, é o outro que deve arrancá-lo exibindo força. Discussões, que muitas vezes levam a lutas, ocorrem quando uma das partes é um pouco precipitada e apanha o objeto antes que o outro tenha terminado de argumentar.[17]

Toda a negociação termina com um grande banquete para o qual as mulheres reaparecem, mas isso também pode causar problemas, uma vez que a música e a boa comida costumam dar margem à sedução,[18] o que muitas vezes leva a rixas provocadas pelo ciúme. De vez em quando, algumas pessoas são mortas.

O escambo, portanto, apesar de todos os elementos festivos, era realizado entre pessoas em geral inimigas e podia estar a um passo de se converter em uma guerra completa — e caso o etnógrafo esteja correto, se um dos lados concluía que havia sido explorado pelo outro, a situação podia muito facilmente levar de fato a um conflito real.

Viremos agora os holofotes para o outro lado do mundo, mais precisamente para o lado ocidental da Terra de Arnhem, na Austrália, onde o povo gunwinggu é famoso por divertir os povos vizinhos em rituais de escambo cerimonial chamados *dzamalag*. Aqui, a ameaça de violência real parece muito mais distante. Em parte porque as coisas são facilitadas pela existência de um sistema de "metades exogâmicas" adotado em toda a região: não é permitido se casar ou fazer sexo com pessoas da mesma metade em que o grupo se divide, não importa de onde elas tenham vindo, mas qualquer pessoa que seja da outra metade tecnicamente é um par potencial. Desse modo, para os homens, mesmo em comunidades distantes, metade das mulheres é estritamente proibida, e a outra parte é um alvo legítimo. A região também é unida pela especialização local: cada povo tem seu próprio produto de troca para realizar o escambo com outros grupos.

O que se segue se baseia na descrição de um *dzamalag* ocorrido na década de 1940, tal como observado pelo antropólogo Ronald Berndt.

Mais uma vez, a história começa quando estranhos, depois de algumas negociações iniciais, são convidados para o acampamento dos anfitriões. Os visitantes, nesse exemplo, eram conhecidos por suas "lanças dentadas muito apreciadas" — e os anfitriões tinham acesso a boas vestimentas vindas da Europa. O negócio começa quando o grupo visitante, formado por homens e mulheres, entra na área circular reservada para as danças, e três pessoas começam a entreter os anfitriões com música. Dois homens cantam e um terceiro os acompanha tocando *didjeridu*. Pouco tempo depois, as mulheres do grupo de anfitriões chegam e atacam os músicos:

> Homens e mulheres se levantam e começam a dançar. O *dzamalag* tem início quando duas mulheres gunwinggus da metade oposta à dos homens que cantam "dão o *dzamalag*" para estes. Elas presenteiam cada homem com um pedaço de tecido, dão uma pancada neles ou os tocam, jogando-os no chão, chamando-os de marido do *dzamalag* e brincando com eles de maneira

erótica. Depois outra mulher da metade oposta à do homem que toca o instrumento de sopro lhe dá um tecido, golpeia-o e brinca com ele.

Esse é o início da troca *dzamalag*. Os homens do grupo visitante sentam-se quietos enquanto as mulheres da metade oposta se aproximam, acertam-lhes um golpe e os convidam para a cópula; elas tomam todas as liberdades para com os homens, entre diversão e aplausos, enquanto o canto e a dança continuam. As mulheres tentam tirar as vestimentas que cobrem os quadris dos homens ou tocar o pênis deles, arrastando-os para fora da área de dança para o coito. Os homens saem com suas parceiras de *dzamalag*, demonstrando relutância, para copular em moitas distantes das fogueiras que iluminam os dançarinos. Eles dão tabaco e contas para as mulheres. Quando elas voltam, dão parte do tabaco para os maridos, que as haviam encorajado a ir para o *dzamalag*. Os maridos, por sua vez, usam o tabaco para pagar por suas próprias parceiras de *dzamalag* [...].[19]

Novos cantores e músicos aparecem; também são abordados e levados para os matagais; os homens encorajam suas esposas a "não terem vergonha", para assim manter a reputação hospitaleira dos gunwinggus; algumas vezes esses homens tomam a iniciativa com as esposas dos visitantes, oferecendo roupas, golpeando-as e levando-as para os matagais. Contas e tabaco circulam. Por fim, depois que todos os participantes saíram aos pares pelo menos uma vez, e os convidados estão satisfeitos com as vestimentas que adquiriram, as mulheres param de dançar, formam duas fileiras, e os visitantes se organizam para pagar a elas.

Então os visitantes de uma metade dançam para as mulheres da metade oposta para "dar-lhes o *dzamalag*". Eles seguram lanças de ponta triangular e fingem espetar as mulheres, mas, em vez de golpeá-las com a ponta, eles as golpeiam com a haste da lança. "Nós não espetaremos vocês com a lança porque já espetamos com o pênis." Eles entregam as lanças para as mulheres. Depois os visitantes da outra metade procedem da mesma maneira com as mulheres da metade oposta, dando-lhes lanças de pontas dentadas. Com isso a cerimônia termina e segue-se uma ampla distribuição de comida.[20]

Esse caso é particularmente dramático, mas casos dramáticos são reveladores. O que os anfitriões gunwinggus parecem fazer aqui, devido às relações relativamente amigáveis com os povos vizinhos da Terra de Arnhem, é tomar todos os elementos do escambo dos nambiquaras (a música e a dança, a hostilidade potencial, a intriga sexual) e os transformar em um tipo de jogo festivo — um jogo que talvez não deixe de ter seus perigos, mas (como enfatiza o etnógrafo) é considerado extremamente divertido por todos os envolvidos.

Esses casos de troca pelo escambo têm em comum o fato de serem encontros entre estranhos que muito provavelmente jamais se encontrarão de novo, e entre os quais certamente não se desenvolverão relações duradouras. É por isso que uma relação de troca direta, de um para um, é apropriada: cada uma das partes faz sua troca e vai embora. Tudo se torna possível quando se firma o primeiro estágio da sociabilidade na forma de prazeres compartilhados, música e dança — a base comum de convívio sobre a qual o comércio deve sempre se construir. Depois vem a troca real, em que os dois lados fazem uma bela exibição da hostilidade latente que necessariamente existe em qualquer troca de bens materiais entre estranhos — nenhuma das partes tem razões particulares para *não* tirar vantagem da outra parte — por meio de uma falsa agressão, em tom de brincadeira, embora no caso dos nambiquaras, em que o manto da sociabilidade é extremamente tênue, a falsa agressão corra o constante perigo de se transformar em agressão real. Os gunwinggus, com sua atitude mais relaxada ante a sexualidade, conseguiram de um modo engenhoso transformar os prazeres comuns e a agressividade que compartilham exatamente na mesma coisa.

Recordemos aqui a linguagem dos manuais de economia: "Imagine uma sociedade sem dinheiro" ou "imagine uma economia de escambo". Esses exemplos deixam muito claro como é limitada a imaginação da maioria dos economistas.[21]

Por quê? A resposta mais simples seria esta: para que exista uma disciplina chamada "economia", uma disciplina que diga respeito, em primeiríssimo lugar, a como os indivíduos buscam o acordo mais vantajoso para a troca de calçados por batatas, ou de roupas por lanças, é preciso assumir que a troca desses bens não tem nada a ver com guerra, paixão, aventura, mistério, sexo ou morte. A economia pressupõe uma divisão entre diferentes esferas do comportamento humano que, entre povos como os gunwinggus e os nambiquaras, simplesmente não existe. Essas divisões, por sua vez, são possibilitadas por acordos institucionais bem específicos — a existência de advogados, prisões e polícia — para garantir que até mesmo as pessoas que não gostam umas das outras, que não têm interesse nenhum em desenvolver qualquer tipo de relação duradoura, mas só estão interessadas em se apoderar ao máximo das posses do outro, não tenham de recorrer ao expediente mais óbvio (o roubo). Isso, por sua vez, nos permite assumir que a vida é harmoniosamente dividida entre o mercado, onde fazemos nossas compras, e a "esfera de consumo", onde nos envolvemos com a música, os banquetes e a sedução. Em outras palavras, a visão de mundo que está na base dos manuais de economia, cujo estabelecimento se deve tanto a Adam Smith, tornou-se parte tão fundamental do senso comum que para nós é difícil imaginar outra possível configuração.

Com esses exemplos, começa a ficar claro por que não existem sociedades baseadas no escambo. Uma tal sociedade só poderia ser aquela em que todos estão o tempo todo a um passo de se engalfinharem, em constante tensão, prontos para atacar, mas nunca atacando de fato. É verdade que o escambo às vezes acontece entre pessoas que não se consideram estranhas umas às outras, mas elas poderiam muito bem ser estranhas — ou seja, são pessoas sem espírito de confiança ou responsabilidade mútua, ou que não têm desejo nenhum de desenvolver relações duradouras. Os pachtuns do norte do Paquistão, por exemplo, são famosos por sua generosa hospitalidade. O escambo é o que se pratica com as pessoas às quais você *não é* ligado por laços de hospitalidade (ou parentesco, ou qualquer outra coisa):

> A forma predileta de troca entre os homens é o escambo, ou *adal-badal* (toma lá dá cá). Os homens estão sempre atentos à possibilidade de escambar uma de suas posses por algo melhor. É comum a troca acontecer entre coisas semelhantes: um rádio por outro rádio, óculos de sol por outros óculos de sol, um relógio por outro relógio. No entanto, objetos diferentes também

podem ser trocados, como, por exemplo, uma bicicleta por dois jumentos. O *adal-badal* é sempre praticado entre pessoas que não são aparentadas e proporciona muito prazer aos homens, pois eles tentam tirar vantagem de seu parceiro de troca. Uma boa troca, na qual o homem sente que se saiu melhor depois do acordo, é motivo de vaidade e orgulho. Se a troca é ruim, o recebedor tenta voltar atrás no negócio ou, quando não consegue, [procura] se livrar do objeto defeituoso passando-o para outra pessoa que não suspeita de nada. O melhor parceiro de *adal-badal* é uma pessoa distante em termos espaciais, ou seja, que terá poucas chances de reclamar.[22]

Porém, esses motivos inescrupulosos não estão limitados à Ásia Central. Eles parecem inerentes à própria natureza do escambo — o que explicaria o fato de, um ou dois séculos antes de Adam Smith, as palavras inglesas *truck* e *barter* [troca e escambo], assim como seus equivalentes em francês, espanhol, alemão, holandês e português, significarem à época "trapacear, enganar e tirar vantagem".[23] Trocar uma coisa diretamente pela outra enquanto se tenta conseguir a melhor vantagem com a transação é a forma comum de lidar com as pessoas pelas quais não se tem muita consideração e que não se espera ver de novo. Quais seriam os motivos para *não* tentar tirar vantagem de uma pessoa assim? Se, por outro lado, alguém tem certa consideração por uma pessoa — um vizinho, um amigo — a ponto de realizar um acordo justo e honesto, inevitavelmente também se interessará por levar em conta as necessidades e os desejos dessa pessoa. Ainda que estejamos fazendo a troca de uma coisa pela outra, provavelmente encararemos a troca como um presente.

Para esclarecer o que quero dizer com isso, voltemos aos manuais de economia e ao problema da "dupla coincidência de desejos". Quando falamos de Henry, ele precisava de um par de calçados, mas só dispunha de algumas batatas. Joshua tinha um par de calçados sobrando, mas não precisava de batatas. Como o dinheiro ainda não foi inventado, eles têm um problema. O que vão fazer?

A primeira coisa que deve ficar clara nesse ponto é que precisamos realmente conhecer um pouco mais sobre Joshua e Henry. Quem são eles? São parentes? Se sim, qual é o parentesco? Os dois parecem viver em uma comunidade pequena. Quaisquer pessoas que vivam na mesma comunidade pequena terão algum tipo de história complicada em relação às outras. Eles são amigos, rivais, aliados, amantes, inimigos ou várias dessas coisas ao mesmo tempo?

Os autores do exemplo original pensaram em dois vizinhos mais ou menos na mesma condição, não tão próximos, mas amigáveis — ou seja, uma relação com a maior neutralidade possível. Mesmo assim, isso não diz muito. Por exemplo, se Henry morasse em uma habitação coletiva e precisasse de calçados, Joshua nem sequer entraria na jogada; Henry simplesmente comentaria o fato com a esposa, que tocaria no assunto com outras matronas, buscaria material no depósito da habitação coletiva e confeccionaria os calçados. Uma alternativa, para encontrarmos um cenário que se encaixe em um manual imaginário de economia: teríamos de posicionar Joshua e Henry juntos em uma comunidade pequena e bem íntima, como uma tribo nambiquara ou um grupo de gunwinggus:

ENREDO I

Henry se aproxima de Joshua e diz: "Calçados bonitos!".

Joshua diz: "Ah, nem são tão bonitos assim, mas, como você gostou deles, pegue-os".

Henry pega os calçados.

Eles não tratam das batatas de Henry porque os dois sabem perfeitamente que, se Joshua precisar de batatas em algum momento, Henry lhe dará algumas.

E nada mais que isso. Obviamente não está claro, nesse caso, quanto tempo Henry ficará com os calçados. Provavelmente depende do estado deles. Se os calçados forem comuns, esse pode ser o fim da questão. Se forem bonitos ou únicos de alguma maneira, podem ser passados adiante.

Há uma história famosa contada por John e Lorna Marshall, antropólogos que fizeram um estudo na década de 1960 com bosquímanos do deserto Kalahari [África]: eles deram uma faca de presente para um de seus informantes prediletos. Um ano depois eles voltaram e descobriram que quase todos os indivíduos do grupo tiveram a posse da faca em algum momento. Por outro lado, vários amigos árabes me confirmaram que, em contextos estritamente menos igualitários, ocorre certo expediente. Se um amigo elogia um bracelete ou uma bolsa, espera-se que você diga imediatamente: "Tome" — mas, se você está determinado a manter o objeto consigo, você sempre pode dizer: "É bonito, não é? Foi um presente".

Está claro, no entanto, que os autores do manual de economia têm em mente uma transação um pouco mais impessoal. Eles parecem imaginar os dois homens como chefes de unidades familiares patriarcais, mantendo boas relações entre si, mas que guardam os próprios suprimentos. Talvez eles vivam em um daqueles vilarejos escoceses, com o açougueiro e o padeiro do exemplo de Adam Smith, ou em um assentamento de colonos na Nova Inglaterra. A diferença é que eles nunca ouviram falar em dinheiro. É uma fantasia peculiar, mas vejamos o que podemos fazer:

ENREDO 2

Henry se aproxima de Joshua e diz: "Calçados bonitos!".

Ou então — para deixar esse cenário um pouco mais realista — a esposa de Henry está conversando com a esposa de Joshua e deixa escapar estrategicamente que o estado dos calçados de Henry está tão ruim que ele começou a reclamar dos calos.

A mensagem é transmitida e Joshua aparece no dia seguinte para oferecer a Henry, como presente, seu par de calçados que está sobrando, insistindo que se trata apenas de um gesto amigável. Jamais ele aceitaria alguma coisa como compensação.

Não importa se Joshua está sendo sincero. Ao fazer o que fez, Joshua registra um crédito. Henry lhe deve uma.

Como Henry poderia pagar a Joshua? Há infinitas possibilidades. Talvez Joshua realmente queira algumas batatas. Henry espera passar um pequeno intervalo e entrega as batatas para Joshua, insistindo também que se trata apenas de um presente. Ou talvez Joshua não precise de batatas agora, então Henry espera até que ele precise. Ou talvez ainda um ano depois, quando Joshua planejar um banquete, ele passe pelo curral de Henry e diga: "Que belo porco...".

Em qualquer um desses enredos, o problema da "dupla coincidência de desejos", tão evocado nos manuais de economia, simplesmente desaparece. Henry pode não ter algo de que Joshua precise agora mesmo. Mas, se os dois são vizinhos, obviamente será uma questão de tempo até que Joshua precise de alguma coisa.[24]

Por sua vez, isso significa que a necessidade de estocar itens comumente aceitáveis, da maneira que sugeriu Adam Smith, também desaparece. Com isso extingue-se a necessidade de moeda. Assim como acontece em muitas comunidades pequenas atuais, todas as pessoas simplesmente guardam consigo a informação de quem deve o quê para quem.

Há apenas um problema conceitual importante aqui — um problema que o leitor atento já deve ter notado. Henry "deve uma a Joshua". Uma o quê? Como se quantifica um favor? Baseados em que nós dizemos que essa porção de batatas, ou esse porco grande, parece mais ou menos equivalente a um par de calçados? Porque, mesmo se essas coisas forem meras aproximações rudimentares, tem de haver *alguma* maneira de estabelecer que X equivale mais ou menos a Y, ou que é um pouco melhor ou um pouco pior. Isso não indica que algo parecido com o dinheiro, pelo menos no sentido de uma unidade de contas que permita comparar o valor de diferentes objetos, já exista?

Na verdade, há um modo rudimentar de resolver o problema na maioria das economias da dádiva. Estabelece-se uma série de categorias de *tipos* de coisas. Porcos e calçados devem ser considerados objetos de equivalência aproximada: pode-se dar um em troca de outro. Colares de corais já seriam uma questão totalmente diferente; seria preciso dar em troca outro colar, ou pelo menos outra joia — os antropólogos costumam se referir a essas situações como criadoras de diferentes "esferas de troca".[25] De certa forma, isso simplifica as coisas. Quando o escambo transcultural se torna uma coisa regular e corriqueira, ele tende a funcionar de acordo com princípios semelhantes: existem apenas certas coisas trocadas por outras (roupas por lanças, por exemplo), o que facilita a elaboração de equivalências tradicionais. No entanto, isso não nos ajuda em nada no problema da origem do dinheiro. Ao contrário, torna tudo ainda mais difícil. Por que estocar sal, ouro ou peixe se eles só podem ser trocados por certas coisas e não outras?

Na verdade, há boas razões para acreditarmos que o escambo não é um fenômeno particularmente antigo, mas que só se difundiu de fato nos tempos modernos. Na maioria dos casos que conhecemos ele acontece entre pessoas familiarizadas com o uso da moeda, mas que, por uma ou por outra razão, não têm tanto dinheiro disponível. Sistemas de escambo mais elaborados em geral afloram como consequência do colapso de economias nacionais: mais recentemente, na década de 1990, na Rússia, e por volta de 2002, na Argentina, quando os rublos (no primeiro caso) e os dólares (no segundo) desapareceram.[26] Em determinadas ocasiões ainda é possível encontrar algum tipo de moeda começando a se desenvolver: por exemplo, nos acampamentos de prisioneiros de guerra e em muitas prisões é sabido que os reclusos usam cigarros como um tipo de moeda, para o deleite e a comoção dos economistas profissionais.[27] Mas aqui também estamos falando de pessoas que cresceram usando o dinheiro e agora precisam se virar sem ele — exatamente a situação "imaginada" nos manuais de economia com os quais eu comecei.

A solução mais frequente é adotar algum tipo de sistema de crédito. Parece ter sido isso que aconteceu quando a maior parte da Europa "retrocedeu ao escambo" depois do colapso do Império Romano e também depois que o Império Carolíngio desmoronou da mesma maneira. As pessoas continuaram mantendo suas contas no antigo dinheiro imperial, mesmo que não usassem mais moedas cunhadas.[28] De maneira semelhante, os pachtuns homens, que gostam de trocar bicicletas por jumentos, conhecem muito bem o uso do dinheiro. O dinheiro existiu naquela parte do mundo por milhares de anos. Eles simplesmente preferem a troca direta entre iguais — nesse caso, porque a consideram mais masculina.[29]

O mais notável é que, mesmo nos exemplos de Adam Smith sobre peixe, pregos e tabaco usados como dinheiro, acontecia o mesmo tipo de coisa. Nos anos que se seguiram à publicação de *A riqueza das nações*, os pesquisadores averiguaram a maior parte dos exemplos e descobriram que, quase em todos os casos, as pessoas envolvidas no escambo eram bem familiarizadas com o uso do dinheiro e na verdade *usavam* o dinheiro — como unidade de contas.[30] Tomemos o exemplo do bacalhau seco, supostamente usado como moeda em Terra Nova. Como afirmou o diplomata inglês A. Mitchell-Innes há quase um século, o que Adam Smith descreve na verdade era uma ilusão criada por um simples acordo de crédito:

> Nos primeiros dias da indústria de pesca em Terra Nova, não havia uma população permanente europeia; os pescadores iam para lá apenas na temporada de pesca, e os que não eram pescadores eram comerciantes que compravam o peixe seco e vendiam para os pescadores seus suprimentos diários. Estes vendiam a pesca para os comerciantes conforme o preço de mercado em libras, xelins e pence, e obtinham como retorno um crédito nas contas, com o qual pagavam por seus suprimentos. O saldo devedor por parte dos comerciantes era pago com títulos de crédito na Inglaterra ou na França.[31]

Acontecia quase a mesma coisa no vilarejo escocês. Não é que as pessoas realmente entrassem em uma taberna local, jogassem um prego no balcão e pedissem um caneco de cerveja. Os empregadores, na época de Adam Smith, muitas vezes careciam de moedas para pagar aos trabalhadores; os salários podiam atrasar um ano ou mais; nesse ínterim, era considerado aceitável que os empregados levassem embora alguns produtos que fabricaram ou alguma sobra de material de trabalho, como madeira, tecidos, cordas etc. Os pregos eram de fato interessantes por serem produto dos empregadores. Então eles iam às tabernas, abriam uma conta e, quando a ocasião permitia, levavam um saco de pregos para liquidar a dívida. O fato de a lei ter tornado o tabaco uma moeda corrente na Virgínia parece ter sido uma tentativa dos agricultores de obrigar os comerciantes locais a aceitar o produto como crédito na época de colheitas. Com efeito, a lei obrigou todos os comerciantes na Virgínia a se tornarem revendedores do negócio do tabaco, quisessem eles ou não; da mesma maneira, todos os comerciantes das Índias Ocidentais foram obrigados a negociar açúcar, uma vez que o açúcar era tudo o que os consumidores mais ricos produziam para liquidar suas dívidas.

Os exemplos básicos, portanto, são aqueles em que as pessoas improvisaram sistemas de crédito porque o dinheiro verdadeiro — moedas de ouro e prata — estava escasso. Mas o golpe mais surpreendente à versão convencional da história econômica surgiu com a tradução primeiro dos hieróglifos egípcios e, depois, da escrita cuneiforme mesopotâmica, que ampliou as fronteiras do conhecimento dos pesquisadores da história escrita em quase 3 mil anos, do tempo de Homero (cerca de 800 a.C.), mais ou menos, que era até onde ia o conhecimento na época de Adam Smith, para aproximadamente 3500 a.C. Esses textos revelaram que sistemas de crédito desse mesmo tipo na verdade *precederam* a invenção das moedas cunhadas em milhares de anos.

O sistema mesopotâmico é o mais bem documentado, mais do que o sistema do Egito faraônico (que parece semelhante), o da China da dinastia Shang (do qual pouco sabemos) ou o da civilização do Vale do Indo (sobre o qual não sabemos nada). Aliás, sabemos muita coisa sobre a Mesopotâmia porque a grande maioria dos documentos cuneiformes era de natureza financeira.

A economia suméria foi dominada por vastos complexos de templos e palácios. Esses complexos muitas vezes eram presididos por milhares de pessoas: sacerdotes e funcionários, artesãos que trabalhavam em oficinas, fazendeiros e pastores que comandavam suas propriedades. Ainda que a Suméria antiga fosse dividida em diversas cidades-Estado independentes, o passado descortinado da Mesopotâmia até cerca de 3500 a.C. revelou que os administradores dos templos já pareciam ter desenvolvido um sistema único e uniforme de contabilidade — um sistema que, em alguns aspectos, continua conosco até hoje, na verdade porque devemos aos sumerianos algumas coisas como a contagem por dúzias, a hora de sessenta minutos ou a divisão do dia em 24 horas.[32] A unidade monetária básica era o siclo de prata. O peso de um siclo de prata era estabelecido como o equivalente a um *gur*, ou *bushel* de cevada. O siclo era subdividido em sessenta minas, correspondendo a uma porção de cevada — com base no princípio de que havia trinta dias em um mês, e os trabalhadores do templo recebiam duas rações de cevada por dia. É fácil perceber que o "dinheiro", nesse sentido, não é de modo nenhum o produto de transações comerciais. Na verdade, ele foi criado por burocratas para rastrear os recursos e transferir itens entre departamentos.

Os burocratas do templo usavam o sistema para calcular as dívidas (aluguéis, impostos, empréstimos etc.) em prata. Efetivamente, a prata era dinheiro. E ela de fato circulava na forma de pedaços não cunhados, "barras brutas", como disse Adam Smith.[33] Nisso ele estava certo. Mas praticamente só essa parte do relato estava correta. Para começar, a prata não circulava muito. A maior parte dela ficava armazenada nos tesouros do templo e do palácio, e alguns desses tesouros continuaram guardados no mesmo lugar durante milhares de anos — literalmente. Seria muito fácil na época padronizar os lingotes, prensá-los, criar um sistema confiável para garantir sua pureza. Existia tecnologia para isso. No entanto, ninguém sentiu a necessidade particular de fazê-lo. Uma das razões é que, apesar de as dívidas serem calculadas em prata, elas não precisavam ser *pagas* em prata — na verdade, elas podiam ser pagas mais ou menos com qualquer coisa de que se dispusesse. Os camponeses que deviam dinheiro ao templo ou ao palácio, ou para algum oficial do templo ou do palácio, parecem ter liquidado suas dívidas principalmente com cevada, e por isso era tão importante fixar a proporção da prata para a cevada. Mas era perfeitamente aceitável aparecer com cabras, mobília ou lápis-lazúli. Os templos e palácios eram operações industriais gigantescas — desse modo, podiam encontrar um uso para praticamente qualquer coisa.[34]

Nas praças de mercado que surgiram nas cidades da Mesopotâmia, os preços também eram calculados em prata, e o preço das mercadorias que não eram totalmente controladas pelos templos e palácios tendia a flutuar de acordo com a oferta e a procura. Mas, mesmo aqui, as evidências que temos sugerem que a maioria das transações era baseada no crédito. Os comerciantes (que às vezes trabalhavam para os templos, às vezes de forma independente) estavam entre os poucos que usavam com frequência a prata nas transações; mas até mesmo eles faziam a maior parte de suas transações à base do crédito, e as pessoas comuns que compravam cerveja das "cervejeiras" ou dos estalajadeiros locais também abriam uma conta que seria liquidada, na época da colheita, com cevada ou outra coisa que tivessem em mãos.[35]

Nessa altura, praticamente todos os aspectos do relato convencional sobre as origens do dinheiro caem por terra. Pouquíssimas vezes uma teoria histórica foi refutada de maneira tão absoluta e sistemática. Nas primeiras décadas do século XX, já se conheciam todas as peças para que a história do dinheiro fosse inteiramente reescrita. A primeira peça foi movimentada por Mitchell-Innes — o mesmo que citei ao falar do bacalhau — em dois ensaios publicados no *Banking Law Journal* de Nova York, em 1913 e 1914. Neles, Mitchell-Innes expõe sem nenhum rodeio as falsas suposições nas quais se baseava a história da economia como a conhecíamos e sugere que precisamos na verdade de uma história da dívida:

> Uma das falácias populares em relação ao comércio é que, nos tempos modernos, foi introduzido um recurso econômico chamado *crédito* e que, antes de esse recurso ser conhecido, todas as compras eram pagas em dinheiro vivo, em outras palavras, em moedas. Uma investigação cuidadosa mostra que justamente o inverso é verdadeiro. Antigamente, as moedas tinham um papel muito menor no comércio do que têm hoje. Na verdade, a quantidade de moedas disponível era tão pequena que nem sequer bastava para as necessidades da família real [inglesa medieval] e dos estamentos que regularmente usavam vários tipos de moeda simbólica com o propósito de realizar pequenos pagamentos. Com efeito, a cunhagem era tão insignificante que muitas vezes os reis não hesitavam em retirar todas de circulação para que fossem recunhadas e redistribuídas, e apesar disso o comércio continuava exatamente do mesmo jeito.[36]

Na verdade, nosso relato-padrão da história monetária é definitivamente invertido. Nós não começamos com o escambo e depois passamos pela descoberta do dinheiro, até chegarmos ao desenvolvimento dos sistemas de crédito, mas sim o contrário. O que hoje chamamos de moeda virtual veio primeiro. A moeda de metal apareceu muito tempo depois, e seu uso se difundiu apenas de maneira desigual, sem jamais substituir por completo os sistemas de crédito. O escambo, por sua vez, parece ser principalmente um tipo de subproduto acidental do uso da cunhagem ou do dinheiro em papel: em termos históricos, o escambo tem sido sobretudo o que as pessoas acostumadas com transações em dinheiro vivo fazem quando, por alguma razão, não têm acesso à moeda corrente.

O curioso é que isso nunca aconteceu: essa nova história nunca foi escrita. Não que os economistas tivessem refutado Mitchell-Innes. Eles simplesmente o ignoraram. Os manuais não mudaram seus relatos — mesmo que todas as evidências deixassem claro que eles estavam errados. As pessoas continuam escrevendo histórias do dinheiro que na verdade são histórias da cunhagem, partindo do pressuposto de que, no passado, as duas coisas eram uma só; os períodos em que a cunhagem desapareceu em grande escala ainda são descritos como épocas em que a economia "retornou para o escambo", como se o sentido dessa frase fosse evidente, ainda que ninguém saiba realmente o que significa. De modo que não temos praticamente nenhuma ideia de como os habitantes de uma cidade holandesa em 950, por exemplo, conseguiam queijo, colheres ou músicos para tocar no casamento de suas filhas — menos ainda como isso se dava em Pemba ou em Samarcanda.[37]

3. Dívidas primordiais

> Toda criatura nasce como uma dívida devida aos deuses, aos santos, aos pais e aos homens. Quando se faz um sacrifício, é por causa de uma dívida devida aos deuses desde o nascimento [...]. Quando se recita o texto sagrado, é por causa de uma dívida devida aos santos [...]. Quando se deseja uma prole, é por causa de uma dívida devida aos pais desde o nascimento [...]. Quando se dá hospitalidade, é por causa de uma dívida devida aos homens.
>
> Śatapatha Brāhmaṇa 1.7.12, 1-6

> Afastemos de nós os efeitos malignos dos sonhos ruins assim como liquidamos nossas dívidas.
>
> Rig Veda 8.47.17

O MOTIVO DE OS MANUAIS DE ECONOMIA hoje começarem com vilarejos imaginários se deve à impossibilidade de falarmos sobre vilarejos reais. Até mesmo alguns economistas foram obrigados a admitir que a Terra do Escambo de Adam Smith na verdade não existe.[1]

A questão é saber por que o mito foi perpetuado. Economistas renomados descartaram com tranquilidade outros elementos de *A riqueza das nações* — por exemplo, a teoria do valor-trabalho e a desaprovação às sociedades anônimas.[2] Por que simplesmente não descartar o mito do escambo como uma parábola iluminista fantástica e, no lugar dela, tentar entender os acordos de crédito primordiais — ou, de todo modo, algo mais consoante com as evidências históricas?

A resposta parece ser que o Mito do Escambo não pode desaparecer porque é central para todo o discurso da economia.

Recordemos qual era o propósito de Adam Smith quando escreveu *A riqueza das nações*. O livro é sobretudo uma tentativa de estabelecer como ciência a disciplina recém-descoberta da economia. Isso significa duas coisas. Primeiramente que os assuntos econômicos deveriam ter um domínio de estudo próprio — o que hoje chamamos de "a economia", embora a ideia da existência de algo chamado "economia" fosse muito nova na época de Smith. Em segundo lugar, que essa economia deveria funcionar de acordo com leis semelhantes às que Sir Isaac Newton havia identificado pouco tempo antes em funcionamento no mundo físico. Newton representara a figura de Deus como um relojoeiro cósmico que criou o maquinário físico do Universo para que funcionasse em benefício supremo dos seres humanos, e depois o deixou trabalhando sozinho. Adam Smith tentava desenvolver uma linha de raciocínio semelhante, uma hipótese newtoniana.[3] Deus — ou a Providência Divina, como dizia ele — dispôs as coisas de tal maneira que nossa busca pelos interesses próprios, dado um mercado sem restrições, seria levada "por uma mão invisível" a promover o bem-estar geral. A famosa mão invisível de Smith era, como ele diz em *Teoria dos sentimentos morais*, o agente da Providência Divina. Tratava-se literalmente da mão de Deus.[4]

Uma vez que a economia foi estabelecida como disciplina, os argumentos teológicos deixaram de parecer necessários ou importantes. As pessoas continuam discutindo se o livre mercado vai realmente produzir os resultados que Smith disse que produziria; mas ninguém questiona se "o mercado" naturalmente existe. Os pressupostos subjacentes que derivam disso passaram a ser vistos como senso comum — tanto que, como observei, nós simplesmente aceitamos que, quando objetos de valor passam para outras mãos, isso normalmente acontece porque dois indivíduos decidiram que obteriam vantagem material ao trocá-los. Um corolário interessante é que, assim, os economistas passaram a ver a própria questão da presença ou ausência do dinheiro como algo sem importância especial, uma vez que o dinheiro é apenas uma mercadoria, escolhida para facilitar a troca, e que usamos para medir o valor de outras mercadorias. Fora isso, ele não tem nenhuma outra qualidade especial. Em 1958, Paul Samuelson, uma das principais luzes da escola neoclássica que ainda exerce influência no pensamento econômico moderno, expressaria desdém pelo que chamou de "mecanismo social do dinheiro". "Mesmo nas economias industriais mais avançadas", insiste ele, "se reduzimos a troca a seus fundamentos mais simples e retiramos a camada do dinheiro que obscurece o quadro geral, descobrimos que o comércio entre indivíduos e nações se resume em grande parte ao escambo."[5] Outros falaram de um "véu monetário" que obscurece a natureza da "economia real", na qual as pessoas produziriam bens e serviços reais e os trocariam alternadamente.[6]

Chame isso de apoteose final da economia como senso comum. O dinheiro não é importante. As economias — as "economias reais" — são sistemas de escambo realmente vastos. O problema é que a história mostra que, sem o dinheiro, esses sistemas não acontecem. Até mesmo quando as economias "revertem para o escambo", como parece ter ocorrido na Europa na Idade Média, elas não abandonam de fato o uso do dinheiro. Elas apenas deixam de usar o dinheiro vivo. Na Idade Média, por exemplo, todos continuaram calculando o valor de ferramentas e gado na antiga moeda romana, mesmo que ela já não circulasse mais.[7]

É o dinheiro que nos possibilita imaginarmos a nós mesmos do modo induzido pelos economistas: como um conjunto de indivíduos cuja principal atividade é trocar as coisas. Também está claro que a mera existência do dinheiro, em si, não basta para que vejamos o mundo desse modo. Se assim o fosse, a economia como disciplina teria sido criada na antiga Suméria, ou pelo menos antes de 1776, ano em que o livro *A riqueza das nações*, de Adam Smith, foi publicado.

Na verdade, o elemento que falta é exatamente o que Adam Smith tentava subestimar: o papel da política governamental. Na Inglaterra, na época de Smith, tornara-se possível ver o mercado, o mundo dos açougueiros, ferrageiros e pequenos comerciantes, como uma esfera própria e independente entre as atividades humanas, pois o governo britânico o encorajava ativamente. Esse encorajamento exigiu leis e polícia, mas também políticas monetárias específicas defendidas (de maneira bem-sucedida) por liberais como Smith.[8] Foi preciso também atrelar o valor da moeda à prata, mas ao mesmo tempo aumentando bastante a oferta monetária e principalmente a quantidade de troco miúdo em circulação. Isso, por sua vez, não só exigiu uma quantidade enorme de estanho e cobre, como também a regulação cuidadosa dos bancos, que, naquela época, eram a única fonte de papel-moeda. O século anterior à publicação de *A riqueza das nações* foi palco de pelo menos duas tentativas de criar bancos centrais sustentados pelo Estado, na França e na Suécia, iniciativas que resultaram em fracassos gigantescos. Em cada caso, o pretenso banco central emitiu notas baseadas em grande parte na especulação que ruiu no momento em que os investidores perderam a confiança. Smith apoiava o uso do papel-moeda, mas, assim como Locke antes dele, também acreditava que o sucesso relativo do Banco da Inglaterra e do Banco da Escócia se deveu à política de atrelar firmemente o papel-moeda aos metais preciosos. Esta se tornou a visão econômica predominante, tanto que as teorias alternativas do dinheiro como crédito — como a defendida por Mitchell-Innes — foram rapidamente postas de lado, seus proponentes foram descartados como excêntricos e elas passaram a ser consideradas um tipo de pensamento que levava aos *bad banks* [bancos ruins] e às bolhas especulativas.

Sendo assim, pode ser útil considerar quais foram essas teorias alternativas.

Teoria estatal da moeda e teoria do dinheiro como crédito

O inglês Mitchell-Innes foi o expoente do que chamamos de teoria do dinheiro como crédito, uma corrente de pensamento que, no decorrer do século XIX, teve seus defensores mais entusiasmados não na Grã-Bretanha, mas sim nas duas potências rivais em ascensão na época — Estados Unidos e Alemanha. Os teóricos dessa corrente insistiam que o dinheiro não é uma mercadoria, mas uma ferramenta de contabilidade. Em outras palavras, ele não é "uma coisa". Assim como não pode se tocar uma hora ou um centímetro cúbico, não podemos tocar um dólar ou um marco alemão. Unidades monetárias não passam de unidades abstratas de medida, e, como também notaram esses teóricos, historicamente os sistemas contábeis abstratos surgiram antes do uso de qualquer meio simbólico particular de troca.⁹

A próxima pergunta óbvia é a seguinte: se o dinheiro é apenas um padrão de medida, o que ele mede? A resposta é simples: a dívida. Uma moeda de metal, na verdade, é apenas um vale.* Enquanto o pensamento convencional sustenta que uma nota de dinheiro é, ou deveria ser, uma promessa para o pagamento de certa quantia em "dinheiro real" (ouro, prata, ou o que quer que isso signifique), os adeptos da teoria do dinheiro como crédito argumentavam que uma nota de dinheiro é apenas a promessa para o pagamento de *alguma coisa* do mesmo valor que uma onça de ouro. O dinheiro é exatamente isso. Não há diferença fundamental nesse aspecto entre um dólar de prata, uma moeda de dólar cunhada com a imagem de Susan B. Anthony em liga de cuproníquel feita para lembrar vagamente o ouro, um pedaço verde de papel com a imagem de George Washington ou um sinal luminoso na tela do computador do banco. Conceitualmente, a ideia de que um pedaço de ouro não passa de um vale é sempre bem difícil de entender, mas ela tem de ser verdade porque, mesmo quando se usavam moedas de ouro e prata, elas quase nunca circulavam com seu valor real.

Como poderia se dar a existência do dinheiro de crédito? Voltemos à cidade imaginária dos professores de economia. Digamos, por exemplo, que Joshua desse seus calçados para Henry e, em vez de Henry lhe dever um favor, ele prometesse pagar a Joshua com alguma coisa de valor equivalente.¹⁰ Henry daria para Joshua um vale. Joshua poderia esperar até que Henry tivesse algo de valor e resgatar o vale. Nesse caso, Henry rasgaria o vale e a história terminaria aí. Mas digamos que Joshua passasse o vale para uma terceira pessoa — Sheila — a quem ele deve algo. Ou ele poderia usá-lo para pagar uma dívida com Lola, uma quarta pessoa — agora

---

* No original, IOU (abreviação de "*I owe you*", "eu lhe devo"). Trata-se de um documento informal que atesta a existência de uma dívida e não é negociável. De modo geral, um IOU pode ser trocado por um produto ou serviço específicos, e não por moeda corrente, e quase sempre no próprio estabelecimento que o emitiu. (N. T.)

Henry deve a ela aquela quantia. Assim nasce o dinheiro, pois não existe um fim lógico para o vale. Digamos então que Sheila queira comprar um par de sapatos de Edith; ela só tem de repassar o vale para Edith e garantir que Henry é bom pagador. Em princípio, não há razões que impeçam o vale de continuar circulando na cidade durante anos — desde que as pessoas continuem acreditando em Henry. Na verdade, se passar um bom tempo, as pessoas podem se esquecer totalmente do emissor. Coisas assim acontecem. O antropólogo Keith Hart contou-me uma história sobre seu irmão, que serviu como soldado britânico em Hong Kong na década de 1950. Os soldados costumavam pagar suas contas de bar passando cheques de bancos da Inglaterra. Os comerciantes locais muitas vezes apenas os endossavam entre si e os faziam circular como moeda corrente. Uma vez ele viu um de seus cheques, preenchido seis meses antes, no balcão de um vendedor local, coberto com cerca de quarenta diferentes inscrições minúsculas em chinês.

Adeptos da teoria do dinheiro como crédito como Mitchell-Innes argumentavam que, mesmo se Henry desse uma moeda de ouro para Joshua em vez de um pedaço de papel, a situação seria essencialmente a mesma. Uma moeda de ouro é uma promessa de pagamento de alguma outra coisa de valor equivalente a uma moeda de ouro. Afinal de contas, uma moeda de ouro não é útil em si. Nós só a aceitamos porque presumimos que os outros também a aceitarão.

Nesse sentido, o valor de uma unidade monetária não é a medida do valor de um objeto, mas a medida da confiança de uma pessoa em outros seres humanos.

Esse elemento de confiança, é claro, torna tudo mais complicado. As primeiras cédulas circularam de um modo praticamente igual ao que acabei de descrever, exceto que, como ocorreu com os comerciantes chineses, cada receptor acrescentava sua assinatura para garantir a legitimidade da dívida. Mas, de modo geral, a dificuldade da explicação cartalista — como foi chamada, a partir do latim *charta* (folha de papel, ou papiro, carta, lâmina de metal) — é definir por que as pessoas continuariam confiando em um pedaço de papel. Afinal, por que as pessoas não podiam simplesmente assinar o vale com o nome de Henry? Sim, esse tipo de sistema baseado em símbolos da dívida poderia funcionar se limitado a um pequeno vilarejo onde todos se conhecessem, ou até mesmo em uma comunidade mais dispersa como a dos mercadores italianos do século xvi ou chineses do século xx, em que as pessoas não perdiam de vista umas às outras. Mas sistemas assim não podem criar um sistema monetário completo, e não há evidências de que já tenham criado algum. Para fornecer uma quantidade suficiente de vales para garantir que cada pessoa, mesmo em uma cidade de porte médio, seja capaz de realizar uma parcela significativa de suas transações diárias nessa moeda seria necessário dispor de milhões desses vales.[11] Para garantir todos eles, Henry teria de ser inacreditavelmente rico.

No entanto, tudo isso não seria problema se Henry fosse, digamos, o segundo, Henrique II, rei da Inglaterra, duque da Normandia, lorde da Irlanda e conde de Anjou.

O verdadeiro estímulo à posição cartalista, com efeito, veio da "Escola Histórica Alemã", como ficou conhecida e que teve como expoente mais famoso o historiador Georg Friedrich Knapp, cuja obra *Teoria estatal da moeda* foi publicada em 1905.[12] Se o dinheiro é apenas uma unidade de medida, faz sentido que reis e imperadores se preocupem com questões monetárias. Eles quase sempre se preocupam em estabelecer sistemas uniformes de pesos e medidas em seus reinos. Também é verdade que, como observou Knapp, uma vez estabelecidos esses sistemas, eles tendem a permanecer incrivelmente estáveis ao longo do tempo. Durante o reinado de Henrique II (1154-89), praticamente todas as pessoas da Europa Ocidental ainda faziam suas contas usando o sistema monetário estabelecido por Carlos Magno cerca de 350 anos antes — ou seja, usando libras, xelins e pence —, apesar do fato de algumas dessas moedas jamais terem existido (Carlos Magno na verdade nunca cunhou uma libra de prata), de nenhum dos verdadeiros xelins e pence daquela época ter continuado em circulação e de as moedas que ainda circulavam tenderem a variar consideravelmente em termos de tamanho, peso, pureza e valor.[13] Segundo os cartalistas, na verdade isso não importa. O que interessa é a existência de um sistema uniforme para medir créditos e dívidas, e que esse sistema continue estável com o passar do tempo. O caso da moeda de Carlos Magno é particularmente notável porque seu império se dissolveu muito rápido, mas o sistema monetário que ele criou continuou a ser usado nas contabilidades de seus antigos territórios por mais de oitocentos anos. No século XVI, esse sistema era explicitamente denominado "dinheiro imaginário", e os *livres* e *deniers* só foram abandonados completamente como unidades contábeis mais ou menos na época da Revolução Francesa.[14]

Segundo Knapp, o fato de a moeda física e material em circulação corresponder ou não a esse "dinheiro imaginário" não é particularmente importante. Não faz nenhuma diferença que o dinheiro seja prata pura, prata amalgamada, pedaços de couro ou bacalhau seco, desde que o Estado se disponha a aceitá-lo como pagamento de impostos. Pois tudo o que o Estado aceitou tornou-se moeda corrente por essa razão. Uma das formas mais importantes de moeda corrente na Inglaterra na época de Henrique II eram os *tally sticks*, talhas, peças de madeira usadas para registrar as dívidas. Os *tally sticks* eram quase a mesma coisa que os vales: as partes envolvidas em uma transação pegavam um galho de aveleira, entalhavam-no indicando a quantidade devida e o partiam em dois. O credor ficava com metade, chamada *stock* — daí a origem do termo *stock holder* [acionista] —, e o devedor ficava com a outra metade, chamada *stub* — daí a origem do termo *ticket stub* [toco ou canhoto, partes não descartáveis de folhas de blocos]. Os agentes fiscais usavam esses pedaços de galho para calcular quantias devidas pelos xerifes locais. Muitas vezes, no entanto, em vez de esperar os impostos vencerem, o erário de Henrique II vendia os *tally sticks* com desconto, e eles circulavam, como símbolos de dívidas devidas ao governo, nas mãos de qualquer pessoa que quisesse negociá-los.[15]

As cédulas modernas na verdade funcionam de acordo com um princípio semelhante, mas de maneira inversa.[16] Voltemos à parábola sobre o vale de Henry. O leitor deve ter notado um aspecto curioso da equação: o vale só pode funcionar como dinheiro se Henry nunca pagar a sua dívida. Na verdade, foi exatamente essa lógica que se aplicou originalmente na fundação do Banco da Inglaterra — o primeiro banco central moderno bem-sucedido. Em 1694, uma associação de banqueiros ingleses fez um empréstimo de 1,2 milhão de libras ao rei. Como pagamento, eles ganharam o monopólio real sobre a emissão de cédulas. Na prática, isso significou que obtiveram o direito de repassar vales equivalentes a uma parte do dinheiro que o rei devia a eles para qualquer habitante do reino que quisesse realizar um empréstimo ou depositar o seu dinheiro no banco — com efeito, isso significou fazer circular ou "monetizar" a dívida real recém-criada. Foi um grande negócio para os banqueiros (eles cobravam do rei uma taxa de juros anual de 8% pelo empréstimo e ao mesmo tempo cobravam dos clientes juros pelo mesmo dinheiro emprestado), mas tudo isso só funcionou porque o empréstimo original permaneceu em aberto. Até hoje, o empréstimo do rei nunca foi pago. E não pode ser. Se algum dia ele o fosse, todo o sistema monetário da Grã-Bretanha deixaria de existir.[17]

Essa abordagem nos ajuda, no mínimo, a resolver um dos mistérios óbvios da política fiscal de muitos dos primeiros reinados. Por que eles obrigavam os súditos a pagar impostos? Não temos o costume de fazer essa pergunta. A resposta parece evidente. Os governos exigem o pagamento de impostos porque querem pôr as mãos no dinheiro das pessoas. Mas, se Adam Smith estava certo, e o ouro e a prata se tornaram dinheiro por causa do funcionamento natural do mercado e sem ter nenhuma ligação com os governos, então a decisão óbvia a ser tomada pelos reis não seria apenas assumir o controle das minas de ouro e de prata? Assim eles teriam todo o dinheiro de que porventura precisassem. Na verdade, isso era o que reis antigos normalmente faziam. Se houvesse ouro e prata em seus territórios, eles geralmente assumiam o controle deles. Então, qual era exatamente o propósito de extrair o ouro, cunhá-lo com uma imagem para depois despachá-lo para circular entre os súditos — exigindo posteriormente que os mesmos súditos o devolvessem?

Isso, sim, parece um problema. Mas, se o dinheiro e os mercados não surgem de maneira espontânea, faz todo o sentido. Pois essa é a maneira mais simples e eficaz de criar mercados. Tomemos um exemplo hipotético. Digamos que um rei quer manter um exército permanente de 50 mil homens. Na Antiguidade ou na Idade Média, alimentar uma força desse tamanho era um problema enorme, pois ela provavelmente consumiria todos os víveres de um raio de dezesseis quilômetros em poucos dias — a não ser que o exército estivesse em marcha, seria preciso empregar praticamente um número igual de homens e animais apenas para localizar, adquirir e transportar as provisões necessárias.[18] Por outro lado, se simplesmente fossem entregues moedas para os soldados e fosse exigido que cada família do reino devolvesse quantidade equivalente de moedas como pagamento, toda a economia nacional seria transformada, de uma só vez, em uma máquina gigantesca de provisão de soldados, uma vez que, assim, cada família, para conseguir moedas, teria de encontrar alguma maneira de contribuir para o esforço geral de fornecer aos soldados aquilo de que necessitam. Os mercados começam a existir como efeito colateral.

Trata-se de uma versão meio caricatural, mas ela deixa bem claro que os mercados apareceram ao redor de antigos exércitos; basta olharmos para o *Arthaśāstra*, de Kautilya, para o "círculo da soberania" sassânida ou para os "Discursos de sal e ferro" chineses para descobrir que a maioria dos governantes antigos passava grande parte do tempo pensando na relação entre minas, soldados, impostos e comida. A maioria concluiu que a criação de mercados assim era não apenas conveniente para alimentar os soldados, mas também útil em diversos aspectos, pois significava que os oficiais não teriam mais de recorrer ao populacho para obter todos os bens de que precisassem, ou descobrir um modo de produzi-los nas propriedades e oficinas reais. Em outras palavras, apesar da tenaz suposição liberal — vale ressaltar, oriunda do legado de Adam Smith — de que Estados e mercados de certa maneira se opõem, as fontes históricas indicam exatamente o contrário. Sociedades sem Estado tendem também a não ter mercados.

Como se pode imaginar, as teorias estatais da moeda sempre foram um anátema para os economistas ortodoxos, que trabalham na tradição de Adam Smith. Na verdade, o cartalismo tendia a ser visto como um submundo populista da teoria econômica, defendido principalmente por excêntricos.[19] O curioso é que esses economistas ortodoxos muitas vezes trabalhavam para os governos e os aconselhavam a buscar políticas muito parecidas com as descritas pelos cartalistas — ou seja, políticas fiscais feitas para criar mercados onde eles não existiam —, apesar do fato de estarem, em teoria, comprometidos com a tese de Adam Smith de que os mercados se desenvolvem de maneira espontânea.

Isso era particularmente válido para o mundo colonial. Retornando a Madagascar: já mencionei que uma das primeiras coisas que o general francês Gallieni fez ao assumir o controle da ilha por completo em 1901 foi impor um imposto por cabeça. Além de ser muito alto, o imposto só podia ser pago em francos malgaxes emitidos recentemente. Em outras palavras, Gallieni emitia o dinheiro e depois exigia que todos no país lhe devolvessem o mesmo dinheiro.

Mais surpreendente, no entanto, era a linguagem usada para descrever o tributo, chamado de *impôt moralisateur* — imposto "moralizante" ou "educacional". Em outras palavras, seu objetivo — adotando a linguagem da época — era ensinar aos nativos o valor do trabalho. Como o "imposto moralizador" era cobrado logo depois da época de colheita, a maneira mais fácil de os agricultores o pagarem era vendendo uma parte do que colheram em arroz para os mercadores chineses ou indianos que logo se estabeleceram nas pequenas cidades do país inteiro. No entanto, a colheita acontecia quando o preço de mercado do arroz, por razões óbvias, estava em baixa; se a pessoa vendesse uma quantidade muito grande do que colheu, isso significava que ela não teria o suficiente para alimentar sua família durante o restante do ano, e assim seria forçada a comprar de volta o próprio arroz, a crédito, dos mesmos mercadores, quando os preços estivessem muito mais elevados. Assim, os agricultores se endividavam rápida e irremediavelmente (os mercadores também agiam como agiotas). A maneira mais fácil de pagar a dívida era realizar algum tipo de cultivo comercial — como começar a plantar café ou abacaxi — ou então mandar os filhos trabalharem por salário nas cidades ou em uma das plantations que os colonos franceses estavam estabelecendo em toda a ilha. Todo o projeto formava um esquema cínico para extorquir o trabalho barato do campesinato, mas não só isso. O governo colonial era bem explícito (pelo menos em seus documentos de política interna) sobre a necessidade de garantir que os camponeses tivessem pelo menos algum dinheiro guardado e que se acostumassem aos pequenos luxos — guarda-sóis, batons, biscoitos — disponíveis nas lojas chinesas. Era crucial que eles desenvolvessem novos gostos, hábitos e expectativas; que lançassem a base de uma demanda de consumo que perduraria muito tempo depois que os conquistadores tivessem ido embora, mantendo Madagascar preso à França para sempre.

A maioria das pessoas não é boba, e a maioria dos malgaxes entendia exatamente o que os conquistadores tentavam fazer. Alguns estavam decididos a resistir. Mais de sessenta anos depois da invasão, um antropólogo francês, Gérard Althabe, pôde observar vilarejos na costa leste da ilha cujos habitantes apareciam zelosamente nas plantações de café para ganhar o dinheiro de que precisavam para pagar o imposto por cabeça e, depois de pagá-lo, ignoravam deliberadamente os artigos à venda nas lojas locais. Em vez de os adquirirem, entregavam todo o dinheiro restante para os mais velhos de suas famílias, que depois o usariam para comprar gado e sacrificá-lo em nome dos ancestrais.[20] Muitos diziam abertamente que estavam evitando uma armadilha.

Apesar disso, raramente dura para sempre esse tipo de resistência. Pouco a pouco os mercados tomaram forma, mesmo naquelas partes da ilha em que antes não havia ninguém. Com os mercados surgiu a inevitável rede de pequenas lojas. E quando cheguei lá, em 1990, uma geração depois de o imposto por cabeça finalmente ter sido abolido por um governo revolucionário, a lógica do mercado era aceita de maneira tão automática que até mesmo os médiuns repetiam frases que poderiam muito bem ter saído da pena de Adam Smith.

Esses exemplos poderiam ser multiplicados indefinidamente. Algo parecido aconteceu praticamente em todas as partes do mundo conquistadas por exércitos europeus onde ainda não havia mercados. Em vez de descobrirem o escambo, eles deram corpo ao mercado usando as mesmas técnicas que as economias dominantes rejeitaram.

Em busca de um mito

Os antropólogos vêm reclamando do mito do escambo há quase um século. De vez em quando os economistas afirmam, com uma leve irritação, que eles continuam contando a mesma história, apesar de todas as evidências em contrário, por uma razão muito simples: os antropólogos nunca conseguiram elaborar uma história melhor.[21] Essa objeção é compreensível, mas há uma resposta simples para ela. Os antropólogos não são capazes de elaborar um relato simples e convincente para a origem do dinheiro porque não há razão para acreditar que isso seja possível. O dinheiro foi tão "inventado" quanto a música, a matemática ou a joalheria. O que chamamos de "dinheiro" não é uma "coisa"; é um modo de comparar as coisas matematicamente, como proporções: de dizer que 1 de x é equivalente a 6 de y. Como tal, ele é tão antigo quanto o próprio pensamento humano. No momento em que tentamos ser mais específicos, descobrimos que há uma infinidade de hábitos e práticas diferentes que convergiram para o que hoje chamamos "dinheiro", e é justamente por isso que economistas, historiadores e outros acham tão difícil elaborar uma única definição.

Os teóricos do dinheiro como crédito enfrentam dificuldades há muito tempo pela falta de uma narrativa igualmente atraente. Isso não quer dizer que todos os participantes dos debates monetários ocorridos entre 1850 e 1950 não tivessem o hábito de recorrer à artilharia mitológica. Talvez isso tenha sido verdadeiro principalmente em relação aos Estados Unidos. Em 1894, os *greenbackers*, que fizeram pressão para o dólar ser totalmente desatrelado do ouro a fim de permitir que o governo gastasse livremente em campanhas de criação de emprego, inventaram a ideia da Marcha sobre Washington — ideia que teria ressonância sem fim na história dos Estados Unidos. O livro *O Mágico de Oz*, de L. Frank Baum, publicado em 1900, costuma ser visto como uma parábola da campanha populista de William Jennings Bryan, que concorreu duas vezes à Presidência pela plataforma eleitoral Free Silver — prometendo substituir o padrão-ouro por um sistema bimetálico que permitiria a livre criação de dinheiro de prata junto com o de ouro.[22] Como no caso dos *greenbackers*, um dos melhores eleitorados para o movimento era o dos devedores: em particular, famílias fazendeiras do Centro-Oeste como a de Dorothy, de *O Mágico de Oz*, que enfrentaram uma onda maciça de execuções de hipoteca durante a severa recessão dos anos 1890. De acordo com a leitura populista, as Bruxas Más do Leste e do Oeste representam os banqueiros da Costa Leste e Oeste (que promoviam e patrocinavam a oferta monetária restrita), o Espantalho simboliza os fazendeiros (que não tinham inteligência para evitar a armadilha da dívida), o Homem de Lata é o proletariado industrial (que não tinha coração para agir em solidariedade com os fazendeiros), e o Leão Covarde representa a classe política (que não tinha coragem de intervir). A estrada de tijolos amarelos, os sapatinhos de prata, a cidade de esmeraldas e o Mágico desafortunado supostamente falam por si mesmos.[23] "Oz", obviamente, é a abreviação-padrão de "onça".[24] Como tentativa de criar um novo mito, a história de Baum foi notavelmente eficaz. Mas não o foi como propaganda política. William Jennings Bryan fracassou em três tentativas de chegar à Presidência, o padrão-prata nunca foi adotado e poucos hoje em dia sabem do que supostamente tratava *O Mágico de Oz*.[25]

Para os adeptos da Teoria Estatal da Moeda, em particular, isso foi um problema. Relatos sobre governantes que recorrem aos impostos para criar mercados em territórios conquistados ou para pagar a soldados e outras funções estatais não são particularmente inspiradores. E outros países não se mostraram receptivos às ideias alemãs sobre o dinheiro como encarnação da vontade nacional.

No entanto, toda vez que houve um grande colapso econômico, a economia ortodoxa do laissez-faire foi afetada. As campanhas de Bryan foram criadas como uma reação ao Pânico de 1893. Na época da Grande Depressão da década de 1930, a própria ideia de que o mercado podia regular a si mesmo, desde que o governo garantisse que o dinheiro estivesse seguramente atrelado aos metais preciosos, foi completamente desacreditada. Mais ou menos de 1933 a 1979, cada um dos principais governos capitalistas reverteu o curso e adotou alguma versão do keynesianismo. A ortodoxia keynesiana começou com a suposição de que os mercados capitalistas só funcionariam de fato se os governos capitalistas estivessem dispostos a efetivamente dar uma de babá: de maneira mais notável, assumindo déficits gigantescos que estimulassem a economia em períodos de baixa. Embora Margaret Thatcher na Grã-Bretanha e Ronald Reagan nos Estados Unidos tenham dado um grande espetáculo, na década de 1980, ao rejeitar tudo isso, não se sabe de fato até que ponto se deu essa rejeição.[26] Em todo caso, eles atuavam na esteira de um golpe ainda maior à ortodoxia monetária anterior: a decisão de Richard Nixon, em 1971, de desatrelar totalmente o dólar dos metais preciosos, eliminar o padrão-ouro internacional e introduzir o sistema de regimes de câmbio flutuante que passou a dominar a economia mundial desde então. Isso significou que todas as moedas nacionais dali em diante passaram a ser, como gostavam de dizer os economistas neoclássicos, moeda fiduciária, ou *fiat-money*, endossada apenas pelo voto de confiança.

Ora, o próprio John Maynard Keynes era muito mais aberto ao que gostava de chamar de "tradição alternativa" das teorias estatal da moeda e do dinheiro como crédito do que qualquer economista da sua estatura antes ou a partir dele (e Keynes continua sendo o pensador econômico mais importante do século xx). Em determinados momentos, ele mergulhou nela: passou diversos anos na década de 1920 estudando os registros bancários cuneiformes da Mesopotâmia para tentar determinar as origens do dinheiro — foi sua "loucura babilônica", como diria algum tempo depois.[27] Sua conclusão, que ele apresenta no início de *Tratado sobre a moeda*, foi mais ou menos a única a que se poderia chegar caso se partisse não dos princípios fundamentais, mas de um exame cuidadoso da fonte histórica: a conclusão de que a minoria lunática estava essencialmente correta. Quaisquer que sejam suas origens mais remotas, nos últimos 4 mil anos o dinheiro havia sido efetivamente uma criação do Estado. Os indivíduos, observou ele, fazem contratos entre si. Fazem dívidas e prometem pagá-las:

> O Estado, portanto, surge, antes de tudo, como a autoridade da lei que obriga o pagamento daquilo que corresponde ao nome ou descrição no contrato.

Mas ele surge duplamente quando, além disso, reivindica o direito de determinar e declarar *o que* corresponde ao nome, e de variar sua declaração de tempos em tempos — quando, em outras palavras, ele reivindica o direito de modificar o dicionário. Esse direito é reivindicado por todos os Estados modernos e tem sido assim reivindicado por ao menos 4 mil anos. Quando esse estágio na evolução da moeda é atingido, o cartalismo de Knapp — doutrina de que o dinheiro é, peculiarmente, uma criação do Estado — atinge sua plena realização. [...] Hoje, toda moeda civilizada é, sem a menor sombra de dúvida, cartalista.[28]

Isso não quer dizer que o Estado necessariamente *crie* o dinheiro. Dinheiro é crédito, ele pode passar a existir por acordos contratuais privados (empréstimos, por exemplo). O Estado simplesmente impõe o acordo e dita os termos legais. Daí a afirmação impactante de Keynes de que os bancos criam moeda, por isso não há limite intrínseco à capacidade deles para fazê-lo: por mais que concedam empréstimos, o tomador de empréstimo não terá escolha exceto levar o dinheiro de volta para algum banco, e assim, da perspectiva do sistema bancário como um todo, a quantidade total de débitos e créditos vai sempre se anular.[29] As implicações foram radicais, mas o próprio Keynes não era radical. No fim, ele sempre teve o cuidado de enquadrar o problema de tal maneira que pudesse ser reintegrado à economia dominante de sua época.

Keynes também não era um criador de mitos. Uma vez que a tradição alternativa surgiu como uma resposta para o mito do escambo, isso não ocorreu por esforço do próprio Keynes (ele concluiu que a origem do dinheiro não era particularmente importante), mas sim por obra de alguns neokeynesianos da época, que não tinham medo de adotar, dentro do limite que lhes era possível, algumas de suas sugestões mais radicais.

O verdadeiro ponto fraco nas teorias estatal da moeda e do dinheiro como crédito sempre foi a questão dos impostos. Uma coisa é explicar por que os primeiros Estados exigiam impostos (para criar mercados). Outra é perguntar: "Mas isso estava certo?". Partindo do pressuposto de que os primeiros governantes não eram simplesmente criminosos e que os impostos não eram simplesmente extorsão — e nenhum teórico do dinheiro como crédito, que eu saiba, assumiu essa visão cínica mesmo em relação aos primeiros governos —, é preciso perguntar como eles justificavam esse tipo de coisa.

Atualmente, todos pensamos que sabemos a resposta para essa pergunta. Pagamos nossos impostos para que o governo nos forneça serviços. Isso começa com os serviços de segurança — a proteção militar sendo talvez a única que os primeiros Estados realmente conseguiam fornecer. Hoje, no entanto, o governo fornece toda sorte de coisas. Acredita-se que tudo isso remonta a algum tipo de "contrato social" primitivo sobre o qual todos concordaram de alguma maneira, embora ninguém saiba exatamente quando foi firmado ou quem o elaborou, tampouco por que deveríamos estar limitados por decisões de remotos ancestrais nesse tópico quando não nos sentimos particularmente limitados pelas decisões sobre nenhum outro tópico.[30] Tudo ganha sentido se assumirmos que os mercados surgem antes dos governos, mas o argumento inteiro é logo solapado quando descobrimos que não é bem isso que acontece.

Há uma explicação alternativa criada para manter a conformidade com a abordagem da teoria estatal e do dinheiro como crédito. Ela é chamada de "teoria da dívida primordial" e tem sido desenvolvida em grande parte na França por uma equipe de pesquisadores — não só economistas, mas também antropólogos, historiadores e classicistas — reunidos originalmente em torno dos economistas Michel Aglietta e André Orléan,[31] e, mais recentemente, Bruno Théret, abordagem que tem sido adotada por neokeynesianos nos Estados Unidos e também no Reino Unido.[32]

Trata-se de uma posição que surgiu há pouco e, em grande medida, no bojo dos debates sobre a natureza do euro. A criação de uma moeda europeia comum desencadeou não só todos os tipos de discussões intelectuais (Uma moeda comum implica necessariamente a criação de um Estado europeu comum? Ou de uma economia ou sociedade europeia comum? Essas duas coisas não acabam sendo a mesma coisa?), mas também intensos debates políticos. A criação da zona do euro foi encabeçada principalmente pela Alemanha, e os bancos centrais ainda veem como principal objetivo o combate à inflação. Além disso, como as políticas monetárias restritivas e o equilíbrio orçamentário foram usados como a principal arma para enfraquecer as políticas de bem-estar social na Europa, o euro necessariamente se tornou a preocupação de lutas políticas entre banqueiros e pensionistas, credores e devedores tão acirradas quanto as ocorridas nos Estados Unidos na década de 1890.

O argumento central é que qualquer tentativa de separar política monetária de política social é errada em última instância. Os teóricos da dívida primordial insistem que essas duas formas de política sempre foram a mesma coisa. Os governos usam impostos para criar dinheiro e conseguem fazer isso porque se tornaram os guardiães da dívida que todos os cidadãos têm uns com os outros. Essa dívida é a essência da própria sociedade. Ela existe muito antes do dinheiro e dos mercados, e o dinheiro e os mercados em si não passam de modos de dividi-la em pedacinhos.

A princípio, seguindo essa linha argumentativa, esse sentido da dívida era expresso não pelo Estado, mas pela religião. Para defender essa ideia, Aglietta e Orléan se concentraram em determinadas obras da antiga literatura religiosa escrita em sânscrito: hinos, orações e poesia coletados nos Vedas e nos Brâmanas — comentários sacerdotais compostos durante os séculos que se seguiram —, textos que hoje são considerados a base do pensamento hindu. A escolha não é tão estranha quanto parece. Esses textos constituem as reflexões históricas mais antigas que conhecemos sobre a natureza da dívida.

Na verdade, até mesmo os primeiros poemas védicos que existem, compostos entre 1500 a.C. e 1200 a.C., evidenciam uma preocupação constante com a dívida — que é tratada como sinônimo de culpa e pecado.[33] Existem diversas orações implorando aos deuses que libertem o adorador dos grilhões ou correntes da dívida. Muitas vezes elas parecem se referir à dívida no sentido literal — no *Rig Veda*, 10.34, por exemplo, há uma longa descrição da triste condição de apostadores que "vagam sem teto, sentindo um medo constante, endividados e em busca de dinheiro". Em outros textos, em sentido claramente metafórico.

Nesses hinos, Yama, deus da morte, aparece de maneira destacada. Estar endividado era ter um peso posto nas costas pela Morte. Não cumprir uma obrigação ou promessa, fosse em relação aos deuses ou aos homens, significava viver à sombra da Morte. Muitas vezes, inclusive nos primeiros textos, a dívida parece assumir um sentido mais amplo de sofrimento interior, que leva o ser humano a implorar aos deuses — principalmente Agni, que representa o fogo do sacrifício — pela libertação. Foi somente com os Brâmanas que os comentadores começaram a elaborar tudo isso em uma filosofia mais abrangente. A conclusão: a existência humana é, em si, uma forma de dívida.

> O homem, ao nascer, endivida-se; ele nasce por si só para a Morte, e apenas no sacrifício é que se redime da Morte.[34]

O sacrifício (e esses primeiros comentadores eram, eles mesmos, sacerdotes sacrificiais), portanto, é chamado de "tributo pago à Morte". Ou era essa a maneira de falar. Na realidade, como os sacerdotes sabiam melhor do que ninguém, o sacrifício era dirigido a todos os deuses, não só à Morte — a Morte era apenas o intermediário. Enquadrar as coisas assim, contudo, suscitou imediatamente aquele problema que sempre surge quando se concebe a vida humana de tal maneira. Se nossa vida é emprestada, quem se disporia a pagar a dívida? Viver em dívida é viver em culpa, ser incompleto. Mas a completude só pode significar aniquilação. Dessa maneira, o "tributo" do sacrifício podia ser visto como um tipo de pagamento de juros, e a vida do animal sacrificado substituía temporariamente o que era de fato devido, ou seja, nós mesmos — um mero adiamento do inevitável.[35]

Os comentadores sacerdotais propuseram diferentes maneiras de sair desse dilema. Alguns brâmanes ambiciosos começaram a dizer para seus clientes que o ritual de sacrifício, se feito de maneira correta, continha a promessa de romper totalmente com a condição humana e atingir a eternidade (uma vez que, em face da eternidade, todas as dívidas são insignificantes).[36] Outra saída era ampliar a noção de dívida, de modo que todas as responsabilidades sociais se tornassem dívidas de um tipo ou de outro. Desse modo, duas passagens famosas nos Brâmanas insistem que nascemos como uma dívida não só para com os deuses, a ser paga em sacrifício, mas também para com os Sábios criadores da sabedoria védica, a ser paga com o estudo; para com nossos ancestrais ("os Pais"), a ser paga com nossa prole; e por fim "para com os homens" — aparentemente significando a humanidade como um todo —, a ser paga oferecendo hospitalidade a estranhos.[37] Assim, qualquer pessoa que leve uma vida decente está constantemente pagando dívidas existenciais de um tipo ou de outro; mas, ao mesmo tempo, como a noção de dívida incorre em um sentido simples de obrigação social, ela se torna algo muito menos aterrorizante do que a ideia de que a própria existência é um empréstimo feito com a Morte.[38] Sobretudo porque as obrigações sociais são sempre uma faca de dois gumes. Afinal, quando se tem filhos, os pais se tornam tanto devedores como credores.

Os teóricos da dívida primordial propuseram que as ideias codificadas nesses textos védicos não são peculiares a certa tradição intelectual dos primeiros especialistas em ritos da Idade do Ferro no vale do Ganges, mas essenciais à própria natureza e história do pensamento humano. Consideremos, por exemplo, essa declaração que consta de um ensaio do economista francês Bruno Théret, com o título nada inspirador "The Socio-Cultural Dimensions of the Currency: Implications for the Transition to the Euro" [As dimensões socioculturais da moeda: implicações para a transição ao euro], publicado no *Journal of Consumer Policy*, em 1999:

> Na origem do dinheiro temos uma "relação de representação" da morte como um mundo invisível, antes e depois da vida — uma representação que é produto da função simbólica própria da espécie humana e que concebe o nascimento como uma dívida original herdada por todos os homens, uma dívida devida aos poderes cósmicos dos quais surgiu a humanidade.
>
> O pagamento dessa dívida, que, no entanto, jamais pode ser liquidada na terra — porque seu reembolso total é inatingível —, toma a forma de sacrifícios que, ao restabelecer o crédito dos seres humanos, possibilitam prolongar a vida e até, em certos casos, alcançar a eternidade, juntando-se aos deuses.

Mas essa afirmação de crença também está associada ao surgimento das forças soberanas cuja legitimidade reside em sua capacidade de representar todo o Cosmo original. E são essas forças que inventaram o dinheiro como meio de sanar as dívidas — um meio cuja abstração torna possível resolver o paradoxo sacrificial pelo qual levar um ser à morte se torna o modo permanente de proteger a vida. Por intermédio dessa instituição, a crença é, por sua vez, transferida para uma moeda cunhada com a efígie do soberano — um dinheiro posto em circulação, mas cujo retorno é organizado por essa outra instituição que é o tributo e a liquidação da dívida de vida. Desse modo, o dinheiro também assume a função de meio de pagamento.[39]

Isso fornece no mínimo uma ilustração nítida de como o padrão do debate na Europa é diferente do que há no mundo anglo-americano. É impossível imaginar um economista norte-americano de qualquer tipo escrevendo algo parecido. Todavia, o autor está realizando uma síntese brilhante. A natureza humana não nos conduz à "troca e ao escambo". Antes, ela garante que estejamos sempre criando símbolos — como o próprio dinheiro. É assim que nos vemos em um Cosmo cercado por forças invisíveis: em dívida com o Universo.

A atitude engenhosa, naturalmente, é devolver tudo isso à teoria estatal da moeda — uma vez que por "forças soberanas" Théret na verdade quer dizer "Estado". Os primeiros reis eram reis sagrados — ou eram deuses por legítimo direito ou mediadores privilegiados entre os seres humanos e as forças supremas que governavam o Cosmo. Isso nos encaminha à percepção gradual de que nossa dívida para com os deuses sempre foi, de fato, uma dívida para com a sociedade que fez de nós aquilo que somos.

A "dívida primordial", escreve o sociólogo britânico Geoffrey Ingham, "é aquela dos vivos no tocante à continuidade e durabilidade da sociedade que garante a existência individual deles".[40] Nesse sentido, não são só os criminosos que têm uma "dívida para com a sociedade" — em certo sentido, todos nós somos culpados, até mesmo criminosos.

Por exemplo, Ingham observa que, embora não haja nenhuma prova verdadeira de que o dinheiro surgiu dessa maneira, "há evidências etimológicas indiretas consideráveis":

Em algumas línguas indo-europeias, as palavras usadas para "dívida" são sinônimas daquelas usadas para "pecado" ou "culpa", ilustrando o elo existente entre religião, pagamento e mediação dos campos sagrado e profano pelo "dinheiro". Por exemplo, há uma conexão entre dinheiro (alemão *Geld*), indenização ou sacrifício (inglês antigo *Geild*), imposto (gótico *Gild*) e, é claro, culpa (inglês *guilt*).[41]

Ou, usando outra conexão curiosa: por que o gado era usado como dinheiro com tanta frequência? O historiador alemão Bernard Laum afirmou há muito tempo que, em Homero, quando as pessoas mediam o valor de um navio ou de uma armadura, essa medição era sempre feita em cabeças de boi — mesmo que nunca pagassem em bois quando as trocas fossem realizadas. É difícil fugir da conclusão de que isso acontecesse porque o boi era o animal oferecido aos deuses como sacrifício. Daí esses animais representarem o valor absoluto. Da Suméria à Grécia antiga, prata e ouro eram entregues como oferendas nos templos. Em todos os lugares, o dinheiro parece ter surgido da coisa mais apropriada a ser dada aos deuses.[42]

Se o rei simplesmente assumiu o controle dessa dívida primordial que todos temos para com a sociedade por ela nos ter criado, isso explica, de maneira bem justa, o motivo que leva o governo a achar que tem direito de nos cobrar impostos. Os impostos são apenas uma medida de nossa dívida para com a sociedade que nos criou. Mas isso realmente não explica como esse tipo de dívida absoluta com relação à vida pode ser convertida em *dinheiro*, que é, por definição, um meio de medir e comparar o valor de coisas *diferentes*. Essa questão é um problema tanto para os teóricos do dinheiro como crédito quanto para os economistas neoclássicos, ainda que, em cada grupo, ela seja enquadrada de maneira diferente. Se partirmos da teoria monetária baseada no escambo, temos de resolver o problema de como e por que escolheríamos uma mercadoria para medir com exatidão quanto queremos de todas as outras. Se partirmos da teoria do dinheiro como crédito, permaneceremos com o problema que descrevi no primeiro parágrafo: como transformar uma obrigação moral em uma quantia específica de dinheiro, como o mero sentimento de dever um favor a alguém pode ser transformado em um sistema de contas a partir do qual é possível calcular exatamente quantas ovelhas, quantos peixes ou pedaços de prata seriam necessários para pagar a dívida? Ou, nesse caso, como passamos daquela dívida absoluta que temos para com Deus para as dívidas específicas que temos para com nossos primos ou o dono do bar?

A resposta dada pelos teóricos da dívida primordial é, mais uma vez, engenhosa. Se os impostos representam nossa dívida absoluta para com a sociedade que nos criou, então o primeiro passo na criação do dinheiro real é dado quando começamos a calcular dívidas muito mais específicas para com a sociedade, os sistemas de multa, as taxas e penalidades, ou ainda dívidas que temos com indivíduos específicos, por termos de alguma maneira agido errado, e assim nos colocando numa posição de "pecador" ou "culpado".

Isso na verdade é muito menos implausível do que poderia parecer. Um dos problemas em relação a todas as teorias sobre as origens do dinheiro de que temos falado até agora é que elas ignoram quase completamente os dados da antropologia. Os antropólogos têm bastante conhecimento de como realmente funcionavam as economias nas sociedades sem Estado — de como ainda funcionam em lugares onde os Estados e os mercados foram incapazes de romper completamente com os modos tradicionais de fazer as coisas. Há inúmeros estudos, por exemplo, sobre o uso do gado como dinheiro no leste ou no sul da África, da moeda-concha nas Américas (o *wampum* talvez seja o exemplo mais famoso), ou, na Papua-Nova Guiné, do dinheiro de contas, de penas, do uso de anéis de ferro, cauris e outros tipos de concha, varetas de latão ou escalpos de pica-pau.[43] O motivo que faz com que essa literatura geralmente seja ignorada pelos economistas é simples: "moedas primitivas" desse tipo raramente são usadas para comprar e vender coisas, e mesmo quando o são nunca é para negociar itens de uso cotidiano como galinhas, ovos, sapatos ou batatas. Em vez de serem empregadas para adquirir coisas, elas são usadas principalmente para reorganizar as relações entre as pessoas. Sobretudo para arranjar casamentos e estabelecer disputas, em especial aquelas que surgem de assassinatos ou de lesões pessoais.

Temos todos os motivos para acreditar que o nosso dinheiro começou da mesma maneira. Até mesmo o verbo *to pay* (pagar), em inglês, é originalmente derivado de uma palavra que significa "pacificar, apaziguar" — como quando você dá algo precioso a outra pessoa, por exemplo, para expressar como se sente mal por ter matado o irmão dela depois de terem partido para a briga, bêbados, e como você realmente gostaria de evitar que isso desencadeasse uma vendeta.[44]

Os teóricos da dívida preocupam-se especialmente com essa última possibilidade, sobretudo porque tendem a ignorar a literatura antropológica e analisar os primeiros códigos de lei — inspirando-se aqui no trabalho inovador de um dos maiores numismatas do século XX, Philip Grierson, o primeiro a sugerir, na década de 1970, que o dinheiro deve ter surgido das primeiras práticas legais. Grierson era especializado na Idade Média europeia e ficou fascinado pelo que passou a ser conhecido como "códigos de leis bárbaras" [*Leges Barbarorum*, em latim], estabelecidos por muitos povos germânicos depois da destruição do Império Romano nos séculos VII e VIII — godos, frísios, francos etc. —, logo sucedidos por códigos similares publicados em todos os lugares, da Rússia à Irlanda. Certamente esses documentos são fascinantes. Por um lado, eles deixam bem claro que os relatos convencionais de que a Europa teria "retornado ao escambo" estão errados. Quase todos os códigos legais germânicos usam o dinheiro romano para calcular tributações; penalidades por roubo, por exemplo, são quase sempre seguidas da exigência de que o ladrão não só devolva o bem roubado como também pague o aluguel (ou, no caso de dinheiro roubado, juros) devido pelo tempo que o bem esteve em seu poder. Por outro lado, essas leis logo foram substituídas por outras criadas por povos que viviam em territórios que não haviam sido controlados pelos romanos — Irlanda, País de Gales, países nórdicos, Rússia —, e elas são, no mínimo, muito mais reveladoras, até mesmo notavelmente criativas no que se refere tanto ao que poderia ser usado como meio de pagamento quanto ao detalhamento preciso de lesões e ofensas que exigiam uma compensação:

A compensação nas leis galesas é calculada principalmente em gado, e nas leis irlandesas em gado ou servas (*cumals*), com o uso considerável de metais preciosos em ambas. Nos códigos germânicos, ela é calculada principalmente em metais preciosos [...]. Nos códigos russos, em prata e peles, hierarquizadas, em ordem decrescente, da pele de marta até à de esquilo. Os detalhes desses códigos são impressionantes, não só quanto à previsão de danos pessoais — compensações específicas pela perda de braço, mão, dedo indicador, unha, por alguma explosão na cabeça que resulte na exposição do cérebro ou de algum osso —, mas também quanto à cobertura que alguns deles davam aos bens de cada família. O Título II da Lei Sálica trata do roubo de porcos, o Título III de gado, o Título IV de ovelhas, o Título V de cabras, o Título VI de cães, e em cada um há uma divisão elaborada diferenciando animais de diferentes idades e sexos.[45]

Isso não faz tanto sentido em termos psicológicos. Já falei anteriormente da dificuldade que é imaginar como um sistema de equivalências precisas — uma vaca leiteira jovem e saudável equivale a exatamente 36 galinhas — poderia surgir das muitas formas de economia da dádiva. Se Henry dá a Joshua um porco e sente que recebeu em troca algo inadequado, ele pode fazer troça de Joshua chamando-o de muquirana, mas teria pouca chance de elaborar uma fórmula matemática para expressar quanto Joshua foi mesquinho. Por outro lado, se o porco de Joshua destruir o jardim de Henry, e principalmente se isso levou a uma briga na qual Henry perdeu um dedo do pé, e a família de Henry leva Joshua para ser julgado diante da assembleia do vilarejo — teremos aqui justamente o contexto em que as pessoas estarão mais inclinadas a exercer sua mesquinhez, tornar-se legalistas e expressar sua raiva caso achem que receberam uma moeda a menos do que era seu de direito. Isso implica especificidade matemática exata: por exemplo, a capacidade de medir o valor exato de uma porca de dois anos, prenha. Além disso, a arrecadação de penalidades devia exigir constantemente o cálculo de equivalências. Digamos que a multa seja em peles de marta, mas a tribo do acusado não tenha martas. Qual será a quantidade equivalente em peles de esquilo? Ou em joias de prata? Problemas desse tipo devem ter surgido o tempo todo e levado pelo menos a um conjunto rudimentar de regras práticas a respeito de que tipos de bem equivaliam a outros. Isso ajudaria a explicar por que, por exemplo, os códigos de lei galeses da Idade Média podem conter divisões detalhadas não só do valor das vacas leiteiras de diferentes idades e condições, mas também do valor monetário de cada objeto que poderia ser encontrado em uma propriedade rural comum, chegando até ao custo de cada pedaço de madeira — apesar do fato de não haver razões para acreditar que a maior parte desses itens pudesse, na época, ser comprada no mercado aberto.[46]

Há algo de muito convincente nisso tudo. Para começar, a premissa faz muito sentido, do ponto de vista da intuição. Afinal de contas, devemos tudo que somos aos outros. Trata-se de uma verdade, simplesmente. A língua que falamos e na qual pensamos, nossos hábitos e opiniões, o tipo de comida de que gostamos, o conhecimento que permite funcionarem as lâmpadas e a descarga nos banheiros, até mesmo o jeito como executamos nossos gestos de defesa e rebelião contra as convenções sociais — tudo isso nós aprendemos com outras pessoas, muitas delas já mortas há algum tempo. Se pensássemos no que devemos a elas em termos de dívida, esta certamente seria infinita. A pergunta é: faz realmente sentido pensar nisso como uma dívida? Afinal, uma dívida é, por definição, algo que poderíamos ao menos pensar em pagar. É bem estranho querer compensar nossos pais — isso implica que não gostaríamos mais de pensar neles como pais. Será que realmente gostaríamos de saldar a dívida com toda a humanidade? O que isso significaria? E esse desejo é mesmo uma característica fundamental de todo o pensamento humano?

Outra maneira de colocar a questão seria esta: os teóricos da dívida primordial estão *descrevendo* um mito — ou seja, eles descobriram uma verdade profunda a respeito da condição humana, uma verdade que sempre existiu em todas as sociedades e é esclarecida principalmente em determinados textos antigos da Índia — ou estão *inventando* um mito próprio?

Obviamente, a segunda conclusão deve ser a mais apropriada. Eles estão inventando um mito.

A escolha do material védico é significativa. O fato é que conhecemos muito pouco sobre as pessoas que compuseram esses textos, e muito pouco sobre a sociedade que os criou.[47] Nem sequer sabemos se empréstimos a juros existiam na Índia védica — o que obviamente influencia na questão de os sacerdotes verem ou não o sacrifício como pagamento de juros por um empréstimo que devemos à Morte.[48] Assim, essas fontes podem servir como uma espécie de tela vazia, ou uma tela coberta com hieróglifos escritos em uma língua desconhecida, na qual podemos projetar quase tudo que queremos. Se olhamos para outras civilizações antigas sobre as quais conhecemos alguma coisa em um plano contextual mais amplo, descobrimos que essa ideia de sacrifício como pagamento não é digna de nota.[49] Se examinamos a obra de teólogos antigos, descobrimos que a maioria conhecia a ideia de que o sacrifício era um modo de os seres humanos estabelecerem relações comerciais com os deuses, mas que o consideravam evidentemente ridículo: se os deuses já tinham tudo o que queriam, o que os seres humanos tinham exatamente para barganhar?[50] Vimos no capítulo anterior como é difícil presentear os reis. Com os deuses (sem falar de Deus), o problema é ampliado ao infinito. A troca implica igualdade. Ao lidar com as forças cósmicas, assumia-se desde o princípio que a troca é algo impossível.

A ideia de que as dívidas para com os deuses foram apropriadas pelo Estado, e assim se tornaram a base dos sistemas tributários, também não se sustenta. O problema é que, no mundo antigo, cidadãos livres não costumavam pagar impostos. Grosso modo, os tributos eram coletados apenas nas populações conquistadas. Tal fato já era uma verdade na Mesopotâmia antiga, onde os habitantes de cidades independentes geralmente não tinham de pagar impostos diretos. De maneira semelhante, como registra Moses Finley, "os gregos da época clássica consideravam os impostos diretos uma tirania, e os evitavam sempre que possível".[51] Os atenienses não pagavam impostos diretos de nenhum tipo, embora a cidade distribuísse dinheiro de vez em quando aos seus cidadãos como um tipo de tributação reversa — tanto de forma direta, no caso da arrecadação das minas de prata de Laurium, como de forma indireta, no caso de gratificações generosas pela participação em um júri ou assembleia. As cidades dominadas, no entanto, tinham de pagar impostos. Mesmo no Império Persa, os cidadãos não tinham de pagar tributos ao Grande Rei, mas os habitantes das províncias conquistadas, sim.[52] O mesmo acontecia em Roma, onde, durante muito tempo, os romanos não só não pagavam impostos como também tinham o direito a uma parcela dos tributos recebidos de outras pessoas, na forma de subsídio — a parte do "pão" do famoso "pão e circo".[53]

Em outras palavras, Benjamin Franklin estava errado quando disse que nada neste mundo é certo, exceto a morte e os impostos. Assim fica ainda mais difícil sustentar a ideia de que a dívida que se tem com a morte é apenas uma variação da dívida que se tem com os impostos.

Nada disso, no entanto, desfere um golpe mortal na teoria estatal da moeda, uma vez que mesmo aqueles Estados que não exigem o pagamento de impostos cobram multas, penalidades, tarifas e taxas de um ou outro tipo. Mas é muito difícil conciliar isso com qualquer teoria que afirme que os Estados foram concebidos originalmente como guardiães de algum tipo de dívida cósmica primordial.

É curioso que os teóricos da dívida primordial nunca tenham muito a dizer sobre a Suméria ou a Babilônia, apesar do fato de a Mesopotâmia ser o lugar onde foi inventado o empréstimo de dinheiro a juros, provavelmente 2 mil anos antes de os Vedas serem escritos — e apesar de também ter sido palco dos primeiros Estados do mundo. Mas, se analisarmos a história da Mesopotâmia, a surpresa diminui bastante. Mais uma vez, o que encontramos é, em muitos aspectos, o exato oposto do que esses teóricos teriam previsto.

O leitor se lembrará neste ponto de que as cidades-Estado da Mesopotâmia eram dominadas por vastos templos: instituições industriais complexas e gigantescas, muitas vezes com uma equipe de milhares de pessoas — de pastores a remadores, passando por fiandeiros e tecelões até dançarinas e secretários administrativos. Em 2700 a.C., pelo menos, soberanos ambiciosos começaram a copiá-las, criando complexos de palácios organizados de maneira semelhante — com a diferença de que os templos tinham em seu centro câmaras sagradas de um deus ou deusa, representados por uma imagem sagrada que era alimentada, vestida e entretida por servos clericais como se fosse uma pessoa viva. Os palácios tinham no centro câmaras de um rei vivo. Os soberanos sumérios raramente chegavam ao ponto de se declararem deuses, mas muitas vezes se aproximavam bastante disso. No entanto, quando interferiam na vida de seus súditos na qualidade de soberanos cósmicos, não o faziam impondo o pagamento de dívidas, mas sim anulando as dívidas privadas.[54]

Nós não sabemos com precisão quando e como os empréstimos a juros se originaram, pois parece que precedem a escrita. É bem provável que os administradores dos templos tenham tido a ideia a fim de financiar o comércio de caravana. Esse comércio era crucial porque, apesar de o vale da Mesopotâmia antiga ser extraordinariamente fértil e produzir grande volume de grãos e outros produtos alimentícios, além de abrigar uma quantidade enorme de gado, que por sua vez subsidiava uma ampla indústria de lã e couro, ele carecia praticamente de todas as outras coisas. Pedras, madeira, metal, até mesmo a prata usada como moeda — tudo tinha de ser importado. Desde épocas remotas, portanto, os administradores dos templos desenvolveram o hábito de fazer adiantamentos de produtos aos mercadores locais — alguns privados, outros funcionários dos templos —, que depois vendiam as mercadorias no exterior. Os juros eram apenas a maneira de os templos reaverem sua parte nos lucros obtidos.[55] No entanto, uma vez estabelecido, o princípio parece ter se espalhado rapidamente. Em pouco tempo, encontramos não só os empréstimos comerciais, mas também os empréstimos ao consumidor — a usura, no sentido clássico do termo. Por volta de 2400 a.C., já parecia ser prática comum por parte de autoridades locais, ou mercadores ricos, conceder empréstimos mediante garantia aos camponeses que passavam por dificuldades financeiras e começar a se apropriar de seus bens caso não conseguissem pagar. Geralmente começava com grãos, ovelhas, cabras e móveis, depois passava para terras e casas, ou, como alternativa ou último recurso, membros da família. Os criados, se houvesse algum, eram os primeiros a ser negociados, seguidos pelas crianças, esposas, e, em situações extremas, o próprio tomador de empréstimo. Essas pessoas eram reduzidas a servos por dívida:

não exatamente escravos, mas quase isso, forçados ao trabalho perpétuo na propriedade do emprestador — ou, muitas vezes, nos próprios templos e palácios. Em teoria, é claro, qualquer um podia ser redimido quando o tomador de empréstimo pagasse o que devia, mas, por razões óbvias, quanto mais os recursos de um camponês fossem arrancados dele, mais difícil se tornava pagar as dívidas.

Os efeitos disso eram tão grandes que a sociedade muitas vezes corria o risco de ser destroçada. Se, por alguma razão, a colheita era ruim, uma grande parte do campesinato incorria na servidão por dívida; as famílias eram dissolvidas. Em pouco tempo, as terras começavam a ser abandonadas por agricultores endividados que fugiam de suas casas por medo de serem expropriados e se juntavam a bandos seminômades nos confins da civilização urbana. Confrontados pela possibilidade de um completo colapso social, os reis sumérios, e depois os babilônios, periodicamente anunciavam anistias gerais: uma "tábula rasa", como afirma o historiador econômico Michael Hudson. Esses decretos em geral declaravam o cancelamento e a anulação de todas as dívidas em aberto dos consumidores (as dívidas comerciais não eram afetadas), a devolução de todas as terras aos proprietários originais e o retorno às famílias de todos os servos por dívida. Não demorou muito para que essa declaração se tornasse um hábito mais ou menos regular dos reis ao assumir o comando, e muitos eram forçados a repeti-la periodicamente no decorrer do reinado.

Na Suméria, elas eram chamadas "declarações de liberdade" — e vale ressaltar que a palavra suméria *amargi*, primeira palavra registrada para "liberdade" em todas as línguas conhecidas, significa literalmente "retorno à mãe" — uma vez que esta era a permissão finalmente concedida aos servos por dívida.[56]

Michael Hudson argumenta que os reis mesopotâmicos só tinham condições de fazer isso por causa de suas pretensões cósmicas: ao assumirem o poder, eles se viam literalmente como recriadores da sociedade humana, e por isso tinham condições de passar uma borracha em todas as obrigações morais anteriores. Ainda assim, isso continua muito longe daquilo que os teóricos da dívida primordial tinham em mente.[57]

Talvez o maior problema em todo esse corpo literário seja a suposição inicial: a de que começamos com uma dívida infinita para com a "sociedade". É essa dívida para com a sociedade que nós projetamos nos deuses. Essa mesma dívida, então, é tomada pelos reis e pelos governos nacionais.

O que faz do conceito de sociedade algo tão enganoso é o fato de assumirmos o mundo como organizado em uma série de unidades compactas e modulares chamadas "sociedades", e que todas as pessoas sabem em qual delas estão inseridas. Em termos históricos, esse é raramente o caso. Imagine que eu seja um mercador cristão armênio vivendo no reinado de Gengis Khan. O que é "sociedade" para mim? É a cidade onde fui criado? A sociedade de mercadores internacionais (com os seus próprios códigos de conduta) na qual realizo minhas tarefas diárias? Outros falantes da língua armênia? A cristandade (ou talvez apenas a cristandade ortodoxa)? Ou os habitantes do próprio império mongol, que se estende do Mediterrâneo até a Coreia? Historicamente, reinos e impérios raramente têm sido os pontos de referência mais importantes para a vida das pessoas. Reinados ascendem e decaem; também se fortalecem e enfraquecem; os governos tornam conhecida sua presença na vida das pessoas de forma bastante esporádica, e muitas delas, na história, nem sequer sabiam com certeza sob que governo viviam. Até bem recentemente, muita gente no mundo todo não sabia com certeza de que país eram cidadãs, ou por que isso teria importância. Minha mãe, que nasceu judia na Polônia, uma vez me contou uma piada de sua infância:

> Havia uma pequena aldeia localizada na fronteira entre a Rússia e a Polônia; ninguém tinha certeza a que país ela pertencia. Um dia, um tratado oficial foi assinado e, pouco tempo depois, chegaram pesquisadores à cidade para delimitar a divisa. Quando preparavam seus equipamentos, em uma colina, alguns habitantes se aproximaram.
> — E então, onde estamos? Na Rússia ou na Polônia?
> — De acordo com nossos cálculos, sua aldeia agora começa na Polônia e fica a exatamente 37 metros da fronteira.
> Alegres, os aldeões começaram a dançar na mesma hora.

— Por quê? — perguntaram os pesquisadores. — Que diferença isso faz?
— Faz muita diferença — responderam eles. — Isso quer dizer que nunca mais vamos ter que passar por um daqueles tenebrosos invernos russos!

Contudo, se nascemos com uma dívida infinita para com as pessoas que possibilitaram a nossa existência, mas não existe uma unidade natural chamada "sociedade" — então a quem ou a que exatamente se refere a nossa dívida? A todos? A tudo? A algumas pessoas ou coisas mais do que a outras? E como pagamos uma dívida a algo tão difuso? Ou, para ser mais preciso, quem exatamente pode se gabar de ter autoridade para nos dizer como devemos pagar a nossa dívida, e com base em quê?

Se enquadrarmos o problema dessa maneira, podemos dizer que os autores dos Brâmanas ofereceram uma reflexão bem sofisticada sobre uma questão moral a que ninguém conseguiu responder melhor que eles, antes ou depois. Como já disse, não sabemos muita coisa sobre as condições em que esses textos foram compostos, mas as informações que temos sugerem que os documentos principais datam de 500 a.C. a 400 a.C. — ou seja, mais ou menos na época de Sócrates —, período que na Índia parece ter sido justamente o do aparecimento, na vida cotidiana, da economia comercial e de instituições como o dinheiro cunhado e os empréstimos a juros. As classes intelectuais da época, mais ou menos como acontecia na Grécia e na China, estavam debruçadas sobre essas questões. No caso da Índia, vale a pena perguntarmos: o que significa imaginar nossas responsabilidades como dívidas? A quem devemos nossa existência?

É significativo que as respostas não façam nenhuma menção a "sociedade" ou Estados (embora reis e governos certamente existissem na Índia antiga). Em vez disso, elas relacionavam as dívidas aos deuses, aos sábios, aos pais e aos "homens". Não seria muito difícil traduzir suas formulações para uma linguagem mais contemporânea. Poderíamos colocar da seguinte maneira — devemos nossa existência sobretudo:

- Ao Universo, às forças cósmicas, ou, como diríamos hoje, à Natureza. O fundamento de nossa existência. Essa dívida deve ser paga por meio

do ritual, que é um ato de respeito e reconhecimento a tudo que nos faz ter consciência da nossa estatura reduzida em comparação ao todo.⁵⁸
- Àqueles que criaram o conhecimento e as realizações culturais que mais valorizamos, que dão forma à nossa existência atribuindo-lhe um significado, mas também moldando-a. Aqui devemos incluir não só os filósofos e cientistas que criaram nossa tradição intelectual, mas todas as pessoas — de William Shakespeare àquela mulher há muito esquecida, em algum lugar no Oriente Médio, que criou o pão fermentado. Nós pagamos nossas dívidas para com essas pessoas nos tornando cultos e contribuindo para a cultura e o conhecimento humanos.
- Aos nossos pais e aos pais de nossos pais — nossos ancestrais. Essa dívida é paga quando nos tornamos ancestrais.
- À humanidade como um todo. Essa dívida é paga quando somos generosos com desconhecidos, mantendo o fundamento comunitário básico da sociabilidade que torna possível as relações humanas e, assim, a vida.

Colocado dessa maneira, no entanto, o argumento começa a solapar a própria premissa. Essas dívidas não são como as dívidas comerciais. Afinal, podemos pagar a nossos pais ao termos filhos, mas não podemos pensar que pagamos a nossos credores se emprestamos dinheiro para outras pessoas.⁵⁹

Então eu me pergunto: não será justamente essa a questão? Talvez os autores dos Brâmanas estivessem demonstrando de fato que, em última análise, nossa relação com o Cosmo não se parece em nada com uma transação comercial, e nem poderia parecer. Isso porque as transações comerciais implicam tanto igualdade como separação. Todos esses exemplos tratam de superar a separação: você está isento da dívida para com seus ancestrais quando se torna um ancestral; está isento da dívida para com os sábios quando se torna um sábio; está isento da dívida para com a humanidade quando age com humanidade. Ainda mais quando falamos do Universo. Se não podemos barganhar com os deuses porque eles já têm tudo, então certamente não podemos barganhar com o Universo porque o Universo *é* tudo — e esse tudo necessariamente inclui nós mesmos. Na verdade, podemos interpretar essa lista como um modo sutil de dizer que a única maneira de "se libertar" da dívida não era literalmente pagando essas dívidas, mas sim mostrando que elas não existem, porque, para começar, ninguém existe separadamente, e por isso a própria ideia de anular a dívida e atingir uma existência autônoma e separada era ridícula desde o princípio. Ou ainda que a própria presunção de se julgar separado da humanidade ou do Cosmo, de modo que se possa negociar com ele de igual para igual, é em si o crime que só pode ser solucionado pela morte. Nossa culpa não se deve ao fato de não podermos pagar nossa dívida para com o Universo. Nossa culpa é a presunção de nos considerarmos de alguma maneira equivalentes a Tudo o que Existe ou Já Existiu, de modo que somos capazes de conceber uma dívida desse tipo.[60]

Ou observemos o outro lado da equação. Mesmo que seja possível nos imaginarmos em uma posição de dívida absoluta com o Cosmo, ou com a humanidade, surge a próxima questão: quem exatamente tem o direito de falar pelo Cosmo, ou pela humanidade, para nos dizer como essa dívida deve ser paga? Mais disparatado do que proclamar-se separado do Universo inteiro e enxergar-se em condição de negociar com ele é autorizar-se a falar em nome dele.

Se tivéssemos de procurar o éthos para uma sociedade individualista como a nossa, uma das maneiras de fazê-lo seria afirmar que todos temos uma dívida infinita para com a humanidade, a sociedade, a natureza ou o Cosmo (como preferir), mas provavelmente ninguém pode nos dizer como pagá-la. Pelo menos isso seria intelectualmente consistente. Se esse fosse o caso, na verdade seria possível encarar quase todos os sistemas de autoridade estabelecida — religião, moral, política, economia e o sistema judiciário — como diferentes maneiras fraudulentas de calcular o que não pode ser calculado, de reivindicar autoridade para nos dizer como algum aspecto daquela dívida ilimitada deve ser pago. A liberdade humana, desse modo, seria nossa capacidade de decidir por nós mesmos como gostaríamos de liquidar a dívida.

Ninguém, até onde sei, tratou desse assunto. Antes, as teorias da dívida existencial sempre acabavam se transformando em maneiras de justificar — ou reivindicar — estruturas de autoridade. O caso da tradição intelectual hindu é significativo aqui. A dívida para com a humanidade só aparece em alguns dos primeiros textos e é rapidamente esquecida. Quase todos os comentadores hindus posteriores a ignoram e, em vez de tratar dela, dão destaque à dívida do homem para com o pai.[61]

Os teóricos da dívida primordial têm algo mais importante com que se preocupar. Eles não estão interessados no Cosmo, mas na "sociedade".

Devo retornar à palavra "sociedade". Trata-se de um conceito aparentemente simples e evidente porque, na maioria das vezes, nós usamos a palavra como sinônimo de "nação". Afinal, quando os norte-americanos falam de pagar sua dívida para com a sociedade, eles não estão pensando em suas responsabilidades em relação às pessoas que moram na Suécia ou no Gabão. É somente o Estado moderno, com seus elaborados controles de fronteiras e políticas sociais, que nos permite imaginar a "sociedade" dessa maneira, como uma única entidade coesa. É por isso que projetar essa noção ao passado, remontando-a à época medieval ou védica, sempre parecerá algo enganador, mesmo que não tenhamos outra palavra para descrevê-la.

Parece-me que os teóricos da dívida primordial fazem exatamente isto: projetar essa noção no passado.

Na verdade, todas as ideias das quais eles falam — a de que existe uma coisa chamada sociedade, de que temos uma dívida para com ela, de que os governos podem falar por ela, de que ela pode ser vista como um tipo de deus secular — formam um complexo que surgiu mais ou menos na época da Revolução Francesa, ou logo depois dela. Em outras palavras, essas ideias surgiram junto com a concepção do Estado-nação moderno.

Conseguimos vê-las claramente reunidas já na obra de Auguste Comte, na França do início do século XIX. Comte, filósofo e panfletista político, hoje mais conhecido por ter cunhado o termo "sociologia", chegou ao ponto de propor, no fim da vida, uma Religião da Sociedade, a qual ele chamou de positivismo, em grande parte baseada no catolicismo medieval, repleta de vestimentas com todos os botões nas costas (de modo que só pudessem ser abotoadas com a ajuda dos outros). Em sua última obra, que ele chamou de *Catecismo positivista* (1852), ele também formulou a primeira teoria explícita da dívida social. Em determinado momento, alguém pergunta para um sacerdote do positivismo o que ele pensa da ideia de direitos humanos. O sacerdote ridiculariza a ideia. Trata-se de um contrassenso, diz ele, um erro nascido do individualismo. O positivismo admite apenas os deveres. Afinal:

> Nós nascemos carregados de obrigações de todo gênero para com os nossos predecessores, os nossos sucessores e os nossos contemporâneos. Essas obrigações não fazem senão crescer ou acumular-se antes que possamos prestar qualquer serviço a quem quer que seja. Sobre que fundamento humano poderia, pois, assentar a ideia de "direitos"?[62]

Embora Comte não use a palavra "dívida", o sentido é suficientemente claro. Nós já acumulamos dívidas infindáveis antes mesmo de chegar à idade de pensar em pagá-las. Quando chega esse momento, não há como calcular sequer a quem devemos. A única forma de nos redimirmos é nos dedicando ao serviço da Humanidade como um todo.

Durante sua vida, Comte foi considerado excêntrico — o que de fato ele era. Suas ideias, no entanto, se provaram influentes. Com o passar dos anos, sua ideia de obrigações ilimitadas para com a sociedade se cristalizou na noção de "dívida social", um conceito adotado pelos reformadores sociais e, por fim, pelos políticos socialistas em muitas partes da Europa e também fora dela.[63] "Todos nascemos em dívida para com a sociedade": na França, a ideia de dívida social logo se tornou voz corrente, um slogan e, por fim, um clichê.[64] O Estado, segundo essa visão, era apenas o administrador de uma dívida existencial que todos nós temos para com a sociedade que nos criou, materializada sobretudo no fato de que continuamos totalmente dependentes uns dos outros para existir, mesmo que não saibamos exatamente como isso se dá.

Esses também foram os círculos intelectuais e políticos que moldaram o pensamento de Émile Durkheim, fundador da disciplina da sociologia como a conhecemos hoje e que, de certa forma, superou Comte, ao argumentar que todos os deuses de todas as religiões sempre são projeções da sociedade — desse modo, uma religião da sociedade não seria necessária. Todas as religiões, para Durkheim, são apenas maneiras de reconhecer nossa dependência mútua uns em relação aos outros, uma dependência que nos afeta de milhares de maneiras das quais jamais temos plena ciência. "Deus" e "sociedade", no final das contas, são a mesma coisa.

O problema é que, há centenas de anos, simplesmente se assumiu que o guardião dessa dívida que temos com tudo isso, os representantes legítimos daquela totalidade social amorfa que permitiu que nos tornássemos indivíduos, deveria ser o Estado. Quase todo socialista ou todos os regimes socialistas apelam a alguma versão desse argumento. Tomando um exemplo famigerado, era assim que a União Soviética costumava justificar a proibição de que seus cidadãos emigrassem para outros países. O argumento era sempre este: a URSS gerou essas pessoas, a URSS as criou e educou, transformando-as naquilo que são. Que direito têm os outros de pegar o produto de nosso investimento e transferi-lo para outro país, como se não nos devessem nada? Essa retórica, porém, não se restringe aos regimes socialistas. Os nacionalistas apelam exatamente para o mesmo tipo de argumento — principalmente em tempos de guerra. E todos os governos modernos são nacionalistas em certa medida.

Poderíamos dizer ainda que o que realmente temos, na ideia da dívida primordial, é o mito nacionalista supremo. Antes, devíamos nossa vida aos deuses que nos criaram, pagávamos juros na forma de sacrifícios de animais e depois liquidávamos o principal com a nossa vida. Hoje a devemos à nação que nos formou, pagamos os juros na forma de impostos e, quando chega a hora de defendermos o país contra seus inimigos, oferecemos pagar a dívida com a nossa vida.

Essa é a grande armadilha do século xx: de um lado está a lógica do mercado, pela qual gostamos de imaginar que nossa vida como indivíduos começa sem que devamos nada a ninguém. Do outro lado está a lógica do Estado, segundo a qual nossa vida começa com uma dívida que jamais teremos condições de pagar. Ouvimos dizer o tempo todo que as duas coisas são opostas e que entre elas estão contidas as únicas possibilidades humanas reais. Mas essa dicotomia é falsa. Os Estados criam os mercados. Os mercados exigem o Estado. Um não poderia continuar sem o outro, pelo menos não nas formas que reconheceríamos atualmente.

4. Crueldade e redenção

> Porque venderam o justo por dinheiro e o pobre por um par de sandálias.
>
> Amós 2,6

O LEITOR DEVE TER NOTADO que existe um debate aberto entre aqueles que veem o dinheiro como mercadoria e aqueles que o veem como uma espécie de vale. O que é o dinheiro, então? A esta altura, a resposta deveria ser óbvia: as duas coisas. Keith Hart, provavelmente a autoridade no assunto mais conhecida no âmbito da antropologia atual, disse isso há muitos anos. Toda moeda, como observou ele de maneira notável, sempre tem dois lados:

> Pegue uma moeda no seu bolso. Um dos lados é a "cara" — o símbolo da autoridade política que cunhou a moeda; o outro lado é a "coroa" — a especificação precisa de quanto a moeda vale como pagamento na troca. Um lado nos lembra que os Estados subscrevem as moedas e que o dinheiro é originalmente uma relação entre as pessoas na sociedade, algo de valor simbólico. O outro revela a moeda como uma coisa, capaz de entrar em relações definidas com outras coisas.[1]

Está claro que o dinheiro não foi inventado para superar as inconveniências do escambo entre vizinhos — uma vez que vizinhos, para começar, não teriam razão nenhuma de praticar escambo. Mesmo assim, um sistema de puro crédito também teria sérios inconvenientes. O crédito baseia-se na confiança, e nos mercados competitivos a própria confiança se torna uma mercadoria rara. Isso é particularmente verdadeiro no que se refere a negociações entre estranhos. No Império Romano, uma moeda de prata cunhada com a imagem de Tibério deve ter circulado a um valor consideravelmente maior que o valor da prata que ela continha. Moedas antigas tinham invariavelmente um valor maior do que o de seu conteúdo material.[2] Isso acontecia porque o governo de Tibério estava disposto a aceitá-las pelo seu valor nominal — o que o governo persa provavelmente não faria, e os governos do Império Máuria e da China certamente também não. Uma quantidade enorme de moedas romanas de ouro e prata ia para a Índia e até mesmo para a China, e talvez essa seja a principal razão de serem feitas de ouro e prata.

O que vale para um império vasto como Roma ou China obviamente vale ainda mais para uma cidade-Estado suméria ou grega, sem falar naquela espécie de tabuleiro de damas formado por reinos, cidades e principados minúsculos, como era a maior parte da Europa ou da Índia medievais. Como mencionei anteriormente, muitas vezes não havia clareza sobre o que estava dentro ou fora da fronteira. No interior de uma comunidade — vilarejo, cidade, guilda ou sociedade religiosa — praticamente tudo podia funcionar como dinheiro, desde que todos soubessem que havia *alguém* disposto a aceitar o que se oferecia para liquidar uma dívida. Para dar um exemplo particularmente extraordinário, em algumas cidades da Tailândia o troco miúdo consistia em fichas pequenas de porcelana chinesa — equivalentes a fichas de pôquer — emitidas por cassinos locais. Se um desses cassinos parasse de funcionar ou perdesse sua licença, os proprietários precisavam mandar um pregoeiro às ruas para soar um gongo e anunciar que quem tivesse essas fichas teria três dias para resgatá-las.[3] Para as transações de maior importância, é claro, era usada normalmente a moeda que também era aceita fora da comunidade (geralmente prata ou ouro).

De maneira semelhante, as lojas inglesas, durante muitos séculos, emitiam a própria moeda simbólica de madeira, chumbo ou couro. A prática costumava ser tecnicamente ilegal, mas persistiu até tempos relativamente recentes. Vejamos na página ao lado um exemplo do século XVII, de certo Henry, dono de uma loja em Stony Stratford, Buckinghamshire.

Trata-se nitidamente de um caso baseado no mesmo princípio: Henry daria troco na forma de vales que poderiam ser trocados na sua loja. Como tais, eles circulariam por todo lado, pelo menos entre as pessoas que comprassem com alguma regularidade no estabelecimento. Mas é improvável que se propagassem para muito além de Stony Stratford — a maioria das moedas simbólicas, na verdade, nunca circulava mais do que algumas quadras em qualquer direção. Para transações de maior porte, todo mundo, inclusive Henry, recorria ao dinheiro, na forma que seria aceita em qualquer lugar, incluindo Itália ou França.[4]

Durante a maior parte da história, mesmo em períodos em que nos deparamos com mercados mais organizados, também encontramos um conjunto complexo de diferentes tipos de moeda corrente. Algumas devem ter surgido originalmente do escambo entre estrangeiros: o dinheiro de cacau da Mesoamérica ou o dinheiro de sal da Etiópia são exemplos citados com frequência.[5] Outros surgiram de sistemas de crédito, ou de discussões sobre que tipo de bens deveria ser aceito para o pagamento de impostos e outras dívidas. Questões como essas muitas vezes eram o tema de infindáveis contestações. Em muitos casos era possível aprender bastante sobre o equilíbrio das forças políticas em determinada época e lugar baseando-se naquilo que era aceitável como moeda corrente. Por exemplo: praticamente da mesma maneira que os agricultores na Virgínia colonial conseguiram aprovar uma lei obrigando os comerciantes a aceitar tabaco como moeda, os camponeses pomeranianos medievais parecem ter convencido os governantes, em determinados momentos, a aceitar que impostos, tarifas e taxas aduaneiras, que eram registrados em moeda romana, fossem pagos em vinho, queijo, pimenta, galinhas, ovos e até arenques — para desgosto dos mercadores viajantes, que desse modo tinham de carregar esses itens para pagar as taxas ou comprá-los localmente a preços mais vantajosos para os fornecedores.[6] Isso aconteceu em uma região com um campesinato livre, e não formado por servos. Sendo assim, eles ocupavam uma posição política relativamente forte. Em outras épocas e lugares, o que prevalecia era o interesse dos soberanos e mercadores.

Desse modo, o dinheiro é quase sempre algo que paira entre uma mercadoria e um símbolo de dívida. É provavelmente por isso que a moeda sonante — pedaços de prata ou ouro que já são mercadorias valiosas em si, mas que, por serem cunhadas com o emblema de uma autoridade política local, se tornam ainda mais valiosas — continua sendo para nós a forma quintessencial do dinheiro. A moeda sonante se situa perfeitamente na linha divisória que define o que é o dinheiro, acima de tudo. Além disso, a relação entre mercadoria e moeda simbólica sempre foi motivo de contestação política.

Em outras palavras, a batalha entre Estado e mercado, entre governos e comerciantes, não é inerente à condição humana.

TALVEZ PAREÇA QUE nossas duas histórias de origem — o mito do escambo e o mito da dívida primordial — estejam separadas ao máximo; porém, à sua maneira, elas também são dois lados da mesma moeda. Uma pressupõe a outra. Só conseguimos ver nossa relação com o universo em termos de dívida quando imaginamos a vida humana como uma série de transações comerciais.

Para ilustrar, recorro a uma testemunha talvez surpreendente: Friedrich Nietzsche, um homem capaz de ver com clareza incomum o que acontece quando tentamos imaginar o mundo em termos comerciais.

Seu livro *Genealogia da moral* foi publicado em 1887. Nele, Nietzsche parte de um argumento que poderia muito bem ter sido tirado diretamente de Adam Smith — mas ele dá um passo além do que Smith jamais ousaria dar, insistindo que, não apenas o escambo, mas também a própria compra e venda precedem qualquer outra forma de relação humana. O sentimento da obrigação pessoal, observa ele, teve origem, como vimos, na mais antiga e primordial relação pessoal, na relação entre comprador e vendedor, credor e devedor: foi então que pela primeira vez se defrontou, *se mediu* uma pessoa com outra. Não foi ainda encontrado um grau de civilização tão baixo que não exibisse algo dessa relação. Estabelecer preços, medir valores, imaginar equivalências, trocar — isso ocupou de tal maneira o mais antigo pensamento do homem que em certo sentido *constituiu* o pensamento: aí se cultivou a mais velha perspicácia, aí se poderia situar o primeiro impulso do orgulho humano, seu sentimento de primazia diante dos outros animais. Talvez a nossa palavra *Mensch* (*manas*) expresse ainda algo *desse* sentimento de si: o homem [*Mensch*] designava-se como o ser que mede valores, valora e mede, como "o animal avaliador". Comprar e vender, juntamente com seu aparato psicológico, são mais velhos inclusive do que os começos de qualquer forma de organização social ou aliança: foi apenas a partir da forma mais rudimentar de direito pessoal que o germinante sentimento de troca, contrato, débito [*Schuld*], direito, obrigação, compensação, foi *transposto* para os mais toscos e incipientes complexos sociais (em sua relação com complexos semelhantes), simultaneamente ao hábito de comparar, medir, calcular um poder e outro.[7]

Vale lembrar também que Adam Smith via as origens da linguagem — e, portanto, do pensamento humano — na nossa propensão de "trocar uma coisa pela outra", o que também teria dado origem ao mercado.[8] O ímpeto de trocar, de comparar valores, é precisamente o que faz de nós seres inteligentes e nos diferencia dos outros animais. A sociedade vem depois — o que significa que nossas ideias sobre responsabilidades para com os outros tomam forma primeiro em termos estritamente comerciais.

Ao contrário de Adam Smith, no entanto, jamais ocorreu a Nietzsche que pudéssemos ter um mundo em que todas essas transações se neutralizassem automaticamente. Todo sistema de contabilidade comercial, para ele, produzirá credores e devedores. Na verdade, ele acreditava que a moral humana surgiu justamente a partir disso. Note-se, diz ele, como a palavra alemã *Schuld* quer dizer tanto "dívida" quanto "culpa". A princípio, estar em dívida era simplesmente ser culpado, e os credores adoravam punir os que eram incapazes de pagar empréstimos, infligindo "ao corpo do devedor toda sorte de humilhações e torturas, por exemplo, como cortá-lo tanto quanto parecesse proporcional ao tamanho da dívida".[9] Com efeito, Nietzsche chegou ao ponto de insistir que aqueles códigos de leis bárbaras originais, que estabeleciam um olho por um olho perdido, um dedo para um dedo arrancado, não foram feitos originalmente para fixar taxas de compensação monetária pela perda dos olhos e dedos, mas sim para estabelecer quanto os credores podiam arrancar do corpo dos devedores! Desnecessário dizer, ele não dá absolutamente nem uma centelha de referência para isso (pois não existe nenhuma).[10] Mas procurar referências seria perder o essencial. Estamos lidando aqui não com um argumento histórico real, mas sim com um exercício puramente imaginário.

Quando os seres humanos começaram a formar comunidades, prossegue Nietzsche, eles começaram necessariamente a imaginar sua relação com a comunidade nesses termos. A tribo dá aos seres humanos paz e segurança. Estão, desse modo, endividados. Obedecer às leis da tribo é uma das maneiras de pagar a dívida ("pagar a dívida para com a sociedade", mais uma vez). Mas a dívida, diz ele, também é paga — novamente — em sacrifício:

> Na originária comunidade tribal — falo dos primórdios — a geração atual sempre reconhece para com a anterior, e em especial para com a primeira, fundadora da estirpe, uma obrigação jurídica [...]. A convicção prevalece de que a comunidade *subsiste* apenas graças aos sacrifícios e às realizações dos antepassados — e de que é preciso lhes *pagar* isso com sacrifícios e realizações: reconhece-se uma *dívida* [Schuld], que cresce permanentemente, pelo fato de que os antepassados não cessam, em sua sobrevida como espíritos poderosos, de conceder à estirpe novas vantagens e adiantamentos a partir de sua força. Em vão, talvez? Mas não existe "em vão" para aqueles tempos crus e "sem alma". O que se pode lhes dar em troca? Sacrifícios (inicialmente para alimentação, entendida do modo mais grosseiro), festas, música, homenagens, sobretudo obediência — pois os costumes são, enquanto obra dos antepassados, também seus preceitos e ordens. É possível lhes dar o suficiente? Essa suspeita permanece e aumenta.[11]

Em outras palavras, para Nietzsche, partir das suposições de Adam Smith sobre natureza humana significa que devemos necessariamente chegar a algo parecido com a teoria da dívida primordial. Por um lado, é por causa do nosso sentimento de dívida para com nossos antepassados que obedecemos a leis ancestrais: é por isso que sentimos que a comunidade tem o direito de reagir "como um credor furioso" e nos punir por nossas transgressões quando desrespeitamos essas leis. Em sentido mais amplo, nós desenvolvemos um sentimento arrepiante de que jamais conseguiremos de fato pagar aos nossos ancestrais, que nenhum sacrifício (nem mesmo o sacrifício de nosso primogênito) vai nos redimir verdadeiramente. Temos pavor de nossos antepassados, e quanto mais forte e poderosa uma comunidade se torna, mais poderosos eles parecem ser, até que, por fim, "o ancestral termina necessariamente transfigurado em um deus". À medida que as comunidades crescem e se transformam em reinos, e os reinos em impérios universais, os próprios deuses começam a parecer mais universais, assumem pretensões maiores e mais cósmicas, governam os céus, soltam raios e trovões — culminando no Deus cristão que, como deidade máxima, "trouxe também ao mundo, no mais alto grau, a sensação de estarmos em dívida". Até mesmo Adão, nosso ancestral, não aparece mais como credor, mas como transgressor e, portanto, devedor, que passa para nós o fardo do pecado original:

> Por fim, com a impossibilidade de pagar a dívida, se concebe também a impossibilidade da penitência, a ideia de que não se pode realizá-la (o "castigo *eterno*") [...] até que subitamente nos achamos ante o expediente paradoxal e horrível no qual a humanidade atormentada encontrou um alívio momentâneo, aquele golpe de gênio do *cristianismo*: o próprio Deus se sacrificando pela culpa dos homens, o próprio Deus pagando a si mesmo, Deus como o único que pode redimir o homem daquilo que para o próprio homem se tornou irredimível — o credor se sacrificando por seu devedor, por *amor* (é de se dar crédito?), por amor a seu devedor![12]

Tudo faz sentido se partirmos da premissa inicial de Nietzsche. O problema é que a premissa é uma insanidade.

Também temos todas as razões para acreditar que Nietzsche sabia que a premissa era insana; na verdade, que a intenção era toda essa. Ele parte das suposições habituais e de senso comum sobre a natureza dos seres humanos que prevaleciam na sua época (e que ainda prevalecem em grande medida) — isto é, que somos máquinas racionais de calcular, que o interesse comercial próprio começa antes da sociedade, que a própria "sociedade" é apenas um modo de colocar um tipo de cobertura temporária no conflito resultante. Ou seja, ele parte das suposições burguesas comuns e as conduz a um lugar em que não teriam como não chocar o público burguês.

É um jogo que tem seu mérito e ninguém jamais o jogou melhor; mas é um jogo feito totalmente dentro dos limites do pensamento burguês. Não significa nada para alguém que esteja fora desse terreno. A melhor resposta para quem quiser levar a sério as fantasias de Nietzsche sobre caçadores selvagens que arrancam pedaços do corpo dos outros por não conseguirem perdoar uma dívida são as palavras de um caçador-coletor de verdade — um inuíte da Groenlândia que ficou famoso por causa de um livro do escritor dinamarquês Peter Freuchen, *Book of the Eskimos*. Freuchen conta que um dia, ao voltar para casa faminto depois de uma expedição fracassada de caça à morsa, ele viu um dos caçadores bem-sucedidos distribuindo centenas de quilos de carne. Ele agradeceu imensamente ao homem, que retrucou, indignado:

> No nosso país, nós somos humanos! E como somos humanos, ajudamos uns aos outros. Não gostamos de ouvir ninguém agradecendo por isso. O que tenho hoje você pode ter amanhã. Aqui dizemos que com dádivas se criam escravos e com chicotes se criam cães.[13]

A última frase é um clássico da antropologia, e declarações semelhantes sobre a recusa de calcular créditos e débitos são encontradas em toda a literatura antropológica sobre sociedades igualitárias baseadas na caça. Em vez de se ver como ser humano em decorrência da capacidade de fazer cálculos econômicos, o caçador insistiu que ser verdadeiramente humano significa *recusar-se* a fazer contas desse tipo, recusar-se a medir ou lembrar quem deu o quê para quem, pela razão prática de que fazer isso criaria inevitavelmente um mundo onde começaríamos a "comparar, medir, calcular um poder e outro" e nos reduziríamos a escravos ou cães por meio da dívida.

Isso não quer dizer que ele, como uma quantidade incontável de semelhantes espíritos igualitários em toda a história, não soubesse que os seres humanos têm a propensão ao cálculo. Se ele não soubesse disso, não teria dito o que disse. É claro que temos uma propensão ao cálculo. Temos todos os tipos de propensões. Em qualquer situação da vida real, temos propensões que nos conduzem em várias direções, diferentes e contraditórias, ao mesmo tempo. Nenhuma é mais real que a outra. A verdadeira questão é aquilo que assumimos como fundamento de nossa humanidade e, desse modo, tornamos a base de nossa civilização. Se a análise da dívida feita por Nietzsche tiver alguma serventia para nós, será porque ela revela que quando partimos da suposição de que o pensamento humano é essencialmente uma questão de cálculo comercial, que a compra e a venda são a base da sociedade humana — aí, sim, ao começarmos a pensar sobre nossa relação com o Cosmo, nós a conceberemos necessariamente em termos de dívida.

Acredito realmente que Nietzsche também pode nos ser útil de outra maneira: para entender o conceito de redenção. A sua explicação sobre "os primórdios" pode ser absurda, mas em sua descrição do cristianismo — de como um sentimento de dívida é transformado em sentimento de culpa permanente, e a culpa em autodepreciação, e a autodepreciação em autotortura — tudo soa muito verdadeiro.

Por que, por exemplo, nós nos referimos a Cristo como o "redentor"? O significado original de "redenção" é comprar algo de volta, resgatar algo que foi dado como garantia por um empréstimo; adquirir algo ao pagar uma dívida. É bastante notável pensar que o próprio núcleo da mensagem cristã, a própria salvação, o sacrifício do filho de Deus para resgatar a humanidade da danação eterna, seria enquadrado na linguagem de uma transação financeira.

Nietzsche deve ter adotado jocosamente as mesmas suposições que Adam Smith, mas os primeiros cristãos certamente não. As raízes desse pensamento são mais profundas que as de Adam Smith, com sua visão dos comerciantes. Os autores dos Brâmanas não estavam sozinhos quando tomaram emprestada a linguagem mercadológica como maneira de pensar a condição humana. Na verdade, até certo ponto, todas as principais religiões do mundo fizeram isso.

O motivo é que todas elas — do zoroastrismo ao islamismo — surgiram em meio a intensos debates sobre o papel do dinheiro e do mercado na vida humana, principalmente sobre o que essas instituições significavam para questões fundamentais a respeito do que os seres humanos deviam uns aos outros. A questão da dívida e as discussões sobre a dívida permeavam todos os aspectos da vida política da época. Esses debates eram travados entre revoltas, petições e movimentos reformistas. Alguns desses movimentos ganharam aliados nos templos e palácios. Outros foram brutalmente suprimidos. A maioria dos termos, slogans e questões específicas em debate, no entanto, se perdeu na história. Simplesmente não sabemos como deve ter sido uma discussão política em uma taberna síria em 750 a.C., por exemplo. Assim, passamos centenas de anos contemplando textos sagrados cheios de alusões políticas que teriam sido reconhecidas instantaneamente por qualquer leitor na época em que foram escritos, mas cujo significado, hoje, nós só podemos adivinhar.[14]

Um dos aspectos incomuns da Bíblia é o fato de ela preservar partes desse contexto mais amplo. Voltando à noção de redenção: as palavras hebraicas *padah* e *goal*, ambas equivalentes a "redenção", podiam ser usadas para resgatar algo que havia sido vendido para outra pessoa, principalmente terras ancestrais, ou para recuperar algum objeto deixado com os credores como penhor.[15] O exemplo que se destaca na mente dos profetas e teólogos parece ser o segundo: a redenção de penhores e, especialmente, de membros da família mantidos como escravos por dívida. Parecia que a economia dos reinos hebreus, na época dos profetas, já começava a desenvolver o mesmo tipo de crises de dívida que havia muito tempo eram comuns na Mesopotâmia: principalmente nos anos de colheitas ruins, os pobres, à medida que se endividavam com vizinhos ricos ou com agiotas abastados nas cidades, começavam a perder o direito às terras e se tornavam arrendatários do que antes eram suas propriedades, e seus filhos e filhas eram levados para servir como criados na casa dos credores, ou eram vendidos como escravos no exterior.[16] Os primeiros profetas aludem a essas crises,[17] mas o Livro de Neemias, escrito em tempos persas, é o mais explícito:

> Outros diziam: "Tivemos de empenhar nossos campos, vinhas e casas para recebermos trigo durante a penúria".
>
> Outros ainda diziam: "Tivemos de tomar dinheiro emprestado penhorando nossos campos e vinhas para pagarmos o tributo do rei; ora, temos a mesma carne que nossos irmãos, e nossos filhos são como os deles: no entanto, temos de entregar à escravidão nossos filhos e filhas; e há entre nossas filhas algumas que já são escravas! Não podemos fazer nada, porque nossos campos e nossas vinhas já pertencem a outros". Fiquei muito irritado quando ouvi suas lamúrias e essas palavras. Tendo deliberado comigo mesmo, repreendi os nobres e os magistrados nestes termos: "Que fardo cada um de vós impõe a seu irmão!". E convoquei contra eles uma grande assembleia.[18]

Neemias era um judeu nascido na Babilônia, ex-escanção do imperador persa. Em 444 a.C., ele conseguiu convencer o Grande Rei a apontá-lo como governador de sua nativa Judeia. Também obteve permissão para reconstruir o Templo em Jerusalém que havia sido destruído por Nabucodonosor mais de duzentos anos antes. Durante a reconstrução, textos sagrados foram descobertos e restaurados; de certa forma, esse foi o momento da criação do que hoje é considerado o judaísmo.

Porém, assim que Neemias voltou para casa, viu-se confrontado com uma crise social. Por toda parte, camponeses empobrecidos não conseguiam pagar os impostos; credores levavam embora as crianças dos pobres. Sua primeira reação foi expedir um edito de "tábula rasa", em clássico estilo babilônico — tendo nascido na Babilônia, ele estava muito bem familiarizado com o princípio geral. Todas as dívidas não comerciais seriam perdoadas. Taxas máximas de juros foram estabelecidas. Ao mesmo tempo, no entanto, Neemias conseguiu localizar, revisar e reinstituir leis judaicas muito mais antigas, hoje preservadas nos livros Êxodo, Deuteronômio e Levítico, que de certa maneira iam ainda além, ao institucionalizar o princípio.[19] A mais famosa delas é a Lei do Jubileu: estipulava que todas as dívidas fossem automaticamente anuladas "no ano sabático" (ou seja, depois de sete anos), e que todas as pessoas que haviam passado para a condição de servos por causa dessas dívidas seriam libertadas.[20]

Na Bíblia, e também na Mesopotâmia, "liberdade" passou a se referir, acima de tudo, à libertação dos efeitos da dívida. Com o tempo, a história do próprio povo judeu passou a ser interpretada sob essa luz: libertar os escravos no Egito foi o primeiro ato paradigmático de redenção executado por Deus; as atribulações históricas dos judeus (derrota, conquista, exílio) eram vistas como uma desgraça que levaria à redenção final com a chegada do Messias — essa chegada, no entanto, só aconteceria, como alertavam profetas como Jeremias, depois que o povo judeu se arrependesse verdadeiramente de seus pecados (escravizar uns aos outros, idolatrar falsos deuses, violar os mandamentos).[21] Nessa linha de raciocínio, a adoção do termo pelos cristãos não é nada surpreendente. A redenção era uma libertação do fardo do pecado e da culpa, e o fim da história representava aquele momento em que todos os escravos seriam liberados e todas as dívidas, finalmente anuladas, quando o toque das trombetas angelicais anunciasse o Jubileu final.

Nesse caso, a "redenção" não diz mais respeito ao resgate de alguma coisa. Ela tem mais a ver com a destruição de todo o sistema de contabilidade. Em muitas cidades do Oriente Médio, essa destruição era literalmente verdadeira: um dos atos comuns durante o cancelamento das dívidas era a destruição cerimonial das tabuletas em que se mantinham os registros financeiros, um ato a ser repetido, de maneira muito menos oficial, em cada uma das principais revoltas camponesas da história.[22]

Isso leva a outro problema: o que é possível nesse ínterim, antes da chegada da redenção final? Em uma de suas parábolas mais perturbadoras, a do servo impiedoso, Jesus parecia tratar explicitamente desse problema:

> Ocorre com o Reino dos Céus o mesmo que a um rei que resolveu acertar contas com os seus servos. Ao começar o acerto, trouxeram-lhe um que devia 10 mil talentos. Não tendo este com que pagar, o senhor ordenou que o vendessem, juntamente com a mulher e com os filhos e todos os seus bens, para o pagamento da dívida. O servo, porém, caiu aos seus pés e, prostrado, suplicava-lhe: "Dá-me um prazo e eu te pagarei tudo". Diante disso, o senhor, compadecendo-se do servo, soltou-o e perdoou-lhe a dívida. Mas, quando saiu dali, esse servo encontrou um dos seus companheiros de servidão, que lhe devia cem denários e, agarrando-o pelo pescoço, pôs-se a sufocá-lo e a insistir: "Paga-me o que me deves". O companheiro, caindo aos seus pés, rogava-lhe: "Dá-me um prazo e eu te pagarei". Mas ele não quis ouvi-lo; antes, retirou-se e mandou lançá-lo na prisão até que pagasse o que devia. Vendo os seus companheiros de servidão o que acontecera, ficaram muito penalizados e, procurando o senhor, contaram-lhe todo o acontecido. Então o senhor mandou chamar aquele servo e lhe disse: "Servo mau, eu te perdoei toda a tua dívida, porque me rogaste. Não devias, também tu, ter compaixão do teu companheiro, como eu tive compaixão de ti?". Assim, encolerizado, o seu senhor o entregou aos verdugos, até que pagasse toda a sua dívida.[23]

Um texto extraordinário: em um nível, uma piada; em outro, não poderia ser mais sério.

Começamos com o rei que quer "acertar contas" com seus servos. A premissa é absurda. Reis, como deuses, não podem efetuar relações de troca com seus súditos, porque a paridade é impossível. E está claro que esse rei é Deus. Certamente não haverá nenhum acerto final de contas.

Desse modo, na melhor das hipóteses, estamos lidando com um ato de capricho por parte do rei. A natureza absurda da premissa é enfatizada pela quantia que o primeiro homem supostamente lhe deve. Na antiga Judeia, dizer que alguém deve a um credor "10 mil talentos" seria como dizer que hoje alguém deve "100 bilhões de dólares". O número também é uma piada; ele simplesmente representa "uma quantia que nenhum ser humano jamais conceberia pagar".[24]

Diante da dívida existencial infinita, o servo só tem a dizer mentiras óbvias: "Cem bilhões? É claro, pode confiar em mim! Dê-me um pouco mais de tempo". Então, de repente, como que de maneira arbitrária, o Senhor o perdoa.

No entanto, constata-se que a anistia tem uma condição da qual ele não tem ciência. Compete a ele querer agir de maneira análoga com os outros seres humanos — nesse caso particular, com outro servo que lhe deve (colocando de novo em termos atuais) talvez mil dólares. Como não passa no teste, o sujeito é jogado no inferno e passa lá toda a eternidade, ou "até que pague toda a sua dívida", o que, nesse caso, dá no mesmo.

Essa parábola tem representado um desafio para os teólogos há bastante tempo. Normalmente ela é interpretada como um comentário à generosidade infinita da graça de Deus e do quão pouco Ele exige de nós em comparação — e por isso, por implicação, como maneira de sugerir que nos torturar no inferno por toda a eternidade não é tão absurdo quanto poderia parecer. Decerto o servo impiedoso é uma figura verdadeiramente odiosa. Todavia, o que me chama mais a atenção ainda é a sugestão tácita de que o perdão, neste mundo, no fundo é impossível. Os cristãos dizem mais ou menos a mesma coisa toda vez que recitam o Pai-Nosso e pedem a Deus: "E perdoai as nossas dívidas assim como nós perdoamos aos nossos devedores".[25] Essa frase repete quase exatamente a história da parábola, e as implicações são similarmente terríveis. Afinal, a maior parte dos cristãos que recitam essa oração sabe que em geral eles não perdoam seus devedores. Por que então Deus lhes perdoaria os pecados?[26]

Além disso, há a sugestão persistente de que jamais conseguiríamos viver à altura desses padrões, ainda que tentássemos. Uma das coisas que fazem o Jesus do Novo Testamento ser um personagem tão irresistível é o fato de nunca termos clareza do que ele realmente diz. Tudo pode ser interpretado de duas maneiras. Quando ele pede a seus seguidores que perdoem todas as dívidas, se recusem a atirar a primeira pedra, deem a outra face, amem os inimigos, deem seus bens aos pobres — ele realmente espera que tudo isso seja feito? Ou será que tais exigências são apenas um modo de mostrar aos outros que, como claramente não estamos preparados para agir dessa maneira, somos todos pecadores cuja salvação só pode acontecer em outro mundo — uma posição que pode ser (e tem sido) usada para justificar quase tudo? Essa é uma visão da vida humana como inerentemente corrupta, mas também enquadra outras questões — espirituais, inclusive — em termos comerciais: com o cálculo do pecado, da penitência e da absolvição, o diabo e são Pedro, cada um com seu livro contábil, geralmente acompanhados da sensação pavorosa de que tudo é uma charada, revelam que o próprio fato de sermos reduzidos a esse jogo de tabelar os pecados nos torna fundamentalmente indignos do perdão.

Todas as religiões mundiais, como veremos, são repletas desse tipo de ambiguidade. Por um lado, elas são um chamado contra o mercado; por outro, tendem a enquadrar suas objeções em termos comerciais — como se argumentassem que transformar a vida humana em uma série de transações não fosse um bom negócio. No entanto, acredito que esses poucos exemplos revelam quanto está sendo escondido nos relatos convencionais da origem e da história do dinheiro. Existe algo quase poeticamente ingênuo nas histórias sobre vizinhos que trocam batatas por um par de calçados. Quando os antigos pensavam em dinheiro, trocas amigáveis dificilmente eram a primeira opção que lhes vinha à mente.

Sim, alguns teriam se lembrado da conta aberta na cervejaria local, ou, se fossem comerciantes ou administradores, dos armazéns, livros contábeis, artigos exóticos importados. Para a maioria, no entanto, o que provavelmente lhes vinha à mente era a venda de escravos e o resgate de prisioneiros, cobradores de impostos corruptos e as depredações de exércitos de conquista, hipotecas e juros, roubos e extorsões, vingança e punição, e, acima de tudo, a tensão entre a necessidade de dinheiro para criar famílias, adquirir uma noiva para que se pudesse ter filhos e o uso desse mesmo dinheiro para destruir famílias — criando dívidas que fariam com que a mesma esposa e os mesmos filhos fossem levados embora. "Há entre nossas filhas algumas que já são escravas! Não podemos fazer nada." Só podemos imaginar o que essas palavras significavam emocionalmente para um pai em uma sociedade patriarcal em que a capacidade do homem de proteger a honra da família era tudo. No entanto, isso foi o que o dinheiro significou para a maioria das pessoas durante a maior parte da história humana: a perspectiva terrível de que filhos e filhas fossem levados embora para a casa de estrangeiros repulsivos para limpar suas panelas e, vez ou outra, realizar serviços sexuais, se sujeitarem a toda sorte concebível de violência e abuso, talvez por anos a fio, talvez para sempre, enquanto seus pais esperavam, impotentes, evitando olhar para os vizinhos que sabiam com exatidão o que estava acontecendo com pessoas que eles, supostamente, deveriam ser capazes de proteger.[27] Está claro que isso era a pior coisa que poderia acontecer a alguém — é por essa razão que, na parábola, se trata de algo correspondente a "ser entregue aos verdugos" por toda a vida. E isso apenas da perspectiva do pai. Imagine como seria da perspectiva de uma filha. No entanto, no decorrer da história humana, milhões e milhões de filhas sentiram (e na verdade muitas ainda sentem) isso na pele.

Pode-se objetar dizendo que as pessoas acreditavam que isso fosse normal e fizesse parte da natureza: assim como a imposição de tributos às populações conquistadas, tal prática talvez gerasse ressentimentos, mas não era considerada uma questão moral, uma questão de certo e errado. Algumas coisas simplesmente acontecem. Essa foi a reação mais comum dos camponeses a esses fenômenos no decorrer de toda a história humana. O que nos surpreende em relação às fontes históricas é que, no caso das crises de dívida, *não* era assim que muitos reagiam. Muitos na verdade se indignavam. Com efeito, eram tantos que a maior parte da nossa linguagem contemporânea da justiça social, nosso modo de falar da servidão humana e da emancipação, continua ecoando argumentos antigos sobre a dívida.

Trata-se de algo particularmente interessante porque muitas outras coisas parecem ter sido aceitas como simplesmente parte da natureza. Não vemos um clamor semelhante contra os sistemas de castas, por exemplo, ou, a propósito, contra a instituição da escravidão.[28] Certamente os escravos e os intocáveis muitas vezes viviam horrores pelo menos iguais a esses. Não há dúvida de que muitos protestavam contra sua condição. Por que será que os protestos dos devedores pareciam conter um peso moral tão grande? Por que os devedores conseguiam ser ouvidos tão bem por sacerdotes, profetas, autoridades e reformadores sociais? Por que autoridades como Neemias se dispuseram a ouvir com simpatia suas reivindicações e invectivas e reunir grandes assembleias?

Alguns sugeriram razões práticas: as crises da dívida destruíam o livre campesinato, e os camponeses livres é que eram recrutados para os antigos exércitos que lutariam nas guerras.[29] Os governantes, portanto, tinham um interesse particular em manter as bases de recrutamento. Sem dúvida esse foi um fator; claramente, não foi o único. Não há razões para acreditarmos que Neemias, por exemplo, em sua fúria contra os usurários, estivesse primeiramente preocupado com sua capacidade de formar tropas para o rei persa. Tinha de ser algo mais profundo.

O que torna a dívida diferente é o fato de ser estabelecida como premissa em uma suposição de igualdade.

Ser escravo, ou de uma casta mais baixa, é ser intrinsecamente inferior. Trata-se de relações de pura hierarquia. No caso da dívida, estamos falando de dois indivíduos que começam como partes iguais de um contrato. Legalmente, pelo menos no que se refere ao contrato, as duas partes são equivalentes.

Podemos acrescentar que, no mundo antigo, quando as pessoas que na verdade eram mais ou menos iguais em termos sociais emprestavam dinheiro umas às outras, os termos parecem ter sido bem generosos. Muitas vezes não havia cobrança de juros, e, quando havia, eram bem baixos. "E não me cobre juros", escreveu um cananeu a outro, em uma tabuleta datada dos anos 1200 a.C., "afinal, somos cavalheiros".[30] Entre parentes próximos, muitos "empréstimos" deviam ser, como o são até hoje, apenas presentes, e ninguém esperava seriamente receber de volta. Já o empréstimo entre ricos e pobres era outra coisa.

O problema era que, a despeito das distinções de status como castas ou escravidão, a linha divisória entre ricos e pobres nunca era delineada com precisão. Podemos imaginar a reação de um fazendeiro que tomava um empréstimo com um primo rico, convicto de que "os seres humanos ajudam uns aos outros", e um ou dois anos depois tinha seu vinhedo confiscado e seus filhos e filhas levados como servos. Tal comportamento poderia ser justificado, em termos legais, insistindo que o empréstimo não foi realizado como ajuda mútua, mas como relação comercial — contrato é contrato. (Isso também exigia certo acesso confiável às instâncias superiores.) Mas também daria a sensação de ser uma traição terrível. Além disso, enquadrar essa situação como quebra de contrato significava dizer que, na verdade, essa era uma questão moral: as duas partes envolvidas *deviam* ser iguais, mas uma delas não honrou o acordo. Psicologicamente, isso só tornava ainda mais dolorosa a vergonha da condição do devedor, uma vez que era possível dizer que sua torpeza selou o destino de sua filha. Mas isso só deixava a situação ainda mais propensa a calúnias morais: "Temos a mesma carne que nossos irmãos, e nossos filhos são como os deles". Somos todos o mesmo povo. Temos a responsabilidade de levar em consideração as necessidades e os interesses uns dos outros. Então, como meu irmão pôde fazer isso comigo?

No caso do Antigo Testamento, os devedores eram capazes de preparar um argumento moral particularmente poderoso — como os autores do Deuteronômio lembravam o tempo todo a seus leitores, os judeus não eram escravos no Egito e todos eles não foram redimidos por Deus? Era correto, depois que todos receberam a terra prometida, alguns tomarem essa mesma terra dos outros? Era correto uma população de escravos libertos escravizar os filhos dos outros?[31] Mas argumentos análogos foram usados em situações semelhantes praticamente em todos os lugares no mundo antigo: em Atenas, Roma e, a propósito, na China, onde, segundo a lenda, a própria cunhagem foi inventada por um imperador para resgatar as crianças de famílias forçadas a vendê-las depois de uma série de enchentes devastadoras.

Durante quase toda a história, quando o conflito político entre as classes vinha à tona, ele assumia a forma de apelos pelo cancelamento de dívidas — a libertação dos servos e, geralmente, uma redistribuição mais justa da terra. O que vemos na Bíblia e em outras tradições religiosas são vestígios dos argumentos morais com os quais essas reivindicações eram justificadas, em geral sujeitos a todo tipo de imaginativas reviravoltas, mas inevitavelmente incorporando, até certo ponto, a linguagem do próprio mercado.

5. Breve tratado sobre os fundamentos morais das relações econômicas

Para contar a história da dívida, é necessário reconstruir como a linguagem do mercado passou a permear cada aspecto da vida humana — chegando a fornecer a terminologia para expressões morais e religiosas contrárias a ele. Já vimos como os ensinamentos védicos, assim como os cristãos, acabam dando o mesmo passo curioso: primeiro descrevem toda a moral como dívida, mas depois, cada um à sua maneira, demonstram que a moral na verdade não pode ser reduzida à dívida, pois deve ser fundamentada em outro aspecto.[1]

Mas fundamentada em quê? As tradições religiosas preferem respostas cosmológicas amplas: a alternativa à moralidade da dívida consiste no reconhecimento da integração com o Universo, na vida à espera da iminente aniquilação do Cosmo, na absoluta subordinação à deidade ou na passagem para outro mundo. Minhas metas são mais modestas, então tomarei a direção oposta. Se quisermos de fato entender os fundamentos morais da vida econômica e, por extensão, da vida humana, creio que devemos começar pelas pequenas coisas: os detalhes cotidianos da existência social, o modo como tratamos nossos amigos, inimigos e crianças — geralmente com gestos tão pequenos (passar o sal, filar um cigarro) que quase nunca paramos para pensar neles. A antropologia tem nos mostrado como os modos de organização dos seres humanos são diferentes e numerosos. Mas ela também revela algumas afinidades notáveis — princípios morais fundamentais que parecem existir em todos os lugares e que sempre tenderão a ser invocados toda vez que as pessoas trocam objetos de lugar ou argumentam sobre o que os outros lhes devem.

Um dos motivos que fazem da vida humana algo tão complicado, por sua vez, é o fato de muitos desses princípios se contradizerem. Como veremos, eles estão o tempo todo nos levando em direções radicalmente diferentes. A lógica moral da troca e, portanto, da dívida, é apenas uma; em qualquer dada situação, é provável que princípios completamente diferentes possam ser aplicados. Nesse sentido, a confusão moral discutida no primeiro capítulo não é nova; de certo modo, o pensamento moral é fundado nessa tensão.

PARA ENTENDER REALMENTE o que é a dívida, portanto, será necessário entender como ela é diferente de outros tipos de obrigações que os seres humanos podem ter uns com os outros — o que, por sua vez, significa mapear quais são essas outras obrigações. Ao fazermos isso, no entanto, defrontamo-nos com alguns desafios peculiares. A teoria social contemporânea — inclusive a antropologia econômica — surpreendentemente oferece pouquíssima ajuda nesse aspecto. Há uma literatura antropológica vasta sobre dádivas, por exemplo, a começar pelo *Ensaio sobre a dádiva*, do antropólogo francês Marcel Mauss, de 1924, bem como sobre "economias da dádiva" que funcionam baseadas em princípios completamente diferentes dos que norteavam as economias de mercado — mas, por fim, quase toda essa literatura se concentra na troca de presentes, assumindo que sempre que uma pessoa oferece alguma coisa, esse ato acarreta uma dívida, e o presenteado tem de retribuir com algo equivalente. De modo muito parecido ao que acontece nas grandes religiões, a lógica do mercado tem se insinuado até mesmo no pensamento de quem se opõe a ele de maneira mais explícita. Assim sendo, terei aqui de começar de novo e criar uma nova teoria, praticamente do zero.

Parte do problema é o lugar extraordinário que a economia ocupa atualmente nas ciências sociais. Em muitos aspectos, ela é tratada como um tipo de disciplina mestra. Espera-se que quase todas as pessoas que administram algo importante nos Estados Unidos tenham algum treinamento em economia, ou pelo menos tenham algum conhecimento de seus princípios básicos. Consequentemente, esses princípios passaram a ser tratados como lugar-comum, quase como certezas absolutas (sabemos que estamos diante de um lugar-comum quando, ao questionarmos o outro, sua primeira reação é nos tratar como completos ignorantes — "você provavelmente nunca ouviu falar da Curva de Laffer"; "com certeza você precisa fazer um curso básico de economia" —, ou seja, a teoria é tida como algo tão obviamente verdadeiro que ninguém entende como alguém pode discordar dela). Além disso, os ramos da teoria social que recorrem a certo "status científico" — a "teoria da escolha racional", por exemplo — partem das mesmas suposições sobre psicologia que os economistas: supõem que a melhor maneira de interpretar os seres humanos é como atores egoístas que estão sempre calculando como tirar a melhor vantagem de qualquer situação, como obter o melhor lucro, prazer ou felicidade com o menor sacrifício ou investimento — algo curioso, considerando que a psicologia experimental já demonstrou repetidas vezes que essas suposições simplesmente não são verdadeiras.[2]

Há muito tempo existem aqueles que desejam criar uma teoria da interação social fundamentada em uma visão mais generosa da natureza humana — insistindo que a vida moral se caracteriza por algo além da vantagem mútua: que ela é motivada sobretudo por um senso de justiça. A palavra-chave aqui se tornou "reciprocidade", ou senso de igualdade, equilíbrio, justeza e simetria, incorporada na nossa imagem de justiça como uma balança com dois pratos. As transações econômicas eram apenas uma variante do princípio da troca equilibrada — uma variante que tinha a famigerada tendência de dar errado. Mas, se examinarmos mais de perto essas questões, descobriremos que todas as relações humanas são baseadas em alguma variação da reciprocidade.

Nas décadas de 1950, 1960 e 1970, tornou-se uma febre pensar nessas questões, na esteira daquilo que, na época, se chamava "teoria da troca", desenvolvida em variações infinitas, da teoria da troca social, de George Homans, nos Estados Unidos, ao estruturalismo de Claude Lévi-Strauss, na França. Lévi-Strauss, que se tornou uma espécie de deus intelectual da antropologia, apresentou a tese extraordinária de que a vida humana podia ser imaginada como constituída de três esferas: linguagem (que consiste na troca de palavras), parentesco (que consiste na troca de mulheres) e economia (que consiste na troca de coisas). Todas as três, insistia ele, eram governadas pela mesma lei fundamental da reciprocidade.[3]

Hoje o prestígio de Lévi-Strauss está em declínio, e tais declarações extremadas, em retrospecto, parecem um tanto ridículas. No entanto, não houve quem propusesse uma nova e corajosa teoria em substituição a essas ideias. Em vez disso, as suposições simplesmente se retiraram para segundo plano. Quase todas as pessoas continuam pressupondo que, em sua natureza fundamental, a vida social é baseada no princípio da reciprocidade e, portanto, que toda interação humana pode ser mais bem compreendida como um tipo de troca. Se isso for verdade, então a dívida realmente é a raiz de toda moralidade, porque a dívida é o que acontece quando falta restabelecer algum equilíbrio.

Entretanto, toda a justiça pode realmente ser reduzida à reciprocidade? Não é nada difícil imaginarmos formas de reciprocidade que não pareçam particularmente justas. "Aja com os outros da maneira que gostaria que agissem com você" poderia ser um excelente fundamento para um sistema ético, mas, para a maioria de nós, "olho por olho" evoca menos a justiça do que a brutalidade movida pela vingança.[4] "Amor com amor se paga" é um sentimento agradável, mas "eu coço suas costas e você coça as minhas" é um atalho para a corrupção política. De modo inverso, há relações que parecem claramente morais, mas que não têm nada a ver com reciprocidade. A relação entre mãe e filho é um exemplo citado com frequência. A maioria de nós adquire o sentido de justiça e moral primeiro com os pais. Porém, é extremamente difícil ver a relação entre pais e filhos como particularmente dotada de reciprocidade. Estaríamos então propensos a concluir que não se trata de uma relação moral? Que não tem nada a ver com justiça?

A escritora canadense Margaret Atwood abre um livro recente sobre dívida com um paradoxo semelhante:

> O escritor Ernest Thompson Seton recebeu uma conta estranha no dia em que completou 21 anos. Era um registro mantido por seu pai de todas as

despesas que tivera com Ernest, durante a infância do filho, incluindo os honorários cobrados pelo médico para trazê-lo ao mundo. Dizem que Ernest pagou a conta, o que é ainda mais estranho. Antes eu achava que o pai de Seton era um idiota, mas hoje tenho minhas dúvidas.[5]

A maioria de nós não teria tantas dúvidas. Tal comportamento parece monstruoso e inumano. Ernest certamente pensava da mesma maneira: ele pagou a conta, mas nunca mais conversou com o pai.[6] E, de certa forma, é justamente por isso que apresentar uma conta desse tipo parece tão ultrajante. Ajustar contas significa que as duas partes serão capazes de se distanciar. Ao apresentar a conta, o pai sugeriu que não tinha mais nada a ver com o filho.

Em outras palavras, embora a maioria de nós possa pensar no que se deve aos pais como uma espécie de dívida, poucos de nós se imaginam capazes de realmente pagá-la — ou mesmo que essa dívida *deva* ser paga. Contudo, se ela não pode ser paga, em que sentido se trata de uma "dívida"? E se não é uma dívida, o que ela é?

Um dos lugares óbvios para buscarmos alternativas é naqueles casos de interação humana em que as expectativas de reciprocidade parecem dar com os burros n'água. Os relatos de viajantes do século XIX, por exemplo, são repletos de casos assim. Missionários que trabalhavam em determinadas regiões da África muitas vezes se surpreendiam com as reações que recebiam quando receitavam medicamentos. Vejamos um exemplo típico, nesse caso de um missionário britânico no Congo:

> Um ou dois dias depois que chegamos a Vana, encontramos um nativo muito doente, com pneumonia. Comber cuidou dele e o manteve vivo com uma forte sopa de galinha; ele recebeu muita atenção e cuidados de enfermagem em sua casa, que ficava ao lado do acampamento. Quando estávamos prontos para seguir nosso caminho, o homem melhorou. Para nossa surpresa, ele se aproximou e nos pediu um presente, e quando nos recusamos a presenteá-lo

ficou tão espantado e indignado quanto nós com a atitude dele. Sugerimos que cabia a ele nos trazer um presente e demonstrar gratidão. Ele nos disse:
— Muito bem! Vocês, brancos, não têm vergonha.[7]

Nas primeiras décadas do século xx, o filósofo francês Lucien Lévy-Bruhl, em uma tentativa de provar que os "nativos" tinham uma lógica totalmente diferente, compilou uma lista de casos semelhantes: a lista continha, por exemplo, a história de um homem salvo de um afogamento que pediu à pessoa que o salvara algumas roupas para vestir, ou de outro que, depois de receber cuidados e recuperar a saúde após ter sofrido o ataque violento de um tigre, pediu uma faca. Um missionário francês que trabalhava na África Central afirmou que coisas desse tipo aconteciam regularmente:

> Você salva a vida de uma pessoa e algum tempo depois recebe uma visita; agora você lhe deve uma obrigação, e só vai se livrar dela dando presentes.[8]

Ora, com certeza quase sempre há algo de extraordinário em salvar uma vida. Tudo que diz respeito ao nascimento e à morte tem alguma ligação com o infinito e, por isso, deixa de lado todos os meios habituais de cálculo moral. Talvez por isso histórias como essas tenham se tornado quase um clichê nos Estados Unidos durante minha infância e adolescência. Quando criança, eu me lembro de terem me contado que, entre os inuítes (às vezes mudavam para budistas ou chineses, mas curiosamente nunca para africanos), quando uma pessoa salva a vida de outra, ela é considerada responsável por cuidar daquela pessoa para sempre. Isso é uma afronta ao nosso senso de reciprocidade. Mas, de certa forma, estranhamente também faz algum sentido.

Não temos como saber o que realmente se passava na mente dos pacientes dessas histórias, uma vez que não sabemos quem eram nem que tipo de expectativas eles tinham (como costumavam interagir com os médicos, por exemplo). Mas podemos supor. Vamos fazer um experimento mental. Imagine que estejamos falando de um lugar onde um homem que salva a vida de outro se torna como que um irmão dele. Espera-se agora que os dois dividam tudo e ajudem um ao outro quando necessário. Nesse caso, o paciente com certeza perceberia que seu novo irmão aparenta ser extremamente próspero, sem ter necessidade de quase nada, enquanto ele, o paciente, carece de muitas coisas que o missionário pode lhe dar.

Como alternativa (mais provável), imagine que estejamos falando não de uma relação de igualdade radical, mas exatamente do oposto. Em muitas partes da África, curandeiros talentosos também eram figuras políticas importantes com uma extensa clientela de antigos pacientes. Um pretenso seguidor então chega para declarar sua aliança política. O que complica a situação nesse caso é que seguidores de grandes homens, nessa parte da África, ocupavam uma posição de barganha relativamente forte. Era difícil encontrar bons capangas; esperava-se que as pessoas importantes fossem generosas com seus seguidores para evitar que eles se aliassem a algum rival. Nesse caso, pedir uma camiseta ou uma faca seria um modo de confirmar se o missionário queria ou não o homem como seguidor. Em contrapartida, pagá-lo de volta seria, como o gesto de Ernest Seton para com o pai, um insulto: a maneira de dizer que, apesar de o missionário ter salvado sua vida, a partir daquele momento eles não teriam mais nada a ver um com o outro.

Tudo isso é um exercício de imaginação — pois, repito, nós não sabemos de fato o que pensavam os doentes na África naquela época. Creio que essas formas de igualdade e desigualdade radicais existem de fato, que cada uma delas carrega consigo o seu próprio tipo de moralidade, a sua própria forma de pensar e argumentar sobre o que é certo e errado em qualquer situação, e que essas moralidades são totalmente diferentes da troca de tipo "olho por olho, dente por dente". No restante deste capítulo, forneço um modo simples e objetivo de mapear as principais possibilidades nessa área, propondo que há três princípios morais sobre os quais as relações econômicas podem ser fundamentadas e que todos eles aparecem em qualquer sociedade humana. Vou chamá-los de comunismo, hierarquia e troca.

Comunismo

Defino aqui comunismo como qualquer relação humana que funcione de acordo com o princípio "de cada um segundo suas capacidades, a cada um segundo suas necessidades".

Reconheço que faço aqui um emprego um tanto provocador desses princípios. "Comunismo" é uma palavra que pode provocar fortes reações emocionais — principalmente, é claro, porque tendemos a identificá-la com os regimes "comunistas". Isso é irônico, uma vez que os partidos comunistas e seus satélites que governaram a URSS, e ainda governam China e Cuba, nunca descreveram os próprios sistemas como "comunistas". Eles se descreviam como "socialistas". O "comunismo" sempre foi um ideal utópico distante e algo nebuloso, geralmente acompanhado pela dissolução do Estado — a ser atingida em algum momento no futuro longínquo.

Nosso pensamento sobre o comunismo tem sido dominado pelo mito. Era uma vez seres humanos que mantinham todas as coisas em comum — no Jardim do Éden, durante a Idade de Ouro de Saturno ou nos grupos de caçadores-coletores do Paleolítico. Então veio a Queda, cujo resultado é o fato de hoje sermos amaldiçoados com as divisões de poder e a propriedade privada. O sonho era que um dia, com o avanço da tecnologia e a prosperidade geral, com a revolução social ou as diretrizes do Partido, nós finalmente estaríamos prontos para um retorno, prontos para restabelecer a propriedade comum e a gestão comum dos recursos coletivos. Nos últimos dois séculos, os comunistas e anticomunistas discutiram sobre como esse cenário era plausível e se materializá-lo seria uma bênção ou um pesadelo. Mas todos concordavam em relação à estrutura básica: o comunismo diz respeito à propriedade coletiva; o "comunismo primitivo" existiu no passado distante e pode retornar um dia.

Chamaremos esse "comunismo mítico" — ou talvez "comunismo épico" — de uma história que gostamos de contar a nós mesmos. Ela inspira milhões de pessoas desde a época da Revolução Francesa; mas também tem causado danos enormes à humanidade. Chegou a hora, acredito, de colocarmos a questão totalmente de lado. Na verdade, o "comunismo" não é uma utopia mágica, tampouco tem a ver com a propriedade dos meios de produção. O comunismo é algo que existe agora mesmo — que existe, até certo ponto, em toda sociedade humana, embora nunca tenha havido uma sociedade *inteiramente* organizada dessa maneira, e é difícil imaginar como seria tal organização. Todos nós agimos como comunistas durante boa parte do tempo. Nenhum de nós age como comunista de maneira coerente. A "sociedade comunista" — no sentido de uma sociedade organizada tendo esse único princípio como base — jamais poderia existir. Mas todos os sistemas sociais, e mesmo os sistemas econômicos, como o capitalismo, foram construídos em cima da pedra angular de um comunismo realmente existente.

Partir, repito, dos princípios "de cada um segundo suas capacidades, a cada um segundo suas necessidades" nos permite deixar de lado a questão da propriedade individual ou privada (que, de todo modo, muitas vezes é pouco mais que uma formalidade jurídica) e prestar atenção em questões práticas muito mais imediatas sobre quem tem acesso a que tipo de coisas e sob quais condições.[9] Sempre que for esse o princípio operativo, mesmo que se trate de apenas duas pessoas interagindo, podemos dizer que estamos diante de um tipo de comunismo.

Quase todas as pessoas que colaboram em algum tipo de projeto seguem esse princípio.[10] Se uma pessoa que está arrumando um encanamento hidráulico quebrado diz "passe-me a chave inglesa", seu companheiro de trabalho, de modo geral, não vai perguntar "e o que eu ganho com isso?" — mesmo que trabalhem para empresas como Exxon-Mobil, Burger King ou Goldman Sachs. A razão é a mera eficiência (por mais irônico que pareça, considerando a crença geral de que "o comunismo simplesmente não funciona"): se você realmente quer que algo seja feito, a maneira mais eficiente de realizá-lo é obviamente distribuir tarefas por capacidade e dar às pessoas o que elas precisam para tal.[11] Poderíamos até dizer que algo escandaloso a respeito do capitalismo é o fato de a maioria das empresas capitalistas funcionar, internamente, de maneira comunista. É verdade que elas tendem a não funcionar de maneira muito democrática — na maioria das vezes, são organizadas em estilo militar, com estruturas hierárquicas verticais. Mesmo assim, há ali uma tensão interessante, pois as estruturas hierárquicas não são particularmente eficazes: elas tendem a promover a estupidez entre as pessoas que se encontram no alto e a inoperância ressentida entre as que estão embaixo. Quanto maior a necessidade de improvisar, mais democrática tende a se tornar a cooperação. Os inventores sempre entenderam isso, os capitalistas de start-ups muitas vezes percebem isso e os engenheiros da computação recentemente redescobriram o princípio: não apenas em coisas como softwares gratuitos, dos quais todos falam, mas também na organização dos próprios negócios.

Certamente é também por isso que, logo após grandes desastres — enchente, blecaute ou crise econômica —, as pessoas tendem a se comportar da mesma maneira, retornando a um comunismo improvisado. Ainda que seja por um período curto, hierarquias, mercados e coisas assim tornam-se luxos com os quais ninguém pode arcar. Qualquer pessoa que tenha passado por tal situação pode falar das qualidades peculiares de um momento assim, de como desconhecidos se tornam irmãos e irmãs e de como a própria sociedade humana parece renascer. Isso é importante porque mostra que não estamos falando apenas de cooperação. Na verdade, *o comunismo é o fundamento de toda sociabilidade humana*. É o que torna a sociedade possível. Sempre se supõe que qualquer pessoa que não seja inimiga possa agir de acordo com o princípio "de cada um segundo suas capacidades", pelo menos até certo ponto: por exemplo, quando uma pessoa precisa descobrir como chegar a determinado lugar e a outra conhece o caminho.

Nós tanto assumimos isso como verdade que as exceções são reveladoras. E. E. Evans-Pritchard, antropólogo que, na década de 1920, realizou pesquisas entre os nuers, pastores nilotas do sul do Sudão, relata seu embaraço quando percebeu que alguém lhe havia dado intencionalmente uma orientação errada:

> Certa ocasião, perguntei qual era o caminho para determinado lugar e me indicaram a direção errada. Voltei decepcionado para o acampamento e perguntei às pessoas por que haviam me dado uma informação errada. Uma delas me respondeu: "Você é estrangeiro, por que daríamos a informação

correta? Mesmo se um nuer estrangeiro nos perguntasse o caminho, diríamos 'siga direto naquela estrada', mas não diríamos a ele que lá na frente há uma bifurcação. Mas agora você é membro do nosso acampamento e é gentil com nossas crianças, então no futuro nós lhe diremos qual é o caminho correto".[12]

Os nuers se envolvem constantemente em rixas; lá, qualquer estranho pode se revelar um inimigo sondando um bom lugar para armar tocaias, e não seria sábio dar informações úteis para uma pessoa assim. Além disso, a própria situação de Evans-Pritchard era obviamente relevante, uma vez que ele era agente do governo britânico — o mesmo governo que havia pouco tinha mandado a Força Aérea Britânica bombardear e fuzilar os habitantes desse mesmo povoado antes de os reassentar lá. Nessas circunstâncias, o tratamento dado pelos nuers a Evans-Pritchard parece bem generoso. O ponto principal, no entanto, é que é preciso acontecer alguma coisa dessa magnitude — uma ameaça direta à vida e à integridade física, um bombardeio contra civis — para que as pessoas geralmente considerem dar orientações erradas a um estranho.[13]

Porém, não se trata apenas de orientações. A conversa é um domínio particularmente predisposto ao comunismo. Mentiras, insultos, críticas e outras agressões verbais são importantes — mas a maior parte de sua força vem da suposição comum de que as pessoas, em geral, não agem dessa maneira: um insulto só machuca porque assumimos que o outro normalmente tem consideração pelos nossos sentimentos, e é impossível mentir para alguém que não ache que costumamos dizer a verdade. Quando sentimos uma vontade genuína de romper a relação amistosa que temos com outra pessoa, simplesmente deixamos de falar com ela.

O mesmo vale para pequenas cortesias, como pedir emprestado um isqueiro ou até um cigarro. Parece mais legítimo pedir a um estranho um cigarro do que o equivalente em dinheiro, ou até em comida; na verdade, quando identificamos o outro como colega fumante, fica bem difícil negar o pedido. Nesses casos — um fósforo, um pedido de informação, segurar a porta do elevador —, poderíamos dizer que o elemento "de cada um" é tão mínimo que a maioria de nós consente sem nem pensar no assunto. Por outro lado, o mesmo vale quando a necessidade do outro — até mesmo de um estranho — é particularmente espetacular ou extrema: se ele está se afogando, por exemplo. Se uma criança cai nos trilhos de um metrô, assumimos que qualquer pessoa capaz de ajudá-la assim o fará.

Isso é o que eu chamo de "comunismo de base": o entendimento de que, a menos que as pessoas se considerem inimigas, o princípio "de cada um segundo suas capacidades, a cada um segundo suas necessidades" supostamente poderá ser aplicado se a necessidade for grande o suficiente, ou se os custos forem considerados razoáveis o suficiente. É claro, diferentes comunidades fazem uso de diferentes padrões. Em comunidades urbanas amplas e impessoais, o padrão pode não ser mais que pedir emprestado um isqueiro ou solicitar uma informação. Isso pode não parecer muito, mas funda a possibilidade de relações sociais mais gerais. Em comunidades menores e menos impessoais — principalmente aquelas em que não há divisão em classes sociais — a mesma lógica provavelmente se estenderá a um maior número de casos: por exemplo, costuma ser efetivamente impossível recusar um pedido não só de cigarro, mas de comida, muitas vezes até mesmo de um estranho, e certamente de uma pessoa considerada membro da comunidade. Em uma página daquelas em que descreveu suas dificuldades em pedir uma orientação, Evans-Pritchard nota que os mesmos nuers se consideram incapazes, ao lidar com alguém que aceitaram como membro de seu acampamento, de recusar um pedido de qualquer artigo de uso comum. Pessoas conhecidas por terem grãos, tabaco, ferramentas ou instrumentos agrícolas de sobra podiam esperar que seus estoques desaparecessem quase imediatamente.[14] No entanto, esse parâmetro de compartilhamento e generosidade jamais se estende a tudo. Muitas vezes, com efeito, as coisas compartilhadas de forma livre são tratadas como triviais e sem importância justamente por essa razão. Entre os nuers, a verdadeira riqueza assume a forma de gado. Ninguém compartilhava livremente o próprio gado; na verdade, os jovens nuers aprendem que devem dar a própria vida para defender o gado; mas, pela mesma razão, o gado nunca é comprado ou vendido.

A obrigação de compartilhar comida, e qualquer outra coisa considerada necessidade básica, tende a se tornar a base da moral do dia a dia em uma sociedade cujos membros são iguais. Audrey Richards, outro antropólogo, descreveu certa vez como as mães do povo bemba, "descuidadas com a disciplina em todos os aspectos", repreendem duramente os filhos se derem a eles uma laranja ou outro regalo e a criança não oferecer imediatamente para os amigos.[15] Mas compartilhar, nessas sociedades — em qualquer uma, se realmente pensarmos na questão —, também é parte importante dos prazeres da vida. Assim, a necessidade de compartilhar é particularmente acentuada nos melhores e nos piores momentos: em situações de penúria, por exemplo, mas também em situações de extrema abundância. Os primeiros relatos missionários sobre os povos nativos norte-americanos quase sempre incluem observações impressionantes sobre a generosidade em épocas de penúria, e muitas vezes para com pessoas totalmente desconhecidas.[16] Ao mesmo tempo,

> ao retornar da pesca, da caça e do comércio, eles trocam muitos presentes; se obtiveram algo excepcionalmente bom, ainda que tenha sido comprado ou dado, eles fazem um banquete para todos da aldeia. A hospitalidade deles para com todo tipo de estrangeiros é notável.[17]

Quanto mais elaborado o banquete, maior a probabilidade de haver uma combinação de compartilhamento livre de algumas coisas (por exemplo, comida e bebida) com a distribuição cuidadosa de outras: uma carne especial, por exemplo, de caça ou sacrifício, que muitas vezes é repartida em cerimônias elaboradas ou a troca de presentes, feita de maneira igualmente elaborada. Essa troca de presentes costuma se assemelhar à troca que acontece em jogos, torneios, cortejos e performances que, de modo geral, caracterizam os festivais populares. Como acontece com a sociedade como um todo, o convívio comum poderia ser visto como um tipo de base comunista sobre a qual todo o restante é construído. Ele também ajuda a ressaltar que o compartilhar não é apenas uma questão moral, mas também de prazer. Prazeres solitários sempre existirão, mas para a maioria dos seres humanos as atividades mais prazerosas quase sempre envolvem a partilha de algo: música, comida, bebidas, drogas, fofocas, dramas, camas. Há certo comunismo dos sentidos na raiz da maior parte das coisas que consideramos divertidas.

A maneira mais segura de saber se estamos diante de relações comunistas em dada comunidade é verificar se inexiste ali prestação de contas, mas também se uma prestação de contas seria considerada ofensiva, ou simplesmente estranha, caso fosse considerada. Cada aldeia, clã ou nação entre os haudenosaunees, ou iroqueses, por exemplo, era dividida em duas metades.[18] Esse padrão é comum: também em outras regiões do mundo (Amazônia, Melanésia) há arranjos em que os membros de um lado só podem se casar com alguém do outro lado, ou comer alimentos cultivados pelo outro lado; essas regras são feitas explicitamente para que um lado se torne dependente do outro em relação a alguma necessidade básica da vida. Entre os iroqueses das Seis Nações, um lado devia enterrar os mortos do outro lado. Nada seria mais absurdo que um dos lados reclamar que "no ano passado, enterramos cinco dos seus mortos, mas vocês só enterraram dois dos nossos".

O comunismo de base pode ser considerado a matéria-prima da sociabilidade, o reconhecimento de nossa interdependência fundamental, que é a substância indispensável da paz social. Mesmo assim, na maior parte das circunstâncias, essa base mínima não é suficiente. Nós sempre nos comportamos mais solidariamente com algumas pessoas do que com outras, e alguns costumes são especificamente baseados em princípios de solidariedade e ajuda mútua. As primeiras dessas pessoas são as que amamos, sendo as mães o paradigma do amor abnegado. Outras incluem parentes próximos, esposas e maridos, amantes, amigos íntimos. Essas são as pessoas com quem compartilhamos tudo, ou pelo menos a quem podemos recorrer em caso de necessidade, o que é a definição de uma amizade verdadeira em qualquer lugar. Tais amizades podem ser formalizadas em expressões consagradas como "melhores amigos" ou "irmãos de sangue", os quais não recusam nada um ao outro. Como resultado, toda comunidade poderia ser vista como permeada por relações de "comunismo individualista", relações de um para um que funcionam, em diferentes níveis e intensidades, de acordo com o princípio "de cada um segundo suas capacidades, a cada um segundo suas necessidades".[19]

Essa mesma lógica pode ser, e é, estendida dentro dos grupos: não só grupos de trabalho cooperativo, mas também qualquer outro grupo se definirá criando o próprio tipo de comunismo de base. Dentro do grupo haverá certas coisas comuns ou disponibilizadas gratuitamente, outras que alguns membros deverão fornecer aos demais membros mediante solicitação, e ainda as que ninguém vai dividir ou compartilhar com pessoas de fora: ajuda para consertar redes em uma associação de pescadores, material de papelaria em um escritório, alguns tipos de informação entre comerciantes etc. Além disso, haverá certas categorias de pessoas às quais sempre poderemos recorrer em determinadas situações, como colheitas ou mudança de casa.[20] Daí poderemos avançar para variadas formas de intercâmbio, de associação, de procura de ajuda em certas tarefas: mudança, colheita, ou até empréstimo de dinheiro sem juros quando alguém estiver com problemas. Por fim, há os diferentes tipos de "comuns", a administração coletiva dos recursos comuns.

A sociologia do comunismo cotidiano é um campo potencialmente enorme; no entanto, não temos sido capazes de escrever sobre ela por causa da nossa total incapacidade de enxergá-la, impedidos por nossas limitações ideológicas particulares. Mas, em vez de tentar delineá-la, vou me limitar a três pontos conclusivos.

Primeiro, não é exatamente com a reciprocidade que estamos lidando aqui — ou, na melhor das hipóteses, estamos lidando apenas com a reciprocidade em sentido mais amplo.[21] Os dois lados, no entanto, têm em comum o fato de saberem que a outra pessoa *faria* o mesmo por você, mas não que necessariamente *fará*. O exemplo dos iroqueses deixa claro o que torna isso possível: tais relações são baseadas na presunção de eternidade. A sociedade sempre vai existir. Desse modo, sempre existirão o lado norte e o lado sul da aldeia. É por isso que não é preciso fazer ajuste de contas. De maneira semelhante, as pessoas tendem a tratar a mãe e os melhores amigos como se eles sempre fossem existir, por mais que saibam que isso não é verdade.

O segundo ponto tem a ver com a famosa "lei da hospitalidade". Há uma tensão peculiar entre o estereótipo do que chamamos "sociedades primitivas" (populações sem Estado nem mercado) nas quais todos os que não são membros da comunidade supostamente são inimigos e os relatos dos primeiros viajantes europeus espantados com a extraordinária generosidade demonstrada pelos "selvagens" reais. A verdade é que os dois lados estão relativamente certos. Sempre que um estranho é um inimigo poderoso em potencial, a maneira mais comum de superar o perigo é com algum gesto dramático de generosidade, cuja própria magnificência lança o inimigo nessa sociabilidade mútua que é o fundamento de toda relação social pacífica. É verdade que costuma haver um período de teste, quando lidamos com situações completamente desconhecidas. Tanto Cristóvão Colombo na ilha de Santo Domingo quanto o capitão Cook na Polinésia relataram histórias semelhantes de nativos que fugiram, atacaram ou ofereceram o que tinham — mas que muitas vezes entravam nos barcos e se serviam de tudo de que gostavam, levando ao risco de confronto com a tripulação, que então fazia de tudo para instituir o princípio de que as relações entre povos estrangeiros podiam ser mediadas por uma troca comercial "normal".

É compreensível que transações feitas com estrangeiros potencialmente hostis encorajassem uma lógica de tudo ou nada, uma tensão preservada inclusive na etimologia das palavras inglesas *host* [hospedeiro], *hostile* [hostil], *hostage* [refém] e até *hospitality* [hospitalidade], todas derivadas da mesma raiz latina.[22] O que quero enfatizar aqui é que todos esses gestos não passam de demonstrações exageradas daquele mesmo "comunismo de base" que, conforme já argumentei, é o fundamento de toda vida social humana. É por isso que, por exemplo, a diferença entre amigos e inimigos muitas vezes é expressa no universo da comida — e, muitas vezes, nos tipos mais habituais, simples e caseiros de comida: como no princípio que é comum tanto à Europa como ao Oriente Médio de que os que dividiram pão e sal não devem nunca prejudicar uns aos outros. Na verdade, as coisas que existem sobretudo para ser divididas muitas vezes se tornam coisas que *não podem ser* divididas com os inimigos. Entre os nuers, tão livres em relação à comida e às posses do dia a dia, se um homem mata outro, segue-se uma vendeta. Cada pessoa da vizinhança vai tomar partido de um dos lados, e as pessoas de um lado são terminantemente proibidas de comer com as pessoas do outro, ou até mesmo beber do mesmo copo ou tigela que um de seus inimigos recentes já tenha usado, temendo resultados terríveis.[23] A extraordinária inconveniência gerada por isso é um incentivo maior para tentar negociar algum tipo de acerto. De maneira semelhante, costuma-se dizer que as pessoas que dividiram comida, ou certos tipos arquetípicos de comida, são proibidas de prejudicar umas às outras, por mais que tenham inclinação para isso. Em determinadas épocas, isso pode assumir uma formalidade quase cômica, como no conto árabe do ladrão que, ao saquear uma casa, enfiou o dedo em uma jarra pensando estar ela cheia de açúcar e, ao provar o conteúdo, descobriu que era sal. Ao perceber que tinha comido sal na mesa do proprietário da casa, ele respeitosamente devolveu tudo o que roubara.

Por fim, quando começamos a pensar no comunismo como um princípio moral em vez de apenas uma questão de propriedade, fica claro que esse tipo de moralidade quase sempre está em jogo, até certo ponto, em qualquer transação — inclusive comercial. Se temos uma relação sociável com outra pessoa, é difícil ignorar completamente sua situação. Os comerciantes muitas vezes reduzem os preços para os necessitados. Principalmente por esse motivo, os lojistas de regiões pobres quase nunca pertencem ao mesmo grupo étnico de seus consumidores; seria quase impossível para um comerciante ganhar dinheiro na região onde cresceu, pois ele sofreria constante pressão para conceder descontos, ou pelo menos facilitar os termos de crédito, para os parentes pobres ou os colegas da época de escola. O oposto também é verdadeiro. Uma antropóloga que morou algum tempo na área rural da ilha de Java me contou que media suas habilidades linguísticas de acordo com sua capacidade de barganhar no armazém local. Ela ficava frustrada por nunca conseguir um desconto tão baixo como o obtido pelos habitantes nativos. Até que uma amiga javanesa teve de lhe explicar que os javaneses ricos também pagavam mais caro.

Mais uma vez, voltamos ao princípio de que, se as necessidades (por exemplo, a pobreza extrema) ou os trunfos (por exemplo, riqueza fora do comum) são suficientemente dramáticos, então, a menos que a ausência de sociabilidade seja completa, algum nível de moral comunista quase inevitavelmente existirá na maneira como as pessoas ajustam contas.[24] Uma lenda turca sobre o místico medieval sufi Nasrudin Hodja ilustra as complexidades assim introduzidas no próprio conceito de oferta e procura:

> Um dia, quando Nasrudin foi deixado no comando da casa de chá local, o rei e alguns criados que caçavam nas redondezas entraram para tomar café da manhã.
> — Você tem ovos de codorna? — perguntou o rei.
> — Tenho certeza de que posso lhe conseguir alguns — respondeu Nasrudin.
> O rei então pediu uma omelete de uma dúzia de ovos de codorna e Nasrudin saiu apressado para consegui-los. Depois que o rei e seus acompanhantes comeram, Nasrudin cobrou dele cem moedas de ouro.
> O rei ficou confuso.
> — Ovos de codorna são tão raros assim nesta região?
> — Não são os ovos de codorna que são raros aqui — respondeu Nasrudin.
> — Raro é recebermos a visita de um rei.

Troca

O comunismo, portanto, não é baseado nem na troca nem na reciprocidade — senão, como observei, no sentido de envolver mútuas expectativas e responsabilidades. Mesmo aqui, parece melhor usar outra palavra ("mutualidade"?) para destacar que a troca funciona de acordo com princípios totalmente diferentes, ou seja, ela é um tipo de lógica moral fundamentalmente diferente.

A troca sempre tem a ver com equivalência. É um processo de mão dupla em que cada lado dá tanto quanto recebe. É por isso que se pode falar na troca de palavras entre pessoas (se há uma discussão), da troca de socos e até de tiros.[25] Nesses exemplos, não é que exista sempre uma equivalência exata — ainda que houvesse alguma maneira de medir uma equivalência exata —, mas sim um processo mais constante de interação que tende à equivalência. Na verdade, há certo paradoxo aqui: em cada caso, cada lado está tentando ultrapassar o outro, mas, a menos que uma das partes seja totalmente aniquilada, é mais fácil dar tudo como terminado quando os dois lados consideram o resultado mais ou menos satisfatório. Quando passamos para a troca de bens materiais, encontramos uma tensão semelhante. Muitas vezes há um elemento de competição; pelo menos sempre existe essa possibilidade. Mas, ao mesmo tempo, há a sensação de que os dois lados estão prestando contas e, a despeito do que acontece no comunismo, que sempre partilha certa noção de eternidade, a relação pode ser anulada e cada parte pode dar um fim a ela a qualquer momento.

Esse elemento de competição pode funcionar de maneiras completamente diferentes. Nos casos de escambo ou troca comercial, quando as duas partes envolvidas na transação estão apenas interessadas no valor dos bens negociados, elas podem muito bem — como insistem os economistas — tentar obter o máximo de vantagem material. Por outro lado, como há muito tempo apontam os antropólogos, quando a troca é de presentes — ou seja, os objetos trocados são considerados particularmente interessantes no modo que refletem e reorganizam as relações entre as pessoas que realizam a transação, então se houver competição ela provavelmente funcionará da maneira inversa — ela se tornará uma disputa de generosidades, de pessoas que querem mostrar quem dá mais.

Abordemos uma coisa de cada vez.

O que caracteriza a troca comercial é o fato de ser "impessoal": a pessoa que nos vende algo ou compra algo de nós deve ser, em princípio, totalmente irrelevante. Estamos apenas comparando o valor de dois objetos. Como qualquer outro princípio, trata-se de algo raramente válido na prática. É preciso que haja um elemento mínimo de segurança para que uma transação seja realizada até o fim e, a menos que se esteja lidando com uma máquina de venda automática, isso geralmente exige uma demonstração visível de sociabilidade. Até mesmo nas lojas ou supermercados mais impessoais espera-se que os atendentes pelo menos finjam alguma cordialidade, paciência e outras qualidades reconfortantes; em um bazar no Oriente Médio talvez se tenha de passar por um elaborado processo de estabelecer uma amizade simulada, compartilhar um chá, um alimento qualquer ou tabaco, antes de se envolver em uma negociação igualmente elaborada — um ritual interessante que tem início estabelecendo-se a sociabilidade pelo comunismo de base —, e continuar com uma batalha simulada em relação aos preços. Tudo é feito baseado na suposição de que comprador e vendedor são, pelo menos por um momento, amigos (e por isso no direito de se sentirem indignados e revoltados com as exigências irracionais do outro), mas tudo não passa de um teatrinho. Quando o objeto muda de mãos, não se espera mais que as duas partes tenham alguma coisa a ver uma com a outra.[26]

Na maioria das vezes, esse tipo de barganha — em Madagascar, o termo usado significa literalmente "lutar por uma venda" (*miady varotra*) — pode ser em si uma fonte de prazer.

A primeira vez que visitei o Analakely, o grande mercado de roupas na capital de Madagascar, estava acompanhado de uma amiga que queria comprar um suéter. Todo o processo durou cerca de quatro horas e aconteceu mais ou menos assim: minha amiga via um suéter que lhe interessava pendurado em alguma tenda, perguntava o preço e depois começava uma verdadeira luta intelectual com o vendedor, demonstrando sempre de forma dramática ter sido afetada por algum insulto ou se sentir indignada. Muitas vezes parecia que 90% da discussão era gasta para conseguir uma diferença minúscula de alguns *ariary* — literalmente, centavos —, uma diferença que parecia uma questão intensa de princípios por parte dos dois lados, uma vez que o fracasso do comerciante em conceder o desconto poderia arruinar toda a negociação.

Visitei uma segunda vez o Analakely com outra amiga. Ela levou uma lista, feita pela irmã, com medidas de tecido para comprar. Em cada tenda ela adotava o mesmo procedimento: entrava e perguntava o preço.

O vendedor dizia-lhe um preço qualquer.

— Certo — dizia ela —, e qual o seu verdadeiro preço final?

O vendedor dizia o preço e ela entregava o dinheiro.

— Espere aí! — disse eu. — Você *pode* fazer isso?

— Mas é claro — disse ela. — Por que não?

Então contei a ela o que tinha acontecido com a outra amiga.

— Ah, sim — disse ela. — Algumas pessoas adoram esse tipo de coisa.

A troca nos permite anular as nossas dívidas. Ela é uma das maneiras de ficarmos quites e, portanto, terminarmos com uma relação. Com os vendedores, apenas fingimos ter uma relação. Com os vizinhos, justamente por essa razão, podemos preferir *não* pagar as nossas dívidas. Laura Bohannan escreve sobre a chegada a uma comunidade tiv na Nigéria rural: os vizinhos imediatamente começaram a aparecer com pequenos presentes, oferecendo-lhe "duas espigas de milho, uma abobrinha, uma galinha, cinco tomates, um punhado de amendoins".[27] Sem fazer ideia do que esperavam dela, ela agradeceu e escreveu o nome de todos em um caderno e o que haviam lhe dado. Por fim, duas mulheres a adotaram e explicaram que todos os presentes tinham de ser devolvidos. Seria totalmente inapropriado aceitar três ovos de uma vizinha e jamais dar algo em troca. Não era preciso devolver os mesmos ovos, mas sim alguma coisa de valor aproximado. Podia até ser dinheiro — não havia nada de inadequado nisso —, desde que entregue em um intervalo de tempo razoável e, sobretudo, que o valor não fosse exatamente igual ao dos ovos: tinha de ser um pouco mais ou um pouco menos. Não devolver nada seria o mesmo que se mostrar como explorador ou parasita. Devolver a quantidade exata seria sugerir que não se quer ter mais nada com aquela pessoa. Ela ficou sabendo que as mulheres tivs poderiam passar boa parte do dia caminhando quilômetros até aldeias distantes para devolver um punhado de quiabo ou um troco miúdo, formando "um circuito infinito de dádivas em que ninguém entregava o valor preciso do objeto recebido por último" — ao fazerem isso, elas criavam continuamente sua sociedade. Certamente havia um traço de comunismo nisso tudo — vizinhos que mantêm boas relações podem ser pessoas confiáveis em momentos de emergência —, mas, a despeito das relações comunistas, que supostamente são permanentes, esse tipo de cordialidade tinha de ser o tempo todo criado e mantido, pois os vínculos podem ser rompidos a qualquer momento.

Há variações infindáveis dessa troca de dádivas em estilo (ou quase) "toma lá dá cá". A mais conhecida é a troca de presentes: eu pago uma cerveja para alguém e da próxima vez ele me paga de volta. A equivalência perfeita implica igualdade. Mas considere um exemplo levemente mais complicado: eu levo um amigo para jantar em um restaurante caro; depois de um intervalo de tempo razoável, ele faz a mesma coisa comigo. Como os antropólogos têm o costume de dizer, a própria existência desse tipo de hábito — principalmente, a sensação de que realmente *se deve* devolver o favor — não pode ser explicada pela teoria econômica clássica, que supõe que toda interação humana é, em última instância, um acordo comercial, e que todos nós somos indivíduos egoístas que tentam obter o melhor pelo menor custo ou menor esforço.[28] Esse sentimento, porém, realmente existe e pode gerar verdadeira tensão nas pessoas que tentam manter as aparências, mas não têm muitos recursos. Então pergunto: se eu levar um economista de livre mercado para jantar em um restaurante caro, será que ele se sentirá diminuído de alguma forma — desconfortável por ter comigo uma dívida — até que consiga devolver o favor? Já que mantém supostamente uma relação de competitividade comigo, estaria ele inclinado a me levar a um restaurante ainda mais caro?

Recordemos os banquetes e festivais aos quais me referi anteriormente: aqui, também, há uma base de convivência e competição divertida (algumas vezes nem tanto). Por um lado, o prazer de todos é potencializado — afinal, quantas pessoas gostariam realmente de comer sozinhas uma refeição maravilhosa em um restaurante francês? Por outro, as coisas podem facilmente se transformar em um jogo de demonstração de superioridade — e, portanto, de obsessão, humilhação, raiva... ou, como logo veremos, algo até pior. Esses jogos são formalizados em algumas sociedades, mas é importante destacar que eles só se desenvolvem entre pessoas ou grupos que consideram a si mesmos mais ou menos equivalentes quanto à condição social.[29] Voltando ao nosso economista imaginário: não é certo que ele se sentiria diminuído se recebesse um presente ou um convite para jantar de qualquer pessoa. É mais provável que ele se sentisse assim caso o benfeitor fosse uma pessoa de status ou dignidade mais ou menos equivalente: um colega, por exemplo. Se Bill Gates ou George Soros o levassem para jantar, ele provavelmente concluiria que recebeu algo por nada e deixaria as coisas daquela maneira. Se um colega adulador ou um aluno de pós-graduação fizesse o mesmo, ele provavelmente concluiria que estava prestando um favor para o sujeito apenas por aceitar o convite — se ele aceitasse, o que talvez não fosse o caso.

Esse também parece ser o caso sempre que encontramos uma sociedade dividida em sutis gradações de status e dignidade. Pierre Bourdieu descreveu a "dialética do desafio e da resposta" que governa todos os jogos de honra entre os homens do povo cabila na Argélia, em que a troca de insultos, ataques (nas contendas ou lutas), roubos ou ameaças seguiam exatamente a mesma lógica da troca de dádivas.[30] Ofertar algo é tanto uma honra quanto uma provocação. E responder à oferta requer um talento artístico gigantesco. O fator temporal é extremamente importante, bem como saber fazer da contraoferta algo diferente o suficiente, mas também levemente mais grandioso. Acima de tudo está o princípio moral tácito de que se deve sempre escolher alguém do mesmo tamanho. Desafiar alguém nitidamente mais velho, mais rico e mais honorável é correr o risco de ser desprezado e humilhado; oprimir um sujeito pobre, mas respeitável, com um presente que ele provavelmente não poderá pagar de volta é cruel, e provocará o mesmo dano à sua reputação. Há uma história indonésia sobre isso: um homem rico sacrificou um boi vistoso para envergonhar um rival que vivia na miséria; o homem pobre o deixou completamente humilhado e venceu a batalha ao sacrificar calmamente uma galinha.[31]

Jogos assim se tornam especialmente elaborados quando a situação envolve uma acentuada hierarquia. Quando as coisas são definidas *demais*, novos tipos de problemas se apresentam. Ofertar aos reis é algo particularmente delicado e complicado. O problema aqui é que não se pode oferecer algo realmente apropriado a um rei (a não ser, talvez, que seja um rei oferecendo a outro rei), uma vez que os reis, por definição, já têm tudo.

Por um lado, espera-se que se faça um esforço razoável:

Nasrudin foi convidado certa vez a visitar o rei. Um vizinho o viu andando apressado pela estrada com um saco cheio de nabos.

— O que você vai fazer com esses nabos? — perguntou.

— Fui convidado a visitar o rei. Achei que seria bom levar algum tipo de presente.

— E está levando nabos? Mas nabo é comida de camponês! Ele é um rei! Você devia levar algo mais apropriado, como uvas.

Nasrudin concordou e se aproximou do rei com um cacho de uvas. O rei não ficou nada satisfeito.

— Você me trouxe uvas? Mas eu sou rei, isso é ridículo! Levem esse idiota daqui e ensinem-lhe boas maneiras! Atirem nele cada uma dessas uvas e depois o chutem para fora do palácio!

Os guardas do imperador levaram Nasrudin para uma sala e começaram a arremessar as uvas sobre ele, que se atirou de joelhos ao chão e gritou:

— Obrigado, obrigado, meu Deus, por sua infinita misericórdia!

— Por que você está agradecendo a Deus? — perguntaram eles. — Você não percebe que está sendo absolutamente humilhado?

Nasrudin respondeu:

— Eu só estava pensando: "Obrigado, meu Deus, por eu não ter trazido os nabos!".

Por outro lado, dar algo que um rei ainda não tenha pode deixar a pessoa em situação até pior. Um relato que circulou nos primórdios do Império Romano falava de um inventor que, com grande alarde, presenteou o imperador Tibério com uma tigela de vidro. O imperador ficou confuso: o que havia de tão especial em uma peça de vidro? O homem a jogou no chão. Em vez de se espatifar, a tigela ficou apenas avariada. Ele a pegou do chão e restaurou sua forma antiga.

— Você contou a mais alguém como fez isso? — perguntou Tibério, impressionado.

O inventor garantiu-lhe que não. O imperador, então, ordenou que o homem fosse morto, pois, se a técnica de como fazer vidro inquebrável se espalhasse, toda a sua fortuna de ouro e prata logo não valeria nada.[32]

A melhor maneira de lidar com reis era fazer um esforço razoável para entrar no jogo, esforço que, ainda assim, estava condenado ao fracasso. O viajante árabe do século XIV Ibn Battuta conta sobre os costumes do rei de Sind, um monarca terrível que tinha predileção particular por exibir seu poder arbitrário.[33] Era comum que ilustres estrangeiros visitassem o rei e o brindassem com presentes magníficos; qualquer que fosse o presente, ele invariavelmente responderia ao portador entregando-lhe algo de valor muito maior. Em consequência disso, desenvolveu-se um sólido negócio em que banqueiros locais emprestavam dinheiro aos visitantes para financiar presentes particularmente espetaculares, sabendo que poderiam lucrar com o rei em razão de seu costume de demonstrar superioridade. O rei deve ter tomado conhecimento da situação. Ele não se opôs — pois o propósito geral era mostrar que sua riqueza excedia qualquer possível equivalência —, mas ele sabia que, se precisasse, teria sempre a opção de expropriar os banqueiros. Os reis sabiam que o jogo realmente importante não era econômico, mas de status, e o status dele era absoluto.

Nas trocas, os objetos permutados são vistos como equivalentes. Desse modo, por implicação, também o são as pessoas, ao menos no momento em que a oferta recebe uma contraoferta, ou o dinheiro passa de uma mão para outra; quando não há mais nenhuma obrigação ou dívida, cada uma das duas partes é igualmente livre para ir embora. Isso, por sua vez, implica autonomia. Os dois princípios não são nada confortáveis para monarcas, e é por isso que os reis geralmente detestam qualquer tipo de troca.[34] Mas nessa perspectiva de uma anulação potencial, de uma equivalência suprema, encontramos inúmeras variações, inúmeros jogos que podem ser feitos. Pode-se pedir algo a uma pessoa sabendo que, ao fazê-lo, se está concedendo ao outro o direito de exigir algo de valor equivalente como retorno. Em alguns contextos, até mesmo elogiar as posses de outra pessoa pode ser interpretado como um pedido desse tipo. Na Nova Zelândia do século XVIII, os colonos ingleses logo descobriram que não era uma boa ideia admirar, digamos, um pingente de jade particularmente bonito pendurado no pescoço de um guerreiro maori; este insistiria inevitavelmente em dar o pingente, não aceitaria uma resposta negativa e, depois de um discreto intervalo de tempo, elogiaria o casaco ou a arma do colono. A única maneira de sair desse embaraço seria dar um presente ao maori antes que ele pedisse alguma coisa. Algumas vezes ofertas são feitas para que o ofertante possa pedir alguma coisa depois: se o outro aceita o presente, ele está assumindo tacitamente que o ofertante irá pedir depois o que considerar equivalente.[35]

No entanto, tudo isso pode se confundir com algo muito parecido com o escambo, na troca direta de uma coisa por outra — o que ocorre, como vimos, mesmo nos sistemas que Marcel Mauss gostava de chamar de "economias da dádiva", ainda que, em ampla medida, realizada entre estranhos.[36] No interior das comunidades há quase sempre uma relutância, como ilustra de maneira tão perfeita o exemplo do povo tiv, em permitir que as coisas se anulem — e um dos motivos é que, se o dinheiro faz parte do uso comum, as pessoas se recusam frequentemente a usá-lo com amigos ou parentes (o que, em uma sociedade de aldeia, inclui praticamente todo mundo) ou, como os malgaxes mencionados no capítulo 3, o utilizam de maneiras radicalmente diferentes.

Hierarquia

A troca, então, implica a igualdade formal — ou, pelo menos, a igualdade em potencial. É justamente por isso que os reis têm tantos problemas com a troca.

Ao contrário, as relações de hierarquia explícita — ou seja, relações entre pelo menos duas partes em que uma é considerada superior à outra — não tendem de modo algum a funcionar de acordo com a reciprocidade. É difícil perceber isso porque a relação costuma ser justificada nesses termos ("os camponeses fornecem comida, os soberanos fornecem proteção"), porém seu princípio de funcionamento é exatamente o oposto. Na prática, a hierarquia tende a funcionar de acordo com uma lógica de precedência.

Para ilustrar o que quero dizer com isso, imaginemos uma espécie de continuum de relações sociais unilaterais, que vai da relação mais exploradora até a mais benevolente. Em um extremo está o roubo, ou pilhagem; no outro, a caridade abnegada.[37] Somente nesses dois extremos é possível ter interações materiais entre pessoas que, fora dessa estrutura, não teriam relações sociais de nenhum tipo. Apenas um lunático assaltaria a casa do vizinho ao lado. Um grupo de soldados saqueadores ou de cavaleiros nômades que passasse por uma aldeia de camponeses com o intuito de saquear e estuprar também não teria intenção nenhuma de estabelecer uma relação permanente com os sobreviventes. De maneira análoga, as tradições religiosas muitas vezes insistem que a verdadeira caridade é anônima — em outras palavras, não deixa o beneficiário em situação de dívida. Uma forma extrema desse tipo de caridade, documentada em diversas partes do mundo, é a oferta na surdina, um tipo de arrombamento às avessas: esgueira-se literalmente para dentro da casa do beneficiário, de madrugada, e coloca-se ali um presente, de modo que ninguém saberá ao certo quem o deixou. A figura do Papai Noel, ou são Nicolau (que, devemos recordar, não era apenas o padroeiro das crianças, mas também dos ladrões), pode ser vista como a versão mitológica do mesmo princípio: um ladrão benevolente com quem não é possível manter nenhuma relação social e, portanto, a quem possivelmente não se deve nada — nesse caso, sobretudo, porque na verdade ele não existe.

Vejamos o que acontece, no entanto, quando nos movimentamos um pouco em qualquer direção desse continuum. Disseram-me que em algumas regiões da Bielorrússia gangues atacam passageiros nos trens e ônibus de maneira tão sistemática que desenvolveram o hábito de dar a cada vítima um pequeno cupom para que ela mostre que já foi assaltada. Obviamente, é um passo rumo à criação de um Estado. Na verdade, uma teoria popular sobre as origens do Estado — que remonta pelo menos ao historiador norte-africano Ibn Khaldun, do século XIV — toma exatamente a mesma linha de raciocínio: invasores nômades, com o passar do tempo, sistematizam suas relações com os aldeões sedentários; a pilhagem se transforma em tributo, o estupro em "direito de ter a primeira noite" ou de recrutar candidatas apropriadas para o harém real. A força sem entraves da conquista é sistematizada, e assim classificada não como relação predatória, mas como relação moral, em que os soberanos dão a proteção e os aldeões lhes fornecem o sustento. Mas, mesmo que todas as partes assumam que estão agindo de acordo com um código moral comum — que mesmo os reis não podem fazer o que querem, mas devem agir dentro de certos limites, permitindo que os camponeses argumentem sobre quanto os criados do rei podem realmente levar de sua colheita —, é provável que as partes concebam seus cálculos não em termos de qualidade ou quantidade da proteção dada, mas sim em termos de costumes e precedentes: quanto pagamos no ano passado? Quanto nossos ancestrais tiveram de pagar? O mesmo vale para o outro lado: se doações beneficentes se tornam a base de qualquer relação social, a relação deixa de se basear na reciprocidade. Se você dá algumas moedas a um mendigo e depois ele reconhece você, é improvável que ele lhe dê algum dinheiro — mas pode muito bem pensar que você dará dinheiro a ele de novo. O mesmo pode ser dito quando se doa dinheiro para instituições beneficentes (uma vez doei para o United Farm Workers e nunca mais eles deixaram de me procurar). Esse tipo de ação unilateral de generosidade é tratado como um precedente para o que será esperado depois.[38] É quase a mesma coisa quando damos doce a uma criança.

Isso é o que tenho em mente quando digo que a hierarquia funciona de acordo com um princípio que é o exato oposto da reciprocidade. Sempre que as linhas de superioridade e inferioridade são claramente traçadas e aceitas por todas as partes como a estrutura de uma relação, e as relações são suficientemente duradouras, de modo que não lidemos mais com a força arbitrária, essas relações serão vistas como reguladas por uma teia de hábitos ou costumes. Às vezes considera-se que a situação se originou de algum ato fundador de conquista. Ou talvez ela seja vista como um costume ancestral que não precisa de explicação. Mas isso introduz uma nova complicação ao problema de ofertar presentes aos reis, ou a qualquer superior: sempre há o risco de a situação ser tratada como um precedente, acrescentada à teia de costumes e depois disso ser considerada obrigatória. Xenofonte afirma que, nos primórdios do Império Persa, cada província competia para ofertar ao Grande Rei seus produtos mais exclusivos e valiosos. Essa oferta se tornou a base do sistema tributário: por fim, esperava-se que cada província desse os mesmos "presentes" todo ano.[39] De maneira semelhante, de acordo com Marc Bloch, grande historiador da era medieval:

Aos monges de Saint-Denis, no século IX, foi pedido, quando o vinho faltou nos depósitos reais, em Ver, que fizessem transportar para ali duzentos almudes. Dali em diante, essa prestação lhes foi exigida, a título obrigatório, todo ano, e para aboli-la foi necessário um decreto imperial. Conta-se que em Ardres havia um urso, propriedade do senhor da região. Os habitantes, que se divertiam a vê-lo lutar com cães, ofereceram-se para alimentá-lo. Um dia, o animal morreu, mas o senhor continuou a exigir a entrega dos pães.[40]

Em outras palavras, é provável que qualquer oferta a um superior feudal, "principalmente se repetida três ou quatro vezes", seria tratada como um precedente e acrescentada à teia de costumes. Em razão disso, quem fazia ofertas a superiores em geral insistia em receber uma "declaração de não prejuízo", estipulando legalmente que aquela oferta não seria exigida de novo no futuro. Ainda que seja incomum formalizar as coisas dessa maneira, não há dúvida de que qualquer relação social tida desde o início como desigual começará a funcionar em uma lógica análoga — tanto mais que, uma vez que se considere que as relações são baseadas em "costumes", a única maneira de demonstrar a necessidade de um dever ou uma obrigação é indicando que aquilo já foi feito antes.

Muitas vezes, esse tipo de acordo pode se transformar em lógica das castas: certos clãs são responsáveis por preparar as vestimentas cerimoniais, ou por arrumar os peixes para os banquetes reais, ou por cortar o cabelo do rei. Assim, passam a ser conhecidos como tecelões, pescadores ou barbeiros.[41] Nunca é demais enfatizar a importância desse último argumento porque ele esclarece outra verdade quase sempre ignorada: que, sempre e em qualquer lugar, a lógica da identidade está entrelaçada à lógica da hierarquia. Somente quando certas pessoas são situadas acima de outras, ou quando todos são hierarquizados em relação ao rei, ao sumo sacerdote ou aos pais fundadores, é que se começa a falar de pessoas ligadas entre si por sua natureza essencial: sobre tipos fundamentalmente diferentes de seres humanos. Ideologias de casta ou raça são apenas exemplos extremos. Isso acontece sempre que um grupo é visto como aquele que sobressai em relação aos outros, ou que se posiciona abaixo dos outros, de tal modo que os padrões habituais de transações justas não mais se aplicam.

Com efeito, algo parecido acontece em pequena escala mesmo nas nossas relações sociais mais íntimas. No momento em que reconhecemos alguém como um *tipo* diferente de pessoa, situando-o acima ou abaixo de nós, as regras comuns de reciprocidade são modificadas ou deixadas de lado. Se um amigo é excepcionalmente generoso uma vez, é provável que tenhamos vontade de retribuir. Se ele age dessa maneira repetidas vezes, concluímos que ele é uma pessoa generosa e, portanto, é menos provável que tenhamos vontade de retribuir.[42]

Podemos descrever aqui uma fórmula simples: determinada ação, quando repetida, torna-se costumeira; como resultado, ela passa a definir a natureza essencial do ator. Ou, de outro ponto de vista, a natureza de uma pessoa pode ser definida pela forma como os outros agiram com ela no passado. Ser aristocrata é insistir em ampla medida que, no passado, os outros o *trataram* como aristocrata (uma vez que os aristocratas não fazem nada em particular: a maioria passa a vida apenas existindo em um tipo de estado falsamente superior) e por isso devem continuar assim. A arte de ser uma pessoa assim consiste em tratar o outro como gostaríamos que o outro nos tratasse: no caso de reis verdadeiros, cobrir-se de ouro para sugerir que os outros façam a mesma coisa. No outro extremo da escala, essa também é a maneira de legitimar abusos. Sarah Stillman, ex-aluna minha, afirmou certa vez: nos Estados Unidos, se uma garota de classe média, de treze anos de idade, é sequestrada, estuprada e morta, esse fato é considerado uma crise nacional tão angustiante que todas as pessoas que tiverem televisão em casa vão acompanhar a história durante semanas. Se uma menina de treze anos se torna prostituta, é violentada sistematicamente durante anos e por fim é assassinada, o fato é tido como desinteressante — encarado apenas como algo que se esperaria acontecer com uma pessoa desse tipo.[43]

Quando objetos de riqueza material trocam de mãos, entre superiores e inferiores, como ofertas ou pagamentos, o princípio-chave parece ser que as coisas dadas por um lado e outro devem ser consideradas de qualidade fundamentalmente diferente, sendo impossível quantificar seu valor relativo — o resultado é que não há maneira nenhuma de imaginar um ajuste de contas. Ainda que os escritores medievais insistissem em imaginar a sociedade como uma estrutura hierárquica em que os sacerdotes oravam por todos, os nobres lutavam por todos e os camponeses alimentavam a todos, nunca lhes ocorreu estabelecer o número de orações ou o nível de proteção militar que seria equivalente a uma tonelada de trigo. Também nunca ninguém pensou em fazer esse cálculo. Tampouco se trata do princípio de que as pessoas "humildes" recebem necessariamente uma quantidade "mais humilde" de coisas, e vice-versa. Muitas vezes acontece justamente o oposto. Até bem pouco tempo atrás, quase todo filósofo, artista, poeta ou músico notável devia encontrar um mecenas rico como fonte de apoio. Famosas obras de filosofia ou poesia muitas vezes contêm prefácios — algo estranho para a nossa época — com elogios bajuladores e exagerados à sabedoria e à virtude de algum conde (agora esquecido) que contribuiu com um parco estipêndio. O fato de o nobre mecenas simplesmente ter fornecido cama e comida, ou dinheiro, e de o cliente ter demonstrado sua gratidão pintando a *Mona Lisa* ou compondo a *Tocata e fuga em ré menor* não parecia comprometer, muito pelo contrário, a aceitação da superioridade intrínseca do nobre.

Há uma grande exceção a esse princípio, o fenômeno da redistribuição hierárquica. Aqui, no entanto, em vez de passar o mesmo tipo de coisas de um lado para o outro, as pessoas trocam *exatamente* a mesma coisa: por exemplo, quando fãs de determinados artistas pop nigerianos jogam dinheiro no palco durante os shows, e esses mesmos artistas depois passam nas regiões onde moram os fãs jogando (o mesmo) dinheiro pela janela das limusines. Quando a situação se resume a isso, podemos falar de uma forma absolutamente mínima de hierarquia. Em grande parte de Papua-Nova Guiné, a vida social é centrada nos "grandes homens", sujeitos carismáticos que passam quase o tempo todo adulando, persuadindo e manipulando os outros para angariar riquezas e depois distribuí-las em festas grandiosas. Na prática, poderíamos passar deles para um cacique na Amazônia ou um chefe de tribo na América do Norte. Diferentemente do papel de tais grandes homens, o do cacique e do chefe da tribo é mais formal; na verdade, estes não têm poder para obrigar alguém a fazer algo que não queira (daí o famoso talento dos chefes de tribos norte-americanas para a oratória e o poder de persuasão). Em razão disso, eles tendiam a dar aos outros muito mais do que recebiam. Testemunhas relataram muitas vezes que, em termos de posses pessoais, os chefes costumavam ser os mais pobres da aldeia, tamanha a pressão para a contínua generosidade.

Podemos, certamente, avaliar quanto uma sociedade é de fato igualitária observando se as pessoas que ocupam posições de autoridade são meros condutores da redistribuição ou se usam sua posição para acumular riquezas. O segundo tipo parece mais provável em sociedades aristocráticas, em que se destacam dois outros elementos: guerra e saques. Afinal de contas, quase todos que conseguem acumular uma quantidade gigantesca de riquezas dão pelo menos uma parte aos outros — geralmente de maneira grandiosa e espetacular, e para uma grande quantidade de gente. Quanto mais essa riqueza for obtida por pilhagens e extorsões, mais espetaculares e autoengrandecedoras serão suas formas de distribuição.[44] E o que vale para as aristocracias guerreiras vale ainda mais para os Estados antigos, em que os governantes quase invariavelmente representavam a si mesmos como protetores dos desamparados, apoiadores das viúvas e dos órfãos, defensores dos pobres. Na genealogia do Estado redistributivo moderno — com sua notória tendência de promover políticas de identidade —, podemos remontar não a algum tipo de "comunismo primitivo", mas sim à violência e à guerra.

Transição entre modalidades

Devo salientar mais uma vez que não estamos falando aqui de diferentes tipos de sociedade (como vimos, a própria ideia de que já fomos organizados em distintas "sociedades" é duvidosa), mas sim de princípios morais que sempre coexistiram em todos os lugares. Somos todos comunistas com nossos amigos mais próximos e somos senhores feudais quando lidamos com crianças pequenas. É muito difícil imaginar uma sociedade em que as pessoas não seriam uma coisa e outra.

A questão óbvia é: se estamos todos nos movendo entre sistemas completamente diferentes de contabilidade moral, por que ninguém percebeu? Por que, em vez disso, sentimos continuamente a necessidade de enquadrar tudo em termos de reciprocidade?

Aqui precisamos retornar ao fato de que a reciprocidade é nossa principal forma de imaginar a justiça. Em particular, é nela que incorremos quando pensamos de maneira abstrata, e principalmente quando tentamos criar uma imagem idealizada de sociedade. Já dei diversos exemplos desse tipo de coisa. As comunidades iroquesas baseavam-se em princípios que exigiam a atenção de todos em relação às necessidades de todo tipo de gente: amigos, familiares, membros de seus clãs matrilineares, até mesmo estrangeiros amigáveis em situação de dificuldade. Quando essas comunidades tiveram de pensar na sociedade de maneira abstrata é que começaram a acentuar os dois lados da aldeia, atribuindo a cada um a tarefa de enterrar os mortos do outro. Era um modo de imaginar o comunismo pela reciprocidade. De maneira semelhante, o feudalismo foi um período notoriamente conturbado e complicado, mas, sempre que os pensadores medievais faziam generalizações sobre ele, eles reduziam todas as suas classes e ordens a uma fórmula simples em que cada ordem fazia a sua parte: "Alguns rezam, outros lutam, outros trabalham".[45] Até a hierarquia era vista como basicamente recíproca, apesar de essa fórmula não ter quase nada a ver com as relações reais entre sacerdotes, cavaleiros e camponeses. Os antropólogos conhecem bem o fenômeno: só quando as pessoas que nunca tiveram oportunidade para pensar de fato na sociedade ou na cultura como um todo — pessoas que provavelmente nem sequer sabiam que viviam em algo considerado por outros uma "sociedade" ou uma "cultura" — são levadas a explicar como tudo funciona, é que dizem coisas como "é assim que pagamos nossas mães pela dor de ter nos gerado", ou se põem a decifrar diagramas conceituais em que o clã A entrega suas mulheres para se casarem com homens do clã B, que por sua vez entrega suas mulheres para o clã C, que entrega as suas para o clã A, mas que nunca parecem corresponder com exatidão ao que as pessoas realmente fazem.[46] Ao tentar imaginar uma sociedade justa, é difícil não evocar imagens de equilíbrio e simetria, de geometrias elegantes em que tudo se equilibra.

A ideia de que existe algo chamado "o mercado" não é tão diferente. Os economistas muitas vezes reconhecem isso se questionados da maneira correta. Os mercados não são reais. São modelos matemáticos, criados ao imaginarmos um mundo à parte onde todos têm exatamente a mesma motivação e o mesmo conhecimento e estão engajados na mesma troca calculista, motivada pelo interesse próprio. Os economistas sabem que a realidade é sempre mais complicada; mas eles também sabem que para elaborar um modelo matemático é sempre preciso transformar o mundo em uma caricatura. Não há nada de errado nisso. O problema surge quando o modelo permite que algumas pessoas (geralmente os mesmos economistas) declarem que todos os que ignoram os ditames do mercado certamente serão punidos — ou que, como vivemos em um sistema de mercado, tudo (exceto a interferência do governo) se baseia em princípios de justiça: que nosso sistema econômico é uma rede ampla de relações recíprocas na qual, no fim, as contas se equilibram e todas as dívidas são pagas.

Esses princípios se entrelaçam uns aos outros e por isso muitas vezes é difícil dizer qual deles predomina em dada situação — por esse motivo é ridículo fazer de conta que poderíamos reduzir o comportamento humano, econômico ou não, a uma fórmula matemática qualquer. Todavia, isso significa que podemos detectar algum grau de reciprocidade como potencialmente presente em qualquer situação; desse modo, um observador determinado sempre encontra uma desculpa para dizer que ela existe. Além disso, certos princípios parecem ter uma tendência inerente de se atrelar a outros. Por exemplo, diversas relações extremamente hierárquicas podem funcionar (pelo menos durante algum tempo) de acordo com princípios comunistas. Se você tem um mecenas rico, pode recorrer a ele em momentos de necessidade e esperar que o ajude. Mas só até certo ponto. Ninguém espera que o mecenas ajude tanto a ponto de correr o risco de destruir a desigualdade subjacente entre você e ele.[47]

Da mesma maneira, as relações comunistas podem facilmente começar a resvalar para relações de desigualdade baseadas na hierarquia — muitas vezes sem que ninguém perceba. E não é difícil entender o motivo. Às vezes, há uma enorme desproporção entre as "capacidades" e "necessidades" das pessoas. Sociedades genuinamente igualitárias sabem muito bem disso e tendem a desenvolver elaboradas medidas de proteção contra o perigo de alguém — digamos, um ótimo caçador em uma sociedade baseada na caça — se destacar demais em relação aos outros, assim como tendem a suspeitar de tudo que poderia levar um de seus membros a se sentir em dívida para com outro. Um membro que chama a atenção dos outros para seus feitos poderá ser motivo de escárnio. Geralmente, rir de si mesmo é a coisa mais educada a fazer quando se realiza algo importante. O escritor dinamarquês Peter Freuchen, em *Book of the Eskimos*, descreveu como, na Groenlândia, era possível descobrir se as iguarias que o anfitrião oferecia aos convidados eram requintadas ou não observando o modo como ele as menosprezava de antemão:

O velho riu.

— Algumas pessoas conhecem muito pouco. Sou um pobre caçador e minha esposa é uma péssima cozinheira que não faz nada direito. Eu não possuo muita coisa, mas acho que tem um pedaço de carne lá fora. Ainda deve estar lá, pois os cães o recusaram várias vezes.

Era uma recomendação tão grande naquele modo invertido de se vangloriar, típico dos esquimós, que todos logo ficaram com água na boca...

O leitor vai se lembrar do caçador de morsas do capítulo anterior, que se ofendeu quando o autor tentou agradecer-lhe por ter recebido um pedaço de carne — afinal de contas, os seres humanos se ajudam, e, quando tratamos algo como dádiva, nos tornamos menos humanos: "Aqui dizemos que com dádivas se criam escravos e com chicotes se criam cães".[48]

"Dádiva" aqui *não* significa algo dado gratuitamente, tampouco a ajuda mútua que geralmente se espera que os seres humanos deem uns aos outros. Agradecer a alguém por alguma coisa sugere que a pessoa poderia *não* ter agido daquela maneira, e que por isso a escolha de agir dessa maneira cria uma obrigação, um sentido de dívida — e por isso de inferioridade. Comunas ou grupos igualitários nos Estados Unidos muitas vezes encaram dilemas semelhantes e têm de encontrar medidas de proteção contra a progressiva hierarquia. Não é que a tendência do comunismo de se transformar em hierarquia seja inevitável — sociedades como a dos inuítes conseguiram se esquivar disso durante milhares de anos —, mas que é preciso sempre se prevenir contra essa tendência. Em contraste, é evidentemente difícil — muitas vezes impossível — passar de relações baseadas no princípio de partilha comunista para relações de troca igualitária. Observamos isso o tempo todo com nossos amigos: se uma pessoa age de maneira claramente interesseira, tirando vantagem de sua generosidade, é muito mais fácil romper relações por completo do que exigir que ela lhe pague de volta. Um exemplo radical seria o relato maori sobre um conhecido glutão que costumava incomodar os pescadores de toda a costa perto de onde morava pedindo o tempo todo os melhores exemplares obtidos na pescaria. Como recusar um pedido direto de comida era efetivamente impossível, as pessoas deram um basta na situação: mataram-no.[49]

Já vimos como a criação de uma base de sociabilidade entre estranhos pode levar a um elaborado processo em que se testa o limite do outro tirando dele alguma de suas posses. O mesmo tipo de situação pode acontecer em negociações de paz, ou até mesmo na criação de parcerias de negócios.[50] Em Madagascar, alguns amigos me disseram que dois homens interessados em fazer negócios juntos geralmente se tornam irmãos de sangue. A *fatidra*, ou irmandade de sangue, consiste em uma promessa ilimitada de ajuda mútua. As duas partes juram solenemente jamais recusar um pedido da outra parte. Na realidade, os parceiros desse tipo de acordo costumam ser razoavelmente prudentes naquilo que pedem ao outro. No entanto, ressaltaram meus amigos, é comum as pessoas se testarem ao fazer o acordo. Uma pessoa pode pedir o novo cãozinho de estimação da outra, exigir que ela faça algo, independentemente do seu sacrifício, ou (o exemplo preferido de todos) cobrar o direito de passar a noite com a sua esposa. O único limite é o entendimento de que sempre se pode pedir o mesmo que o outro pediu.[51] Aqui, mais uma vez, estamos falando de um estabelecimento inicial de confiança. Quando a legitimidade do compromisso mútuo é confirmada, o terreno é preparado, por assim dizer, e os dois homens podem começar a comprar e vender em consignação, conceder empréstimos, dividir lucros e confiar que, dali em diante, cada um vai cuidar dos interesses comerciais do outro. Os momentos mais famigerados e dramáticos, no entanto, são aqueles em que as relações de troca correm o risco de se decompor em uma hierarquia, ou seja, quando duas partes agem como iguais, trocam presentes, elogios, mercadorias ou qualquer outra coisa, e uma delas faz algo que perturba o equilíbrio.

Já mencionei a tendência de a troca de ofertas se transformar em jogos de demonstração de superioridade, e como em algumas sociedades esse potencial é formalizado em grandes disputas públicas. Isso é típico, sobretudo, naquelas que chamamos de "sociedades heroicas": em que os governos são fracos ou inexistentes, e a sociedade se organiza em torno de nobres guerreiros, cada um deles com um séquito de seguidores fiéis e ligado aos outros por alianças e rivalidades que mudam o tempo todo. A maior parte da poesia épica — da *Ilíada* ao *Mahabharata* e ao *Beowulf* — remonta a esse tipo de sociedade, e os antropólogos têm descoberto organizações semelhantes entre os maoris da Nova Zelândia e os kwakiutles, os tinglits e os haidas da costa noroeste da América do Norte. Nas sociedades heroicas, o oferecimento de banquetes e as resultantes disputas de generosidade geralmente são tidas como meras extensões da guerra: "lutar com propriedade" ou "lutar com comida". Quem oferece esses banquetes muitas vezes possui um discurso exuberante sobre como seus inimigos são oprimidos e destruídos por gloriosos atos de generosidade (os chefes kwakiutles gostavam de se denominar grandes montanhas das quais rolavam presentes como se fossem rochas gigantes), e de como os rivais conquistados são então reduzidos a escravos — algo bem parecido com a metáfora inuíte.

Tais declarações não devem ser tomadas de maneira literal — outra característica dessas sociedades é a arte altamente desenvolvida da jactância.[52] Os chefes e os guerreiros heroicos tendiam a enaltecer a si mesmos com a mesma constância que aqueles em sociedades igualitárias se depreciavam. Quem perdia em uma disputa de troca de ofertas não era efetivamente reduzido à escravidão — mas podia se sentir como se isso tivesse ocorrido. E as consequências poderiam ser catastróficas. Um antigo documento grego descreve festivais celtas em que nobres rivais alternavam entre torneios e disputas de generosidade, presenteando os inimigos com suntuosos tesouros de ouro e prata. De vez em quando, isso podia levar a um tipo de xeque-mate: um dos envolvidos se veria diante de um presente tão magnificente que talvez não pudesse cobrir a oferta. Nesse caso, a única resposta honorável era cortar a própria garganta, permitindo assim que sua riqueza fosse distribuída entre seus seguidores.[53] Seiscentos anos depois, encontramos o caso de uma saga islandesa sobre um viking idoso chamado Egil que se torna amigo de um jovem chamado Einar, que ainda praticava a pilhagem. Os dois gostavam de se encontrar e compor poemas. Um dia, Einar se deparou com um escudo magnífico, "decorado com lâminas de ouro e pedras preciosas, entremeadas de inscrições, com trechos de lendas". Ninguém jamais vira algo parecido. Em uma das visitas a Egil, ele levou consigo o escudo. Como Egil não estava em casa, Einar esperou três dias, conforme o costume, deixou o escudo como presente na habitação do amigo e partiu a cavalo:

> Ao chegar em casa, Egil viu o escudo e perguntou de quem era aquele tesouro. Contaram que Einar havia feito uma visita e deixara o escudo de presente para ele. "Maldito!", disse Egil. "Ele está pensando que vou passar a noite em claro compondo um poema sobre esse escudo? Traga meu cavalo, vou sair atrás dele e matá-lo!" Por sorte, Einar havia partido cedo o bastante para que se formasse uma longa distância entre ele e Egil. Assim, só restou a Egil resignar-se a compor um poema sobre o presente de Einar.[54]

A TROCA COMPETITIVA DE DÁDIVAS, portanto, não transforma realmente ninguém em escravo; ela é apenas uma questão de honra. Há pessoas, no entanto, para quem a honra é tudo.

A incapacidade de pagar uma dívida, principalmente uma dívida de honra, gerava uma crise porque *era* assim que os nobres reuniam seus séquitos. A lei da hospitalidade no mundo antigo, por exemplo, dizia que qualquer viajante deveria receber comida, abrigo e ser tratado como hóspede de honra — mas apenas durante certo tempo. Se o hóspede não partisse, acabaria se tornando um mero subordinado. O papel desses parasitas tem sido muito negligenciado pelos estudiosos da história social. Em muitos períodos — da Roma imperial à China medieval — as relações mais importantes, pelo menos nas cidades grandes ou pequenas, provavelmente eram as de patronagem. Qualquer pessoa rica e importante se veria rodeada de lacaios, bajuladores, eternos convidados para jantar e outros tipos de dependentes voluntários. O teatro e a poesia dessas épocas são repletos de personagens assim.[55] Do mesmo modo, durante grande parte da história, ser respeitável e pertencer à classe média significava passar as manhãs batendo de porta em porta prestando homenagens aos senhores locais. Até hoje, sistemas informais de patronagem continuam surgindo, sempre que pessoas relativamente ricas e poderosas sentem necessidade de reunir uma rede de apoiadores — prática bem documentada em muitas regiões do Mediterrâneo, Oriente Médio e América Latina. Essas relações geralmente consistem em uma mistura complexa dos três princípios que descrevi no decorrer deste capítulo; não obstante, quem as examina insiste em tratá-las na linguagem da troca e da dívida.

Um último exemplo: na coletânea *Gifts and Spoils*, publicada em 1971, encontramos um breve ensaio da antropóloga Lorraine Blaxter sobre uma província rural nos Pireneus franceses na qual a maioria da população é formada por agricultores. Todos dão muita importância à ajuda mútua — na expressão local, "prestar favor" (*rendre service*). As pessoas que vivem em uma comunidade devem cuidar umas das outras e oferecer ajuda quando os vizinhos têm algum problema. Essa é a essência da moral coletiva; na verdade, é assim que sabemos que qualquer tipo de comunidade existe. Até aí, tudo bem. No entanto, observa ela, quando alguém presta um favor particularmente grandioso, a ajuda mútua pode se transformar em outro tipo de relação:

> Se um homem procurasse o chefe de uma fábrica para pedir emprego e o chefe lhe arrumasse um, isso seria um exemplo de prestar um favor. O sujeito

que conseguiu o emprego pode jamais pagar de volta o favor prestado pelo diretor, mas pode demonstrar respeito por ele, ou talvez lhe dar presentes simbólicos na forma de produtos agrícolas. Quando uma dádiva exige um retorno, e nenhum retorno tangível é possível, o apoio ou a estima se tornam meios de pagamento.[56]

Desse modo, a ajuda mútua se transforma em desigualdade. Assim surgem as relações de patronagem. Já observamos isso. Escolhi essa passagem específica do ensaio porque o fraseado da autora é muito estranho: ele se contradiz por completo. O chefe presta um favor ao homem, que não pode retribuir o favor. Portanto, o homem paga o favor aparecendo na casa do chefe com uma cesta de tomates e demonstra-lhe respeito. O que é isso, então? Ele pode ou não pode retribuir o favor?

Sem dúvida, o caçador de morsas citado por Peter Freuchen saberia exatamente o que acontece aqui. Levar uma cesta de tomates seria o equivalente a dizer "obrigado". Seria uma forma de reconhecer que se deve gratidão, que dádivas criam escravos e chicotes criam cães. O chefe e o empregado agora são dois tipos fundamentalmente diferentes de pessoas. O problema é que, fora isso, eles não são tipos fundamentalmente diferentes de pessoas. É muito provável que os dois sejam franceses de meia-idade, pais de família, cidadãos da República com gostos parecidos em relação a música, esporte e comida. Eles *devem* ser iguais. Como resultado, até mesmo os tomates, que na verdade são um sinal de reconhecimento da existência de uma dívida que jamais pode ser paga, têm de ser representados como se fossem de fato um tipo de pagamento — o pagamento de juros por um empréstimo que (todos aceitam fingir que) poderia ser pago algum dia, restituindo aos dois membros seu status de igualdade.[57]

(É significativo que o favor, nesse exemplo, seja encontrar emprego em uma fábrica, pois o que acontece não é muito diferente daquilo que ocorre quando de fato conseguimos um emprego em uma fábrica. O trabalho assalariado é, aparentemente, um contrato livre entre iguais — mas um contrato entre iguais no qual os dois concordam que, depois que um deles bate o cartão de ponto, eles deixam de ser iguais.[58] A lei reconhece que há certo problema aqui; é por isso que ela insiste que você não pode vender sua igualdade inteiramente. Tais acordos só serão justos se o poder do chefe não for absoluto, se estiver limitado ao turno de trabalho e se você tiver o direito legal de romper o contrato e assim restabelecer sua plena igualdade, a qualquer hora.)

Parece-me que esse acordo entre iguais para deixar de serem iguais (pelo menos durante um tempo) tem importância crucial. Ele é a essência do que chamamos "dívida".

O QUE É DÍVIDA, ENTÃO?

Dívida é algo bem específico e surge de situações bem específicas. Primeiro ela requer uma relação entre duas pessoas que não se consideram seres fundamentalmente diferentes um do outro, que são iguais pelo menos em potencial, que *são* iguais nos aspectos que realmente importam e que, no momento, não estão em uma situação de igualdade — mas para as quais existe alguma maneira de arranjar as coisas.

No caso da dádiva, como vimos, ela exige certa igualdade de status. É por isso que o professor de economia, no nosso exemplo, não se sente na obrigação — não sente que tem uma dívida de honra — quando é levado para jantar por uma pessoa de classe muito superior ou inferior à sua. No que se refere a empréstimos, é necessário apenas que as duas partes estejam na mesma posição legal. (Não se pode emprestar dinheiro para uma criança, ou para um louco.) Dívidas legais — e não morais — têm outras qualidades únicas. Por exemplo, elas podem ser esquecidas, o que nem sempre é possível com uma dívida moral.

Isso quer dizer que não existe dívida realmente impagável. Se não houvesse um modo concebível de resolver a situação, não a chamaríamos de "dívida". Até mesmo o aldeão francês poderia salvar a vida do patrão, ou ganhar na loteria e comprar a fábrica. Mesmo quando falamos de um criminoso que "paga sua dívida com a sociedade", estamos dizendo que ele fez algo extremamente terrível e que agora está privado do status de igualdade perante a lei, que, por direito natural, é o de qualquer cidadão de seu país; no entanto, nós dizemos "dívida" porque ela *pode* ser paga, a igualdade *pode* ser restabelecida, mesmo que o custo seja, para o criminoso, a morte por injeção letal.

Durante o tempo em que a dívida permanece não paga, o que funciona é a lógica da hierarquia. Não há reciprocidade. Como sabem todos aqueles que já foram presos, a primeira coisa que os carcereiros dizem é que nada do que acontece na prisão tem a ver com justiça. De modo semelhante, devedor e credor se enfrentam como um camponês diante de um senhor feudal. O que está em jogo é a lei do precedente. Se você levar tomates da sua plantação para o credor, nunca passará pela sua cabeça que ele lhe dará algo em troca. Ele, por sua vez, pode esperar que você repita o gesto. Porém, sempre existe a suposição de que a situação é algo antinatural, porque a dívida realmente deve ser paga.

É isso que torna situações de dívidas efetivamente impagáveis tão difíceis e dolorosas. Como credor e devedor em última instância são iguais, se o devedor não consegue fazer o que é preciso para restabelecer sua igualdade, obviamente há algo de errado com ele: deve ser culpa sua.

Essa conexão fica clara quando observamos a etimologia das palavras para "dívida" nas línguas europeias. Em muitas, dívida é sinônimo de "falta", "pecado" ou "culpa": assim como um criminoso tem uma dívida para com a sociedade, o devedor sempre é uma espécie de criminoso.[59] Na Creta da Antiguidade, segundo Plutarco, era costume de quem tomava empréstimos fingir que apanhava o dinheiro do bolso do credor. Por quê, pergunta ele? Provavelmente porque, "se deixassem de pagar, poderiam ser repreendidos com violência e punidos ainda mais".[60] É por isso que, em muitos períodos da história, devedores falidos podiam ser presos ou até executados — como nos primórdios da Roma republicana.

Uma dívida, então, é apenas uma troca que ainda não foi concluída.

A rigor, a dívida é cria da reciprocidade e tem pouco a ver com outros tipos de moralidade (comunismo, com suas necessidades e capacidades; hierarquia, com seus costumes e valores). É certo que, se fôssemos realmente determinados, poderíamos concordar (como fazem alguns) que o comunismo é uma condição de endividamento mútuo permanente, ou que a hierarquia se constrói a partir de dívidas não pagas. Mas essa não é aquela mesma velha história, que começa com a suposição de que todas as interações humanas devem ser, por definição, formas de troca, e depois executa todo tipo de malabarismo mental para provar que a suposição é verdadeira?

Não. Nem todas as interações humanas são formas de troca. Só algumas delas são. A troca encoraja um modo particular de conceber as relações humanas. Isso porque ela implica igualdade, mas também implica separação. É justamente quando o dinheiro passa de uma mão para outra, quando a dívida é quitada, que a igualdade é restabelecida *e* as duas partes podem seguir adiante sem ter mais nada a ver uma com a outra.

A dívida é o que acontece entre uma coisa e outra: quando as duas partes ainda não podem se distanciar porque ainda não são iguais. Mas ela é consumada na sombra da futura igualdade. No entanto, como atingir essa igualdade destrói a própria razão de ter uma relação, quase tudo de interessante acontece no meio.[61] Na verdade, quase tudo o que é humano acontece no meio — mesmo que isso signifique que todas as relações humanas carregam consigo pelo menos um elemento mínimo de criminalidade, culpa ou vergonha.

Para as mulheres tivs que mencionei neste capítulo, isso não era um problema. Ao garantirem que todos sempre estivessem levemente endividados uns com os outros, elas de fato criavam a sociedade humana, por mais que um tipo bem frágil de sociedade — uma teia delicada feita de obrigações de devolver três ovos ou uma sacola de quiabos, de laços renovados e recriados, pois qualquer um deles podia ser anulado a qualquer momento.

Nossos próprios hábitos de civilidade não são tão diferentes. Considere o costume, pelo menos na sociedade norte-americana, de dizer o tempo todo "por favor" e "obrigado". Esse hábito geralmente é tratado como uma moralidade básica: repreendemos as crianças quando se esquecem de fazê-lo, assim como os guardiães morais da nossa sociedade — professores e clérigos, por exemplo — fazem com todos os outros. Em geral, assumimos que o hábito é universal, mas não é, como deixou claro o caçador inuíte.[62]

Assim como grande parte de nossas cortesias cotidianas, trata-se de um tipo de democratização do que outrora foi um costume feudal de deferência: a insistência em tratar absolutamente todos da maneira como antes se devia tratar apenas os senhores feudais ou algum superior hierárquico semelhante.

Mas talvez isso não seja válido para todos os casos. Imagine que estamos em um ônibus lotado, procurando um assento. Uma das passageiras afasta sua bolsa para liberar um lugar; nós sorrimos, assentimos com a cabeça ou fazemos outro gesto qualquer de reconhecimento. Ou dizemos "obrigado". Tal atitude é apenas um reconhecimento de humanidade comum: estamos admitindo que a mulher que bloqueava o assento não é apenas um obstáculo físico, mas um ser humano, e que sentimos uma autêntica gratidão para com alguém que provavelmente jamais veremos de novo. De modo geral, nada disso é verdadeiro quando pedimos a alguém que está do outro lado da mesa para "passar o sal, por favor", ou quando o carteiro agradece por termos assinado um recibo de entrega. Pensamos nisso simultaneamente como uma formalidade sem importância e como a própria base moral da sociedade. Sua aparente insignificância pode ser medida pelo fato de que, a princípio, praticamente ninguém deixaria de dizer "por favor" ou "obrigado" em outras situações — mesmo aqueles que considerariam quase impossível dizer "eu sinto muito" ou "me desculpe".

Na verdade, a palavra inglesa *please* [agradar; por favor] é a redução de *if you please* [se lhe aprouver; por favor], *if it pleases you to do this* [se lhe agrada fazer assim] — é o mesmo na maioria das línguas europeias (*s'il vous plaît* em francês, *por favor* em espanhol e português). Seu sentido literal é "Você não tem nenhuma obrigação de fazê-lo". "Passe-me o sal. Não estou dizendo que você tenha de fazê-lo!" Mas isso não é bem verdade; existe uma obrigação social, e seria quase impossível não atender ao pedido. A etiqueta consiste principalmente na troca educada de ficções (ou de mentiras, para usar uma linguagem nem tão educada). Quando você pede a alguém que lhe passe o sal, você também está dando uma ordem; ao acrescentar a expressão "por favor", está dizendo que não é uma ordem. Mas na verdade é, sim.

Em inglês, *thank you* deriva de *think*. Originalmente, significava "eu me lembrarei do que você fez por mim" — o que tampouco costuma ser verdade —, mas em outras línguas (a palavra "obrigado", em português, é um bom exemplo) o termo-padrão segue a forma do inglês *much obliged* — "tenho uma dívida com você". O francês *merci* é ainda mais ilustrativo: deriva de *mercy*, como em *begging for mercy* [implorar por misericórdia]; ao recorrer à palavra, você está simbolicamente assumindo o poder do benfeitor — afinal de contas, o devedor é um criminoso.[63] Responder *you're welcome* ou *it's nothing* (*de rien* em francês, *de nada* em espanhol e português) — a segunda opção pelo menos tem a vantagem de ser verdadeira, dependendo da ocasião — é um modo de reafirmar para aquele a quem o sal foi entregue que você na verdade não está registrando um débito em seu livro imaginário de contabilidade moral. O mesmo acontece quando se diz *my pleasure* — ou seja, "não se preocupe, trata-se de um crédito, não de um débito. Foi você que *me fez* um favor, pois, ao pedir o sal, me deu a oportunidade de fazer algo que considero gratificante em si!".[64]

Quando decodificamos o cálculo tácito da dívida ("devo-lhe uma", "não, você não me deve nada", "na verdade, eu que lhe devo uma", como se fizéssemos infinitesimais inscrições num livro-caixa infinito e depois as rasurássemos) fica mais fácil entender por que esse tipo de coisa costuma ser visto não como a quintessência da moralidade, mas como a quintessência da moralidade *de classe média*. É certo que atualmente as suscetibilidades da classe média dominam a sociedade. Mas ainda há aquelas pessoas que consideram a prática estranha. Quem ocupa posições mais altas na sociedade muitas vezes ainda sente que a deferência é algo que se deve principalmente aos superiores hierárquicos e acha que é uma leve estupidez carteiros e confeiteiros trocarem gentilezas, fingindo tratar uns aos outros como pequenos senhores feudais. No outro extremo, aqueles que cresceram no que é chamado na Europa de meio "popular" — cidades pequenas, regiões pobres, qualquer lugar onde ainda exista a suposição de que as pessoas que não são inimigas cuidarão normalmente umas das outras — acharão um insulto serem lembrados o tempo todo de que há uma chance de *não* executarem corretamente seu trabalho como garçonete ou motorista de táxi, ou de não oferecerem chá às visitas. Em outras palavras, a etiqueta da classe média afirma que somos todos iguais, mas o faz de maneira bem particular. Por um lado, ela finge que ninguém dá ordens a ninguém (pense em um segurança grandalhão aparecendo na frente de alguém que se dirige a uma área restrita e perguntando: "Posso ajudar?"); por outro lado, ela trata cada atitude relacionada ao que tenho chamado de "comunismo de base" como se fosse realmente uma forma de troca. Disso resulta, como no caso dos vizinhos na comunidade tiv, que a sociedade de classe média tem de ser recriada incessantemente, como um jogo de sombras oscilantes, o entrecruzamento de uma infinidade de relações de dívida momentâneas, que são anuladas, uma a uma, quase que instantaneamente.

Tudo isso é uma inovação relativamente recente. O hábito de sempre dizer "por favor" e "obrigado" começou a se consolidar durante a revolução comercial dos séculos XVI e XVII — entre as mesmas classes médias responsáveis por essa revolução. É a linguagem das agências, lojas e escritórios, e, no decorrer dos últimos quinhentos anos, espalhou-se pelo mundo inteiro junto com eles. Mas também se trata de um mero detalhe de uma filosofia muito maior, de um conjunto de suposições sobre os seres humanos, o que eles são e o que devem uns aos outros — suposições que se enraizaram tão profundamente que não conseguimos mais percebê-las.

Às VEZES, no limiar de uma nova era histórica, uma ou outra pessoa consegue antever todas as consequências do que está apenas começando a acontecer — algumas vezes com uma amplitude que até mesmo as gerações seguintes não conseguirão. Vou terminar o capítulo com o texto de uma dessas pessoas. Em Paris, por volta dos anos 1540, François Rabelais — ex-monge, médico e escritor — escreveu o que se tornaria um famoso elogio satírico. Está no terceiro livro de seu notável *Gargântua e Pantagruel*, e ficou conhecido como "Elogio das dívidas".

Rabelais põe o encômio na boca de Panurge, um estudioso errante, de enorme erudição clássica que, observa ele, "conhecia 63 formas de ganhar dinheiro — o roubo era a mais honrosa e a mais rotineira".[65] O gigante Pantagruel adota Panurge e até lhe oferece uma renda respeitável, mas fica incomodado com o fato de o companheiro continuar gastando dinheiro como água e se atolar em dívidas até o pescoço. Não seria melhor, sugere Pantagruel, se ele conseguisse pagar a seus credores?

Panurge responde com horror: "Deus me livre de ficar sem dívidas!". A dívida, na verdade, é a base de sua filosofia:

> Sempre deva algo a alguém, assim o outro rezará eternamente a Deus para que você tenha uma vida boa, longa e abençoada. Temendo perder o que lhe é devido, ele sempre dirá coisas boas a seu respeito para qualquer pessoa; sempre lhe conseguirá novos emprestadores para que você consiga tomar emprestado e pagar-lhe de volta, tapando o próprio buraco com o espólio dos outros.[66]

Mais do que tudo, eles sempre vão rezar para que você tenha dinheiro. É como aqueles escravos antigos cujo destino é serem sacrificados no funeral dos senhores. Quando desejavam vida longa e boa saúde aos seus senhores, eles o desejavam de fato! Além disso, a dívida pode sempre transformar você em uma espécie de deus, capaz de criar algo (dinheiro, credores que rezam pela sua saúde) a partir de absolutamente nada.

> Pior ainda: que me leve o bom Santo Bobelin se eu não tiver reconhecido durante toda a minha vida que as dívidas são, por assim dizer, uma conexão e uma coligação entre o Céu e a Terra (preservando de maneira única a linhagem do Homem sem a qual, afirmo, todos os seres humanos logo pereceriam), e talvez aquela grandiosa Alma do Mundo que, segundo os acadêmicos, dá vida a todas as coisas.
>
> Como confirmação, evoque tranquilamente em sua mente a Ideia e a Forma de um mundo — tome, por exemplo, se lhe aprouver, o trigésimo dos mundos imaginados por Metrodoro — em que não houvesse devedores, tampouco credores. Um Universo sem dívidas! Entre os corpos celestes não haveria um curso regular: tudo seria um desarranjo. Júpiter, reconhecendo nada dever a

Saturno, o destituiria de sua esfera, e com sua cadeia homérica suspenderia todas as inteligências, deuses, céus, demônios, gênios, heróis, terra, mar e todos os elementos. [...] A Lua restaria sangrenta e sombria; por que haveria o Sol de compartilhar sua luz com ela? Ele não tem nenhuma obrigação. O Sol jamais brilharia sobre a Terra; os corpos celestes não emanariam boas influências.

Os elementos não compartilhariam qualidades, entre eles não haveria alternância, tampouco transmutação, um não se sentiria obrigado a nada em relação ao outro, pois do outro nada tomara emprestado. Da terra não brotaria mais água, tampouco a água se transmutaria em ar; do ar não seria feito fogo, e o fogo não aqueceria a terra. A terra nada produziria além de monstros, Titãs, gigantes. A chuva não molharia, a luz não brilharia, o vento não sopraria e não haveria verão, nem outono, Lúcifer se soltaria dos grilhões e, eclodindo das profundezas do Inferno, acompanhado por Fúrias, maus espíritos e demônios chifrudos, arrancaria os deuses de todas as nações, superiores e inferiores, desapossando-os de seus ninhos.

Além disso, se os seres humanos não devessem nada uns aos outros, a vida "seria nada além de uma luta feroz" — uma briga sem regras.

Entre os seres humanos não haveria cooperação mútua; de nada adiantaria ao homem gritar por socorro diante de um incêndio, de um afogamento, de um assassinato, pois ninguém o ajudaria. Por quê? Porque ele não emprestou nada: ninguém deve coisa alguma a ele. Ninguém teria nada a perder com seu incêndio, seu naufrágio, sua ruína ou sua morte. Ele não emprestou nada. E nada emprestaria dali em diante.

Em suma, Fé, Esperança e Caridade seriam banidas deste mundo.

Panurge — homem sem família, sozinho, cujo único propósito de vida era conseguir grandes quantias de dinheiro para gastar — é o profeta perfeito para o mundo que acabava de surgir. Sua perspectiva, obviamente, é a do devedor *abastado* — não do devedor sujeito a ser jogado em um calabouço pestilento por não pagar uma dívida. Mesmo assim, o que ele descreve é a conclusão lógica, a *reductio ad absurdum*, que Rabelais costuma delinear com uma alegre perversidade, das suposições sobre o mundo como uma troca adormecida por trás de todas as nossas agradáveis formalidades burguesas (as quais o próprio Rabelais, a propósito, detestava — o livro é basicamente uma mistura de erudição clássica e piadas sujas).

E o que ele diz é verdade. Se insistirmos em definir todas as interações humanas como trocas que se estabelecem entre as pessoas, então todas as relações duradouras só têm a assumir a forma de dívidas. Sem elas, ninguém teria obrigação alguma com ninguém. Um mundo sem dívida retornaria ao caos primordial, a guerra de todos contra todos; ninguém sentiria a menor responsabilidade por alguém; o simples fato de sermos seres humanos não teria importância; todos nós nos tornaríamos planetas isolados que nem sequer conseguiriam manter as próprias órbitas.

Pantagruel recusará tudo isso. Suas impressões sobre a questão, diz ele, podem ser resumidas com uma única frase do apóstolo Paulo: "Não deva nada a ninguém, exceto o afeto e o amor mútuos".[67] Então, em uma passagem de teor tipicamente bíblico, ele declara:

— De suas dívidas passadas, eu o libertarei.
— O que posso fazer senão lhe agradecer? — responde Panurge.

6. Jogos com sexo e morte

Quando retornamos à investigação da história convencional da economia, salta à vista quanto temos deixado de lado. Reduzir toda vida humana à troca significa não só pôr de lado todas as outras formas de experiência econômica (hierarquia, comunismo), mas também assegurar que a maior parte da humanidade, que não se constitui de homens adultos — e cuja existência cotidiana dificilmente pode ser reduzida a uma troca de coisas que visa à vantagem mútua —, desapareça em segundo plano.

Assim, chegamos a uma visão higienizada da maneira como os negócios reais são conduzidos. O mundo certinho das lojas e dos centros comerciais é o ambiente por excelência da classe média, mas, ou no topo ou na base do sistema, no mundo dos financistas ou dos gângsteres, os negócios costumam ser fechados de maneiras não muito diferentes daquelas dos gunwinggus ou dos nambiquaras — pelo menos quando sexo, drogas, música, exibições exuberantes de comida e violência em potencial estão em jogo.

Consideremos o caso de Neil Bush (irmão de George W. Bush), que, durante o processo de divórcio de sua esposa, admitiu tê-la traído diversas vezes com mulheres que, segundo ele, apareciam misteriosamente na porta do seu quarto de hotel depois de importantes reuniões de negócios na Tailândia ou em Hong Kong.

— O senhor deve admitir que é algo bastante extraordinário — observou um dos advogados da esposa — um homem abrir a porta do seu quarto em um hotel, se deparar com uma mulher na sua frente e fazer sexo com ela.

— Era muito raro — respondeu Bush, admitindo, no entanto, que passara por aquela situação diversas vezes.

— Elas eram prostitutas?
— Não sei.¹

Na verdade, essas coisas parecem ser bem comuns quando quantias exorbitantes estão em jogo.

Nessa linha de raciocínio, a insistência dos economistas de que a vida econômica começa com o escambo, com a troca inocente de flechas por armações de tenda, sem que ninguém esteja a postos para estuprar, humilhar ou torturar ninguém, e que ela prossegue dessa maneira, é comoventemente utópica.

Uma consequência disso, porém, é que os relatos são cheios de lacunas, e as mulheres dessas histórias parecem surgir do nada, sem explicação, como as mulheres tailandesas que apareciam na porta de Bush. Recordemos a passagem citada no capítulo 3, do numismata Philip Grierson, sobre o dinheiro nos códigos de leis bárbaras:

> A compensação nas leis galesas é calculada principalmente em gado, e nas leis irlandesas em gado ou servas (*cumals*) com o uso considerável de metais preciosos em ambas. Nos códigos germânicos, ela é calculada principalmente em metais preciosos [...].²

Como é possível ler essa passagem sem parar imediatamente no meio? "Servas"? Não é o mesmo que "escravas"? (Sim, é.) Na antiga Irlanda, as escravas eram tão abundantes e importantes que passaram a funcionar como moeda corrente. Como isso aconteceu? Se estamos tentando entender as origens do dinheiro, o fato de pessoas usarem *umas às outras* como moeda corrente não é extremamente importante ou significativo?³ No entanto, nenhuma das explicações sobre o surgimento do dinheiro trata disso com precisão. Parece que, na época dos códigos de leis, jovens escravas não eram de fato negociadas, mas sim usadas como unidades de conta. Mesmo assim, elas devem ter sido negociadas em algum momento. Quem eram elas? Como eram escravizadas? Eram capturadas em guerra, vendidas pelos pais ou reduzidas à escravidão por dívida? Eram elas um item de troca indispensável? A resposta a todas essas perguntas poderia ser "sim", mas é difícil ir além disso, pois faltam registros escritos para a história do período.[4]

Retornemos à parábola do servo impiedoso. "Não tendo este com que pagar, o senhor ordenou que o vendessem, juntamente com a mulher e com os filhos e todos os seus bens, para o pagamento da dívida." Como isso aconteceu? Note-se que nem sequer estamos falando do serviço da dívida aqui (ele já é servo de seu credor), mas sim de uma completa escravidão. De que modo a esposa e os filhos de um homem passam a ser considerados iguais às suas ovelhas e louças de barro — como propriedades a serem liquidadas por causa de inadimplência? Era normal que um homem, na Palestina do século I, vendesse sua esposa? (Não, não era.)[5] Se ele não era o seu dono, por que outra pessoa tinha o direito de vendê-la caso ele não conseguisse pagar suas dívidas?

Podemos fazer o mesmo tipo de pergunta ao ler a história de Neemias. É difícil não nos identificarmos com o sofrimento de um pai que vê a filha ser levada por estranhos. Por outro lado, também podemos perguntar: por que os credores não levavam *o pai*? A filha não tomou dinheiro nenhum emprestado.

Não é que nas sociedades tradicionais seja comum os pais venderem seus filhos. Essa é uma prática com uma história bem específica: ela aparece nas grandes civilizações agrárias, da Suméria a Roma e China, bem na época em que também começamos a ver indícios de dinheiro, mercados e empréstimos a juros; depois, de maneira mais gradual, ela também aparece nas regiões que supriam essas civilizações com escravos.[6] Além disso, se examinarmos os dados históricos, parece haver boas razões para acreditar que a própria obsessão com a honra patriarcal que tanto define a "tradição" no Oriente Médio e no mundo mediterrâneo surgiu junto com o poder do pai de alienar os filhos — como uma reação ao que era visto como os perigos morais do mercado. Tudo isso é tratado como exterior, de alguma maneira, aos limites da história econômica.

Não levar tudo isso em conta é desonesto não só porque equivale a excluir os principais motivos que levaram o dinheiro a ser utilizado no passado, mas também porque não nos dá uma visão clara do presente. Afinal de contas, quem eram aquelas tailandesas que apareciam tão misteriosamente no quarto de hotel de Neil Bush? É quase certo que elas tenham sido crianças de pais endividados. Provavelmente, elas também eram escravas por dívida.[7]

Concentrar a atenção na indústria do sexo também seria enganoso. Tanto antes quanto agora, a maioria das mulheres em servidão por dívida passa a maior parte do tempo costurando, preparando sopas e limpando latrinas. Mesmo na Bíblia, a advertência nos Dez Mandamentos para "não cobiçar a mulher do próximo" referia-se claramente não à luxúria (o adultério já estava proibido no sétimo mandamento), mas sim à perspectiva de tomá-la em servidão por dívida — em outras palavras, como criada para varrer o quintal e pendurar roupa no varal.[8] Na maioria dos casos, a exploração sexual era, quando muito, acidental (via de regra era ilegal, e algumas vezes praticada assim mesmo, o que é simbolicamente importante). Mais uma vez, quando retiramos algumas de nossas viseiras ideológicas, conseguimos ver que, no decorrer dos últimos 5 mil anos, as questões mudaram muito menos do que realmente gostamos de pensar.

Essas viseiras são ainda mais irônicas quando nos voltamos para a literatura antropológica a respeito do que costumava ser chamado de "dinheiro primitivo" — ou seja, aquele que encontramos nos lugares onde não há Estado ou mercado —, seja o *wampum* iroquês [cinturão feito de conchas], o dinheiro de tecido africano ou o dinheiro de penas das Ilhas Salomão, e descobrimos que esse é usado quase exclusivamente para tipos de transação de que os economistas não gostam de falar.

Com efeito, o termo "dinheiro primitivo" é enganoso por essa mesma razão, pois sugere que estamos lidando com uma versão tosca dos tipos de moedas que usamos hoje. Mas o que encontramos não tem nada a ver com isso. Muitas vezes, aquelas moedas não eram usadas para compra ou venda.[9] Em vez disso, eram usadas para criar, sustentar e reorganizar as relações entre as pessoas: arranjar casamentos, estabelecer a paternidade dos filhos, evitar rixas, consolar parentes em velórios, procurar perdão em casos de crime, negociar alianças, conseguir seguidores — quase tudo, exceto o comércio de batatas, pás, porcos ou joias.

Não raro, aquelas moedas correntes eram extremamente importantes, tanto que podemos dizer que a própria vida social girava em torno da possibilidade de obter e se desfazer de coisas materiais. No entanto, elas assinalam uma concepção totalmente diferente sobre a essência do dinheiro ou da própria economia. Por essa razão, resolvi me referir a elas como "moedas sociais", e às economias que as empregam como "economias humanas". Não quero dizer com isso que essas sociedades sejam necessariamente mais humanas (algumas são bem humanas, outras são extraordinariamente brutais), mas apenas que são sistemas econômicos preocupados não tanto com a acumulação de riquezas, e mais com a criação, a destruição e a reorganização dos seres humanos.

Do ponto de vista histórico, as economias comerciais — economias de mercado, como gostamos hoje de chamá-las — são relativamente recentes. Durante a maior parte da história, predominaram as economias humanas. Até mesmo para começarmos a escrever uma história autêntica da dívida precisamos partir de algumas perguntas: que tipo de dívidas, que tipo de créditos e débitos, as pessoas acumulam nas economias humanas? E o que acontece quando as economias humanas começam a fazer concessões para as economias comerciais ou a ser controladas por elas? Essa é outra maneira de fazer a pergunta "como meras obrigações se transformam em dívidas?" — mas significa não fazer a pergunta apenas de forma abstrata, e sim examinar as fontes históricas para tentar reconstruir o que de fato aconteceu.

Isso é o que farei neste e no próximo capítulo. Primeiro examinarei o papel do dinheiro nas economias humanas, depois descreverei o que pode acontecer quando essas economias são subitamente incorporadas à órbita de economias comerciais mais amplas. O tráfico de escravos africano servirá como um bom e particularmente catastrófico exemplo. Depois, no capítulo seguinte, retornarei ao surgimento das economias comerciais nas antigas civilizações da Europa e do Oriente Médio.

O dinheiro como substituto inadequado

A teoria mais interessante sobre o surgimento do dinheiro foi apresentada recentemente por Philippe Rospabé, um economista francês que se tornou antropólogo. Embora sua obra seja quase desconhecida nos países de língua inglesa, ela é bastante engenhosa e tem relação direta com o nosso problema. Rospabé defende que o "dinheiro primitivo" não era, de início, um modo de pagar dívidas, mas sim um modo de reconhecer a existência de dívidas que talvez não possam ser pagas. Vale considerarmos detalhadamente esse argumento.

Na maioria das economias humanas, o dinheiro é usado sobretudo para arranjar casamentos. A maneira mais simples e provavelmente mais comum de fazê-lo era ofertando o que costumava ser chamado de "preço da noiva": a família do pretendente entregava dentes de cachorro, conchas, anéis de latão ou qualquer que fosse a moeda social local para a família da mulher, que ofertava sua filha como noiva. É fácil perceber por que isso poderia ser interpretado como sendo a compra de uma noiva, e muitos funcionários das administrações coloniais na África e na Oceania, no início do século xx, realmente chegaram a essa conclusão. A prática gerou certo escândalo e, em 1926, a Liga das Nações discutiu proibi-la considerando-a uma forma de escravidão. Os antropólogos foram contra. Na verdade, explicaram eles, essa prática não era em nada parecida com a compra, digamos, de um boi — muito menos de um par de sandálias. Afinal de contas, quando você compra um boi, não tem responsabilidades *para com* o boi. O que você está comprando, na verdade, é o direito de dispor do boi da maneira que quiser. O casamento é totalmente diferente, uma vez que o marido em geral terá tantas responsabilidades para com sua esposa quanto a esposa terá para com ele. É uma das maneiras de reorganizar as relações entre as pessoas. Além disso, se você estivesse de fato comprando uma esposa, você poderia vendê-la. Por fim, o verdadeiro significado do pagamento dizia respeito ao status dos filhos da mulher: se havia alguma coisa sendo comprada, era o direito de chamar de sua a prole dela.[10]

Os antropólogos ganharam a discussão e o termo "preço da noiva" foi respeitosamente alterado para "riqueza da noiva". Mas eles nunca responderam de fato à questão do que na verdade se dá nesses casos. Quando a família de um pretendente fidjiano oferece um dente de baleia para pedir a mão de uma mulher em casamento, seria esse o pagamento adiantado pelos serviços que a mulher prestará cultivando os jardins de seu futuro marido? Ou ele está comprando a fertilidade do ventre dela? Ou será uma simples formalidade, o equivalente ao dólar que precisa passar de uma mão para outra no fechamento de um contrato? Segundo Rospabé, não seria nada disso. O dente de baleia, por mais que seja valioso, não é uma forma de pagamento. De fato, é o reconhecimento de que você está pedindo algo cujo valor é tão único que qualquer tipo de pagamento seria impossível. O único pagamento apropriado pela dádiva de uma mulher é a dádiva de outra mulher; enquanto isso, tudo o que se pode fazer é reconhecer a dívida em aberto.

Há lugares em que os pretendentes dizem isso de forma bem explícita. Consideremos o povo tiv na Nigéria central, dos quais já falamos brevemente no capítulo anterior. Grande parte das informações que temos sobre esse povo é de meados do século passado, quando a Nigéria ainda era uma colônia britânica.[11] Todos naquela época afirmavam que o casamento apropriado deveria acontecer como troca de irmãs. Um homem entrega sua irmã para que ela se case com outro homem e se casa com a irmã de seu novo cunhado. Esse é o casamento perfeito porque o único item que se pode realmente dar em troca por uma mulher é outra mulher.

Obviamente, mesmo que cada família tivesse a mesma quantidade de irmãos e irmãs, isso não funcionaria de maneira tão impecável. Digamos que eu me case com sua irmã, mas você não queira se casar com a minha (talvez por não gostar dela, ou porque ela só tem cinco anos de idade). Nesse caso, você se torna "guardião" dela, ou seja, pode reivindicar o direito de entregá-la em casamento para outra pessoa — por exemplo, para o irmão de uma moça com quem você realmente queira se casar. Esse sistema logo se transformou em uma série de acordos complexos em que muitos homens importantes se tornaram guardiães de várias mulheres sob tutela, muitas vezes espalhadas por uma extensa área; eles as trocavam e as negociavam e, nesse processo, acumulavam diversas esposas para si próprios, enquanto os homens menos afortunados só conseguiam se casar muito tarde, ou não conseguiam.[12]

Havia ainda outro recurso. Os tivs, naquela época, usavam feixes de varetas de latão como a mais prestigiosa forma de moeda. Só os homens tinham as varetas e elas nunca eram usadas para comprar coisas nos mercados (que eram dominados pelas mulheres); em vez disso, as varetas eram trocadas apenas por algo que os homens consideravam de extrema importância: gado, cavalos, marfim, títulos rituais, tratamento médico, simpatias. Era possível, como explica um etnógrafo tiv, Akiga Sai, adquirir uma esposa com varetas de latão, mas isso demandava muitas varetas. Para se candidatar como pretendente, você precisaria entregar dois ou três feixes de varetas para os pais da moça; depois, quando finalmente fugisse com ela (esses casamentos eram interpretados, a princípio, como fugas), teria de dar mais alguns feixes para tranquilizar a mãe quando ela aparecesse furiosa querendo saber o que estava acontecendo. Normalmente seria necessário entregar mais cinco feixes ao guardião dela para que ele aceitasse a situação, pelo menos temporariamente, e mais outros para os pais quando ela desse à luz, se você tivesse alguma chance de eles o aceitarem como pai da criança. Com isso os pais dela sairiam do seu pé, mas você teria de pagar para sempre ao guardião, porque jamais poderia usar dinheiro para adquirir direitos sobre uma mulher. Todos sabiam que somente era passível dar, em troca de uma mulher, outra mulher. Nesse caso, todos tinham de aceitar a desculpa de que, um dia, uma mulher estaria disponível. Nesse meio-tempo, como registra de forma sucinta o etnógrafo, "a dívida jamais pode ser totalmente paga".[13]

Segundo Rospabé, os tivs estão apenas explicitando a lógica subjacente da "riqueza da noiva" de qualquer lugar. O pretendente que oferece a "riqueza da noiva" nunca está pagando pela mulher, nem pelos direitos de reivindicar os filhos dela. Isso implicaria que varetas de latão, dentes de baleia, búzios ou até mesmo gado fossem, de alguma maneira, o equivalente a um ser humano, o que, pela lógica da economia humana, é obviamente absurdo. Apenas um ser humano poderia ser considerado equivalente a outro ser humano. Tanto mais que estamos falando, no caso de um casamento, de algo ainda mais valioso do que uma vida humana: estamos falando de uma vida humana que também tem a capacidade de gerar novas vidas.

Certamente muitos daqueles que pagam a riqueza da noiva, como os tivs, são bastante claros em relação a essas coisas. O dinheiro da riqueza da noiva é oferecido não para sanar uma dívida, mas como um tipo de reconhecimento da existência de uma dívida que *não pode* ser sanada pelo dinheiro. Amiúde os dois lados sustentarão pelo menos a ficção educada de que, algum dia, haverá uma recompensa equivalente: que a tribo do pretendente acabará cedendo uma de suas mulheres, talvez a filha ou neta da própria mulher, para se casar com um homem da tribo de origem da esposa. Ou talvez haja algum acordo sobre a disposição dos filhos; talvez a tribo dela fique com uma criança para si. As possibilidades são infinitas.

O DINHEIRO, então, como sentenciou o próprio Rospabé, começa "como um substituto para a vida".[14] Poderíamos chamá-lo de reconhecimento de uma dívida de vida. Isso, por sua vez, explica por que o dinheiro usado para arranjar casamentos é invariavelmente do mesmo tipo usado para pagar *Wergeld* (ou "preço do sangue", como às vezes é chamado): dinheiro pago à família de uma vítima de assassinato para evitar ou resolver uma vendeta. Aqui as fontes são mais explícitas. Por um lado, ofertam-se dentes de baleia ou varetas de latão porque os parentes do assassino reconhecem que devem uma vida para a família da vítima. Por outro, dentes de baleia ou varetas de latão não são, e jamais serão, uma compensação para a perda de um parente assassinado. Com efeito, ninguém que ofereça essa compensação seria tolo o suficiente para sugerir que uma quantia em dinheiro poderia ser "equivalente" ao valor do pai, da irmã ou do filho de outra pessoa.

Mais uma vez, então, o dinheiro é, antes de tudo, o reconhecimento de que se deve algo muito mais valioso do que dinheiro.

No caso de uma vendeta, as duas partes também saberão que até mesmo uma morte por vingança, embora corresponda ao princípio de uma vida por outra, não compensará o sofrimento e a dor da vítima. Esse conhecimento abre espaço para a possibilidade de resolver a questão sem violência. Mas mesmo nesse caso costuma haver o sentimento de que, como no casamento, a solução *real* para o problema é simplesmente adiá-la por um tempo.

Talvez possa ser útil darmos um exemplo. Entre os nuers, há uma classe especial de sacerdotes especializados em agir como intermediadores de rixas, chamados na literatura de "chefes pele-de-leopardo". Se um homem mata outro, ele procurará imediatamente a casa de um desses chefes — a propriedade de um "pele-de-leopardo" é tratada como santuário inviolável: mesmo a família do morto, que tem a obrigação moral de vingar o assassinato, sabe que não pode entrar ali, temendo as piores consequências. De acordo com o relato clássico de Evans-Pritchard, o chefe tentará negociar imediatamente um acordo entre o assassino e a família da vítima, um negócio delicado porque a princípio a família da vítima sempre recusará o acordo:

> O chefe primeiro descobre qual é o gado que o povo a que pertence o assassino possui e o que esse povo tem para pagar como compensação. [...] Ele então visita o povo a que pertence o homem morto e pede que aceite o gado em troca da vida. Eles geralmente recusam, pois é uma questão de honra se manterem obstinados, mas a recusa não significa que não estejam dispostos a aceitar a compensação. O chefe sabe disso e insiste para que aceitem, inclusive ameaçando amaldiçoá-los se não cederem [...].[15]

Outros familiares mais distantes opinam, lembrando cada um de suas responsabilidades para com a comunidade, de todo o problema que uma rixa permanente causará aos parentes inocentes e, depois de uma grandiosa demonstração de resistência, afirmando que é um insulto sugerir que determinada quantidade qualquer de gado possa substituir a vida de um filho ou de um irmão, eles aceitam, ressentidos, o acordo.[16] Na verdade, a questão foi resolvida apenas tecnicamente — costuma-se demorar anos para juntar o gado, e mesmo depois do pagamento os dois lados evitam um ao outro, "principalmente nas danças, pois, na empolgação gerada por elas, algo tão corriqueiro como trombar com um homem cujo parente foi assassinado pode desencadear uma briga, porque a ofensa jamais é esquecida e a dívida pode ser paga afinal com outra vida".[17]

É muito semelhante ao que acontece com a "riqueza da noiva". O dinheiro não acaba com a dívida. Uma vida só pode ser paga com outra. Na melhor das hipóteses, quem paga o "preço do sangue", admitindo a existência da dívida e insistindo que gostaria de pagá-la, ainda que saiba ser impossível, permite que a questão seja deixada permanentemente em suspenso.

Do outro lado do mundo, encontramos Lewis Henry Morgan descrevendo os elaborados mecanismos estabelecidos pelas Seis Nações dos Iroqueses para evitar justamente esse estado de coisas. Quando acontecia de um homem matar outro homem,

> imediatamente após o assassinato, as tribos a que pertenciam cada uma das partes assumiam o controle da situação e se esforçavam com grande empenho para obter uma conciliação, temendo que uma retaliação privada pudesse gerar consequências desastrosas.
>
> O primeiro conselho se certificava de que o infrator queria confessar o crime e repará-lo. Em caso positivo, o conselho enviava imediatamente um cinturão branco de *wampum*, em seu nome, para o outro conselho, contendo uma mensagem nesse sentido. Esse conselho, por sua vez, tentava tranquilizar a família do falecido, conter suas emoções e convencê-la a aceitar o *wampum* como perdão.[18]

Mais ou menos da mesma maneira que ocorre entre os nuers, havia cálculos complicados para definir quantas braças de *wampum* deveriam ser pagas, dependendo do status da vítima e da natureza do crime. Também como no caso dos nuers, *não* se tratava de um pagamento. O valor do *wampum* de modo nenhum representava o valor da vida do homem morto:

> A oferta de um *wampum* branco não tinha a natureza de compensação pela vida do falecido, mas sim de uma confissão arrependida de um crime, com um pedido de perdão. Era uma oferta de paz, cuja aceitação era exigida por amigos mútuos [...].[19]

Na verdade, em muitos casos também havia maneiras de manipular o sistema de modo a transformar os pagamentos destinados a atenuar a fúria e a dor em formas de criar uma nova vida que, de algum modo, substituiria a vida perdida. Entre os nuers, quarenta cabeças de gado era a taxa-padrão do "preço do sangue". Mas também era a medida-padrão da "riqueza da noiva". A lógica era esta: se um homem foi assassinado antes de conseguir se casar e gerar uma prole, seria natural que seu espírito ficasse furioso. Afinal de contas, ele tivera sua eternidade efetivamente roubada. A melhor solução seria usar o pagamento em gado para adquirir o que chamavam de "esposa fantasma": uma mulher que se casaria formalmente com um homem morto. Muitas vezes ela formaria um par com um dos irmãos da vítima, outras vezes a ela seria permitido que morasse com quem quisesse; não importaria muito quem a engravidasse, uma vez que o sujeito não seria tido como pai das crianças. Os filhos que ela gerasse seriam considerados proles do fantasma da vítima — consequentemente, os meninos nasceriam com um compromisso específico: o de, um dia, vingar a morte do pai.[20]

Os nuers parecem ter sido singularmente inflexíveis em relação a rixas. Rospabé fornece exemplos de outras partes do mundo que são ainda mais marcantes. Entre os beduínos do norte da África, por exemplo, às vezes a única forma de a família do assassino sanar uma dívida era entregando uma filha, que se casaria com o parente mais próximo da vítima — como um irmão, por exemplo. Se ela engravidasse de um menino, ele receberia o mesmo nome do tio morto e seria considerado, pelo menos em sentido amplo, substituto dele.[21] Os iroqueses, que traçam sua linha de descendência pelas mulheres, não as negociavam dessa maneira. No entanto, eles tinham outra abordagem mais direta. Se um homem morria — mesmo de causas naturais —, os parentes de sua esposa "colocavam o nome dele em um tapete", expedindo cinturões de *wampum* para reunir um bando de guerreiros, que invadiriam uma aldeia inimiga para conseguir um cativo. O cativo poderia ser torturado até a morte ou, se o estado de espírito das matronas estivesse inclinado à benevolência (era impossível dizer; a dor do luto é traiçoeira), adotado: a adoção era indicada colocando sobre os ombros do cativo um cinturão de *wampum*; a seguir ele receberia o nome do falecido e seria considerado, daquele momento em diante, casado com a esposa da vítima, dono de suas posses e, em todos os aspectos e para todos os efeitos, a mesma pessoa que o morto costumava ser.[22]

Tudo isso serve apenas para ressaltar a tese básica de Rospabé — de que o dinheiro pode ser visto, nas economias humanas, como o reconhecimento da existência de uma dívida que *não pode* ser paga.

De certa forma, tudo isso lembra bastante a teoria da dívida primordial: o dinheiro surge do reconhecimento de uma dívida absoluta para com aqueles que nos deram a vida. A diferença é que em vez de imaginar que essas dívidas se estabelecem entre um indivíduo e a sociedade, ou talvez entre ele e o Cosmo, elas são concebidas como um tipo de rede de relações diádicas: quase todas as pessoas nessas sociedades se mantinham em uma relação de dívida absoluta para com outra pessoa. Não é que devamos à "sociedade". Se há uma ideia de "sociedade" aqui — e não está claro se há ou não —, a ideia é esta: a sociedade *são* as nossas dívidas.

Dívidas de sangue (leles)

Obviamente, isso nos leva ao mesmo problema familiar: como o sinal de reconhecimento de que não se pode pagar uma dívida se transforma em um pagamento pelo qual a dívida é extinta? Podemos dizer que esse problema parece bem mais difícil que os anteriores.

Mas, na verdade, não é. Os exemplos africanos mostram claramente como isso pode acontecer — por mais que a resposta seja um pouco perturbadora. Para mostrar isso, será necessário examinarmos com mais clareza uma ou duas sociedades africanas.

Começarei com os leles, um povo africano que, na época em que Mary Douglas o estudou, na década de 1950, conseguira transformar o princípio das dívidas de sangue no princípio organizador de toda a sua sociedade.

Os leles, na época um grupo de talvez 10 mil pessoas, viviam em uma região montanhosa perto do rio Cassai, no Congo Belga, e eram considerados um povo rude e provinciano por seus vizinhos mais ricos e cosmopolitas, os kubas e os bushongs. As mulheres leles plantavam milho e mandioca; os homens se julgavam bravos caçadores, mas passavam a maior parte do tempo tecendo e cosendo com ráfia. A região era realmente conhecida por esse tecido, que, além de ser usado em todos os tipos de roupa, era exportado: os leles se consideravam os tecelões da região, e negociavam o que produziam com os povos vizinhos para adquirir artigos de luxo. Internamente, o tecido funcionava como um tipo de moeda. No entanto, não era usado nos mercados (não havia mercados) e, como descobriu Mary Douglas, para seu aborrecimento, não podia ser usado nas vilas para adquirir comida, ferramentas, utensílios de mesa ou qualquer outro item.[23] Era, essencialmente, uma moeda social:

> Presentes informais de tecido de ráfia facilitam todas as relações sociais: marido com esposa, filho com mãe, filho com pai. Resolvem casos de tensão, como ofertas de paz; podem funcionar como presentes de despedida ou transmitir congratulações. Mas também há presentes formais de ráfia que, quando negligenciados, apresentam o risco de romper os laços sociais envolvidos. Ao atingirem a vida adulta, os homens devem dar vinte peças de tecido ao pai. Do contrário, teriam vergonha de pedir ajuda do pai para arcar com suas despesas matrimoniais. Os homens deveriam dar vinte peças de tecido para sua esposa a cada vez que ela parisse uma criança [...].[24]

O tecido também era usado para multas e tarifas, e para pagar curandeiros. Assim, por exemplo, se a esposa de um homem denunciasse um suposto sedutor, era costume recompensá-la com vinte peças por sua fidelidade (não era obrigatório, mas não recompensá-la era algo definitivamente imprudente); se um adúltero fosse pego, ele deveria pagar cinquenta ou cem peças para o marido da mulher; se o marido e o amante perturbassem a paz da aldeia com uma briga antes de a questão ser resolvida, cada um teria de pagar duas taxas como compensação, e assim por diante.

A tendência era que o fluxo de presentes fosse ascendente, dos mais novos para os mais velhos. Como sinal de respeito, jovens estavam sempre dando pequenos presentes de tecidos a pais, mães, tios etc., e esses presentes tinham natureza hierárquica, ou seja, quem os recebia jamais pensava em retribuí-los de alguma maneira. Assim, as pessoas mais velhas, principalmente os homens, sempre tinham algumas peças sobrando, e os homens mais jovens, que nunca conseguiam tecer o bastante para suprir suas necessidades, precisavam recorrer aos mais velhos sempre que era necessário fazer algum pagamento maior: por exemplo, se tivessem de pagar uma multa alta, precisassem contratar um médico para assistir a esposa no parto ou quisessem se juntar a uma seita religiosa. Desse modo, eles mantinham sempre uma dívida pequena, ou pelo menos uma leve obrigação, para com os mais velhos. Mas todos tinham também uma gama ampla de amigos e parentes a quem haviam ajudado e podiam recorrer para pedir ajuda.[25]

O casamento era particularmente caro, uma vez que para conseguir a mão de uma noiva era preciso muitas barras de sândalo-africano [*Baphia nitida*]. Se o tecido de ráfia era o troco miúdo da vida social, o sândalo-africano — madeira rara importada, usada na fabricação de cosméticos — era a moeda corrente de maior valor. Cem peças de ráfia equivaliam a de três a cinco barras de sândalo. Poucos indivíduos tinham tantas barras de sândalo, o mais comum era que tivessem alguns pedaços que seriam triturados para uso próprio. A maior parte era mantida no tesouro coletivo das aldeias.

Isso não quer dizer que o sândalo fosse empregado para qualquer coisa, como constituir a riqueza da noiva — em vez disso, ele era usado em negociações matrimoniais, em que todos os tipos de presentes eram trocados. Na verdade, não havia riqueza da noiva. Os homens não podiam usar dinheiro para adquirir mulheres; tampouco para reivindicar quaisquer direitos sobre as crianças. Os leles eram matrilineares. As crianças pertenciam não ao clã do pai, mas ao da mãe.

No entanto, os homens conseguiam controlar as mulheres de outra maneira:[26] pelo sistema de dívidas de sangue.

É entendimento comum entre muitos povos africanos tradicionais que os seres humanos não morrem sem que haja algum motivo. Se alguém morre é porque alguém deve tê-lo matado. Acreditava-se, por exemplo, que as mulheres leles que morriam no parto haviam cometido adultério. O adúltero, portanto, era responsável pela morte. Muitas vezes ela confessava no leito de morte, outras vezes os fatos tinham de ser descobertos pela divinação. O mesmo era válido se o bebê morresse. Quando alguém ficava doente, ou dormia enquanto escalava uma árvore e caía, o parente mais próximo investigava para saber se a pessoa tinha se envolvido em alguma disputa que pudesse ter causado a fatalidade. Se nada fosse descoberto, podiam ser usados meios mágicos para identificar o feiticeiro. Quando a aldeia se convencia de ter identificado um culpado, a pessoa contraía uma dívida de sangue, ou seja, devia uma vida humana ao parente mais próximo da vítima. O culpado, desse modo, teria de entregar uma jovem da própria família, fosse irmã ou filha, para ser a tutelada da vítima, ou "peoa".

Assim como ocorreu com os tivs, o sistema rapidamente tornou-se muito complexo. A "peonagem" era herdada. Se uma mulher era "peoa" de alguém, seus filhos também o seriam, bem como seus netos. Isso quer dizer que a maioria dos meninos também eram considerados homens de outra pessoa. No entanto, ninguém aceitava um "peão" como pagamento de dívidas de sangue: o objetivo era se apoderar de uma mulher jovem, que continuaria gerando novas crianças "peoas". Os informantes leles de Mary Douglas enfatizavam que qualquer homem naturalmente adoraria ter tantas "peoas" quanto possível:

> Pergunte: "Por que você quer ter mais peoas?", e a resposta sempre será: "A vantagem de ter peoas é que, se você incorrer em uma dívida de sangue, poderá saná-la pagando com suas peoas, deixando suas irmãs livres". Per-

gunte: "Por que você quer que suas irmãs continuem livres?". E a resposta será: "Ah, se eu adquirir uma dívida de sangue, posso saná-la entregando uma das minhas irmãs como peoa...".

Todos os homens sabem que, em algum momento, são responsáveis por uma dívida de sangue. Se uma mulher seduzida por ele confessar seu nome nas dores do parto e morrer depois, ou se a criança morrer, ou se qualquer pessoa com quem ele brigou morrer de doença ou acidente, ele pode ser considerado responsável [...]. Mesmo que uma mulher fuja do marido e a briga seja por causa dela, a morte vai bater na porta de sua casa, e seu irmão, ou o irmão de sua mãe, terá de pagar. Uma vez que somente as mulheres são aceitas como compensação da dívida de sangue, e como a compensação é exigida por todas as mortes, tanto de homens quanto de mulheres, é óbvio que nunca haverá mulheres suficientes para pagar as dívidas. Os homens atrasam suas obrigações de peonagem e as meninas costumam ser prometidas antes de nascer, mesmo antes de suas mães atingirem a idade de casar.[27]

Em outras palavras, tudo se transformou em um jogo de xadrez infinitamente complicado — um dos motivos, aponta Douglas, de o termo "peão" parecer tão pertinente. Quase todos os homens leles adultos eram tanto peões de outra pessoa como envolvidos em um constante jogo de proteção, negociação ou resgate de peões. Todo drama ou tragédia de grandes proporções na vida da aldeia levaria a uma transferência dos direitos sobre as mulheres. Quase todas essas mulheres seriam trocadas de novo.

É preciso destacar diversos pontos. Primeiro, o que estava sendo negociado aqui, de maneira bem específica, eram vidas humanas. Douglas as chama de "dívidas de sangue", mas "dívidas de vida" seria mais apropriado. Digamos, por exemplo, que um homem esteja se afogando e outro o salva. Ou então que ele está gravemente doente e um médico o cura. Nos dois casos, nós provavelmente diríamos que um "deve a vida" ao outro. Assim também diriam os leles, mas eles levavam a questão ao pé da letra. Salve a vida de alguém e ele lhe deverá uma vida, e uma vida devida tem de ser paga. O recurso comum era que um homem cuja vida foi salva entregasse a irmã como peoa — ou então uma mulher diferente, como uma peoa adquirida de outra pessoa.

O segundo ponto que merece ser destacado é que nada poderia substituir a vida humana. "A compensação era baseada no princípio de equivalência, uma vida por uma vida, uma pessoa por uma pessoa." Como o valor de uma vida humana era absoluto, quantidade nenhuma de tecidos de ráfia, ou barras de sândalo, tampouco cabras, rádios ou qualquer outra coisa podia ser posta em seu lugar.

O terceiro e mais importante ponto é que, na prática, "vida humana" significava "vida de uma mulher" — ou, em termos ainda mais específicos, "vida de uma mulher jovem". Aparentemente, o objetivo disso era maximizar o patrimônio do sujeito: acima de qualquer coisa, desejava-se um ser humano que pudesse engravidar e gerar filhos, uma vez que esses filhos também seriam peões e peoas. No entanto, até mesmo Mary Douglas, que de modo nenhum era feminista, foi forçada a reconhecer que todo o esquema parecia funcionar como se fosse um aparato gigantesco para reafirmar o controle dos homens sobre as mulheres. Tal fato era sobretudo verdadeiro porque as mulheres em si não tinham peoas.[28] Elas só podiam ser peoas. Em outras palavras, quando se tratava de dívidas de vida, apenas os homens podiam ser credores *ou* devedores (na verdade, a maioria dos homens era as duas coisas). Mulheres jovens, portanto, eram os créditos e débitos — elas eram as peças movidas sobre o tabuleiro de xadrez, cujos movimentos eram realizados por mãos invariavelmente masculinas.[29]

Como quase todas as pessoas eram peões, ou tinham sido em algum momento da vida, ser um deles não era de todo uma tragédia, é claro. Para os homens costumava ser uma vantagem em muitos aspectos, pois o "dono" do peão tinha de pagar a maior parte de seus impostos e taxas, e ainda suas dívidas de sangue. É por isso que, como afirmavam todos os informantes de Douglas, a peonagem não tinha nada em comum com a escravidão. Os leles mantinham escravos, mas sempre poucos. Os escravos eram prisioneiros de guerra, geralmente estrangeiros. Nessa condição, eles não tinham família, nem ninguém para os proteger. Por outro lado, ser um peão significava ter não apenas uma, mas duas famílias diferentes para cuidar de você, pois você continuaria tendo sua mãe e seus irmãos, mas agora também tinha um "senhor".

Para as mulheres, o próprio fato de serem as peças de um jogo praticado pelos homens proporcionava a elas todo tipo de oportunidades para manipular o sistema. Em princípio, uma menina podia nascer peoa, designada a algum homem para futuro casamento. Na prática, insiste Mary Douglas,

> a menina lele crescia como uma coquete. Desde a infância, era o centro de uma atenção afetuosa, provocante e sedutora. Seu futuro marido exercia sobre ela um controle muito limitado. [...] Como os homens competiam entre si pelas mulheres, havia espaço para que elas fizessem tramas e intrigas. O que não faltava eram pretendentes sedutores, e todas as mulheres sabiam que, se quisessem, podiam conseguir outro marido.[30]

Além disso, uma jovem lele só tinha uma única e poderosa carta para jogar. Todos sabiam que, se ela se recusasse totalmente a aceitar sua situação, sempre havia a opção de se tornar uma "esposa da aldeia".[31]

A instituição da esposa da aldeia era uma peculiaridade dos leles. Talvez a melhor maneira de descrevê-la seja imaginando um caso hipotético. Digamos que um homem mais velho e importante adquira uma mulher jovem como peoa através de uma dívida de sangue e resolva se casar com ela. Tecnicamente, ele tem o direito de fazer isso, mas não é nada agradável para uma mulher jovem ser a terceira ou quarta esposa de um homem já velho. Ou digamos que ele queira oferecê-la em casamento para um de seus peões em uma aldeia muito distante da terra natal e da mãe da jovem. Ela protesta. Ele ignora as queixas. Ela espera o momento oportuno e foge durante a noite para uma aldeia inimiga, onde pede refúgio. Isso é sempre possível: todas as aldeias têm seus inimigos tradicionais. Jamais uma aldeia inimiga recusaria uma mulher que a procurasse nessas circunstâncias. Ela seria declarada imediatamente "esposa da aldeia", e todos os homens que lá vivem seriam obrigados a protegê-la.

É importante saber que, aqui, como em muitas regiões da África, a maioria dos homens mais velhos tinha diversas esposas. Isso significa que a quantidade de mulheres disponíveis para os homens mais jovens era consideravelmente pequena. Como explica nossa etnógrafa, o desequilíbrio era fonte de considerável tensão sexual:

> Todos reconheciam que os jovens solteiros cobiçavam as esposas dos idosos. De fato, um de seus passatempos era fazer planos de sedução, e o homem que não se gabava de ter um era ridicularizado. Como os homens mais velhos queriam continuar polígamos, com duas ou três esposas, e como era dito que os adultérios perturbavam a paz da aldeia, os leles tinham de criar algum tipo de arranjo para satisfazer os solteiros.
>
> Desse modo, quando uma quantidade suficiente deles chegava mais ou menos aos dezoito anos, eles podiam comprar o direito a uma esposa comum.[32]

Depois de pagar a taxa apropriada em tecido de ráfia para o tesouro da aldeia, eles podiam construir uma casa coletiva e lá instalar a mulher que lhes era atribuída, ou então eram autorizados a formar um grupo para tentar roubar uma mulher de uma aldeia rival. (Ou, alternativamente, se uma mulher aparecia como refugiada, eles pediriam a todos da aldeia o direito de aceitá-la: esse direito era invariavelmente concedido.) Essa esposa comum é o que se costuma chamar de "esposa da aldeia". A posição de esposa da aldeia era mais do que respeitável. Na verdade, uma esposa da aldeia recém-casada era tratada quase como uma princesa. Não se esperava que ela plantasse nos jardins ou os capinasse, apanhasse madeira ou água, ou cozinhasse; todos os afazeres domésticos eram feitos pelos maridos jovens e bem-dispostos, que davam a ela o melhor de tudo e passavam a maior parte do tempo caçando na floresta, disputando para proporcionar à esposa as iguarias mais refinadas ou para provê-la de vinho de palma. Ela podia se apropriar dos pertences dos outros, e qualquer falta que cometesse seria perdoada pela tribo. Ela também deveria ficar sexualmente disponível para todos os membros de certa faixa etária — talvez dez ou doze homens diferentes — a princípio, quase sempre quando eles a quisessem.[33]

Com o passar do tempo, uma esposa da aldeia acabaria se estabelecendo com apenas três ou quatro maridos, e, por fim, com apenas um. Os arranjos domésticos eram flexíveis. Não obstante, em princípio, ela se casava com a aldeia como um todo. Se tivesse filhos, a aldeia era considerada o pai e, como tal, devia criá-los, sustentá-los e, por fim, proporcionar-lhes um casamento apropriado — principalmente por isso os habitantes tinham de manter tesouros coletivos cheios de tecidos de ráfia e barras de sândalo-africano. Como era possível que, a qualquer momento, uma aldeia tivesse diversas esposas da aldeia, também teria seus filhos e netos, e por isso estaria em uma posição para exigir e pagar dívidas de sangue, acumulando peões e peoas.

Consequentemente, as aldeias se tornavam corporações, grupos coletivos que, como as empresas modernas, tinham de ser tratados, em termos legais, como se fossem indivíduos. No entanto, havia uma distinção fundamental. Diferentemente dos indivíduos comuns, as aldeias podiam respaldar suas reivindicações com o uso da força.

Como enfatiza Mary Douglas, esse ponto era crucial porque os homens leles comuns simplesmente não eram capazes de fazer isso uns com os outros.[34] Nas questões cotidianas, havia uma ausência quase completa de quaisquer meios sistemáticos de coerção. Principalmente por esse motivo, argumenta ela, a peonagem era tão inócua. Havia diversos tipos de regras, mas sem governo, sem tribunais, sem juízes para tomar decisões autoritárias, sem nenhum grupo de homens armados, dispostos ou capazes de fazer uso da força para apoiar essas decisões; as regras existiam para ser ajustadas e interpretadas. Por fim, os sentimentos de todas as pessoas tinham de ser levados em conta. Nas questões cotidianas, os leles davam muito valor ao comportamento gentil e agradável. Os homens podiam ser regularmente tomados pela ânsia de se atirar sobre os outros em rompantes de fúria provocada por ciúme (muitas vezes eles tinham boas razões para isso), mas era raro que o fizessem. E, se uma briga acontecesse, todos logo intercediam para apartá-la e submetiam o caso à mediação pública.[35]

As aldeias, em contrapartida, eram fortificadas, e os grupos etários podiam ser mobilizados para agir como unidades militares. Aqui, e apenas aqui, a violência organizada entrava em jogo. Sim, é verdade que, quando as aldeias lutavam, também era sempre por causa das mulheres (todas as pessoas com quem Mary Douglas conversou acreditavam não haver outro motivo que pudesse levar os homens adultos, em qualquer lugar, a brigarem). Mas, no caso das aldeias, essas brigas podiam se transformar em uma verdadeira guerra. Se os anciãos de uma aldeia ignorassem os pedidos de outra aldeia, que reivindicava uma peoa, os jovens podiam organizar um grupo e raptá-la, ou levar embora qualquer outra mulher jovem para servir como esposa coletiva. Isso podia culminar em mortes, e posteriormente em outras reivindicações de compensação. "Como havia o apoio da força", observa Douglas de maneira irônica, "a aldeia podia se permitir ser menos conciliatória em relação aos desejos de seus peões."[36]

É justamente nesse ponto que entra em cena o potencial para a violência e que pode de repente fazer vir abaixo a grande muralha construída para separar o valor das vidas do valor do dinheiro:

> Algumas vezes, quando dois clãs discutiam uma reivindicação de compensação de sangue, o clã requerente podia não ter esperanças de ser atendido por seus oponentes. O sistema político não oferecia meios diretos para que um homem (ou clã) usasse de coerção física ou recorresse a uma autoridade superior para fazer cumprir uma reivindicação feita a outro. Nesse caso, em vez de abandonar sua reivindicação a uma peoa, ele estaria disposto a aceitar o equivalente em riquezas, se pudesse obtê-las. O procedimento habitual era vender seu caso para o único grupo capaz de extorquir uma peoa à força, isto é, para uma aldeia.
>
> O homem que quisesse vender seu caso para uma aldeia pediria cem peças de tecido de ráfia ou cinco barras de sândalo. A aldeia levantava a quantia, fosse de seu tesouro, fosse por meio de um empréstimo de seus membros, e tomava para si a reivindicação à peoa.[37]

A reivindicação acabava quando ele conseguia o dinheiro, e a aldeia, que acabara de comprá-la, organizaria uma incursão para tomar posse da mulher disputada.

Em outras palavras, a questão da compra e venda de pessoas era considerada *somente* quando a violência entrava na equação. A capacidade de usar a força, de atravessar o labirinto infindável de preferências, obrigações, expectativas e responsabilidades que marcam as relações humanas reais também possibilitava a superação do que geralmente é a primeira regra de todas as relações econômicas leles: vidas humanas só podem ser trocadas por outras vidas humanas e nunca por objetos físicos. De maneira significativa, a quantidade paga — cem peças de tecido ou uma quantidade equivalente de barras de sândalo — também era o preço de um escravo.[38] Os escravos eram, como mencionei, prisioneiros de guerra. E o número de escravos não era muito grande; Mary Douglas só conseguiu localizar dois descendentes de escravos nos anos 1950, cerca de 25 anos após a prática ter sido abolida.[39] Todavia, a quantidade não era importante. O mero fato de sua existência estabelecia um precedente. O valor de uma vida humana podia, muitas vezes, ser quantificado; mas quando alguém passava de A = A (uma vida equivale a outra) para A = B (uma vida equivale a cem peças de tecido), era porque a equação se estabelecera sob a ameaça de uma lança.

Dívidas de carne (Tiv)

Tratei detalhadamente do povo lele em parte porque queria esclarecer o significado que dou ao termo "economia humana", como é a vida em uma economia humana, que tipo de drama constitui o conjunto cotidiano dessas pessoas e qual é o papel do dinheiro nesse conjunto. As moedas leles são, como disse, a quintessência das moedas sociais. Elas são utilizadas para marcar cada visita, cada promessa, cada momento relevante na vida de um homem ou de uma mulher. É importante notar também o que eram de fato os objetos usados como moeda. O tecido de ráfia era empregado em vestimentas. Na época de Mary Douglas, esse tecido era o que mais se usava para cobrir o corpo; barras de sândalo eram a fonte de uma massa vermelha usada como cosmético — a principal substância usada como maquiagem, tanto por homens como por mulheres, para se embelezarem diariamente. Esses materiais, portanto, eram usados para modelar a aparência física das pessoas, fazendo-as parecer maduras, decentes, atraentes e dignas de seus companheiros. Eram esses materiais que transformavam um mero corpo nu em um ser apropriado socialmente.

Não se trata de uma coincidência. Na verdade, é algo muito comum no que chamo de economias humanas. O dinheiro quase sempre surge primeiro dos objetos usados primordialmente para adornar as pessoas. Contas, conchas, penas, dentes de cachorro ou baleia, ouro e prata são bons exemplos. São todos objetos inúteis para qualquer propósito que não seja fazer as pessoas parecerem mais interessantes, e assim mais bonitas. As varetas de latão usadas pelos tivs pareceriam uma exceção, mas na verdade não são: elas eram usadas principalmente como matéria-prima para a manufatura de joias, ou simplesmente eram envergadas para fazer argolas usadas em danças. Há exceções (gado, por exemplo), mas, como regra geral, moedas como cevada, queijo, tabaco ou sal começam a aparecer apenas quando surgem os governos, e depois os mercados.[40]

Esse exemplo também ilustra a peculiar progressão das ideias que marca com tanta frequência as economias humanas. Por um lado, a vida humana é o valor absoluto. Não há equivalente possível. Se uma vida é dada ou tirada, a dívida é absoluta. Em alguns lugares, esse princípio é de fato inviolável. Com maior frequência, ele é transgredido pelos elaborados jogos realizados pelos tivs, que tratam a dádiva de vidas, e os leles, que tratam a tomada de vidas como uma criação de dívidas que só podem ser pagas por outra vida humana. Em cada caso, igualmente, a prática acaba desencadeando um jogo complexo e extraordinário em que homens importantes trocam mulheres, ou, pelo menos, os direitos sobre sua fertilidade.

Mas isso já é uma espécie de abertura. Se o jogo existe e o princípio de substituição é parte dele, sempre há a possibilidade de estendê-lo. Quando isso começa a acontecer, os sistemas de dívida baseados na troca de pessoas podem — até mesmo aqui — de repente se tornar meios de destruí-las.

Para exemplificarmos, voltemos aos tivs. O leitor se lembrará de que, quando um homem não tinha uma irmã ou protegida para dar em troca de uma esposa, ele podia satisfazer os pais e guardiães com dádivas de dinheiro. No entanto, essa esposa nunca seria considerada verdadeiramente sua. Mas também aqui havia uma exceção radical. Os homens podiam comprar uma escrava, uma mulher sequestrada na invasão de uma região distante.[41] As escravas, afinal de contas, não tinham pais, ou podiam ser tratadas como se não os tivessem; elas foram retiradas à força de todas as redes de obrigações mútuas e dívidas em que as pessoas comuns adquiriam suas identidades aparentes. Por esse motivo elas podiam ser compradas e vendidas.

Depois de casada, no entanto, a esposa comprada desenvolveria novos laços com muita rapidez. Ela não era mais escrava, e seus filhos eram legítimos — na verdade, mais legítimos do que os filhos de uma esposa que era simplesmente adquirida pelo pagamento contínuo de varetas de latão.

Talvez tenhamos aqui um princípio geral: para tornar algo vendável, em uma economia humana, primeiro é preciso arrancá-lo de seu contexto. Isso é o que acontece com os escravos: as pessoas são roubadas da comunidade que fazem delas o que são. Como estranhos em suas novas comunidades, os escravos não tinham mais mães, pais, parentes de nenhum tipo. Por isso podiam ser comprados, vendidos ou mortos: sua *única* relação era com seus donos. A destreza das aldeias leles para organizar incursões e raptar mulheres de outras comunidades parece ter sido o princípio motor da troca de mulheres por dinheiro — mesmo que, no caso deles, a ação fosse realizada em uma extensão territorial bastante limitada. Afinal de contas, os parentes das mulheres sequestradas não estavam tão distantes assim e certamente apareceriam exigindo uma explicação. Por fim, teria de ser feito um acordo para a boa convivência de todos.[42]

Ainda assim, insisto que isso não é tudo. Grande parte dos estudos deixa a nítida sensação de que muitas sociedades africanas eram assombradas pela consciência de que essas complexas redes de dívidas, se as coisas saíssem meio erradas, podiam se transformar em algo absolutamente terrível. Os tivs são um exemplo emblemático.

OS TIVS SÃO CONHECIDOS ENTRE os estudantes de antropologia principalmente pelo fato de terem uma vida econômica dividida entre o que seus mais famosos etnógrafos, Paul e Laura Bohannan, chamavam de três "esferas de troca" separadas. Em geral, a atividade econômica cotidiana era basicamente realizada por mulheres. Havia as que abasteciam os mercados e as que percorriam seus caminhos dando e recebendo pequenas dádivas de quiabo, nozes ou peixe. Os homens se ocupavam daquilo que consideravam atividades superiores: transações em que se utilizava a moeda corrente dos tivs que, assim como ocorria com os leles, era de dois tipos: uma espécie de tecido feito localmente chamado *tugudu*, exportado em grandes proporções, e, para transações mais importantes, feixes de varetas de latão importadas.[43] Estas podiam ser usadas para adquirir algumas coisas luxuosas e vistosas (vacas, esposas estrangeiras compradas), mas eram destinadas principalmente à resolução de questões políticas, contratação de curandeiros, realização de feitiços, iniciação em seitas religiosas. No tocante a questões políticas, os tivs eram ainda mais igualitários do que os leles: homens mais velhos e bem-sucedidos, com suas numerosas esposas, podiam agir com superioridade perante seus filhos e outros dependentes em sua casa, mas, fora isso, não havia na aldeia organização política formal de nenhum tipo. Por fim, havia o sistema de custódias, que consistia totalmente nos direitos dos homens sobre as mulheres. Daí a noção de "esferas". Em princípio, estes três níveis — produtos de consumo comum, produtos de prestígio masculino e direitos sobre as mulheres — eram completamente separados. Quantidade nenhuma de quiabo poderia ser trocada por uma vareta de latão, assim como, em princípio, quantidade nenhuma de varetas poderia ser usada para adquirir direitos sobre uma mulher.

Na prática, havia modos de burlar o sistema. Digamos que um vizinho estivesse realizando um banquete, mas lhe faltassem suprimentos; alguém podia ajudá-lo e depois, discretamente, pedir a ele um ou dois feixes de varetas como compensação. Para tirar vantagem da situação, ou "transformar galinhas em vacas", como diziam, e, por fim, negociar riquezas e prestígio como maneira de adquirir esposas, era preciso um "coração forte" — ou seja, uma personalidade arrojada e carismática.[44] Mas "coração forte" também tinha outro sentido. Acreditava-se que uma substância biológica chamada *tsav* se formava no coração dos seres humanos. Essa substância era responsável pelo encanto, pela energia e pelo poder de persuasão das pessoas.

O *tsav*, portanto, era tanto uma substância física quanto um poder invisível que capacitava algumas pessoas a se submeterem à vontade de outras.[45]

O problema — e a maioria dos tivs da época parecia acreditar que esse era *o principal problema* de sua sociedade — é que também era possível fortalecer o *tsav* das pessoas através de meios artificiais, o que só poderia ser realizado pelo consumo de carne humana.

Devo destacar de imediato que não há motivos para acreditar que os tivs de fato praticassem canibalismo. A ideia de comer carne humana parecia ser tão repugnante e horrorosa para eles quanto para a maioria dos norte-americanos. Contudo, durante séculos, a maioria deles parecia realmente obcecada pela suspeita de que alguns de seus próximos — e particularmente homens proeminentes que se tornaram de fato líderes políticos — praticavam o canibalismo em segredo. Acreditava-se que os homens que potencializavam seu *tsav* dessa maneira adquiriam poderes extraordinários: a capacidade de voar, de não serem atingidos por armas, de mandar suas almas durante a noite matar vítimas para seus banquetes canibais, de um modo tal que essas vítimas nem sequer notavam que haviam sido mortas e seguiam vagando, confusas e impotentes. Em suma, tornavam-se bruxos aterrorizantes.[46]

A *mbatsav*, ou sociedade dos bruxos, estava sempre procurando novos membros; para tanto, era preciso enganar as pessoas fazendo-as comer carne humana. Os bruxos matavam um parente próximo, retiravam um pedaço de seu corpo e o misturavam na comida da vítima. Se o homem fosse tolo o bastante para comê-la, contrairia uma "dívida de carne", e a sociedade dos bruxos garantiria que dívidas assim fossem sempre pagas.

> Talvez um amigo, ou um homem mais velho, note que você tem muitos filhos, ou irmãos e irmãs, e o engane para que contraia uma dívida de carne. Ele convidará só você para comer na casa dele e, quando começar a refeição, colocará na sua frente dois pratos de molho, um deles contendo carne humana...

Se você comer do prato errado e não tiver um "coração forte" — o potencial de se tornar bruxo —, vai passar mal e sairá correndo da casa, apavorado. Mas, se você tiver aquele potencial recôndito, a carne começará a agir dentro de você. Na mesma noite, sua casa será rodeada por gatos e corujas barulhentos. Sons estranhos se espalharão pelo ar. Seu novo credor aparecerá diante de você acompanhado de cúmplices do mal. Contará como matou o próprio irmão para que vocês dois pudessem jantar juntos, e fingirá sofrer com a ideia de ter perdido o próprio irmão enquanto você continua ali, cercado de parentes fortes e saudáveis. Os outros bruxos concordarão, agindo como se tudo fosse sua culpa. "Você procurou confusão e ela veio até você. Deite-se no chão para que cortemos sua garganta."[47]

Há apenas uma saída: prometer um membro da própria família como substituto. Isso é possível, pois você descobrirá que agora tem novos e terríveis poderes, mas eles devem ser usados de acordo com o pedido dos outros bruxos. Você deverá matar, um a um, seus irmãos, irmãs e filhos; o corpo deles será roubado das tumbas pela sociedade dos bruxos e ressuscitado durante algum tempo, o suficiente para que sejam adequadamente engordados, torturados e mortos de novo, depois destrinchados e cozidos para outro banquete.

> A dívida de carne não acaba nunca. O credor continua dando as caras para cobrá-la. A não ser que o devedor tenha o apoio de homens com um *tsav* muito forte, ele só poderá se libertar da dívida de carne depois de abrir mão de todos os seus e aniquilar toda a família. Então ele mesmo se entrega, deita-se no chão para ser abatido e a dívida é finalmente liquidada.[48]

Tráfico de escravos

Em certo sentido, está claro o que ocorre aqui. Homens com "coração forte" têm poder e carisma; usando-os, eles podem administrar a dívida e transformar alimentos extras em tesouros, e tesouros em esposas, mulheres sob tutela, filhas, e assim tornar-se chefes de famílias que não param de crescer. Mas esse mesmo poder e carisma que lhes permite isso também os deixa em risco constante de, em uma espécie de choque, fazer com que a situação imploda de maneira tenebrosa, criando dívidas de carne em que a própria família seria convertida em comida.

Ora, se tentarmos imaginar a pior coisa que poderia acontecer a alguém, ser forçado a jantar o corpo mutilado dos próprios filhos estaria no topo da lista. No entanto, os antropólogos entenderam, com o passar dos anos, que toda sociedade é assombrada por pesadelos levemente diferentes, e essas diferenças são significativas. Histórias de terror, sejam elas sobre vampiros, espíritos malignos ou zumbis devoradores de carne, sempre parecem refletir algum aspecto da própria vida social dos narradores, algum potencial aterrorizante, na maneira como estão acostumados a interagir uns com os outros, que eles não querem reconhecer ou enfrentar, mas do qual também não conseguem deixar de falar.[49]

No caso dos tivs, o que seria? Está claro que os tivs tinham um problema sério com a autoridade. Eles viviam em uma paisagem salpicada de *compounds* [conjunto de habitações], cada um organizado em torno de um homem mais velho com suas diversas esposas, filhos e parasitas variados. Dentro de cada *compound*, esse homem tinha autoridade quase absoluta. Fora deles, não havia estrutura política formal, e os tivs eram intensamente igualitários. Em outras palavras: todos os homens aspiravam a se tornar chefes de famílias numerosas, mas suspeitavam de qualquer outra forma de domínio. Em nada surpreende, então, que os homens tivs, sendo tão ambivalentes em relação à natureza do poder, acabassem se convencendo de que as qualidades que permitem a um homem ascender a uma legítima posição de destaque também poderiam, se essas qualidades fossem levadas só um pouquinho mais adiante, transformá-lo em um monstro.[50] Na verdade, a maioria dos tivs supunha que os homens mais velhos *eram* bruxos, em grande parte, e que quando uma pessoa jovem morria era porque provavelmente estava pagando uma dívida de carne.

Mas isso ainda não responde à óbvia questão: por que tudo isso é enquadrado em termos de dívida?

É NECESSÁRIO CONTAR AQUI uma pequena história. Parece que os ancestrais do povo tiv chegaram ao vale do rio Benue e terras adjacentes por volta de 1750 — uma época em que toda a área conhecida hoje como Nigéria estava sendo destruída pelo tráfico de escravos do Atlântico. Os relatos mais antigos contam como os tivs, durante as migrações, costumavam pintar o corpo de suas esposas e crianças com manchas parecidas com cicatrizes de varíola, para que possíveis invasores tivessem medo de levá-las.[51] Eles se estabeleceram em uma parte sabidamente inacessível da região e reagiam com ferocidade contra as incursões periódicas pelo norte e pelo oeste de domínios vizinhos — com os quais eles acabaram chegando a uma reconciliação política.[52]

Os tivs, desse modo, tinham plena ciência do que acontecia ao seu redor. Consideremos, por exemplo, o caso das barras de cobre — eles se esforçavam para restringir o seu uso, evitando, assim, que elas se tornassem uma forma de moeda corrente que serviria para todos os propósitos.

Ora, as barras de cobre foram usadas como dinheiro nessa parte da África durante séculos e, pelo menos em alguns lugares, também para transações comerciais comuns. Tratava-se de algo relativamente simples: bastava quebrá-las em pedaços menores ou enrolá-las em arames finos e torcê-los em pequenas espirais — assim se tinha troco miúdo para as transações comerciais do dia a dia.[53] A maioria das moedas correntes no território tiv desde o final do século XVIII, por outro lado, era produzida em massa em fábricas em Birmingham e importada pelo porto de Velha Calabar, na foz do rio Cross, por traficantes de escravos sediados em Liverpool e Bristol.[54] Em toda a região adjacente ao rio Cross — ou seja, na região imediatamente ao sul do território tiv —, as barras de cobre eram usadas como moeda corrente cotidiana. Supõe-se que foi assim que elas entraram no território tiv; foram levadas por vendedores ambulantes do rio Cross ou adquiridas por comerciantes tivs em expedições fora de seu território. Tudo isso, no entanto, torna duplamente significativo o fato de os tivs se recusarem a usar barras de cobre como moeda corrente.

Durante os anos 1760 somente, talvez 100 mil africanos tenham sido levados pelo rio Cross de barco até Calabar e outros portos nas proximidades, onde foram acorrentados, embarcados em navios britânicos, franceses ou de outras nações europeias e despachados pelo Atlântico — formam parte de talvez 1,5 milhão de escravos exportados do golfo de Biafra durante todo o período do tráfico negreiro do Atlântico.[55] Alguns deles eram capturados em guerras ou invasões, ou simplesmente sequestrados. A maioria, no entanto, era levada embora por causa das dívidas.

Aqui, porém, preciso explicar algo sobre a organização do tráfico de escravos.

O tráfico de escravos do Atlântico como um todo foi uma rede gigantesca de acordos de crédito. Armadores sediados em Liverpool ou Bristol adquiriam bens dos atacadistas locais, em condições de crédito facilitadas, esperando prosperar ao vender escravos (também a crédito) para os proprietários de terra nas Antilhas e nas Américas, que tinham agentes em Londres que financiavam o negócio com os lucros de açúcar e tabaco.[56] Os armadores, então, transportavam seus produtos para portos africanos, como o de Velha Calabar. A própria Calabar era a cidade-Estado mercantil por excelência, dominada por mercadores africanos ricos que usavam roupas europeias, moravam em casas de estilo europeu e, em alguns casos, mandavam os filhos para ser educados na Inglaterra.

Ao chegarem, os comerciantes europeus negociavam o valor de seu carregamento em barras de cobre que serviam como moeda no porto. Em 1698, um mercador a bordo de um navio chamado *Dragon* anotou os seguintes preços estabelecidos para seus produtos:

uma barra de ferro	4 barras de cobre
um punhado de contas	4 barras de cobre
cinco *rangoes*[57]	4 barras de cobre
uma bacia n. 1	4 barras de cobre
uma caneca	3 barras de cobre
uma jarda de linho	1 barra de cobre
seis facas	1 barra de cobre
um sino de latão n. 1	3 barras de cobre[58]

No apogeu do comércio, cinquenta anos depois, os navios britânicos levavam grandes quantidades de tecido (tanto produtos das fábricas recém-criadas em Manchester como calicós da Índia) e produtos de ferro e bronze, além de bens secundários, como contas, e, por motivos óbvios, quantidades substanciais de armas de fogo.[59] Os produtos eram então passados para os mercadores africanos, de novo a crédito, e só então distribuídos entre os agentes que subiriam o rio.

O problema óbvio era como assegurar a dívida. O tráfico era um negócio extraordinariamente fraudulento e brutal, e os traficantes de escravos dificilmente seriam riscos de crédito confiáveis — principalmente ao negociar com comerciantes estrangeiros que jamais veriam de novo.[60] Como resultado, desenvolveu-se rapidamente um sistema em que os capitães europeus exigiam garantia na forma de peões.

Esses "peões" são claramente diferentes dos que encontramos entre os leles. Em muitos reinos e cidades mercantis da África Ocidental, a natureza da peonagem parece que já havia passado por profundas mudanças na época em que os europeus entraram em cena, por volta de 1500 — ela havia se tornado, com efeito, um tipo de servidão por dívida. Os devedores entregavam membros da família como garantia de empréstimos; os peões, então, se tornavam dependentes da unidade familiar dos credores, trabalhando nos campos e nas tarefas domésticas — a pessoa funcionava como garantia, enquanto o trabalho era um substituto dos juros.[61] Peões não eram escravos; não eram, como os escravos, arrancados de suas famílias; mas também não eram exatamente livres.[62] Em Calabar e outros portos, os senhores dos navios negreiros, ao consignar seus produtos aos interlocutores africanos, logo desenvolveram o hábito de pedir peões como garantia — por exemplo, dois dependentes do próprio mercador para cada três escravos a serem entregues, incluindo de preferência pelo menos um membro da família do mercador.[63] Na prática, isso não era muito diferente de exigir a entrega de reféns, e algumas vezes criava crises políticas consideráveis quando os capitães, cansados de esperar pelas remessas atrasadas, partiam levando os peões no lugar dos escravos.

Rio acima, os servos por dívida também desempenhavam um papel importante no comércio. Em primeiro lugar porque a região era um pouco incomum. Na maior parte da África Ocidental, o tráfico de escravos atravessava os principais reinos, como Daomé ou Ashanti, para travar guerras e impor punições severas — um recurso muito usado pelos governantes era manipular o sistema de justiça para que qualquer crime fosse punido pela escravização, ou com a morte, seguida da escravização da esposa e dos filhos, ou ainda por multas abusivas que, em caso de não pagamento, resultariam na venda do inadimplente e de sua família como escravos. Sob outro aspecto, tratava-se de algo extraordinariamente revelador, uma vez que a falta de quaisquer estruturas de governo mais amplas facilitava a percepção do que realmente acontecia. O clima dominante de violência levou à perversão sistemática de todas as instituições das economias humanas existentes, que se transformaram em um gigantesco aparato de desumanização e destruição.

Na região do rio Cross, o tráfico parece ter tido duas fases. A primeira foi um período de terror absoluto e caos completo, em que as invasões eram frequentes e qualquer pessoa que viajasse sozinha corria o risco de ser raptada por grupos de ladrões itinerantes e ser vendida para Calabar. Em pouco tempo as aldeias foram abandonadas; muitas pessoas fugiram para as florestas; os homens tiveram de formar grupos armados para trabalhar os campos.[64] Esse período foi relativamente breve. O segundo período começou quando representantes das sociedades comerciais locais começaram a se estabelecer em comunidades por toda a região, oferecendo-se para restaurar a ordem. A mais famosa delas foi a Confederação Aro, cujos membros se intitulavam "Filhos de Deus".[65] Amparados por mercenários fortemente armados e pelo prestígio de seu famoso Oráculo em Arochukwu, eles estabeleceram um novo sistema de justiça notoriamente rigoroso.[66] Os sequestradores eram caçados e vendidos, eles mesmos, como escravos. A segurança foi restabelecida nas estradas e propriedades rurais. Ao mesmo tempo, a Aro colaborou com os anciãos locais para criar um código de leis e penalidades rituais tão abrangente e severo que todos corriam o risco constante de infringi-lo.[67] Quem violasse qualquer uma das leis, por mais trivial, e não pudesse pagar a multa seria levado até a costa pela Aro, e o acusador receberia seu preço em barras de cobre.[68] De acordo com alguns relatos da época, os homens que simplesmente não gostassem de suas esposas e precisassem de varetas de latão sempre arrumavam um motivo para vendê-las, e os anciãos da aldeia — que ficavam com uma parte dos lucros — quase sempre concordavam.[69]

A artimanha mais engenhosa das sociedades mercantis, no entanto, foi participar da disseminação de uma sociedade secreta chamada Ekpe, que tornava seus membros cúmplices mesmo em sua potencial escravidão. A Ekpe foi famosa por patrocinar mascaradas suntuosas e por iniciar seus membros em mistérios ocultos, mas também agia como instrumento secreto para a cobrança de dívidas.[70] Em Calabar, por exemplo, a sociedade Ekpe tinha acesso a uma ampla variedade de sanções, começando com boicotes (todos os membros eram proibidos de realizar negócios com um devedor inadimplente), multas, sequestro de propriedades, prisões e, por fim, a execução — as vítimas mais desafortunadas eram amarradas em árvores e tinham sua mandíbula removida como alerta para os outros.[71] Tratava-se de algo engenhoso principalmente porque essas sociedades sempre permitiam que as pessoas pagassem, se pudessem, para subir pelas nove categorias de iniciação — e essa taxa era paga, é claro, em varetas de latão fornecidas pelos próprios mercadores. Em Calabar, a escala de taxas para cada categoria era mais ou menos assim:[72]

1. Nyampi
2. Oku Akana
3. Latão
4. Makanda

300 caixas de varetas de latão, cada £ 2 9s.
= £ 735 para as quatro primeiras categorias

5. Makara
6. Mboko Mboko
7. Bunko Abonko
8. Mboko Nya Ekpo
9. Ekpe

50 caixas de varetas de latão para cada uma das categorias mais baixas

Em outras palavras, era algo bem caro. Mas a participação na sociedade se tornou rapidamente a principal marca de honra e distinção em todos os lugares. As taxas de inscrição sem dúvida eram menos exorbitantes em comunidades pequenas e distantes, mas o feito era o mesmo: milhares de pessoas contraíam dívidas com os mercadores, ou por causa das taxas exigidas para o ingresso ou por causa dos produtos que forneciam (em sua grande maioria, tecidos e metais usados na criação de vestimentas e apetrechos para as apresentações dos membros da Ekpe — dívidas que eles mesmos se responsabilizavam por cobrar uns dos outros. Essas dívidas, também, eram pagas regularmente com pessoas, aparentemente entregues como peões).

Como isso funcionava na prática? Parecia variar bastante de lugar a lugar. No distrito de Afikpo, em uma região remota na parte superior do rio Cross, por exemplo, percebemos que as questões cotidianas — aquisição de alimentos, por exemplo — eram conduzidas, como entre os tivs, "sem a troca ou o uso de dinheiro". As varetas de latão, fornecidas pelas sociedades mercantis, eram empregadas para comprar e vender escravos, ou então, fora isso, basicamente como moeda social "usada para presentes e pagamentos em funerais, títulos e outras cerimônias".[73] A maioria desses pagamentos, títulos e cerimônias estava ligada às sociedades secretas que os mercadores também levaram para aquela área. Tudo isso lembra bastante a organização dos tivs, mas a presença dos mercadores garantia que os efeitos fossem bem diferentes:

> Nos velhos tempos, se alguém tivesse algum problema ou incorresse em dívida, nas regiões acima do rio Cross, e precisasse de dinheiro vivo, costumava-se "penhorar" um ou mais filhos, ou algum outro membro da família ou unidade familiar, a um dos comerciantes akunakunas que faziam visitas periódicas aos vilarejos. Ou então se costumava invadir um vilarejo vizinho, raptar uma criança e vendê-la para o mesmo comprador condescendente.[74]

Essa passagem só faz sentido se reconhecermos que os devedores também eram, dada a participação em sociedades secretas, coletores. O ato de apreender uma criança é referência a uma prática local chamada "panyarring",* corrente em toda a África Ocidental, pela qual os credores, desesperados para serem pagos, simplesmente invadiam a comunidade do devedor com um grupo de homens armados e confiscavam tudo — pessoas, bens, animais domésticos — que podia ser carregado facilmente como garantia.[75] Não importava se as pessoas ou bens pertenceram ao devedor, ou mesmo aos parentes do devedor. As cabras ou os filhos de um vizinho serviriam da mesma maneira, uma vez que o propósito era a pressão social sobre quem quer que devesse dinheiro. Como afirma William Bosman, "se o devedor é um homem honesto e a dívida é justa, ele imediatamente busca, para a satisfação dos credores, libertar seus compatriotas".[76] Na verdade, tratava-se de um expediente bastante sensato em um ambiente sem autoridade central, em que as pessoas tendiam a sentir uma responsabilidade enorme para com os membros da comunidade e muito pouca responsabilidade para com as outras pessoas. No caso da sociedade secreta citada, o devedor, supostamente, estaria pagando suas dívidas — reais ou imaginárias — para com aqueles fora da organização, para assim não ter de entregar membros da própria família.[77]

Esses expedientes nem sempre eram eficazes. Muitas vezes os devedores eram forçados a entregar para a peonagem uma quantidade cada vez maior de filhos ou dependentes, até que o último recurso era entregarem a si mesmos como peões.[78] E, é claro, no auge do tráfico de escravos, a "peonagem" se tornou pouco menos que um eufemismo. A distinção entre peões e escravos desapareceu em ampla medida. Os devedores, como suas famílias antes deles, eram entregues à Confederação Aro, depois aos britânicos e, por fim, agrilhoados e acorrentados, amontoados em barcos negreiros minúsculos e despachados para ser vendidos em colônias do outro lado do oceano.[79]

SE OS TIVS, então, eram assombrados pela visão de uma organização secreta insidiosa que enganava vítimas desatentas fazendo-as cair em armadilhas de dívida, enquanto eles mesmos se tornavam os fiscais das dívidas

---

* Derivada das palavras portuguesas "penhorar" e "penhor". (N. T.)

a ser pagas com o corpo de seus filhos, e, por fim, deles mesmos, é porque, entre outros motivos, isso estava literalmente acontecendo com as pessoas que viviam a poucos quilômetros dali. Além disso, o uso da expressão "dívida de carne" não é inapropriado. Os traficantes de escravos podem não ter reduzido suas vítimas a carne, mas eles certamente as reduziam a nada mais que corpos. Ser escravo era ser arrancado da família, dos parentes, dos amigos e da comunidade, era ser destituído de nome, identidade e dignidade, ou seja, de tudo que fazia daquela pessoa um ser humano e não uma máquina capaz de compreender ordens. A maioria dos escravos também não tinha muitas chances de desenvolver relações humanas duradouras. A maioria deles ia para colônias caribenhas ou americanas onde simplesmente trabalhava até a morte.

O impressionante é que todos os corpos eram arrancados pelos próprios mecanismos da economia humana, que tinha como base o princípio de que a vida humana era o valor supremo, ao qual nada poderia ser comparado. Em vez disso, todas as instituições — tarifas de iniciação, meios de calcular a culpa e a compensação, moedas sociais, servidão por dívida — transformaram-se em seu oposto: o mecanismo, por assim dizer, foi virado ao contrário; e, como os tivs também perceberam, os mecanismos e engrenagens feitos para a criação de seres humanos ruíram sobre eles próprios e se tornaram os meios de sua destruição.

NÃO QUERO DEIXAR o leitor com a impressão de que estou descrevendo algo, de algum modo, peculiar à África. Podemos encontrar exatamente as mesmas coisas onde quer que economias humanas entrem em contato com economias comerciais (e particularmente, economias comerciais com tecnologia militar avançada e com demanda insaciável pelo trabalho humano).

De maneira notável, situações semelhantes podem ser vistas em todo o Sudeste Asiático, principalmente entre os povos que vivem em regiões montanhosas e insulares, à margem dos grandes reinos. Como destacou o principal historiador da região, Anthony Reid, o trabalho em todo o

Sudeste Asiático se organizou, acima de tudo, pelas relações de servidão por dívida:

> Mesmo em sociedades relativamente simples e pouco afetadas pelo dinheiro, havia necessidades rituais de gastos substanciais — o pagamento do preço da noiva para casamentos e o abate de um búfalo quando morria um membro da família. Há muitos relatos de que essas necessidades rituais são o principal motivo de os pobres terem contraído dívidas com os ricos [...].[80]

Por exemplo, da Tailândia à ilha de Celebes é comum que, quando uma pessoa vai se casar, seus irmãos pobres procurem um patrocinador rico para que este pague as despesas do matrimônio. Ele então passa a ser chamado de "mestre". Trata-se mais de uma relação entre patrocinador e cliente do que qualquer outra coisa: os irmãos podem ser obrigados a realizar trabalhos esporádicos ou aparecer na companhia do patrocinador quando ele precisar causar boa impressão — nada mais. Ainda assim, tecnicamente, ele é dono dos filhos do casal e "pode recuperar a esposa que forneceu caso os servos não cumpram com suas obrigações".[81]

Ouvimos histórias semelhantes às da África em outros lugares — camponeses que entregam a si mesmos ou membros de sua família para a peonagem, ou que apostam a si mesmos para a peonagem; principados onde as penalidades invariavelmente assumem a forma de multas altíssimas. "Com frequência, obviamente, acontece de as multas não serem pagas, e os homens condenados, muitas vezes acompanhados pelos dependentes, tornam-se servos do governante, ou da parte prejudicada, ou de qualquer pessoa que tenha pagado a multa para ele."[82] Reid insiste que a maior parte desses casos é inócua — com efeito, os homens pobres podiam tomar empréstimos com o propósito expresso de se tornarem devedores de algum patrocinador rico que lhes daria comida em momentos difíceis, um teto, uma esposa. Nitidamente, isso não era "escravidão" no sentido comum, a menos que o patrocinador decidisse despachar alguns de seus dependentes para credores em alguma cidade distante como Majapahit ou Ternate, onde trabalhariam pesado na cozinha ou na plantação de pimenta de algum nobre, como qualquer outro escravo.

É importante destacar isso porque um dos efeitos do tráfico de escravos é fazer com que as pessoas que não vivem de fato na África fiquem com a impressão de que o continente é um lugar irremediavelmente violento e selvagem — uma imagem que tem efeitos desastrosos para quem vive lá. Vale a pena, portanto, considerar a história de um lugar que costuma ser representado como o polo oposto: Bali, a famosa "terra dos 10 mil templos" — uma ilha geralmente retratada nos textos antropológicos e guias turísticos como se fosse habitada exclusivamente por artistas plácidos e sonhadores, que passam os dias fazendo arranjos de flores e praticando danças sincronizadas.

Nos séculos XVII e XVIII, Bali ainda não tinha essa reputação. Na época, a ilha era dividida em uma dúzia de reinos minúsculos e agressivos, em estado de guerra quase constante. Na verdade, a reputação da ilha entre os mercadores e oficiais holandeses assentados na vizinha Java era quase o oposto da reputação atual. Os balineses eram considerados um povo rude e violento, governado por nobres decadentes e viciados em ópio, cuja riqueza se baseava quase exclusivamente na propensão para vender seus súditos como escravos para estrangeiros. Na época em que os holandeses assumiram o controle completo em Java, quase toda a ilha de Bali se transformou em um reservatório para a exportação de seres humanos — as jovens balinesas, em particular, eram muito procuradas em cidades da região para servir como prostitutas e concubinas.[83] Quando a ilha se envolveu no tráfico de escravos, quase todo o seu sistema social e político foi transformado em um aparato para a obtenção forçada de mulheres. Mesmo nas aldeias, os casamentos comuns tomavam a forma de "casamento por captura" — às vezes com fugas encenadas, outras com raptos forçados verdadeiros, depois dos quais os raptores pagariam à família da noiva para que se esquecessem do ocorrido.[84] Se uma mulher fosse capturada por um homem verdadeiramente importante, no entanto, não seria oferecida nenhuma forma de compensação. Ainda na década de 1960, anciãos se lembravam de como mulheres jovens e atraentes costumavam ser escondidas pelos pais:

Proibidas de carregar oferendas muito imponentes nos festivais do templo, temendo que algum vigia real as estivesse espiando, e elas fossem levadas para um dos quartos do palácio, protegidos com rigor, onde os olhos dos visitantes eram restritos ao nível dos pés. Pois havia pouquíssima chance de uma garota se tornar legítima esposa de casta inferior (*penawing*) do rajá [...]. O mais provável era que, depois de proporcionar alguns anos de satisfação libertina, ela se degradasse até um estado de servidão escravista.[85]

Ou, caso ascendesse a uma posição em que as esposas das castas mais altas começassem a encará-la como rival, ela poderia ser envenenada ou despachada para além-mar, para servir soldados em algum bordel dirigido por chineses em Yogyakarta, ou limpar urinóis na casa de algum colono francês na ilha da Reunião, no oceano Índico.[86] Enquanto isso, os códigos de lei reais eram reescritos de todas as maneiras habituais, com a exceção de que a força da lei se dirigia, explicitamente e acima de tudo, contra as mulheres. Não só os criminosos e devedores eram escravizados e deportados, mas qualquer homem casado ganhava o poder de renunciar à própria mulher, transformando-a automaticamente em propriedade do governante local, que disporia dela como bem quisesse. Mesmo as mulheres cujos maridos morressem antes de elas terem dado à luz filhos homens eram entregues ao palácio para ser vendidas ao exterior.[87]

Como explica Adrian Vickers, até as famosas rinhas de Bali — tão conhecidas de qualquer estudante de antropologia — eram promovidas originalmente pelas cortes reais como maneira de renovar o comércio humano:

> Os reis, inclusive, ajudavam a endividar as pessoas promovendo rinhas grandiosas nas capitais. A paixão e a extravagância encorajadas por esse esporte empolgante levavam muitos camponeses a apostar mais do que podiam. Como ocorre com qualquer jogo de azar, a esperança de obter riquezas e o drama da competição alimentavam ambições com as quais poucos podiam arcar, e, no final, quando a última espora fincava no peito do último galo, muitos camponeses já não tinham casa e família para as quais pudessem voltar. Junto com suas esposas e filhos, eles eram então vendidos para Java.[88]

Reflexões sobre a violência

Comecei este livro fazendo a seguinte pergunta: de que maneira as obrigações morais entre as pessoas começaram a ser pensadas como dívidas e, como resultado, acabaram justificando comportamentos que, em outras condições, pareceriam totalmente imorais?

Comecei este capítulo tentando propor uma resposta, ao fazer uma distinção entre economias comerciais e o que chamo de "economias humanas" — isto é, aquelas em que o dinheiro age primordialmente como moeda social para criar, manter ou romper relações entre as pessoas, e não para comprar coisas. Como Rospabé demonstrou de maneira tão convincente, é uma peculiaridade dessas moedas sociais que elas nunca sejam equivalentes às pessoas. Quando muito, elas são um constante lembrete de que os seres humanos jamais podem equivaler a qualquer coisa — nem mesmo, em última instância, a outro ser humano. Essa é a verdade profunda das vendetas. Ninguém pode de fato perdoar o assassino de um irmão porque cada irmão é único. Nada poderia substituí-lo — nem mesmo outro homem com o mesmo nome e posição social, nem mesmo uma concubina cujo filho receberia o nome do irmão morto como homenagem a ele, ou uma esposa fantasma que carregaria uma criança encarregada de, um dia, vingar a morte dele.

Em uma economia humana, cada pessoa é única e de valor incomparável, porque cada uma é um nexo único de relações com outras pessoas. Uma mulher pode ser filha, irmã, amante, rival, companheira, mãe, amiga e mentora de diferentes pessoas e de diferentes maneiras. Cada relação é única, mesmo em uma sociedade em que as relações são sustentadas pela constante troca de objetos genéricos como tecidos de ráfia ou fios de cobre. De certa forma, esses objetos fazem do sujeito aquilo que ele é — fato ilustrado pelo modo como as coisas empregadas na qualidade de moedas sociais muitas vezes são normalmente usadas para vestir ou decorar o corpo, ajudando a identificar o sujeito aos olhos dos outros. No entanto, assim como nossas roupas na verdade não fazem de nós aquilo que somos, uma relação mantida viva pela troca de tecidos de ráfia é sempre algo mais que isso.[89] Isso quer dizer que a ráfia, por sua vez, é sempre algo menor. Por isso acredito que Rospabé estava correto ao enfatizar o fato de que, nessas economias, o dinheiro nunca pode substituir uma pessoa: o dinheiro é uma das maneiras de reconhecer o próprio fato de que a dívida não pode ser paga. Mas até mesmo a noção de que uma pessoa pode substituir outra, de que uma irmã pode, de alguma maneira, ser igualada a outra, não é de modo nenhum evidente. Nesse sentido, o termo "economia humana" tem dois gumes. Afinal de contas, existem *economias*, ou seja, sistemas de troca em que qualidades são reduzidas a quantidades, permitindo cálculos de ganho e perda — mesmo que esses cálculos sejam apenas uma questão (como na troca de irmãs) de 1 ser igual a 1, ou (como na rixa) de 1 menos 1 ser igual a zero.

Como esses cálculos são realizados? Como é possível tratar as pessoas como se elas fossem idênticas? O exemplo dos leles nos dá uma pista: fazer de um ser humano um objeto de troca, como igualar, por exemplo, uma mulher a outra mulher exige que primeiro esse ser humano seja arrancado de seu contexto; ou seja, é preciso arrancar a mulher da rede de relações que faz dela a confluência única de relações que a definem e, assim, transformá-la em um valor genérico capaz de ser acrescentado e subtraído e usado como meio de medir a dívida. Isso requer certa violência. Para torná-la equivalente a uma barra de sândalo-africano é preciso mais violência, e uma violência ainda mais constante e sistemática para arrancá-la tão completamente de seu contexto a ponto de transformá-la em escrava.

Preciso ser claro nesse ponto. Não estou usando a palavra "violência" metaforicamente. Não estou falando apenas da violência conceitual, mas sim da ameaça literal de ter os ossos quebrados e a pele marcada; de receber socos e pontapés. Falo em violência da mesma maneira que os antigos hebreus falavam de suas filhas em estado de "servidão": eles não estavam fazendo poesia; eles falavam, literalmente, de cordas e correntes.

A maioria de nós não gosta de pensar muito na violência. As pessoas que têm sorte o bastante para ter vida relativamente confortável e segura nas cidades modernas tendem a agir como se a violência não existisse ou, quando se lembram dela, tendem a subestimar, no vasto mundo "lá fora", o que ele tem de terrível e brutal, sem que se possa fazer muita coisa. Ou então o instinto nos leva a não pensar até que ponto nossa existência diária é definida pela violência, ou pelo menos pela ameaça da violência (como já observei algumas vezes, pense no que aconteceria se você insistisse em seu direito de entrar na biblioteca de uma universidade sem um documento de identidade válido), e a subestimar a importância de guerras, terrorismo e crimes violentos — ou pelo menos a frequência com que ocorrem. O papel da força em fornecer a estrutura para as relações humanas é simplesmente mais explícito no que chamamos de "sociedades tradicionais" — ainda que em muitas delas o ataque físico real de um ser humano a outro ser humano ocorra com menos frequência do que na nossa sociedade. Leiamos um relato do reino Bunyoro, na África Oriental:

> Certa vez um homem se mudou para uma nova aldeia. Ele queria descobrir como eram seus vizinhos; então, no meio da noite, ele fingiu que batia severamente em sua esposa para ver se eles viriam reclamar. Mas ele não bateu nela; em vez disso, bateu no couro de uma cabra, enquanto sua esposa chorava e gritava que ele a estava matando. Ninguém apareceu. No dia seguinte, ele e a esposa juntaram seus pertences e saíram daquela aldeia para encontrar outro lugar para viver.[90]

A mensagem é óbvia. Em uma aldeia respeitável, os vizinhos correriam, segurariam o homem e exigiriam saber o que a mulher provavelmente fez para merecer aquele tratamento. A discussão se tornaria uma preocupação coletiva que se transformaria em algum tipo de resolução coletiva. É assim que as pessoas deveriam viver. Nenhum ser humano racional gostaria de viver em um lugar em que os vizinhos não cuidam uns dos outros.

Trata-se de uma história reveladora à sua maneira, talvez até encantadora, mas devemos perguntar: como uma comunidade — até mesmo uma que o homem da história consideraria respeitável — teria reagido se pensassem que *a mulher* estava batendo *nele*?[91] Acho que todos nós sabemos a resposta. O primeiro caso seria motivo de preocupação; o segundo teria levado ao ridículo. Na Europa, nos séculos XVI e XVII, aldeões jovens costumavam usar saias a fim de ridicularizar os maridos que apanhavam das esposas, às vezes até desfilavam pela cidade com eles, montados nas costas de um jumento, para serem zombados por todos.[92] Nenhuma sociedade africana, pelo que eu saiba, chegou a esse ponto. (Também nenhuma sociedade africana queimou tantas bruxas — a Europa Ocidental naqueles séculos era um lugar particularmente selvagem.) Contudo, como na maior parte do mundo, a suposição de que um tipo de brutalidade era pelo menos potencialmente legítimo e outro, não, era o esquema em que se baseavam as relações entre os sexos.[93]

O que quero destacar aqui é a existência de uma relação direta entre esse fato e a possibilidade de trocar uma vida pela outra. Os antropólogos adoram fazer diagramas para representar padrões de preferência matrimonial. Muitas vezes, esses diagramas podem ser bem bonitos:[94]

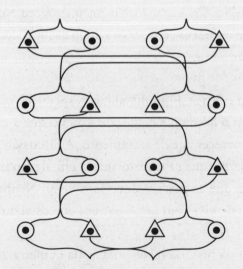

Padrão ideal de casamento entre primos cruzados bilaterais

Outras vezes, eles têm apenas uma simplicidade elegante, como neste diagrama sobre um caso de troca de irmã entre os tivs:[95]

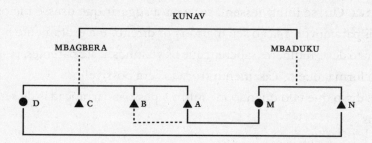

Os seres humanos, quando precisam seguir seus desejos, raramente se organizam em padrões simétricos. O preço pago por essa simetria tende a ser tenebroso. No caso dos tivs, Akiga a descreve com muita disposição:

> Sob o sistema antigo, um ancião que tivesse uma mulher sob sua tutela podia sempre se casar com uma jovem, por mais senil que ele fosse, e mesmo se fosse um leproso sem mãos e pés; nenhuma moça ousaria recusá-lo. Se outro homem se sentisse atraído pela mulher sob a tutela do ancião, esse homem a tomaria para si e entregaria à força sua própria tutelada, realizando uma troca. A moça teria de ficar com o velho, carregando com pesar a bolsa de pele de cabra dele. Se ela fugisse de volta para casa, seu ex-dono bateria nela, a amarraria e a levaria de volta para o ancião, que, por sua vez, agradeceria e abriria um sorriso até mostrar os molares enegrecidos. "Não importa para onde vá", diria, "você será sempre trazida de volta para mim; pare de se preocupar e seja minha esposa." A moça se martirizava, desejando que a terra a engolisse. Algumas mulheres apunhalavam-se até a morte quando eram entregues a um velho contra a sua vontade; mas, apesar disso tudo, os tivs não se importavam.[96]

A última frase resume tudo. Citá-la pode parecer injusto (os tivs, evidentemente, se importavam, a ponto de eleger Akiga como seu primeiro representante parlamentar, sabendo que ele apoiava a legislação que proibia essas práticas), mas serve muito bem para destacar a questão real: que certos tipos de violência *eram* considerados moralmente aceitáveis.[97] Nenhum vizinho se prontificaria a intervir se um guardião batesse em uma tutelada fugitiva. Ou, se interviessem, seria para sugerir que usasse meios mais gentis para devolvê-la ao seu marido por direito. E é exatamente por isso, pelo fato de as mulheres saberem que os vizinhos, e até parentes, reagiriam dessa forma, que o "casamento trocado" era possível.

É disso que falo quando me refiro a pessoas "arrancadas de seus contextos".

Os LELES TIVERAM SORTE SUFICIENTE para escapar, em ampla medida, das devastações do tráfico de escravos; os tivs estavam praticamente nos dentes do tubarão e tiveram de realizar esforços heroicos para conter a ameaça. Não obstante, nos dois casos havia mecanismos para remover mulheres de suas casas de maneira forçada, e era exatamente isso que as tornava trocáveis — embora também nos dois casos um princípio estipulasse que uma mulher só poderia ser trocada por outra. As poucas exceções, quando as mulheres podiam ser trocadas por outras coisas, surgiram diretamente da guerra e da escravidão — ou seja, quando o nível de violência havia se intensificado significativamente.

O tráfico de escravos, é claro, representava a violência em uma escala exponencialmente diferente. Estamos falando aqui de destruição em proporções genocidas, em termos históricos e mundiais, comparável apenas a eventos como a destruição das civilizações do Novo Mundo ou ao Holocausto. Também não pretendo, de modo nenhum, culpar as vítimas; basta apenas imaginar o que provavelmente aconteceria na nossa sociedade se um grupo de extraterrestres aparecesse de repente: dotados de tecnologia militar imbatível, riqueza infinita e nenhuma moral reconhecível, eles anunciam que querem pagar 1 milhão de dólares, cada um deles, por trabalhadores humanos, sem questionamento. Haveria pelo menos um punhado de pessoas inescrupulosas que tirariam vantagem dessa situação — e um punhado é tudo de que se necessita.

Grupos como a Confederação Aro representam uma estratégia demasiado familiar, desenvolvida por fascistas, máfias e radicais de direita em todos os lugares: primeiro, desencadear a violência criminal de um mercado ilimitado, em que tudo está à venda e o preço da vida torna-se extremamente baixo; depois entrar para intervir, oferecendo-se para restabelecer um pouco de ordem — embora uma ordem que, com sua dureza, mantém intactos todos os aspectos mais lucrativos do caos anterior. A violência é preservada dentro da estrutura da lei. Essas máfias, também, quase invariavelmente impõem um código estrito de honra em que a moralidade se torna, acima de tudo, uma questão de pagar as próprias dívidas.

Fosse este livro diferente, eu poderia refletir aqui sobre os curiosos paralelos entre a sociedade do rio Cross e a de Bali: ambas conheceram uma explosão magnífica de criatividade artística (as máscaras ekpes do rio Cross exerceram grande influência sobre Picasso) na forma sobretudo de um florescimento das apresentações teatrais, repletas de músicas complexas, figurinos esplêndidos e danças estilizadas — um tipo de ordem política alternativa realizada como espetáculo imaginário —, no exato momento em que a vida cotidiana se tornou um jogo de perigos constantes, em que qualquer passo em falso poderia significar ser mandado para bem longe. Qual era a ligação entre as duas? É uma questão interessante, mas não podemos respondê-la aqui. Para os propósitos deste livro, a pergunta crucial tem de ser esta: quanto isso era comum? O tráfico de escravos africanos foi, como mencionei, uma catástrofe sem precedentes, mas as economias comerciais já extraíam escravos das economias humanas havia milhares de anos. É uma prática tão antiga quanto a própria civilização. A pergunta que quero fazer é: até que ponto essa prática é realmente constitutiva da própria civilização?

Não me refiro estritamente à escravidão, mas sim ao processo de desalojar as pessoas de suas teias de comprometimento mútuo, história comum e responsabilidade coletiva, que fazem delas aquilo que são, para transformá-las em pessoas trocáveis — ou seja, para possibilitar que elas sejam sujeitas à lógica da dívida. A escravidão é apenas o ponto final lógico, a forma mais extrema desse desenredamento. Mas, por essa razão, ela ilumina o processo como um todo. Além disso, devido ao seu papel histórico, a escravidão modelou instituições e suposições de que não temos mais consciência e cuja influência nós provavelmente jamais gostaríamos de reconhecer. Se nos tornamos uma sociedade da dívida, é porque o legado da guerra, da conquista e da escravidão jamais deixou de existir por completo. Ele ainda está aí, alojado nas nossas concepções mais íntimas de honra, propriedade e até liberdade. Apenas não conseguimos mais vê-lo.

No próximo capítulo, começo a descrever como isso aconteceu.

7. Honra e degradação, ou Sobre as fundações da civilização contemporânea

> ur₅ [har]: s., fígado; baço; coração, alma; montante, corpo principal; fundação; empréstimo; obrigação; juros; excedente, lucro; dívida com juros; pagamento; escrava.
>
> Dicionário antigo de Sumério[1]
>
> Basta dar a cada um o que lhe é devido.
>
> Simônides

No CAPÍTULO ANTERIOR, examinamos rapidamente como as economias humanas, com suas moedas sociais — que são usadas para medir, avaliar e manter relações entre as pessoas, e talvez apenas incidentalmente adquirir bens materiais —, podiam ser transformadas em outra coisa. Descobrimos que não podemos começar a pensar nessas questões sem antes levar em conta o papel da pura violência física. No caso do tráfico de escravos africanos, essa violência era imposta principalmente de fora. Não obstante, a arbitrariedade e a brutalidade próprias ao evento nos fornecem o instantâneo de um processo que pode ter ocorrido de maneira muito mais lenta e não planejada, em outros lugares e épocas. Isso porque temos todas as razões para acreditar que a escravidão, com sua capacidade única de arrancar seres humanos de seus contextos e transformá-los em abstrações, teve um papel fundamental no surgimento de mercados em todos os lugares.

O que acontece, então, quando o mesmo processo ocorre mais lentamente? Pareceria que grande parte dessa história se perdeu de maneira permanente — pois tanto no antigo Oriente Médio como no antigo Mediterrâneo a maior parte dos momentos realmente críticos pode ter ocorrido antes do advento da escrita. Mesmo assim, é possível reconstruir as linhas gerais. A melhor maneira de fazê-lo, acredito, é partir de um conceito único, estranho e muito debatido: o conceito de honra, que pode ser tratado como um tipo de artefato, ou mesmo como um hieróglifo, um fragmento preservado da história que parece conter em si mesmo a resposta para quase todas as coisas que estamos tentando compreender. De um lado, a violência: os homens que vivem pela violência, sejam soldados ou gângsteres, são quase sempre obcecados pela honra, e um ataque à honra é considerado a justificativa mais óbvia para atos de violência. De outro lado, a dívida. Falamos tanto de dívidas de honra quanto de honrar as próprias dívidas; com efeito, a transição de uma coisa para a outra fornece a melhor pista de como as dívidas surgem das obrigações; mesmo que a noção de honra parecesse ecoar com uma insistência desafiadora a explicação de que as dívidas financeiras não são de fato as mais importantes — eco de argumentos que, como aqueles dos Vedas e da Bíblia, remontam à própria aurora do mercado em si. O que é ainda mais perturbador, uma vez que a noção de honra não faz sentido nenhum sem a possibilidade da degradação, é que reconstruir essa história revela como nossos conceitos mais básicos de liberdade e moralidade tomam forma no interior de instituições — em particular, mas não apenas, a escravidão — sobre as quais, passado algum tempo, não teríamos mais de pensar.

Para entender alguns dos paradoxos que cercam o conceito e evidenciam o que realmente está em jogo aqui, consideremos a história de um homem que sobreviveu ao comércio de escravos: Olaudah Equiano, nascido por volta de 1745 em uma comunidade rural nos confins do reino de Benin. Arrancado de sua casa aos onze anos de idade, Equiano foi vendido para os traficantes de escravos britânicos que atuavam no golfo de Biafra, de onde ele primeiro foi levado para Barbados, depois para uma fazenda na Virgínia colonial.

As aventuras posteriores de Equiano — e elas foram muitas — são narradas em sua autobiografia, *A interessante narrativa da vida de Olaudah Equiano, ou Gustavus Vassa, o Africano, escrita por ele mesmo*, publicada em 1789. Depois de passar grande parte da Guerra dos Sete Anos transportando pólvora em uma fragata britânica, ele teve sua liberdade prometida, depois negada, foi vendido para diversos donos — que mentiam a ele regularmente, prometendo-lhe a liberdade e depois quebrando a promessa —, até que acabou nas mãos de um comerciante quaker na Pensilvânia, que permitiu que ele comprasse a própria liberdade. Em seus últimos anos de vida, ele mesmo se tornou um comerciante de sucesso, escritor conhecido, explorador do Ártico e, por fim, uma das principais vozes do abolicionismo inglês. Sua eloquência e a força de sua história de vida foram muito importantes para o movimento que levou à abolição do comércio britânico de escravos em 1807.

Os leitores do livro de Equiano costumam ficar perturbados com um aspecto da história: durante a maior parte de sua vida, ele não se opunha à instituição da escravidão. Em dado momento, enquanto juntava dinheiro para comprar a liberdade, trabalhou em uma atividade que envolvia a compra de escravos na África. Equiano só adotou uma postura abolicionista depois de se converter à Igreja metodista e conjugar esforços com ativistas religiosos contrários ao tráfico. Muitos lhe perguntaram por que havia demorado tanto tempo. Certamente, se alguém tinha motivos para entender o mal da escravidão, esse alguém era ele.

A resposta, por mais estranho que possa parecer, reside na própria integridade do homem. Algo que se destaca bastante no livro é que Equiano não é apenas uma pessoa com desenvoltura e determinação ilimitadas, mas sobretudo um homem de honra. Isso, porém, gerou um dilema terrível. Ser transformado em escravo é ser despido de toda honra possível. Equiano queria, naturalmente, recuperar o que havia sido tirado dele. O problema é que a honra, por definição, é algo que existe aos olhos dos outros. Para conseguir recuperá-la, portanto, um escravo deve adotar as regras e os padrões da sociedade que o circunda, e isso significa que, em primeiro lugar, pelo menos na prática, ele não pode rejeitar de todo as instituições que o destituíram de sua honra.

Parece-me que essa experiência — de somente ser capaz de recuperar a própria honra perdida e a capacidade de agir com integridade nos termos de um sistema que se sabe, devido a uma experiência pessoal muito traumática, ser injusto — é, em si, um dos aspectos mais profundamente violentos da escravidão. É mais um exemplo, talvez, da necessidade de argumentar por meio da linguagem do senhor, mas aqui levada a extremos insidiosos.

Todas as sociedades baseadas na escravidão tendem a ser marcadas por essa dupla consciência angustiante: a de que as coisas mais supremas pelas quais se tem de lutar também são, em última instância, erradas; mas, ao mesmo tempo, o sentimento de que assim é a natureza da realidade. Talvez isso ajude a explicar por que, em toda a história, quando os escravos se rebelavam contra seus senhores, eles raramente se rebelavam contra a escravidão. Mas o outro lado disso é que mesmo os donos de escravos pareciam sentir que todo o arranjo era, de alguma maneira, em essência perverso e antinatural. Os estudantes do primeiro ano de direito romano, por exemplo, tinham de memorizar a seguinte definição:

> Escravidão é a instituição, de acordo com a lei das nações, em que uma pessoa é incluída nos direitos de propriedade de outra, contra a natureza.[2]

Pelo menos, sempre parecia haver algo de vergonhoso e feio na escravidão. Qualquer pessoa muito próxima dela ficava manchada. Os traficantes de escravos, em particular, eram desprezados como sujeitos brutos e inumanos. Em toda a história, as justificativas morais para a escravidão são raras vezes levadas especialmente a sério por quem as defendia — ao contrário, quase todas as pessoas viam a escravidão como hoje vemos a guerra: um negócio sórdido, para ser exato. Entretanto, precisaríamos ser ingênuos para imaginar que ele poderia ser eliminado facilmente.

Honra é dignidade de sobra

Então, o que é a escravidão? Comecei a sugerir uma resposta no capítulo anterior. A escravidão é a forma máxima de ser arrancado do próprio contexto, e assim de todas as relações sociais que fazem do ser humano aquilo que ele é. Em outras palavras, o escravo é um ser, em um sentido bem verdadeiro, morto.

Essa foi a conclusão do primeiro pesquisador a desenvolver uma pesquisa histórica ampla sobre a escravidão, um sociólogo egípcio chamado Ali 'Abd al-Wahid Wafi, em Paris, em 1931.[3] Em todos os lugares, observa ele, do mundo antigo até a América do Sul atual, encontra-se a mesma lista de possíveis maneiras como uma pessoa livre poderia ser reduzida à escravidão:

1. Pela lei da força
    a. Por entrega ou captura em guerra
    b. Por ser vítima de raide ou sequestro
2. Como punição legal por algum crime (incluindo dívida)
3. Pela autoridade paterna (a venda dos filhos feita pelo pai)
4. Pela venda voluntária de si próprio.[4]

Em todos os lugares, a captura em guerra é a única maneira considerada absolutamente legítima. Todas as outras foram cercadas por problemas morais. O sequestro era obviamente um ato criminoso, e os pais não venderiam suas crianças exceto sob circunstâncias desesperadoras.[5] Sabemos de ondas de penúria muito severas na China que levaram milhares de homens pobres a se castrarem na esperança de conseguir se vender como eunucos na corte — mas isso também era visto como um sinal de colapso social completo.[6] Até mesmo o processo judicial podia ser corrompido com facilidade, pois os antigos estavam bem cientes disso — principalmente no que se referia à escravidão por dívida.

De certo modo, o argumento de Al-Wāhid é apenas uma longa defesa do papel da escravidão no islã — muito criticada, pois a lei islâmica nunca eliminou a escravidão, mesmo depois de a instituição ter desaparecido em grande parte do mundo medieval. É verdade que, argumenta ele, Maomé não proibia a prática, mas mesmo assim o antigo califado foi o primeiro governo conhecido a realmente conseguir eliminar todas essas práticas (abuso judicial, sequestros, venda de prole) reconhecidas como problemas sociais durante milhares de anos, e a limitar a escravidão estritamente a prisioneiros de guerra.

O que todas essas circunstâncias têm em comum? Essa pergunta se tornou a contribuição mais duradoura do livro. A resposta de Al-Wahid é surpreendente em sua simplicidade: alguém se torna um escravo em situações em que poderia ter morrido. Isso é óbvio no caso da guerra: no mundo antigo, o vencedor supostamente tinha poder total sobre o vencido, inclusive sobre as mulheres e crianças; todos podiam simplesmente ser massacrados. De maneira semelhante, argumenta ele, os criminosos eram condenados à escravidão apenas por crimes capitais, e aqueles que vendiam a si mesmos ou aos próprios filhos em geral estavam passando fome.[7]

No entanto, isso não equivale a dizer que o escravo devia a própria vida ao seu dono, pois, caso contrário, estaria morto.[8] Talvez isso fosse verdadeiro no momento da escravização. Mas, depois disso, o escravo não podia ter dívidas, porque, em quase todos os aspectos, ele *estava* morto. No direito romano, isso era explícito. Se um soldado romano fosse capturado e perdesse a liberdade, esperava-se que sua família lesse seu testamento e dispusesse de seus bens. Se algum dia ele readquirisse a liberdade, teria de começar tudo de novo, inclusive casando-se outra vez com a mulher que até então era considerada sua viúva.[9]

Na África Ocidental, de acordo com um antropólogo francês, o mesmo princípio se aplicava:

> Ao ser finalmente capturado e removido de seu ambiente, o escravo era considerado socialmente *morto*, como se tivesse desaparecido ou caído em combate. Entre os antigos mandês, quando os prisioneiros de guerra eram levados até os vencedores, ofereciam-lhes o *dege* (mingau de milho e leite) — porque não se devia morrer de barriga vazia — e depois apresentavam-lhes

suas armas, para que se matassem. Aquele que recusasse era esbofeteado por seu raptor e mantido como cativo: ele aceitara o desprezo que o privava de sua personalidade.[10]

As histórias de terror dos tivs, sobre homens que morreram e não sabem, ou que são trazidos de volta dos túmulos para servir a seus assassinos, e as histórias haitianas sobre zumbis servem para explorar esse horror essencial da escravidão: o fato de ser um tipo de morte em vida.

Em um livro chamado *Slavery and Social Death* [Escravidão e morte social] — certamente o estudo comparativo mais profundo já escrito sobre a instituição —, Orlando Patterson define o que significava para uma pessoa ser completa e absolutamente arrancada de seu contexto.[11] Em primeiro lugar, enfatiza ele, a escravidão é diferente de qualquer outra forma de relação humana por não ser uma relação moral. Os donos de escravos a disfarçavam com todo tipo de linguagem legalista ou paternalista, mas tudo não passava de um jogo de cena no qual ninguém acreditava; na verdade, tratava-se de uma relação baseada puramente na violência; o escravo devia obedecer porque, do contrário, ele poderia ser espancado, torturado ou morto, e todos sabiam bem disso. Em segundo lugar, ser morto do ponto de vista social significava que o escravo não tinha relações morais obrigatórias com ninguém: ele era alienado de seus ancestrais, comunidade, família, clã, cidade; não podia manter contratos ou promessas significativas, exceto por vontade de seu senhor; mesmo que formasse uma família, ela poderia ser desfeita a qualquer momento. A relação de pura força que o ligava ao seu senhor era, então, a única relação humana que importava no final. Como resultado — e esse é o terceiro elemento essencial — a situação do escravo era de completa degradação. Daí a razão da bofetada no guerreiro mandê: o cativo, tendo recusado sua última chance de salvar a própria honra, matando a si mesmo, devia reconhecer que a partir de então seria considerado um ser totalmente desprezível.[12]

Porém, ao mesmo tempo, essa capacidade de arrancar os outros de sua dignidade tornava-se, para o senhor, a base de sua honra. Como nota Patterson, havia lugares — o mundo islâmico oferece inúmeros exemplos

— em que os escravos nem sequer eram postos para trabalhar por lucro; em vez disso, homens ricos faziam questão de se cercar de batalhões de empregados-escravos simplesmente por motivo de status, como prova de sua magnificência e nada mais.

Parece-me que é exatamente isso que dá à honra sua qualidade notoriamente frágil. Homens de honra tendem a combinar um senso de total tranquilidade e autoconfiança, que surge com o hábito do comando, com um notório nervosismo, uma sensibilidade intensa para ofensas e insultos, o sentimento de que um homem é, de algum modo, reduzido e humilhado se qualquer "dívida de honra" acontecer de não ser paga. Isso porque honra não é o mesmo que dignidade. Pode-se até dizer: honra é dignidade de sobra. Essa consciência intensificada do poder e seus perigos surge quando se eliminam o poder e a dignidade dos outros; ou, no mínimo, nasce do conhecimento de que se é capaz de fazê-lo. Em seu aspecto mais simples, a honra é aquela dignidade excedente que deve ser defendida à faca ou espada (homens violentos, como sabemos, são quase invariavelmente obcecados pela honra). Daí o espírito do guerreiro, para o qual quase tudo que pode ser visto como sinal possível de desrespeito — uma palavra inadequada, um olhar inadequado — é considerado um desafio ou pode ser tratado como tal. Todavia, mesmo nos casos em que a violência manifesta é colocada de lado, sempre que a honra está em questão, ela surge com um sentido de que a dignidade *pode* ser perdida, e por isso tem de ser constantemente defendida.

O resultado é que, ainda hoje, a "honra" tem dois significados contraditórios. Por um lado, podemos falar de honra como simples integridade. Pessoas decentes honram seus compromissos. Fica claro que "honra" tinha esse significado para Equiano: ser um homem honrado significava ser um homem que fala a verdade, respeita a lei, mantém suas promessas, é justo e consciencioso em seus tratos comerciais.[13] O problema é que a honra tinha outro significado ao mesmo tempo, em tudo relacionado ao tipo de violência necessário para reduzir os seres humanos a mercadorias.

O leitor pode estar se perguntando o que tudo isso tem a ver com as origens do dinheiro. Surpreendentemente, a resposta é esta: tem tudo a ver.

Algumas das formas mais arcaicas de dinheiro que conhecemos parecem ter sido usadas justamente como medidas de honra e degradação, ou seja, o valor do dinheiro era, em última instância, o valor do poder de transformar os outros em dinheiro. O curioso enigma da *cumal* — o dinheiro em forma de moças na Irlanda medieval — fornece um exemplo poderoso.

Preço da honra (Irlanda no início da Idade Média)

Durante grande parte dos primórdios de sua história, a situação da Irlanda não foi muito diferente da de muitas sociedades africanas que examinamos no capítulo anterior. A Irlanda era uma economia humana que se mantinha desconfortavelmente presa às bordas de uma economia comercial em expansão. Além disso, em certos períodos houve um comércio de escravos bastante dinâmico. Nas palavras de um historiador, "a Irlanda não tinha riquezas minerais, as mercadorias estrangeiras de luxo eram compradas pelos reis irlandeses principalmente com dois produtos de exportação: gado e gente".[14] Não surpreende, talvez, que gado e gente fossem as duas principais denominações da moeda corrente. Todavia, na época em que surgem nossos primeiros registros históricos, por volta do ano 600, o tráfico de escravos parece não existir mais, e a própria escravidão era uma instituição em declínio, que sofria crítica severa da Igreja.[15] Por que, então, ainda havia *cumals* sendo usadas como unidades de conta, para calcular dívidas que na verdade eram pagas em vacas, taças, broches e outros objetos feitos de prata, ou, no caso de transações menores, em sacas de trigo ou aveia? E há uma pergunta ainda mais óbvia: por que *mulheres*? Havia muitos escravos homens na Irlanda antiga, embora ninguém pareça nunca os ter usado como dinheiro.

A maior parte do que conhecemos sobre a economia da Irlanda no início da Idade Média vem de fontes legais — uma série de códigos de leis, redigidos por uma poderosa classe de juristas, com data aproximada entre os séculos VII e IX. Esses códigos, no entanto, são excepcionalmente ricos. Na época, quase em sua totalidade, a Irlanda ainda era uma economia humana. Mas também era bastante rural: as pessoas viviam em propriedades afastadas, de maneira semelhante à dos tivs, plantavam trigo e criavam gado. As poucas concentrações ao redor de mosteiros eram o que mais se parecia com cidades. É provável que os mercados fossem totalmente inexistentes, exceto alguns que havia na costa — presumivelmente, mercados de escravos ou de gado —, frequentados por navios estrangeiros.[16]

Em decorrência disso, o dinheiro era empregado quase exclusivamente para fins sociais: presentes; tarifas pagas aos artífices, médicos, poetas, juízes e artistas; vários pagamentos feudais (os senhores davam presentes em gado aos dependentes, que então tinham de supri-los com alimentos). Os autores dos códigos de lei nem sequer sabiam como avaliar e precificar a maior parte dos produtos de uso cotidiano — cântaros, travesseiros, cinzéis, pedaços de bacon e similares; parece que ninguém algum dia tivera de pagar por esses itens.[17] Os alimentos eram divididos entre as famílias ou entregues aos superiores feudais, que os distribuíam em banquetes suntuosos para amigos, rivais e serviçais. Qualquer pessoa que precisasse de uma ferramenta, de uma mobília ou de vestimentas procurava um parente que tivesse as habilidades necessárias para confeccioná-las, ou pagava a alguém para fazê-las. Os objetos em si não eram vendidos. Os reis, por sua vez, atribuíam tarefas a diferentes clãs: um devia lhes fornecer couro, o outro forneceria poetas, aquele outro forneceria escudos... justamente para evitar esses tipos de arranjos complicados é que, mais tarde, os mercados se desenvolveram.[18]

O dinheiro podia ser emprestado. Havia um sistema complexo de penhores e fianças para garantir que os devedores pagassem o que deviam. No entanto, esse sistema era usado principalmente para pagar multas. Essas multas eram elaboradas de forma meticulosa nos códigos, mas o que realmente chama a atenção do leitor contemporâneo é o fato de serem cuidadosamente classificadas em níveis. O mesmo pode ser dito de quase todos os "códigos de leis bárbaras" — a gravidade das penalidades pelo menos tinha a ver tanto com a condição da vítima quanto com a natureza da ofensa —, mas apenas na Irlanda as coisas eram estabelecidas de maneira tão sistemática.

A chave para o sistema era a noção de honra: literalmente, "face".[19] A honra era a estima que se tinha aos olhos dos outros, ou seja, a honestidade, a integridade e o caráter, mas também o poder, no sentido da capacidade de proteger a si mesmo, a própria família e seguidores, de qualquer tipo de degradação ou afronta. As pessoas que tinham o grau mais alto de honra eram literalmente seres sagrados: sua pessoa e suas posses eram sacrossantas. Os sistemas celtas, no entanto, tinham algo bastante incomum — e o sistema irlandês levou isso adiante mais do que qualquer outro: a honra podia ser precisamente quantificada. Toda pessoa livre tinha seu "preço da honra": o preço que deveria ser pago pelo insulto à sua dignidade. Mas esse preço era variável. O preço da honra de um rei, por exemplo, era de sete *cumals*, ou sete meninas escravas — esse era o preço da honra-padrão para qualquer ser sagrado, o mesmo que para um bispo ou um mestre da poesia. Uma vez que os pagamentos geralmente não eram feitos com meninas escravas (como todas as fontes se apressam em informar), isso significa que, no caso de um insulto à dignidade de uma pessoa, o sujeito teria de pagar com 21 vacas leiteiras ou 21 onças de ouro.[20] O preço da honra de um camponês próspero era duas vacas e meia; de um pequeno suserano, o mesmo mais meia vaca adicional para cada um de seus dependentes livres — e como um senhor feudal, para permanecer senhor, precisava ter pelo menos cinco dependentes, seu preço seria de pelo menos cinco vacas no total.[21]

O preço da honra não deve ser confundido com o *Wergeld* — o preço real da vida de um homem ou de uma mulher. Quando se matava um homem, pagavam-se como indenização pela morte produtos que fossem equivalentes ao valor de sete *cumals*, acrescidos do preço da honra por ter cometido uma ofensa contra a dignidade da pessoa (matando-a). Vale notar que somente no caso do rei o preço da honra e o preço de sangue eram o mesmo.

Também havia pagamentos por lesões: se alguém fere o rosto de um homem, paga seu preço da honra mais o preço da lesão. (Um soco no rosto era, por razões óbvias, particularmente grave.) O problema era como calcular as lesões, uma vez que elas variavam de acordo com o dano físico e a condição da pessoa ferida. Desse modo, os juristas irlandeses desenvolveram o recurso engenhoso de medir diferentes ferimentos com diferentes variedades de grãos: um corte no rosto do rei era medido em grãos de trigo, no rosto de um fazendeiro importante, em aveia, no rosto de um pequeno proprietário de terras, apenas em ervilhas. Pagava-se uma vaca para cada um deles.[22] De maneira semelhante, se um sujeito roubasse, digamos, um broche ou um porco, teria de pagar três broches ou três porcos mais o preço da honra por ter violado a propriedade da vítima. Atacar um camponês sob proteção de um senhor era o mesmo que estuprar a esposa ou filha de alguém, uma violação não da honra da vítima, mas do homem que deveria ser capaz de protegê-las.

Por fim, era preciso pagar o preço da honra em caso de ofensa a uma pessoa importante: digamos, por expulsar alguém de um banquete, inventar um apelido particularmente constrangedor (pelo menos se o apelido se espalhasse) ou humilhar a pessoa recorrendo à sátira.[23] O escárnio era uma arte refinada na Irlanda medieval, e os poetas eram considerados quase mágicos: dizia-se que um satirista talentoso era capaz de provocar a morte de ratos com a rima, ou no mínimo fazer pústulas aparecerem no rosto das vítimas. Qualquer homem escarnecido em público não teria escolha exceto defender a sua honra; e, na Irlanda medieval, o valor dessa honra era definido com precisão.

Devo notar que embora 21 vacas talvez não pareça um valor muito elevado quando lidamos com reis, havia na Irlanda, na época, aproximadamente 150 reis.[24] A maioria tinha apenas cerca de 2 mil súditos, apesar de também haver reis provinciais de altíssima posição, para os quais o preço da honra era o dobro.[25] Além disso, como o sistema legal era totalmente separado do sistema político, os juristas, em teoria, tinham o direito de rebaixar todo aquele — inclusive reis — que cometesse um ato desonroso. Se um nobre expulsasse um homem digno de sua casa ou seu banquete, abrigasse um fugitivo ou comesse carne de uma vaca sabidamente roubada, ou caso se deixasse satirizar e não levasse o poeta ofensor ao tribunal, seu preço poderia ser rebaixado para o de um plebeu. Mas o mesmo era válido para um rei que fugia de uma batalha, abusava de seus poderes, era visto trabalhando nos campos ou se envolvia em tarefas abaixo de sua dignidade. Um rei que fizesse algo totalmente ultrajante — como assassinar um parente, por exemplo — poderia perder todo o preço de sua honra, o que significava não que as pessoas poderiam dizer o que quisessem sobre o rei sem medo de terem de indenizá-lo, mas que ele não poderia ser fiador ou testemunha no tribunal, uma vez que o juramento e a posição legal da pessoa também eram determinados pelo preço da honra. Isso não acontecia com frequência, mas acontecia, e a sabedoria legal fazia sempre questão de lembrar que a lei valia para todos: a lista, contida em um texto jurídico famoso, dos "sete reis que perderam seu preço da honra", foi feita para garantir que ninguém se esquecesse de que não importa quão sagrada e poderosa fosse a pessoa, todos podiam cair.

Incomum sobre os códigos de lei irlandeses é o fato de explicarem tudo com muita clareza. Isso se deve em parte a eles serem obra de uma classe de especialistas legais que parece ter transformado a atividade quase em uma forma de entretenimento, dedicando horas e horas à elaboração de cada ramificação possível dos princípios existentes, independentemente de haver ou não alguma possibilidade real de o caso ir parar nos tribunais. Algumas cláusulas são tão excêntricas ("se ferroado pela abelha de outro homem, pode-se calcular a extensão do ferimento, mas, se a abelha foi esmagada no processo, há de se subtrair o valor de reposição da abelha") que podemos pressupor que não passam de simples piadas. Todavia, o resultado é que a lógica moral que está por trás de todo o código de honra formal é exposta aqui com uma sinceridade espantosa. E quanto às mulheres? Uma mulher livre tinha como preço da honra exatamente 50% do preço de seu parente homem mais próximo (do pai, se vivo; se órfã de pai, do marido). Se ela fosse desonrada, seu preço era pago ao parente. Quer dizer, exceto se ela fosse uma proprietária de terras independente. Nesse caso, seu preço da honra era o mesmo que de um homem. No entanto, se ela fosse uma mulher de costumes fáceis, seu preço da honra seria zero, pois ela não teria honra que pudesse ser insultada. E quanto ao casamento? O pretendente pagava o preço da honra da esposa para o pai dela e se tornava assim seu guardião. E quanto aos servos? O mesmo princípio se aplica: quando um soberano adquiria um servo, ele comprava o preço da honra daquele sujeito, presenteando-o com o equivalente em vacas. Daquele momento em diante, se alguém insultasse ou ofendesse o servo, o ato era visto como uma afronta à honra do soberano, e cabia a ele coletar a taxa do criado. Enquanto isso, o preço da honra do soberano subia como resultado da acumulação de mais um dependente: em outras palavras, ele literalmente absorvia a honra de seu novo vassalo.[26]

Tudo isso, por sua vez, nos possibilita entender tanto algo da natureza da honra quanto a razão de as meninas escravas serem mantidas como unidade de avaliação de dívidas de honra mesmo em uma época em que — sem dúvida devido à influência da Igreja — elas não mais passavam de mão em mão. À primeira vista parece estranho que a honra de um nobre ou de um rei fosse medida em escravos, uma vez que escravos eram seres humanos cuja honra não tinha valor. Mas, se a honra for fundamentada na capacidade de extrair a honra dos outros, faz todo sentido. O valor de um escravo é o valor da honra que lhe foi extraída.

Algumas vezes, nos deparamos com um único detalhe acidental que entrega todo o jogo. Nesse caso, o detalhe não vem da Irlanda, mas do Código Dimetiano em Gales, escrito algum tempo depois, mas que mantinha quase os mesmos princípios. Em determinado ponto, depois de listar as honras devidas a instituições que se equiparavam a "sete santas sés" do reino de Dyfed, cujos bispos e abades eram as criaturas mais elevadas e sagradas do reino, o texto especifica que

> aquele que tirar sangue de um abade de quaisquer sedes principais supramencionadas, deve pagar sete libras; e que uma de suas parentas deve tornar-se lavadeira, como desgraça à família, e servir como lembrança do pagamento do preço da honra.[27]

As lavadeiras eram as servas mais inferiores, e quem se tornasse lavadeira dessa maneira teria de servir por toda a vida. Elas eram, na verdade, reduzidas à escravidão. Sua desgraça permanente era a restituição da honra do abade. Embora não saibamos se havia alguma instituição semelhante subjacente ao hábito de avaliar em escravas a honra de seres "sagrados" irlandeses, o princípio é claramente o mesmo. A honra é um jogo de soma zero. A capacidade do homem de proteger as mulheres de sua família é parte essencial da honra. Portanto, forçá-lo a entregar uma mulher para servir como criada e executar afazeres humilhantes na casa de outra pessoa é um golpe definitivo para sua honra. Isso, por sua vez, torna-se a reafirmação suprema da honra de quem a leva embora.

O QUE FAZ DAS LEIS IRLANDESAS MEDIEVAIS algo tão peculiar, quando vistas da nossa perspectiva, é o fato de seus expoentes não se sentirem nem um pouco desconfortáveis em estabelecer um preço fixo para a dignidade humana. Para nós, a ideia de que a santidade de um padre ou a majestade de um rei pudessem equivaler a 1 milhão de ovos fritos ou a 100 mil cortes de cabelo é simplesmente bizarra. É exatamente isso que deve ser considerado para além de toda possibilidade de quantificação. Se os juristas irlandeses medievais não pensavam de outra maneira era porque as pessoas da época não usavam dinheiro para comprar ovos ou cortes de cabelo.[28] O fato de ainda se tratar de uma economia humana, na qual o dinheiro era usado para propósitos sociais, possibilitou a criação de um sistema tão intricado em que era possível não só medir, mas somar e subtrair quantias específicas da dignidade humana — e, assim, isso ilumina a verdadeira natureza da honra.

A pergunta óbvia passa a ser esta: o que acontece com uma economia desse tipo quando o mesmo dinheiro usado para medir a dignidade começa a ser usado para comprar ovos e cortes de cabelo? Como revela a história da antiga Mesopotâmia e do mundo mediterrâneo, o resultado foi uma profunda — e duradoura — crise moral.

Mesopotâmia (origens do patriarcado)

Na Grécia antiga, a palavra usada para designar "honra" era *tīmē*. Na época de Homero, o termo parece ter sido empregado à maneira do termo irlandês "preço da honra": referia-se tanto à glória do guerreiro quanto à compensação paga no caso de lesões ou ofensas. Contudo, com o advento dos mercados nos séculos posteriores, o significado da palavra *tīme* começou a mudar. Por um lado, ela passou a designar "preço" — como o de algo que se compra no mercado. Por outro, ela se referia à atitude de completo desdém pelos mercados. Na verdade, esse continua sendo o caso hoje em dia:

> Na Grécia, a palavra "tīme" significa honra, vista tipicamente como o valor mais importante nos povoados gregos. A honra costuma ser caracterizada na Grécia como uma generosidade extrema e um desprezo gritante por cálculos e custos monetários. Contudo, a mesma palavra também significa "preço", como no preço de meio quilo de tomates.[29]

A palavra "crise" refere-se literalmente a uma encruzilhada: é o ponto em que nos deparamos com dois caminhos diferentes. O estranho sobre a crise nesse conceito de honra é que ele nunca parece ter sido resolvido. Seria a honra o desejo de pagar as dívidas monetárias? Ou seria o fato de não as considerar tão importantes? Parece ser as duas coisas ao mesmo tempo.

Também há a questão sobre o que os homens de honra realmente acham importante. Quando pensamos no senso de honra de uma aldeia no Mediterrâneo, a maioria de nós tem em mente menos uma atitude casual para com o dinheiro que a obsessão pela virgindade antes do casamento. A honra masculina está menos na capacidade do homem de proteger as mulheres de sua família e mais na capacidade de proteger sua reputação sexual, de responder a qualquer sugestão de indecência por parte de sua mãe, esposa, irmã ou filha, como se isso fosse um ataque físico direto à sua pessoa. Trata-se de um estereótipo, e não totalmente injustificado. Um historiador que estudou registros policiais de cinquenta anos sobre brigas de facas no século XIX, na Jônia, descobriu que quase todas elas começavam depois de uma das partes declarar publicamente que a mulher ou a irmã da outra parte era prostituta.[30]

Então, por que essa repentina obsessão pela decência? Ela não parece existir nas fontes galesas ou irlandesas. Lá, a maior humilhação era ver sua irmã ou filha ser reduzida a serviçal de lavanderia de outra pessoa. O que há, então, no surgimento do dinheiro e dos mercados que torna os homens tão incomodados em relação ao sexo?[31]

Essa é uma pergunta difícil, mas, pelo menos, pode-se imaginar como a transição de uma economia humana para uma economia comercial poderia provocar certos dilemas morais. O que acontece, por exemplo, quando o mesmo dinheiro para arranjar casamentos e resolver questões de honra pode ser usado para pagar serviços de prostitutas?

Como veremos, há motivos para acreditar que nessas crises morais encontramos a origem não só das nossas concepções atuais de honra, mas também do próprio patriarcado. Tal afirmação é verdadeira se, pelo menos, definirmos "patriarcado" em sentido estrito, como apresentado no livro do Gênesis: o governo dos pais, com todas as imagens conhecidas de homens barbados e carrancudos vestidos com mantos, observando de perto suas esposas e filhas isoladas, enquanto seus filhos ficavam de olho nos rebanhos e manadas.[32] Os leitores da Bíblia sempre entenderam que havia algo de primordial nisso tudo; que essa simplesmente era a forma como o povo do deserto, e portanto os primeiros habitantes do Oriente Próximo, se comportava. É por isso que a tradução do sumério, na primeira metade do século xx, causou um certo choque.

Nos textos sumérios mais antigos, particularmente os que datam de 3000 a.C. a 2500 a.C., as mulheres estão em todos os lugares. As histórias antigas não só registram o nome de diversas governantes do sexo feminino, como também deixam claro que não poucas mulheres exerciam a profissão de médico, mercador, escriba e autoridade pública, e, de modo geral, eram livres para assumir papéis em todos os aspectos da vida pública. Não podemos falar em plena igualdade de gênero: os homens ainda eram mais numerosos que as mulheres em todas essas áreas. No entanto, temos uma ideia de sociedade não muito diferente da que prevalece em boa parte do mundo contemporâneo. Ao longo dos mil anos seguintes mais ou menos, tudo muda. O lugar das mulheres na vida cívica sofre uma erosão; pouco a pouco começa a se modelar um padrão mais familiar de patriarcado, com a ênfase na castidade e na virgindade pré-nupcial, com o enfraquecimento e, por fim, o desaparecimento completo de seu papel no governo e nas profissões liberais, e a perda do status legal de independência das mulheres, que se transformam em tuteladas dos maridos. No final da Idade do Bronze, por volta de 1200 a.C., começamos a ver um grande número de mulheres sequestradas para servir em haréns e (pelo menos em alguns lugares) obrigadas a se cobrir com véus.

Na verdade, isso parece refletir um padrão mundial muito mais amplo. Para as pessoas que preferem encarar o avanço da ciência e da tecnologia, o acúmulo de conhecimento e o crescimento econômico — "o progresso humano", como gostamos de dizer —, como algo que leva necessariamente a uma liberdade humana maior, sempre foi um tanto escandaloso o fato de que, para as mulheres, parece acontecer geralmente o oposto. Ou, pelo menos, é o que tem acontecido nos últimos tempos. Uma restrição gradual semelhante em relação às liberdades das mulheres pode ser observada na Índia e na China. A questão óbvia é: por quê? No caso sumeriano, a explicação clássica tem sido a gradual infiltração de criadores de ovelhas dos desertos circundantes, que, presumivelmente, sempre tiveram costumes mais patriarcais. Afinal de contas, havia apenas uma faixa de terra ao longo dos rios Tigre e Eufrates capaz de suportar trabalhos intensos de irrigação e, desse modo, vida urbana. Assim, desde os tempos antigos essa civilização foi cercada por pessoas do deserto, que viviam de forma bem parecida com a descrita no Livro do Gênesis e falavam as mesmas línguas semíticas. É verdade inegável que, com o passar do tempo, a língua sumeriana foi gradualmente substituída — primeiro pelo arcadiano, depois pelo amorita, mais tarde pelas línguas aramaicas e, por fim, pelo árabe, que também foi levado para a Mesopotâmia e para o Levante pelos criadores de gado do deserto. Por mais que tudo isso, obviamente, também tenha acarretado mudanças culturais profundas, a explicação não é de todo satisfatória.[33] Parece que antigos nômades quiseram se adaptar à vida urbana de diferentes maneiras. Por que não a essa? Além disso, trata-se em grande medida de uma explicação local que na verdade não ajuda a entender o padrão mais amplo. Os estudos feministas tentaram enfatizar o crescente número de guerras, a importância social que adquiriram, e, em decorrência delas, a centralização cada vez maior do Estado.³⁴ Essa explicação é mais convincente. Com efeito, quanto mais militarista o Estado, mais duras tendem a ser suas leis em relação às mulheres. Mas eu acrescentaria outro argumento. Como enfatizei, em termos históricos, a guerra, os Estados e os mercados tendem todos a se alimentar uns dos outros. Conquistas levam a impostos. Impostos tendem a ser maneiras de criar mercados, que são convenientes para soldados e administradores. No caso específico da Mesopotâmia, tudo isso desencadeou uma relação complexa, culminando em uma explosão da dívida que ameaçou transformar todas as relações humanas — e, por extensão, o corpo das mulheres — em potenciais mercadorias. Ao mesmo tempo, ocorreu uma reação terrível por parte dos vencedores (homens) do jogo econômico, os quais, com o tempo, se sentiram forçados a fazer tudo que era possível para deixar claro que *suas* mulheres não poderiam, de modo nenhum, ser compradas ou vendidas.

Uma olhada no material existente sobre os casamentos na Mesopotâmia nos dá uma pista sobre como isso pode ter acontecido.

É de conhecimento comum da antropologia que a *riqueza da noiva* tende a ser típica de situações que envolvem uma população pequena, para a qual a terra não é um recurso particularmente escasso e, portanto, a política consiste no controle do trabalho. Onde a população é densa e a terra, escassa, a tendência é encontrar o *dote*: acrescentar uma mulher à unidade familiar é ter mais uma boca para alimentar, e espera-se que o pai da noiva, em vez de receber um pagamento, contribua com alguma coisa (terra, riquezas, dinheiro...) para ajudar a manter a filha em sua nova casa.³⁵ Na época dos sumérios, por exemplo, o principal pagamento feito no matrimônio era uma grande quantidade de alimentos cedida pelo pai do noivo ao pai da noiva, a fim de proporcionar um banquete suntuoso para o casamento.³⁶ Não muito tempo depois, porém, essa prática parece ter se dividido em dois pagamentos, um para a cerimônia, outro para o pai da mulher, calculados — e geralmente pagos — em prata.³⁷ Parece que muitas vezes o dinheiro ficava com as mulheres ricas: pelo menos, muitas pareciam usar braceletes e tornozeleiras de prata de valor idêntico.

No entanto, com o passar do tempo, esse pagamento, chamado *terhatum*, começou a assumir as qualidades de uma simples compra. Ele era chamado de "pagamento de uma virgem" — não como mera metáfora, uma vez que o defloramento ilegal de uma virgem era considerado crime contra a propriedade do pai dela.[38] Referia-se ao matrimônio como "tomar posse" de uma mulher, a mesma expressão usada para a apreensão de bens.[39] Em princípio, uma esposa, uma vez possuída, devia obediência estrita ao marido e muitas vezes não podia pedir o divórcio, mesmo em caso de violência física.

Para as mulheres que tinham pais ricos e poderosos, tudo isso era apenas uma questão de princípios, com consideráveis modificações na prática. Era comum que filhas de mercadores, por exemplo, recebessem um dote substancial em dinheiro vivo, com o qual elas poderiam montar um negócio próprio ou atuar como parceiras dos maridos. Entretanto, para os pobres — ou seja, a maioria —, o casamento passou a lembrar, cada vez mais, uma simples transação em dinheiro.

Parte disso talvez se deva ao efeito da escravidão: por mais que escravos de fato não fossem muito numerosos, a própria existência de uma classe de pessoas sem familiares, tratadas como meras mercadorias, fazia diferença. Em Nuzi, por exemplo, "o preço da noiva era pago em animais domésticos e prata, somando um total de quarenta siclos de prata" — ao que o autor ironicamente acrescenta: "Há indícios de que equivalesse ao preço de uma menina escrava".[40] Talvez aqui a questão ficasse constrangedoramente óbvia. É também em Nuzi, de onde por acaso temos registros incomuns por seu detalhamento, que encontramos exemplos de homens ricos que adotavam filhas de famílias pobres, pagando por elas um "preço da noiva" reduzido, quando na verdade elas seriam mantidas como concubinas ou amas-secas, ou casadas com um dos escravos da família.[41]

Ainda assim, o fator realmente crítico aqui era a dívida. Como afirmei no capítulo anterior, os antropólogos têm há muito enfatizado que pagar a riqueza da noiva não é o mesmo que comprar uma esposa. Afinal de contas — e esse foi um dos argumentos decisivos, vale lembrar, do debate original de 1930 da Liga das Nações —, se um homem estivesse de fato comprando uma mulher, ele também não seria capaz de vendê-la? Está claro que os maridos africanos e melanésios não vendiam suas esposas para terceiros. Quando muito, eles as mandavam embora e pediam de volta a riqueza da noiva.⁴²

Na Mesopotâmia, os maridos também não podiam vender suas esposas. Quer dizer, normalmente não. Porém, tudo mudava quando tomavam um empréstimo. Nesse caso, era perfeitamente legal — como vimos — usar esposa e filhos como garantia, e, se o pagamento não fosse feito, estes podiam ser levados como peões por dívida, da mesma maneira que se fazia com escravos, cabras e ovelhas. Isso também significava que honra e crédito se tornaram de fato a mesma coisa: pelo menos para um homem pobre, a credibilidade advinha justamente do controle que ele tinha sobre a propriedade, e (o outro lado da questão, por assim dizer) as relações de autoridade domésticas — relações que, em princípio, envolviam a responsabilidade para com proteção e cuidado — tornaram-se direitos de propriedade que podiam, de fato, ser comprados e vendidos.

Para os pobres, repito, isso significava que os familiares se tornaram mercadorias que podiam ser alugadas ou vendidas. As tábuas de Nuzi revelam que, além de se poder dispor das próprias filhas como "noivas" para trabalhar na casa de homens ricos, agora também era possível alugar familiares fazendo um empréstimo: há casos registrados de homens que entregaram os filhos ou as esposas como "peões" como garantia de empréstimos que, na verdade, eram apenas o pagamento adiantado pelo emprego na fazenda ou na oficina de roupas do emprestador.⁴³

A crise mais dramática e duradoura centrou-se na prostituição. Na verdade, não está totalmente claro, pelas fontes, se podemos de fato falar em "prostituição" no período antigo. Os templos sumérios parecem ter abrigado uma variedade de atividades sexuais. Algumas sacerdotisas, por exemplo, eram consideradas casadas com os deuses, ou dedicadas a eles. O significado disso na prática parece ter variado consideravelmente. De maneira semelhante às posteriores *devadasis*, ou "dançarinas do templo", na Índia hindu, algumas permaneciam celibatárias; outras tinham permissão para se casar, mas não para ter filhos; de outras se esperava que encontrassem protetores ricos, tornando-se cortesãs da elite. Outras ainda viviam nos templos e tinham a responsabilidade de se disponibilizar sexualmente para os adoradores em determinadas ocasiões rituais.[44] Os textos antigos deixam claro que todas essas mulheres eram consideradas extremamente importantes. Em um sentido bem real, elas eram a personificação suprema da civilização. Afinal de contas, todo o mecanismo da economia suméria aparentemente existia para dar suporte aos templos, que eram considerados as moradias dos deuses. Como tais, eles representavam o que se poderia obter de mais requintado em tudo, da música e dança à arte, à culinária e às amenidades da vida. As sacerdotisas do templo e as esposas dos deuses eram as encarnações humanas máximas dessa vida perfeita.

Também é importante enfatizar que os homens sumerianos não parecem, pelo menos nesse período inicial, ter se perturbado com a ideia de suas irmãs fazerem sexo por dinheiro. Pelo contrário, uma vez que a prostituição de fato ocorria (e, lembre-se, ela pode não ter sido nem de longe uma relação baseada na impessoalidade e no pagamento em dinheiro em uma economia de crédito), os textos religiosos sumérios a listam entre as características fundamentais da civilização humana, um presente dado pelos deuses na aurora dos tempos. O sexo para a procriação era considerado natural (afinal de contas, os animais o faziam). O sexo não procriador, o sexo por prazer, era divino.[45]

A expressão mais famosa dessa identificação entre prostituição e civilização pode ser encontrada na história de Enkidu, na epopeia de Gilgamesh. No começo da narrativa, Enkidu é um monstro — um "homem selvagem", nu e feroz, que pasta com as gazelas, toma água no bebedouro junto com o gado e aterroriza as pessoas da cidade. Incapazes de derrotá-lo, os cidadãos finalmente mandam até ele uma cortesã que também é sacerdotisa da deusa Ishtar. Ela se despe diante dele e os dois fazem amor por seis dias e sete noites. Depois disso, os animais que costumavam acompanhar Enkidu fogem dele. Após a sacerdotisa explicar que ele adquirira sabedoria e se tornara alguém como um deus (ela, afinal de contas, é uma consorte divina), Enkidu concorda em vestir roupas e ir morar na cidade como um ser humano decente e civilizado.[46]

Todavia, já é possível encontrar certa ambivalência na primeira versão da história. Muito tempo depois, Enkidu é sentenciado à morte pelos deuses, e sua reação imediata é condenar a cortesã por tê-lo retirado do mundo selvagem: ele a amaldiçoa para que se torne uma prostituta de rua ou taberneira, vivendo entre os bêbados, violentada e espancada pelos clientes. Depois, ele se arrepende de seu comportamento e, em vez de amaldiçoá-la, abençoa-a. Mas esse resquício de ambivalência existia desde o princípio e, com o passar do tempo, ficou mais poderoso. Desde os tempos primordiais, os templos sumérios e babilônicos eram rodeados de provedores e provedoras muito menos glamorosos de serviços sexuais — com efeito, pelo que sabemos, eram o centro de verdadeiros distritos da luz vermelha, cheios de tabernas com dançarinas, homens vestidos de mulher (alguns escravos, alguns fugitivos) e uma variedade quase interminável de prostitutas. Há uma terminologia infinitamente elaborada de tipos de trabalhadores sexuais cujas sutilezas se perderam há muito tempo para nós. A maioria das pessoas nesses locais parecia ter duas atividades ao mesmo tempo, uma delas na área artística: taberneiros também atuavam como músicos; homens travestidos não eram apenas cantores e dançarinos, mas também se apresentavam como atiradores de facas. Muitos eram escravos enviados para trabalhar ali por seus senhores, mulheres que cumpriam votos religiosos ou pagavam dívidas, servas ou, a propósito, mulheres que fugiram da servidão por dívida e não tinham mais para onde ir. Com o tempo, muitas das mulheres consideradas inferiores que moravam nos templos também eram levadas como escravas ou servas por dívida, e não raro havia uma mistura de papéis entre sacerdotisas que executavam rituais eróticos e prostitutas pertencentes ao templo (e assim, em princípio, aos deuses), muitas vezes alojadas no próprio complexo religioso e cujos ganhos se somavam aos tesouros do templo.[47] Como a maioria das transações diárias na Mesopotâmia não era feita em dinheiro vivo, presumimos que o mesmo acontecia com as prostitutas — como as taberneiras, muitas das quais eram, ao que parece, ex-prostitutas, elas desenvolviam relações de crédito duradouras com seus clientes, e isso pode significar que na maioria eram menos parecidas com prostitutas de rua e mais com cortesãs.⁴⁸ Mesmo assim, a origem da prostituição comercial parece estar marcada por uma mistura peculiar de práticas sagradas (ou que haviam sido sagradas), comércio, escravidão e dívida.

O "PATRIARCADO" SE ORIGINOU, antes de tudo, da rejeição das grandiosas civilizações urbanas em nome de um tipo de pureza, de uma reafirmação do controle paternal sobre cidades como Uruk, Lagash e Babilônia, vistas como lugares de burocratas, comerciantes e prostitutas. As regiões pastoris mais marginais, os desertos e as estepes distantes dos vales dos rios eram os lugares para onde fugiam os fazendeiros endividados e desalojados. A resistência, no antigo Oriente Médio, estava sempre mais relacionada com uma política do êxodo do que com a de rebelião, com desaparecer levando consigo os próprios rebanhos e famílias — antes de estes serem tomados.⁴⁹ Sempre havia pessoas de origem tribal vivendo nas margens. Em épocas propícias, elas se dirigiam às cidades; em épocas ruins, moravam com os refugiados — fazendeiros que, efetivamente, voltaram a ser Enkidus. Então, periodicamente, uns e outros criavam as próprias alianças e tomavam de novo as cidades como conquistadores. É difícil dizer como viam a própria situação, porque é somente no Antigo Testamento, escrito numa região do outro lado do Crescente Fértil, que encontramos um registro do ponto de vista dos pastores rebeldes. Mas não há coisa alguma nesse relato que amenize a sugestão de que a ênfase extraordinária na autoridade absoluta dos pais e na proteção zelosa de suas caprichosas mulheres foi possibilitada por essa mesma mercadorização das pessoas nas cidades que eles tinham abandonado — e era ao mesmo tempo um protesto contra ela.

Os livros sagrados da nossa história — o Antigo e o Novo Testamento, o Alcorão, a literatura religiosa da Idade Média até a época atual — ecoam a voz dessa rebelião, combinando o desprezo pela vida urbana corrupta, a desconfiança a respeito do comerciante e, muitas vezes, uma misoginia intensa. Basta pensarmos na imagem da própria Babilônia, que se alojou de maneira permanente na imaginação coletiva não só como berço da civilização, mas também como a terra das prostitutas. Heródoto ecoou fantasias gregas populares quando afirmou que cada donzela da Babilônia era obrigada a se prostituir no templo para arrecadar o dinheiro de seu dote.⁵⁰ No Novo Testamento, são Pedro se referiu algumas vezes a Roma como "Babilônia", e o Apocalipse contém talvez a imagem mais vívida do que ele queria dizer com isso quando fala da Babilônia, "a grande prostituta", sentada "sobre uma besta escarlate cheia de títulos blasfemos":

> 17,4 A mulher estava vestida com púrpura e escarlate, adornada de ouro, pedras preciosas e pérolas; e tinha na mão um cálice de ouro cheio de abominações; eram as impurezas da sua prostituição.
>
> 17,5 Sobre a sua fronte estava escrito um nome: "MISTÉRIO, BABILÔNIA, A GRANDE, A MÃE DAS PROSTITUTAS E DAS ABOMINAÇÕES DA TERRA".⁵¹

Essa é a voz do ódio patriarcal à cidade e a furiosa voz milenar dos pais dos pobres da Antiguidade.

O patriarcado, como o conhecemos, parece ter tomado forma em uma oscilante batalha entre as novas elites e os recém-despossuídos. Grande parte da análise que faço aqui é inspirada na obra brilhante da historiadora feminista Gerda Lerner, que, em um ensaio sobre as origens da prostituição, observou:

> Outra fonte de prostituição comercial foi a pauperização dos fazendeiros e sua dependência cada vez maior de empréstimos para sobreviver a períodos de penúria, o que levou à escravidão por dívida. Filhos e filhas eram entregues como garantia de dívida, ou vendidos para "adoção". A prostituição de familiares do sexo feminino para o benefício do chefe da família pode ter se desenvolvido rapidamente a partir dessas práticas. As mulheres se tornariam prostitutas porque seus pais tinham de vendê-las como escravas ou porque seus maridos empobrecidos assim fariam. Ou elas trabalhariam como prostitutas por conta própria como derradeira alternativa à escravização. Com sorte, nessa profissão, elas poderiam ascender na escala social tornando-se concubinas.
>
> Em meados de 2000 a.C. a prostituição estava bem estabelecida como provável ocupação para as filhas dos pobres. À medida que o controle sexual

das mulheres da classe proprietária se tornou mais sólido, a virgindade de filhas respeitáveis se tornou um bem financeiro para a família. Assim, a prostituição comercial passou a ser vista como imperativo social para atender às necessidades sexuais dos homens. Entretanto, como distinguir de maneira clara e permanente entre mulheres respeitáveis e não respeitáveis continuou sendo uma questão problemática.

Esse último ponto é fundamental. Lerner observa que a mais dramática tentativa conhecida de resolver o problema é encontrada em um código de leis do período Assírio Médio, estabelecido entre 1400 a.C. e 1100 a.C., que também é a primeira referência conhecida sobre o uso de véus no Oriente Médio — e também, destaca Lerner, o primeiro documento a responsabilizar o Estado pelo controle das fronteiras sociais.[52] Não surpreende que isso tenha acontecido sob a autoridade do Estado talvez mais notoriamente militarista de todo o antigo Oriente Médio.

O código faz uma distinção clara entre cinco tipos de mulheres. Mulheres respeitáveis (casadas ou concubinas), viúvas e filhas de assírios livres "devem se cobrir com um véu" quando saem às ruas. Prostitutas e escravas (e entre as prostitutas agora estão incluídas as servas solteiras do templo, bem como simples meretrizes) não podem usar véus. O que há de notável nessas leis é que o código não especifica punições contra as mulheres respeitáveis que não usam véus, mas sim contra prostitutas e escravas que o usam. As prostitutas receberiam cinquenta bordoadas em público e seria derramado piche em sua cabeça; as escravas teriam as orelhas cortadas. Homens livres que tivessem encorajado as impostoras também seriam surrados e teriam de cumprir um mês de trabalho forçado.

Supostamente, no caso das mulheres respeitáveis, entendia-se que a lei fosse autoaplicável: afinal, que mulher respeitável gostaria de sair às ruas disfarçada de prostituta?

Quando falamos em mulheres "respeitáveis", então, estamos nos referindo àquelas cujos corpos não poderiam, sob nenhuma circunstância, ser comprados ou vendidos. Suas figuras físicas eram escondidas e permanentemente relegadas à esfera doméstica de algum homem; quando apareciam de véu em público, elas continuavam claramente movendo-se nessa esfera.[53] As mulheres que podiam ser trocadas por dinheiro, por outro lado, deveriam ser de imediato reconhecidas como tais.

O código de leis assírio é um exemplo isolado; os véus certamente não se tornaram obrigatórios em todos os lugares depois de 1300 a.C. Contudo, ele nos ajuda a entender os desenvolvimentos que aconteceram, embora desiguais e até mesmo irregulares, naquela região, impulsionados pela interseção de comércio, classe, agressivas defesas de honra masculina e a constante ameaça de deserção dos pobres. Os Estados parecem ter desempenhado um complexo e ambivalente papel, simultaneamente promovendo a mercadorização e intervindo para amenizar seus efeitos: impondo as leis da dívida, os direitos do pai e oferecendo anistias periódicas. Mas a dinâmica também levou, com o passar dos milênios, a um rebaixamento sistemático da sexualidade, que deixou de ser uma dádiva divina e a encarnação do refinamento civilizado e passou a ser associada à degradação, à corrupção e à culpa.

ACREDITO QUE TEMOS AQUI a explicação para o declínio geral das liberdades das mulheres que pode ser observado em todas as grandes civilizações urbanas em quase toda a sua história. Em todas elas aconteceram situações similares, mesmo que, em cada caso, as peças se juntem de maneiras diferentes.

A história da China, por exemplo, foi palco de campanhas governamentais contínuas e em grande parte malsucedidas para erradicar tanto o preço da noiva quanto a servidão por dívida, e escândalos periódicos sobre a existência de "mercados de filhas", incluindo a venda definitiva de meninas como filhas, esposas, concubinas ou prostitutas (a critério do comprador) continuam ocorrendo até hoje.[54] Na Índia, o sistema de castas permitia que as diferenças reais entre ricos e pobres se tornassem mais formais e explícitas. Os brâmanes e outros membros das castas superiores isolavam, zelosos, as suas filhas e as casavam com pródigos dotes, enquanto as castas mais baixas praticavam o preço da noiva, permitindo que membros das castas mais altas ("duas vezes nascidos") zombassem deles por venderem suas filhas. Os "duas vezes nascidos", do mesmo modo, tinham ampla proteção para que não incorressem na servidão por dívida, enquanto para a maioria dos pobres nas zonas rurais a dependência da dívida era institucionalizada, sendo as filhas dos devedores, previsivelmente, muitas vezes despachadas para bordéis ou para a cozinha e a lavanderia dos ricos.[55] Em todo caso, entre a força da mercadorização, que recai desproporcionalmente nas filhas, e a força contrária de quem tenta reafirmar os direitos patriarcais de "proteger" as mulheres de qualquer sugestão de que elas poderiam ser transformadas em mercadoria, as liberdades formais e práticas das mulheres parecem ter sido, pouco a pouco e cada vez mais, restringidas e eliminadas. Em consequência disso, as noções de honra também mudaram e se tornaram um tipo de protesto contra as implicações do mercado, ainda que, ao mesmo tempo (como no caso das religiões mundiais), tenham passado a ecoar a lógica de mercado de maneiras infinitamente sutis.

Contudo, em nenhum lugar nossas fontes são tão ricas e detalhadas quanto na Grécia antiga, em parte porque a economia comercial chegou lá muito tarde, quase 3 mil anos depois da Suméria. Por isso, a literatura grega clássica nos dá uma oportunidade única de observar a transformação como ela de fato aconteceu.

Grécia antiga (honra e dívida)

O mundo das epopeias homéricas é dominado por guerreiros heroicos que desdenham o comércio. Em muitos aspectos, lembra visivelmente a Irlanda medieval. O dinheiro existia, mas não era usado para comprar nada; homens importantes viviam em busca da honra, que ganhava a forma material em seguidores e tesouros. Os tesouros eram dados como presentes, obtidos como prêmios, tomados nos saques.[56] Sem dúvida, foi assim que a palavra grega *tīmē* passou a significar tanto "honra" quanto "preço" — em um mundo assim, parecia não haver contradição entre os dois termos.[57]

Tudo isso mudaria dramaticamente quando os mercados comerciais começaram a se desenvolver, duzentos anos depois. A cunhagem grega parece ter sido usada, a princípio, sobretudo para pagar a soldados e quitar multas e taxas. Também servia para o governo fazer e receber pagamentos. Por volta de 600 a.C., entretanto, praticamente cada cidade-Estado grega já produzia as próprias moedas como sinal de independência. Não demorou muito, contudo, para que as moedas se tornassem de uso comum nas transações cotidianas. Por volta do século v, nas cidades gregas, a *ágora*, lugar de discussões e assembleias públicas, também funcionava como praça do mercado.

Um dos primeiros efeitos da chegada da economia comercial foi uma série de crises da dívida, como as que já eram conhecidas havia muito tempo na Mesopotâmia e em Israel. "Os pobres", como registra sucintamente Aristóteles em *Constituição de Atenas*, "junto de suas esposas e crianças, eram escravizados pelos ricos."[58] Surgiram facções revolucionárias exigindo anistias, e muitas cidades gregas foram, pelo menos por um tempo, tomadas por fortes líderes populistas que se esgueiraram para a política em parte devido à necessidade de uma redução radical das dívidas. A solução encontrada pela maioria das cidades, porém, foi bem diferente daquela adotada no Oriente Médio. Em vez de institucionalizarem anistias periódicas, as cidades gregas tendiam a adotar leis que limitavam ou aboliam totalmente a servidão por dívida, e então, para evitar crises futuras, elas se dedicavam a políticas expansionistas, despachando os filhos dos pobres para fundarem colônias militares em terras estrangeiras. Em pouco tempo, toda a costa, da Crimeia a Marselha, estava repleta de cidades gregas que serviam, por sua vez, como canais de um profícuo mercado de escravos.[59] A repentina abundância de escravos, por sua vez, transformou completamente a natureza da sociedade grega. Em primeiríssimo lugar, ela permitiu que até os cidadãos de recursos modestos participassem da vida cultural e política da cidade e adquirissem uma noção autêntica de cidadania. Mas isso, em seguida, levou as antigas classes aristocráticas a desenvolver meios cada vez mais elaborados de se afastarem do novo Estado democrático, que consideravam tomado pela falsidade e pela corrupção moral.

Quando a Grécia floresceu, no século v, também lá todos debatiam sobre o dinheiro. Para os aristocratas, que escreveram a maior parte dos textos que chegaram até nós, o dinheiro era a encarnação da corrupção. Eles desdenhavam do mercado. Teoricamente, um homem honrado deveria ser capaz de obter tudo de que precisava em suas propriedades e jamais manipular dinheiro vivo, em nenhuma circunstância.[60] Na prática, eles sabiam que isso era impossível. Mesmo assim, tentavam se dissociar, em todos os aspectos, dos valores dos ocupantes habituais da praça do mercado: com taças e trípodes de ouro e prata que davam uns aos outros em funerais e casamentos procuravam se distinguir da venda vulgar de salsichas ou carvão; com competições de atletismo, para as quais eles treinavam sem descanso, dos jogos de apostas do povo; com cortesãs sofisticadas e instruídas que os atendiam em festas regadas a bebida, das prostitutas comuns (*porné*) — meninas-escravas que moravam nos bordéis próximos da ágora e geralmente mantidos pela própria pólis democrática como um serviço para as necessidades de seus cidadãos do sexo masculino. Em tudo, eles se colocavam em um mundo de dádivas, generosidade e honra, acima das sórdidas trocas comerciais.[61]

Essa situação resultou em uma luta um pouco diferente da que vimos na Mesopotâmia. De um lado, uma cultura aristocrática resiste ao que acreditava ser a sensibilidade comercial inferior dos cidadãos comuns. De outro, uma reação quase esquizofrênica por parte dos próprios cidadãos comuns, que tentam limitar ou proibir aspectos da cultura aristocrática e, ao mesmo tempo, imitá-la. A pederastia é um excelente exemplo. O amor entre homens e rapazes era visto como uma prática aristocrática por excelência — na verdade, era a maneira de iniciar os jovens aristocratas nos privilégios da alta sociedade. Sendo assim, a pólis democrática encarava a prática como politicamente subversiva e tornou ilegais as relações sexuais entre homens. Ao mesmo tempo, quase todos os cidadãos começaram a praticá-la.

A famosa obsessão grega pela honra masculina, que ainda permeia grande parte da tessitura da vida diária nas comunidades rurais gregas, remonta não só à honra homérica, mas também a essa revolta aristocrática contra os valores do mercado — uma revolta que, com o passar do tempo, todos começaram a adotar como sua.[62] Os efeitos sobre as mulheres, no entanto, foram ainda mais severos do que haviam sido no Oriente Médio. Já na época de Sócrates, enquanto a honra dos homens estava cada vez mais ligada ao desdém pelo comércio e à assertividade na vida pública, a honra das mulheres passara a ser definida em termos quase exclusivamente sexuais: como uma questão de virgindade, modéstia e castidade, uma vez que se esperava que as mulheres respeitáveis fossem trancafiadas dentro de casa, e aquelas que participavam da vida pública eram consideradas, por essa razão, prostitutas, ou o equivalente a elas.[63] O hábito assírio de cobrir as mulheres com véu não foi adotado em todo o Oriente Médio, mas foi adotado na Grécia. Por mais que isso contrarie nossos estereótipos sobre a origem das liberdades "ocidentais", as mulheres em Atenas, diferentemente das mulheres na Pérsia ou na Síria, deviam usar véus quando se aventuravam a sair em público.[64]

O DINHEIRO, então, passou de medida de honra para medida de tudo que a honra não era. Sugerir que a honra de um homem poderia ser comprada com dinheiro tornou-se um insulto terrível — isso apesar do fato de os homens também passarem por dramas de servidão e redenção nada diferentes daqueles vivenciados por tantas mulheres do Oriente Médio, pois eles muitas vezes eram carregados pela guerra ou levados por bandidos ou piratas e sequestrados em troca de resgate. Um modo particularmente impressionante de deixar isso claro — na verdade, nesse caso, quase literalmente — era estigmatizando prisioneiros resgatados com a marca de sua moeda corrente, como se hoje um sequestrador estrangeiro imaginário, depois de receber o resgate por uma vítima norte-americana, fizesse questão de cauterizar a marca de um dólar na testa da vítima antes de devolvê-la.[65]

Uma questão que continua sem esclarecimento nessa história toda é o porquê disso. Por que o dinheiro, em particular, se tornou símbolo de degradação? Tudo por causa da escravidão? Somos tentados a concluir que sim — talvez o aparecimento, nas cidades gregas antigas, de milhares de seres humanos degradados tenha tornado particularmente humilhante a sugestão de que homens livres (sem falar nas mulheres livres) podiam, de algum modo, ser vendidos ou comprados. Mas está claro que não é nada disso. Nossa discussão sobre o dinheiro escravo da Irlanda mostrou que a possibilidade da completa degradação de um ser humano não era, de modo nenhum, uma ameaça à honra heroica — de certa forma, era a sua essência. Os gregos da época de Homero não parecem ter sido diferentes. Não é mera coincidência que a luta entre Agamêmnon e Aquiles, episódio de abertura da *Ilíada*, geralmente considerada a primeira grande obra da literatura ocidental, seja uma disputa de honra entre dois guerreiros heroicos ao decidirem a posse de uma jovem escrava.[66] Agamêmnon e Aquiles também sabiam que bastaria uma reviravolta infeliz na batalha, ou talvez um naufrágio, para que os dois se tornassem escravos. Odisseu quase não conseguiu escapar de ser escravizado em diversas ocasiões na *Odisseia*. No século III, Valeriano, imperador romano de 253 a 260, derrotado na batalha de Edessa, foi capturado e passou seus últimos anos de vida como o escabelo que o imperador sassânida Shapur I costumava usar para montar no cavalo. Eram esses os perigos da guerra. Tudo isso era essencial para a natureza da honra marcial. A honra de um guerreiro é sua disposição para arriscar tudo no jogo. Sua grandeza é diretamente proporcional ao tamanho da queda.

Podemos então afirmar que o advento do dinheiro comercial desordenou as hierarquias tradicionais? Os aristocratas gregos costumam dizer que sim, mas as queixas não parecem ser sinceras. Decerto foi o dinheiro que, antes de tudo, permitiu a existência dessa aristocracia refinada.[67] Mais exatamente, o que parecia realmente incomodá-los em relação ao dinheiro era o simples fato de eles o desejarem demais. Como o dinheiro podia ser usado para comprar quase tudo, todo mundo o queria. Ou seja: ele era desejável *porque* era indiscriminado. Percebemos aqui como a metáfora da *porné* parece particularmente apropriada. Uma mulher "comum para o povo" — como disse o poeta Arquíloco — está disponível para todos. Em princípio, não deveríamos nos sentir atraídos por uma criatura tão indiscriminada. Mas o fato é que nos sentimos.[68] E nada era tão indiscriminado e tão desejável quanto o dinheiro. Embora os aristocratas gregos insistissem, é claro, que não se sentiam atraídos por essas criaturas, e que as cortesãs, flautistas, acrobatas e os belos rapazes que frequentavam os simpósios de fato não se prostituíam (apesar de algumas vezes admitirem que sim). Eles também eram obrigados a lidar com o fato de que suas ocupações imbuídas de altos ideais, como corridas de bigas, abastecimento de barcos para a marinha e o patrocínio de tragédias, exigiam as mesmas moedas usadas para comprar perfumes baratos e tortas para as esposas dos pescadores — a única diferença real era o fato de suas ocupações tenderem a exigir uma quantidade maior de moedas.[69]

Poderíamos dizer, então, que o dinheiro introduziu certa democratização do desejo. De repente, todos buscavam a mesma substância promíscua. Mas também havia outro elemento. O dinheiro era cada vez mais indispensável para suprir necessidades básicas. No mundo homérico, como na maioria das economias humanas, quase não vemos discussões sobre o que era considerado necessário para a vida humana (alimentação, moradia, vestuário), porque simplesmente se presumia que todas as pessoas as tivessem. Um homem sem posses, na pior das hipóteses, se tornaria serviçal na casa de algum homem rico. Até os escravos tinham o bastante para comer.[70] A prostituta também era um símbolo forte para o que havia mudado, pois embora algumas moradoras dos bordéis fossem escravas, outras eram simplesmente pobres; o fato de a provisão de suas necessidades básicas não poder mais ser dada como certa foi justamente o que submeteu as pessoas aos desejos dos outros. Esse medo extremo da dependência do capricho alheio está na raiz da obsessão grega pela unidade familiar autossuficiente.

Tudo isso está por trás dos esforços excepcionalmente zelosos dos homens que viviam nas cidades-Estado gregas — como também dos romanos, algum tempo depois — de isolar esposas e filhas dos perigos e das liberdades do mercado. Diferentemente dos homens no Oriente Médio, eles não parecem tê-las oferecido como peoas. Tampouco, pelo menos em Atenas, era legal que as filhas de cidadãos livres fossem empregadas como prostitutas.[71] Em consequência, as mulheres respeitáveis tornavam-se invisíveis, eram quase sempre afastadas dos conflitos dramáticos da vida econômica e política.⁷² Se alguém tivesse de ser escravizado por dívida, esse alguém normalmente era o devedor. De maneira ainda mais dramática, em geral os cidadãos *homens* é que se acusavam de prostituição — os políticos atenienses diziam com frequência que seus rivais, assediados quando jovens com presentes por seus pretendentes, haviam de fato trocado sexo por dinheiro, e por essa razão mereciam perder suas liberdades cívicas.⁷³

TALVEZ SEJA ÚTIL AQUI retornar aos princípios esboçados no capítulo 5. O que percebemos, acima de tudo, é a erosão tanto das antigas formas de hierarquia — o mundo homérico de homens grandiosos e seus criados — e, ao mesmo tempo, das antigas formas de ajuda mútua, com as relações comunistas sendo confinadas cada vez mais ao interior das unidades familiares.

A primeira delas — a erosão da hierarquia — parece de fato ter estado em jogo na "crise da dívida" que atingiu tantas cidades gregas por volta de 600 a.C., bem na época em que os mercados comerciais começavam a se formar.⁷⁴ Quando o autor de *Constituição de Atenas* fala dos pobres atenienses sendo escravizados pelos ricos, ele parece ter em mente que, nos anos difíceis, muitos fazendeiros pobres se endividaram; em decorrência disso, passaram a ser meeiros das próprias terras, dependentes. Alguns foram até vendidos para o exterior como escravos. Isso levou à inquietação e à comoção, e também a pedidos de anistias, de libertação de quem servia por dívida e de redistribuição de terras agrícolas. Em alguns casos, levou à revolução total. Em Mégara, pelo que sabemos, uma facção radical que havia tomado o poder não só tornou ilegais os empréstimos a juros, como também obrigou os credores a devolver todos os juros retroativos que haviam cobrado no passado.⁷⁵ Em outras cidades, tiranos populistas tomaram o poder com promessas de revogar as dívidas agrícolas.

Em face disso, nada parece tão surpreendente: no momento em que os mercados comerciais se desenvolveram, as cidades gregas apresentaram rapidamente todos os problemas sociais que castigaram as cidades do Oriente Médio durante milênios: crises da dívida, resistência a ela, agitação política. Na realidade, as coisas não são muito claras. Para começar, o fato de os pobres serem "escravizados pelos ricos", no sentido vago que parece ser usado por Aristóteles, não era um fenômeno novo. Até mesmo na sociedade da época de Homero assumia-se como algo natural que os ricos deviam viver rodeados de dependentes e criados, vindos das camadas mais pobres. O ponto crítico, no entanto, sobre essas relações de patronagem é que elas envolviam responsabilidades dos dois lados. Supunha-se que um nobre guerreiro e um humilde indivíduo sob sua proteção fossem dois tipos fundamentalmente diferentes de pessoas, mas também se esperava que os dois levassem em consideração as necessidades (fundamentalmente diferentes) um do outro. Transformar a patronagem em relações de dívida — tratar, digamos, um adiantamento de sementes* como *empréstimo*, para não falar como empréstimo a juros — mudou tudo isso em dois aspectos completamente contraditórios.[76] Por um lado, um empréstimo não implica responsabilidades contínuas por parte do credor. Por outro, como tenho enfatizado o tempo todo, ao se fazer um empréstimo assume-se que há certa igualdade formal e legal entre contratante e contratado. O empréstimo presume que as duas partes, pelo menos em alguns aspectos e em algum nível, sejam fundamentalmente o mesmo tipo de pessoa. Sem dúvida, essa é a forma mais rude e violenta de igualdade que se pode imaginar. Mas o fato de ser considerada igualdade diante do mercado tornava a durabilidade desses acordos ainda mais difícil.[77]

As mesmas tensões podem ser observadas entre vizinhos, que nas comunidades agrícolas tendiam a dar, emprestar e tomar emprestadas entre si diferentes coisas — peneiras e foices, carvão e óleo de cozinha, sementes ou bois para o arado. Por um lado, essas dádivas e empréstimos eram considerados partes fundamentais da estrutura básica da sociabilidade nas comunidades agrícolas; por outro, vizinhos que tinham necessidades excessivas eram considerados importunos notórios — algo que só piorava quando todos sabiam exatamente quanto custaria comprar ou alugar as

---

* *Seed corn*, no original. A expressão é usada para designar os melhores grãos separados e usados como sementes no plantio, mas também se refere ao capital usado para iniciar um negócio. (N. T.)

mesmas coisas que eram dadas. Mais uma vez, uma das melhores maneiras de entender quais eram os dilemas cotidianos dos camponeses mediterrâneos é analisando suas piadas. Relatos posteriores ouvidos na região do mar Egeu, na Turquia, refletem exatamente as mesmas preocupações:

> Certa vez, o vizinho de Nasrudin perguntou-lhe se podia pegar seu burro emprestado para uma missão inesperada. Nasrudin emprestou, mas no dia seguinte o vizinho voltou outra vez — agora, precisava de grãos para moer.
> Não demorou muito e ele começou a aparecer todas as manhãs, e sem precisar mais usar nenhuma desculpa. Até que Nasrudin ficou farto da situação e disse, em uma manhã, que seu irmão havia levado o burro emprestado.
> Porém, quando ia embora, o vizinho ouviu o burro zurrar no curral.
> — Ei, mas você não disse que o burro não estava aqui?
> — E você vai acreditar em quem? — perguntou Nasrudin. — Em mim ou num animal?

Com o surgimento do dinheiro, não se sabia mais o que era dádiva e o que era empréstimo. Por um lado, mesmo que se tratasse de dádivas, acreditava-se que era de bom grado devolver algo um pouco melhor do que o recebido.[78] Por outro lado, amigos não cobravam juros uns dos outros, e quaisquer sugestões em contrário eram motivo de irritação. Então qual é a diferença entre uma generosa dádiva de retribuição e um pagamento de juros? Essa é a base de uma das mais famosas historietas de Nasrudin, um relato que parece ter garantido séculos de diversão a camponeses em toda a bacia do Mediterrâneo e regiões adjacentes. (O relato também é, devo notar, uma brincadeira com o fato de que, em muitas línguas mediterrâneas, inclusive o grego, a palavra usada para "juros" significa literalmente "prole".)

> Certo dia, o vizinho de Nasrudin, famoso por sua avareza, apareceu dizendo que daria uma festa para alguns convidados. Será que Nasrudin poderia lhe emprestar algumas tigelas? Nasrudin não tinha muitas, mas disse que ficaria feliz em emprestar o que tivesse. No dia seguinte o avarento voltou, devolvendo as três tigelas emprestadas de Nasrudin e mais uma adicional.

— O que é isso? — perguntou Nasrudin.

— Ah, é a prole das tigelas. Elas se reproduziram enquanto estavam comigo.

Nasrudin deu de ombros e as aceitou de volta, e o avarento foi embora feliz por ter estabelecido um princípio de juros. Um mês depois Nasrudin deu uma festa e resolveu pedir doze peças emprestadas da louça muito mais luxuosa do vizinho. O avarento emprestou. Esperou um dia. E depois outro...

No terceiro dia, o avarento apareceu na casa de Nasrudin e perguntou o que tinha acontecido com as peças de louça.

— Com as peças de louça? — retrucou Nasrudin, entristecido. — Uma tragédia terrível. Elas morreram.[79]

Em um sistema heroico, são somente as dívidas de honra — a necessidade de retribuir dádivas, de exigir vingança, de resgatar ou redimir amigos ou parentes feitos prisioneiros — que funcionam totalmente na lógica da troca "toma lá dá cá". Honra é o mesmo que crédito; é a capacidade de cumprir promessas, mas também, no caso de um erro, de "acertar as contas". Como dá a entender a última expressão, tratava-se de uma lógica monetária, mas o dinheiro, ou qualquer relação que se parecesse com a que envolve dinheiro, restringe-se a isso. De maneira gradual e sutil, sem que ninguém entendesse completamente todas as implicações do que acontecia, o que era a essência das relações morais se transformou nos meios para todo tipo de estratagema desonesto.

Sabemos um pouco sobre isso por causa dos discursos em julgamentos, muitos dos quais chegaram até nós. Leiamos um do século IV, provavelmente de 365 a.C. Apolodoro era um cidadão ateniense próspero, mas de origem humilde (seu pai, banqueiro, começara a vida como escravo), que, como muitos cavalheiros, havia adquirido uma propriedade rural. Lá ele se tornara amigo de seu vizinho mais próximo, Nicostrato, homem de origem aristocrática, mas agora com menos recursos que no passado. Eles se comportavam como era de praxe entre vizinhos, dando e recebendo de volta pequenas quantias, emprestando animais ou escravos, cuidando da propriedade um do outro quando um deles se ausentava. Até que um dia Nicostrato foi vítima de um grande azar. Enquanto tentava localizar alguns escravos fugitivos, foi capturado por piratas e aprisionado à espera de resgate no mercado de escravos da ilha de Egina. Seus parentes conseguiram juntar apenas parte do resgate, e ele foi obrigado a tomar o restante emprestado de desconhecidos no mercado. Estes eram, ao que parece, profissionais especializados nesse tipo de empréstimos, cujas condições eram notoriamente rígidas: se o pagamento não fosse realizado em trinta dias, a dívida dobrava; se não fosse paga de modo nenhum, o devedor se tornava escravo do homem que providenciara o dinheiro da redenção.

Em prantos, Nicostrato apelou ao vizinho. Todas as suas posses haviam sido penhoradas por um ou outro credor; ele sabia que Apolodoro não devia ter tanto dinheiro vivo, mas será que seu querido amigo poderia aplicar algum bem próprio como garantia? Apolodoro ficou comovido. Ele perdoaria com alegria todas as dívidas que Nicostrato já tinha com ele, mas o restante seria difícil. Mesmo assim, faria o que pudesse. Por fim, ele conseguiu um empréstimo com um conhecido, Arcesas, dando como garantia sua casa na cidade, a uma taxa de 16% de juros anuais, para satisfazer os credores de Nicostrato, enquanto ele arranjava um empréstimo *eranos*, isto é, amigável e sem cobrança de juros, com algum parente. Pouco tempo depois, porém, Apolodoro percebeu que havia caído em uma cilada. O aristocrata empobrecido resolvera tirar vantagem de seu vizinho novo-rico; na verdade, ele se juntou a Arcesas e alguns inimigos de Apolodoro para que este fosse declarado "devedor público", ou seja, alguém que não quitava suas obrigações para com o tesouro público. Isso significava, em primeiro lugar, que Apolodoro perderia o direito de levar qualquer pessoa à Justiça (ou seja, aqueles que o haviam enganado, para recuperar o dinheiro); em segundo, que seus delatores teriam um pretexto para vender sua casa e retirar dela os móveis e outros bens. Supostamente, Nicostrato não se sentia confortável por dever a um homem considerado inferior a ele em termos sociais. Assim como Egil, o viking, que preferiria matar o amigo Einar a compor uma elegia agradecendo-lhe por um presente magnífico, Nicostrato parece ter concluído que era mais honroso, ou mais suportável, tentar arrancar dinheiro de seu modesto amigo pela força e pela fraude do que passar o resto da vida se sentindo em dívida. Em pouco tempo as coisas acabaram descambando para a violência física e o assunto foi parar na Justiça.[80]

Tudo está contido nessa história. Vemos aqui um exemplo de ajuda mútua: o comunismo do próspero, a esperança de que, se o tamanho da necessidade for suficiente, ou os custos forem razoáveis, amigos e vizinhos se ajudarão.[81] E a maioria, na verdade, contava com círculos de pessoas que levantariam dinheiro em momentos críticos: um casamento, uma penúria ou um resgate. Também vemos o perigo onipresente da violência predatória que reduz os seres humanos a mercadorias e, ao fazê-lo, introduz na vida econômica os tipos mais implacáveis de cálculo — não só por parte dos piratas, mas talvez ainda mais por parte dos agiotas, à espreita no mercado, oferecendo termos de crédito severos para qualquer pessoa que chegasse para resgatar algum parente mas não tivesse recursos suficientes, e que depois apelariam ao Estado pelo direito garantido de alugar homens armados para fazer cumprir o contrato. Vemos o orgulho heroico, que encara um ato de generosidade extrema como um tipo de ameaça depreciadora. Vemos a ambiguidade entre as dádivas, os empréstimos e os acordos comerciais de crédito. As coisas representadas nesse caso também não parecem particularmente incomuns, exceto, talvez, pela extraordinária ingratidão de Nicostrato. Atenienses de posição sempre tomavam dinheiro emprestado para conseguir realizar seus projetos políticos. Outros, menos importantes, estavam constantemente preocupados com as dívidas, ou pensando em como cobrar de seus devedores.[82] Por fim, há outro elemento mais sutil. Como todas as transações comerciais nas lojas ou nas tendas da ágora eram realizadas a crédito como em qualquer outro lugar, a produção de moedas em massa possibilitou certo anonimato nas transações que, em um sistema de crédito puro, simplesmente não poderia existir.[83] Piratas e sequestradores negociam em dinheiro vivo — todavia, os agiotas no mercado de Egina não existiriam sem eles. É com base nessa mesma combinação de negócios ilegais feitos em dinheiro, geralmente envolvendo violência, e termos de crédito extremamente rigorosos, também aplicados pela violência, que numerosos submundos do crime foram construídos desde então.

EM ATENAS, o resultado foi uma extrema confusão moral. A linguagem do dinheiro, da dívida e das finanças deu origem a maneiras eficazes — e, por fim, irresistíveis — de pensar sobre os problemas morais. Como aconteceu na Índia védica, as pessoas começaram a falar da vida como uma dívida aos deuses, das obrigações como dívidas, das dívidas de honra consideradas literalmente, da dívida como pecado e da vingança como cobrança de dívida.[84] Contudo, se a dívida era uma questão moral — e com certeza interessava aos credores, que geralmente tinham poucos recursos legais para forçar os devedores a pagar, insistir que assim era —, como considerar o fato de que o dinheiro, aquela coisa que parecia capaz de transformar a moralidade em uma ciência exata e quantificável, também encorajava os piores tipos de comportamento?

A ética e a filosofia moral começam com dilemas desse tipo. Para mim, essa é a mais pura verdade. Consideremos *A República*, de Platão, mais uma criação do século IV a.C. em Atenas. O livro começa com a visita de Sócrates a um velho amigo, um próspero fabricante de armas, no porto de Pireu. Eles se envolvem em um debate sobre a justiça, quando o amigo sugere que o dinheiro não pode ser ruim, pois permite que os que o possuem sejam justos, e que a justiça consiste em dizer a verdade e sempre pagar as próprias dívidas.[85] O argumento é facilmente destruído. Sócrates pergunta: se alguém lhe emprestasse a espada, enlouquecesse e então a pedisse de volta? (Presume-se que com ela poderia matar alguém.) Está claro que não pode ser correto armar um lunático, quaisquer que sejam as circunstâncias.[86] O amigo ignora o problema e sai para cumprir algum ritual, deixando o filho em seu lugar na discussão.

O filho, Polemarco, muda inesperadamente o argumento: é claro que seu pai não quis dizer "dívida" no sentido literal de devolver o que se tomou emprestado. Ele se referia mais ao sentido de dar às pessoas o que lhes é devido; retribuir o bem com o bem e o mal com o mal; ajudar os amigos e prejudicar os inimigos. (Quer dizer que a justiça não serve para determinar quais são nossos amigos e inimigos? Um homem que concluísse não ter amigos e tentasse ferir todos os outros seria justo? E mesmo que tivéssemos a maneira certa de dizer que determinado inimigo é intrinsecamente mau e merece ser prejudicado, ao prejudicá-lo não estaríamos tornando-o pior? Transformar pessoas ruins em pessoas piores pode realmente ser um exemplo de justiça?) Destruir esse argumento demora um pouco mais, mas por fim ele é derrubado. Nesse momento, Trasímaco, um sofista, entra na discussão e acusa todos os debatedores de serem tíbios idealistas. Na verdade, diz ele, todo o discurso sobre "justiça" não passa de um pretexto político para justificar os interesses dos poderosos. E assim deveria ser, pois uma vez que existe a justiça, ela é simplesmente isto: o interesse dos poderosos. Os governantes são como pastores. Gostamos de concebê-los como pessoas benevolentes que cuidam de seus rebanhos, mas o que um pastor, em última instância, *faz* com seus carneiros? Mata-os e come-os, ou vende a carne por dinheiro. Sócrates responde dizendo que Trasímaco está confundindo a arte de cuidar de carneiros com a arte de lucrar com eles. A arte da medicina visa melhorar a saúde, sejam os médicos pagos ou não por praticá-la. A arte do pastoreio visa garantir o bem-estar do rebanho, seja o pastor (ou seu empregador) um negociante que sabe como extrair lucro dos animais ou não. O mesmo acontece com a arte de governar. Se essa arte existe, ela deve ter seu objetivo intrínseco separado do lucro que se possa obter com ela, e qual objetivo seria esse senão o estabelecimento da justiça? É apenas a existência do dinheiro, sugere Sócrates, que nos permite imaginar que palavras como "poder" e "interesse" se referem a realidades universais que podem ser buscadas por si sós, e que todas as buscas no fundo sejam por poder, vantagem ou interesse próprio.[87] A questão, diz ele, é como garantir que os políticos exerçam a arte de governar para obter não ganho, mas sim honra.

Devo parar aqui. Como sabemos, Sócrates oferece propostas políticas próprias, as quais envolvem reis-filósofos, a abolição do casamento, da família e da propriedade privada, a reprodução seletiva dos seres humanos. (Obviamente, o livro tinha o intuito de incomodar os leitores, e por mais de 2 mil anos essa tarefa tem sido cumprida de maneira brilhante.) O que quero enfatizar, no entanto, é até que ponto o que consideramos hoje nossa tradição nuclear da teoria moral e política surge desta pergunta: o que significa pagar nossas dívidas? Platão nos apresenta primeiro a visão simples e literal do negociante. Quando essa visão se mostra inadequada, ele a reformula em termos teóricos. Talvez, no final das contas, todas as dívidas sejam realmente dívidas de honra.[88] Mas a honra heroica não funciona mais em um mundo em que (como descobriu tristemente Apolodoro) o comércio, as classes e o lucro confundiram tanto as coisas que os verdadeiros motivos das pessoas nunca são claros. Como sabemos quem são nossos inimigos? Por fim, Platão nos apresenta um cínico imperativo político. Talvez ninguém realmente deva nada a ninguém. Talvez quem busque o lucro esteja certo no final das contas. Somos deixados com a certeza de que os padrões existentes são incoerentes e contraditórios, e que *algum* tipo de ruptura radical seria necessário para criar um mundo que tenha sentido lógico. Mas a maioria das pessoas que consideraram seriamente uma ruptura radical nos termos sugeridos por Platão concluiu que poderia haver coisas muito piores que a incoerência moral. E assim ficamos presos, desde então, em um dilema indissolúvel.

Não surpreende que essas questões tenham pesado na mente de Platão. Menos de sete anos antes, ele aparentemente saíra em uma viagem marítima malfadada, fora capturado e, talvez como Nicostrato, fora levado a leilão em Egina. No entanto, Platão teve mais sorte. Aniceres, filósofo líbio da escola epicurista, por acaso estava no mercado naquele momento. Ele reconheceu Platão e o resgatou. Platão se sentiu moralmente obrigado a pagar-lhe de volta. Seus amigos atenienses conseguiram juntar vinte minas de prata, mas Aniceres se recusou a aceitar o dinheiro, insistindo que para ele era uma honra poder beneficiar um colega amante da sabedoria.[89] E assim aconteceu: a partir de então, Aniceres foi lembrado e celebrado por sua generosidade. Platão usou as vinte minas para comprar terras para uma escola, a famosa Academia. E mesmo que não demonstrasse a mesma ingratidão de Nicostrato, temos a impressão de que não se sentia muito feliz com o fato de sua carreira posterior ter sido possibilitada, em certo sentido, pela dívida para com um homem que ele provavelmente considerava um filósofo menor — e Aniceres nem era grego! Pelo menos isso ajudaria a explicar por que Platão, conhecido por sempre citar o nome das pessoas importantes que conhecia, jamais mencionou o nome de Aniceres. Só sabemos de sua existência por biógrafos posteriores.[90]

Roma antiga (propriedade e liberdade)

Se a obra de Platão é um testemunho de como a confusão moral introduzida pela dívida modelou tão profundamente nossas tradições de pensamento, o direito romano revela quanto a dívida modelou também nossas instituições familiares.

É conhecida a observação do jurisconsulto alemão Rudolf von Ihering que Roma conquistou o mundo três vezes: a primeira com os exércitos, a segunda com a religião e a terceira com as leis.[91] Ele poderia ter acrescentado: cada vez de maneira mais abrangente. Afinal de contas, o Império Romano abarcou apenas uma pequena porção do globo; a Igreja Católica Romana foi ainda mais longe; já o direito romano forneceu a linguagem e os fundamentos conceituais das ordens jurídicas e constitucionais em todos os lugares. Estudantes de direito da África do Sul ao Peru são obrigados a passar bastante tempo memorizando termos técnicos em latim, e é o direito romano que fornece quase todas as concepções básicas sobre contratos, obrigações, delitos, propriedade e jurisdição — e, em sentido mais amplo, sobre cidadania, direitos e liberdades nos quais a vida política também se baseia.

Isso foi possível, argumentou Ihering, porque os romanos foram os primeiros a transformar a jurisprudência em verdadeira ciência. É provável. Mas, apesar disso, continua sendo verdade que o direito romano tem características notoriamente peculiares, algumas tão estranhas que têm confundido e perturbado juristas desde que o seu estudo foi reavivado nas universidades italianas da Alta Idade Média. A mais famosa dessas características é sua maneira particular de definir propriedade. No direito romano, a propriedade, ou *dominium*, é a relação entre uma pessoa e uma coisa, caracterizada pelo poder absoluto da pessoa sobre a coisa. Essa definição tem gerado problemas conceituais infinitos. Primeiramente, não está claro o que significa um ser humano ter uma "relação" com um objeto inanimado. Os seres humanos podem ter relações uns com os outros. Mas essas relações são sempre mútuas. Como seria possível ter uma relação mútua com uma coisa? E, caso exista essa relação, o que significa dar condição legal a ela? Basta um exemplo simples: imagine um homem preso em uma ilha deserta. Ele pode desenvolver relações extremamente pessoais, digamos, com as palmeiras da ilha. Se ficar lá por um longo período, pode dar nome a elas e passar metade do tempo tendo conversas imaginárias com elas. No entanto, seria ele *dono* das palmeiras? A pergunta nem sequer faz sentido. Não há necessidade de se preocupar com direito de propriedade se não há mais ninguém na ilha.

Está claro, então, que propriedade não é de fato a relação entre uma pessoa e uma coisa. Ela é o entendimento ou acordo entre pessoas no que se refere às coisas. O único motivo que de vez em quando nos leva a não enxergar isso é que, em muitos casos — particularmente quando falamos de nossos direitos sobre sapatos, carros ou ferramentas mecânicas —, estamos falando sobre direitos mantidos, como diz o direito inglês, "contra o mundo todo" — ou seja, o entendimento entre nós mesmos e todas as outras pessoas do planeta de que elas não vão interferir em nossas posses e, portanto, consentem que tratemos essas posses como preferirmos. A relação entre uma pessoa e todas as outras do planeta é, compreensivelmente, difícil de ser concebida. É mais fácil pensar na relação com uma coisa. Mesmo assim, na prática, essa liberdade de fazer o que se quer se revela razoavelmente limitada. Dizer que o fato de eu possuir uma motosserra me dá o "poder absoluto" de fazer o que quiser com ela é obviamente absurdo. É provável que quase tudo que pudesse ser feito com uma motosserra fora da minha casa ou propriedade seria ilegal, e há pouquíssimas atividades que se poderiam fazer com ela dentro de casa. A única certeza "absoluta" sobre os meus direitos com relação à motosserra é que posso proibir qualquer *outra pessoa* de usá-la.[92]

Não obstante, o direito romano insiste que a forma básica de propriedade é a propriedade privada, que é o poder absoluto do proprietário de fazer o que quiser com suas posses. Juristas do século XII aprimoraram esse poder absoluto em três princípios: *usus* (uso da coisa), *fructus* (frutos, ou seja, desfrute dos produtos da coisa) e *abusus* (abuso ou destruição da coisa). Os juristas romanos, porém, não se interessariam por essa especificação, uma vez que, de certo modo, acreditavam que os detalhes estavam totalmente fora do domínio da lei. Na verdade, os pesquisadores têm passado muito tempo discutindo se os autores romanos consideravam realmente a propriedade privada um direito (*ius*),[93] justamente porque, em última instância, os direitos eram baseados em acordos entre as pessoas, o que não é o caso do poder de dispor da propriedade: este era considerado apenas uma manifestação da capacidade natural de fazer o que se quer quando não há impedimentos sociais.[94]

Se refletirmos sobre isso, veremos que se trata de um lugar estranho para começar a desenvolver uma teoria do direito das coisas. É provavelmente correto dizer que, em qualquer parte do mundo, e em qualquer período da história, seja no Japão antigo ou em Machu Picchu, quem tivesse um pedaço de corda era livre para torcê-lo, atá-lo, cortá-lo ou atirá-lo no fogo, como preferisse. Os juristas, em nenhum outro lugar, parecem ter considerado esse fato interessante ou importante. Decerto, nenhuma outra tradição fez dele a base do direito de propriedade — afinal de contas, fazê--lo transforma praticamente todas as leis atuais em uma série de exceções.

Como isso aconteceu? E por quê? A explicação mais convincente, para mim, é a de Orlando Patterson: a noção de propriedade privada absoluta é derivada da escravidão. Podemos imaginar a propriedade como uma relação não entre pessoas, mas entre uma pessoa e uma coisa se nosso ponto de partida for uma relação entre duas pessoas e uma delas também for uma coisa (assim os escravos eram definidos no direito romano: pessoas que também eram *res*, uma coisa).[95] A ênfase no poder absoluto também começa a fazer sentido.[96]

A palavra *dominium*, que significa propriedade privada absoluta, não era particularmente antiga.[97] Ela só aparece em latim no final da República, mais ou menos na época em que centenas de milhares de trabalhadores cativos começaram a surgir na Itália, e Roma, em consequência, começou a se tornar uma sociedade escravocrata.[98] Em 50 a.C., os escritores romanos simplesmente pressupunham que os trabalhadores — fossem os trabalhadores agrícolas que colhiam ervilhas nas plantações, os arrieiros que entregavam as ervilhas no comércio da cidade ou os caixeiros que cuidavam da contagem — eram propriedade de outra pessoa. A existência de milhões de criaturas que eram pessoas e coisas simultaneamente gerou problemas jurídicos em série, e grande parte do gênio criativo do direito romano foi usado para elaborar as infinitas ramificações. Para se ter uma ideia disso, basta abrir qualquer compêndio de direito romano. Leiamos um trecho do jurista Ulpiano, do século II:

> Mela se pergunta: se um grupo de pessoas estivesse jogando bola e uma delas, ao lançar a bola com força, atingisse as mãos de um barbeiro, e este cortasse com a navalha a garganta de um escravo a quem barbeava, a quem seria imputada a culpa de acordo com a *Lex Aquilia* [lei dos danos civis]? Proclo diz que a culpa é do barbeiro; com efeito, se ele estava barbeando o escravo em um lugar onde jogos normalmente acontecem ou onde há um tráfego grande de pessoas, há razões para culpá-lo. Mas não seria desarrazoado dizer que, se um homem tem confiança em um barbeiro cuja cadeira esteja em um local perigoso, ele também deve ser culpado.[99]

Em outras palavras, o senhor de escravo não pode cobrar dos jogadores ou do barbeiro uma compensação pela destruição de uma propriedade se o verdadeiro problema foi ele ter comprado um escravo estúpido. (Poderíamos acusar alguém de roubo simplesmente por ter convencido um escravo a fugir? Se alguém matasse um escravo que porventura fosse seu filho, poderíamos levar em conta seus sentimentos em relação a ele ao avaliar o dano causado ou teríamos de nos prender ao valor de mercado?) Muitos desses debates podem soar hoje exóticos, mas a nossa tradição de jurisprudência é fundamentada diretamente em discussões similares.[100]

No tocante a *dominium*, a palavra é derivada de *dominus*, que significa "senhor" ou "dono de escravos", mas, em última análise, de *domus*, que significa "casa" ou "unidade familiar". Obviamente, está relacionada à palavra "doméstico", que é usada para designar algo que "pertence à vida privada" ou para se referir ao empregado que limpa a casa. O significado de *domus* se sobrepõe relativamente ao de *familia*, "família" — e, como talvez queiram saber os defensores dos valores familiares, a palavra *familia* deriva de *famulus*, que significa "escravo". Originalmente, família dizia respeito a todas as pessoas sob a autoridade doméstica de um *pater familias*, e essa autoridade era, pelo menos no antigo direito romano, tida como absoluta.[101] Um homem não tinha poder total sobre sua esposa, pois ela continuava de certo modo sob proteção do próprio pai, mas podia fazer o que quisesse com os filhos, escravos e outros dependentes, posto que eram seus — pelo menos no direito romano primordial, ele era perfeitamente livre para açoitá-los, torturá-los e vendê-los. Um pai podia até executar os filhos, caso descobrisse que haviam cometido crimes capitais.[102] Já com os escravos, ele não precisava sequer dessa desculpa.

Desse modo, ao criar a noção de *dominium* e, como consequência, o princípio moderno de propriedade privada absoluta, os juristas romanos, antes de tudo, adotaram o princípio de autoridade doméstica ou de poder absoluto sobre as pessoas, definiram algumas dessas pessoas (escravos) como coisas e depois estenderam a gansos, carruagens, celeiros, caixas de joias e assim por diante a lógica originalmente aplicada aos escravos — ou seja, estenderam-na a todas as coisas que tinham alguma relação com a lei.

Era algo bastante extraordinário, mesmo no mundo antigo, que um pai tivesse o direito de executar seus escravos — que dirá seus filhos. Não se sabe ao certo por que os primeiros romanos eram tão extremados a esse respeito. É notável, no entanto, que as primeiras leis romanas relativas à dívida, igualmente incomuns em sua severidade, permitissem que os credores executassem devedores insolventes.[103] A história dos primórdios de Roma, como a história dos primórdios das cidades-Estado gregas, foi uma contínua luta política entre credores e devedores, até que a elite romana descobriu um processo conhecido pelas elites mais bem-sucedidas do Mediterrâneo: um campesinato livre significa um exército mais eficaz, e conquistar exércitos pode proporcionar prisioneiros de guerra capazes de fazer tudo o que os servos costumavam fazer; desse modo, um compromisso social — permitir uma representação popular limitada, proibir a escravidão por dívida, direcionar alguns frutos do império para gastos com o bem-estar social — estava de fato entre seus interesses. Supostamente, o poder absoluto dos pais se desenvolveu como parte dessa constelação da mesma maneira em outros lugares. A servidão por dívida reduziu as relações familiares a relações de propriedade; as reformas sociais preservaram o novo poder dos pais, mas os protegeram da dívida. Ao mesmo tempo, o crescente afluxo de escravos logo fez com que qualquer unidade familiar razoavelmente próspera possuísse escravos. A lógica da conquista, consequentemente, estendeu-se a aspectos mais íntimos da vida cotidiana. Os conquistados começaram a executar tarefas para os conquistadores, como despejar a água para o banho e pentear-lhes os cabelos. Os tutores conquistados ensinavam poesia aos filhos dos conquistadores. E, como os escravos estavam sexualmente disponíveis para seus donos e familiares, bem como para amigos e convidados quando algum jantar era oferecido, é provável que a primeira experiência sexual da maioria dos romanos tenha se dado com um menino ou uma menina cujo status legal era o de um inimigo derrotado.[104]

Com o tempo, isso foi se tornando cada vez mais uma ficção jurídica — é bem mais provável que os escravos reais tenham sido pobres vendidos pelos pais, infelizes raptados por piratas ou bandidos, vítimas de guerra ou de processos judiciais, principalmente contra bárbaros nas regiões mais remotas do império, ou filhos de outros escravos.[105] Mesmo assim, a ficção se manteve.

O que tornava a escravidão romana tão única, em termos históricos, era a conjunção de dois fatores. O primeiro era a própria arbitrariedade. Em contraste radical com, digamos, a escravidão rural nas Américas, não fazia sentido achar que certas pessoas fossem naturalmente inferiores a outras e por isso destinadas à escravidão. Em vez disso, a escravidão era vista como má sorte que poderia acontecer a qualquer pessoa.[106] Consequentemente, não havia motivos para que um escravo não fosse, em todos os aspectos, superior ao seu senhor: mais inteligente, com um senso moral mais aguçado, gosto mais refinado e maior entendimento de filosofia. Talvez o senhor estivesse até disposto a reconhecer isso. Não havia motivos para não o fazer, pois esse reconhecimento não afetava a natureza das relações, que eram simplesmente de poder.

O segundo era a natureza absoluta desse poder. Há lugares em que escravos são tomados como prisioneiros de guerra, e os senhores são conquistadores com poderes absolutos de vida e morte — mas, de modo geral, trata-se de um princípio abstrato. Praticamente em toda parte, os governos passaram a limitar esses direitos. Na pior das hipóteses, imperadores e reis estabelecem que são os únicos com o poder de ordenar a execução dos outros.[107] Mas na República romana não havia imperador; o corpo soberano existente era o corpo coletivo dos próprios proprietários de escravos. É somente no antigo Império Romano que vemos leis que limitam o que os proprietários podiam fazer com sua propriedade (humana): uma delas, da época do imperador Tibério (datada de 16 d.C), determinava que o dono tinha de obter permissão de um magistrado antes de ordenar que o escravo fosse dilacerado publicamente por animais.[108] Contudo, a natureza absoluta do poder do senhor — o fato de que, nesse contexto, ele *era* o Estado — também significava que, em princípio, não havia restrições à manumissão, isto é, à alforria legal: o senhor podia libertar seu escravo, ou adotá-lo, ao passo que o escravo libertado ou adotado — uma vez que a liberdade não significava nada fora da participação em uma comunidade — se tornava automaticamente cidadão romano. Isso levou a arranjos muito peculiares. No século I, por exemplo, não era incomum que gregos instruídos se vendessem como escravos para algum romano rico que precisasse de um secretário, confiasse o pagamento a um amigo íntimo ou parente e depois, após determinado intervalo, comprassem de volta a si mesmos, obtendo assim a cidadania romana. Isso ocorria apesar do fato de que o proprietário teria plena liberdade para mandar cortar o pé do secretário, por exemplo, caso quisesse — enquanto este ainda fosse seu escravo.[109]

A relação entre *dominus* e escravidão, desse modo, trouxe para a unidade familiar uma relação de conquista, de poder político absoluto (na verdade, tornou-a a essência da unidade familiar). É importante destacar que não era uma relação moral para nenhum dos lados. Uma famosa fórmula legal, atribuída a um advogado republicano chamado Quinto Hatério, esclarece a questão de maneira notável. Entre os romanos, bem como entre os atenienses, era considerado indecoroso para um homem ser penetrado sexualmente. Ao defender um liberto acusado de continuar prestando favores sexuais ao seu antigo senhor, Hatério cunhou um aforismo que depois se transformou em uma anedota suja popular: *impudicitia in ingenuo crimen est, in servo necessitas, in liberto officium* ("ser sexualmente passivo é crime para o homem livre, necessidade para o escravo e obrigação para o liberto").[110] Vale notar que a subserviência sexual é considerada "obrigação" apenas para o liberto, não para o escravo. Isso porque, como já observei, a escravidão não era uma relação moral. O senhor podia agir como quisesse, e não havia nada que o escravo pudesse fazer.

No ENTANTO, o efeito mais insidioso da escravidão em Roma é que, pelo direito romano, ela começou a destruir nossa ideia de liberdade humana. O próprio significado da palavra romana *libertas* mudou dramaticamente com o tempo. Em todo o mundo antigo, ser "livre" significava, antes de tudo, não ser escravo. Como a escravidão implicava sobretudo a aniquilação dos laços sociais e da capacidade de formá-los, ser livre significava ter capacidade de estabelecer e manter compromissos morais com os outros. A palavra inglesa *free*, por exemplo, é derivada de um termo de origem alemã que significa "amigo", uma vez que ser livre significava ser capaz de fazer amigos, cumprir promessas, viver em uma comunidade de iguais. É por isso que os escravos libertos em Roma se tornavam cidadãos: ser livre, por definição, significava estar ancorado em uma comunidade cívica, com todos os direitos e responsabilidades aí envolvidos.[111]

No século II, contudo, isso começou a mudar. Os juristas redefiniram pouco a pouco o conceito de *libertas* até que seu significado se tornou quase indistinguível do poder do senhor. Era o direito de fazer absolutamente tudo, exceto, mais uma vez, todas as coisas que ninguém podia fazer. Na verdade, no *Digesto*, as definições de liberdade e escravidão aparecem juntas:

Liberdade é a faculdade natural de fazer o que se queira, desde que não impedido por força ou lei. Escravidão é uma instituição consoante à lei das nações segundo a qual uma pessoa se torna propriedade privada (*dominium*) de outra, contra a natureza.[112]

Os comentadores medievais imediatamente perceberam aqui um problema.[113] Mas isso não quer dizer que todos eram livres? Afinal, até os escravos são livres para fazer absolutamente tudo, desde que tenham permissão para tal. Dizer que um escravo é livre (salvo por não sê-lo) é quase como dizer que a terra é quadrada (salvo por ser redonda), ou que o sol é azul (salvo por ser amarelo), ou ainda, repetindo, que temos o direito absoluto de fazer o que quisermos com a nossa motosserra (salvo aquilo que não podemos fazer).

Na verdade, a definição traz consigo todos os tipos de complicações. Se a liberdade é natural, então a escravidão decerto é antinatural, mas se a liberdade e a escravidão são uma questão de grau, então, logicamente, *todas* as restrições à liberdade não seriam, até certo ponto, antinaturais? Isso não implica que a sociedade, as regras sociais, e na verdade até os direitos de propriedade também seriam antinaturais? Foi exatamente isso que os juristas romanos concluíram — quer dizer, quando se aventuravam a comentar sobre essas questões abstratas, o que raramente faziam. Originalmente, os seres humanos viviam em um estado de natureza em que todas as coisas eram comuns; foi a guerra que dividiu o mundo pela primeira vez, e a resultante "lei das nações" — as práticas comuns da humanidade que regulam questões como conquista, escravidão, tratados e fronteiras — foi responsável pelas desigualdades de propriedade.[114]

Isso, por sua vez, significava que não havia diferença intrínseca entre propriedade privada e poder político — pelo menos na medida em que esse poder se baseava na violência. Com o passar do tempo, os imperadores romanos também começaram a reivindicar algo parecido ao *dominium*, afirmando que em seus domínios eles tinham liberdade absoluta — na verdade, que eles não eram limitados por leis.[115] Ao mesmo tempo, a sociedade romana passou de república de donos de escravos para arranjos que lembravam cada vez mais a Europa feudal vindoura, com senhores poderosos vivendo em grandes propriedades rurais cercadas de camponeses dependentes, servos por dívida e uma variedade infindável de escravos — com quem eles podiam agir como quisessem. As invasões bárbaras que destruíram o império apenas formalizaram a situação, eliminando a escravidão em grande medida, mas ao mesmo tempo introduzindo a ideia de que as classes nobres eram realmente descendentes dos conquistadores germânicos e que o povo comum era intrinsecamente servil.

Ainda assim, mesmo nesse novo mundo medieval, o antigo conceito romano de liberdade permaneceu. Liberdade significava nada mais que poder. Quando os pensadores políticos medievais falavam em "liberdade", normalmente se referiam ao direito do senhor de fazer o que quisesse em seus domínios. Mais uma vez, supunha-se que esse direito não era originalmente estabelecido por um acordo, mas sim por uma conquista: uma famosa lenda inglesa diz que quando, por volta de 1290, o rei Eduardo I pediu que seus fidalgos preparassem documentos para provar por quais direitos eles mantinham seus privilégios (ou "liberdades"), o conde Warenne apresentou ao rei apenas sua espada enferrujada.[116] Como no caso do *dominium* romano, tratava-se de um poder exercido sobretudo contra o povo — por isso na Idade Média era comum falar da "liberdade de forca", ou seja, do direito que os senhores tinham de manter o próprio local privado de execução.

Quando o direito romano começou a ser recuperado e modernizado no século XII, o termo *dominium* suscitou um problema em particular, uma vez que no latim clerical da época a palavra passou a ser usada para se referir igualmente a "senhoria" e "propriedade privada". Os juristas medievais levaram muito tempo tentando estabelecer uma diferença entre as duas. Tratava-se de um problema particularmente espinhoso porque, se os direitos de propriedade realmente eram, como registrado no *Digesto*, uma forma de poder absoluto, seria muito difícil entender como todos poderiam tê-lo exceto o rei — ou até mesmo, para certos juristas, Deus.[117]

Este livro não é o lugar apropriado para descrever o debate que se seguiu, mas acredito ser importante encerrar o assunto porque assim, de certa forma, fecharemos o ciclo e poderemos entender com mais precisão a visão de mundo de liberais como Adam Smith — uma tradição que assume a liberdade, em essência, como o direito de fazermos o que quisermos com a nossa propriedade. Na verdade, além de tornar a propriedade um direito, trata os próprios direitos como uma forma de propriedade. Em certo sentido, esse é o maior paradoxo de todos. Estamos tão acostumados com a ideia de "ter" direitos — ou seja, a ideia de que os direitos podem ser possuídos — que raramente pensamos sobre o que isso realmente significa. Na realidade (como bem sabiam os juristas medievais), o direito de um é simplesmente a obrigação de outro. Meu direito à liberdade de expressão é a obrigação do outro de não me punir por falar; meu direito de ser julgado por um júri formado por meus pares é a responsabilidade dos outros de manter um serviço de júri. O problema é o mesmo que o dos direitos de propriedade: é difícil pensar nisso quando falamos em compromissos assumidos por pessoas em todo o mundo. É muito mais fácil falar em "ter" direitos e liberdades. Mesmo assim, se a liberdade é basicamente o nosso direito de possuir as coisas ou de tratar as coisas como se as possuíssemos, então o que significa "possuir" uma liberdade? Significa que nosso direito à propriedade é *em si* uma forma de propriedade? Trata-se de uma ideia desnecessariamente confusa. Que motivos teríamos para seguir com essa definição?[118]

Historicamente, há uma resposta simples — talvez perturbadora — para isso. Aqueles que defendem que somos detentores naturais de nossos direitos e liberdades querem dizer basicamente que deveríamos ser livres para abrir mão deles, ou até mesmo vendê-los.

As ideias modernas de direitos e liberdades são derivadas do que conhecemos como "teoria dos direitos naturais" — da época em que Jean Gerson, reitor da Universidade de Paris, começou a difundi-las por volta de 1400, baseando-se em conceitos do direito romano. Como há muito observou Richard Tuck, principal historiador dessas ideias, o fato de se tratar de um corpo teórico adotado não pelos progressistas da época, mas pelos conservadores, constitui uma das maiores ironias da história. "Para os gersonianos, liberdade era propriedade e podia ser trocada da mesma maneira, e sob os mesmos termos, que qualquer outra propriedade" — vendida, trocada, emprestada ou entregue voluntariamente.[119] Como consequência, não podia haver nada de intrinsecamente errado com a servidão por dívida, por exemplo, ou mesmo a escravidão. E é justamente isso que os teóricos dos direitos naturais passaram a dizer: na verdade, nos séculos posteriores, essas ideias foram desenvolvidas sobretudo em Antuérpia e em Lisboa, cidades no centro do tráfico de escravos que vinha surgindo. Afinal de contas, argumentavam eles, nós não sabemos de fato o que acontece em territórios distantes, no interior de lugares como Calabar, mas não há razões intrínsecas para afirmar que a grande maioria da carga humana levada por navios europeus não tenha vendido a si própria, sido descartada por seus guardiães legais ou tenha perdido sua liberdade de outra maneira perfeitamente legal. É claro que isso não aconteceu com todas as cargas, mas abusos sempre existirão em qualquer sistema. O importante é que não havia nada de inerentemente antinatural ou ilegítimo na ideia de que a liberdade *podia* ser vendida.[120]

Em pouco tempo, argumentos semelhantes começaram a ser usados para justificar o poder absoluto do Estado. No século XVII, Thomas Hobbes foi o primeiro a desenvolver de fato essa ideia que logo se tornou lugar-comum. O governo era essencialmente um contrato, um tipo de acordo de negócios, em que os cidadãos abriam mão voluntariamente de suas liberdades naturais, entregando-as a um soberano. Por fim, ideias semelhantes se tornaram a base da instituição dominante da vida econômica: o trabalho assalariado, que efetivamente equivale ao aluguel de nossa liberdade, assim como a escravidão pode ser concebida como sua venda.[121]

Não possuímos apenas nossas liberdades: essa mesma lógica tem sido usada em relação ao nosso corpo, que é tratado, em algumas formulações, da mesma maneira que casas, carros ou móveis. Somos donos de nós mesmos, por isso ninguém tem o direito de nos violar.[122] Essa noção pode parecer inócua, até positiva, mas se afigura bem diferente quando levamos em consideração a tradição romana de propriedade em que se baseia. Dizer que somos donos de nós mesmos é, curiosamente, definir a nós mesmos como senhores e escravos ao mesmo tempo. "Nós" somos tanto donos (exercemos poder absoluto sobre nossa propriedade) como, ao mesmo tempo, de algum modo, as coisas que possuímos (somos objeto do poder absoluto). A antiga unidade familiar romana, longe de ter sido esquecida na névoa da história, está preservada na concepção basilar que temos de nós mesmos — e, assim como na lei de propriedade, o resultado é tão estranhamente incoerente que se desdobra em infinitos paradoxos no momento em que tentamos descobrir o que ele de fato significaria na prática. Assim como os advogados passaram mil anos tentando dar sentido aos conceitos de propriedade romana, os filósofos passaram séculos tentando entender como seria possível termos com nós mesmos uma relação de dominação. A solução mais conhecida — dizer que cada um de nós tem uma "mente" totalmente separada do restante, que podemos chamar de "corpo", e que a primeira exerce domínio natural sobre o segundo — vai de encontro a tudo o que sabemos sobre a ciência cognitiva. Trata-se de uma inverdade, mas nós continuamos a sustentá-la pela simples razão de que nenhuma suposição comum sobre propriedade, lei e liberdade faria sentido sem ela.[123]

Conclusões

Os primeiros quatro capítulos deste livro descrevem um dilema. Nós realmente não sabemos como pensar a dívida. Ou, para ser mais preciso, parece que estamos encurralados entre duas possibilidades. Por um lado, ver a sociedade ao modo de Adam Smith — como um conjunto de indivíduos cujas únicas relações significativas se dão com suas posses, que eles trocam, felizes, umas pelas outras em nome da convivência mútua e com a dívida quase totalmente abolida do horizonte. Por outro, achar que a dívida é tudo, a própria substância de todas as relações humanas — o que, obviamente, dá a sensação de que essas relações são, de alguma maneira, algo intrinsecamente sórdido, que nossas responsabilidades para com os outros já estão, de alguma forma, fundamentadas no pecado e no crime. As duas alternativas não são nada atraentes.

Nos últimos três capítulos tentei mostrar que há outra maneira de enxergar as coisas e procurei descrever como chegamos até aqui. Por esse motivo desenvolvi o conceito de economias humanas: nelas, o que realmente importa sobre os seres humanos é o fato de cada um deles ser um eixo único de relações com os demais — portanto, ninguém pode ser considerado exatamente equivalente a alguma coisa ou a alguém. Em uma economia humana, o dinheiro serve não para comprar ou trocar seres humanos, mas para expressar que tal coisa na verdade não pode ser feita.

Prossegui então descrevendo como tudo isso pode começar a ruir, ou como os seres humanos podem se tornar objetos de troca: primeiro, talvez, as mulheres são dadas em casamento; por fim, elas são capturadas em guerra. Observei que todas essas relações tinham em comum a violência. Seja às garotas tivs amarradas e espancadas por fugir dos maridos, seja aos maridos jogados em navios de escravos para morrer em plantações distantes, aplica-se o mesmo princípio: é somente sob a ameaça de açoites, cordas, lanças e armas que se pode arrancar alguém de sua rede de relações (com irmãs, amigos, rivais...) — relações infinitamente complexas que tornam únicas as pessoas —, reduzindo-o, assim, a algo que pode ser trocado.

É importante destacar que tudo isso pode acontecer em lugares onde o mercado de produtos comuns e cotidianos — roupas, ferramentas, gêneros alimentícios — nem sequer existe. Na verdade, na maioria das economias humanas, os bens importantes não podem ser comprados e vendidos pelas mesmas razões que as pessoas não podem ser compradas nem vendidas: são objetos únicos, presos a uma teia de relações com os seres humanos.[124]

John Comaroff, meu antigo professor, costumava contar uma história sobre uma pesquisa realizada na província de Natal, na África do Sul: ele passara mais de uma semana indo de uma propriedade rural a outra em um jipe com uma caixa cheia de questionários e um intérprete de zulu, atravessando campos com imensos rebanhos de gado. Depois de uns seis dias, o intérprete se assustou de repente e apontou para um rebanho.

— Olhe! — disse ele. — É a mesma vaca! Aquela ali, com uma mancha vermelha nas costas. Nós passamos por ela há três dias em outro lugar, a quilômetros daqui. O que será que aconteceu? Será que alguém se casou? Ou será que houve um acordo em alguma disputa?

Nas economias humanas, quando surge essa capacidade de arrancar as pessoas de seus contextos, ela é vista na maior parte das vezes como um fim em si mesmo. Já encontramos uma pista disso entre os leles. Homens importantes ocasionalmente adquiriam prisioneiros de guerra de lugares distantes para servir como escravos, mas quase sempre eles seriam sacrificados em seus funerais.[125] A supressão da individualidade de um homem era vista, de algum modo, como a intensificação da reputação ou da existência social do outro.[126] No que tenho chamado de sociedades heroicas, é claro, esse tipo de adição e subtração da honra e da desgraça deixa de ser uma prática um tanto marginal para se tornar a própria essência da política. Como atestam infinitas epopeias, sagas e narrativas edas, heróis se tornam heróis diminuindo os outros. Na Irlanda e no País de Gales, vemos como essa capacidade de degradar os outros, de retirar os seres humanos de seus lares e famílias e transformá-los em unidades anônimas de contabilidade — as meninas-escravas na Irlanda, as lavadeiras galesas —, é em si a mais alta expressão de honra.

Nas sociedades heroicas, o papel da violência não é oculto — é glorificado. Muitas vezes, ela pode formar a base das relações mais íntimas das pessoas. Na *Ilíada*, Aquiles não vê nada de vergonhoso em sua relação com uma escrava, Briseida, cujo marido e irmãos ele matou; Aquiles se refere a ela como seu "preço da honra", mas ao mesmo tempo também insiste que todo homem decente deve amar e cuidar de seus dependentes, "pois essa eu amei de coração, mesmo que a tenha ganhado com a espada".[127]

Que essas relações de intimidade possam se desenvolver entre homens de honra e aqueles que foram arrancados de sua dignidade é algo que a história confirma muito bem. Afinal de contas, a aniquilação de qualquer possibilidade de igualdade também elimina a questão da dívida, de qualquer relação que não seja a de poder. O que permite algum grau de clareza. Presumivelmente, é devido a isso que imperadores e reis têm uma tendência tão notória para desfrutar da companhia de escravos ou eunucos.

Mas há algo mais a ser dito. Se observarmos a história em toda a sua extensão, é impossível não perceber um curioso grau de identificação entre os mais elevados e os mais degradados, principalmente entre imperadores e reis e escravos. Muitos reis se cercam de escravos, indicam escravos para ministros — sempre existiram, como entre os mamelucos no Egito, dinastias de escravos. Os reis se cercavam de escravos pelas mesmas razões que se cercavam de eunucos: escravos e criminosos não têm famílias ou amigos, nem a possibilidade de outras lealdades — ou, pelo menos em princípio, não deveriam ter. Mas, de certo modo, os reis também deveriam ser assim. Como enfatizam muitos provérbios africanos, o verdadeiro rei tampouco tem parentes, ou pelo menos age como se não tivesse.[128] Em outras palavras, rei e escravo são imagens espelhadas, visto que diferentemente dos seres humanos normais, que se definem por seus compromissos com os outros, reis e escravos são definidos *apenas* pelas relações de poder. Eles se assemelham ao máximo a seres perfeitamente isolados e alienados.

A esta altura, podemos enfim entender o que realmente está em jogo no nosso hábito peculiar de nos definirmos como senhores e escravos ao mesmo tempo, duplicando os aspectos mais brutais da antiga unidade familiar no conceito que temos de nós mesmos, como senhores de nossas liberdades ou como proprietários de nosso eu. É a única forma de imaginarmos a nós mesmos como seres totalmente isolados. Há uma ligação direta entre a nova concepção romana de liberdade — não como capacidade de estabelecer relações com os outros, mas como poder absoluto de "uso e abuso" dos escravos conquistados, que representam a maior parte da unidade familiar dos romanos abastados — e as estranhas fantasias de filósofos liberais, como Hobbes, Locke e Smith, sobre a origem da sociedade humana: um agrupamento de homens de trinta ou quarenta anos que parecem ter surgido do nada, plenamente formados, e depois decidem matar uns aos outros ou trocar peles de castor.[129]

É verdade que os intelectuais europeus e norte-americanos passaram grande parte dos últimos duzentos anos tentando escapar das implicações mais perturbadoras dessa tradição de pensamento. Thomas Jefferson, que tinha muitos escravos, escolheu começar a Declaração da Independência contradizendo sem ambiguidades a base moral da escravidão: "Consideramos essas verdades evidentes por si mesmas, que todos os homens são criados iguais e que são dotados pelo seu Criador de certos direitos inalienáveis..." — ao escrever essas palavras ele demoliu qualquer alegação de que os africanos fossem racialmente inferiores e também que eles ou seus ancestrais pudessem ter sido privados, justa e legalmente, de sua liberdade. Ao fazer isso, porém, ele não propôs uma concepção nova de direitos e liberdades. Tampouco a propuseram os filósofos políticos posteriores. De modo geral, continuamos sustentando as antigas concepções, mas com a palavra "não" inserida aqui e ali. A maioria dos nossos direitos e liberdades mais preciosos é uma série de exceções a um quadro legal e moral abrangente que sugere, em primeiro lugar, que nem sequer deveríamos ter esses direitos e liberdades.

Aboliu-se a escravidão formal, mas (como pode atestar qualquer pessoa que trabalhe das nove da manhã às cinco da tarde) a ideia de que podemos alienar a nossa liberdade, pelo menos temporariamente, perdura. Na verdade, ela determina o que a maioria de nós tem de fazer com grande parte das horas que passamos acordados, exceto, como de costume, nos fins de semana. A violência foi retirada do alcance da vista em ampla medida.[130] Mas isso se deu principalmente porque não somos mais capazes de imaginar sequer como seria um mundo baseado em acordos sociais que não exijam a ameaça contínua de armas não letais e câmeras de vigilância.

8. Crédito versus lingotes e os ciclos da história

> O lingote é um acessório de guerra e não de troca pacífica.
>
> Geoffrey W. Gardiner

PODERÍAMOS PERFEITAMENTE PERGUNTAR: se nossas ideias políticas e legais são realmente fundamentadas na lógica da escravidão, então como conseguimos aboli-la? Os cínicos, é claro, diriam que ela não foi abolida, apenas recebeu nova denominação. E argumentariam: os gregos antigos com certeza achariam a distinção entre escravo e trabalhador assalariado endividado, na melhor das hipóteses, uma sutileza legalista.[1] Mesmo assim, a eliminação da escravatura formal tem de ser considerada um avanço notável, e vale indagar como ela foi realizada, especialmente se pensarmos que isso não ocorreu de uma vez. O que há de extraordinário de fato, se consultarmos os registros históricos, é que a escravidão foi extinta, ressurgindo algum tempo depois, sucessivas vezes ao longo da história.

Na Europa, por exemplo, a instituição desapareceu em grande parte nos séculos que se seguiram ao colapso do Império Romano — um feito histórico raramente reconhecido por aqueles que se referem a esses eventos como o início da "Idade das Trevas".[2] Ninguém sabe muito bem como isso aconteceu. A maioria concorda que a difusão do cristianismo deve ter algo a ver com isso, mas essa não pode ter sido a causa direta, uma vez que a própria Igreja nunca se opôs explicitamente à escravidão e, em muitos casos, defendeu-a. Em vez disso, a abolição parece ter ocorrido *apesar* das atitudes das autoridades intelectuais e políticas da época. Mesmo assim ela aconteceu e teve efeitos duradouros. Em nível popular, a escravidão continuou sendo detestada de maneira tão universal que mesmo mil anos depois, quando tentaram reavivar o comércio, os mercadores europeus descobriram que seus compatriotas não aprovariam a posse de escravos em suas propriedades rurais — por esse e outros motivos, os agricultores foram obrigados a adquirir escravos na África e fixar as suas plantations no Novo Mundo.[3] Uma das grandes ironias da história é que o racismo moderno — provavelmente o único mal maior dos últimos dois séculos — teve de ser inventado principalmente porque os europeus continuaram se recusando a ouvir os argumentos de intelectuais e juristas e não aceitaram que qualquer pessoa considerada por eles um ser humano pleno e de direitos iguais pudesse ser justificadamente escravizada.

Além disso, o fim da antiga escravidão não se limitou à Europa. Notavelmente, na mesma época — por volta de 600 d.C. — encontramos acontecimento parecido na Índia e na China, onde, com o passar dos séculos, em meio a muita agitação e confusão, a escravatura de modo geral deixou de existir. Isso sugere que momentos de oportunidade histórica — momentos em que uma mudança significativa é possível — seguem um padrão claro, e mesmo cíclico, que há muito tempo tem sido bem mais coordenado no plano geográfico do que poderíamos imaginar. O passado tem uma forma, e é somente compreendendo essa forma que podemos começar a dar sentido às oportunidades históricas que existem atualmente.

A MANEIRA MAIS FÁCIL de enxergarmos esses ciclos é reexaminando exatamente o fenômeno do qual nos ocupamos neste livro: a história do dinheiro, da dívida e do crédito. Ao mapear a história do dinheiro nos últimos 5 mil anos da história eurasiana, começam a surgir padrões surpreendentes. No caso do dinheiro, um acontecimento destaca-se entre todos os outros: a invenção da cunhagem. A cunhagem parece ter surgido de maneira independente em três lugares diferentes, quase ao mesmo tempo: aproximadamente entre 600 a.C. e 500 a.C. na Grande Planície da China, no vale do rio Ganges, no nordeste da Índia, e nas terras ao redor do mar Egeu. Isso não ocorreu em razão de uma inovação tecnológica inusitada: as tecnologias usadas nas primeiras moedas eram totalmente diferentes nos três casos.[4] O que houve foi uma transformação social. Por que isso aconteceu exatamente dessa maneira é um mistério da história. Mas sabemos que, pela mesma razão, na Lídia, na Índia e na China os governantes concluíram que os sistemas de crédito existentes havia muito tempo em seus reinos não eram mais adequados, e por isso começaram a emitir pedaços minúsculos de metais preciosos — metais que, antes, haviam sido muito usados no comércio internacional na forma de lingotes — e a encorajar seus súditos a usá-los nas transações cotidianas.

A partir de então, a inovação se difundiu. Por mais de mil anos, Estados em toda parte começaram a emitir as próprias moedas. Até que, por volta do ano 600, mais ou menos na época em que a escravidão começou a desaparecer, a tendência de repente se inverteu. O dinheiro vivo se esgotou. Em todos os lugares houve um movimento de retorno ao crédito.

Se observarmos a história eurasiana no decorrer dos últimos 5 mil anos, vemos uma alternância entre períodos dominados pelo dinheiro de crédito e períodos dominados pelo ouro e pela prata — ou seja, períodos em que pelo menos grande parte das transações era conduzida com pedaços de metais valiosos passados de mão em mão.

Por quê? O fator mais importante parece ser a guerra. O lingote predomina sobretudo em períodos de violência generalizada. Há uma razão muito simples para isso. Moedas de ouro e prata diferenciam-se dos acordos de crédito por uma característica espetacular: elas podem ser roubadas. A dívida é, por definição, um registro, bem como uma relação de confiança. Uma pessoa que aceita lingotes de ouro ou prata na troca de mercadorias, por sua vez, só precisa confiar na precisão das balanças, na qualidade do metal e na possibilidade de que outras pessoas também os aceitem. Em um mundo em que a guerra e a ameaça de violência estão em todos os lugares — e essa parece ter sido uma descrição precisa do Período dos Reinos Combatentes na China, da Idade do Ferro na Grécia e da Índia pré-mauriana — há vantagens óbvias na simplificação das transações. Isso é ainda mais verdadeiro quando lidamos com soldados. Por um lado, os soldados tendem a ter acesso a muitos saques, na maioria em ouro e prata, e sempre vão procurar uma forma de trocá-los por coisas melhores. Por outro lado, um soldado itinerante fortemente armado é a própria definição de baixo risco de crédito. O cenário de escambo dos economistas pode ser absurdo quando aplicado a transações entre vizinhos de pequenas comunidades rurais, mas, quando lidamos com transações entre o morador de tal comunidade e um mercenário de passagem, ele começa repentinamente a fazer muito sentido.

Durante grande parte da história humana, então, um lingote de ouro ou prata, timbrado ou não, desempenhou a mesma função que a maleta de um traficante de drogas contemporâneo cheia de cédulas não marcadas: um objeto sem história, valioso porque se sabe que será aceito em troca por outros bens praticamente em qualquer lugar, sem objeções. Em consequência disso, se os sistemas de crédito tendem a dominar em períodos de relativa paz social, ou entre redes de confiança (criadas seja pelos Estados, seja na maioria dos períodos por instituições internacionais, como guildas de mercadores ou comunidades de fé), em épocas caracterizadas pela guerra e pela pilhagem eles tendem a ser substituídos pelo metal precioso. Fora isso, embora empréstimos predatórios ocorram em todos os períodos da história humana, as resultantes crises da dívida parecem ter efeitos mais devastadores em épocas em que a moeda é convertida em dinheiro vivo com mais facilidade.

Como ponto de partida para qualquer tentativa de distinguir os compassos que definem o momento histórico atual, proponho a seguinte análise da história eurasiana de acordo com a alternância entre períodos de dinheiro virtual e dinheiro de metal. O ciclo começa com a Idade dos Primeiros Impérios Agrários (3500 a.C.-800 a.C.), dominada pelo dinheiro de crédito. Segue-se então a Idade Axial (800 a.C.-600 d.C.), tema do próximo capítulo, quando ocorreu o advento da cunhagem e a mudança geral para o lingote de metal. A Idade Média (600-1450), quando houve um retorno a várias formas de moeda virtual, ou dinheiro de crédito, será abordada no capítulo 10; no capítulo 11, tratarei da próxima volta do ciclo, a Idade dos Grandes Impérios Capitalistas, que começou por volta de 1450, com um gigantesco retorno planetário aos lingotes de ouro e prata, e que podemos dizer ter acabado em 1971, quando Richard Nixon anunciou que o dólar norte-americano não seria mais resgatável em ouro. Isso marcou o início de outra fase do dinheiro virtual, a qual acaba de começar, e cujos contornos finais não podemos distinguir. No último capítulo usarei as descobertas históricas para entender o que essa última fase pode significar e quais oportunidades ela pode abrir.

Mesopotâmia (3500 a.C.-800 a.C.)

Já tivemos oportunidade de notar o predomínio do dinheiro de crédito na Mesopotâmia, a mais antiga civilização urbana de que temos conhecimento. Nos grandes complexos de templos e palácios, o dinheiro não apenas servia mais como unidade de conta do que como algo que passava de mão em mão, como também mercadores e comerciantes desenvolviam seus próprios acordos de crédito. A maior parte desses acordos tinha a forma física de tabuletas de argila, que, inscritas com alguma obrigação de pagamento futuro, eram lacradas em envelopes de argila e marcadas com o lacre do tomador de empréstimo. O credor guardava o envelope como fiança, e ele seria quebrado mediante o pagamento. Em algumas épocas ou lugares, pelo menos, essas *bullae* parecem ter se tornado o que hoje chamaríamos de títulos de crédito, uma vez que a tabuleta registrava não só a promessa de pagar ao emprestador original, mas era assinalada com a expressão "ao portador" — em outras palavras, uma tabuleta com o registro de uma dívida de cinco siclos de prata (as taxas habituais de juros) podia circular como o equivalente a uma nota promissória de cinco siclos — ou seja, como dinheiro.[5]

Não sabemos com que frequência isso aconteceu, por quantas mãos essas tabuletas geralmente passavam, quantas transações foram feitas com base no crédito, com que frequência os mercadores pesavam a prata em blocos rústicos para comprar e vender suas mercadorias ou quando era mais provável que o fizessem. Sem dúvida, tudo isso variou com o tempo. Notas promissórias geralmente circulavam nas guildas de mercadores, ou entre os habitantes de centros urbanos relativamente prósperos, onde as pessoas se conheciam o bastante para confiar umas nas outras, mas não tão bem a ponto de confiarem em outras formas de ajuda mútua que não as tradicionais.[6] Sabemos ainda menos sobre os mercados frequentados por mesopotâmicos, exceto que os taberneiros trabalhavam a crédito e provavelmente também os mascates e mercadores de rua.[7]

A origem dos juros será sempre obscura, pois precedeu a invenção da escrita. Na maioria das línguas antigas o termo "juro" é derivado da palavra "prole", o que leva alguns a especular que tenha se originado de empréstimos de gado, mas essa interpretação parece um pouco literal demais. É mais provável que os primeiros empréstimos a juros a se generalizarem tenham sido comerciais: templos e palácios encaminhavam produtos a mercados e agentes comerciais, que os trocavam nos reinos vizinhos ou durante expedições comerciais no exterior.[8]

A prática é significativa porque implica uma fundamental falta de confiança. Afinal, por que não exigir uma parcela dos lucros? Isso parece mais justo (um mercador que entrasse em falência provavelmente não teria como pagar um empréstimo), e as parcerias de divisão de lucro desse tipo depois tornaram-se prática comum no Oriente Médio.[9] A resposta parece ser que as parcerias de divisão de lucro eram realizadas em geral entre mercadores, ou por pessoas de origens e vivências semelhantes, que não perdessem de vista umas às outras. Os burocratas dos templos e palácios e os mercadores itinerantes tinham pouco em comum, e os primeiros parecem ter concluído que não se podia confiar por completo em um mercador vindo de terras distantes e cujas aventuras talvez não fossem tão honestas. Uma taxa fixa de juros tornaria irrelevantes quaisquer histórias inventadas por comerciantes criativos sobre roubos, naufrágios ou ataques de cobras e elefantes alados. O retorno era fixado de antemão.

Essa ligação entre o empréstimo e a mentira, a propósito, é importante para a história. Heródoto observou a respeito dos persas: "Para eles, contar uma mentira é a maior das desgraças, é quase como ter uma dívida [...] principalmente porque pensam que endividados são mentirosos por necessidade".[10] (Depois, Heródoto relata uma história que lhe foi contada por um persa sobre as origens do ouro que os persas obtiveram na Índia: eles o roubaram do ninho de formigas gigantes.)[11] A parábola do servo impiedoso, contada por Jesus, ridiculariza a questão ("Dez mil talentos? Tem paciência comigo e tudo te pagarei"), mas mesmo nesse caso podemos ver como essas inúmeras falsidades contribuíram para criar a ideia mais abrangente de que um mundo em que relações morais são concebidas como dívida, ainda que isso seja estimulante em certos aspectos, também é necessariamente um mundo de corrupção, culpa e pecado.

Na época dos documentos sumerianos mais antigos, é provável que esse mundo ainda não existisse. No entanto, o princípio de empréstimo a juros, até mesmo a juros compostos, já era conhecido de todos. Em 2402 a.C., por exemplo, uma inscrição do rei Entemena de Lagash — uma das primeiras de que temos conhecimento — reclama que seu inimigo, o rei de Umma, tinha ocupado uma ampla faixa de terras cultiváveis que havia décadas pertencia a Lagash por direito. Ele declara: se tivéssemos de calcular as taxas de aluguel por aquela terra, e depois os juros devidos, compostos anualmente, concluiríamos que Umma agora deve a Lagash 4,5 trilhões de litros de cevada. A soma era, como na parábola, intencionalmente absurda.[12] Era apenas uma desculpa para começar uma guerra. Ainda assim, ele queria que todos tomassem conhecimento de que ele sabia calcular.

A usura — no sentido de empréstimos a juros ao consumidor — também foi estabelecida na época de Entemena. O rei teve sua guerra declarada e a venceu. Dois anos depois, ainda no calor da vitória, ele foi obrigado a publicar outro edito: o cancelamento geral das dívidas em seu reino. Como se vangloriou algum tempo depois, "ele instituiu a liberdade (*amargi*) em Lagash. Restituiu os filhos às mães, as mães aos filhos; anulou todos os juros não pagos".[13] Com efeito, foi a primeira declaração desse tipo de que temos notícia — e a primeira vez na história que a palavra "liberdade" apareceu em um documento político.

O texto de Entemena não é muito detalhado, mas, meio século depois, quando seu sucessor Urukagina declarou anistia geral durante as cerimônias de Ano-Novo de 2350 a.C., os termos foram todos explicitados, e eles correspondem ao que se tornaria típico dessas anistias: o cancelamento não só dos empréstimos em aberto, mas de todas as formas de servidão por dívida, mesmo aquelas baseadas no não pagamento de tarifas ou sanções penais — os empréstimos comerciais eram a única exceção.

Declarações semelhantes são encontradas repetidas vezes, tanto em registros sumérios como em babilônios e assírios posteriores, e sempre com os mesmos temas: o restabelecimento da "justiça e igualdade", a proteção de viúvas e órfãos, para garantir — como diria Hamurabi ao abolir as dívidas na Babilônia em 1761 a.C. — "que os fortes não oprimam os fracos".[14] Nas palavras de Michael Hudson:

> A ocasião designada para limpar a lousa financeira da Babilônia foi o festival de Ano-Novo, celebrado na primavera. Os governantes babilônicos supervisionaram o ritual de "quebrar as tábulas", ou seja, os registros de dívidas, restabelecendo o equilíbrio econômico como parte da renovação do calendário da sociedade junto com o restante da natureza. Hamurabi e seus cogovernantes assinalaram essas proclamações acendendo uma tocha, provavelmente para simbolizar o deus-sol da justiça, Shamash, cujos princípios supostamente guiavam os governantes sábios e justos. As pessoas mantidas como peões de dívida foram libertadas e voltaram para suas famílias. Outros devedores ganharam de volta o direito de cultivar suas terras consuetudinárias, livres de quaisquer gravames hipotecários que tivessem acumulado.[15]

Durante os milhares de anos seguintes, essa mesma lista de decisões — anulação de dívidas, destruição de registros, realocação de terra — se tornaria a lista-padrão das exigências de camponeses revolucionários em todos os lugares. Na Mesopotâmia, os governantes parecem ter evitado a possibilidade de revoltas instituindo reformas similares como um gesto grandioso de renovação cósmica, uma recriação do universo social — na Babilônia, durante a mesma cerimônia em que o rei reencenava a criação do universo físico pelo deus Marduque. A história da dívida e do pecado era apagada e tudo começava de novo a partir de então. Mas também está claro o que eles viam como alternativa: o mundo imerso no caos, com os agricultores deixando suas terras para se juntar aos pastores nômades, e, por fim, caso o colapso continuasse, retornando para invadir as cidades e destruir tudo.

Egito (2650 a.C.-716 a.C.)

O Egito representa um contraste interessante, pois, durante grande parte da história, ali tentou-se evitar a todo custo o desenvolvimento da dívida com juros.

Assim como a Mesopotâmia, o Egito era extraordinariamente rico para os padrões antigos, mas também era uma sociedade autossuficiente, um rio que atravessava o deserto, e muito mais centralizada que a Mesopotâmia. O faraó era um deus, e as burocracias do Estado e dos templos participavam de tudo: havia uma quantidade enorme de taxas e uma distribuição contínua de porções de terra, salários e pagamentos do Estado. Ali também o dinheiro surgiu claramente como meio de conta. A unidade básica era o *deben* ou "medida" — referindo-se originalmente a medidas de grãos e, depois, de cobre e prata. Alguns registros deixam nítido o espírito de "vale-tudo" que predominava na maioria das transações:

> No 15º ano de Ramsés II [c. 1275 a.C.], um mercador ofereceu à egípcia Erenofre uma escrava síria cujo preço, sem dúvida depois de uma barganha, foi fixado em 4 *deben* e 1 *kite* [cerca de 373 gramas] de prata. Erenofre juntou algumas peças de roupa e cobertores no valor de 2 *deben* e 2 ⅓ *kite* — os detalhes estão descritos no registro — e pegou emprestada uma miscelânea de objetos com os vizinhos — vasos de bronze, um pote de mel, dez blusas, dez *deben* de lingotes de cobre — até atingir o preço da escrava.[16]

A maioria dos mercadores era itinerante, composta ou de estrangeiros ou de agentes comerciais que trabalhavam para os grandes proprietários de terra. No entanto, não há muitos indícios de créditos comerciais; os empréstimos no Egito muito provavelmente ainda assumiam a forma de ajuda mútua entre próximos.[17]

Colocando em termos mais simples: na Mesopotâmia, os empréstimos a juros feitos por autoridades dos templos e palácios substituía a falta de um sistema abrangente de tributação. No Egito isso não era necessário.

Empréstimos substanciais e legalmente executáveis, daqueles que podem levar à perda de terras ou familiares, são documentados, mas parecem ser raros — e muito menos nocivos, pois não eram a juros. De maneira semelhante, é comum ouvirmos falar de servos por dívida, ou escravos por dívida, mas parece ter sido um fenômeno raro e nada sugere que tenha atingido proporções críticas, como acontecia com frequência na Mesopotâmia e no Levante.[18]

Na verdade, nos primeiros milênios, parece que estamos em um mundo um tanto diferente, onde a dívida era de fato uma questão de "culpa" e tratada muitas vezes como questão penal:

> Quando um devedor não pagava a tempo o que devia, o credor podia levá-lo aos tribunais, onde seria exigido que o devedor prometesse pagar a dívida completa em uma data específica. Como parte da promessa — feita sob juramento — o devedor também se comprometia a levar cem bordoadas e/ou pagar o dobro do empréstimo original se não conseguisse quitar a dívida na data especificada.[19]

É importante considerar o "e/ou". Não havia distinção formal entre uma multa e uma surra. Na verdade, o propósito do juramento (como o costume cretense de o tomador de empréstimo fingir apanhar o dinheiro do bolso do credor) parece ser criar a justificativa para a ação punitiva: assim, o devedor poderia ser punido *tanto* como perjuro *quanto* como ladrão.[20]

Há mais indícios de mercados na época do Império Novo egípcio (1550 a.C.-1070 a.C.), mas é somente quando chegamos à Idade do Ferro, antes de o Egito ser absorvido pelo Império Persa, que começamos a ver indícios de crises da dívida como as que ocorriam na Mesopotâmia. Fontes gregas, por exemplo, registram que o faraó Bakenranef (que reinou de 720 a.C. a 715 a.C.) decretou a abolição da servidão por dívida e anulou todos os compromissos financeiros pendentes, pois "sentia que seria absurdo um soldado, talvez no momento em que se preparava para lutar por sua pátria, ser levado preso por seu credor devido a um empréstimo não pago" — o que, se verdadeiro, também é uma das mais antigas alusões à prisão por dívida.[21] Sob o governo ptolemaico, a dinastia grega que governou o Egito depois de Alexandre, a proclamação periódica de "tábulas rasas" se institucionalizou. É sabido que a Pedra de Roseta, estela escrita em grego e egípcio, foi a chave que possibilitou a tradução dos hieróglifos. Poucos sabem, no entanto, o que está escrito nela. A estela foi erguida originalmente para anunciar uma anistia, tanto para devedores como para prisioneiros, declarada por Ptolomeu v em 196 a.C.[22]

China (2200 a.C.-771 a.C.)

Não podemos dizer quase nada sobre a Índia durante a Idade do Bronze, pois seus escritos permanecem indecifráveis, tampouco sobre a China antiga. O pouco que sabemos — basicamente dados recolhidos de escassas fontes posteriores — sugere que os Estados chineses mais antigos eram bem menos burocráticos que seus primos ocidentais.[23] Como não havia nenhum templo centralizado ou sistema palaciano com sacerdotes e administradores controlando os depósitos e registrando as entradas e saídas, havia pouco incentivo para criar uma unidade de conta única e uniforme. Em vez disso, os fatos sugerem um caminho diferente — que moedas sociais correntes de vários tipos ainda dominavam nas áreas rurais e eram convertidas para propósitos comerciais em negociações entre estranhos.

Fontes posteriores recordam que os primeiros governantes "usavam pérolas e jade como método superior de pagamento, ouro como mediano e facas e espadas como inferior".[24] O autor só pode estar se referindo a dádivas hierárquicas aqui: reis e grandes magnatas recompensando seus seguidores por serviços realizados, em teoria, voluntariamente. Na maioria dos lugares, longos cordões de conchas aparecem de maneira significativa, mas mesmo nesse caso — embora vejamos referências frequentes ao "dinheiro de búzios da China", e é muito fácil encontrar textos em que o valor de dádivas suntuosas era *medido* em búzios — nunca fica claro se as pessoas de fato os carregavam por aí para comprar e vender coisas nos mercados.[25]

A interpretação mais provável é que as pessoas carregassem os búzios, mas, como durante muito tempo os próprios mercados tivessem pouca importância, o uso dos búzios não foi nem de longe tão importante quanto o uso comum das moedas sociais: presentes de casamento, multas, tarifas e símbolos de honra.[26] De qualquer modo, todas as fontes insistem que havia uma grande variedade de moedas em circulação. Como afirma Scheidel, um dos principais pesquisadores contemporâneos do dinheiro antigo:

> Na China pré-imperial, o dinheiro tinha a forma de conchas, tanto originais quanto — de modo crescente — imitações em bronze, cascos de tartaruga, ouro e (raramente) barras de prata e, de modo mais notável — pelo menos a partir de 1000 a.C. — o dinheiro-utensílio na forma de espadas e facas feitas de bronze.[27]

Essas formas de dinheiro eram frequentemente usadas entre pessoas que não conheciam umas às outras muito bem. Para computar dívidas entre vizinhos, com vendedores locais ou com o governo, as pessoas parecem ter usado uma variedade de instrumentos de crédito: historiadores chineses posteriores afirmaram que os primeiros desses instrumentos foram fios com nós, um sistema parecido com o sistema quipo dos incas, e depois lâminas entalhadas de madeira ou bambu.[28] Como na Mesopotâmia, eles parecem ter precedido em muito tempo a escrita.

Não sabemos quando a prática do empréstimo a juros chegou à China, ou se a China da Idade do Bronze passou pelas mesmas crises da dívida ocorridas na Mesopotâmia, mas há pistas tentadoras em documentos posteriores.[29] Por exemplo, lendas chinesas sobre a origem da cunhagem atribuíam sua invenção a imperadores que tentavam aliviar os efeitos de desastres naturais. Um dos primeiros textos da dinastia Han relata:

> Nos tempos antigos, durante as enchentes de Yu e as secas de Tang, as pessoas ficavam tão desprovidas de tudo que se viam forçadas a tomar alimentos e

roupas emprestadas com outras pessoas. [O imperador] Yu cunhou a moeda para seu povo usando ouro do monte Li, e [o imperador] Tang também o fez com cobre do monte Yan. O mundo então os chamou de benevolentes.[30]

Outras versões são um pouco mais explícitas. O *Guanzi*, uma coletânea que, na China imperial, se tornou o principal compêndio sobre política e economia, afirma: "Muitas pessoas nem sequer tinham mingau para comer e foram forçadas a vender os próprios filhos. Para resgatar essas pessoas, Tang cunhou a moeda".[31]

A história é um tanto fantasiosa (as origens verdadeiras da moeda cunhada datam de pelo menos mil anos depois), e é muito difícil saber como interpretá-la. Será que reflete a memória de crianças levadas como fiança de dívida? À primeira vista, tem-se a sensação de que são pessoas famintas vendendo definitivamente os filhos — prática que depois se tornaria comum em certos períodos da história chinesa.[32] Mas a justaposição de empréstimos e venda de crianças é sugestiva, principalmente se considerarmos o que acontecia no outro lado da Ásia exatamente na mesma época. O *Guanzi* depois explica que esses mesmos governantes instituíram o costume de guardar 30% da colheita em celeiros públicos para redistribuição em emergências, garantindo assim que ninguém passasse de novo por dificuldades extremas. Em outras palavras, eles começaram a montar o mesmo tipo de armazéns burocráticos que, em lugares como Egito e Mesopotâmia, foram responsáveis pela criação do dinheiro como unidade de conta.

9. Idade Axial (800 a.C.-600 d.C.)

> Designemos esse período como "Idade Axial", um período repleto de eventos extraordinários. Na China viveram Confúcio e Lao-tsé, e ali surgiram todas as tendências da filosofia chinesa [...]. Na Índia foi a época dos Upanixades e de Buda; como na China, desenvolveram-se todas as tendências filosóficas, incluindo o ceticismo e o materialismo, a sofística e o niilismo.
>
> KARL JASPERS, *Caminhos para a sabedoria*

A EXPRESSÃO "IDADE AXIAL" foi cunhada pelo filósofo alemão existencialista Karl Jaspers.[1] Ao escrever uma história da filosofia, Jaspers admirou-se do fato de figuras como Pitágoras (570 a.C.-495 a.C.), Buda (563 a.C.-483 a.C.) e Confúcio (551 a.C.-479 a.C.) terem sido contemporâneas, e também de que, nesse mesmo período, na Grécia, na Índia e na China houvesse um súbito florescer de discussões entre escolas intelectuais rivais e de que, aparentemente, cada um dos grupos não soubesse da existência do outro. Assim como a invenção da cunhagem na mesma época, o motivo desse acontecimento continua sendo um mistério. O próprio Jaspers não tinha uma explicação para isso. Até certo ponto, sugeriu ele, pode ter sido um efeito de condições históricas semelhantes. Para a maioria das grandes civilizações urbanas da época, o início da Idade do Ferro foi uma espécie de pausa entre impérios, uma época em que os cenários políticos se decompuseram em um tabuleiro, em sua maior parte, composto de reinos e cidades-Estado diminutos, em guerra quase ininterrupta no plano externo e encerrados em um constante debate político interno. Em cada caso, testemunhou-se o desenvolvimento de algo semelhante a uma cultura marginal, com devotos e sábios se retirando da vida social ou perambulando de cidade em cidade em busca de conhecimento; muitas vezes, também eram absorvidos pela ordem política como um novo tipo de elite intelectual ou espiritual, como no caso dos sofistas gregos, profetas judeus, sábios chineses ou gurus indianos.

Jaspers argumenta que, independentemente das razões, o resultado foi o primeiro período na história em que os seres humanos aplicaram princípios de investigação racional a grandes questões da existência humana. Ele notou que todas essas vastas regiões do mundo, China, Índia e Mediterrâneo, viram o surgimento de tendências filosóficas semelhantes, do ceticismo ao idealismo — na verdade, que os filósofos em cada um desses lugares chegaram mais ou menos na mesma época a noções sobre a natureza do Cosmo, da mente e da ação humana e sobre os propósitos da existência que continuam sendo objeto da filosofia até hoje. Como um dos discípulos de Jaspers viria a afirmar — exagerando apenas um pouco —, "não houve ideias originais desde aquela época".[2]

Para Jaspers, o período tem início com o profeta persa Zaratustra, por volta de 800 a.C., e termina em 200 a.C., seguido então pela Idade Espiritual, em cujo centro estão figuras como Jesus Cristo e Maomé. Para meus propósitos, acho mais útil unir os dois períodos. Desse modo, vamos definir o início da Idade Axial em 800 a.C. e seu final em 600 d.C.[3] Isso faz da Idade Axial o período que assistiu ao nascimento não só das principais tendências filosóficas do mundo, mas também de todas as principais religiões atuais: zoroastrismo, judaísmo profético, budismo, jainismo, hinduísmo, confucionismo, taoismo, cristianismo e islamismo.[4]

O leitor atento deve ter percebido que o núcleo da Idade Axial de Jaspers — o período em que viveram Pitágoras, Confúcio e Buda — corresponde quase exatamente ao período em que a cunhagem foi inventada. Além disso, as três regiões em que as moedas foram usadas pela primeira vez são exatamente as regiões em que viveram esses sábios; com efeito, três áreas se tornaram epicentros de criatividade religiosa e filosófica na Idade Axial: os reinos e as cidades-Estado ao redor do rio Amarelo na China, no vale do Ganges no norte da Índia e às margens do mar Egeu.

Mas qual era a conexão entre a cunhagem e o florescimento cultural? Deveríamos começar perguntando o que é uma moeda. A definição normal é que uma moeda é um pedaço de metal valioso, moldado em uma unidade padronizada, com a inscrição de algum emblema ou marca de autenticação. As primeiras moedas metálicas do planeta parecem ter sido criadas no reino da Lídia, a oeste da Anatólia (hoje Turquia) por volta de 600 a.C.[5] Essas moedas rudimentares eram basicamente pedaços redondos de eletro — uma liga de ouro e prata que podia ser encontrada em abundância na região do rio Pactolo. Esses fragmentos eram aquecidos, depois forjados com algum tipo de insígnia. Inicialmente estampadas apenas com algumas letras, elas parecem ter sido fabricadas por joalheiros comuns, mas desapareceram quase instantaneamente e foram substituídas por moedas manufaturadas em uma recém-fundada casa de cunhagem real. As cidades gregas na costa anatoliana começaram a estampar suas moedas, que logo foram adotadas na própria Grécia; o mesmo ocorreu no Império Persa depois de ter incorporado a Lídia em 547 a.C.

Tanto na Índia como na China observamos o mesmo padrão: inventada por cidadãos comuns, a cunhagem foi rapidamente monopolizada pelo Estado. A primeira moeda indiana, que parece ter surgido no século VI, consistia em barras de prata desbastadas e reduzidas até atingirem um peso uniforme, que então eram gravadas com algum tipo de símbolo oficial.[6] A maior parte dos exemplos descobertos pelos arqueólogos inclui diversas incisões complementares, feitas posteriormente, acrescentadas da mesma maneira que se endossa um cheque ou outro instrumento de crédito antes de transferi-lo. Isso sugere fortemente que as barras estavam sendo usadas por pessoas acostumadas com instrumentos de crédito mais abstratos.[7] Boa parte da antiga cunhagem chinesa também parece ter se desenvolvido a partir das moedas sociais: algumas eram forjadas em bronze na forma de búzios, embora outras tivessem a forma de minúsculas lâminas, discos ou espadas. Em todas as três regiões, os governos locais rapidamente entraram no negócio — talvez no intervalo de uma geração.[8] No entanto, como em cada uma das três áreas havia uma quantidade de pequenos Estados, isso significa que cada uma delas teve ampla variedade de sistemas monetários. Por exemplo, por volta de 700 a.C., o norte da Índia ainda era dividido em *janapadas* ou "territórios tribais", alguns eram monarquias e outros repúblicas, e no século VI ainda havia pelo menos dezesseis reinos. Na China, esse foi o período em que o antigo Império Zhou se dissolveu em principados rivais (o Período das Primaveras e Outonos, 722 a.C.-481 a.C.), depois se fragmentou, em uma situação caótica, durante o Período dos Reinos Combatentes (475 a.C.-221 a.C.). Assim como as cidades-Estado gregas, todos os reinos que se constituíam, não importa quão diminutos, almejavam emitir a própria moeda corrente oficial.

Estudos recentes ajudaram a lançar luz sobre como isso ocorreu. Ouro, prata e bronze — materiais de que as moedas eram feitas — foram o meio de troca do comércio internacional durante muito tempo; mas, até então, somente os ricos tinham grandes quantidades desses metais. Um fazendeiro sumeriano típico talvez jamais tivesse oportunidade de segurar nas mãos um pedaço significativo de prata, exceto talvez em seu casamento. Os metais mais preciosos eram transformados em adereços femininos e cálices tradicionais ofertados pelos reis aos seus dependentes, ou simplesmente estocados nos templos, em forma de lingotes, como garantia de empréstimos. De alguma maneira, durante a Idade Axial, tudo isso começou a mudar. Grandes quantidades de prata, de ouro e de cobre deixaram de ser "entesouradas", como gostam de dizer os historiadores da economia; os metais foram retirados dos templos e das casas dos ricos e postos nas mãos de pessoas comuns, divididos em pedaços menores, e começaram a ser usados nas transações cotidianas.

Como? O helenista israelense David Schaps apresenta a sugestão mais plausível: a maioria foi roubada. Foi um período de guerra generalizada, e é da natureza da guerra o assalto às mais preciosas propriedades.

> Os soldados começam os saques primeiro à procura de mulheres, bebidas alcoólicas e comida, mas também procuram materiais de valor que possam ser carregados com facilidade. Exércitos permanentes tendem a acumular muitas coisas valiosas e portáteis — e os itens mais valiosos e portáteis são artefatos de metal e pedras preciosas. As prolongadas guerras entre Esta-

dos rivais nessas áreas podem muito bem ter gerado pela primeira vez uma grande população detentora de metais preciosos e uma necessidade premente de bens essenciais ao dia a dia [...].

Onde há pessoas interessadas em comprar haverá pessoas interessadas em vender, como apontam inúmeros tratados sobre mercados clandestinos, tráfico de drogas e prostituição [...]. O constante estado de guerra da Grécia antiga, das *janapadas* na Índia e dos Reinos Combatentes na China foi um poderoso estímulo ao desenvolvimento do comércio, e em particular ao comércio baseado na troca de metais, geralmente em pequenas quantidades. Se os saques colocaram metais preciosos nas mãos dos soldados, o mercado os viria a espalhar nas mãos da população.[9]

Ora, podemos conjecturar que a guerra e a pilhagem não eram novidade. As epopeias homéricas, por exemplo, mostram um interesse quase obsessivo pela divisão de espólios. É verdade, mas a Idade Axial também via nascer — repito, tanto na China como na Índia e no Egeu — um novo tipo de exército, composto não de guerreiros aristocratas e seus serviçais, mas de profissionais treinados para o combate. O período em que os gregos começaram a usar a cunhagem, por exemplo, também foi o período em que desenvolveram suas famosas táticas de falange, que exigiam a formação e o treinamento constante de soldados hoplitas. Os resultados foram tão extraordinariamente eficazes que os mercenários gregos começaram a ser requisitados em diversos lugares, do Egito à Crimeia. Mas, a despeito dos serviçais da época de Homero, que podiam simplesmente ser ignorados, um exército de mercenários treinados precisa ser recompensado de alguma maneira significativa. Era possível retribuir-lhe com gado, mas gado é mercadoria difícil de transportar; ou com notas promissórias, mas elas seriam inúteis em um lugar habitado por mercenários. Dar, a cada um, uma pequena parte da pilhagem parece ter sido a solução óbvia.

Esses novos exércitos estavam, direta ou indiretamente, sob o controle de governos, e cabia aos governantes transformar esses pedaços de metal em moeda corrente genuína. A principal razão disso é a escala: criar moedas em número suficiente para as pessoas começarem a usar nas transações diárias exigia uma produção em uma escala que excedia em muito a capacidade dos ferreiros ou mercadores locais.[10] É claro, já vimos por que os governos podem ter tido algum incentivo para isso: a existência de mercados era extremamente conveniente para os governos, e não só porque facilitava a provisão de grandes exércitos permanentes. Ao afirmar que aceitavam apenas as próprias moedas para o pagamento de multas, taxas ou impostos, esses governos conseguiram sufocar as moedas sociais existentes nas regiões no interior do seu território, estabelecendo assim algo parecido com mercados nacionais uniformes.

De fato, de acordo com certa teoria, as primeiras moedas da Lídia foram criadas com a intenção manifesta de pagar a mercenários.[11] Talvez isso ajude a explicar por que os gregos, que abasteciam a maioria dos mercenários, se acostumaram tão rapidamente ao uso das moedas, e por que o uso da cunhagem se espalhou tão rapidamente no mundo helenístico, de modo que em 480 a.C. já existiam pelo menos cem casas de cunhagem funcionando em diferentes cidades gregas, mesmo que, na época, nenhuma das grandes nações comerciais do Mediterrâneo tivesse demonstrado o mínimo interesse por elas. Os fenícios, por exemplo, eram considerados os maiores mercadores e banqueiros da Antiguidade.[12] Eles também foram grandes inventores, os primeiros a desenvolver o alfabeto e o ábaco. Contudo, durante séculos depois da invenção da cunhagem, eles preferiam continuar fazendo negócios da maneira habitual, com lingotes brutos e notas promissórias.[13] As cidades fenícias foram utilizar moedas apenas em 165 a.C., e embora Cartago, a grande colônia fenícia no norte da África que dominou o comércio no Mediterrâneo ocidental, tenha começado a usá-las um pouco antes, foi "obrigada a usá-las para pagar a mercenários sicilianos; além disso, suas inscrições eram gravadas em idioma púnico, 'para o exército em campanha'".[14]

Por outro lado, no ambiente de extraordinária violência da Idade Axial, ser uma "grande nação comercial" (em vez de, digamos, uma potência militar agressiva como Pérsia, Atenas ou Roma) não era, em última instância, um negócio atraente. O destino das cidades fenícias é instrutivo. Sídon, a mais rica, foi destruída pelo imperador persa Artaxerxes III após uma revolta ocorrida em 351 a.C. Acredita-se que 40 mil habitantes tenham cometido suicídio em massa em vez de se renderem. Dezenove anos mais tarde, Tiro foi destruída depois de um cerco prolongado de Alexandre: 10 mil morreram em batalha, e 30 mil sobreviventes foram vendidos como escravos. Cartago durou mais tempo, mas, quando os exércitos romanos finalmente atacaram a cidade, em 146 a.C., estima-se que centenas de milhares de cartagineses tenham sido violentados e assassinados, e 50 mil prisioneiros tenham sido levados a leilão. Depois disso, a cidade foi destruída e seus campos, cobertos de sal.

Tudo isso diz muito da atmosfera de violência em que o pensamento da Idade Axial se desenvolveu.[15] Mas também nos faz, mais uma vez, nos questionar: qual era exatamente a relação existente entre cunhagem, poderio militar e esse florescimento inaudito de ideias?

O Mediterrâneo

As melhores informações que temos são do mundo mediterrâneo, e já falamos disso em linhas gerais. Comparando Atenas — com seu império marítimo bem distribuído — a Roma, é possível destacar semelhanças surpreendentes. Em ambas as cidades, a história começa com uma série de crises da dívida. Em Atenas, a primeira crise, que culminou nas reformas de Sólon em 594 a.C., é tão antiga que a cunhagem dificilmente teria exercido alguma influência nos acontecimentos. Em Roma, também, as primeiras crises parecem ter precedido o advento da moeda corrente. Nos dois casos, a cunhagem foi justamente a solução para a crise. Em resumo, pode-se dizer que esses conflitos sobre a dívida ensejaram dois caminhos possíveis. O primeiro foi que os aristocratas se saíram melhor e os pobres continuaram a ser "escravos dos ricos" — o que na prática quer dizer que a maioria das pessoas se tornaria dependente de algum patrono rico. Isso gerou Estados militarmente ineficazes.[16] O segundo foi que as facções populares conseguiram se impor e instituir um programa de redistribuição de terras e proteção contra a servidão por dívida, criando assim a base para uma classe de camponeses livres cujos descendentes, por sua vez, seriam também livres inclusive para passar bastante tempo treinando para a guerra.[17]

A cunhagem teve um papel fundamental na manutenção desse tipo de livre campesinato — um campesinato com a posse de suas terras assegurada, sem ligações com um senhor ou a vínculos de dívida. Na verdade, as políticas fiscais de muitas cidades gregas eram não mais que sistemas elaborados para a distribuição de pilhagens. É importante enfatizar que poucas cidades antigas, se é que houve alguma, chegaram ao ponto de proibir completamente empréstimos predatórios ou servidão por dívida. Em vez disso, elas resolveram o problema por meio da moeda. O ouro e principalmente a prata eram adquiridos em guerra ou extraídos por escravos capturados em guerra. As casas de cunhagem ficavam nos templos (local tradicional para armazenar pilhagens), e as cidades-Estado desenvolveram inúmeras delas para distribuir moedas, não só para soldados, marinheiros e produtores de armas ou navios de abastecimento, mas para a população em geral, como gratificações por participação em júris, assembleias públicas ou simplesmente por distribuição direta, como fez Atenas quando se descobriu um novo veio de prata nas minas de Laurium em 483 a.C. Ao mesmo tempo, garantir que as mesmas moedas serviam como dinheiro legal para todos os pagamentos devidos ao Estado assegurou que elas eram capazes de prover a demanda que os mercados logo desenvolveriam.

De maneira semelhante, muitas das crises políticas nas antigas cidades gregas levaram à distribuição de espólios. Vejamos outro incidente registrado por Aristóteles, que nos dá uma visão conservadora sobre a origem de um golpe na cidade de Rodes por volta de 391 a.C. ("demagogos", aqui, refere-se aos líderes da democracia):

> Os demagogos precisavam de dinheiro para pagar a quem comparecia às assembleias e participava dos júris; pois, se as pessoas não comparecessem, os demagogos perderiam influência. Eles conseguiram levantar pelo menos parte do dinheiro de que precisavam evitando o pagamento devido aos comandantes dos trirremes [navios de guerra] contratados pela cidade para

construir e preparar trirremes para a frota de Rodes. Como os comandantes não foram pagos, eles não conseguiram, por sua vez, pagar a seus fornecedores e trabalhadores, e foram levados aos tribunais. Para fugir dos processos, os comandantes se juntaram e derrubaram a democracia.[18]

Foi a escravidão, no entanto, que possibilitou tudo isso. Como sugerem as fontes a respeito de Sídon, Tiro e Cartago, muita gente era escravizada em conflitos como esses, e, é claro, muitos escravos iam trabalhar nas minas, produzindo ainda mais ouro, prata e cobre. (Consta que as minas em Laurium empregavam de 10 mil a 20 mil deles.)[19]

Geoffrey Ingham chama esse sistema de "complexo de cunhagem militar" — embora para mim seja mais apropriado chamá-lo de "complexo de cunhagem militar escravista".[20] De todo modo, ambas as formulações descrevem de maneira bem apropriada como ele funcionava na prática. Quando Alexandre se lançou à empreitada de conquista do Império Persa, ele tomou de empréstimo grande parte do dinheiro — usado para pagar e abastecer suas tropas, e cunhou as primeiras moedas, usadas para pagar aos credores e manter o dinheiro em circulação —, derretendo ouro e prata saqueados depois das primeiras vitórias.[21] No entanto, era preciso pagar à força expedicionária, e pagar bem: o exército de Alexandre, composto de 120 mil homens, exigia meia tonelada de prata por dia apenas para o pagamento de salários. Por essa razão, a conquista fez com que o sistema persa de exploração de minas e cunhagem fosse reorganizado para prover o exército invasor; e as minas, é claro, eram mantidas por trabalho escravo. Por sua vez, a maioria dos escravos que trabalhavam nas minas era composta de prisioneiros de guerra. Presumivelmente, a maioria dos infelizes sobreviventes do cerco de Tiro foram enviados como escravos para essas minas. Com isso, é possível entender a capacidade de autossustentação desse processo.[22]

Alexandre também foi responsável por destruir o que restava dos antigos sistemas de crédito, pois não só os fenícios, mas também as terras centrais da Mesopotâmia ainda resistiam à nova economia baseada no uso de moedas. Seus exércitos não só destruíram Tiro; eles também deixaram de "entesourar" as reservas de ouro e prata dos templos persas e babilônios, a reserva na qual se baseavam os sistemas de crédito, e insistiram para que todos os impostos de seu novo governo fossem pagos em sua própria moeda. O resultado foi "colocar em circulação no mercado, em questão de meses, a moeda sonante acumulada durante todo o século", algo como 180 mil talentos, ou, em valores atuais, algo como 285 bilhões de dólares.[23]

Os domínios helenísticos estabelecidos pelos generais de Alexandre para suceder esses reinos, que iam da Grécia à Índia, empregaram mercenários e não exércitos nacionais, mas a história de Roma é, como já foi dito, semelhante à de Atenas. Os primórdios da história romana, conforme registrada por cronistas oficiais como Tito Lívio, consistem em lutas contínuas entre patrícios e plebeus e em constantes crises da dívida. Periodicamente, essas disputas e crises levavam ao que é chamado de momentos de "revolta dos plebeus", quando o povo da cidade abandonava seus afazeres e suas oficinas, acampava fora da cidade e ameaçava uma deserção em massa — um interessante ponto intermediário entre as revoltas populares da Grécia e a estratégia de êxodo tipicamente praticada no Egito e na Mesopotâmia. Os patrícios tiveram de encarar uma decisão: usar empréstimos agrícolas para transformar gradualmente a plebe em uma classe de trabalhadores dependentes de suas propriedades, ou aceitar as reivindicações populares de proteção por dívida, preservar um campesinato livre e empregar como soldados os filhos mais jovens de camponeses livres.[24] Como deixa claro a prolongada história de crises, rebeliões e reformas, a escolha foi feita a contragosto.[25] Os plebeus praticamente tiveram de obrigar a classe senatorial a adotar o modelo imperial. Mesmo assim eles a escolheram, e com o tempo o Senado foi gradualmente criando, através das leis, um sistema de guerra que fez circular pelo menos uma parte dos espólios de guerra, distribuindo-os aos soldados, veteranos e suas famílias.

Parece significativo, nesse contexto, que a data aceita como a da primeira cunhagem romana — 338 a.C. — seja quase exatamente a data em que a servidão por dívida foi finalmente proibida (326 a.C.).[26] Outra vez, a cunhagem, inventada a partir de espólios de guerra, não provocou a crise. Ao contrário, ela foi a solução.

Na verdade, todo o Império Romano, em seu auge, pode ser visto como uma vasta máquina de extração, cunhagem e distribuição de metais preciosos para os militares — ações que se combinavam a políticas de tributação adotadas para encorajar as populações conquistadas a usar moedas em suas transações diárias. Mesmo assim, durante grande parte de sua história, o uso de moedas se concentrou sobretudo em duas áreas do império: a Itália e algumas cidades grandes, e também ao longo das fronteiras, onde estavam estacionadas as legiões. Nas áreas onde não havia nem minas nem operações militares, os antigos sistemas de crédito supostamente continuaram vigentes, tanto quanto antes.

Farei uma última observação sobre esse tema. Na Grécia, como em Roma, as tentativas de resolver as crises da dívida pela expansão militar eram sempre, em última análise, formas de se esquivar do problema — e só funcionavam durante um período limitado. Quando a expansão esmoreceu, tudo voltou a ser o que era antes. Na verdade, não se sabe se a servidão por dívida foi totalmente eliminada, mesmo em cidades como Atenas e Roma. Nas cidades que não eram potências militares bem-sucedidas, sem fonte de renda para engendrar políticas de guerra, as crises da dívida continuaram a surgir mais ou menos a cada século — e elas muitas vezes assumiram proporções extremas no Oriente Médio, pois não havia nenhum mecanismo, exceto a revolução, para declarar uma "tábula rasa" em estilo mesopotâmico. De fato, populações amplas, mesmo no mundo grego, decaíram para a classe dos servos e dependentes.[27]

Os atenienses, como vimos, acreditavam que os cavalheiros normalmente estavam um ou dois degraus acima de seus credores. Os políticos romanos eram diferentes. Em Roma, é claro, a maior parte das dívidas era composta de dinheiro que os membros da classe senatorial deviam uns aos outros: de certo modo, tratava-se do conhecido comunismo dos ricos, que estendem o crédito a seus semelhantes com facilidades de pagamento que não ofereceriam a outros. Todavia, no final da República, a história registra muitas intrigas e conspirações maquinadas por devedores desesperados, geralmente aristocratas levados por credores implacáveis a se rebaixar, unindo-se aos pobres por causa da dívida que mantinham.[28] Se não vemos muitas referências a esse tipo de prática nos impérios, é provavelmente porque havia poucas oportunidades de protesto; as evidências que temos sugerem que, ao contrário do que se pensava, a situação era ainda pior.[29] Por volta do ano 100, Plutarco escreveu sobre sua terra como se tivesse sofrido uma invasão estrangeira:

> Assim como o rei Dário mandou para a cidade de Atenas seus generais Dátis e Artafernes com cordas e correntes para agrilhoar os prisioneiros que tomassem, também os usurários levaram para a Grécia caixas cheias de tabelas, contas e contratos de obrigações, bem como muitos ferros e grilhões para agrilhoar os pobres criminosos [...].
>
> Pois que, no imediato momento em que emprestam dinheiro, eles o pedem de volta, tomando-o, assim, tão logo o concedem; e o mantêm assim rendendo juros que depois usam para reaver o que antes emprestaram.
>
> E assim riem dos filósofos naturais que sustentam não se poder fazer nada a partir do nada e do que não tem existência; mas é disso que a usura é feita, engendrada daquilo que não existe e nunca existiu.[30]

Da mesma maneira, as obras dos fundadores da Igreja são permeadas de infindáveis descrições da miséria e do desespero de quem se acha preso na teia de credores ricos. Afinal, foi por esses meios que aquela pequena janela da liberdade que havia sido criada pelos plebeus se fechou, e o livre campesinato foi em boa parte eliminado. Nos momentos derradeiros do império, as pessoas que moravam no campo e não eram escravas se tornaram, efetivamente, peões por dívida de algum rico proprietário de terras, em uma situação legalizada formalmente por decretos imperiais que mantinham os camponeses presos à terra.[31] Sem um campesinato livre para formar a base do exército, o Estado foi forçado a recorrer cada vez mais ao armamento e à contratação de bárbaros germânicos, além das fronteiras imperiais — as consequências dessas medidas dispensam maiores comentários.

Índia

Em muitos aspectos, a civilização que floresceu na Índia não poderia ser mais diferente que a do antigo Mediterrâneo — mas, em outros tantos aspectos, certo padrão se repete nas duas regiões.

A civilização do Vale do Indo entrou em colapso por volta de 1600 a.C., durante a Idade do Bronze; demoraria cerca de mil anos para surgir na Índia outra civilização urbana. Quando isso aconteceu, a população se concentrou nas planícies férteis que cercavam o Ganges, na direção do leste. Aqui também observamos, a princípio, uma grande variedade de tipos de governo, das famosas "repúblicas xátrias", com uma multidão armada e assembleias democráticas urbanas, às monarquias eletivas e impérios centralizados, como Kosala e Mágada.[32] Tanto Gautama (futuro Buda) quanto Mahavira (fundador do jainismo) nasceram das repúblicas, embora os dois tenham transmitido seus ensinamentos nos limites dos grandes impérios, governados por dirigentes que se tornaram, em muitos casos, mecenas de ascetas e filósofos itinerantes.

Tanto os reinos como as repúblicas tinham a própria cunhagem de ouro e prata, mas as repúblicas eram mais tradicionais em alguns sentidos, uma vez que a "multidão armada" autônoma pertencia à casta guerreira ou xátria, que mantinha propriedades coletivas, onde trabalhavam servos ou escravos.[33] Os reinos, por outro lado, foram estabelecidos em uma instituição fundamentalmente nova: um exército profissional, treinado, aberto a jovens de diferentes históricos de vida, com armamento fornecido pelas autoridades centrais (os soldados eram obrigados a entregar armas e armaduras quando entravam nas cidades) e salários generosos.

Quaisquer que sejam suas origens, também na Índia as moedas e os mercados surgiram principalmente para alimentar o maquinário de guerra. O império Mágada foi bem-sucedido porque controlava a maior parte das minas. *Arthaśāstra*, de Kautilya, tratado político escrito por um dos principais ministros da dinastia Máuria (321 a.C.-185 a.C.), que sucedeu o império, registra a questão de maneira precisa: "O tesouro apoia-se na mineração, o exército apoia-se no tesouro; aquele que possui exército e tesouro é capaz de conquistar a Terra inteira".[34] O governo atraía para o funcionalismo principalmente pessoas da classe fundiária, que fornecia administradores treinados, mas, mais que isso, soldados de tempo integral: o salário de cada posto de soldados e administradores era estipulado cuidadosamente. Esses exércitos podiam ser enormes. Fontes gregas relatam que o império Mágada tinha capacidade de pôr em campo uma força de 200 mil soldados de infantaria, 20 mil cavalos e cerca de 4 mil elefantes — e que os homens de Alexandre preferiram se rebelar a ter de enfrentá-los. Estivessem em campanha ou em guarnição, eles estavam sempre acompanhados por uma série de diferentes tipos de vivandeiros — pequenos comerciantes, prostitutas e empregados contratados — que, junto com os soldados, parecem ter formado o meio social em que originalmente tomou forma uma economia monetizada.[35] Na época de Kautilya, algumas centenas de anos depois, o Estado interferia em cada aspecto do processo: Kautilya sugere pagar aos soldados salários generosos, depois substituir secretamente os vendedores ambulantes por agentes do governo que cobrassem duas vezes mais pelos produtos. Ele também recomenda organizar as prostitutas em um destacamento onde elas pudessem ser treinadas como espiãs para fornecer relatos detalhados a respeito da lealdade dos clientes.

Assim, a economia de mercado, nascida da guerra, foi pouco a pouco apropriada pelo governo. Em vez de conter a difusão da moeda corrente, o processo parece tê-la duplicado ou até triplicado: a lógica militar foi ampliada para toda a economia; o governo criou, de maneira sistemática, armazéns, lojas, casas de comércio, depósitos e prisões, e equipou-os com pessoal assalariado. Os produtos eram vendidos no mercado para coletar a prata que era usada no pagamento aos soldados e funcionários, e com isso a prata retornava aos tesouros reais.[36] O resultado foi uma monetização da vida cotidiana diferente de tudo o que a Índia veria pelos 2 mil anos seguintes.[37]

Parece ter acontecido algo semelhante com a escravatura, que se tornou corriqueira na época do surgimento dos grandes exércitos — outra vez, diferentemente de quase todos os demais momentos da história indiana —, mas o governo logo assumiu seu controle.[38] Na época de Kautilya, a maioria dos prisioneiros de guerra não era vendida nos mercados, mas transferida para vilarejos controlados pelo governo em terras recém-retomadas. Eles não tinham permissão para sair, e esses vilarejos eram, pelo menos de acordo com as normas, lugares muito sombrios: verdadeiros campos de trabalho, onde todas as formas de entretenimento eram oficialmente proibidas. Os mercenários-escravos eram basicamente prisioneiros arrendados pelo Estado durante suas penas.

Com seus exércitos, espiões e administradores controlando tudo, os novos reis indianos demonstravam pouco interesse pela antiga casta sacerdotal e seu ritual védico, embora muitos tenham mantido interesse genuíno nas novas ideias filosóficas e religiosas que pareciam brotar por todo lado. Com o passar do tempo, no entanto, a máquina de guerra começou a trabalhar. Não se sabe exatamente por que isso aconteceu. Na época do imperador Asoka (273 a.C.-232 a.C.), a dinastia Máuria controlava quase todo o território da Índia e do Paquistão atuais, mas a versão indiana do complexo de cunhagem militar escravista mostrava sinais nítidos de desgaste. Talvez o sinal mais claro fosse o enfraquecimento da cunhagem, que, no decorrer de mais ou menos dois séculos, passou da prata pura para a liga com 50% de cobre.[39]

Sabe-se que Asoka começou seu reino em campanha: em 265 a.C., destruindo Kalinga, uma das últimas repúblicas indianas, em uma guerra em que centenas de milhares de pessoas, segundo seu relato, foram mortas ou escravizadas. Posteriormente, Asoka alegou ter ficado tão perturbado e assombrado pela carnificina que renunciou à guerra por completo, adotou o budismo e declarou que, dali em diante, seu reino seria governado pelo princípio da *ahimsa*, não violência. "Em meu reinado", declarou ele no edito inscrito em um dos grandes pilares de granito na capital Patna, que deixou perplexo o embaixador grego Megástenes, "nenhum ser vivo será morto ou sacrificado."[40] Essa declaração, é claro, não pode ser interpretada literalmente: Asoka pode ter substituído os rituais de sacrifício por banquetes vegetarianos, mas não aboliu o exército, não eliminou a pena de morte nem proibiu a escravidão. Mas seu governo marcou uma mudança revolucionária nos costumes. A guerra foi abandonada e grande parte do exército parece ter sido desmobilizada, junto com a rede de espiões e burocratas estatais, por causa da proliferação das novas ordens mendicantes (budistas, jainistas e também os hindus ascetas) que tinham apoio do Estado para pregar nos vilarejos sobre questões de moralidade social. Asoka e seus sucessores destinaram recursos substanciais para essas ordens religiosas; assim, milhares de estupas e mosteiros foram construídos em todo o subcontinente nos séculos posteriores.[41]

É interessante considerar as reformas de Asoka porque elas ajudam a mostrar como alguns de nossos pressupostos básicos estão errados: particularmente, que dinheiro é o mesmo que moeda e que quanto mais moedas em circulação maior será o comércio e mais importante será o papel dos comerciantes privados. Na verdade, o Estado de Mágada promoveu mercados, mas desconfiava dos comerciantes privados, pois os via como grandes competidores.[42] Os mercadores estavam entre os primeiros e mais fervorosos apoiadores das novas religiões (os jainistas, devido à sua rigorosa imposição de regras contra o mal a qualquer criatura viva, foram obrigados a se tornar, efetivamente, uma casta mercantil). Os interesses mercantis estavam totalmente comprometidos com as reformas de Asoka. Contudo, o resultado não foi o aumento no uso de dinheiro vivo nas questões cotidianas, mas sim o contrário.

As antigas condutas econômicas budistas há muito tempo são consideradas um pouco misteriosas. Por outro lado, os monges não podiam ter propriedades enquanto indivíduos; eles deviam levar uma austera vida comunista, possuir não mais que uma túnica e uma tigela para mendicância; eram estritamente proibidos de tocar qualquer objeto feito de ouro ou prata. Por outro lado, ainda que restritivo em relação a metais preciosos, o budismo sempre teve uma atitude liberal para com acordos de crédito. É das poucas religiões mundiais que nunca condenaram formalmente a usura.[43] No contexto da época, no entanto, não há nada de misterioso com essas posturas. Fazia todo o sentido que um movimento religioso rejeitasse a violência e o militarismo, mas não se opusesse ao comércio.[44] Como veremos, embora o império de Asoka estivesse para ruir, substituído em seguida por uma sucessão de Estados mais fracos e quase sempre menores, o budismo arraigou-se. O declínio dos grandes exércitos levou ao quase desaparecimento da cunhagem, mas também a um verdadeiro florescimento de formas de crédito cada vez mais sofisticadas.

China

Até cerca de 475 a.C., o norte da China ainda era formalmente um império, mas os imperadores tinham se transformado em autoridades simbólicas e uma série de reinos de facto havia surgido. O período de 475 a.C. a 221 a.C. é chamado Período dos Reinos Combatentes; nessa época, a aspiração à unidade foi deixada de lado. Em última instância, o país foi reunificado pelo Estado de Qin, que fundou uma dinastia, a qual foi imediatamente derrubada por uma série de insurreições populares grandiosas que marcaram então o início da dinastia Han (206 a.C.-220 d.C.). Esta foi fundada por um líder camponês, antes condestável rural desconhecido, chamado Liu Bao, o primeiro líder chinês a adotar a ideologia confucionista, o sistema de exames e um padrão de administração civil que continuariam em vigor por quase 2 mil anos.

Desse modo, a era de ouro da filosofia chinesa foi o período de caos que precedeu a unificação, e esse período seguiu o padrão típico da Idade Axial: o mesmo panorama político fraturado, o surgimento de exércitos armados profissionais e a criação do dinheiro cunhado para pagar a esses exércitos.[45] Também se assiste às mesmas políticas governamentais feitas para encorajar o desenvolvimento de mercados, à escravidão em uma escala jamais vista antes ou depois na história chinesa, ao aparecimento de filósofos itinerantes e visionários religiosos, de escolas intelectuais rivais e, por fim, de líderes políticos que tentaram transformar as novas filosofias em religiões do Estado.[46]

Também houve diferenças significativas, a começar pelo sistema monetário. A China nunca cunhou moedas de ouro ou prata. Os mercadores usavam metais preciosos na forma de lingotes, mas as moedas em circulação eram basicamente troco miúdo: discos de cobre fundido, geralmente com um furo no centro, para que uma série deles pudesse ser amarrada junto. Esses fios de "dinheiro" eram produzidos em grande quantidade, e era preciso muitos deles para grandes transações: quando homens ricos queriam fazer doações aos templos, por exemplo, era preciso carregar o dinheiro em carros de boi. A explicação mais plausível é que, principalmente depois da unificação, os exércitos chineses eram enormes — os exércitos de alguns Reinos Combatentes chegavam a 1 milhão de homens —, mas nem de longe tão profissionais ou bem pagos como os exércitos dos reinos mais a oeste. Depois de Qin e Han, os governantes tomaram o cuidado de garantir que a situação continuasse a mesma para que o exército nunca se tornasse uma força independente.[47]

Outra diferença notável é que os novos movimentos filosóficos e as novas religiões na China também eram, desde o início, movimentos sociais. Em todos os outros lugares, eles se tornaram movimentos sociais aos poucos. Na Grécia antiga, a filosofia começou com a especulação cosmológica; na maior parte das vezes, enquanto fundadores dos movimentos, os filósofos eram sábios individuais, talvez cercados por poucos discípulos fervorosos.[48] Durante o Império Romano, escolas de filosofia, como a dos estoicos, epicuristas e neoplatônicos, tornaram-se uma espécie de movimento: pelo menos no sentido de terem milhares de adeptos que "praticavam" a filosofia não só pela leitura, escrita e discussão, mas ainda mais pela meditação, dieta e prática de exercícios. Mesmo assim, os movimentos filosóficos eram basicamente confinados à elite civil; foi apenas com o surgimento do cristianismo e de outros movimentos religiosos que a filosofia foi além dela.[49] Observamos uma evolução semelhante na Índia: dos ascetas brâmanes solitários, eremitas e mendigos errantes com teorias sobre a natureza da alma ou a composição do universo material, passando pelos movimentos filosóficos dos budistas, jainistas, ajikivas e outros já esquecidos, até, finalmente, os movimentos religiosos em massa com milhares de monges, santuários, escolas e redes de apoiadores laicos.

Na China, embora muitos fundadores das "cem escolas" de filosofia que nasceram sob os Reinos Combatentes fossem sábios errantes que passavam os dias de cidade em cidade tentando chamar a atenção dos príncipes, havia outros que desde o início se apresentavam como líderes de movimentos sociais. Alguns desses movimentos, no entanto, nem sequer tinham líderes, como a Escola Agrônoma, um movimento anarquista de camponeses intelectuais que começou a criar comunidades igualitárias nas brechas e nos interstícios que havia entre os Estados.[50] Os moístas, racionalistas igualitários cuja base social parece ter sido de artesãos urbanos, eram filosoficamente opostos à guerra e ao militarismo, mas também batalhões organizados de engenheiros militares que ativamente desencorajavam conflitos se voluntariando para lutar em qualquer guerra contra o lado do agressor. Mesmo os confucionistas, por toda a importância que davam aos rituais corteses, eram conhecidos no início por seus esforços na educação popular.[51]

Materialismo I: A busca do lucro

Como devemos interpretar tudo isso? As campanhas educacionais populares do período talvez nos deem uma pista. A Idade Axial foi o primeiro período da história humana em que a familiaridade com a palavra escrita passaria a não mais se limitar a sacerdotes, administradores e mercadores, tornando-se necessária para a plena participação na vida cívica. Em Atenas, era certo que apenas os camponeses mais simples seriam totalmente iletrados.

Sem a alfabetização em massa, não teriam sido possíveis nem o surgimento de movimentos intelectuais de massa, nem a difusão de ideias da Idade Axial. No final do período, essas ideias haviam gerado um mundo em que até mesmo os líderes de exércitos bárbaros que atacaram o Império Romano se sentiram obrigados a assumir uma posição sobre a questão do Mistério da Trindade, um mundo em que monges chineses podiam se ocupar de debates sobre os méritos relativos das dezoito escolas de budismo indiano clássico.

Não há dúvida de que o crescimento dos mercados também teve um papel fundamental, não só ajudando a libertar as pessoas das amarras de status ou comunidade, mas encorajando determinados procedimentos, como o cálculo racional ou o controle de entradas e saídas, o cálculo de meios e fins, hábitos que inevitavelmente ecoaram no novo espírito de investigação racional que começava a surgir nos mesmos lugares e períodos. Inclusive a palavra "racional" é significativa: ela deriva, é claro, de "razão". Como converter X em Y, por exemplo, um tipo de cálculo matemático antes usado principalmente por arquitetos e engenheiros, com o advento dos mercados passou a ser de conhecimento obrigatório para qualquer pessoa que não quisesse ser enganada no comércio. Ainda assim, precisamos ir com calma. Afinal, o dinheiro, em si, não tinha nada de novo. Fazendeiros e comerciantes sumerianos já eram perfeitamente capazes de fazer cálculos desse tipo em 3500 a.C., mas nenhum deles, pelo que sabemos, se impressionou tanto a ponto de concluir, como Pitágoras, que o pensamento matemático era a chave para o entendimento da natureza do Universo e do movimento dos astros, e que no fundo todas as coisas eram formadas por números — e eles certamente não formaram sociedades secretas baseadas na troca desse conhecimento e em debate, no expurgo e na excomunhão uns dos outros.[52]

Para entendermos o que mudou, temos de examinar, mais uma vez, o *tipo* específico de mercado que surgiu no início da Idade Axial: mercados impessoais, nascidos da guerra, em que era possível tratar vizinhos como se fossem desconhecidos.

Nas economias humanas, as motivações são presumivelmente complexas. Quando um soberano dá um presente a um criado, não há razões para duvidar que a dádiva seja inspirada pelo desejo genuíno de beneficiar o criado, mesmo que seja também um movimento estratégico para garantir lealdade, além de um ato de magnificência com o intuito de reafirmar a sua grandiosidade e a pequenez do criado. Não há contradição nenhuma nisso. De maneira semelhante, dádivas entre iguais costumam ser acompanhadas de amor, inveja, orgulho, rancor, solidariedade ou uma série de outras coisas. Especular sobre essas questões é uma das principais formas de passatempo. Falta, no entanto, a ideia de que a verdadeira motivação é necessariamente a mais egoísta ("interesse próprio"): quem especula sobre as motivações ocultas imagina da mesma maneira que quem tenta em segredo ajudar um amigo ou prejudicar um inimigo também está obtendo alguma vantagem para si próprio.[53] Além disso, nada parece ter mudado com o surgimento dos primeiros mercados de crédito, quando o valor de um vale dependia tanto da avaliação do caráter do emissor como de sua renda disponível, e motivações de amor, inveja, orgulho etc. jamais podiam ser totalmente descartadas.

As transações em dinheiro vivo entre estranhos eram diferentes, ainda mais quando o comércio acontece tendo a guerra como pano de fundo e surge do descarte de pilhagens e da provisão de soldados, quando é melhor não perguntar a origem dos objetos comercializados, e quando não há ninguém muito interessado em estabelecer relações pessoais contínuas. Nesses casos, as transações de fato se tornam nada mais que a descoberta do quanto de X equivale a quanto de Y, de calcular proporções, estimar a qualidade e tentar obter o melhor acordo para si próprio. O resultado, durante a Idade Axial, foi uma nova forma de pensar sobre a motivação humana, uma simplificação radical que possibilitou o surgimento de conceitos como "lucro" e "vantagem" — permitindo imaginar que isso é o que as pessoas *realmente* buscam, em todos os aspectos da existência. É como se a violência da guerra ou a impessoalidade do mercado tivesse lhes dado a oportunidade de deixar de fingir que alguma vez se importavam com qualquer outra coisa. Isso, por sua vez, permitiu que a vida humana parecesse passível de ser reduzida a uma questão de cálculo de um meio para atingir um fim, e por isso algo que poderia ser examinado com os mesmos recursos usados para estudar a atração e a repulsão dos corpos celestes.[54] Não é coincidência que essa premissa básica lembre bastante as premissas dos economistas contemporâneos — mas com a diferença de que, em uma época em que havia uma conexão intrínseca entre dinheiro, mercados, Estados e questões militares, o dinheiro era necessário para pagar a exércitos, que então capturariam escravos, que por sua vez extrairiam ouro para produzir o dinheiro — em uma época em que a concorrência brutal e desleal muitas vezes envolvia, literalmente, mortes brutais e desleais, não se supunha que fins egoístas podiam ser perseguidos por meios pacíficos.

Certamente, essa visão da humanidade começou a se descortinar, com uma consistência impressionante, em toda a Eurásia, justamente onde se assiste ao surgimento da cunhagem e da filosofia.

A China nos dá um ótimo exemplo, extraordinariamente nítido. Já na época de Confúcio, os pensadores chineses falavam da busca do lucro como força motriz na vida humana. O termo correto era *li*, palavra usada primeiramente para se referir à quantidade de grãos colhidos quando em quantidade muito superior à que havia sido plantada (o pictograma representa um feixe de trigo junto de uma faca).[55] Posteriormente, *li* passou a ser usada para designar o lucro comercial, e depois se transformou no termo geral para "benefício" ou "reembolso". A história a seguir, que apresenta a reação de Lü Buwei, filho de um mercador, ao saber que um príncipe exilado estava morando nas redondezas, ilustra bem essa progressão:

> Ao voltar para casa, ele perguntou ao pai:
> — Que lucro se pode esperar obter ao investir no arado?
> — Dez vezes o investimento — respondeu o pai.
> — E o retorno ao investir em pérolas e jades?
> — Cem vezes mais.
> — E o retorno ao investir na constituição de um governante e na segurança do Estado?
> — Seria incalculável.[56]

Lü adotou a causa do príncipe e por fim conseguiu fazê-lo rei de Qin. E o jovem, por sua vez, tornou-se primeiro-ministro do filho do rei, Qin Shi Huang, ajudando-o a derrotar os outros Reinos Combatentes para se tornar o primeiro imperador da China. Ainda temos um compêndio de saberes políticos com que Lü presenteou o imperador contendo conselhos militares como o seguinte:

> Como princípio geral, os exércitos inimigos sempre procuram o lucro quando se aproximam. No entanto, quando chegam e encontram a possibilidade da morte, acreditam ser a fuga a ação mais lucrativa. Quando todos os

inimigos consideram a fuga a ação mais lucrativa, quer dizer que as espadas não serão usadas.

Esse é o ponto essencial das questões militares.[57]

Em um mundo assim, fatores considerados heroicos como honra e glória, votos aos deuses ou desejo de vingança eram, na melhor das hipóteses, fraquezas a ser exploradas. Nos diversos manuais sobre a arte de governar produzidos na época, tudo se subordinava à lógica de reconhecer o interesse e a vantagem, calcular o equilíbrio entre o que é lucrativo para o governante e o que é lucrativo para a população, determinar quando os interesses do governante são os mesmos que os do povo e quando são contraditórios.[58] Os termos técnicos oriundos da política, da economia e da estratégia militar ("retorno sobre investimento", "vantagem estratégica") misturavam-se e sobrepunham-se.

A escola de pensamento político predominante nos Reinos Combatentes era a dos legalistas, que afirmava que, nas questões da arte de governar, os interesses do governante estavam acima de tudo, mesmo que os governantes fossem insensatos a ponto de reconhecer esse fato. Mesmo assim, o povo podia ser facilmente manipulado porque todos tinham as mesmas motivações: a busca das pessoas por lucro, escreveu mestre Shang, é indefectível, "assim como a tendência da água de correr montanha abaixo".[59] Shang era mais rigoroso que a maioria de seus colegas legalistas, pois acreditava que a prosperidade generalizada prejudicaria a capacidade do governante de mobilizar o povo para a guerra, e por isso pensava que o terror era o instrumento de governo mais eficaz. No entanto, até mesmo ele insistiu que o regime aparentasse um regime de lei e justiça.

Onde quer que o complexo de cunhagem militar escravista tenha começado a se consolidar, encontramos teóricos políticos propondo ideias semelhantes. Kautilya não foi diferente: o título de seu livro, *Arthaśāstra*, cuja tradução costuma ser "manual de estadismo", consiste em conselhos para governantes, mas sua tradução mais literal é "a ciência do ganho material".[60] Assim como os legalistas, Kautilya evidenciou a necessidade de criar a aparência de que governar fosse uma questão de moralidade e justiça, mas, ao se dirigir aos próprios governantes, ele afirmou que "a guerra e a paz devem ser consideradas tão somente do ponto de vista do lucro" — do acúmulo de riquezas para criar um exército mais eficaz, do uso do exército para dominar os mercados e controlar os recursos, para acumular mais riquezas, e assim por diante.[61] Quando tratamos da Grécia, citei Trasímaco, embora lá as coisas fossem um tanto diferentes. As cidades-Estado gregas não tinham reis, e o colapso dos interesses privados e das questões estatais, em princípio, foi criticado universalmente como tirania. Ainda assim, na prática, isso fez com que as cidades-Estado, inclusive as facções políticas, agissem justamente da mesma maneira fria e calculista que os soberanos indianos ou chineses. Quem já leu o "Diálogo meliano", de Tucídides — em que generais atenienses apresentam para a população de uma cidade aliada argumentos muito bem fundamentados para justificar o fato de os atenienses terem determinado que era vantajoso para o império ameaçar o povo com um massacre coletivo caso as pessoas não quisessem se tornar pagadoras de tributos —, conhece bem os resultados.[62]

Outra característica marcante dessa literatura é seu materialismo convicto. Deusas e deuses, magias e oráculos, sacrifícios, cultos ancestrais, até mesmo rituais e sistemas de castas — tudo isso desaparece ou é deixado de lado; não são mais tratados como fins em si mesmos, mas como ferramentas a serem usadas na busca de ganho material.

Não surpreende que os intelectuais propensos a formular essas teorias ganhassem a atenção dos príncipes. Tampouco é particularmente surpreendente que outros intelectuais tenham se ofendido tanto com esse tipo de cinismo que começaram a conjugar esforços com movimentos populares, que por sua vez começavam a se posicionar contra os príncipes. Mas, como costuma ser o caso, intelectuais de oposição se viram diante de duas escolhas: ou adotar os termos dominantes do debate ou tentar criar uma formulação antagônica. Mozi, fundador do moísmo, tomou o primeiro caminho. Transformou o conceito de *li*, lucro, em algo mais parecido com "utilidade social", e depois tentou demonstrar que a guerra em si, por definição, não é uma atividade lucrativa. Ele escreveu, por exemplo, que as campanhas militares só podiam ser realizadas na primavera e no outono, e que cada uma tinha efeitos igualmente prejudiciais:

Se na primavera, as pessoas perdem a semeadura e o plantio; se no outono, perdem a ceifa e a colheita. Mesmo que percam uma só estação, a quantidade de pessoas que morrerão de frio e fome é incalculável. Agora calculemos o equipamento do exército — flechas, estandartes, tendas, armaduras, escudos e empunhaduras de espada —, a quantidade de coisas que serão perdidas e não mais usadas. [...] O mesmo vale para bois e cavalos [...].[63]

As conclusões dele foram que se pudéssemos estimar o custo total de agressões em vidas humanas, vidas animais e danos materiais, seríamos obrigados a concluir que eles nunca compensariam os benefícios — mesmo para a parte vitoriosa. Na verdade, Mozi levou essa lógica tão longe que argumentou que a única maneira de melhorar o lucro geral da humanidade seria abandonar totalmente a busca do lucro privado e adotar o princípio do que chamou de "amor universal" — em suma, disse que, quando se leva o princípio de troca comercial à sua contrapartida lógica, o único resultado possível é um tipo de comunismo.

Os confucionistas adotaram a abordagem oposta, rejeitando a premissa inicial. Um bom exemplo seria parte do início da famosa conversa de Mêncio com o rei Hui:

> — Venerável senhor — cumprimentou-o o rei —, como não te importaste em percorrer tantos quilômetros para chegar até aqui, suponho que tenhas trazido contigo algo que possa dar lucro para meu reino.
> Mêncio respondeu:
> — Por que vossa majestade usa a palavra "lucro"? O que tenho se resume a dois tópicos: benevolência e retidão, nada mais.[64]

Todavia, o ponto final era grosso modo o mesmo. O ideal confucionista do *ren*, ou benevolência compassiva, era basicamente uma inversão da atitude calculista de busca do lucro mais completa que a do amor universal de Mozi; a principal diferença é que os confucionistas acrescentaram certa aversão ao cálculo em si, preferindo o que quase poderia ser chamado de arte da decência. Os taoistas, posteriormente, levariam isso ainda mais longe ao adotar a intuição e a espontaneidade. Todas foram tentativas de fornecer uma imagem espelhada da lógica de mercado. No entanto, uma imagem espelhada, em última análise, é exatamente a mesma coisa, mas em posição invertida. Não demora muito para chegarmos a uma série de opostos relacionados — egoísmo versus altruísmo, lucro versus caridade, materialismo versus idealismo, cálculo versus espontaneidade —, e nenhuma dessas oposições poderia nem sequer ter sido imaginada, a não ser por alguém familiarizado com transações de mercado, essencialmente calculistas e egoístas.[65]

Materialismo II: Substância

> Como diante da presença da morte, despreze a pobre matéria — esse refugo de sangue e ossos, essa sua teia de nervos e veias e artérias.
>
> Marco Aurélio, *Meditações* 2.2

> Compadecido pelo lobo faminto, Wenshuang anunciou: "Não cobiço esta imunda sacola de carne. Entrego-a a ti para que rapidamente eu adquira um corpo de força mais duradoura. Esta doação será um benefício para nós dois".
>
> Discurso sobre a Terra Pura 21.12

Como já observei, a situação da China era incomum porque lá a filosofia começou com debates sobre ética e só depois se voltou para especulações sobre a natureza do Cosmo. Tanto na Grécia como na Índia, a investigação cosmológica veio primeiro. Além disso, tanto no caso grego como no indiano as questões sobre a natureza do universo físico rapidamente deram lugar a conjecturas sobre a mente, a verdade, a consciência, o significado, a linguagem, a ilusão, o espírito do mundo, a inteligência cósmica e o destino da alma humana.

Esse labirinto de espelhos é tão complexo e atordoante que é extremamente difícil identificar o ponto de partida — ou seja, exatamente o

Idade Axial (800 a.C.-600 d.C.)

que está sendo refletido de um lado para o outro. Nesse sentido, a antropologia pode ser útil, pois os antropólogos têm a vantagem única de conseguir observar como pessoas que não conhecem esse debate reagem quando expostas pela primeira vez aos conceitos da Idade Axial. De vez em quando nós também nos deparamos com momentos de excepcional clareza, que revelam que a essência de nosso pensamento é quase oposta ao que pensávamos que seria.

Maurice Leenhardt, missionário católico que passara muitos anos ensinando o Evangelho em Nova Caledônia, passou por algo assim na década de 1920, quando perguntou a um de seus alunos, um escultor idoso chamado Boesoou, como ele se sentia depois de conhecer as teorias sobre o espírito:

> Uma vez, esperando para avaliar o progresso mental dos canacas para quem ensinei durante anos, aventurei-me a fazer a seguinte pergunta: "Em suma, conseguimos introduzir na sua forma de pensamento a noção de espírito?".
> Um deles objetou:
> — Espírito? Ah! Você não nos apresentou o espírito. Nós já sabíamos de sua existência. Sempre agimos de acordo com o espírito. O que você nos apresentou foi o corpo.[66]

A ideia de que os seres humanos têm alma parecia evidente para Boesoou. A ideia de que havia um corpo, separado da alma, uma mera reunião material de nervos e tecidos — sem falar no corpo como prisão da alma, ou do suplício do corpo como um meio para a glorificação e libertação da alma —, é que o impressionou como algo totalmente novo e exótico.

A espiritualidade na Idade Axial, então, apoia-se em um sólido leito materialista. Este é seu segredo. Poderíamos até dizer: é aquilo que não conseguimos mais enxergar.[67] Mas quando examinamos os primórdios da investigação filosófica na Grécia e na Índia — o ponto em que ainda não havia diferença entre o que hoje chamaríamos de "filosofia" e o que hoje chamaríamos de "ciência" —, é exatamente isso que encontramos. A "teoria", se podemos chamá-la assim, começa com as seguintes questões:

"De que substância é feito o mundo?" "Qual é o material subjacente às formas físicas dos objetos no mundo?" "Todas as coisas são feitas de combinações variáveis de certos elementos básicos (terra, ar, água, fogo, pedra, movimento, mente, número...), ou esses elementos básicos são apenas as formas assumidas por alguma substância ainda mais elementar (por exemplo, como propôs Nyaya e depois Demócrito, partículas atômicas...)?".[68] Praticamente em todos os casos houve também o surgimento de alguma noção de Deus, Mente, Espírito, algum princípio organizador que dá forma às coisas e que, em si, não é material. Mas esse era o tipo de espírito que, como o Deus de Leenhardt, surge apenas na relação com a matéria inerte.[69]

Talvez pareça um exagero conectar esse impulso filosófico com a invenção da moeda, mas, pelo menos no que se refere ao mundo clássico, tem surgido uma literatura acadêmica — primeiro com o crítico literário Marc Shell, de Harvard, e mais recentemente com o helenista britânico Richard Seaford em um livro chamado *Money and the Early Greek Mind* [Dinheiro e a mente grega antiga] — que procura fazer exatamente essa ligação.[70]

Na verdade, algumas conexões históricas são tão misteriosamente próximas que são difíceis de explicar de outra maneira. Vejamos um exemplo. Depois que as primeiras moedas foram cunhadas por volta de 600 a.C. no reino da Lídia, a prática rapidamente se espalhou para a Jônia, região de cidades gregas na costa adjacente. A maior dessas cidades era a grande metrópole murada de Mileto, que também parece ter sido a primeira cidade grega a cunhar as próprias moedas. A Jônia também tinha a maioria dos mercenários gregos ativos no Mediterrâneo naquela época, e Mileto era seu centro de operações. Mileto também era o centro comercial da região, e talvez a primeira cidade do mundo em que as transações comerciais cotidianas passaram a ser realizadas principalmente com moedas, e não a crédito.[71] A filosofia grega, por sua vez, começa com três nomes: Tales de Mileto (*c.* 624 a.C.-*c.* 546 a.C.), Anaximandro de Mileto (*c.* 610 a.C.-*c.* 546 a.C.) e Anaxímenes de Mileto (*c.* 585 a.C.-*c.* 525 a.C.) — em outras palavras, homens que habitavam a cidade exatamente na mesma época em que a cunhagem apareceu ali pela primeira vez.[72] Todos os três são lembrados sobretudo por causa das especulações sobre a natureza da substância física da qual o mundo teria surgido. Tales propôs a água, Anaxímenes, o ar. Anaximandro criou um novo termo, *apeiron*, "o ilimitado", um tipo de substância abstrata pura que não podia ser percebida, mas era a base material de tudo o que podia existir. Em cada caso, a suposição era de que a substância primal, ao ser aquecida, resfriada, combinada, dividida, comprimida, ampliada, colocada em movimento, dava origem à infinidade de coisas e substâncias que os seres humanos encontravam no mundo — seria essa a substância da qual os objetos físicos seriam compostos e para a qual todas as formas voltariam depois de perecer.

Tal substância era algo que podia se transformar em tudo. Como enfatiza Seaford, a ideia se aplica também ao dinheiro. O ouro, modelado em moedas, é uma substância material que também é uma abstração. Ele é tanto um pedaço de metal como algo mais que um pedaço de metal — é uma dracma ou um óbolo, uma unidade monetária que (pelo menos se coletada em quantidade suficiente, levada ao lugar certo, na hora certa, entregue à pessoa certa) poderia ser trocada por absolutamente qualquer outro objeto.[73]

Para Seaford, o que havia de genuinamente novo nas moedas era a sua duplicidade: o fato de serem peças de metal valiosas e, ao mesmo tempo, algo mais. Pelo menos nas comunidades que as criaram, as moedas antigas eram sempre mais valiosas que o ouro, a prata ou o cobre de que eram compostas. Seaford se refere a esse valor extra pelo pomposo termo "fiduciaridade", que vem da expressão "confiança pública", a confiança que uma comunidade deposita em sua moeda corrente.[74] É verdade que no auge da Grécia clássica, quando havia centenas de cidades-Estado produzindo diferentes moedas correntes de acordo com vários sistemas diferentes de pesos e denominações, os mercadores costumavam carregar balanças e tratar as moedas — principalmente moedas estrangeiras — como tantos outros pedaços de prata, assim como os mercadores indianos parecem ter tratado as moedas romanas; no entanto, nos limites de cada cidade, a moeda corrente própria tinha status especial, pois era sempre aceita por seu valor nominal quando usada para o pagamento de impostos, taxas públicas ou punições legais. É por isso que os antigos governos conseguiam introduzir com frequência o metal comum em suas moedas sem levar à inflação imediata; uma moeda com liga enfraquecida podia perder o valor quando usada no exterior, mas em seu lugar de origem ela continuava valendo o mesmo, tanto para comprar uma licença quanto para uma entrada para o teatro.[75] É também por isso que, durante situações emergenciais, as cidades-Estado gregas cunhavam moedas feitas totalmente de bronze ou estanho, as quais todos concordavam em aceitar, enquanto durasse o estado de emergência, como se fossem feitas de prata.[76]

Essa é a chave para compreendermos a tese de Seaford sobre o materialismo e a filosofia grega. Uma moeda era um pedaço de metal, mas ao dar a ela uma forma particular, estampá-la com palavras e imagens, a comunidade civil fazia dela algo mais. Mas essa possibilidade não era ilimitada. Moedas de bronze não podiam ser usadas para sempre; se a liga usada na cunhagem fosse enfraquecida, a inflação certamente entraria em cena. Era como se existisse uma tensão entre a vontade da comunidade e a natureza física do objeto em si. Os pensadores gregos de repente se viram confrontados com um tipo de objeto totalmente novo, um objeto de extrema importância — como evidenciado pelo fato de que tantos homens desejavam arriscar a própria vida para pôr as mãos nele —, mas cuja natureza era um completo enigma.

Consideremos a palavra "materialismo". O que significa adotar a filosofia "materialista"? Afinal de contas, o que é "material"? Normalmente, falamos de "materiais" quando nos referimos a objetos que gostaríamos de transformar em outra coisa. Uma árvore é um ser vivo. Ela só se torna "madeira" quando começamos a pensar em todas as outras coisas que poderíamos fabricar a partir dela. O mesmo vale para argila, vidro ou metal. Eles são sólidos, reais e tangíveis, mas também são abstrações porque têm o potencial de se transformar em alguma outra coisa — mas não exatamente em tudo; não se pode transformar um pedaço de madeira em um leão ou uma coruja, mas se pode transformá-lo na imagem de leão ou de coruja — os materiais podem assumir quase todas as formas imagináveis. Desse modo, em toda filosofia materialista, lida-se com uma oposição entre forma e conteúdo, formato e substância; um conflito entre a ideia, o signo, emblema ou modelo, na mente do criador, e as qualidades físicas dos materiais nos quais o objeto será estampado, construído ou elaborado, a partir dos quais ele tomará existência.[77] Com as moedas, essa ideia é levada a um nível ainda mais abstrato, porque um emblema não pode mais ser concebido como um modelo na mente de uma pessoa — ao contrário, ele é sinal de um acordo coletivo. As imagens estampadas nas moedas gregas (leão de Mileto, coruja de Atenas) eram os emblemas da divindade que representava cada um desses lugares, mas também eram um tipo de promessa coletiva, pela qual os cidadãos garantiam uns aos outros que a moeda não só seria aceita para pagamento de dívidas públicas, como também, em sentido mais amplo, que todos podiam aceitá-las para o pagamento de quaisquer dívidas, e que então elas poderiam ser usadas para adquirir tudo o que cada um quisesse.

O problema é que esse acordo coletivo não é ilimitado. Ele só se aplica de fato no interior da cidade. Quanto mais se afasta dela e se adentra em lugares dominados por violência, escravidão e guerra — o tipo de lugar em que até filósofos, ali de passagem, poderiam ser leiloados como escravos —, mais esse objeto dotado de poder se transforma em um simples pedaço de metal precioso.[78]

Assim, a guerra entre Espírito e Matéria, entre a nobre Ideia e a dura Realidade, intelecto racional versus impulsos e desejos corporais obstinados que resistem a ele, mesmo a ideia de que a paz e o sentido de comunidade não surgem espontaneamente, mas precisam ser estampados em nossa natureza material básica como uma insígnia divina gravada em metal — todas essas ideias que passaram a assombrar as tradições religiosas e filosóficas da Idade Axial, e que continuaram a surpreender desde então pessoas como Boesoou, já podem ser vistas como inscritas na natureza dessa nova forma de dinheiro.

Seria tolice argumentar que toda a filosofia da Idade Axial não passava de especulação sobre a natureza da cunhagem, mas penso que Seaford está correto em dizer que se trata de um ponto de partida decisivo. Essa é uma das razões pelas quais os filósofos pré-socráticos começaram a enquadrar suas questões de maneira bem particular, perguntando (por exemplo): O que são as Ideias? Seriam elas apenas convenções coletivas? Elas existem, como insistiu Platão, em algum domínio divino para além da existência material? Ou existem na nossa mente? Ou é nossa mente que participa desse domínio divino imaterial? E, se for assim, qual a consequência disso sobre a relação que temos com nosso corpo?

NA ÍNDIA E NA CHINA, o debate assumiu diferentes formas, mas o materialismo sempre foi o ponto de partida. Só conhecemos as ideias da maioria dos verdadeiros materialistas por causa da obra de seus inimigos intelectuais: como no caso do rei indiano Pāyāsi, que gostava de debater o pensamento dos filósofos budistas e jainistas defendendo a ideia de que a alma não existe, de que o corpo humano não passa de uma configuração particular de ar, água, terra e fogo, de que a consciência é o resultado da interação mútua entre os elementos, e de que, quando morremos, os elementos simplesmente se dissolvem.[79] Está claro, no entanto, que essas ideias eram correntes à época. Mesmo as religiões da Idade Axial carecem surpreendentemente daquela crença em variadas formas de forças sobrenaturais vista antes e depois desse período, a ponto de se debater longamente se o budismo sequer *é* uma religião, posto que rejeita a noção de ser supremo, ou se as advertências de Confúcio de que deveríamos continuar venerando nossos ancestrais são apenas um modo de encorajar devoção filial ou baseadas na crença de que os ancestrais mortos, em algum sentido, continuam existindo. O fato de termos de perguntar diz tudo. No entanto, o que sobretudo ainda perdura daquela época — em termos institucionais — é o que chamamos de "religiões mundiais".

O que ocorre na época é um tipo estranho de reciprocidade, de ataque e contra-ataque, em que o mercado, o Estado, a guerra e a religião continuamente se separam e confluem. Vale a pena tentar resumir a situação:

1. Os mercados parecem ter surgido, pelo menos no Oriente Próximo, como efeito colateral dos sistemas administrativos do governo. Com o passar do tempo, no entanto, a lógica do mercado se entrelaçou às

Idade Axial (800 a.C.-600 d.C.)

questões militares, tornando-se na Idade Axial quase indistinguível da lógica mercenária da arte da guerra, e depois, por fim, essa lógica acabou por conquistar o próprio governo e definir mesmo o seu propósito.

2. Assim, em todos os lugares em que vemos surgir o complexo de cunhagem militar escravista, nós também vemos o nascimento das filosofias materialistas. Elas são materialistas, com efeito, nos dois sentidos do termo: por imaginarem um mundo composto de forças materiais em vez de poderes divinos e por conceberem o fim último da existência humana como acúmulo de riquezas materiais, reenquadrando ideais de moral e justiça como ferramentas criadas para satisfazer as massas.

3. Além disso, em toda parte encontramos filósofos que reagem a isso investigando as ideias de humanidade e alma, tentando com isso encontrar um novo fundamento para a ética e a moral.

4. Em todos os lugares, alguns desses filósofos conjugam esforços com movimentos sociais, formados em resposta a essas novas elites cínicas e extraordinariamente violentas. O resultado foi algo novo na história humana: movimentos populares que também eram movimentos intelectuais, graças à convicção de que os que se opunham ao poder agiam de acordo com certa teoria sobre a natureza da realidade.

5. Em todos os lugares, além disso, esses movimentos foram sobretudo movimentos de paz, pois rejeitavam a nova concepção de violência, e principalmente a agressividade da guerra, como o fundamento da política.

6. Por toda parte, também, parece ter havido um impulso inicial de usar as novas ferramentas intelectuais fornecidas pelos mercados impessoais para configurar uma nova base para a moral — e em todos os lugares isso fracassou. O moísmo, com sua noção de lucro social, floresceu brevemente e depois ruiu. Foi substituído pelo confucionismo, que rejeitava totalmente ideias como essa. Já vimos que conceber a responsabilidade moral em termos de dívida — um impulso que aflorou tanto na Grécia como na Índia —, por mais que fosse algo quase inevitável, dadas as novas circunstâncias econômicas, parece ter se provado sempre insatisfatório.[80] O impulso mais forte é imaginar outro mundo em que a

dívida — e, com ela, todas as outras relações — pudesse ser totalmente aniquilada, em que os vínculos sociais fossem vistos como formas de servidão, assim como o corpo seria uma prisão.

7. A atitude dos governantes mudou com o tempo. A princípio, a maioria parece ter assumido uma atitude pública de tolerância atônita para com os novos movimentos filosóficos e religiosos enquanto, furtivamente, adotava procedimentos políticos cínicos e pragmáticos. Mas, quando a organização das cidades e dos principados beligerantes deu lugar a grandes impérios, e especialmente quando esses impérios começaram a chegar aos limites de sua expansão, deixando em crise o complexo de cunhagem militar escravista, tudo isso mudou de maneira inesperada. Na Índia, Asoka tentou refundar seu reino por meio do budismo; em Roma, Constantino se voltou para os cristãos; na China, o imperador Wu-Ti (157 a.C.-87 a.C.), da dinastia Han, confrontado com uma crise financeira e militar semelhante, adotou o confucionismo como filosofia estatal. Dos três, somente Wu-Ti foi bem-sucedido: o império chinês prosperou, de uma forma ou de outra, por 2 mil anos, tendo quase sempre o confucionismo como ideologia oficial. No caso de Constantino, o Império Romano se desintegrou, mas a Igreja católica perdurou. Pode-se dizer que o projeto de Asoka foi o menos bem-sucedido. Além de se desintegrar, seu império foi substituído por uma série de reinos mais fracos, muitas vezes fragmentados, e o próprio budismo minguou em seus domínios originais, embora tenha se estabelecido com muito mais firmeza em lugares como China, Nepal, Tibete, Sri Lanka, Coreia, Japão e grande parte do sul da Ásia.

8. A consequência de tudo isso foi o estabelecimento de um tipo de divisão ideal das esferas da atividade humana que perdura até hoje: de um lado, o mercado; de outro, a religião. Para falar sem rodeios: se relegamos certo espaço social para a simples acumulação egoísta de bens materiais, é quase inevitável que logo surja alguém que elegerá outro domínio, a fim de pregar que, da perspectiva dos valores mais altos, as coisas materiais não são importantes, que o egoísmo — ou mesmo o eu — é ilusório e que dar é melhor que receber. É significativo que todas as reli-

giões da Idade Axial tenham enfatizado a importância da caridade, um conceito que praticamente não existia antes. A pura ganância e a pura generosidade são conceitos complementares; não é possível imaginar um sem o outro; as duas noções só poderiam ter surgido em contextos institucionais que insistiam nesse comportamento puro e escrupuloso; e parecem ter surgido juntos sempre que o dinheiro vivo, concreto e impessoal entrava em cena.

Quanto aos movimentos religiosos, seria muito fácil descartá-los como escapistas, como movimentos que prometiam às vítimas dos impérios da Idade Axial a libertação no mundo do além como um modo de fazê-las aceitar seu destino neste mundo e de convencer os ricos de que eles nada deviam aos pobres além de doações esporádicas por caridade. Quase todos os pensadores mais radicais descartam os movimentos religiosos dessa maneira. É certo que a propensão dos próprios governos a adotar essas religiões, em última instância, parece dar suporte a essa conclusão. Mas a questão é mais complicada. Em primeiro lugar, é preciso dizer algo sobre a ideia de escapismo. As revoltas populares no mundo antigo geralmente terminavam com o massacre dos rebeldes. Como já observei, a fuga física, seja por êxodo, seja por deserção, sempre foi, desde os tempos mais remotos, a resposta mais eficaz às condições opressoras. Quando a fuga física não é possível, o que se espera dos camponeses oprimidos? Que se sentem e contemplem a própria miséria? As religiões sobrenaturais, pelo menos, ofereciam lampejos de alternativas radicais. Com frequência, elas permitiam que as pessoas criassem outros mundos dentro deste mundo, espaços de liberdade, de uma forma ou de outra. É decerto significativo que os únicos povos a conseguir abolir a escravidão no mundo antigo tenham sido os adeptos de seitas religiosas, como os essênios — que o fizeram, de maneira eficaz, apartando-se da ordem social em sentido mais amplo para formar comunidades utópicas.[81] Ou, em um exemplo mais localizado, mas duradouro: as cidades-Estado democráticas do norte da Índia foram todas esmagadas pelos grandes impérios (Kautilya fornece conselhos sobre como subverter e destruir Constituições democráticas), mas o Buda admirava a organização democrática de suas assembleias públicas e adotou-a como modelo para seus seguidores.[82] Os mosteiros budistas até hoje são chamados de *sangha*, antiga palavra usada para as repúblicas, e continuam funcionando de acordo com o mesmo processo de se chegar a uma decisão por consenso, preservando certo ideal democrático igualitário que, em circunstâncias normais, teria sido totalmente esquecido.

Por fim, os feitos históricos mais amplos desses movimentos não são insignificantes. À medida que foram se consolidando, tudo começou a mudar. As guerras se tornaram menos brutais e menos frequentes. A escravidão desapareceu como instituição até chegar ao ponto em que, na Idade Média, se tornou insignificante ou quase inexistente na maior parte da Eurásia. Também por toda parte as novas autoridades religiosas começaram a se ocupar seriamente dos problemas sociais causados pela dívida.

10. Idade Média (600-1450)

> A riqueza artificial abrange as coisas que, por si sós, não satisfazem nenhuma necessidade natural — por exemplo, o dinheiro, que é um mecanismo humano.
>
> São Tomás de Aquino

Se a Idade Axial viu surgir ideais complementares como os de mercados de matérias-primas e religiões mundiais universais, a Idade Média foi o período em que essas duas entidades começaram a se fundir.

Em todos os lugares, essa nova era começou com o colapso dos impérios. Novos Estados foram formados, mas, nesses novos Estados, o nexo entre guerra, lingotes e escravidão se perdeu; a conquista e a anexação territorial por si sós não eram mais celebradas como o fim da vida política. Ao mesmo tempo, a vida econômica, da gestão do comércio internacional à organização de mercados locais, veio a se subordinar cada vez mais à regulação das autoridades religiosas. Uma das consequências foi um movimento amplo de controle, ou mesmo de proibição, do empréstimo predatório. Outra foi o retorno, em toda a Eurásia, a várias formas de dinheiro virtual, ou dinheiro de crédito.

A verdade é que não estamos acostumados a pensar na Idade Média dessa maneira. Para a maioria de nós, a palavra "medieval" continua sendo sinônimo de superstição, intolerância e opressão. No entanto, para a maior parte dos habitantes do planeta, ela pode ser vista como um progresso extraordinário em relação aos terrores da Idade Axial.

Uma das razões de nossa percepção distorcida é estarmos acostumados a pensar na Idade Média como algo que aconteceu principalmente na Europa Ocidental, em territórios que haviam sido pouco mais que postos de fronteira do Império Romano. De acordo com o senso comum, com o colapso do império as cidades foram em grande parte abandonadas e a economia "retornou ao escambo", levando pelo menos cinco séculos para se recuperar. Mesmo no que se refere à Europa, no entanto, essa crença se baseia em uma série de suposições estabelecidas que, como disse, se desintegram no momento em que começamos a examiná-las de maneira mais incisiva. A principal dessas suposições é a ideia de que a ausência de moedas significa ausência de dinheiro. É verdade que a destruição da máquina de guerra romana também fez com que as moedas romanas saíssem de circulação, e as poucas moedas produzidas no reino gótico ou no reino franco, os quais se estabeleceram sobre as ruínas do antigo império, eram de natureza sobretudo fiduciária.[1] Mesmo assim, uma rápida análise dos "códigos de leis bárbaras" revela que, mesmo no auge da "Idade das Trevas", as pessoas continuavam cuidadosamente fazendo contas na moeda romana para calcular taxas de juros, contratos e hipotecas. Ainda que as cidades tenham encolhido e muitas tenham sido abandonadas, essa penúria teve vantagens e desvantagens. Certamente teve um efeito terrível na alfabetização; mas é preciso ter em mente que as antigas cidades só eram mantidas porque extraíam recursos da zona rural. A Gália romana, por exemplo, era uma rede de cidades, conectadas pelas famosas estradas romanas a uma sucessão infindável de plantations escravistas, todas pertencentes a potentados urbanos.[2] Depois do ano 400 aproximadamente, a população das cidades declinou radicalmente, mas as plantations também desapareceram. Nos séculos seguintes, muitas foram substituídas por feudos, igrejas e até castelos — onde novos senhores locais recolhiam impostos dos agricultores ao redor. Mas basta fazermos a conta: como a agricultura medieval era tão eficaz quanto a agricultura antiga (na verdade, ela rapidamente se tornou ainda mais eficaz), o trabalho necessário para alimentar um punhado de clérigos e guerreiros montados jamais se equipararia ao trabalho necessário para alimentar cidades inteiras. Por mais oprimidos que possam ter sido os servos medievais, sua penúria não era tão grande quando comparada à dos servos na Idade Axial.

Contudo, é mais correto considerar que a Idade Média propriamente dita tenha começado não na Europa, mas na Índia e na China, entre o ano 400 e o ano 600, atingindo grande parte da metade ocidental da Europa, somente depois, com o advento do islã. Ela chegou de fato à Europa apenas quatrocentos anos mais tarde. Desse modo, comecemos nossa história na Índia.

Índia medieval (a fuga para a hierarquia)

Deixei em suspenso minhas observações sobre a Índia com a descrição de como o budismo foi adotado por parte de Asoka, mas registrei que, em última instância, seu projeto fracassou. Nem sua opção religiosa nem seu império perduraram. No entanto, demorou bastante tempo para esse fracasso acontecer.

Os máurios representavam um ponto alto do império. Durante quinhentos anos vários reinados se sucederam, e a maioria deles apoiava fortemente o budismo. Estupas e mosteiros se espalharam por todos os lugares, mas os Estados que os bancavam foram ficando cada vez mais enfraquecidos. Os exércitos centralizados se dissolveram; os soldados, como os oficiais, passaram a ser pagos com terras em vez de salários. Consequentemente, houve um declínio gradual da quantidade de moedas em circulação.[3] A Alta Idade Média assistiu a um declínio dramático das cidades: enquanto o embaixador grego Megástenes descreveu Patna, capital de Asoka, como a maior cidade do mundo naquela época, viajantes árabes e chineses medievais descreviam a Índia como terra de vilarejos infinitamente minúsculos.

Assim, historiadores vieram a escrever, da mesma forma que faziam na Europa, sobre o colapso da economia monetária, o comércio que "retornava ao escambo". Isso também não parece ser verdade na Índia. O que desapareceu foram os meios militares de extrair recursos dos camponeses. Na verdade, os tratados jurídicos hindus escritos na época mostram uma atenção crescente aos acordos de crédito, com uma linguagem sofisticada de fianças, garantias, hipotecas, notas promissórias e juros compostos.[4] Basta considerar como foram fundadas as instituições budistas que proliferaram em toda a Índia durante esses séculos. Embora os primeiros monges fossem pedintes errantes, possuindo pouco mais que suas tigelas para mendicância, os primeiros mosteiros medievais costumavam ser locais magníficos, com vastos tesouros. Ainda assim, em princípio, suas operações eram quase totalmente financiadas por meio de um sistema de crédito.

A principal inovação foi a criação das chamadas "Doações Perpétuas" ou "Tesouros Inesgotáveis". Digamos que uma pessoa leiga quisesse dar uma contribuição ao mosteiro local. Em vez de se oferecer para fornecer velas para um ritual específico, ou servos para trabalhar na manutenção dos jardins monásticos, ela daria determinada quantia em dinheiro — ou algo que valesse uma boa quantia em dinheiro —, que então seria emprestada em nome do mosteiro à taxa-padrão de 15% de juros anuais. Os juros do empréstimo seriam então destinados àquele propósito específico.[5] Uma inscrição descoberta no Grande Mosteiro de Sanci por volta do ano 450 fornece um exemplo significativo. Uma mulher de nome Harisvamini doa a quantia relativamente modesta de doze dinares à "Nobre Comunidade de Monges".[6] O texto fala de como a renda deve ser dividida: os juros sobre cinco dinares cobririam refeições diárias para cinco monges diferentes; os juros de três dinares pagariam a iluminação de três lamparinas para o Buda, em memória de seus pais, e assim por diante. A inscrição termina dizendo que se trata de uma doação permanente, "gravada como documento em pedra para durar tanto quanto a lua e o sol": como o montante principal nunca seria tocado, as contribuições durariam para sempre.[7]

Alguns desses empréstimos eram supostamente feitos para indivíduos, outros eram empréstimos comerciais feitos a "guildas dos trabalhadores de bambuzais, caldeireiros e ceramistas" ou assembleias dos vilarejos.[8] O fato é que, na maioria dos casos, o dinheiro era apenas a unidade de conta: o que de fato era negociado eram animais, trigo, seda, manteiga, frutas e todo tipo de produtos cujas taxas de juros eram estipuladas com tanto zelo nos códigos de lei da época. Ainda assim, grandes quantias de ouro iam parar nos cofres monásticos. Afinal de contas, quando as moedas saem de circulação, o metal não desaparece simplesmente. Na Idade Média — e isso parece ser verdade em toda a Eurásia —, grande parte desse ouro ficava em estabelecimentos religiosos, igrejas, mosteiros e templos, fosse armazenado em reservas e tesouros, fosse como adorno ou matéria-prima de altares, santuários e instrumentos sagrados. Acima de tudo, ele assumia a forma de imagens de deuses. Como resultado, os governantes que tentaram implementar novamente um sistema de cunhagem como o da Idade Axial — invariavelmente para financiar algum projeto de expansão militar — muitas vezes tinham de se orientar por políticas sabidamente antirreligiosas. Provavelmente o mais conhecido deles tenha sido Harsa, que governou a Caxemira de 1089 a 1101 e supostamente criou um cargo oficial chamado "Superintendente para a Destruição dos Deuses". Segundo relatos posteriores, Harsa contratava monges leprosos para profanar sistematicamente as imagens sagradas com urina e fezes, neutralizando assim o seu poder, antes de carregá-las para a fundição.[9] Último de sua dinastia, acredita-se que ele tenha destruído mais de 4 mil centros budistas antes de ser traído e morto — e seu destino miserável foi mantido durante muito tempo como exemplo de até onde a retomada de antigos costumes poderia levar.

De modo geral, portanto, o ouro continuou sacrossanto, armazenado em lugares sagrados — embora na Índia, com o tempo, esses lugares tenham passado a ser hindus, não budistas. O que hoje vemos como uma Índia de vilarejos hindus tradicionais parece ter sido principalmente uma criação da Alta Idade Média. Não sabemos exatamente como isso aconteceu. À medida que os reinos continuaram a prosperar e decair, o mundo dos reis, príncipes e princesas se distanciou cada vez mais das questões cotidianas da maioria das pessoas. Durante a maior parte do período imediatamente posterior ao colapso do Império Máuria, por exemplo, grande parte da Índia foi governada por estrangeiros.[10] Aparentemente, essa distância social cada vez maior permitiu que os brâmanes locais começassem a remodelar a nova sociedade — progressivamente rural — junto com os princípios estritamente hierárquicos.

Essa reformulação foi feita, acima de tudo, assumindo o controle da aplicação da lei. O Dharmasastra, código de leis produzido por estudiosos brâmanes entre 200 a.C. e 400 d.C., nos dá uma boa ideia da nova visão da sociedade. Nesses textos, as antigas ideias como a concepção védica de uma dívida para com os deuses, sábios e ancestrais foram ressuscitadas — mas, agora, aplicavam-se única e exclusivamente aos brâmanes, cujo dever e privilégio eram representar a humanidade diante de todas as forças que controlavam o Universo.[11] Longe de serem obrigados a atingir o conhecimento, os membros das classes inferiores eram proibidos de fazê-lo: o Código de Manu, por exemplo, estabelece que chumbo derretido deveria ser despejado no ouvido de todo sudra (casta mais baixa, dedicada à agricultura e à produção material) que tivesse meramente chegado a escutar o ensinamento da lei ou dos textos sagrados; em caso de recorrência, eles teriam a língua cortada.[12] Ao mesmo tempo, os brâmanes, por mais que mantivessem suas prerrogativas de maneira feroz, também adotaram algumas ideias budistas e jainistas, outrora radicais, como carma, reencarnação e *ahimsa*. Os brâmanes deviam se abster de todo tipo de violência física e se tornar vegetarianos. Em uma aliança com os representantes da antiga casta de guerreiros, eles também conseguiram controlar grande parte do território dos antigos vilarejos. Os artesãos e artífices que fugiam do declínio ou destruição das cidades geralmente se tornavam refugiados mendicantes e, aos poucos, clientes das castas inferiores. O resultado foi um complexo cada vez maior de sistemas de patronagem local nas áreas rurais — sistemas *jajmani*, como ficaram conhecidos —, onde os refugiados prestavam serviços para as castas dos proprietários de terra, que assumiam muitos dos papéis antes mantidos pelo Estado, garantindo proteção e justiça, coletando impostos trabalhistas e assim por diante, mas também protegendo as comunidades locais dos representantes da aristocracia.[13]

Essa última função era crucial. Visitantes estrangeiros ficariam impressionados com a autossuficiência dos vilarejos indianos tradicionais, com seu sistema complexo de castas proprietárias, fazendeiros e "castas de serviço", como barbeiros, ferreiros, curtidores, tocadores de tambor e lavadeiros, todas organizadas em ordem hierárquica, cada qual com uma contribuição única e necessária para sua pequena sociedade, que funcionava quase totalmente sem o uso de moedas de metal. As pessoas reduzidas à condição de sudras e intocáveis só conseguiam aceitar sua posição inferior porque o nível de extorsão dos senhores de terra locais não era, vale lembrar, em nada parecido com o nível de extorsão dos governos antigos — sob os quais as pessoas tinham de sustentar cidades de mais de 1 milhão de habitantes — e porque os povoados se tornaram um meio eficaz de evitar, pelo menos em parte, a interferência do Estado e de seus representantes.

Não conhecemos os mecanismos que forjaram esse mundo, mas o papel da dívida certamente foi significativo. Somente a criação de milhares de templos hindus deve ter envolvido milhares, talvez milhões de empréstimos a juros — afinal, se os brâmanes eram proibidos de tomar empréstimos a juros, os templos não estavam incluídos nessa proibição. Já no Código de Manu, o mais antigo dos novos conjuntos de leis, vemos como as autoridades locais lutavam para reconciliar antigos costumes, como a servidão por dívida e a escravidão tradicional, com o desejo de estabelecer um sistema hierárquico abrangente em que todos soubessem qual era o seu devido lugar. O Código de Manu divide cuidadosamente os escravos em sete tipos, dependendo de como foram reduzidos à escravidão (guerra, dívida, venda de si próprio...), e explica as condições sob as quais cada tipo deve ser emancipado, uma vez que, afinal, foram destinados a servir a outras castas.[14] De maneira semelhante, enquanto os primeiros códigos haviam estabelecido uma taxa anual de juros de 15%, com exceções para empréstimos comerciais,[15] os novos códigos organizavam os juros por castas: declaravam que a cobrança máxima deveria ser de 2% ao mês para os brâmanes, 3% para os xátrias (guerreiros), 4% para os vaixás (mercadores) e 5% para os sudras — que é a diferença entre 24% ao ano, em um extremo, e robustos 60% no outro.[16] Os códigos também listam cinco modos de pagamento dos juros, dos quais o mais significativo, para os nossos propósitos, é o de "juro corporal": trabalho físico na casa ou nos campos do credor, realizado até que o principal fosse liquidado. Mesmo aqui, no entanto, as considerações de castas eram da maior importância.

Ninguém podia ser forçado ao serviço de uma casta inferior; além disso, como as dívidas podiam ser cobradas dos filhos ou netos do devedor, "até que o principal fosse liquidado" podia significar bastante tempo — como observa o historiador indiano R. S. Sharma, essas estipulações "lembram-nos da prática atual segundo a qual gerações de servos da mesma família foram reduzidas à posição de lavradores hereditários em decorrência de alguma reles quantia que lhes foi emprestada".[17]

De fato, a Índia tornou-se notória como um país em que grande parte de sua população que trabalhava cumpre servidão por dívida para um senhorio ou outro credor. Esses arranjos tornaram-se ainda mais fáceis com o passar do tempo. Por volta do ano 1000, as restrições à usura por membros das castas superiores nos códigos de lei hindus praticamente desapareceram. Por outro lado, foi mais ou menos nessa época que o islamismo apareceu na Índia — uma religião dedicada a erradicar por completo a usura. Desse modo, podemos dizer que essas restrições nunca deixaram de ser contestadas. E mesmo a lei hindu daquela época era muito mais humana que a de quase todo o mundo antigo. Os devedores, de modo geral, não eram reduzidos à escravidão, e não há registros abrangentes da venda de mulheres ou crianças. Na verdade, a escravidão ostensiva desapareceu amplamente da zona rural nessa época. E os servos por dívida nem sequer eram peões; pela lei, eles estavam apenas pagando os juros de um acordo fechado livremente. O pagamento do principal poderia levar gerações, mas a lei estipulava que, mesmo que nunca fosse pago, os devedores seriam libertados na terceira geração.

Há nesse ponto uma tensão peculiar, uma espécie de paradoxo. A dívida e os acordos de crédito podem ter tido um papel crucial na criação do sistema de vilarejos indianos, mas jamais poderiam se tornar sua base. Talvez fizesse algum sentido declarar que, assim como os brâmanes tinham de liquidar suas dívidas para com os deuses, todas as pessoas, em certo sentido, deviam às que lhes eram superiores. Mas, em outro sentido, isso teria subvertido por completo a ideia de casta, ou seja, de que o Universo era uma vasta estrutura hierárquica em que diferentes tipos de pessoas admitiram ser de naturezas fundamentalmente diferentes, que essas classes e categorias eram fixadas para sempre, e que quando produtos e serviços transitavam na hierarquia, eles seguiam não os princípios da troca, mas sim (como em todo sistema hierárquico) dos costumes e tradições. O antropólogo francês Louis Dumont defendeu o famoso argumento de que não se pode falar em "desigualdade" porque usar essa expressão implica a crença de que as pessoas deveriam ou poderiam ser iguais, e essa ideia era totalmente alheia às concepções hindus.[18] Para elas, imaginar suas responsabilidades como dívidas seria profundamente subversivo, pois as dívidas são, por definição, acordos entre iguais — pelo menos no sentido de serem partes iguais em um contrato — que podem e devem ser cumpridos.[19]

Em termos políticos, nunca é uma boa ideia dizer às pessoas que elas são iguais e depois humilhá-las e degradá-las. Presume-se que seja por isso que as insurreições de camponeses, de Chiapas ao Japão, tenham por objetivo regularmente acabar com as dívidas, em vez de se concentrarem em questões mais estruturais, como sistemas de castas ou até a escravidão.[20] Com resultados lastimáveis, a Índia britânica descobriu isso quando empregou a servidão por dívida — sobreposta ao sistema de castas — como a base de seu sistema trabalhista na Índia colonial. Talvez a paradigmática insurreição popular tenha sido representada pelos motins de 1875 em Maharastra, quando agricultores endividados se revoltaram, confiscando e destruindo sistematicamente os livros contábeis dos agiotas locais. É mais provável que a servidão por dívida inspire mais a indignação e a ação coletiva do que um sistema baseado na pura desigualdade.

China: Budismo (a economia da dívida infinita)

Pelos padrões medievais, a Índia era um caso incomum, por resistir ao apelo das grandes religiões da Idade Axial, mas mesmo ali observamos um padrão básico: o declínio do império, dos exércitos e da economia monetizada, a ascensão de autoridades religiosas, independentes do Estado, cuja legitimidade popular advém em grande parte da capacidade de regular os sistemas de crédito emergentes.

Pode-se dizer que a China representa o extremo oposto. Trata-se do único lugar, no final da Idade Axial, em que a tentativa de forçar uma união entre império e religião foi um completo sucesso. É verdade que, como em toda parte, houve um período inicial de crise: depois do colapso da dinastia Han, por volta do ano 220, o Estado central ruiu, as cidades encolheram, as moedas desapareceram etc. Mas, na China, isso foi apenas temporário. Como afirmou Max Weber há muito tempo, depois que se estabelece uma burocracia genuinamente efetiva, é quase impossível se livrar dela. E a burocracia chinesa era de uma eficiência extrema. Não demorou para o antigo sistema Han ressurgir: um Estado centralizado, administrado pela pequena burguesia confucionista versada nos clássicos literários, selecionada por um sistema nacional de exames, trabalhando em departamentos nacionais e regionais meticulosamente organizados, onde a oferta monetária, como outras questões econômicas, era continuamente regulada e monitorada. A teoria monetária chinesa sempre foi cartalista. Em parte, isso era apenas um efeito do tamanho: o império e seu mercado interno eram tão grandes que o comércio internacional nunca foi especialmente importante; desse modo, os governantes sabiam que poderiam transformar praticamente qualquer coisa em dinheiro, apenas exigindo que os impostos fossem pagos daquela forma.

As duas grandes ameaças às autoridades eram sempre as mesmas: os nômades do norte (que eles subornavam sistematicamente, mas que sempre ultrapassavam os limites e ocupavam partes da China) e a agitação e rebelião popular. Esta última era quase constante, e em uma escala que jamais se viu em toda a história humana. Houve décadas na história da China em que a taxa de revoltas camponesas registradas era de aproximadamente 1,8 *por hora*.[21] Além disso, esses levantes eram quase sempre bem-sucedidos. Grande parte das famosas dinastias chinesas que não foram produto de invasão bárbara (Yuan ou Qing) originou-se de insurreições camponesas (Han, Tang, Sung e Ming). Não vemos algo parecido em nenhum lugar do mundo. Em consequência desse clima de revolta, a política chinesa canalizou recursos suficientes para as cidades, para alimentar a população urbana e manter os nômades à distância, sem fazer com que a população rural, notoriamente rebelde, se juntasse em uma rebelião armada. A ideologia confucionista oficial, que pregava a autoridade patriarcal, oportunidades iguais, a promoção da agricultura, impostos baixos e cuidadoso controle governamental dos mercados, parecia feita expressamente para atender aos interesses e sensibilidades de um patriarcado rural (potencialmente rebelde).[22]

Seria praticamente desnecessário acrescentar que, nessas circunstâncias, limitar as ações destrutivas dos agiotas nos vilarejos — a tradicional ruína das famílias rurais — era uma preocupação constante do governo. Repetidas vezes ouvimos a mesma história familiar: camponeses que sofriam adversidades, provocadas por desastres naturais ou pela necessidade de pagar o funeral de um parente, terminariam na mão de credores vorazes, que tomariam suas terras e casas, forçando-os a trabalhar ou a pagar aluguel para morar onde antes era a sua propriedade. A ameaça de rebelião por esse motivo levaria o governo a instituir um programa de reformas dramáticas. Uma das primeiras de que temos conhecimento aconteceu na forma de um golpe de Estado no ano 9, quando um oficial confucionista chamado Wang Mang assumiu o trono para tratar (segundo ele) de uma crise nacional da dívida. De acordo com proclamações feitas na época, a prática da usura fez com que a alíquota efetiva (ou seja, a quantidade da colheita de um camponês típico que era tomada por outra pessoa) subisse de apenas 3% para 50%.[23] Como consequência, Wang Mang instituiu um programa de reforma da moeda corrente, nacionalizando grandes propriedades, promovendo indústrias estatais — incluindo armazéns públicos — e proibindo a posse de escravos por particulares. Wang Mang também fundou uma agência estatal de empréstimos que viria a oferecer empréstimos para funerais, sem cobrança de juros por até noventa dias, para as pessoas pegas de surpresa pela morte de parentes, bem como empréstimos a longo prazo, sob cobrança de 3% mensais ou 10% anuais, para investimentos comerciais ou agrícolas.[24] "Com esse esquema", observa um historiador, "Wang teve certeza de que todas as transações comerciais estariam sob seu escrutínio, e o abuso da usura seria para sempre erradicado."[25]

Desnecessário dizer que a usura não foi erradicada, e a história posterior da China é cheia de relatos semelhantes: desigualdade generalizada e revoltas seguidas da nomeação de comissões oficiais de investigação, reduções regionais da dívida (fosse por anistias gerais, fosse por anulação de todos os empréstimos em que os juros excediam o principal), empréstimos de grãos a juros reduzidos, alívio da penúria, leis contra a venda de crianças.[26] Tudo isso se tornou comum na política governamental da China. Seu sucesso se deu de maneira bastante desigual e certamente não resultou na utopia da igualdade camponesa, mas evitou um retorno generalizado às condições da Idade Axial.

Estamos acostumados a pensar nessas invenções burocráticas — principalmente nos monopólios e regulações — como uma restrição estatal ao "mercado" — devido ao lugar-comum que considera os mercados como fenômenos quase naturais que surgem por si sós, e os governos como detentores do papel único de reprimi-los e extorqui-los. Tenho apontado repetidas vezes o equívoco dessa interpretação, e a China nos dá um exemplo particularmente interessante. O Estado confucionista pode ter sido a maior e mais duradoura burocracia do mundo, mas ela promoveu os mercados de maneira ativa; consequentemente, a vida comercial na China logo se tornou sofisticada e com os mercados mais desenvolvidos do que em qualquer lugar do mundo.

Isso ocorreu apesar do fato de a ortodoxia confucionista ser totalmente hostil aos mercados e até mesmo ao próprio desejo de lucrar. O lucro comercial era visto como legítimo apenas como compensação pelo trabalho realizado pelos mercadores no transporte de produtos de um lugar para outro, mas nunca como fruto de especulação. Na prática, isso quer dizer que os confucionistas eram pró-mercado, mas anticapitalistas.

Mais uma vez, isso parece estranho, pois estamos acostumados a assumir que capitalismo e mercados são a mesma coisa, mas, como afirmou o historiador francês Fernand Braudel, em muitos aspectos eles podiam ser igualmente concebidos como opostos. Enquanto os mercados são formas de trocar produtos através do dinheiro — historicamente, são um meio de obter, por exemplo, velas com os grãos excedentes de uma colheita, e

Idade Média (600-1450)

vice-versa (na abreviação econômica, m-d-m', mercadoria-dinheiro-outra mercadoria) —, o capitalismo para Braudel é, antes de tudo, a arte de usar o dinheiro para obter mais dinheiro: d-m-d'. Normalmente, a maneira mais fácil de fazê-lo é estabelecendo algum tipo de monopólio formal ou de facto. Por essa razão, os capitalistas, sejam eles ricos comerciantes, financistas ou industriais, tentam invariavelmente se aliar a autoridades políticas para limitar a liberdade do mercado, facilitando assim o monopólio.[27] Dessa perspectiva, a China, durante a maior parte de sua história, foi o exemplo supremo de Estado de mercado anticapitalista.[28] A despeito dos príncipes europeus que viriam depois, os governantes chineses recusavam-se sistematicamente a se juntar a pretensos capitalistas chineses (que sempre existiram). Em vez disso, como seus oficiais, eles os consideravam parasitas destrutivos — ainda que, ao contrário dos usurários, suas motivações fundamentalmente egoístas e antissociais ainda pudessem ser aproveitadas de determinadas maneiras. Em termos confucionistas, os mercadores eram como soldados. Acreditava-se que quem aspirava à carreira militar era motivado pelo amor à violência. Como indivíduos, eles não eram boas pessoas, mas eram necessários para defender as fronteiras. De maneira semelhante, os mercadores eram considerados imorais e movidos pela ganância; no entanto, se mantidos sob um cuidadoso controle administrativo, poderiam servir ao bem público.[29] Independentemente do que se pense sobre os princípios, é difícil negar os resultados. Por quase toda a sua história a China manteve o padrão de vida mais alto do mundo — até mesmo a Inglaterra só conseguiu superá-lo talvez na década de 1820, depois do início da Revolução Industrial.[30]

 O confucionismo não é exatamente uma religião; ele é considerado mais um sistema ético e filosófico. Desse modo, também era possível considerar a China uma exceção dentro de um padrão medieval comum, em que o comércio era, quase em todos os lugares, controlado pela religião. Mas essa situação excepcional não era absoluta. Basta considerar o notável papel econômico do budismo nesse mesmo período. O budismo surgiu na China através das rotas de caravanas da Ásia Central e, em seus primórdios, era predominantemente uma religião promovida pelos mercadores, mas, no caos que se seguiu ao colapso da dinastia Han no ano 220, ele começou a criar raízes mais populares. As dinastias Liang (502-57) e Tang (618-907) presenciaram rompantes de fervor religioso, em que milhares de jovens de áreas rurais de toda a China renunciaram às suas terras, lojas e famílias para buscar a ordenação como monges e monjas budistas; mercadores ou proprietários abastados abdicaram de suas fortunas para a propagação do darma [a doutrina do Buda], projetos de obras fizeram com que montanhas inteiras fossem esculpidas para criar imagens de bodisatvas e estátuas gigantescas de Buda, além de festividades em que monges e devotos queimavam ritualmente a cabeça e as mãos ou, em alguns casos, ateavam fogo em si próprios. Em meados do século v, ocorreram dezenas de suicídios espetaculares desse tipo; eles se tornaram, como afirma um historiador, "um tipo de costume macabro".[31]

Os historiadores discordam quanto ao seu significado. Certamente, a liberação das paixões representava uma alternativa dramática à ortodoxia formal dos confucionistas letrados, mas é quase surpreendente, para dizer o mínimo, ver essas manifestações em uma religião propagada sobretudo pelas classes comerciais. O sinólogo francês Jacques Gernet observa:

> Está claro que esses suicídios, tão contrários à moral tradicional, visavam redimir os pecados de todos os seres e comover deuses e homens simultaneamente. E eles eram bem encenados: no século v, montava-se uma pira sobre uma montanha. O suicídio acontecia na presença de uma grande multidão que proferia lamentações e apresentava ricas oferendas. Pessoas de todas as classes sociais assistiam juntas ao espetáculo. Depois que o fogo se extinguia, as cinzas do monge eram coletadas e uma estupa, um novo lugar de adoração, era construída para abrigá-las.[32]

O relato de Gernet, mencionando dezenas de redentores ao estilo de Cristo, parece exagerado, e o sentido preciso desses suicídios era incerto — e muito debatido — inclusive na Idade Média. Alguns contemporâneos os interpretavam como a expressão suprema do desprezo ao corpo; outros como o reconhecimento da natureza ilusória do eu e de todos os vínculos materiais; outros ainda, como a forma suprema de caridade, a dádiva daquilo que se tem de mais precioso, a própria existência física, como sacrifício em prol de todas as coisas vivas — um sentimento que um biógrafo do século x expressou nos seguintes versos:

Renunciar àquilo de que é difícil se desfazer
É a melhor oferenda entre as esmolas.
Que este corpo impuro e pecaminoso
Se transforme em um diamante luminoso.[33]

Ou seja, renunciar ao corpo é torná-lo um objeto de valor eterno, um investimento que pode gerar frutos por toda a eternidade.

Chamo a atenção para isso porque esse sentimento oferece uma elegante ilustração de um problema que parece ter surgido pela primeira vez no mundo com noções de pura caridade que sempre pareceram acompanhar as religiões da Idade Axial, e que apresentavam questões filosóficas infindáveis. Nas economias humanas, ninguém parece ter pensado que qualquer ato *poderia* ser ou puramente egoísta ou puramente altruísta. Como afirmei no capítulo 5, um ato de absoluta abnegação só pode ser também um ato absolutamente antissocial — portanto, de certo modo, inumano. Trata-se apenas da imagem especular de um ato de roubo ou até de assassinato; desse modo, faz algum sentido que o suicídio seja concebido como dádiva abnegada suprema. Contudo, esse é o entendimento que necessariamente surge quando desenvolvemos a ideia de "lucro" e depois tentamos conceber o oposto dessa ideia.

Essa tensão parece pairar sobre a vida econômica no budismo chinês medieval, que, fiel às suas origens comerciais, manteve a tendência notável de empregar a linguagem dos mercados. "Compra-se a felicidade e vendem-se os pecados", escreveu um monge, "assim como nas operações comerciais."[34] Em nenhum lugar tal fato era mais verdadeiro que nas escolas, como a Escola dos Três Estágios, que adotavam a noção de "dívida cármica" — os pecados acumulados em vidas passadas permanecem nesta vida como dívidas a ser liquidadas. Uma visão obscura e incomum no budismo clássico indiano, a ideia de dívida cármica assumiu uma nova e poderosa forma na China.[35] Como dito em um texto da Escola dos Três Estágios, todos sabemos que devedores inadimplentes reencarnarão como animais ou escravos; mas, na realidade, todos nós somos devedores inadimplentes, porque adquirir o dinheiro para pagar as nossas dívidas seculares significa necessariamente adquirir novas dívidas espirituais, pois cada meio de adquirir riqueza envolverá necessariamente a exploração, o dano e o sofrimento de outros seres vivos.

> Alguns usam seu poder e autoridade como oficiais para contornar a lei e apoderar-se de riquezas. Outros prosperam nos mercados [...]. Envolvem-se em um excesso de mentiras, enganam e extorquem lucro dos outros. Outros ainda, como fazendeiros, queimam montanhas e matagais, inundam campos, terrenos e moinhos, destruindo ninhos e tocas de animais [...].
> Não há como evitar a existência de nossas dívidas passadas, e é difícil compreender o número de vidas diferentes que seriam necessárias para pagá-las, uma a uma.[36]

Como observa Gernet, a ideia da vida como o ônus infinito da dívida certamente afetou os aldeões chineses, para os quais muitas vezes se tratava de uma verdade literal; mas, ainda de acordo com Gernet, assim como seus correlatos em Israel na Antiguidade, os chineses também conheciam o sentido de libertação inesperada que advinha das anistias oficiais. Havia um modo de atingir essa anistia. Era fazer doações regulares para o Tesouro Inesgotável de algum mosteiro. Considera-se que, quando se faz esse tipo de doação, as dívidas de vidas passadas são instantaneamente apagadas. O autor apresenta uma parábola, em nada diferente da parábola de Jesus sobre o servo impiedoso, mas muito mais otimista. Como, é preciso perguntar, a contribuição mínima de um homem pobre pode ter efeitos cósmicos desse tipo? Eis a resposta.

> A parábola fala de um pobre homem aflito por uma dívida de mil cordões de moedas para com outra pessoa. Ele sofre o tempo todo com a dívida e teme toda vez que o cobrador passa para a coleta.

Ele vai à casa do homem rico, confessa que ultrapassou o prazo e pede perdão por sua ofensa — ele é pobre, sem posição na vida. Diz que toda moeda ganha será entregue ao homem rico. Ao ouvir isso, o rico se contenta e perdoa o pobre pelo atraso; além disso, o pobre não é levado para a prisão.

Doar para o Tesouro Inesgotável é a mesma coisa.[37]

A isso poderíamos chamar "salvação a prestações", mas com a condição de que os pagamentos devem ser feitos — como os pagamentos de juros sobre os bens quando são posteriormente emprestados — por toda a eternidade.

Outras escolas se concentraram não na dívida cármica, mas na dívida para com os pais. Enquanto os budistas construíram seu arcabouço moral sobretudo na piedade filial aos pais, os budistas chineses estavam principalmente preocupados com as mães, com o cuidado e o sofrimento necessários para criar, alimentar e educar os filhos. A bondade das mães é tida como ilimitada, e sua abnegação como algo absoluto; a maior representação disso acontece na amamentação, o fato de as mães transformarem a própria carne e sangue em leite; elas alimentam os filhos com o próprio corpo. Com isso, no entanto, elas possibilitam que seu amor ilimitado seja quantificado com precisão. Um autor calculou que um recém-nascido médio consome mais de novecentos litros de leite materno nos primeiros três anos de vida, e isso constitui sua dívida quando adulto. O número logo se tornou canônico. Pagar essa dívida de leite, ou melhor, a dívida para com os pais de modo geral, era simplesmente impossível. "Se fosse feita uma pilha de pedras preciosas do chão ao 28º céu", escreveu um autor budista, "seu valor não se equipararia" ao valor da alimentação proporcionada pelos pais.[38] Ainda que se "cortasse a própria carne para lhe oferecer três vezes ao dia durante 4 bilhões de anos", escreveu outro, "não seria o suficiente para pagar um único dia" do que a mãe fez por um filho.[39]

A solução, no entanto, é a mesma: doar dinheiro para os Tesouros Inesgotáveis. O resultado foi um elaborado ciclo de dívidas e formas de redenção. Começa-se com uma dívida de leite impagável. O único valor comparável é o do darma, a verdade budista em si. Desse modo, é possível pagar a dívida para com os pais levando-os para o budismo; de fato, isso pode ser feito até depois da morte, quando a mãe seria um fantasma faminto no inferno. Se uma doação ao Tesouro Inesgotável for feita em nome dela, sutras serão recitados para ela, que será libertada; o dinheiro, enquanto isso, será parcialmente empregado para o trabalho de caridade — a dádiva pura — mas também, como na Índia, para empréstimos a juros, destinados ao fim específico de promover a educação budista, o ritual ou a vida monástica.

A abordagem budista chinesa da caridade era sem dúvida multifacetada. Os festivais costumavam levar a uma profusão de contribuições, com contribuintes ricos disputando em generosidade, muitas vezes doando fortunas inteiras aos mosteiros com a ajuda de carros de boi carregados de milhões de cordões de moedas — um tipo de abnegação econômica equiparável aos espetaculares suicídios monásticos. Suas contribuições avolumavam os Tesouros Inesgotáveis. Algumas eram dadas aos necessitados, principalmente em momentos de adversidade. Outras eram emprestadas. Uma prática que pairava entre a caridade e o negócio era fornecer aos camponeses uma alternativa aos agiotas. Muitos mosteiros contavam com um setor de penhora em que os pobres podiam deixar algum bem valioso — uma túnica, um sofá, um espelho — em troca de empréstimos a juros baixos.[40] Por fim, havia o setor dos negócios do próprio mosteiro: aquela parte do Tesouro Inesgotável voltada para a gestão, feita por integrantes laicos, ou ainda disponibilizada para empréstimos ou investimentos. Como os monges não tinham permissão de comer os produtos das próprias plantações, os frutos ou grãos tinham de ser postos no mercado, aumentando ainda mais a renda monástica. A maioria dos mosteiros começou a ser rodeada não de fazendas comerciais, mas de verdadeiros complexos industriais: usinas para extração de óleo, moinhos de trigo, lojas e estalagens, muitas vezes com centenas de trabalhadores ligados aos mosteiros.[41] Ao mesmo tempo, os tesouros em si se tornaram — como apontou de forma pioneira Gernet — as primeiras formas genuínas de concentração de capital financeiro no mundo. Afinal, eles eram concentrações enormes de riquezas controladas por corporações monásticas que buscavam o tempo todo novas oportunidades de investimentos lucrativos. Eles até compartilhavam o imperativo capitalista por excelência: o do crescimento contínuo; os tesouros tinham de se expandir, pois, segundo a doutrina maaiana, a verdadeira libertação só seria possível quando o mundo todo adotasse o darma.[42]

Era exatamente essa situação — amplas concentrações de capital voltadas tão somente ao lucro — que a política econômica confucionista parecia querer evitar. Mesmo assim, demorou algum tempo para que os governos chineses reconhecessem a ameaça. As atitudes do governo oscilavam bastante. A princípio, sobretudo nos anos caóticos da Alta Idade Média, os monges eram bem-vistos — chegando inclusive a receber porções generosas de terra e trabalhadores cativos para recuperar para o cultivo florestas e pântanos, além de isenção de impostos para suas organizações comerciais.[43] Alguns poucos imperadores se converteram, e enquanto a maior parte da burocracia manteve os monges por perto, o budismo se tornou especialmente popular entre as mulheres da corte, e também entre os eunucos e muitos descendentes de famílias abastadas. Com o passar do tempo, no entanto, os administradores deixaram de ver os monges como uma bênção para a sociedade rural e passaram a enxergar seu potencial de desagregação. Já em 511 havia decretos condenando monges por desviarem grãos, que deveriam ser usados para a caridade, para empréstimos a juros altíssimos, e por alterar os contratos de dívida — foi preciso formar uma comissão do governo para revisar as contas e anular os empréstimos cujos juros excediam o principal. Em 713 aparece outro decreto confiscando dois Tesouros Inesgotáveis da Escola dos Três Estágios cujos membros eram acusados de aliciamento fraudulento.[44] Em pouco tempo surgiram medidas de repressão do governo, primeiro limitadas a certas regiões, mas depois abrangendo todo o império. Nas mais severas, realizadas em 845, 4600 mosteiros foram destruídos junto com suas lojas e moinhos, 260 mil monges e monjas foram depostos à força e devolvidos a suas famílias — mas, ao mesmo tempo, de acordo com relatórios do governo, 150 mil trabalhadores dos templos foram libertados da servidão.

Quaisquer que tenham sido as razões por trás das ondas de repressão (e, sem dúvida, foram muitas), a razão oficial era sempre a mesma: a necessidade de restabelecer a oferta monetária. Os mosteiros estavam crescendo tanto, e enriquecendo tanto, insistiam os administradores, que a China estava simplesmente ficando sem metal:

> As grandes repressões ao budismo sob o governo do imperador Wu, da dinastia Chou, entre 574 e 577, sob Wu-tsung, de 842 a 845, e finalmente em 955, mostraram-se principalmente como medidas de recuperação econômica: cada uma delas deu ao governo imperial a oportunidade de providenciar o cobre necessário para a cunhagem de novas moedas.[45]

Uma das razões é que os monges parecem ter derretido moedas sistematicamente, muitas vezes centenas de milhares delas por vez, para construir estátuas colossais de Buda em cobre ou cobre dourado — junto com outros objetos como sinos e sinetas, ou extravagâncias como corredores espelhados ou telhas de cobre dourado. O resultado, de acordo com comissões oficiais de investigação, foi economicamente desastroso: o preço dos metais subiu, a cunhagem desapareceu e os mercados rurais deixaram de funcionar, ao mesmo tempo que as populações rurais, cujas crianças não se tornaram monges, contraíam dívidas altíssimas com os mosteiros.

TALVEZ SEJA EVIDENTE que o budismo chinês, uma religião originalmente de mercadores que criou raízes populares, pudesse se desenvolver nessa direção: uma genuína teologia da dívida, talvez até uma prática da absoluta abnegação, do abandono de tudo — da própria fortuna ou até da própria vida —, que levou a uma organização coletiva de gerenciamento do capital financeiro. O resultado parece tão estranho e tão cheio de paradoxos porque se trata, mais uma vez, de uma tentativa de aplicar a lógica da troca a questões de eternidade.

Recordemos uma ideia apresentada anteriormente: a troca, a não ser que seja uma transação instantânea em dinheiro vivo, cria dívida. A dívida persiste com o tempo. Se imaginarmos todas as relações humanas como trocas, então, na medida em que as pessoas têm relações duradouras umas com as outras, essas relações estão entrelaçadas à dívida e ao pecado. A única saída é liquidar a dívida, mas com isso as relações sociais também desaparecem. Essa ideia está de acordo com os princípios do budismo, cujo objetivo maior, na verdade, é atingir o "vazio", a libertação absoluta, a aniquilação de todos os vínculos humanos e materiais, uma vez que, em última instância, esses vínculos são causadores de sofrimento. Para os budistas maaianos, no entanto, a libertação absoluta não pode ser atingida por nenhum ser de forma independente; a libertação de cada um depende de todos os outros; portanto, até o fim dos tempos, essas questões, em certa medida, continuam em suspenso.

Nesse ínterim, a troca domina: "Compra-se a felicidade e vendem-se os pecados, assim como nas operações comerciais". Mesmo atos de caridade e abnegação não são puramente generosos; compra-se o "mérito" dos bodisatvas.[46] A ideia de dívida infinita surge quando essa lógica vai de encontro ao Absoluto, ou melhor, contra algo que desafia totalmente a lógica da troca. Porque há coisas que a desafiam. Isso explicaria, por exemplo, a estranha operação de primeiro quantificar a exata quantidade de leite tomado do seio da mãe, e depois dizer que não há nenhuma maneira concebível de pagá-la. A troca implica a interação entre seres equivalentes. A mãe, por outro lado, não é um ser equivalente ao filho. Ela cria o filho da própria carne. Para mim, é exatamente essa hipótese que os autores védicos tentavam sutilmente defender quando falavam das "dívidas" para com os deuses: é claro que não podemos "pagar nossa dívida para com o Universo" — isso significaria que 1) nós e 2) tudo que existe (inclusive nós) fôssemos entidades que se equivalessem. Isso é obviamente um absurdo. O máximo a que se pode chegar de uma retribuição é reconhecer esse fato. Esse reconhecimento é o verdadeiro significado do sacrifício. Assim como o dinheiro original de Rospabé, uma oferenda sacrificial não é uma forma de pagar uma dívida, mas sim de reconhecer a impossibilidade da ideia de que a dívida poderia algum dia ser paga:

> O paralelo não se perdeu em certas tradições mitológicas. Segundo um famoso mito hindu, dois deuses, os irmãos Kartikeya e Ganesha, brigaram

sobre quem seria o primeiro a se casar. A mãe, Parvati, sugeriu uma competição: o vencedor seria quem circundasse o Universo inteiro mais rápido. Kartikeya montou nas costas de um pavão gigante e demorou três anos para percorrer os limites do Cosmo. Ganesha esperou sua vez e, por fim, deu uma volta ao redor da mãe, dizendo: "Você é o Universo para mim".

Também argumentei que todo sistema de troca é sempre necessariamente fundado em algo mais do que a mera troca, algo que, pelo menos em sua manifestação social, se revela uma forma de comunismo. Para tudo que tratamos como algo eterno, que concebemos ter existência perpétua — amor materno, amizade verdadeira, sociabilidade, humanidade, pertencimento, Cosmo —, não é necessário cálculo nenhum, nem mesmo é possível algum tipo de cálculo; na medida em que há mútuas concessões, há princípios completamente diferentes envolvidos. O que acontece, então, com esses fenômenos absolutos e ilimitados quando se tenta imaginar o mundo como uma série de transações, isto é, como troca? De modo geral, uma de duas opções. Ou nós os ignoramos ou os divinizamos. (Mães e cuidadoras em geral são um ótimo exemplo.) Ou fazemos as duas coisas. O que tratamos como eterno nas nossas relações concretas com os outros desaparece e reaparece como uma abstração, como algo absoluto.[47] No caso do budismo, isso foi enquadrado como o mérito inesgotável dos bodisatvas, que existem, em certo sentido, fora do tempo. Eles são, simultaneamente, o modelo dos Tesouros Inesgotáveis e sua fundação prática: só é possível pagarmos nossa dívida cármica infinita, ou nossa dívida de leite infinita, recorrendo a essa fonte igualmente infinita de redenção, que, por sua vez, se torna a base dos fundos materiais efetivos dos mosteiros, que são igualmente eternos — uma forma pragmática de comunismo, na verdade, posto que eram fontes amplas de riqueza gerida coletivamente e de posse comunitária: o centro de projetos amplos de cooperação humana, que se supunham ser igualmente eternos. Contudo, ao mesmo tempo — nesse aspecto, acredito que Gernet está correto —, esse comunismo se tornou a base, por sua vez, de algo bem semelhante ao capitalismo. A razão disso foi a necessidade de uma contínua expansão. Tudo, inclusive a caridade, era uma oportunidade para fazer proselitismo; o darma tinha de crescer, em última instância, para abranger tudo e todos, a fim de realizar a salvação da fatalidade dos seres vivos.

A Idade Média foi marcada por um movimento geral rumo à abstração: ouro e prata foram parar em igrejas, mosteiros e templos; o dinheiro voltou a ser virtual; e, ao mesmo tempo, a tendência em todos os lugares foi fundar instituições morais abrangentes, feitas para regular o processo e, em particular, estabelecer certas proteções para os devedores.

A China é um caso à parte por ter sido um território que viu sobreviver — ainda que precariamente — um império da Idade Axial. Os governos chineses conseguiram manter as moedas em circulação na maior parte das cidades, praticamente o tempo todo, facilitados pela confiança exclusiva em moedas de baixa denominação feitas de bronze. Mesmo assim, é evidente que os esforços para tanto foram enormes.

Como de costume, não sabemos muito sobre como aconteciam as transações econômicas cotidianas, mas o que sabemos sugere que, nas transações de pequena escala, as moedas provavelmente eram usadas com desconhecidos. Como em outros lugares, os lojistas e mercadores estenderam o crédito. A maioria das contas parece ter sido mantida com os *tally sticks* bem semelhantes aos usados na Inglaterra, exceto que essas talhas eram feitas de um pedaço fino de bambu entalhado e não de madeira. Na China o credor também ficava com metade e o devedor com a outra metade; as duas partes eram juntadas no instante do pagamento, e muitas vezes quebradas para marcar o cancelamento da dívida.[48] Até que ponto as talhas eram transferíveis? Não se sabe. A maior parte do que sabemos vem de referências casuais em textos que tratam principalmente de outros costumes do povo chinês: anedotas, piadas e alusões poéticas. O grande compêndio da sabedoria taoísta, o *Liezi*, provavelmente escrito durante a dinastia Han, contém uma dessas referências:

Um homem passeava pela rua em Sung e encontrou metade de uma talha perdida. Levou-a para casa e guardou-a, conferindo a quantidade de entalhes na ponta. Para um vizinho, disse: "Qualquer hora dessas ficarei rico".[49]

Como alguém que encontra uma chave sem saber de que fechadura ela é...[50] Outra história conta como Liu Bang, um policial que gostava muito de beber — e que depois viria a ser fundador da dinastia Han —, costumava passar a noite toda bebendo e acumulando contas. Um dia, quando ele estava desmaiado de tanto beber em uma taberna, o dono viu um dragão pairando sobre a cabeça de Liu Bang — sinal inconfundível de futura grandeza — e imediatamente "quebrou a talha", perdoando as dívidas de suas bebedeiras.[51]

As talhas não eram usadas apenas para empréstimos, mas para todo tipo de contrato — por isso os primeiros contratos em papel também tinham de ser cortados em dois, e cada parte envolvida ficava com metade.[52] Com os contratos feitos em papel, havia uma clara tendência de que a metade que ficava com o credor funcionasse como vale e se tornasse transferível. Em 806, por exemplo, justamente no apogeu do budismo chinês, os mercadores que transportavam chá por longas distâncias, partindo do extremo sul do país, bem como os agentes que transportavam valores de impostos para a capital, com medo dos perigos de carregar lingotes por longas distâncias, começaram a depositar o dinheiro em bancos da capital e criaram um sistema de notas promissórias. Elas eram chamadas de "Dinheiro Voador", também divididas ao meio, como as talhas, e podiam ser trocadas por dinheiro nas filiais localizadas nas províncias. Rapidamente, as notas começaram a passar de mão em mão, funcionando quase como moeda corrente. O governo tentou proibir seu uso, até que um ou dois anos depois — e isso se tornou padrão conhecido na China —, quando percebeu que não conseguiria acabar com elas, resolveu fundar um departamento para a emissão das próprias notas.[53]

No início da dinastia Song (960-1279), em toda a China as operações bancárias locais eram feitas de maneira semelhante, aceitando dinheiro vivo e lingotes como garantia, permitindo que os depositantes usassem recibos como notas promissórias e trocando cupons do governo por chá e sal. Muitas dessas notas passaram a circular como dinheiro de facto.[54] O governo, como de costume, primeiro tentou proibir a prática, depois controlá-la (garantindo um monopólio a dezesseis grandes mercadores), até que, por fim, constituiu um monopólio governamental — o Departamento de Meio de Troca, fundado em 1023. Pouco depois, favorecido pela invenção recente das prensas de impressão, começou a operar fábricas em diversas cidades, empregando milhares de trabalhadores na produção de milhões de notas, literalmente.[55]

A princípio, esse papel-moeda deveria circular durante tempo limitado (as notas expirariam após dois anos, depois três, e finalmente sete) e eram resgatáveis, podendo ser trocadas por lingotes. Com o passar do tempo, principalmente depois que a dinastia Song se encontrou sob uma pressão militar cada vez maior, a tentação de simplesmente imprimir dinheiro com pouco ou nenhum lastro se tornou dominante — e, além disso, os governos chineses raramente aceitavam o próprio papel-moeda para o pagamento de impostos. Se juntarmos a isso o fato de as notas não terem valor fora da China, é surpreendente que o sistema tenha obtido tanto sucesso. A inflação era certamente um problema constante, e o dinheiro tinha de ser periodicamente recolhido e reemitido. De vez em quando, todo o sistema entrava em colapso, mas as pessoas lançavam mão de seus recursos, "[...] emitindo, para uso pessoal, cheques de chá, cheques de macarrão, talhas de bambu, talhas de vinho etc.".[56] Apesar disso, os mongóis, que governaram a China de 1271 a 1368, optaram por manter o sistema, que só foi abandonado no século XVII.

É importante ressaltar isso porque os relatos tradicionais tendem a representar o experimento chinês com o papel-moeda como um fracasso, e até mesmo, para os metalistas, como prova de que a "moeda fiduciária", apoiada apenas pelo poder do Estado, sempre entrará em colapso em algum momento.[57] Essa ideia é especialmente estranha, pois os séculos em que o papel-moeda foi usado são geralmente considerados os séculos mais dinâmicos em termos econômicos da história da China. Decerto, se o governo dos Estados Unidos for obrigado a abandonar o uso das notas do Banco Central (Fed) no ano de 2400, ninguém concluirá que o papel-moeda, intrinsecamente, tenha sido sempre impraticável. Não obstante, a principal questão que quero enfatizar é que termos como "moeda fiduciária", por mais que sejam corriqueiros, são enganosos. Quase todas as novas formas de papel-moeda já surgidas não foram originalmente criadas pelos governos. Ao contrário, eram apenas maneiras de reconhecer e expandir o uso de instrumentos de crédito que surgiam das transações econômicas cotidianas. Se apenas a China desenvolveu o papel-moeda na Idade Média, é porque apenas na China existia um governo abrangente e poderoso o suficiente, além de desconfiado o suficiente de suas classes mercantis, para entender que precisava assumir o controle dessas operações.

Ocidente Próximo: Islã (capital como crédito)

> Os preços dependem da vontade de Alá; é ele quem os faz subir e cair.
>
> Atribuído ao profeta Maomé

> O lucro de cada sócio deve ser proporcional à parte de cada um na empreitada.
>
> Preceito legal islâmico

Durante a maior parte da Idade Média, o centro da economia mundial e a fonte de suas inovações financeiras mais importantes não foram a China nem a Índia, mas o Ocidente, que, da perspectiva do restante do mundo, correspondia ao mundo islâmico. Durante boa parte desse período, a cristandade, alojada no decadente Império Bizantino e nos obscuros principados semibárbaros da Europa, era praticamente insignificante.

Como as pessoas que vivem na Europa Ocidental há muito tempo têm o hábito de pensar no islã como a própria definição do "Oriente", é fácil esquecer que, da perspectiva de qualquer outra grande tradição, a diferença entre cristianismo e islamismo é quase desprezível. Basta abrir um livro, por exemplo, de filosofia islâmica medieval para descobrir discussões entre aristotélicos de Bagdá e neopitagóricos em Basra, ou neoplatônicos persas — estudiosos empenhados em esquadrinhar a tradição religiosa da Revelação, que começa com Abraão e Moisés, usando as categorias da filosofia grega, e fazendo isso em um contexto mais amplo: capitalismo mercantil, religião missionária universalista, racionalismo científico, celebrações poéticas do amor romântico e ondas periódicas de fascínio pela sabedoria mística do Oriente.

De uma perspectiva histórico-mundial, parece muito mais sensato encarar o judaísmo, o cristianismo e o islamismo como três diferentes manifestações da mesma grandiosa tradição intelectual ocidental, que, durante a maior parte da história humana, teve como centro a Mesopotâmia e o Levante, estendendo-se para a Europa até a Grécia e adentrando a África e o Egito, muitas vezes chegando um pouco mais a oeste, atravessando o Mediterrâneo ou descendo o Nilo. Em termos econômicos, a maior parte da Europa, até a Idade Média clássica talvez, estava na mesma situação que grande parte da África: conectada à economia mundial mais ampla apenas como exportadora de escravos, matérias-primas e alguns produtos exóticos (âmbar, presas de elefante...), e importadora de bens manufaturados (seda e porcelana chinesas, calicô indiano, aço árabe). Para se ter uma ideia do desenvolvimento econômico comparativo (mesmo que os exemplos estejam um tanto separados no tempo), considere-se a tabela a seguir:[58]

Populações e arrecadação fiscal (350 a.C.-1200 d.C.)

Impérios e países	População (em milhões)	Arrecadação (em toneladas de prata)	Arrecadação por pessoa (em gramas de prata)
Pérsia (c. 350 a.C.)	17	697	41
Egito (c. 200 a.C.)	7	384	55
Roma (c. 1 d.C.)	50	825	17
Roma (c. 150 d.C.)	50	1050	21
Bizâncio (c. 850 d.C.)	10	150	15
Califado Abássida (c. 850 d.C.)	26	1260	48
Tang (c. 850 d.C.)	50	2145	43
Inglaterra (1203 d.C.)	2,5	11,5	4,6
França (1221 d.C.)	8,5	20,3	2,4

Além disso, durante a maior parte da Idade Média, o islã não foi apenas o núcleo da civilização ocidental; ele foi sua força de expansão, abrindo caminhos até a Índia, expandindo-se para a África e a Europa, mandando missionários e convertendo pessoas na região do oceano Índico.

A atitude islâmica habitual diante da lei, do governo e de questões econômicas era o exato oposto daquela predominante na China. Os confucionistas desconfiavam de uma forma de governo baseada em códigos de lei complexos, preferindo confiar no sentimento de justiça dos estudiosos cultos — estudiosos que também se intitulavam representantes do governo. O islã medieval, por outro lado, abraçava a lei com entusiasmo, o que o fazia ser visto como uma instituição religiosa derivada do Profeta, mas tendia por outro lado a ver o governo muitas vezes como um mal necessário, uma instituição que, para os verdadeiramente religiosos, era melhor evitar.[59]

Isso se deve em parte à natureza peculiar do modo islâmico de governar. Os líderes militares árabes que, depois da morte de Maomé, em 632, conquistaram o Império Sassânida e instauraram o califado árabe, nunca deixaram de ver a si mesmos como o povo do deserto, e nunca se sentiram totalmente parte das civilizações urbanas que passaram a governar. Demorou muito tempo para que esse desconforto fosse superado — dos dois lados. Muitos séculos se passaram para que a massa da população se convertesse à religião dos conquistadores, e, mesmo depois de convertidas, as pessoas nunca pareciam se identificar de fato com suas regras. O governo era visto como um poder militar — necessário, talvez, para defender a fé, mas fundamentalmente exterior à sociedade.

Isso também se deve em parte à aliança peculiar entre os mercadores e o povo comum contra o governo. Depois da tentativa frustrada do califa Al-Ma'mum de estabelecer uma teocracia em 832, o governo passou a não interferir em questões de religião. As diversas escolas de direito islâmico agora estavam livres para criar suas instituições educacionais e manter o próprio sistema separado de justiça religiosa. De maneira crucial, foram os ulemás, os sábios versados em direito, os principais agentes da conversão ao islã de partes substanciais das populações da Mesopotâmia, da Síria,

Idade Média (600-1450)

do Egito e do norte da África nesse período.⁶⁰ No entanto — como os anciãos que cuidavam de guildas, associações civis, sociedades comerciais e irmandades religiosas —, eles faziam o máximo para manter o governo, com seus exércitos e seu aparato, a uma distância segura.⁶¹ "Os melhores príncipes são aqueles que visitam líderes religiosos", diz um provérbio, "e os piores mestres religiosos são aqueles que se permitem receber visitas de príncipes."⁶² Uma narrativa turca medieval esclarece a questão de maneira ainda mais incisiva:

> O rei chamara Nasrudin à corte.
> — Diz-me — disse o rei —, tu que és um místico, filósofo, um homem de conhecimentos pouco convencionais. Estou interessado na questão do valor. Trata-se de uma questão filosófica interessante. Como se estabelece o verdadeiro valor de uma pessoa, ou de um objeto? Toma eu mesmo como exemplo. Se eu te perguntasse meu valor estimado, o que dirias?
> — Ah — respondeu Nasrudin —, eu diria cerca de duzentos dinares.
> O imperador ficou boquiaberto.
> — O quê? Mas o cinturão que estou usando vale duzentos dinares!
> — Eu sei — disse Nasrudin. — Na verdade, eu só estava considerando o valor do cinturão.

Essa disjunção tinha efeitos econômicos profundos. Significava que o califado e depois os impérios muçulmanos podiam operar, em muitos aspectos, como os antigos impérios da Idade Axial — criando exércitos profissionais, travando guerras de conquista, capturando escravos, derretendo o produto de saques e distribuindo-os na forma de moedas para soldados e oficiais, exigindo que as mesmas moedas fossem devolvidas como pagamento de impostos — mas, ao mesmo tempo, quase sem causar efeito algum na vida das pessoas comuns.

Durante as guerras de expansão, por exemplo, quantidades enormes de ouro e prata foram saqueadas de palácios, templos e mosteiros e prensadas em moedas, permitindo que o califado produzisse dinares de ouro e dirrãs de prata com uma pureza notável — ou seja, quase sem nenhuma reserva fiduciária, o valor de cada moeda correspondia praticamente ao seu peso em metais preciosos.[63] Com isso, eles eram capazes de pagar a suas tropas muito bem. Um soldado no exército do califa, por exemplo, recebia um salário quase quatro vezes maior que o recebido por um legionário romano.[64] Talvez se possa falar de uma espécie de "complexo de cunhagem militar escravista" — mas que existia em uma espécie de bolha. As guerras de expansão e o mercado com a Europa e a África geravam um fluxo constante de escravos, mas, em contraste acentuado com o mundo antigo, pouquíssimos eram destinados ao trabalho em propriedades agrícolas ou oficinas. A maioria servia de elemento de ostentação na casa dos ricos ou, o que ficou mais frequente com o passar do tempo, como soldados. Durante o califado abássida (750-1258), na verdade, o império passou a confiar suas forças militares quase exclusivamente aos mamelucos, escravos militares altamente treinados, capturados ou comprados nas estepes turcas. A política de empregar escravos como soldados foi mantida por todos os Estados islâmicos posteriores, incluindo os mongóis, e culminou no famoso sultanato mameluco no Egito no século XIII, algo sem precedentes na história.[65] Na maior parte do tempo, e em quase todos os lugares, os escravos, por razões óbvias, eram os últimos a poder se aproximar de uma arma. Ali, no entanto, tratava-se de algo sistemático. Mas, estranhamente, também fazia todo o sentido: se os escravos são, por definição, pessoas que foram separadas da sociedade, essa era a consequência lógica do muro criado entre a sociedade e o Estado islâmico medieval.[66] Os mestres religiosos parecem ter feito tudo para sustentar esse muro. Uma das razões de recorrer a escravos soldados era sua intenção de desencorajar os fiéis de servir nas forças armadas (pois com isso talvez tivessem de lutar com companheiros de fé). O sistema legal que eles criaram também garantia que fosse praticamente impossível reduzir os muçulmanos — ou, da mesma forma, os súditos cristãos ou judeus do califado — à escravidão. Nesse aspecto, Al-Wahid parece estar mais do que correto. O direito islâmico procurava abarcar quase as mesmas transgressões que as das sociedades da Idade Axial. Toda escravidão — por sequestro, punição judicial, dívida e exposição ou comércio de crianças, e mesmo a venda voluntária da própria pessoa — foi proibida, ou transformada em algo inexequível.[67] Isso se estendeu também a todas as outras formas de servidão por dívida que ameaçaram os agricultores pobres do Oriente Médio e suas famílias desde os primórdios da história documentada. Por fim, o islã tornou a usura, que era vista como um acordo em que dinheiro ou mercadoria eram emprestados a juros, terminantemente proibida.[68]

De certa forma, podemos ver o estabelecimento das cortes islâmicas como o triunfo supremo da rebelião patriarcal que começou milhares de anos antes; como a vitória do éthos do deserto ou da estepe, real ou imaginado, mesmo enquanto os fiéis faziam o máximo para manter os descendentes dos nômades reais, altamente armados, confinados em seus acampamentos e palácios. Isso só foi possível devido a uma profunda mudança na aliança entre as classes. As grandes civilizações urbanas do Oriente Médio sempre foram dominadas por uma aliança de facto entre administradores e mercadores, e os dois grupos mantinham o restante da população ou em servidão por dívida ou em constante perigo de incorrer nela. Ao se converterem ao islã, as classes comerciais — por muito tempo arquivilãs aos olhos dos agricultores comuns e dos habitantes das cidades — concordavam efetivamente em passar para o outro lado, abandonando todas as suas práticas mais odiosas para se tornarem os líderes de uma sociedade que naquele momento se definia em oposição ao Estado.

Essa conversão só foi possível porque, desde o início, o islã tinha uma visão positiva do comércio. O próprio Maomé começou sua vida adulta como mercador, e nenhum pensador islâmico jamais tratou a busca honesta pelo lucro como algo intrinsecamente imoral ou hostil à fé. Na prática, tampouco as proibições à usura — que, em sua maioria, eram escrupulosamente impostas, mesmo no caso de empréstimos comerciais — atenuaram o crescimento do comércio, ou o desenvolvimento de instrumentos complexos de crédito.[69] Ao contrário, os primeiros séculos do califado foram o palco de um rápido florescimento do comércio e do crédito.

O lucro também era possível porque os juristas islâmicos eram parcimoniosos nas taxações de serviços e outras medidas — notavelmente, permitindo que produtos comprados a crédito tivessem um preço um pouco acima do que os comprados em dinheiro vivo — que garantiam aos banqueiros e comerciantes o incentivo de fornecer serviços de crédito.[70] Ainda assim, esses incentivos nunca eram suficientes para que a atividade bancária se tornasse uma ocupação de tempo integral: em vez disso, quase todos os mercadores que trabalhavam em larga escala costumavam combinar a atividade bancária com uma série de outras atividades que buscavam o lucro. Em consequência disso, os instrumentos de crédito logo se tornaram tão essenciais para o comércio que quase todas as pessoas de boa situação financeira mantinham a maior parte de suas riquezas depositada nos bancos e, em vez de contar moedas para realizar transações cotidianas, usavam papel e tinta. As notas promissórias eram chamadas *sakk*, "cheques", ou *ruq'a*, "notas". E os cheques podiam ser devolvidos. Um historiador alemão, recorrendo a diversas fontes antigas de literatura árabe, relata:

> Por volta do ano 900, um homem poderoso pagou a um poeta com um cheque, mas quando o banqueiro recusou o pagamento, o poeta, decepcionado, compôs um poema dizendo que dessa maneira ele pagaria até 1 milhão de bom grado. Em 936, um patrono do mesmo poeta e cantor, durante um concerto, preencheu um cheque em nome dele no valor de quinhentos dinares. Ao pagá-lo, o banqueiro fez o poeta saber que era de praxe descontar um dirrã por dinar, ou seja, cerca de 10%. Mas, se o poeta passasse a tarde e a noite com ele, não haveria dedução...
>
> Por volta do ano 1000, os banqueiros já eram indispensáveis em Basra: todo comerciante tinha sua conta bancária e pagava nos bazares apenas com cheques.[71]

Os cheques podiam ser rubricados e transferidos, e cartas de crédito (*suftaja*) podiam atravessar o oceano Índico ou o Saara.[72] Eles não se transformaram em papel-moeda de fato porque, como funcionavam de maneira totalmente independente do Estado (não podiam ser usados para pagar impostos, por exemplo), seu valor era baseado quase sempre na confiança e na reputação das partes envolvidas.[73] O apelo às cortes islâmicas costumava ser voluntário ou mediado por guildas de mercadores e associações civis.

Nesse contexto, ser ridicularizado por um poeta famoso por causa de um cheque devolvido devia ser o desastre dos desastres.

Quando se trata de finanças, em vez de investimentos a juros, o método predileto eram as sociedades, em que (muitas vezes) uma parte fornecia o capital e a outra comandava o negócio. Em vez de um retorno fixo, o investidor receberia uma parcela dos lucros. Até contratos de trabalho costumavam ser organizados com base na divisão de lucros.[74] Em todas essas questões, a reputação era fundamental — na verdade, uma discussão dinâmica nos primórdios do direito comercial visava concluir se a reputação poderia (como a terra, o trabalho, o dinheiro e outros recursos) ser considerada uma forma de capital. Por vezes acontecia de os mercadores formarem sociedades sem nenhum capital, mas apenas com bons nomes. A isso se dava o nome de "parceria de boa reputação". Como explicou um jurista:

> Quanto à parceria de crédito, ela também pode ser chamada de "parceria dos sem-dinheiro" (*sharika al-mafalis*). Ela ocorre quando duas pessoas se unem em parceria, sem nenhum capital, para comprar a crédito e depois vender. É designada por esse nome, parceria de boas reputações, porque seu capital consiste no status e na boa reputação. Pois o crédito só é concedido a quem tem boa reputação com as pessoas.[75]

Alguns juristas se opuseram à ideia de que esse tipo de contrato tivesse força jurídica, pois não se baseava no desembolso inicial de capital material; outros o consideraram legítimo, desde que as partes fizessem uma divisão igualitária dos lucros — pois a reputação não podia ser quantificada. Vale notar o reconhecimento tácito de que, em uma economia de crédito que funciona basicamente sem os mecanismos estatais de imposição (sem polícia para prender fraudadores, ou bailios para confiscar a propriedade dos devedores), boa parte do valor de uma nota promissória depende de fato do bom nome do signatário. Como Pierre Bourdieu afirmaria mais tarde ao descrever semelhante economia da confiança na Argélia contemporânea: é muito possível transformar a honra em dinheiro, mas quase impossível converter o dinheiro em honra.[76]

Essas redes de confiança, por sua vez, foram em grande parte responsáveis pela difusão do islamismo pelas rotas de caravanas na Ásia Central e no Saara, principalmente através do oceano Índico, principal condutor do comércio medieval mundial. No decorrer da Idade Média, o oceano Índico tornou-se um mar muçulmano. Os comerciantes muçulmanos parecem ter desempenhado papel fundamental na consolidação do princípio de que os reis e seus exércitos deviam manter suas disputas em terra firme; os mares deviam ser uma zona de comércio pacífico. Ao mesmo tempo, o islã obteve posição privilegiada nas trocas comerciais que iam do golfo de Áden às ilhas Molucas, pois as cortes islâmicas podiam prover essas funções com tanta maestria que tornou esses portos atraentes: meios de fechar contratos, reaver dívidas, criar um setor bancário capaz de resgatar ou transferir cartas de crédito.[77] O nível de confiança criado desse modo entre os mercadores no imponente entreposto de Malaca, porta de entrada para as ilhas da Indonésia, era lendário. A cidade tinha alojamentos suaílis, árabes, egípcios, etíopes e armênios, bem como alojamentos para mercadores de diferentes regiões da Índia, China e sul da Ásia. Contudo, dizia-se que esses mercadores evitavam contratos executórios, preferindo selar suas transações "com um aperto de mão e uma olhada para o céu".[78]

Na sociedade islâmica, o mercador não se tornou apenas uma figura respeitada, mas também uma espécie de modelo: como o guerreiro, um homem de honra capaz de ir em busca de diversas aventuras; diferentemente do guerreiro, era capaz de fazê-lo de maneira que não prejudicava ninguém. O historiador francês Maurice Lombard faz um retrato notável, talvez bastante idealizado, do mercador "em sua majestosa residência, cercado de escravos e parasitas, no meio de sua coleção de livros, recordações de viagens e ornamentos raros", junto de livros contábeis, correspondências e cartas de crédito, um sujeito hábil no sistema de contabilidade por partidas dobradas, cheio de códigos secretos e escritas cifradas, que dava esmola para os pobres, ajudava locais de adoração, talvez se dedicasse à escrita de poesia, e ainda era capaz de transformar sua credibilidade geral em grandes reservas de capital apelando a familiares e parceiros.[79] O retrato de Lombard é, até certo ponto, inspirado na famosa descrição de Simbá em

As mil e uma noites, que depois de passar sua juventude em perigosas aventuras mercantis em terras distantes, finalmente se aposenta, mais rico do que sonhara ser, para passar o restante da vida em meio a jardins e dançarinas, contando as histórias de suas aventuras. Eis um trecho, narrado do ponto de vista de um humilde porteiro (também chamado Simbá), convidado pela primeira vez para ver o mestre:

> Encontrou uma vistosa mansão, radiante e plena de grandiosidade, até ser levado a uma imensa sala onde viu um grupo de nobres e senhores sentados em volta de mesas enfeitadas com toda sorte de flores e ervas perfumadas, além de uma grande quantidade de regalos, frutas secas e frescas, confeitos e vinhos da melhor qualidade. Também havia instrumentos musicais e jovens escravas alegres e adoráveis, tocando e cantando. As pessoas estavam agrupadas por hierarquia, e no lugar de maior destaque havia um homem de aspecto nobre e respeitável, cuja barba esbranquiçada chamava a atenção, um homem de estatura majestosa e afável gentileza, de aspecto agradável e pleno de solenidade, dignidade e majestade. Simbá, o porteiro, confuso com o que contemplava, disse para si mesmo: "Por Alá, este deve ser o palácio de um rei ou um pedaço do Paraíso!".[80]

Essa passagem é interessante não só por representar um ideal ou um retrato de uma vida perfeita, mas por não existir algo similar na tradição cristã. Seria impossível imaginar uma imagem como essa em um romance francês medieval, por exemplo.

A veneração ao mercador era equiparada ao que só pode ser chamado de primeira ideologia popular do livre mercado. É claro que precisamos tomar cuidado para não confundir ideais com realidade. Os mercados sempre foram totalmente independentes do governo. Os regimes islâmicos empregaram todas as estratégias comuns de manipulação da política fiscal para encorajar o crescimento dos mercados, e tentaram periodicamente intervir no direito comercial.[81] Todavia, existia uma forte opinião popular contrária a essas atitudes dos regimes islâmicos. Uma vez libertos dos antigos flagelos da dívida e da escravidão, muitos bazares locais se tornaram não um lugar de perigo moral, mas sim o oposto: a mais alta expressão da liberdade humana e da solidariedade coletiva, e por isso deveriam ser protegidos constantemente da intrusão estatal.

Havia uma hostilidade particular em relação a tudo o que se parecia com controle de preços. Uma história muito difundida diz que o Profeta se recusou a obrigar os mercadores a baixar os preços durante um período de escassez, na cidade de Medina, sob a alegação de que seria um sacrilégio, pois, em uma situação de livre mercado, "os preços dependem da vontade de Deus".[82] A maioria dos estudiosos acredita que a decisão de Maomé significa que toda interferência do governo nos mecanismos de mercado seria considerada um sacrilégio semelhante, pois Deus designou que os mercados se regulassem sozinhos.[83]

A notável semelhança dessas ideias com a "mão invisível" do mercado de Adam Smith (que também era a mão da divina providência) não é uma coincidência completa. Na verdade, muitos dos argumentos e exemplos específicos usados por Smith parecem remontar diretamente aos tratados econômicos escritos na Pérsia medieval. Por exemplo, sua afirmação de que a troca é uma consequência natural da racionalidade humana e da fala já aparece tanto em Ghazali (1058-1111) como em Tusi (1201-74); os dois pensadores usam exatamente o mesmo exemplo: ninguém nunca viu dois cães trocando ossos.[84] De maneira ainda mais gritante, o mais famoso exemplo de Smith sobre a divisão do trabalho, a fábrica de alfinetes, no qual ele identifica dezoito diferentes operações para produzir um alfinete, já aparece em *Ihya*, de Ghazali, em que ele descreve uma fábrica de agulhas e identifica 25 operações para produzir uma única agulha.[85]

As diferenças, no entanto, são tão significativas quanto as semelhanças. Um exemplo marcante: assim como Smith, Tusi começa seu tratado sobre economia discutindo a divisão do trabalho; mas enquanto para Smith a divisão do trabalho é uma consequência da nossa "propensão natural a intercambiar e permutar" em busca de vantagens pessoais, para Tusi ela é uma extensão da ajuda mútua:

Suponha que cada indivíduo tivesse de se ocupar do próprio sustento, de vestuário, habitação e armas, primeiro adquirindo as ferramentas de carpintaria, depois aprendendo o ofício do ferreiro, preparando desse modo ferramentas e implementos para plantio e colheita, moagem e mistura, fiação e tecelagem. [...] Obviamente, ele não seria capaz de usar plenamente tudo isso. Mas quando os homens ajudam uns aos outros, cada um realizando uma dessas tarefas importantes que se encontram além do limite da própria capacidade, e observando a lei nas transações dando em grandes quantidades e recebendo em troca, graças ao trabalho dos outros, então os meios de subsistência são definidos, e a sucessão do indivíduo e a sobrevivência da espécie estão garantidas.[86]

Por isso, argumenta ele, a providência divina fez com que tivéssemos diferentes capacidades, desejos e inclinações. O mercado é apenas uma manifestação desse princípio mais geral da ajuda mútua, da correspondência de capacidades (oferta) e necessidades (procura) — ou, pondo nos termos que explicitei anteriormente, ele não é apenas fundamentado no tipo de comunismo de base sobre o qual toda sociedade, em última instância, deve se basear; ele também é o próprio comunismo de base.

Isso não equivale a dizer que Tusi fosse, de alguma maneira, um igualitarista radical, muito pelo contrário. "Se os homens fossem iguais, pereceriam todos", afirma ele. Precisamos de diferenças entre ricos e pobres, insistia ele, assim como precisamos de diferenças entre agricultores e carpinteiros. No entanto, quando partimos da premissa inicial de que os mercados consistem sobretudo na cooperação e não na competição — e embora os economistas muçulmanos reconheçam e aceitem a necessidade da competição de mercado, eles nunca encaram a competição como sua essência[87] —, as implicações morais tornam-se outras. A história de Nasrudin sobre os ovos de codorna pode ter sido uma piada, mas os muçulmanos estudiosos de ética muitas vezes obrigavam os mercadores a barganhar com os ricos para que cobrassem menos, ou pagassem mais, quando negociassem com os menos afortunados.[88]

A opinião de Ghazali sobre a divisão do trabalho é semelhante, e seu relato sobre a origem do dinheiro é, no mínimo, ainda mais revelador. O relato tem início com uma narrativa que lembra bastante o mito do escambo, exceto que, como em todos os escritores do Oriente Médio, ele começa não com os membros de tribos primitivas, mas com desconhecidos que se encontram em um mercado imaginário.

> Muitas vezes a pessoa precisa daquilo que não tem e tem aquilo de que não precisa. Por exemplo, uma pessoa tem açafrão mas precisa de um camelo para transporte, e outra pessoa tem um camelo de que não precisa no momento, mas quer açafrão. Assim, há uma necessidade de troca. Contudo, para que haja uma troca, deve haver alguma maneira de avaliar os dois objetos, pois o dono do camelo não pode dar o animal inteiro por uma quantidade qualquer de açafrão. Não há semelhança nenhuma entre o açafrão e o camelo para que uma quantidade equivalente, em forma e peso, seja dada. Da mesma maneira, no caso de alguém que deseje uma casa, mas possua algumas roupas, ou deseje um escravo, mas possua meias, ou deseje farinha, mas possua um asno. Não há proporcionalidade direta entre esses bens, portanto não há como saber quanto de açafrão equivale ao valor de um camelo. Essas transações de escambo seriam muito difíceis.[89]

Ghazali também observa que haveria um problema quando uma pessoa não precisasse do que o outro tinha a oferecer, mas isso é quase uma reflexão tardia; para ele, o verdadeiro problema é conceitual. Como se comparam duas coisas sem características em comum? Conclui que isso só é possível comparando as duas coisas a uma terceira sem característica nenhuma. Por essa razão, explica ele, Deus criou dinares e dirrãs, moedas feitas de prata e ouro, dois objetos de metal que, a não ser para isso, não servem para nada:

> Dirrãs e dinares não foram criados com nenhum propósito particular; são inúteis em si mesmos; são como pedras. Foram criados para circular de mão em mão, para controlar e facilitar transações. São símbolos para sabermos o valor e a categoria dos produtos.[90]

Podem ser símbolos, ou unidades de medida, justamente pela ausência de utilidade — ausência, com efeito, de qualquer característica particular exceto o valor:

> Uma coisa só pode ser vinculada com exatidão a outras coisas se ela não tiver nenhuma forma ou característica especial própria — por exemplo, o espelho, por não ter cor, é capaz de refletir todas as outras cores. O mesmo vale para o dinheiro — ele não tem função própria, mas serve como meio para certo propósito: a troca de produtos.[91]

Disso segue-se também que emprestar dinheiro a juros seja atividade ilegítima, pois significa usar o dinheiro como um fim em si mesmo: "O dinheiro não é criado para fazer dinheiro". Na verdade, ele diz que "em relação a outros bens, dirrãs e dinares são como preposições em uma frase", palavras que, como nos dizem os gramáticos, são usadas para dar significado a outras palavras, mas só o fazem porque não têm significado próprio. O dinheiro, portanto, é uma unidade de medida que possibilita avaliar produtos, mas também que só funciona assim se estiver em constante movimento. Realizar transações monetárias para obter ainda mais dinheiro — mesmo que seja em termos de d-m-d', sem falar em d-d' — seria, segundo Ghazali, o equivalente a raptar um carteiro.[92]

Considerando que Ghazali só fala em ouro e prata, o que ele descreve — dinheiro como símbolo, como medida abstrata, sem características próprias, cujo valor só é mantido pelo movimento constante — é algo que jamais teria ocorrido a alguém se não fosse em uma época em que era perfeitamente normal usar o dinheiro de forma puramente virtual.

GRANDE PARTE DAS NOSSAS TEORIAS do livre mercado, portanto, parece ter sido tomada de empréstimo, em parcelas, de um universo social e moral bastante diferente.[93] As classes mercantis do Ocidente Próximo medieval levaram a cabo um feito extraordinário. Ao abandonarem as práticas usurárias que as tornaram tão detestáveis aos olhos dos vizinhos durante incontáveis séculos, elas conseguiram se tornar — junto com os mestres religiosos — os líderes efetivos de suas comunidades, comunidades essas que ainda são vistas como organizadas, em ampla medida, em torno de dois polos: a mesquita e o bazar.[94] A propagação do islã permitiu que o mercado se tornasse um fenômeno global, quase sempre independente dos governos, funcionando de acordo com suas leis internas. Mas o próprio fato de esse mercado, de certa forma, ser genuinamente livre, e não criado pelo governo e mantido por meio da força policial e de prisões — um mundo de acordos selados com apertos de mão e promessas assinadas em papel, mas garantidas somente pela integridade do signatário —, fez com que ele nunca tenha sido de fato o mundo imaginado por aqueles que, posteriormente, adotaram muitas das mesmas ideias e argumentos: um mundo de indivíduos puramente mercenários disputando vantagens materiais a qualquer custo.

Extremo Ocidente: Cristandade (comércio, empréstimo e guerra)

> Se há justiça na guerra, também há justiça na usura.
>
> Santo Ambrósio

A Europa, como mencionei, chegou tarde à Idade Média, e grande parte de seu território parecia mais uma grande área rural. No entanto, ali o período começou da mesma maneira que em outros lugares — isto é, com o desaparecimento da cunhagem. O dinheiro se refugiou na virtualidade. Todos continuaram calculando custos na moeda romana, e depois no "dinheiro imaginário" carolíngio — os sistemas puramente conceituais de libras, xelins e pence usados para contabilidade em toda a Europa Ocidental até o século XVII.

As Casas da Moeda locais pouco a pouco voltaram a operar, produzindo moedas de uma variedade infinita de pesos, purezas e denominações. No entanto, essas moedas se relacionavam com o sistema pan-europeu e estavam submetidas a controle oficial. Os reis emitiam decretos regularmente reavaliando suas moedas em relação à moeda imaginária de referência, "apreciando" a moeda corrente, por exemplo declarando que, daquele momento em diante, um de seus *ecus* ou *escudos* não valeria mais ¹⁄₁₂, mas sim 1/8 de um xelim (aumentando assim os impostos), ou "depreciando" o valor das moedas fazendo o inverso (reduzindo assim as dívidas).[95] O conteúdo real de ouro ou de prata das moedas era infinitamente reajustado, e com frequência elas eram recolhidas para ser fundidas de novo. Enquanto isso, a maior parte das transações cotidianas prescindiu totalmente do dinheiro vivo, pois elas eram realizadas com talhas, moedas simbólicas, registros contábeis ou trocas em espécie. Assim, quando os escolásticos começaram a tratar dessas questões no século XIII, não demorou muito para que adotassem a posição de Aristóteles de que o dinheiro era apenas uma convenção social: o dinheiro era, basicamente, aquilo que os seres humanos decidiam que era.[96]

Tudo isso corresponde ao padrão medieval mais amplo: o ouro e a prata reais, ou a quantidade deles que continuava em circulação, eram cada vez mais armazenados nos lugares sagrados; à medida que os Estados centralizados desapareceram, a Igreja foi assumindo pouco a pouco o controle da regulação dos mercados.

A princípio, a atitude católica para com a usura era tão dura quanto a muçulmana, e para com os mercadores, consideravelmente mais dura. No primeiro caso, não havia escolha, visto que muitos textos bíblicos eram bastante explícitos. Êxodo 22,25:

> Se emprestares dinheiro a um compatriota, ao indigente que está em teu meio, não agirás com ele como credor que impõe juros.

Tanto os Salmos (15,5; 54,12) como os Profetas (Jeremias 9,6; Neemias 5,11) são explícitos ao determinar a morte e o fogo do inferno aos usurários. Além disso, os primeiros Pais da Igreja, responsáveis pelos fundamentos dos ensinamentos cristãos sobre questões sociais nos anos de declínio do Império Romano, escreveram no período da última grande crise da dívida do mundo antigo, uma crise que efetivamente fez parte do processo de destruição do livre campesinato que ainda restava no império.[97] Enquanto poucos queriam condenar a escravidão, todos condenavam a usura.

A usura era vista principalmente como uma afronta à caridade cristã, à determinação de Jesus para tratar os pobres como trataríamos o próprio Cristo, dando sem a expectativa de receber nada em troca e permitindo que o devedor escolhesse a forma de recompensa (Lucas 6,34-35). Em 365, por exemplo, São Basílio proferiu um sermão sobre a usura na Capadócia que passou a servir de modelo para essas questões:

> O Senhor deu Sua própria determinação claramente com estas palavras: "Dá ao que te pede e não voltes as costas ao que te pede emprestado".[98]
>
> Mas e quanto ao que ama o dinheiro? Ele vê diante de si um homem atormentado pela necessidade, inclinado ao chão em súplica. Ele o vê vacilar, sem agir, sem palavras, humilhado. Ele o vê sofrendo de injusta má sorte, mas é inclemente. Não reconhece que é um compatriota. Não cede ao seu pedido. Permanece amargurado e impassível. Não se comove por nenhuma prece; sua firmeza não se rompe por nenhuma lágrima. Persiste na recusa [...].[99]

Ou melhor, mantém a atitude de recusa até que o suplicante mencione "juros".

Basílio se sentia particularmente ofendido pela desonestidade crassa dos agiotas, pela afronta à irmandade cristã. O necessitado busca um amigo, o rico finge ser um. Na verdade, o rico é um inimigo secreto e tudo que diz é mentira. Observai, diz São Basílio, como o rico, em princípio, sempre vai jurar que não tem dinheiro nenhum:

> Então o suplicante fala em juros e diz a palavra garantia. Tudo muda. A expressão de sua fronte se suaviza; com um sorriso cordial, ele evoca antigos vínculos familiares. Agora é "meu amigo".
>
> "Verei se tenho algum dinheiro", diz ele. "Sim, tenho uma certa quantia que um conhecido deixou comigo com a esperança de obter lucro. Estipulou uma taxa altíssima de juros. No entanto, é possível retirar uma parte e

entregar-lhe sob condições melhores." Com simulações e discursos desse tipo ele bajula a pobre vítima e convence-a a morder a isca. Depois a faz se comprometer com uma garantia por escrito, acrescenta a perda de liberdade ao sofrimento de sua angustiante pobreza e dá a questão por finalizada. O homem que se responsabilizou por um juro que não pode pagar aceitou uma escravidão voluntária pelo resto da vida.[100]

O tomador do empréstimo, ao chegar em casa com seu dinheiro recém-obtido, primeiro se alegra. Mas logo depois "o dinheiro evapora", os juros se acumulam e suas posses são liquidadas. Basílio é poético quando descreve o drama do devedor. É como se o próprio tempo se tornasse seu inimigo. Cada dia e cada noite conspiram contra ele, pois são os pais dos juros. Sua vida torna-se "um entorpecimento insone de angústia e incerteza", pois é humilhado em público; em casa, esconde-se embaixo do sofá a cada batida inesperada na porta e mal consegue dormir, é constantemente despertado por pesadelos com o credor de pé junto ao seu travesseiro.[101]

Provavelmente a mais famosa homilia antiga sobre a usura, no entanto, seja *De Tobia*, de Santo Ambrósio. Proferida ao longo de vários dias em Milão, em 380, ele trabalha com os mesmos detalhes vívidos que São Basílio: pais obrigados a vender crianças, devedores que se enforcaram de vergonha. A usura, observa ele, deve ser considerada uma forma de roubo violento, até de assassinato.[102] Santo Ambrósio, contudo, acrescentou uma pequena condição que teria enorme influência posterior: seu sermão foi o primeiro a examinar com cuidado todas as referências bíblicas à agiotagem, ou seja, ele abordou o problema com o qual autores posteriores tiveram de lidar — o fato de que, no Antigo Testamento, a usura não é exatamente proibida a todos. O ponto polêmico se encontra sempre em Deuteronômio 23,19-20.

> Não emprestes ao teu irmão com juros, quer se trate de empréstimo de dinheiro, quer de víveres ou de qualquer outra coisa sobre a qual é costume exigir um juro.
>
> Poderás fazer um empréstimo com juros a um desconhecido; contudo, emprestarás sem juros ao teu irmão.

Mas então quem é o "desconhecido", ou, uma melhor tradução do termo hebreu *nokri*, o "estrangeiro"? Supostamente, concluiu Santo Ambrósio, aquele contra quem o roubo e o assassinato também seriam justificados. Afinal, os antigos judeus viviam entre tribos como dos amalecitas, contra os quais Deus havia instruído especificamente que se declarasse guerra. Se extrair os juros, como afirma ele, é o mesmo que lutar sem espada, então só é legítimo fazê-lo com aqueles "que não seria crime matar".[103] Para Santo Ambrósio, que morava em Milão, tudo isso era apenas um detalhe. Ele incluía todos os cristãos e todos aqueles sujeitos ao direito romano sob o rótulo de "irmãos"; não havia, portanto, muitos amalecitas por perto.[104] A "Exceção de Santo Ambrósio", como ficaria conhecida, viria a se tornar extremamente importante.

Todos esses sermões — e havia muitos deles — deixaram certas questões críticas sem respostas. O que o homem rico *deveria* fazer ao receber a visita desse vizinho atormentado? Sim, Jesus dissera para dar sem esperar receber nada em troca, mas parecia irreal esperar que a maioria dos cristãos fizesse isso. E, mesmo se o fizessem, que tipo de relações duradouras eles criariam? São Basílio tomou a posição radical. Deus nos deu todas as coisas, de maneira comunitária, e instruiu especificamente os ricos a dar suas posses para os pobres. O comunismo dos apóstolos — que compartilharam todas as suas riquezas e tomavam livremente o que precisavam — era, portanto, o único modelo correto de uma sociedade verdadeiramente cristã.[105] Poucos dos outros Pais da Igreja quiseram levar as coisas tão longe. É verdade que, para eles, o comunismo era o ideal, mas nesse mundo caído e transitório, argumentavam eles, ele era simplesmente ilusório. A Igreja deveria aceitar a existência de acordos de propriedade, mas também apresentar argumentos espirituais que encorajassem os ricos a agir com caridade cristã. Muitos desses padres usavam metáforas abertamente comerciais. Até mesmo São Basílio era inclinado a ceder nesse aspecto:

> Sempre que se atende às necessidades dos destituídos em nome do Senhor, trata-se tanto de uma dádiva quanto de um empréstimo. É uma dádiva porque não se nutre esperança de recuperá-la e um empréstimo por causa da mu-

nificência do Senhor em pagá-lo de volta em nome Dele pois, tendo tomado de você uma pequena quantia para dar aos pobres, devolverá a eles e a você uma grande quantia. "Pois quem faz caridade ao pobre empresta a Deus."[106]

Como Cristo está com os pobres, uma dádiva de caridade é um empréstimo a Jesus, a ser pago no céu com juros inconcebíveis na terra.

A caridade, no entanto, é um modo de manter a hierarquia, não de destruí-la. O que São Basílio diz não tem nada a ver com dívida, e brincar com essas metáforas parece, em última instância, servir apenas para destacar o fato de que os ricos não *devem* nada ao pobre suplicante, assim como Deus não está legalmente obrigado a salvar a alma de pessoa alguma que alimente um mendigo. A "dívida" aqui se dissolve em pura hierarquia (daí, "o Senhor"), na qual criaturas totalmente diferentes fornecem benefícios totalmente diferentes umas para as outras. Teólogos posteriores confirmariam isso de maneira explícita: os seres humanos vivem no tempo, disse São Tomás de Aquino, portanto faz sentido dizer que o pecado é uma dívida de punição que devemos a Deus. Mas Deus vive fora do tempo. Por definição, ele não pode dever nada a ninguém. Sua graça, desse modo, só pode ser uma dádiva concedida sem compromisso de retribuição.[107]

Isso, por sua vez, responde à questão: o que de fato eles esperam que os ricos façam? A Igreja se opunha à usura, mas tinha pouco a dizer sobre as relações de dependência feudal, em que os ricos fazem ações caridosas e os pobres suplicantes demonstram sua gratidão de outras maneiras. Além disso, quando esses tipos de dependência começaram a surgir em todo o Ocidente cristão, a Igreja fez objeções significativas.[108] Antigos peões de dívida foram gradualmente transformados em servos ou vassalos. Em alguns aspectos, a relação não era muito diferente, uma vez que a vassalagem, em teoria, era uma relação contratual voluntária. Assim como um cristão tem de escolher se submeter livremente ao "Senhor", também o vassalo tem de concordar em fazer de si próprio vassalo de outro alguém. Tudo isso se mostrava perfeitamente de acordo com o cristianismo.

O comércio, por outro lado, continuava sendo um problema. Não havia um salto muito grande entre condenar a usura como a tomada "daquilo que excede a quantia emprestada" e condenar qualquer forma de lucro. Muitos — entre eles, Santo Ambrósio — queriam dar esse salto. Enquanto Maomé declarava que os mercadores honestos mereciam um lugar ao lado de Deus no céu, homens como Ambrósio se perguntavam se "mercadores honestos" não eram uma contradição em termos. Muitos afirmavam que era simplesmente impossível ser mercador e cristão ao mesmo tempo.[109] Na Alta Idade Média, essa não era uma questão urgente — principalmente porque grande parte do comércio era realizada por estrangeiros. Os problemas conceituais, no entanto, não estavam resolvidos. O que significava poder emprestar apenas a "desconhecidos"? Tratava-se apenas da usura ou mesmo o comércio equivaleria à guerra?

TALVEZ A SOLUÇÃO MAIS NOTÓRIA, e muitas vezes tida como catastrófica, para esse problema tenham sido as relações entre cristãos e judeus durante a Idade Média. Desde a época de Neemias, as posições judaicas em relação ao empréstimo haviam mudado. Na época de Augusto, Hilel, o Ancião, transformara efetivamente o ano sabático em letra morta ao permitir que duas partes acrescentassem uma cláusula em qualquer contrato de empréstimo particular concordando que o princípio do ano sabático não se aplicaria. Apesar de tanto a Torá como o Talmude se oporem a empréstimos a juros, exceções eram feitas em negociações com os gentios — principalmente porque, no decorrer dos séculos XI e XII, os judeus europeus eram excluídos de quase todas as outras ocupações.[110] Isso dificultou ainda mais a contenção dessa prática, como atestado pela piada comum nos guetos do século XII para justificar a usura entre os judeus. Conta-se que ela consistia em recitar a passagem de Deuteronômio 23,20 de maneira interrogativa para que significasse o oposto de seu sentido óbvio: "Ao estranho poderás fazer um empréstimo com juros, mas ao teu irmão não emprestarás com juros?".[111]

Pelo lado cristão, em 1140, a "Exceção de Santo Ambrósio" foi incorporada ao *Decreto de Graciano*, que passou a ser considerado a compilação definitiva de direito canônico. Na época, a vida econômica fazia parte da jurisdição da Igreja. Embora isso parecesse deixar os judeus a salvo, fora do sistema, na verdade as questões eram mais complicadas. Para começar, ainda que tanto judeus como gentios tentassem algumas vezes recorrer à "Exceção", a opinião preponderante era de que ela se aplicava somente aos sarracenos ou outros povos com os quais a cristandade estivesse literalmente em guerra. Afinal, judeus e cristãos viviam nas mesmas cidades e vilarejos. Se fosse reconhecido que a "Exceção" permitia o empréstimo a juros entre cristãos e judeus, também teria de se reconhecer o direito de judeus e cristãos matarem uns aos outros.[112] Ninguém queria dizer isso de fato. Por outro lado, as relações entre cristãos e judeus muitas vezes pareciam se aproximar perigosamente desse ideal infeliz — por mais que, obviamente, apenas um dos lados praticasse o verdadeiro assassinato (não considerando a mera agressão econômica).

Em parte, isso se devia ao hábito dos príncipes cristãos de explorar, para seus interesses, o fato de os judeus estarem levemente à margem do sistema. Muitos encorajavam os judeus a atuar como agiotas, sob sua proteção, simplesmente porque sabiam que a proteção podia ser revogada a qualquer momento. Os reis da Inglaterra eram notórios nesse sentido. Eles insistiam para que os judeus fossem excluídos do mercado e das guildas de ofícios, mas garantiam a eles o direito de cobrar taxas extravagantes de juros, respaldando os empréstimos pela força da lei.[113] Era comum que os devedores na Inglaterra medieval fossem jogados na prisão até que suas famílias pagassem ao credor.[114] Contudo, o mesmo acontecia regularmente com os próprios judeus. Em 1210, por exemplo, o rei João instituiu a talha, ou imposto emergencial, para cobrir os custos de suas guerras na França e na Irlanda. Segundo um cronista da época, "todos os judeus de toda a Inglaterra, de ambos os sexos, foram capturados, presos e severamente torturados, para que se fizesse a vontade do rei com o dinheiro deles". Muitos que foram torturados ofereciam tudo o que tinham e ainda mais — mas, naquela ocasião, um mercador particularmente abastado, Abraão de Bristol, que, segundo o rei, lhe devia 10 mil marcos de prata (soma equivalente a cerca de um sexto da renda total anual do rei João), ficou famoso por resistir. O rei, com isso, ordenou a remoção de todos os seus molares, um por dia, até que a dívida fosse paga. Depois que sete dentes foram removidos, Abraão finalmente cedeu.[115]

O sucessor de João, Henrique III (1216-72), tinha o hábito de entregar as vítimas judias ao seu irmão, conde da Cornualha, para que, como nos diz outro cronista, "aqueles que um irmão esfolava fossem estripados pelo outro".[116] É importante lembrar histórias como essas sobre a extração de dentes, pele e intestino dos judeus, acredito, para entender como, em *O mercador de Veneza*, de Shakespeare, se exige "uma libra de carne humana".[117] Embora personagem imaginário, tudo parece ter sido uma projeção culpada dos terrores que os judeus nunca chegaram a infligir aos cristãos, mas aos quais, ao contrário, eram submetidos.

O terror infligido pelos reis carregava consigo um elemento particular de identificação: as perseguições e apropriações eram uma extensão da lógica segundo a qual os reis efetivamente tratavam as somas devidas aos judeus como devidas, em última instância, a si próprios, criando inclusive um ramo do Departamento do Tesouro (o "Erário dos Judeus") para cuidar delas.[118] Essa ideia estava em consonância com a impressão que o povo inglês tinha dos reis como um bando estrangeiro, formado por normandos trapaceiros. Mas esse terror também dava aos reis a oportunidade de fazer o jogo populista, ofendendo e humilhando dramaticamente os financistas judeus ou fazendo vista grossa para pogroms, e muitas vezes encorajando-os. Esses pogroms eram promovidos pelos habitantes das cidades que interpretavam literalmente a "Exceção de Santo Ambrósio" e tratavam os agiotas como inimigos de Cristo que podiam ser assassinados a sangue-frio. Massacres particularmente violentos ocorreram em Norwich em 1144 e em Blois, França, em 1171. Pouco tempo depois, como afirma Norman Cohn, "o que antes fora uma florescente cultura judaica se transformou em uma comunidade aterrorizada, enredada em uma guerra perpétua com a sociedade que a circundava".[119]

Não devemos exagerar o papel dos judeus na atividade de emprestar dinheiro. A maioria dos judeus não tinha nada a ver com esse negócio, e os que tinham eram meros figurantes, fazendo empréstimos de baixo valor em grãos ou roupas e recebendo algo equivalente em troca. Outros nem sequer eram judeus. Já por volta do ano 1190, os sacerdotes reclamavam de senhores de terra que se aliavam a agiotas cristãos reivindicando-os como "nossos judeus" — e, portanto, sob sua proteção especial.[120] Nos anos 1100, a maioria dos agiotas judeus havia sido substituída por lombardos (do norte da Itália) e cahorsianos (da cidade de Cahors, na França) — que se estabeleceram por toda a Europa Ocidental, tornando-se agiotas de renome.[121]

O advento da usura no meio rural foi um sinal da liberdade cada vez maior do campesinato (não havia sentido em fazer empréstimos para servos, pois eles não tinham com que pagar). Ele acompanhou o surgimento da agricultura comercial, das guildas urbanas de ofícios e da "revolução comercial" da Idade Média clássica, e tudo isso levou a Europa Ocidental a um patamar de atividade econômica comparável com o que se considerava usual, havia muito tempo, em outras partes do mundo. A Igreja passou rapidamente a sofrer pressão popular para resolver o problema da usura e, a princípio, tentou dificultar as coisas. As brechas existentes nas leis de usura foram sistematicamente eliminadas, em especial o uso de hipotecas. Estas logo se tornaram um expediente de logro: no islã medieval, para se esquivar da lei bastava apresentar o dinheiro, reivindicar a compra da casa ou da propriedade do devedor e depois "alugar" a mesma casa ou propriedade de volta ao devedor até que o principal fosse liquidado. No caso de hipoteca, a casa, em teoria, nem sequer era comprada, mas oferecida como garantia, e toda a renda proveniente dela era creditada ao emprestador. No século XI, esse truque tornou-se o predileto dos mosteiros e, em 1148, tornou-se ilegal: daí em diante, toda renda devia ser subtraída do principal. De maneira semelhante, em 1187, os mercadores foram proibidos de cobrar preços mais altos quando vendiam a crédito — a Igreja, desse modo, foi muito além de qualquer escola de direito islâmico da época. Em 1179, a usura passou a ser considerada pecado mortal, os usurários foram excomungados e deixaram de ter direito a um funeral cristão.[122] Em pouco tempo, novas ordens de frades itinerantes, como os franciscanos e os dominicanos, organizaram campanhas de pregação, viajando de cidade em cidade, de vilarejo em vilarejo, ameaçando os agiotas com a perda da imortalidade da alma caso não recompensassem suas vítimas.

Tudo isso ecoou em um debate intelectual violento nas recém-fundadas universidades, não tanto sobre se a usura era pecado ou contra a lei, mas especificamente por que ela seria considerada como tal. Alguns argumentavam que a usura equivalia ao roubo das posses materiais de outra pessoa; outros, que constituía um roubo de tempo, cobrando de outros algo que pertencia apenas a Deus. Outros ainda sustentavam que a usura era a encarnação do pecado da preguiça, pois, como os confucionistas, os pensadores católicos sustentavam, de maneira geral, que o lucro de um mercador só podia ser justificado como pagamento por seu trabalho (isto é, ao fornecer produtos onde eles eram requisitados), enquanto os juros assomavam mesmo que o emprestador não fizesse nada. Logo a redescoberta de Aristóteles, que retornara em tradução árabe, e a influência de fontes muçulmanas, como Ghazali e Avicena, acrescentaram novos argumentos: tratar o dinheiro como fim em si mesmo era um desvio de seu verdadeiro propósito, e cobrar juros era antinatural, pois equivalia a tratar o metal como se fosse uma coisa viva que podia procriar ou dar frutos.[123]

Mas, como logo perceberam as autoridades da Igreja, um debate como esse tinha tudo para gerar novas discussões. Não demorou muito para que novos movimentos religiosos populares começassem a aparecer em todos os lugares, e muitos tomavam a mesma direção que tantos tomaram na Antiguidade tardia, não só desafiando o comércio, como também questionando a própria legitimidade da propriedade privada. A maioria desses movimentos era rotulada como heresia e reprimida violentamente, mas muitos de seus argumentos foram adotados pelas ordens mendicantes. O grande debate intelectual do século XIII ocorreu entre os franciscanos e os dominicanos acerca da "pobreza apostólica" — basicamente, sobre se o cristianismo podia ser conciliado com qualquer tipo de propriedade.

Ao mesmo tempo, a retomada do direito romano — que, como vimos, começou sob a égide da propriedade privada absoluta — forneceu nova munição intelectual a quem argumentava que, pelo menos no caso dos empréstimos comerciais, as leis da usura deveriam ser abrandadas. A grande descoberta nesse caso foi a noção de *interesse*, da qual se origina a palavra inglesa "interest" [juro]: uma compensação pela perda sofrida por causa de um pagamento em atraso.[124] Logo o argumento se transformou: se um mercador fizesse um empréstimo comercial, mesmo que por um período mínimo (digamos, um mês), não seria usura cobrar dele posteriormente uma porcentagem mensal, pois se tratava de uma punição, e não de um aluguel pelo dinheiro, portanto justificada como compensação pelo lucro que ele *teria* tido se tivesse aplicado o dinheiro em um investimento lucrativo, como era geralmente esperado de qualquer mercador.[125]

O LEITOR DEVE ESTAR se perguntando como pode ter sido possível que as leis da usura evoluíssem simultaneamente em duas direções opostas. A resposta parece ser que, do ponto de vista político, a situação na Europa Ocidental era caótica. A maioria dos reis era fraca, e suas terras, fragmentadas e de posse incerta; o continente era um tabuleiro de baronias, principados, comunas urbanas, feudos e propriedades da Igreja. As jurisdições eram renegociadas constantemente — muitas vezes pela guerra. O capitalismo mercantil, no Ocidente Próximo muçulmano, só conseguiu se estabelecer — um pouco tarde, se comparado à situação no restante do mundo medieval — quando os mercadores conseguiram fixar um ponto de apoio político nas cidades-Estados independentes do norte da Itália, como Veneza, Florença, Gênova e Milão, e depois nas cidades germânicas da Liga Hanseática.[126] Os banqueiros italianos, por fim, conseguiram se libertar da ameaça de expropriação controlando os governos e, com isso, assumindo o controle também sobre o sistema judiciário (capaz de fazer cumprir contratos) e, de forma ainda mais vital, sobre seus próprios exércitos.[127]

O que salta aos olhos, em comparação ao mundo muçulmano, são as relações entre finanças, comércio e violência. Por mais que os pensadores persas e árabes entendessem que o mercado surgira como extensão da ajuda mútua, os cristãos nunca deixaram de lado completamente a suspeita de que o comércio fosse uma extensão da usura, uma forma de fraude legítima apenas quando voltada contra inimigos mortais. A dívida era, realmente, considerada pecado — para ambas as partes da transação. A competição era da essência da natureza do mercado, mas a competição era (em geral) uma guerra não violenta. Como observei anteriormente, havia uma razão para que palavras como "troca" e "escambo", em quase todas as línguas europeias, tenham derivado de termos como "embuste", "engano" e "logro". Algumas pessoas desdenhavam o comércio por essa razão. Outros o defendiam. Poucos teriam negado a existência dessa conexão.

Basta examinarmos o modo como os instrumentos de crédito islâmicos — ou, aliás, o ideal islâmico do aventureiro-mercador — se estabeleceram para percebermos como essa conexão era de fato íntima.

Costuma-se dizer que os pioneiros do sistema bancário moderno foram da Ordem Militar dos Cavaleiros do Templo de Salomão, comumente conhecida como a ordem dos cavaleiros templários. Ela era composta de monges e teve um papel fundamental no financiamento das cruzadas. Por meio dos templários, um senhor de terras no sul da França poderia hipotecar um de seus imóveis e receber um "título de crédito" (uma duplicata, feita no modelo muçulmano da *suftaja*, mas escrita em código secreto) que poderia ser trocado por dinheiro vivo no Templo em Jerusalém. Em outras palavras, os cristãos parecem ter adotado, pela primeira vez, as técnicas financeiras islâmicas para financiar ataques contra o islã.

A ordem dos templários durou de 1118 a 1307, mas terminou por ter o mesmo fim de tantas minorias comerciais na Idade Média: o rei Filipe IV, atolado em dívidas com a ordem, voltou-se contra os templários, acusando-os de crimes gravíssimos; seus líderes foram torturados e mortos, e sua riqueza, expropriada.[128] Grande parte do problema se resumia ao fato de eles não terem uma base principal poderosa. As casas bancárias italianas, como Bardi, Peruzzi e Médici, saíram-se muito melhor. Na história dos bancos, os italianos são famosos por suas complexas organizações anônimas e por encabeçar o uso de duplicatas em estilo islâmico.[129] A princípio, elas eram bem simples: basicamente, apenas uma forma de troca de dinheiro a longa distância. Um mercador podia entregar certa quantidade em florins para um banqueiro na Itália e receber uma letra autenticada registrando o equivalente em moeda de referência internacional (*deniers* carolíngios), pré-datada para, digamos, dali a três meses; ao chegar a data, ele ou seu agente poderiam sacar a quantia equivalente em moeda corrente local nas feiras de Champagne, que funcionavam, ao mesmo tempo, como os maiores empórios comerciais anuais e as maiores câmaras de compensação financeira da Europa na Idade Média clássica. No entanto, essas feiras rapidamente se transformaram em diversas novas formas criativas de controlar — ou de lucrar com — a complicada situação monetária europeia.[130]

A maior parte do capital usado nessas transações bancárias vinha do comércio mediterrâneo de especiarias provenientes do oceano Índico e de artigos de luxo ocidentais. Contudo, ao contrário do oceano Índico, o Mediterrâneo era uma zona de guerra constante. A quantidade de galés venezianas dobrou — agora havia embarcações comerciais e navios de guerra, cheios de canhões e fuzileiros, e as diferenças entre comércio, cruzada e pirataria muitas vezes dependiam do equilíbrio de forças em dado momento.[131] O mesmo valia para a terra firme: enquanto os impérios asiáticos tentavam separar o mundo dos guerreiros e o dos mercadores, na Europa eles costumavam se sobrepor:

> De cima a baixo, por toda a Europa Central, da Toscana a Flandres, de Brabante a Livônia, os mercadores, além de suprir os guerreiros — como faziam em toda a Europa —, ocupavam as sedes de governos em guerra e, muitas vezes, vestiam-se com armaduras e iam eles mesmos para a batalha. Os exemplos são muitos: não só Florença, Milão, Veneza e Gênova, mas também Augsburgo, Nuremberg, Estrasburgo e Zurique; não só Lübeck, Hamburgo e Danzig, mas também Bruges, Gent, Leiden e Colônia. Algumas delas — Florença, Nuremberg, Siena, Berna e Ulm, entre outras — construíram Estados de extensão territorial considerável.[132]

Os venezianos se tornaram os mais famosos no que se refere a isso. Eles criaram um verdadeiro império mercantil no decorrer do século XI, tomando ilhas como Creta e Chipre e estabelecendo canaviais que, por fim — antecipando um padrão que se tornaria muito familiar no Novo Mundo —, seriam ocupados quase totalmente por mão de obra formada por escravos africanos.[133] Gênova veio em seguida; um de seus negócios mais lucrativos era a aquisição de escravos durante as incursões que fazia no mar Negro, escravos que seriam vendidos para os mamelucos no Egito, ou que seriam destinados ao trabalho em minas arrendadas pelos turcos.[134] A república genovesa também foi a criadora de um modo único de financiamento militar que pode ser chamado de guerra por subscrição, em que as incursões de planejamento vendiam cotas para investidores em troca dos direitos de uma porcentagem equivalente dos espólios. Exatamente as mesmas galés, com os mesmos "aventureiros--mercadores" a bordo, atravessariam os Pilares de Hércules para seguir a costa do Atlântico até Flandres ou as feiras de Champagne, carregadas de noz-moscada ou pimenta, seda e tecidos de lã — junto com as inevitáveis letras de câmbio.[135]

Pode ser esclarecedor, acredito, refletir um pouco sobre esse termo, "aventureiro-mercador". Originalmente, ele significava apenas um mercador que trabalhava fora de seu país. Foi mais ou menos nessa mesma época, no entanto, no auge das feiras de Champagne e dos impérios mercantis italianos, entre 1160 e 1172, que o termo "aventura" começou a assumir seu significado atual. O sujeito a quem podemos atribuir mais responsabilidade por isso é o poeta francês Chrétien de Troyes, autor dos famosos romances de cavalaria arturianos — mais famoso, talvez, por ser o primeiro a contar a história de Percival e o Santo Graal. Os romances eram um novo tipo de literatura, apresentando um novo tipo de herói, o "cavaleiro andante", um guerreiro que perambulava pelo mundo em busca de, precisamente, "aventura" — no sentido da palavra à época: desafios perigosos, amor, tesouro e renome. As histórias de cavalaria rapidamente se tornaram populares, Chrétien foi seguido por diversos imitadores, e os personagens centrais das histórias — Arthur e Guinevere, Lancelot, Gawain, Percival etc. — tornaram-se conhecidos de todos, e ainda o são. Esse ideal cortês do cavaleiro nobre e corajoso, a busca, os torneios e competições (como a justa), o romance e a aventura continuam centrais para a imagem que temos da Idade Média.[136]

O curioso é que essa ideia não tem relação nenhuma com a realidade. Nunca existiu, nem mesmo remotamente, um "cavaleiro andante". "Cavaleiro", originalmente, era um termo usado para se referir a guerreiros autônomos, escolhidos entre os mais jovens ou, muitas vezes, filhos bastardos da pequena nobreza. Incapazes de herdar, muitos eram obrigados a se agrupar na busca por fortuna que empreendiam. A maioria se tornava nada mais que um bando de ladrões errantes numa busca infinita de pilhagem — precisamente o tipo de gente que tornava a vida dos mercadores tão perigosa. Culminando no século XII, houve um esforço conjunto para deixar essa perigosa população sob controle das autoridades civis, não apenas por meio de regras de cavalaria, mas também com o torneio e as justas — mais que tudo, formas de manter os cavaleiros sob controle, por assim dizer, em parte por lançá-los uns contra os outros, em parte por enquadrar a existência deles em uma espécie de ritual estilizado.[137] Por outro lado, o ideal do solitário cavaleiro andante, em busca de alguma aventura insigne, parece ter surgido do nada.

Isso é importante porque contribui para a imagem consagrada que temos da Idade Média — e a explicação, acredito, é reveladora. Temos de nos lembrar de que, nessa época, os mercadores começaram a conquistar um poder social e até político sem precedentes, mas também que, em um contraste radical com o islã, em que figuras como Simbá — o bem-sucedido aventureiro-mercador — podiam servir como exemplos ficcionais da vida perfeita, os mercadores, diferentemente dos guerreiros, jamais eram vistos como modelos.

Talvez não seja coincidência que Chrétien vivesse em Troyes, bem no centro das feiras de Champagne, que haviam se tornado, por sua vez, o núcleo comercial da Europa Ocidental.[138] Embora ele pareça ter criado sua visão de Camelot baseado na elaborada vida da corte que floresceu sob os auspícios de Henrique, o Liberal (1152-81), conde de Champagne, e sua esposa, Maria, filha de Leonor da Aquitânia, a corte de fato era formada por humildes *commerçants*, que serviam como policiais nas feiras — deixando a maioria dos cavaleiros reais cumprindo o papel de observadores, guardas ou — nos torneios — animadores. Isso não quer dizer que os torneios não se tornaram uma espécie de atividade econômica em si mesmos. É o que diz Amy Kelly, uma medievalista especializada no século XII:

> O biógrafo de Guillaume le Maréchal dá uma ideia de como essa turba de *routiers* se divertia nas arenas de justas na Europa Ocidental. Para os torneios, que ocorriam duas vezes no período de clima ameno entre o Pentecostes e a véspera de São João, afluíam os jovens, muitas vezes em grupos de 3 mil, tomando de assalto a cidade mais próxima. Para lá também afluíam vendedores de cavalos da Lombardia e da Espanha, da Britânia e dos Países Baixos, bem como armeiros, roupeiros com artigos para homens e animais, agiotas, mímicos e contadores de história, acrobatas, nigromantes, além de cavalheiros vindos de outros lugares, arenas, campos e estradas. Animadores de todos os tipos conseguiam mecenato. [...] Havia banquetes nas altas-rodas, e as forjas tiniam nas oficinas a noite toda. Rixas com incidentes radicais — crânios quebrados, olhos arrancados — ocorriam à medida que as apostas progrediam e os dados eram lançados. Para torcerem pelos campeões nas arenas vinham moças de boa reputação e outras de pouca reputação.
>
> Os desafios, os concursos, os prêmios preparavam os homens para o ritmo da guerra. As apostas eram vultosas, pois o vitorioso mantinha seu prêmio — homem e cavalo — até que este fosse resgatado por dinheiro. E para esses resgates até feudos eram dados como garantia, do contrário a vítima infeliz ia parar nas mãos de agiotas, deixando seus homens e, em situações extremas, ela mesma, na situação de reféns. Fortunas eram obtidas e perdidas em duelos e muitos filhos não voltavam para suas mães.[139]

Desse modo, as feiras não aconteciam tão somente porque os mercadores forneciam os produtos. Como os cavaleiros derrotados deviam a própria vida aos vitoriosos, os mercadores, por seu poder de agiotas, faziam bons negócios liquidando suas posses. Como alternativa, um cavaleiro podia tomar emprestadas grandes quantias para se cobrir de adornos, na esperança de impressionar, com seu aspecto vitorioso, alguma jovem de boa reputação (e de dote generoso); outros usavam o dinheiro para participar das rodas de prostituição e jogos de azar que sempre cercavam esses eventos. Os perdedores em geral tinham de vender armamentos e cavalos, o que levava ao risco de voltarem a ser ladrões de estrada, de incitar pogroms (se seus credores fossem judeus), ou, se tivessem terras, de criar novas demandas fiscais sobre os desafortunados que viviam nelas.

Outros se voltavam para a guerra, que por si só tendia a impulsionar a criação de novos mercados.[140] Em um dos mais dramáticos desses incidentes, ocorrido em novembro de 1199, vários cavaleiros participantes de um torneio no castelo de Écry, em Champagne, patrocinado por Teobaldo, filho de Henrique, foram tomados por um grande fervor religioso, abandonaram os jogos e fizeram um juramento para recuperar a Terra Santa. Esse exército cruzado, então, contratou a frota veneziana para transportá-lo em troca da promessa de receberem 50% de todos os lucros resultantes. Por fim, em vez de seguirem até a Terra Santa, eles saquearam a cidade cristã (ortodoxa, muito mais rica) de Constantinopla depois de um cerco prolongado e sangrento. Um conde flamengo chamado Balduíno foi nomeado "Imperador Latino de Constantinopla", mas a tentativa de governar uma cidade em grande parte destruída e destituída de todos os bens de valor fez com que ele e seus barões logo incorressem em grandes dificuldades financeiras. Em uma versão aumentada do que acontecia, em pequena escala, em tantos outros torneios, eles foram rebaixados à tarefa de retirar o metal do telhado das igrejas e leiloar relíquias sagradas para pagar os credores venezianos. Em 1259, Balduíno afundou-se a ponto de hipotecar o próprio filho, que foi levado para Veneza como garantia de empréstimo.[141]

Nada disso responde de fato à questão de onde pode ter surgido, então, essa imagem do solitário cavaleiro errante, perambulando pelas florestas de uma mítica Álbion, desafiando rivais, enfrentando ogros, fadas, feiticeiros e feras misteriosas. A resposta deveria ser óbvia: trata-se nada mais do que uma imagem sublimada e romantizada que os próprios mercadores viajantes tinham de si mesmos; homens que, no fim das contas, partiam por florestas e desertos em aventuras solitárias cujo resultado era sempre incerto.[142]

E quanto ao Graal, aquele objeto misterioso que todos os cavaleiros andantes buscavam? Curiosamente, Richard Wagner, compositor da ópera

Parsifal, sugeriu pela primeira vez que o Graal era um símbolo inspirado pelas novas formas de finanças.[143] Enquanto os antigos heróis épicos procuravam e lutavam por pilhagens concretas e reais de ouro e prata — o tesouro dos Nibelungos —, esses novos heróis, provenientes da nova economia comercial, buscavam formas de valor puramente abstratas. Ninguém, afinal de contas, sabia precisamente o que era o Graal. Até as epopeias discordam: algumas vezes é um prato, outras, uma taça, outras ainda é uma pedra. (Wolfram von Eschenbach imaginava-o como uma pedra preciosa arrancada do elmo de Lúcifer em uma batalha travada nos primórdios do tempo.) De certo modo, não importa. A questão é que ele é invisível, intangível, mas, ao mesmo tempo, de valor infinito e inesgotável, contendo tudo e capaz de tudo, como fazer florescer o deserto, alimentar o mundo, fornecer sustento espiritual e curar feridas. Marc Shell chegou a sugerir que seria melhor concebê-lo como um cheque em branco, a abstração financeira suprema.[144]

O que foi, então, a Idade Média?

> Cada um de nós, portanto, é uma téssera complementar de um homem, porque cortado como os linguados, de um só em dois; e procura então cada um o seu próprio complemento.
>
> Platão, *O banquete**

Wagner estava errado em um aspecto: a introdução da abstração financeira não foi sinal de que a Europa estava deixando a Idade Média, mas de que estava, com muito atraso, finalmente entrando nela.

Não podemos culpar Wagner nesse sentido. Quase todas as pessoas cometem esse equívoco de interpretação, pois as ideias e instituições me-

---

* Em tradução de J. C. de Souza, J. Paleikat e J. Cruz Costa para a coleção *Os pensadores* (São Paulo: Nova Cultural, 1991). Na tradução inglesa usada pelo autor, a palavra grega *symbolon*, que será abordada neste capítulo, representa tanto "téssera" como "complemento". (N. T.)

dievais mais características surgiram com tanto atraso na Europa que a tendência é confundi-las com as primeiras agitações da modernidade. Vimos isso com as letras de câmbio, que já eram usadas no Oriente no ano 700 ou 800, mas que só chegaram à Europa séculos depois. A universidade independente — uma das instituições mais importantes da Idade Média — é outro exemplo notável. Nalanda foi fundada em 427, e instituições independentes de ensino superior já existiam em toda a China e no Ocidente Próximo (do Cairo a Constantinopla) séculos antes da criação de instituições semelhantes em Oxford, Paris e Bolonha.

Se a Idade Axial foi a idade do materialismo, a Idade Média foi, acima de tudo, a idade da transcendência. Por toda parte, o colapso dos antigos impérios não levou ao advento de novos impérios.[145] Em vez disso, movimentos religiosos populares, antes considerados subversivos, foram alçados à condição de instituições dominantes. A escravidão diminuiu ou desapareceu, assim como o nível geral de violência. Com a aceleração do mercado, veio também a aceleração da inovação tecnológica: uma paz maior trouxe maiores possibilidades não só para o trânsito de seda e especiarias, mas também de pessoas e ideias. O fato de os monges na China medieval poderem se dedicar a traduzir antigos tratados em sânscrito, e de estudantes nos madraçais da Indonésia medieval poderem debater termos legais em árabe, é um testemunho do profundo cosmopolitismo da época.

Nossa imagem da Idade Média como uma "idade da fé" — e, por isso, de obediência cega à autoridade — é um legado interpretativo do Iluminismo francês. Outra vez, essa ideia só faz sentido se pensarmos na "Idade Média" como algo que aconteceu principalmente na Europa. O Extremo Ocidente não era o único lugar extraordinariamente violento para os padrões mundiais — a Igreja católica era extremamente intolerante. É difícil encontrar muitos paralelos medievais chineses, indianos ou islâmicos, por exemplo, para a fogueira das "bruxas" ou o massacre de hereges. Mais típico era o padrão dominante em certos períodos da história chinesa, em que era perfeitamente aceitável que um estudioso se envolvesse com o taoismo na juventude, se tornasse confucionista na meia-idade e depois se recolhesse no fim da vida como budista. Se o pensamento medieval tem uma essência, ela reside não na obediência cega à autoridade, mas na insistência tenaz de que os valores que governam nossos problemas cotidianos mais corriqueiros — relacionados à corte e ao mercado — são confusos, equivocados, ilusórios ou perversos. O verdadeiro valor está em outra parte, em um domínio que não pode ser percebido diretamente e que só pode ser atingido pelo estudo ou pela contemplação. Isso, por sua vez, tornou o poder da contemplação, e toda a questão do conhecimento, um problema infinito. Consideremos, por exemplo, o importante enigma proposto tanto por filósofos muçulmanos como por cristãos e judeus: o que significa dizer simultaneamente que só podemos conhecer Deus pelas faculdades da Razão, mas que a própria Razão é algo que pertence a Deus? Os filósofos chineses se debruçavam sobre enigmas semelhantes quando perguntaram: "Somos nós que lemos os clássicos ou os clássicos que nos leem?". Quase todos os grandes debates intelectuais da época se voltavam para essa questão, de uma forma ou de outra. O mundo é criado por nossa mente ou nossa mente é criada pelo mundo?

Observamos as mesmas tensões nas teorias monetárias predominantes. Aristóteles argumentara que o ouro e a prata não possuem valor intrínseco, e que o dinheiro, por essa razão, era apenas uma convenção social, inventada pelos agrupamentos humanos para facilitar a troca. Como ele "surgiu por um acordo, cabe a nós modificá-lo ou desistir dele", caso decidamos que é isso que queremos.[146] Essa posição teve pouca adesão no ambiente intelectual materialista da Idade Axial, mas na Baixa Idade Média se tornou lugar-comum. Ghazali foi um dos primeiros a adotá-la. À sua maneira, ele a levou ainda mais longe, insistindo que o fato de uma moeda de ouro não ter valor intrínseco é a base de seu valor como dinheiro, visto que a própria falta de valor intrínseco é o que lhe permite "governar", medir e regular o valor de outras coisas. Mas, ao mesmo tempo, Ghazali negava que o dinheiro fosse uma convenção social. Ele nos era dado por Deus.[147]

Ghazali era místico e um político conservador, então é possível argumentar que ele preferiu evitar as consequências mais radicais de suas ideias. Mas também podemos perguntar se, na Idade Média, argumentar que o dinheiro era uma convenção social arbitrária configurava uma posição assim tão radical. Afinal de contas, quando os pensadores cristãos e chineses insistiam que sim, era quase sempre para dizer que o dinheiro é aquilo que o rei ou o imperador decide que ele seja. Nesse sentido, a posição de Ghazali era consoante, à perfeição, com o desejo islâmico de proteger o mercado da interferência política dizendo que ele se adequava mais propriamente sob a égide das autoridades religiosas.

O FATO DE O DINHEIRO MEDIEVAL ter assumido formas virtuais e abstratas — cheques, talhas, papel-moeda — fez com que questões desse tipo ("O que significa dizer que o dinheiro é um símbolo?") chegassem ao cerne da problemática filosófica da época. Em nenhum lugar isso é mais verdadeiro que em relação à história da palavra "símbolo". Encontramos alguns paralelos tão extraordinários que só podem ser descritos como surpreendentes.

Quando Aristóteles argumentou que as moedas são apenas convenções sociais, ele usou a palavra *symbolon* — da qual deriva a palavra "símbolo". *Symbolon* era a palavra grega usada originalmente para "talha" — um objeto que era partido ao meio para assinalar um contrato ou acordo, ou então era marcado e quebrado para registrar uma dívida. Portanto, a palavra "símbolo" remonta originalmente a objetos partidos para registrar contratos de dívidas de um ou outro tipo. Apenas isso já seria surpreendente. O que é realmente notável, no entanto, é que a palavra chinesa contemporânea para "símbolo", *fu*, ou *fu hao*, tem quase a mesma origem.[148]

Comecemos com o termo grego *symbolon*. Dois amigos que jantassem juntos poderiam criar um *symbolon* se pegassem um objeto qualquer — um anel, um osso, um utensílio de barro — e o quebrassem ao meio. Em algum momento futuro, quando um precisasse da ajuda do outro, eles reuniriam as metades como lembretes da amizade. Os arqueólogos encontraram em Atenas centenas de pequenas placas quebradas dessa forma, muitas vezes feitas de argila. Posteriormente, essas talhas se tornaram uma forma de selar um contrato, o objeto que faz as vezes de testemunha.[149] A palavra também era usada para designar todo tipo de fichas ou senhas que eram dadas aos jurados atenienses para que pudessem votar, ou ingressos para entrada no teatro. E também podia ser usada para se referir ao dinheiro, mas apenas se o dinheiro não tivesse valor intrínseco, como moedas de bronze, cujo valor era fixado apenas pela convenção local.[150] Usado para documentos escritos, um *symbolon* também podia ser passaporte, contrato, comissão ou recibo. Por extensão, passou a significar prenúncio, presságio, sintoma e, por fim, no sentido hoje familiar, símbolo.

O caminho até o último sentido parece ter sido duplo. Aristóteles concentrou-se no fato de que uma talha podia ser qualquer coisa: o que o objeto era não importava; o que importa é haver alguma maneira de parti-lo ao meio. O mesmo acontece com a linguagem: as palavras são sons que usamos para nos referirmos a objetos, ou ideias, mas a relação é arbitrária: não há nenhuma razão particular, por exemplo, que tenha levado os falantes de língua inglesa a escolher *dog* para se referirem a cachorro e *God* para se referirem a Deus, e não o contrário. A única razão é a convenção social: um acordo entre todos os falantes da língua de que esse som deve representar determinada coisa. Nesse sentido, todas as palavras eram sinais arbitrários de um acordo.[151] O mesmo, obviamente, vale para o dinheiro — segundo Aristóteles, não só para as moedas de bronze sem valor que concordamos em tratar como se valessem alguma coisa, mas para todo dinheiro, inclusive o ouro, que é apenas um *symbolon*, uma convenção social.[152]

Tudo isso se transformou em senso comum no século XIII, em que viveu Tomás de Aquino, quando os governantes podiam mudar o valor da moeda simplesmente expedindo um decreto. Todavia, as teorias medievais dos símbolos eram derivadas menos de Aristóteles e mais das religiões de mistérios da Antiguidade, nas quais *symbolon* se referia a certas fórmulas crípticas ou a talismãs que só os iniciados podiam entender.[153] Assim, a palavra passou a designar um emblema concreto, perceptível aos sentidos, que só podia ser entendido em referência a alguma realidade oculta que estivesse para além do domínio da experiência sensível.[154]

O teórico dos símbolos cuja obra se tornou a mais lida e respeitada na Idade Média foi um grego místico e cristão do século VI cujo nome verdadeiro se perdeu na história, mas que é conhecido pelo pseudônimo de Dionísio, o Areopagita.¹⁵⁵ Dionísio retomou a noção de símbolo para enfrentar o que se tornaria o problema intelectual de sua era: como é possível os seres humanos conhecerem Deus? Como nós, cujo conhecimento se restringe ao que os sentidos conseguem captar do universo material, podemos conhecer um ser cuja natureza é absolutamente alheia ao universo material — "o infinito além do ser", como diz ele, "a unidade além da inteligência"?¹⁵⁶ Seria impossível senão pelo fato de que Deus, sendo todo-poderoso, pode tudo e, portanto, assim como inclui o próprio corpo na Eucaristia, pode se revelar a nós por meio de uma variedade infinita de formas materiais. De maneira intrigante, Dionísio nos alerta que só é possível começar a entender como os símbolos funcionam depois de nos livrarmos da ideia de que as coisas divinas tendem a ser belas. Imagens de anjos luminosos e carruagens celestiais nos induzem à confusão, pois somos tentados a pensar que o céu é de fato daquela maneira, quando na verdade não podemos conceber como é o céu. Ao contrário, para ele os verdadeiros símbolos são, como o *symbolon* original, objetos corriqueiros escolhidos aparentemente de maneira aleatória; muitas vezes são coisas feias e ridículas, cuja própria incongruência nos lembra de que elas *não são* Deus, ou seja, nos lembra do fato de que Deus "transcende toda a materialidade", mesmo que, em outro sentido, elas sejam Deus.¹⁵⁷ Mas a ideia de que eles são, de alguma maneira, símbolos de acordo entre iguais desaparece totalmente. Símbolos são dádivas absolutas, livres, hierárquicas, dadas por um ser situado tão acima de nós que toda ideia de reciprocidade, dívida ou obrigação mútua é simplesmente inconcebível.¹⁵⁸

Compare o significado grego anterior com o trecho a seguir, de um dicionário chinês:

fu. Concordar com, talhar. As duas metades de uma talha.
- evidência; prova de identidade, credenciais
- cumprir uma promessa, manter a palavra
- conciliar
- acordo mútuo entre a ordenação divina e as questões humanas
- talha, cheque

- selo ou lacre imperial
- garantia, comissão, credenciais
- partir duas metades de uma talha em acordo
- símbolo, signo [...]¹⁵⁹

A evolução é quase a mesma. Assim como *symbola*, *fu* pode representar talhas, contratos, selos oficiais, garantias, passaportes ou credenciais. Como promessas, pode significar um acordo, um contrato de dívida, ou ainda uma relação de vassalagem feudal — uma vez que um pequeno proprietário de terras que concordasse em se tornar vassalo de outro homem quebraria uma talha da mesma maneira que quebraria caso tomasse grãos ou dinheiro emprestados. A característica comum parece ser um contrato entre duas partes que começam iguais, mas uma das partes concorda em se tornar subordinada à outra. Depois, conforme o Estado foi se tornando mais centralizado, ouvimos falar de *fu* como algo apresentado aos oficiais para transmitir uma ordem: o oficial levaria consigo a metade esquerda quando nomeado a cuidar das províncias, e, quando o imperador quisesse transmitir uma ordem importante, mandaria a metade direita com o mensageiro para garantir que o oficial entendesse se tratar da vontade imperial.¹⁶⁰

Já vimos como o papel-moeda parece ter se originado de versões em papel desses "contratos" de dívida, partidos ao meio e reunidos depois. Para os teóricos chineses, claramente, o argumento aristotélico de que o dinheiro era apenas uma convenção social estava longe de ser radical; era apenas um pressuposto dado. O dinheiro era aquilo que o imperador estabelecia que fosse. Contudo, mesmo aqui havia uma pequena reserva, como visto pelo verbete reproduzido anteriormente: *fu* também podia se referir a "acordo mútuo entre a ordenação divina e as questões humanas". Assim como os oficiais eram nomeados pelo imperador, o imperador era nomeado por um poder superior, e só poderia governar efetivamente enquanto cumpria seu mandato; portanto, presságios favoráveis eram chamados de *fu*, sinais de que os céus haviam aprovado o governante, assim como desastres naturais eram um sinal de que ele havia se perdido.¹⁶¹

As ideias chinesas se aproximam um pouco mais das ideias cristãs. Mas as concepções chinesas do Cosmo tinham uma diferença crucial: como não havia ênfase nenhuma na crença em um abismo absoluto entre o nosso mundo e o além-mundo, as relações contratuais com os deuses não eram, de modo nenhum, impossíveis. Isso era particularmente verdade no taoismo medieval, no qual os monges eram ordenados por uma cerimônia chamada "rasgar a talha", ou seja, rasgar em dois um pedaço de papel que representava, então, o contrato com os céus.[162] O mesmo acontecia com os talismãs mágicos, também chamados *fu*, que um adepto receberia de seu mestre. Esses talismãs eram, literalmente, talhas: o adepto ficava com uma parte, e a outra supostamente era guardada pelos deuses. Esse *fu* talismânico assumia formas de diagramas que, segundo a crença, representavam uma forma de escrita celestial que só os deuses compreendiam, por meio da qual eles se comprometiam a proteger o portador do *fu*, geralmente dando ao adepto o direito de invocar exércitos de protetores divinos para ajudá-lo a derrotar demônios, curar doentes ou obter poderes milagrosos. Mas eles também podiam se tornar, como os *symbola* de Dionísio, objetos de contemplação, pelos quais a mente humana atingiria o conhecimento do outro mundo, situado para além do nosso.[163]

Muitas das imagens simbólicas mais poderosas que surgiram na China medieval remontam a esses talismãs, como o símbolo do rio, e também o símbolo de yin-yang, que parece ter se desenvolvido a partir dele.[164] Basta olhar para o símbolo yin-yang para perceber as metades esquerda e direita (muitas vezes associadas a "masculino" e "feminino") de uma talha.

A TALHA ELIMINA A NECESSIDADE de testemunha; se as duas metades se encaixam, então todos sabem que também existe um acordo entre as partes do contrato. É por esse motivo que Aristóteles a via como uma metáfora apropriada para as palavras: a palavra A corresponde ao conceito B porque há um acordo tácito de que devemos agir como se a correspondência fosse válida. O elemento surpreendente em relação às talhas é que, ainda que elas de início sejam simples sinais de amizade e solidariedade, em quase todos os exemplos posteriores o que as duas partes de fato concordam em criar é uma relação de desigualdade: uma relação de dívida, obrigação, subordinação às ordens do outro. Isso, por sua vez, possibilita usarmos a metáfora para a relação entre o mundo material e o mundo de forças que, em última instância, é responsável por seu significado. Os dois lados se equivalem. Contudo, o que eles criam é a diferença absoluta. Por isso, para um místico cristão medieval, tanto como para os magos chineses medievais, os símbolos podiam ser fragmentos literais do céu — mesmo que, para o primeiro, eles fornecessem uma linguagem pela qual seria possível entender os seres com os quais não se pode interagir, e, para o segundo, eles fornecessem um modo de interagir, até mesmo de realizar acordos práticos, com seres cuja linguagem seria impossível entender.

De certo modo, trata-se apenas de mais uma versão dos dilemas que surgem quando tentamos imaginar o mundo por meio da linguagem da dívida — aquele acordo peculiar entre duas partes iguais que não mais serão iguais, até o momento em que se tornem iguais de novo. Contudo, o problema adquiriu uma característica dramática na Idade Média, quando a economia se tornou, por assim dizer, espiritualizada. Quando o ouro e a prata migraram para os lugares sagrados de reserva, as transações comuns começaram a ser feitas principalmente por meio do crédito. Inevitavelmente, questões relacionadas a riqueza e mercados se tornaram questões sobre a dívida e a moral, e questões sobre a dívida e a moral se tornaram questões acerca da natureza do nosso lugar no mundo. Como vimos, as soluções variavam consideravelmente. A Europa e a Índia assistiram a um retorno à hierarquia: nesses lugares, a sociedade se tornou uma ordem hierárquica de padres, guerreiros, mercadores e agricultores (ou, na cristandade, apenas padres, guerreiros e agricultores). As dívidas entre as ordens eram consideradas uma ameaça porque implicavam a possibilidade de igualdade, e muitas vezes levavam à violência generalizada. Na China, em contraste, o princípio da dívida tornou-se o princípio ordenador do Cosmo: dívidas cármicas, dívidas de leite, contratos de dívida entre seres humanos e forças celestiais. Do ponto de vista das autoridades, tudo isso levou a um excesso de capital, e potencialmente a amplas concentrações de capital, que poderiam desequilibrar toda a ordem social. Era responsabilidade do governo intervir com frequência para manter os mercados em funcionamento de forma moderada e honesta, evitando com isso novos surtos de revolta popular. No mundo islâmico, em que os teólogos sustentavam que Deus recriava todo o Universo a cada instante, as flutuações de mercado eram vistas simplesmente como mais uma manifestação da vontade divina.

É surpreendente que, em última instância, a reprovação confucionista ao mercador e a celebração islâmica do mercador tenham levado à mesma consequência: sociedades prósperas com mercados prósperos, mas em que os atores nunca se juntavam para criar grandes bancos mercantis e indústrias que se tornariam a característica marcante do capitalismo moderno. O caso do islã é especialmente notável. O mundo islâmico produziu figuras cuja perfeita descrição seria a de "capitalistas". Mercadores de grande porte eram chamados de *sahib al-mal*, "donos de capital", e os juristas falavam abertamente sobre a criação e a expansão de fundos de capital. No auge do califado, alguns desses mercadores possuíam milhões de dinares e buscavam investimentos lucrativos. Por que então não surgiu algo que se assemelhasse ao capitalismo moderno? É possível destacar dois fatores. Em primeiro lugar, os mercadores islâmicos pareciam levar muito a sério sua ideologia de livre mercado: as praças do mercado não eram supervisionadas pelo governo; os contratos eram feitos entre os indivíduos — teoricamente, "com um aperto de mão e uma olhada para o céu" — e por isso a honra e o crédito em grande medida tornaram-se indistinguíveis. Era algo inevitável: não se podia ter uma concorrência brutal e desleal quando não havia ninguém que impedisse que outros fossem brutais e desleais mesmo. Em segundo lugar, o islã também levava muito a sério o princípio, consagrado posteriormente pela teoria econômica clássica, mas seguido de forma eventual na prática, de que os lucros são a recompensa pelo risco. Os empreendimentos comerciais eram tidos, de maneira bem literal, como aventuras, nas quais os comerciantes se expunham aos perigos da tempestade e do naufrágio, de nômades violentos, florestas, estepes e desertos, costumes estrangeiros exóticos e imprevisíveis, além de governos arbitrários. Os mecanismos financeiros criados para evitar esses riscos eram considerados ímpios. Essa era uma das objeções à usura: quando se exige uma taxa fixa de juros, os lucros são garantidos. De maneira similar, esperava-se que os investidores comerciais dividissem o risco. Isso tornou impensáveis formas de financiamento e seguro que se desenvolveriam posteriormente na Europa.[165]

Nesse sentido, os mosteiros budistas da China, no início da Idade Média, representam o extremo oposto. Os Tesouros Inesgotáveis eram, justamente, inesgotáveis porque, ao emprestar dinheiro a juros e nunca precisar mexer no capital, eles podiam garantir investimentos livres de risco. Nisso se resumia toda a questão. Ao fazer isso, o budismo, diferentemente do islã, produziu algo muito parecido com o que chamamos hoje de "corporações" — entidades que, por meio de uma roupagem legal amigável, podem ser vistas como pessoas, ou como seres humanos, mas, ao contrário destes, imortais, sem nunca terem de lidar com todas as dificuldades humanas de casamento, reprodução, fragilidade e morte. Em termos propriamente medievais, as corporações são como anjos.

Em termos legais, nossa ideia de corporação é basicamente produto da Idade Média clássica europeia. A ideia jurídica de uma corporação como "pessoa fictícia" (*persona ficta*) — uma pessoa que, como afirmou Maitland, o importante historiador jurídico britânico, "é imortal, move processos e é processada, possui terras, tem autenticidade, cria regras para as pessoas naturais que a compõem"[166] — foi estabelecida pela primeira vez no direito canônico pelo papa Inocêncio IV em 1250, e uma das primeiras entidades a que ela foi aplicada foram os mosteiros, como também as universidades, igrejas, municipalidades e guildas.[167]

A ideia de corporação como um ser angelical, a propósito, não é minha. Tomei-a emprestada do notável medievalista Ernst Kantorowicz, que foi quem observou que esses acontecimentos se deram exatamente na mesma época em que São Tomás de Aquino desenvolvia a noção de que os anjos eram a personificação das ideias platônicas.[168] "Segundo os ensinamentos de Tomás de Aquino", diz ele, "cada anjo representava uma espécie."

Pouco surpreende, portanto, que afinal a personificação coletiva dos juristas, que era uma espécie juridicamente imortal, apresentasse todas as características em geral atribuídas aos anjos [...]. Os próprios juristas reconheciam a existência de uma semelhança entre suas abstrações e os seres angelicais. Nesse aspecto, deve-se dizer que os mundos político e jurídico da Baixa Idade Média começaram a ser povoados por corpos angelicais imateriais, de tamanhos variados, invisíveis, perenes, sempiternos, imortais e até ubíquos; além disso, eram dotados de um *corpus intellectuale* ou *mysticum* [corpo intelectual ou místico] que podia muito bem ser comparado aos "corpos espirituais" dos seres celestiais.[169]

Tudo isso é digno de nota porque, embora estejamos acostumados a supor que há algo natural ou inevitável na existência das corporações, em termos históricos elas não passam de estranhas e exóticas criaturas. Nenhuma outra tradição importante chegou a algo parecido.[170] Elas são a contribuição mais peculiarmente europeia à infindável proliferação de entidades metafísicas tão características da Idade Média — e também a mais duradoura.

As corporações, obviamente, mudaram bastante com o passar do tempo. As medievais possuíam propriedades e com frequência recorriam a acordos financeiros complexos, mas não eram empresas que visavam ao lucro, no sentido moderno. As corporações que chegaram mais perto disso, previsivelmente, foram as ordens monásticas — sobretudo os cistercienses —, cujos mosteiros se tornaram similares aos mosteiros budistas da China, cercados de moinhos e forjas, promovendo a agricultura comercial executada com a força de trabalho de "irmãos laicos", trabalhadores assalariados que fiavam e exportavam lã. Alguns chegam mesmo a falar em "capitalismo monástico".[171] Contudo, o terreno só se tornou de fato preparado para o capitalismo, no sentido familiar do termo, quando os mercadores começaram a se organizar em "corpos eternos" como um modo de ganhar monopólios, legais ou de facto, e evitar os riscos típicos do comércio. Um excelente exemplo foi a Sociedade dos Aventureiros-Mercadores, registrada pelo rei Henrique IV em Londres, em 1407, que, apesar do nome de teor romântico, se ocupava basicamente da compra de artigos ingleses de lã para vendê-los nas feiras de Flandres. Não era uma sociedade anônima moderna, mas sim uma guilda de mercadores, em estilo medieval; essa guilda fornecia uma estrutura em que os mercadores mais antigos e estabelecidos podiam conceder empréstimos aos mais novos, e assim conseguiam manter um controle exclusivo sobre o comércio de lã, o suficiente para que os lucros permanecessem garantidos.[172] No entanto, quando essas companhias começaram a se lançar a aventuras armadas no exterior, tinha início uma nova era na história da humanidade.

11. Idade dos Grandes Impérios Capitalistas (1450-1971)

> — Onze pesos, então; e como não podes me pagar os onze pesos, chegamos a mais onze pesos: 22 no total: onze pelo poncho e pela bolsa, mais onze porque não podes me pagar. Correto, Crisiero?
>
> Crisiero não entendia de números, então era bem natural que respondesse:
>
> — Correto, *patrón*.
>
> Don Arnulfo era um homem honrado e decente. Outros proprietários de terra eram muito menos compassivos com seus peões.
>
> — A camisa custa cinco pesos. Correto? Pois bem. Como não podes pagar por ela, são cinco pesos. E como continuas em dívida pelos cinco pesos, são mais cinco pesos. E como jamais deverei ver a cor desse dinheiro, são cinco pesos. Isso corresponde a cinco mais cinco mais cinco mais cinco. Vinte pesos. Concorda?
>
> — Sim, *patrón*, concordo.
>
> Não há outro lugar onde o peão possa conseguir a camisa de que precisa. Não pode obter crédito em nenhum outro lugar que não seja com seu senhor, para quem ele trabalha e de quem jamais se livrará enquanto dever a ele um único centavo.
>
> B. TRAVEN, *The Carreta*

A ÉPOCA QUE COMEÇA com o que estamos acostumados a chamar de "Era dos Descobrimentos" foi marcada por tantos fatos genuinamente novos — o advento da ciência moderna, do capitalismo, do humanismo e do Estado-nação — que pode parecer estranho defini-la como apenas mais uma virada de um ciclo histórico. Contudo, da perspectiva que venho desenvolvendo neste livro, é isso que ela foi.

Essa era começa por volta de 1450, com um progressivo afastamento em relação às moedas virtuais e economias de crédito para uma volta ao ouro e à prata. O fluxo de lingotes das Américas acelerou o processo, desencadeando uma "revolução de preços" na Europa Ocidental que virou a sociedade tradicional de cabeça para baixo. Além disso, o retorno aos lingotes foi acompanhado pelo retorno de uma série de outras condições que, durante a Idade Média, haviam sido abolidas ou evitadas: impérios vastos e exércitos profissionais, guerra predatória em massa, usura liberada e servidão por dívida, além do retorno de filosofias materialistas e de uma nova explosão de criatividade científica e filosófica — e até mesmo a volta da escravatura clássica. Não se tratava, simplesmente, de um fenômeno que se repetia. Todas as peças da Idade Axial reapareceram, mas agora todas juntas e de maneira totalmente diferente.

O SÉCULO XV É UM MOMENTO peculiar na história europeia. Um século de catástrofes infindáveis: cidades grandes eram regularmente dizimadas pela peste bubônica; a economia comercial entrou em declínio e em algumas regiões ruiu por completo; cidades inteiras faliram, deixando de cumprir seus acordos; as classes cavaleirescas brigavam pelo que restou, devastando grande parte das áreas rurais com uma guerra endêmica. Até mesmo a cristandade cambaleou, em termos geopolíticos, com o Império Otomano tentando recuperar o que sobrara de Constantinopla, mas também avançando com firmeza na Europa Central, expandindo suas forças na terra e no mar.

Ao mesmo tempo, da perspectiva de muitos agricultores comuns e trabalhadores urbanos, os tempos não podiam ter sido melhores. Um dos efeitos perversos da peste bubônica, que dizimou cerca de um terço da força de trabalho europeia nos anos posteriores ao primeiro surto em 1347, foi o aumento significativo dos salários. A subida não aconteceu de repente, mas se deu basicamente porque a primeira reação das autoridades foi promulgar leis que procuraram conter os salários e mesmo fixar os camponeses livres em suas propriedades de origem. Houve uma forte resistência a esses esforços, que culminou em uma série de revoltas populares por toda a Europa — a famosa revolta camponesa de 1381 é seu exemplo mais famoso. As revoltas foram reprimidas, mas as autoridades também foram obrigadas a fazer concessões. Pouco tempo depois, uma riqueza tão grande começou a afluir para as mãos da população que os governos tiveram de introduzir novas leis proibindo os mais humildes de usarem seda e arminho, e diminuir as festividades, que, em muitas cidades e paróquias, começaram a ocupar um terço ou até metade do ano. O século XV é, de fato, considerado o apogeu das festividades medievais, com carros alegóricos e dragões, mastros enfeitados e celebrações religiosas, Abades da Insensatez e Senhores do Desgoverno.[1]

Durante os séculos seguintes, tudo isso seria destruído. Na Inglaterra, a vida voltada para as festividades foi sistematicamente atacada pelos reformadores puritanos, depois por reformadores de todos os lugares, tanto católicos como protestantes. Ao mesmo tempo, seu fundamento econômico, baseado na prosperidade popular, se dissolveu.

O motivo desse declínio é tema de intenso debate histórico há séculos. Eis o que sabemos: o processo teve início com uma inflação gigantesca. Entre 1500 e 1650, por exemplo, os preços na Inglaterra subiram 500%, mas o aumento dos salários foi bem mais lento, de modo que, em cinco gerações, os salários reais caíram talvez para 40% do que haviam sido. O mesmo aconteceu em toda a Europa.

Por quê? A melhor explicação, desde que foi proposta em 1568 por um advogado francês chamado Jean Bodin, deve-se ao vasto influxo de ouro e prata que abasteceu a Europa depois da conquista do Novo Mundo. Como o valor dos metais preciosos entrou em colapso, o preço de todo o restante disparou, e os salários simplesmente não acompanharam a escalada.[2] Há evidências que apoiam esse argumento. O auge da prosperidade popular por volta de 1450 corresponde a um período em que a oferta de lingotes — e, portanto, de moeda de metal — era particularmente reduzida.[3] A falta de dinheiro devastou o comércio internacional; na década de 1460, navios carregados eram obrigados a retornar, depois de atingir os portos principais, pois ninguém tinha dinheiro para comprar coisa alguma. O problema só começou a ser contornado no final da década, com um surto de mineração de prata na Saxônia e no Tirol, seguido da abertura de novas rotas marítimas para a Costa do Ouro no oeste da África. Depois vieram as conquistas de Cortés e Pizarro. Entre 1520 e 1640, quantidades incalculáveis de ouro e prata do México e do Peru foram transportadas pelo Atlântico e pelo Pacífico em navios espanhóis.

O problema com os relatos convencionais é que uma quantidade muito pequena de ouro e prata permanecia muito tempo na Europa. A maior parte do ouro ia parar em templos da Índia, e a maioria dos lingotes de prata era despachada para a China. A história chinesa, neste caso, é fundamental. Se quisermos realmente entender as origens da economia mundial moderna, não devemos começar na Europa. A história que realmente nos interessa é como a China abandonou o uso do papel-moeda. Vale contá-la de maneira breve, pois poucos a conhecem.

Depois que conquistaram a China em 1271, os mongóis mantiveram o sistema de papel-moeda, e tentaram algumas vezes (ainda que sem sucesso) introduzi-lo em outras partes de seu império. Em 1368, no entanto, eles foram surpreendidos por mais uma onda de grandes insurreições na China, e um líder camponês foi alçado de novo ao poder.

Durante o século em que governaram, os mongóis trabalharam em conjunto com mercadores estrangeiros, que se tornaram odiados por toda parte. Em certa medida como resultado disso, os antigos rebeldes, que agora formavam a dinastia Ming, desconfiavam de todas as formas de comércio e promoviam uma visão romântica das comunidades agrárias autossuficientes. Isso teve consequências desastrosas. Para começar, provocou a manutenção do antigo sistema mongol de cobrança de impostos, pagos com trabalho e em espécie; principalmente porque esse sistema, por sua vez, era baseado em um sistema semelhante ao de castas, em que os súditos eram registrados como agricultores, artífices ou soldados e proibidos de mudar de trabalho. Isso se mostrou extraordinariamente antipopular. Enquanto o investimento do governo em agricultura, estradas e canais desencadeou uma explosão comercial, grande parte desse comércio era tecnicamente ilegal, e os impostos sobre a atividade agrícola eram tão altos que muitos agricultores endividados começaram a abandonar suas terras ancestrais.[4]

Em geral, populações em migração tendem a procurar qualquer atividade, menos o emprego regular nas indústrias; na China, como na Europa, a maioria preferia uma combinação de trabalhos avulsos, pequeno comércio ambulante, entretenimento, pirataria ou o crime. Na China, muitos se tornaram mineiros. Houve uma breve corrida pela prata, com minas ilegais pipocando em todos os lugares. Lingotes de prata sem cunhagem, em vez do papel-moeda oficial e dos cordões de moedas de bronze, logo se tornaram o dinheiro real da economia informal, não contabilizada. Quando o governo tentou fechar as minas ilegais nas décadas de 1430 e 1440, seus esforços desencadearam insurreições locais em que os mineiros se juntaram aos camponeses desalojados e tomaram cidades próximas, chegando a ameaçar províncias inteiras.[5]

Por fim, o governo chinês desistiu de reprimir a economia informal. Em vez disso, mudou totalmente de rumo: parou de emitir papel-moeda, legalizou as minas, reconheceu o lingote de prata como moeda corrente para grandes transações e deu às casas da moeda particulares a autoridade de produzir cordões de dinheiro.[6] Isso, por sua vez, permitiu ao governo abandonar gradualmente o sistema de exploração trabalhista e instituir um sistema tributário uniforme, com transações em prata.

Com sucesso, o governo chinês voltou à sua antiga política de encorajar os mercados e intervir apenas para evitar concentrações indevidas de capital. Essa medida logo se provou muito bem-sucedida, e os mercados chineses prosperaram. De fato, muitos falam da dinastia Ming como a realização de algo único na história mundial: foi uma época em que a população chinesa cresceu consideravelmente, mas os padrões de vida também melhoraram de forma marcante.[7] O problema é que a nova política fez com que o regime tivesse de garantir uma oferta abundante de prata no país para manter os preços baixos de modo a minimizar o risco de uma revolta popular — mas, como logo se constatou, as minas chinesas se exauriram muito rapidamente. Na década de 1530, novas minas de prata foram descobertas no Japão, mas elas também se esgotaram em uma ou duas décadas. Não demorou muito para que a China tivesse de recorrer à Europa e ao Novo Mundo.

Ora, a Europa exportava ouro e prata para o Oriente desde os tempos romanos: o problema era que a Europa nunca produzia coisas que os asiáticos quisessem comprar, por isso ela era forçada a pagar em espécie por seda, especiarias, aço e outros produtos. Os primeiros anos da expansão europeia foram marcados por tentativas de obter acesso aos luxos orientais ou a novas fontes de ouro e prata para pagar por eles. Nessa época, a Europa atlântica tinha apenas uma única vantagem substancial sobre os rivais muçulmanos: a tradição ativa e avançada da guerra marítima, aprimorada durante séculos de conflito no Mediterrâneo. Quando Vasco da Gama adentrou o oceano Índico em 1498, o princípio de que os mares deveriam ser uma zona de comércio pacífico teve um fim imediato. As flotilhas portuguesas começaram a bombardear e saquear cada cidade portuária por onde passavam, depois assumiram o controle de pontos estratégicos e começaram a extorquir taxas de proteção dos mercadores do Índico desarmados em troca do direito destes de continuarem negociando sem ser perturbados.

Quase nessa mesma época, Cristóvão Colombo — cartógrafo genovês que procurava um atalho para a China — chegou à terra firme no Novo Mundo, e os impérios português e espanhol se depararam com a maior sorte econômica da história humana: continentes inteiros cheios de riquezas inesgotáveis cujos habitantes, munidos apenas de armas da Idade da Pedra, começaram a morrer facilmente depois de sua chegada. A conquista do México e do Peru levou à descoberta de novas fontes de metais preciosos, e essas fontes foram exploradas de maneira cruel e sistemática, chegando ao ponto de exterminar populações nativas inteiras para extrair a maior quantidade de metal no menor tempo possível. Como disse recentemente Kenneth Pomeranz, nada disso teria sido possível não fosse a demanda asiática praticamente ilimitada por metais preciosos.

Se a economia da China, em particular, não fosse tão dinâmica a ponto de mudar sua liga metálica e absorver a quantidade descomunal de prata extraída das minas do Novo Mundo durante três séculos, aquelas minas teriam se tornado pouco lucrativas em algumas décadas. A inflação maciça dos preços lastreados em prata na Europa, de 1500 a 1640, levou a um valor decrescente do metal, mesmo com a Ásia esgotando grande parte da oferta.[8]

Em 1540, o excesso de oferta de prata provocou o colapso dos preços em toda a Europa; as minas das Américas, nesse momento, poderiam simplesmente ter parado de funcionar, e todo o projeto de colonização americana ter fracassado, não fosse a demanda da China.[9] Galeões de tesouros rumo à Europa logo pararam de descarregar e mudaram de rota, agora circundando o Corno da África, atravessando o oceano Índico até chegar à província de Cantão. Depois de 1571, com a fundação da cidade espanhola de Manila, eles começaram a cruzar diretamente o oceano Pacífico. No final do século xvi, a China importava quase cinquenta toneladas de prata por ano, cerca de 90% de sua prata, e no início do século xvii, 116 toneladas, ou mais de 97%.[10] Para pagar por ela, grandes quantidades de seda, porcelana e outros produtos chineses eram exportadas. Muitos desses produtos chineses, por sua vez, iam parar nas novas cidades da América Central e do Sul. O comércio asiático tornou-se um fator único significativo na economia global emergente, e aqueles que controlaram as alavancas financeiras — particularmente os bancos mercantis da Itália, da Holanda e da Alemanha — enriqueceram de maneira espetacular.

Mas a nova economia global terminou por provocar o colapso dos padrões de vida na Europa. Como? Sabemos de uma coisa: certamente *não foi* disponibilizando grandes quantidades de metais preciosos para transações cotidianas. O efeito, na verdade, foi o oposto. Enquanto as casas da moeda europeias gravavam quantidades enormes de rial, táler, ducado e dobrão, que se tornaram o novo meio de troca da Nicarágua a Bengala, praticamente nenhuma dessas moedas ia parar nos bolsos dos europeus. Em vez disso, o que observamos são reclamações constantes sobre a escassez de moeda corrente. Na Inglaterra:

Durante quase todo o período Tudor, o meio circulante era tão pequeno que a população tributável simplesmente não tinha moedas suficientes para pagar as benevolências, os subsídios e os décimos coletados, e de tempos em tempos a prataria da casa, os objetos que mais se aproximavam do dinheiro, tinha de ser disponibilizada.[11]

Isso aconteceu em quase toda a Europa. Apesar do grande influxo de metais das Américas, a maioria das famílias tinha tão pouco dinheiro que era frequentemente obrigada a derreter a prataria para pagar impostos.

Isso porque os impostos *tinham* de ser pagos em prata. Boa parte das transações cotidianas, em contrapartida, continuava sendo realizada como na Idade Média, ou seja, por meio de várias formas de dinheiro virtual, ou dinheiro de crédito: talhas, notas promissórias, ou, nas pequenas comunidades, simplesmente mantendo um registro informal de quem devia o quê a quem. O verdadeiro motor da inflação foi o fato de aqueles que controlavam os lingotes — governos, banqueiros, mercadores de grande escala — serem capazes de usar esse controle para mudar as regras, primeiro instituindo que ouro e prata *eram* dinheiro, e depois introduzindo novas formas de dinheiro de crédito para uso próprio, enfraquecendo e destruindo lentamente os sistemas locais de confiança que permitiram às pequenas comunidades em toda a Europa funcionarem basicamente sem o uso de moedas de metal.

Essa batalha foi política, além de ter sido também um debate conceitual sobre a natureza do dinheiro. O novo regime de dinheiro na forma de lingotes só poderia ser imposto por uma violência praticamente sem precedentes — não só no exterior, mas também em território europeu. Em boa parte da Europa, a primeira reação à "revolução dos preços" e ao resultante cercamento de terras comuns não foi muito diferente do que tinha acontecido havia tão pouco tempo na China: milhares de antigos camponeses fugindo ou sendo expulsos de seus vilarejos, tornando-se pessoas errantes ou "homens desgovernados", um processo que culminou em insurreições populares. A reação dos governos europeus, no entanto, foi totalmente diferente. As rebeliões foram contidas, e dessa vez não houve concessões subsequentes. Os errantes eram recolhidos, enviados para as colônias como trabalhadores por contrato e recrutados para exércitos ou marinhas coloniais — ou ainda, por fim, mandados para trabalhar nas fábricas de seus próprios países.

Tudo isso se realizou pela instrumentalização da dívida. Assim, a própria natureza da dívida também se tornou, mais uma vez, um dos principais pomos de discórdia.

Parte 1: Ganância, terror, indignação, dívida

Os estudiosos decerto nunca deixarão de discutir as razões dessa grande "revolução dos preços" — principalmente porque não se sabe que tipos de ferramentas analíticas podem ser usados. Será que podemos usar os métodos da economia moderna — elaborados para compreender o funcionamento das instituições econômicas contemporâneas — para descrever as batalhas políticas que levaram à criação daquelas mesmas instituições?

Esse problema não é apenas conceitual. Há também perigos morais envolvidos. Aplicar o que poderia parecer uma abordagem "objetiva" e macroeconômica às origens da economia mundial seria tratar o comportamento dos primeiros exploradores, mercadores e conquistadores europeus como meras respostas racionais às oportunidades — como se fosse o que todos fariam na mesma situação. O uso de equações costuma acarretar isto: torna natural concluir que, se o preço da prata na China é duas vezes o preço da prata em Sevilha, e os habitantes de Sevilha são capazes de obter uma grande quantidade de prata e transportá-la para a China, então obviamente eles o farão, mesmo que para isso seja preciso destruir civilizações inteiras no caminho. Ou, se existe uma demanda de açúcar na Inglaterra, e escravizar milhões de pessoas é a maneira mais fácil de conseguir a mão de obra necessária para produzi-lo, então é inevitável que pessoas serão escravizadas. Na verdade, a história deixa bem claro que não é assim. Muitas civilizações provavelmente tiveram condições de causar estragos na mesma escala que as potências europeias causaram nos séculos XVI e XVII (a própria China da dinastia Ming é um bom exemplo), mas quase nenhuma seguiu esse caminho.[12]

Consideremos, por exemplo, como o ouro e a prata eram extraídos das minas nas Américas. As operações nas minas começaram imediatamente após a queda da capital asteca de Tenochtitlán em 1521. Embora estejamos acostumados a dizer que a população mexicana foi devastada apenas como efeito de novas doenças introduzidas com a chegada dos europeus, pesquisadores contemporâneos acreditam que a imposição do trabalho aos nativos recém-conquistados foi pelo menos igualmente responsável.[13] Em *A conquista da América*, Tzvetan Todorov oferece um compêndio de alguns dos relatos mais horripilantes, na maioria feitos por padres e frades espanhóis que, mesmo que em princípio fossem comprometidos com a crença de que o extermínio de indígenas era o juízo de Deus, não conseguiam disfarçar o horror diante das cenas de soldados espanhóis que testavam a lâmina de suas armas estripando aleatoriamente os passantes incautos e arrancavam bebês das mãos de suas mães para atirá-los aos cães. Se esses atos fossem incidentes esporádicos, poderiam ser descritos como o que se esperaria de um grupo qualquer de homens fortemente armados — muitos com um histórico de crimes violentos — que gozam de impunidade absoluta; mas os relatos das minas indicam algo mais sistemático. Quando o frei Toribio de Motolinia escreveu sobre as pragas com as quais, segundo ele, Deus castigara os habitantes do México, ele listou varíola, guerra, fome, exploração do trabalho, impostos (que levaram muitos a vender os filhos para agiotas, outros a ser torturados até a morte em prisões cruéis) e as milhares de mortes ocorridas na construção da cidade que viria a ser a capital. Acima de tudo, insistiu ele, havia o número incontável de pessoas que morriam nas minas:

> A oitava praga foram as pessoas escravizadas pelos espanhóis para trabalhar nas minas. No início, empregavam aqueles que já eram escravos entre os astecas; em seguida, os que tinham dado mostras de insubordinação; finalmente, todos os que pudessem agarrar. Durante os primeiros anos após a conquista, o comércio dos escravos é pujante, e os escravos mudam frequentemente de

senhor, tantas marcas eram feitas em seus rostos, as quais vinham se juntar aos estigmas reais, que todo o seu rosto ficava inscrito, pois traziam os sinais de todos os que os tinham vendido e comprado.

A nona praga foi o próprio trabalho nas minas, para o qual os índios que o assistiam, carregando peso, andavam sessenta léguas ou mais para trazer provisões. [...] Quando não tinham mais comida, morriam, nas minas ou no caminho, pois não tinham dinheiro para comprá-la e ninguém lhes dava. Alguns chegavam em casa num tal estado que morriam pouco depois. Os corpos desses índios e dos escravos que morreram nas minas produziam tamanho mau cheiro que agravaram a pestilência, particularmente nas minas de Oaxaca. Num raio de meia légua e ao longo de grande parte da estrada, era praticamente impossível não andar sobre cadáveres ou ossos, e as revoadas de pássaros e corvos que vinham comer os cadáveres eram tão numerosas que cobriam a luz do sol.[14]

Cenas semelhantes foram relatadas no Peru, onde regiões inteiras foram despovoadas pelo trabalho forçado nas minas, e na ilha de Santo Domingo, onde a população indígena foi totalmente erradicada.[15]

Quando falamos de conquistadores, não nos referimos apenas à mera ganância, mas à ganância elevada a proporções míticas. Afinal de contas, é por causa dela que esses exploradores são bastante lembrados. Parecia não haver limites para sua ganância. Mesmo depois da conquista de Tenochtitlán ou de Cuzco, e da aquisição de riquezas inimagináveis até então, os conquistadores quase sempre se reagrupavam e partiam em busca de mais tesouros.

Moralistas de todas as épocas criticaram a falta de limites da ganância humana, assim como criticaram a cobiça, supostamente eterna, pelo poder. O que a história de fato nos revela, no entanto, é que embora os seres humanos sejam compreensivelmente acusados de tender a acusar *os outros* de agir como conquistadores, poucos realmente agem dessa maneira. Mesmo os sonhos dos mais ambiciosos são parecidos com os de Simbá: sair em aventuras, adquirir meios de se estabelecer para ter uma vida agradável e, depois, desfrutá-la. Max Weber, é claro, argumentou que a essência do capitalismo é o ímpeto — que, para ele, apareceu pela primeira vez com o calvinismo — de nunca descansar, mas se dedicar à expansão infinita. Entretanto, ao contrário, os conquistadores eram típicos católicos de mentalidade medieval, mesmo que alguns se baseassem nos elementos mais rudes e inescrupulosos da sociedade espanhola. Por que mantinham esse desejo insaciável de obter cada vez mais e mais?

Acredito que possa ser útil voltar ao início da conquista do México por Hernán Cortés: quais eram suas primeiras motivações? Cortés migrou para a colônia da ilha de Santo Domingo em 1504, sonhando com glórias e aventuras, mas durante uma década e meia suas aventuras consistiram basicamente em seduzir mulheres de outros homens. Em 1518, no entanto, ele conseguiu dar um jeito de ser nomeado comandante de uma expedição para garantir a presença espanhola em terra firme. Como escreveu depois Bernal Díaz del Castillo, que o acompanhou nessa época:

> Ele começou a se paramentar e a cuidar mais da aparência. Usava um penacho, com um medalhão e uma corrente de ouro, além de um casaco de veludo adornado com espirais em ouro. Ele parecia realmente um garboso e corajoso capitão. Contudo, não tinha dinheiro para custear as despesas de que falamos, pois na época era muito pobre e acumulava dívidas, embora fosse proprietário de muitos nativos e obtivesse ouro das minas. Mas tudo era gasto com despesas pessoais, com ornamentos para a mulher, com quem recentemente se casara, e para entreter convidados [...].
>
> Quando alguns amigos mercadores souberam que ele havia sido nomeado capitão-geral, emprestaram-lhe 4 mil pesos de ouro em moedas e mais 4 mil em bens, tendo como garantia os nativos e as propriedades. Ele ordenou que fossem feitos dois estandartes e bandeiras, trabalhados em ouro com as armas reais e uma cruz de cada lado, com a seguinte legenda: "Camaradas, sigamos o sinal da Santa Cruz com verdadeira fé, e com ela conquistaremos".[16]

Em outras palavras, ele vinha vivendo além dos próprios recursos, meteu-se numa encrenca e resolveu, como um destemido apostador, arriscar tudo que tinha. Previsivelmente, portanto, quando o governador, no último minuto, resolveu cancelar a sua expedição, Cortés o ignorou e partiu em busca de terra firme com seiscentos homens a bordo, oferecendo a todos uma divisão igualitária nos lucros da expedição. Ao desembarcar, ele queimou os barcos, apostando efetivamente tudo na vitória.

Daremos um salto do início do livro de Bernal Díaz para o último capítulo. Três anos depois, mediante um dos comportamentos mais engenhosos, implacáveis, brilhantes e totalmente desonrosos de um líder militar, Cortés saiu vitorioso. Depois de oito meses de uma guerra exaustiva, sem tréguas, e da morte talvez de 100 mil astecas, Tenochtitlán, uma das maiores cidades do mundo à época, foi totalmente destruída. O tesouro imperial estava garantido e havia chegado a hora de dividi-lo em partes iguais entre os soldados sobreviventes.

Contudo, segundo Díaz, o resultado para os soldados foi ultrajante. Os oficiais conspiraram para desviar a maior parte do ouro, e, quando o cômputo geral foi anunciado, os soldados descobriram que receberiam apenas de cinquenta a oitenta pesos cada um. Além disso, a maior parte do que receberiam seria imediatamente tomada pelos oficiais, que assumiram posição de credores — pois Cortés havia dito que os homens seriam cobrados a cada reposição de equipamento e de cuidados médicos recebidos durante o cerco. Muitos descobriram que, com o acordo, perderam dinheiro. Díaz escreve:

> Todos estávamos muito endividados. Não se comprava um arco por menos de quarenta ou cinquenta pesos, um mosquete custava cem, uma espada, cinquenta, e um cavalo de oitocentos a mil pesos, no mínimo. Por mais extravagante que pareça, a verdade é que tínhamos de pagar por tudo! Um médico chamado Mastre Juan, que cuidara de muitos feridos, cobrava tarifas radicalmente altas, e o mesmo ocorria também com um curandeiro chamado Murcia, que era farmacêutico, barbeiro e tratava feridos, e ainda outros trinta truques e embustes exigiram o dispêndio de nossas partes tão logo as recebemos.
>
> Duras reclamações foram feitas, e a única medida tomada por Cortés foi nomear duas pessoas confiáveis, que conheciam o preço dos produtos e po-

diam avaliar tudo o que fosse comprado a crédito. Uma ordem foi expedida para que quaisquer preços dados a nossas compras, ou aos tratamentos do médico, deveriam ser aceitos, mas se não tivéssemos dinheiro nossos credores teriam de esperar dois anos para receber o pagamento.[17]

Os mercadores espanhóis logo chegaram cobrando preços inflacionados por necessidades básicas, gerando mais indignação.

Nosso general, cansado das reprimendas continuadas que eram proferidas contra ele, acusando-o de ter roubado tudo para si, e dos pedidos infinitos de empréstimos e adiantamentos, decidiu se livrar de uma vez por todas dos companheiros mais problemáticos, fundando colônias nas províncias que pareciam mais apropriadas para tal propósito.[18]

Esses foram os homens que passaram a controlar as províncias e que estabeleceram a administração local, os impostos e os regimes de trabalho. Isso explica um pouco por que havia tantos nativos com o rosto coberto de assinaturas, como se fossem cheques endossados e reendossados, ou minas cercadas por grandes áreas repletas de corpos em putrefação. Não se tratava de um comportamento ganancioso, frio e calculista, mas de uma mistura muito mais complexa de aviltamento e indignação moral, e de um sentimento de urgência frenética por dívidas que fariam e acumulariam (dívidas quase certamente de empréstimos a juros), bem como fúria diante da ideia de que, depois de tudo o que haviam passado, seriam tidos acima de tudo como devedores de tudo.

E quanto a Cortés? Ele acabara de levar a cabo talvez o maior roubo de toda a história mundial. Certamente, suas dívidas originais agora eram irrelevantes. Contudo, de alguma maneira ele parecia sempre acumular novas dívidas. Os credores já haviam começado a tomar seus bens quando ele partiu em uma expedição para Honduras em 1526; quando voltou, escreveu para o imperador Carlos V dizendo que suas despesas tinham sido tamanhas que "tudo que recebi foi insuficiente para me tirar da pobreza e da miséria, e, enquanto escrevo, tenho uma dívida de quinhentas onças de ouro e não tenho um peso sequer para liquidá-la".[19] Era dissimulação, sem dúvida (Cortés, na época, tinha seu próprio palácio), mas alguns anos depois ele foi de fato obrigado a penhorar as joias da esposa para ajudar a financiar uma série de expedições à Califórnia, na esperança de recobrar sua fortuna. Ao perceber que as incursões não deram lucro nenhum, ele se viu tão cercado de credores que teve de voltar para a Espanha e rogar pessoalmente auxílio ao imperador.[20]

SE TUDO ISSO CURIOSAMENTE se parece com uma reminiscência da Quarta Cruzada, com seus cavaleiros endividados saqueando as riquezas de cidades inteiras e mesmo assim ficando submetidos a seus credores, há um bom motivo. O capital que financiava essas expedições vinha mais ou menos do mesmo lugar (nesse caso de Gênova, não de Veneza). Além disso, a relação entre, de um lado, o aventureiro ousado ou o apostador disposto a correr todo tipo de risco e, de outro, o financiador criterioso, cujas operações eram planejadas para produzir um crescimento estável, matemático e inexorável de renda, encontra-se no cerne do que chamamos "capitalismo".

Assim, nosso sistema econômico atual sempre foi marcado por um peculiar caráter dual. Há muito tempo os estudiosos são fascinados pelos debates que aconteciam em universidades espanholas como Santander sobre a humanidade dos americanos nativos (Eles tinham alma? Podiam ter direitos legais? Era legítimo escravizá-los à força?), debates que também questionavam as reais atitudes dos conquistadores (Era desprezo, repulsa ou uma admiração rancorosa pelos adversários?).[21] O caso é que, nos momentos fundamentais de decisão, nada disso importava. Quem decidia não sentia que estava no controle; e quem estava no controle não se importava particularmente em saber dos detalhes. Podemos citar um exemplo impressionante: depois dos primeiros anos de funcionamento das minas de ouro e prata descritas por Motolinia, onde milhões de nativos foram simplesmente aprisionados e assassinados, os colonos instituíram uma política de servidão por dívida: o truque usual de cobrar impostos pesados, emprestar dinheiro a juros para quem não podia pagar e depois exigir que os empréstimos fossem pagos com trabalho. Agentes reais tentaram diversas vezes proibir essas práticas, argumentando que os nativos agora eram cristãos e que isso violava seus direitos como leais súditos da Coroa espanhola. Mas, como acontecia com quase todos os esforços da casa real de agir como protetora dos nativos, o resultado foi o mesmo: as exigências financeiras prevaleceram. O próprio Carlos v acumulou dívidas enormes com as empresas bancárias em Florença, Gênova e Nápoles, e o ouro e a prata das Américas constituíam talvez um quinto de sua renda total. Por fim, depois de um alarde inicial e da indignação moral (muitas vezes sincera) por parte dos emissários do rei, esses decretos foram ignorados ou, quando muito, vigoraram durante um ou dois anos antes de ser totalmente suspensos.[22]

Tudo isso ajuda a explicar por que a Igreja fora tão contundente em sua atitude para com a usura. Não se tratava de uma questão apenas filosófica, mas sim de uma questão de rivalidade moral. O dinheiro sempre tem o potencial de se tornar um imperativo moral para si próprio. Permitir sua expansão é fazer com que ele rapidamente se torne uma questão moral tão imperativa que todas as outras parecerão frivolidades se comparadas a ele. Para o devedor, o mundo se reduz a uma coleção de perigos em potencial, instrumentos em potencial e mercadorias em potencial.[23] Até as relações humanas tornam-se uma questão de cálculo de custo e benefício. Claramente, era assim que os conquistadores viam os mundos para os quais partiam em conquista.

Criar acordos sociais que nos forcem a pensar dessa maneira é a característica peculiar do capitalismo moderno. A estrutura das corporações é um excelente exemplo — e não é coincidência que as primeiras sociedades anônimas do mundo tenham sido a Companhia Britânica das Índias Orientais e a Companhia Holandesa das Índias Orientais, que buscavam a mesma combinação de exploração, conquista e extração que os conquistadores. Trata-se de uma estrutura feita para eliminar todos os imperativos morais, menos o lucro. Os executivos que tomam as decisões podem argumentar — e assim o fazem com frequência — que, se estivessem usando o próprio dinheiro, é claro que não demitiriam empregados de longa data uma semana antes de se aposentarem, nem despejariam detritos cancerígenos perto de escolas. Contudo, moralmente são levados a ignorar essas considerações, pois não passam de empregados cuja única responsabilidade é promover o máximo de retorno dos investimentos para os acionistas da companhia. (Aos acionistas, é claro, não cabe decidir nada a respeito.)

A figura de Cortés é instrutiva por outro motivo. Estamos falando de um homem que, em 1521, conquistara um reino e estava sentado sobre uma quantidade imensa de ouro. Além disso, ele não tinha a menor intenção de entregar esse ouro para ninguém — muito menos para seus seguidores. Cinco anos depois, ele alegava ser um devedor sem um centavo sequer. Como isso aconteceu?

A resposta óbvia seria que Cortés não era rei; ele era súdito do rei da Espanha e vivia de acordo com a estrutura legal de um reino segundo a qual a má gestão do próprio dinheiro levava à consequente perda dele. No entanto, como vimos, as leis do rei podiam ser ignoradas em outros casos. Ademais, mesmo os reis não eram agentes totalmente livres. Carlos v era um endividado contumaz, e quando seu filho Filipe II — depois de ver seus exércitos lutarem em três fronts de uma única vez — tentou aplicar o velho truque medieval do calote, todos os seus credores, do Banco Genovês de São Jorge às famílias Fugger e Welser, de banqueiros alemães, fecharam o cerco para garantir que ele não receberia outros empréstimos até começar a honrar seus compromissos.[24]

O capital, portanto, não é simplesmente dinheiro. Não consiste nem mesmo em riqueza que pode ser transformada em dinheiro. Tampouco é apenas o uso do poder político para ajudar as pessoas a usarem o próprio dinheiro para gerar mais dinheiro. Cortés tentou fazer isso: de uma maneira que seria típica na Idade Axial, ele tentou usar suas conquistas para adquirir ganhos, e escravos para trabalhar nas minas, com os quais ele pagaria a seus soldados e fornecedores para embarcar em outras conquistas. Uma fórmula consagrada e bem-sucedida. Mas, para todos os outros conquistadores, ela se provou um fracasso espetacular.

Talvez isso marque a diferença. Na Idade Axial, o dinheiro era uma ferramenta do império. Pode ter sido conveniente para os governantes promover mercados em que todos tratassem o dinheiro como um fim em si mesmo; por vezes, os governantes podem ter entendido todo o aparato do governo como um empreendimento que visava ao lucro; mas o dinheiro sempre foi um instrumento político. É por isso que, mesmo quando os impérios ruíram e os exércitos foram desmobilizados, todo o aparato pôde simplesmente se desfazer. Sob a ordem capitalista recém-surgida, a lógica do dinheiro obteve autonomia, e o poder político e militar foi pouco a pouco se organizando em torno dele. Certamente, essa lógica financeira jamais teria existido sem os Estados e os exércitos por trás dela. Como vimos no caso do islã medieval, sob condições genuínas de livre mercado — em que o Estado não se envolve na regulação do mercado de maneira significativa, nem mesmo na imposição de contratos comerciais —, os mercados puramente competitivos não se desenvolvem e os empréstimos a juros tornam-se efetivamente impossíveis de serem coletados. Foi *somente* a proibição islâmica à usura que possibilitou de fato a criação de um sistema econômico tão apartado do Estado.

Martinho Lutero defendia esse mesmo argumento em 1524, na mesma época em que Cortés começava a ter problemas com os credores. Lutero dizia que não havia nada de mau em imaginar que todos devessem viver como verdadeiros cristãos, de acordo com os ditames do Evangelho. Mas, na verdade, pouquíssimos seriam realmente capazes de agir dessa maneira:

> Cristãos são raros neste mundo; portanto, o mundo precisa de um governo rigoroso, duro e secular para determinar e obrigar que os vis não roubem e devolvam o que tomaram emprestado, mesmo que um cristão não o exija de volta ou não espere tê-lo de volta. Isso é necessário para que o mundo não se torne um deserto, para que a paz não pereça, para que o comércio e a sociedade não sejam de todo destruídos; tudo isso aconteceria se tivéssemos de governar o mundo de acordo com o Evangelho e não direcionar e obrigar os mais fracos, pelas leis e pelo uso da força, a fazer o que é correto. [...] Que ninguém pense que o mundo pode ser governado sem sangue; a espada do

governante deve ser vermelha e manchada de sangue; pois o mundo será e deve ser mau, e a espada é o castigo de Deus e sua vingança sobre ele.[25]

"Não roubem e devolvam o que tomaram emprestado" — uma justaposição notável, considerando que, na teoria escolástica, emprestar dinheiro a juros era considerado roubo.

E Lutero *estava* mesmo se referindo a empréstimos a juros. A história de como ele chegou a esse ponto é reveladora. Lutero começou sua carreira como reformador em 1520, promovendo campanhas ferozes contra a usura; na verdade, uma de suas objeções à venda de indulgências da Igreja era o fato de serem uma forma de usura espiritual. Esse modo de pensar lhe rendeu um apoio popular gigantesco nas cidades e nos vilarejos. No entanto, Lutero logo percebeu que havia liberado forças que ameaçavam virar o mundo de ponta-cabeça. Apareceram reformadores mais radicais, argumentando que os pobres não eram moralmente obrigados a pagar os juros sobre empréstimos usurários e propondo a retomada de instituições do Antigo Testamento, como a do ano sabático. A esses reformadores seguiram-se sacerdotes revolucionários, que começaram a questionar mais uma vez a própria legitimidade do privilégio aristocrático e da propriedade privada. Em 1525, no ano seguinte ao do sermão de Lutero, houve um grande levante de camponeses, mineradores e cidadãos pobres em toda a Alemanha: os rebeldes, na maioria dos casos, representavam-se como simples cristãos que queriam restabelecer o verdadeiro comunismo dos Evangelhos. Mais de 100 mil foram massacrados. Já em 1524, Lutero sentia que as coisas estavam saindo do controle e que ele teria de escolher um lado: em seus textos, ele havia escolhido. Leis do Antigo Testamento, como o ano sabático, argumentava ele, não se aplicavam mais; o Evangelho descreve apenas o comportamento ideal; os seres humanos são criaturas pecadoras, então a lei é necessária; embora a usura seja pecado, uma taxa de 4% a 5% de juros pode ser perfeitamente legal sob determinadas circunstâncias; e embora a coleta dos juros seja pecado, sob *nenhuma* circunstância é legítimo argumentar que, por essa razão, os devedores têm o direito de transgredir a lei.[26]

O suíço Ulrico Zuínglio, reformador protestante, foi ainda mais explícito. Deus, argumentou ele, nos deu a lei divina: amarás o próximo como a ti mesmo. Se cumpríssemos verdadeiramente essa lei, os seres humanos se entregariam livremente uns aos outros, e a propriedade privada não existiria. No entanto, com exceção de Jesus, nenhum ser humano nunca conseguiu viver nos moldes desse padrão comunista autêntico. Por essa razão, Deus também nos deu uma segunda lei, inferior, humana, que deve ser aplicada pelas autoridades civis. Embora essa lei inferior não possa nos obrigar a agir como realmente deveríamos agir ("o magistrado não pode obrigar ninguém a emprestar o que lhe pertence sem a esperança de receber lucro ou recompensa"), ela pelo menos pode nos fazer seguir o exemplo do apóstolo Paulo, que disse: "Pague a todos o que deve".[27]

Pouco tempo depois, Calvino rejeitaria totalmente a proibição universal à usura, e em 1650 quase todas as denominações protestantes concordaram com sua posição de que uma taxa razoável de juros (geralmente 5%) não é pecado, desde que os emprestadores ajam de boa-fé, não façam da usura sua única atividade e não explorem os pobres.[28] (A doutrina católica demorou mais para se adaptar, mas, por fim, consentiu passivamente.)

Se examinarmos a justificativa de tudo isso, dois fatos saltam aos olhos. Primeiro, todos os pensadores protestantes continuaram defendendo a antiga tese sobre o *interesse*: que o "interesse" é, de fato, uma compensação pelo dinheiro que o emprestador *ganharia* se aplicasse o dinheiro em algum investimento mais lucrativo. Originalmente, essa lógica só se aplicava aos empréstimos comerciais. No entanto, ela era cada vez mais aplicada a todos os empréstimos. Apesar de não ser natural, o aumento do dinheiro era, agora, tratado como totalmente desejável. Todo dinheiro era visto como capital.[29] Segundo, a suposição de que a usura é algo que se pratica mais apropriadamente com inimigos, e que, por extensão, todo comércio partilha de características da guerra, nunca desapareceu por completo. Calvino, por exemplo, negava que o Deuteronômio só se referisse aos amalecitas; claramente, disse ele, o Deuteronômio queria dizer que a usura era aceitável em negociações com os sírios ou egípcios. Na verdade, com todas as nações com as quais os judeus faziam negócio.[30] O resultado de abrir os portões da cidade foi a sugestão, pelo menos tacitamente, de que agora era possível tratar *todos*, inclusive o próximo, como estrangeiro.[31] Basta observarmos como os aventureiros-mercadores europeus da época tratavam os estrangeiros na Ásia, na África e nas Américas para entendermos o que isso significava na prática.

Mas talvez devamos olhar para mais perto. Vejamos a história de outro famoso devedor da época, o margrave Casimiro de Brandemburgo-Ansbach (1481-1527), da famosa dinastia Hohenzollern.

Casimiro era filho do margrave Frederico I de Brandemburgo, que ficou conhecido como um dos "príncipes loucos" da Renascença alemã. As fontes são divergentes no que se refere ao nível de sua loucura. Um cronista da época o descreve como "demente da cabeça de tantas corridas e justas". A maioria concorda que ele era dado a ataques inexplicáveis de raiva, bem como ao patrocínio de festivais extravagantes e extraordinários que, dizem, se transformavam em orgias desenfreadas.[32]

Todos concordavam, no entanto, que ele não sabia gerir o próprio dinheiro. No início de 1515, Frederico tinha tantos problemas financeiros — acredita-se que sua dívida somava 200 mil florins — que alertou seus credores, na maioria nobres como ele, da possibilidade de ser obrigado a suspender temporariamente o pagamento dos juros por suas dívidas. Isso parece ter gerado uma crise de confiança e, em questão de semanas, seu filho Casimiro organizou um golpe de Estado — partindo, na madrugada de 26 de fevereiro de 1515, para tomar o controle do castelo de Plassenburg, enquanto o pai estava distraído com a celebração do Carnaval, obrigando-o com isso a assinar papéis abdicando de seu poder por razões de enfermidade mental. Frederico passou o restante da vida confinado em Plassenburg, proibido de receber visitas e correspondência. Quando, em determinado momento, os guardas pediram que o novo margrave fornecesse dois florins para que o pai pudesse passar o tempo apostando, Casimiro recusou em público, declarando (de maneira ridícula, é claro) que seu pai havia deixado os negócios em uma condição tão desastrosa que ele provavelmente não podia arcar com dois florins.[33]

Respeitosamente, Casimiro dividiu os governos e outros cargos especiais entre os credores do pai. Tentou deixar sua casa em ordem, o que se mostrou surpreendentemente dificultoso. Sua adoção entusiasmada das reformas de Lutero em 1521 tinha mais a ver com a perspectiva de pôr as mãos nas terras da Igreja e nas vantagens monásticas do que com qualquer fervor religioso. Contudo, a princípio, a disposição da propriedade da Igreja continuou sendo discutível, e o próprio Casimiro agravou seus problemas acumulando dívidas de jogo, que supostamente atingiram mais ou menos 50 mil florins.[34]

Encarregar seus credores da administração civil teve efeitos previsíveis: o aumento da extorsão dos súditos — e muitos deles ficaram seriamente endividados. Não surpreende que as terras de Casimiro no vale do Talber, na Francônia, tenham sido um dos epicentros da revolta em 1525. Grupos de aldeões armados se juntaram, declarando que não obedeceriam a nenhuma lei que não estivesse de acordo com "a palavra sagrada de Deus". A princípio, os nobres, isolados em seus castelos dispersos, quase não resistiram. Os líderes rebeldes — muitos deles lojistas e açougueiros locais, bem como outros homens proeminentes de cidades vizinhas — começaram com uma campanha altamente organizada para derrubar as fortificações dos castelos e oferecer garantia de segurança aos nobres ocupantes se eles não oferecessem resistência, concordassem em abandonar seus privilégios feudais e jurassem cumprir os Doze Artigos dos rebeldes. Muitos concordaram. A verdadeira ferocidade dos rebeldes foi reservada para os mosteiros e catedrais, que foram invadidos às dúzias, saqueados e destruídos.

A reação de Casimiro foi se resguardar para não se expor a maiores riscos. Primeiro ele esperou o momento propício para agir, reunindo uma força armada de cerca de 2 mil soldados experientes e recusando-se a intervir enquanto os rebeldes saqueavam mosteiros nas redondezas; na verdade, ele negociou com vários grupos rebeldes com tamanha boa-fé, ao menos em aparência, que muitos acreditaram que ele estava se preparando para se juntar a eles "como irmão em Cristo".[35] No entanto, depois que os cavaleiros da Liga de Suábia derrotaram os rebeldes da União Cristã ao sul, Casimiro partiu para a ação, suas forças ignoraram os bandos de rebeldes que haviam se dispersado e varreram os próprios territórios como um exército conquistador, queimando e pilhando vilarejos e cidades, assassinando mulheres e crianças. Cidade por cidade, ele fundou tribunais punitivos e confiscou toda a propriedade pilhada, que aparentemente conservou — mesmo que seus homens também expropriassem as riquezas encontradas nas catedrais da região — como empréstimos de emergência para pagar a seus soldados.

Parece significativo que Casimiro tenha sido, de todos os príncipes germânicos, tanto o que mais hesitou antes de intervir quanto o mais vingativo e feroz depois que interveio. Suas forças se tornaram conhecidas não só por executar os rebeldes, mas por sistematicamente cortar os dedos de supostos colaboradores, e por seu carrasco manter uma contabilidade macabra de partes amputadas para futuro reembolso — um tipo de inversão carnal dos registros contábeis que lhe causaram tantos problemas na vida. Em determinado momento, na cidade de Kitzingen, Casimiro ordenou que se arrancassem os olhos de 58 cidadãos que, segundo ele, "recusaram-se a vê-lo como senhor". Depois disso, ele recebeu a seguinte nota:[36]

80 decapitados	
69 olhos retirados ou dedos arrancados	114 ½ florins
disso deduzir	
recebido dos Rothenburger	10 florins
recebido de Ludwig von Hutten	2 florins
a isso, acrescentar	
Pagamento de dois meses, a 8 fl. por mês	16 florins
Total	118 ½ florins

[Assinado:] Augustin, carrasco, chamado pela população de Kitzingen de "Mestre da Dor".

A repressão inspirou o irmão de Casimiro, Jorge (que ficou conhecido depois como "o Pio"), a escrever uma carta perguntando se Casimiro tinha a intenção de fazer uma troca — uma vez que, como Jorge gentilmente lembrou ao irmão, ele não poderia continuar senhor feudal se seus camponeses estivessem todos mortos.[37]

Com tudo isso acontecendo, não surpreende que homens como Thomas Hobbes tenham imaginado a natureza básica da sociedade como uma guerra de todos contra todos, da qual apenas o poder absoluto de um monarca poderia nos salvar. Ao mesmo tempo, o comportamento de Casimiro — combinando, por assim dizer, um caráter geral de um sujeito frio e calculista com rompantes de uma crueldade vingativa que beirava o inverossímil — parece, como o comportamento dos furiosos soldados de Cortés ao se verem soltos nas províncias astecas, encarnar algo essencial sobre a psicologia da dívida. Ou, mais precisamente, talvez, sobre o devedor que sabe não ter feito nada para merecer ser deixado nessa posição: a urgência desvairada de ter de converter tudo ao seu redor em dinheiro, e a raiva e o sentimento de afronta por ter sido reduzido ao tipo de pessoa que faria isso.

Parte II: O mundo do crédito e o mundo do juro

> De todos os seres que só existem na mente dos homens, nada é mais fantástico e agradável do que o crédito; ele nunca deve ser imposto; depende da opinião; depende de nossas paixões de esperança e medo; chega muitas vezes sem ser procurado, e muitas vezes vai embora sem motivo; e, uma vez perdido, é muito difícil de ser recuperado.
>
> CHARLES DAVENANT, 1696

> Aquele que perdeu o crédito morreu para o mundo.
>
> PROVÉRBIO INGLÊS E ALEMÃO

A visão dos camponeses sobre o caráter fraternal do comunismo não surgiu do nada. Ela estava enraizada na experiência cotidiana real: aquela da manutenção dos campos e florestas comuns, cooperação diária e solidariedade amistosa. É dessa experiência doméstica de um comunismo do dia a dia que sempre se constroem grandes visões místicas.[38] Obviamente, as comunidades rurais também são lugares de disputa e divisão, pois as comunidades são sempre assim — mas, uma vez que são organizações de fato comunitárias, são fundadas necessariamente em uma base de ajuda mútua. O mesmo, por sinal, pode ser dito dos membros da aristocracia, que podem ter brigado infinitamente sobre questões de amor, terra, honra e religião, mas mesmo assim cooperaram notavelmente uns com os outros quando isso era de fato importante (em especial quando sua posição de aristocratas era ameaçada); assim como os mercadores e banqueiros, que, por mais que competissem uns com os outros, conseguiam estreitar laços quando era realmente necessário. Isso é o que costumo chamar de "comunismo dos ricos", uma força poderosa na história humana.[39]

Como vimos repetidas vezes, isso também se aplica ao crédito. Sempre há diferentes padrões para aqueles que consideramos amigos ou vizinhos. A natureza inexorável da dívida com juros e o comportamento oscilante, entre selvagem e calculista, de quem é escravizado por ela são típicos, acima de tudo, de transações entre estranhos: é improvável que Casimiro sentisse mais afinidade com seus camponeses do que Cortés sentiu pelos astecas (na verdade, é provável que sentisse bem menos, pois os guerreiros astecas eram pelo menos aristocratas). Nas pequenas cidades e aldeias rurais, de onde o Estado mantinha grande distância, os padrões medievais sobreviveram intactos, e o "crédito" era apenas uma questão de honra e reputação, como sempre fora. A grande história não contada da nossa era atual é de como esses antigos sistemas de crédito foram por fim destruídos.

Pesquisas históricas recentes, principalmente de Craig Muldrew, que analisou milhares de inventários e processos da Inglaterra dos séculos XVI e XVII, nos fizeram rever quase todas as nossas antigas suposições sobre o que era a vida econômica cotidiana naquela época. É claro, uma quantidade muito pequena do ouro e da prata que vinham das Américas para a Europa chegava ao bolso de agricultores e vendedores de roupas e tecidos.[40] A maior parte ficava nos cofres da aristocracia ou dos grandes mercadores londrinos, ou ainda no tesouro real.[41] O troco miúdo também era quase inexistente. Como já destaquei anteriormente, nas regiões pobres das cidades ou dos grandes centros os lojistas emitiam o próprio dinheiro simbólico de chumbo, couro ou madeira; no século XVI, essa atividade se tornou moda, com artesãos e até mesmo pobres viúvas produzindo a própria moeda corrente para poder honrar seus compromissos.[42] Em todos os lugares, quem frequentasse o açougueiro, o padeiro ou o sapateiro local simplesmente colocaria tudo na conta. Pode-se dizer o mesmo de quem frequentava mercados semanais, ou vendia leite, queijo ou cera de vela para os vizinhos. Em um vilarejo típico, as únicas pessoas que provavelmente pagavam em dinheiro vivo eram os viajantes e aquelas consideradas da ralé: pobres e desocupados, cuja situação era tão ruim que ninguém lhes daria crédito. Como todas as pessoas vendiam alguma coisa, no entanto, praticamente todos eram credores e devedores; a maior parte da renda familiar tomava a forma de promessas de outras famílias; todos sabiam e mantinham um controle do que os vizinhos deviam aos outros; e a cada seis meses, aproximadamente, as comunidades fariam um "ajuste geral de contas" público, cancelando as dívidas em um grande círculo, e apenas as diferenças restantes seriam liquidadas com moedas ou produtos.[43]

Tudo isso põe em xeque algumas de nossas mais assentadas suposições, porque estamos acostumados a pôr a culpa pelo advento do capitalismo no que chamamos vagamente de "o mercado" — a dissolução de antigos sistemas de ajuda mútua e solidariedade e a criação de um mundo do cálculo frio, onde tudo tem seu preço. Na verdade, parece que os aldeões ingleses não viam nenhuma contradição entre as duas coisas. Por um lado, eles acreditavam fortemente na administração coletiva dos campos, dos rios e das florestas e na necessidade de ajudar os próximos em dificuldade; por outro lado, os mercados eram vistos como um tipo de versão atenuada do mesmo princípio, pois se baseavam na confiança. Em uma situação bem parecida com a das mulheres tivs e suas dádivas de inhame e quiabo, os vizinhos admitiam que o tempo todo deveriam estar levemente endividados uns com os outros. Ao mesmo tempo, a maioria parecia se sentir bastante confortável com a ideia de compra e venda, ou mesmo com as flutuações de mercado, desde que não chegasse ao ponto de ameaçar a subsistência das famílias honestas.[44] Mesmo quando os empréstimos a juros começaram a ser legalizados em 1545, pouquíssimas pessoas ficaram irritadas, pois eles aconteciam naquele mesmo quadro moral mais amplo: o empréstimo era considerado uma vocação apropriada, por exemplo, para viúvas sem nenhuma outra fonte de renda, ou como uma forma de os vizinhos dividirem lucros de um pequeno empreendimento comercial. William Stout, mercador protestante de Lacanshire, se referia ardorosamente a Henry Coward, o comerciante dono da loja em que ele foi aprendiz:

> Meu mestre tinha na época um comércio inteiro de mantimentos, ferragens e outros produtos diversos e era muito respeitado e confiável, não só por aqueles que professavam a mesma religião, mas também pelas pessoas de todos os credos e condições. [...] Seu crédito era tão grande que quem dispunha de dinheiro entregava a ele para que emprestasse a juros ou fizesse uso dele.[45]

Nesse mundo, a confiança era tudo. Grande parte do dinheiro era a própria confiança, uma vez que os acordos de crédito eram selados com apertos de mão. Quando as pessoas usavam a palavra "crédito", elas se referiam, sobretudo, à reputação por honestidade e integridade; e a honra, a virtude e a respeitabilidade das pessoas, mas também a reputação por generosidade, decência e boa sociabilidade, eram aspectos pelo menos tão importantes para a concessão de empréstimo quanto a avaliação de remuneração.[46] Assim, os termos financeiros tornaram-se indiscerníveis dos termos morais. Podemos nos referir aos outros como "valiosos", dizer que temos "alguém em alta conta" ou falar de "um homem sem valor nenhum" e de "dar crédito" às palavras de alguém quando acreditamos no que ele diz ("crédito" tem a mesma raiz que "credo" ou "credibilidade"), ou de "conceder crédito" quando acreditamos que ele pagará o que deve.

Não é o caso de idealizar a situação, porém. Esse mundo era altamente patriarcal: a reputação de castidade da filha ou da esposa de um homem influenciava em seu "crédito" tanto quanto a própria reputação de bondade ou piedade. Além disso, quase todas as pessoas com menos de trinta anos de idade, homens ou mulheres, trabalhavam como empregados na casa de outra família — como agricultores, amas de leite, aprendizes — e, como tais, não tinham "valor nenhum".[47] Por fim, quem perdia credibilidade aos olhos da comunidade se tornava, efetivamente, um pária, e era rebaixado para a classe criminosa ou semicriminosa dos trabalhadores desgarrados: ladrões, prostitutas, larápios, mascates, traficantes, adivinhos, menestréis, "homens sem senhores" ou "mulheres de má reputação".[48]

O dinheiro vivo era usado sobretudo entre os estrangeiros, ou para o pagamento de aluguéis, dízimos e taxas aos proprietários de terra, bailios, sacerdotes e outros superiores. A aristocracia agrícola e os mercadores ricos, que evitavam os acordos selados com apertos de mão, usavam com frequência dinheiro vivo entre si, principalmente para pagar letras de câmbio de mercados londrinos.[49] O ouro e a prata eram sobretudo usados pelo governo — para comprar armas e pagar a soldados — e entre as classes criminosas. Isso quer dizer que as moedas provavelmente eram mais usadas por aqueles que comandavam o sistema legal — magistrados, condestáveis e juízes de paz — e pelos integrantes violentos da sociedade que eles deveriam controlar.

Com o passar do tempo, isso levou a uma dissociação cada vez maior dos universos morais. Para a maioria que tentava evitar complicações no sistema legal tanto quanto problemas com soldados e criminosos, a dívida continuava sendo a própria tessitura da sociabilidade. Mas quem passava a vida trabalhando nas instituições do governo e nas grandes casas comerciais começou a desenvolver gradualmente uma perspectiva bem diferente, em que a troca em dinheiro era corriqueira e a dívida é que passou a ser vista com a marca da criminalidade.

Cada perspectiva se baseava em certa teoria tácita da natureza da sociedade. Para a maioria dos aldeões ingleses, a fonte e o foco da vida social e moral não eram a igreja, mas a cervejaria local — e a comunidade se congraçava principalmente no convívio de festivais populares como o Natal ou a Festa da Primavera, com tudo que implicavam essas celebrações: o partilhar prazeres, a comunhão dos sentidos, toda a incorporação física do que se chamava "boa vizinhança". A sociedade estava arraigada sobretudo "no amor e na amizade" entre amigos e parentes, e encontrava expressão em todas aquelas formas de comunismo cotidiano (ajudar vizinhos com tarefas domésticas, prover de leite ou queijo as viúvas do lugar) que eram consequência dessa concepção de vida. Os mercados não eram vistos como algo que contradizia esse espírito de ajuda mútua. Eles eram, como para Nasir al-Din Tusi, uma extensão da ajuda mútua — e basicamente pela mesma razão: seu funcionamento era baseado totalmente na confiança e no crédito.[50]

A Inglaterra pode não ter produzido um grande teórico como Tusi, mas encontramos os mesmos princípios em boa parte dos escritores escolásticos, como, por exemplo, em *De Republica*, de Jean Bodin, que circulou bastante em tradução inglesa depois de 1605. "A amizade e a cordialidade", escreveu Bodin, "são o fundamento de toda sociedade civil e humana" — elas constituem a "justiça natural e verdadeira" sobre a qual toda a estrutura jurídica de contratos, tribunais e até governos deve necessariamente ser construída.[51] De maneira semelhante, quando os pensadores econômicos refletiam sobre as origens do dinheiro, eles falavam em "confiança, troca e comércio".[52] Partia-se simplesmente do princípio de que as relações humanas vinham em primeiro lugar.

Consequentemente, as relações morais passaram a ser concebidas como dívidas. "Perdoai as nossas dívidas" — foi nesse período, o final da Idade Média, que a tradução do Pai-Nosso ganhou popularidade universal. Os pecados são dívidas com Deus: inevitáveis, mas talvez contornáveis, visto que, no fim dos tempos, nossas dívidas morais e nossos créditos morais se anularão no "ajuste de contas" com Deus. A noção de dívida se inseriu até mesmo nas relações humanas mais íntimas. Como os tivs, os aldeões medievais se referiam algumas vezes a "dívidas de carne", mas a ideia era completamente diferente: dizia respeito ao direito de cada um, em um casamento, de exigir sexo do outro, o que em princípio poderia ser feito sempre que um ou outro desejasse. A expressão "pagar as próprias dívidas", portanto, gerou conotações, bem como a expressão romana "cumprir com o próprio dever", séculos antes. Geoffrey Chaucer fez até um trocadilho com "talha" (em francês *taille*) e "talho" em "O conto do homem-do-mar", história sobre uma mulher que paga as dívidas do marido com favores sexuais: "Sou sua mulher; debite tudo pondo sua vara no meu talho".[53]

Até mesmo os mercadores em Londres apelariam à linguagem da sociabilidade, insistindo que, em última análise, todo comércio é construído com base no crédito, e o crédito não passa de uma extensão da ajuda mútua. Em 1696, por exemplo, Charles Davenant escreveu que mesmo que houvesse um colapso geral de confiança no sistema de crédito, ele não duraria muito porque, no final das contas, as pessoas refletiriam sobre a questão e perceberiam que o crédito é apenas uma extensão da sociedade humana:

> Elas descobririam que nenhuma nação comercial subsistiu e continuou realizando seus negócios em espécie [isto é, apenas moedas e mercadorias]; a confiança e a segurança no outro são tão necessárias para unir as pessoas e mantê-las unidas quanto a obediência, o amor, a amizade ou a comunicação pela fala. Quando o homem aprender pela experiência o quanto é fraco, o quanto depende apenas de si próprio, ele terá vontade de ajudar os outros e pedir auxílio dos vizinhos, o que, é claro, aos poucos, deve fazer o crédito circular de novo.[54]

Davenant foi um mercador incomum (seu pai era poeta). Mais típicos de sua classe foram homens como Thomas Hobbes, cuja obra *Leviatã*, publicada em 1651, foi, em muitos aspectos, um ataque ampliado à própria ideia de que as bases da sociedade são construídas em qualquer tipo de laços prévios de solidariedade coletiva.

Hobbes pode ser considerado a explosão inicial de uma nova perspectiva moral e seu efeito foi devastador. Não se sabe o que escandalizou mais os leitores quando *Leviatã* foi publicado: seu materialismo implacável (Hobbes afirmava que os seres humanos eram basicamente máquinas cujas ações podem ser entendidas por um único princípio: a tendência de buscar o prazer e se afastar da dor), ou seu consequente cinismo (se amor, amizade e confiança são forças tão poderosas, argumentava Hobbes, por que será que mesmo dentro de casa nós trancamos em cofres nossos bens mais valiosos?). Mesmo assim, o argumento supremo de Hobbes — o de que não se pode esperar que os seres humanos tratem uns aos outros de maneira justa espontaneamente, pois são movidos pelo interesse próprio, e que, portanto, a sociedade só surge quando os seres humanos percebem que é vantajoso a longo prazo ceder parte de sua liberdade e aceitar o poder absoluto do rei — diferenciava-se pouco dos argumentos que teólogos como Martinho Lutero haviam defendido um século antes. Hobbes simplesmente substituiu as referências bíblicas pela linguagem científica.[55]

Preciso chamar a atenção para a noção subjacente de "interesse próprio",[56] pois essa é de fato a chave para a nova filosofia. O termo "self-interest" aparece pela primeira vez em inglês mais ou menos na época de Hobbes, e realmente deriva da palavra *interesse*, termo do direito romano para pagamento de juros.* Quando a palavra foi introduzida no vocabulário inglês, a maioria dos autores parecia entender a ideia de que toda a vida humana pode ser explicada como a busca de interesse próprio como uma ideia cínica, estrangeira, maquiavélica, uma ideia que entrava em atrito com os costumes tradicionais ingleses. No século XVIII, a maior parte da sociedade instruída já aceitava a palavra em um sentido corriqueiro.

Mas por que "interesse"? Por que foi possível conceber uma teoria geral da motivação humana a partir de uma palavra que originalmente significava "penalidade por atraso de pagamento de empréstimo"?

Parte do apelo do termo é o fato de derivar da escrituração mercantil. Era matemático. Isso faz com que a palavra pareça objetiva, até científica. Dizer que estamos buscando nossos próprios interesses é um modo de desfazer o emaranhado de paixões e emoções que parecem governar nossa existência diária e motivar grande parte do que vemos as pessoas fazerem (não só por amor e amizade, mas também por inveja, rancor, devoção, pena, cobiça, vergonha, torpor, indignação e orgulho); além disso, também é um modo de descobrir que, apesar disso tudo, a maior parte das decisões realmente importantes é baseada no cálculo racional da vantagem material — ou seja, também é razoavelmente previsível. "Assim como o mundo físico é governado pelas leis do movimento, o universo moral é governado

---

* Vale lembrar que a palavra "interesse" em português também significa "juro recebido de capital" ou "participação de funcionários nos lucros de uma empresa". (N. T.)

pelas leis do interesse", escreveu Helvétius em uma passagem que lembra o mestre Shang.[57] E, é claro, foi com base nessa suposição que todas as equações quadráticas da teoria econômica puderam ser construídas.[58]

O problema é que a origem do conceito não é nada racional. Suas raízes são teológicas, e as suposições teológicas que o sustentam na verdade nunca desapareceram. O "interesse próprio" tem sua primeira aparição nos escritos do historiador italiano Francesco Guicciardini (que, aliás, era amigo de Maquiavel) por volta de 1510, como eufemismo para o conceito de "amor-próprio" em Santo Agostinho. Para Agostinho, o "amor de Deus" nos leva à benevolência para com nossos companheiros; o amor-próprio, em contrapartida, refere-se ao fato de sermos todos, desde a Queda, afligidos por desejos infinitos e insaciáveis de autossatisfação — tanto que, se tivéssemos de nos virar sozinhos, necessariamente incorreríamos em competição universal, até mesmo em uma guerra. Substituir "amor" por "interesse" parece ter sido uma mudança óbvia, pois a premissa de que o amor é a emoção primordial era justamente do que autores como Guicciardini tentavam se livrar. O sentido da palavra também manteve a mesma suposição de desejos insaciáveis sob o disfarce da matemática impessoal — afinal, o que é o "interesse" senão a demanda de que o dinheiro *nunca deixe* de crescer? Pode-se dizer o mesmo de quando o termo passou a ser usado para investimentos — "Tenho um interesse [juro] de 12% naquele empreendimento" — é o dinheiro colocado a serviço da busca contínua de lucro.[59] A própria ideia de que os seres humanos são motivados primeiramente pelo "interesse próprio", portanto, estava enraizada na suposição profundamente cristã de que todos nós somos pecadores incorrigíveis; se tivéssemos de nos virar sozinhos, não buscaríamos apenas uma situação de conforto e felicidade para depois nos aproveitarmos dela; jamais nos conformaríamos entregando os pontos, como fez Simbá, muito menos questionaríamos a necessidade de entregá-los. E, como Agostinho já havia previsto, desejos infinitos em um mundo finito significam competição eterna, e é por isso que, como insistiu Hobbes, nossa única esperança de paz social reside nos arranjos contratuais e na imposição rígida desses contratos pelo aparato estatal.

A HISTÓRIA DAS ORIGENS DO CAPITALISMO, portanto, não é a história da destruição gradual das comunidades tradicionais pelo poder impessoal do mercado. Ela é, antes, a história de como uma economia de crédito foi convertida em economia de interesse; da transformação gradual das redes morais pela intrusão do poder impessoal — e muitas vezes vingativo — do Estado. Os aldeões ingleses da era elisabetana, dos Tudor, ou do período seguinte, dos Stuart, não gostavam de apelar ao sistema judiciário, mesmo quando a lei estava a seu favor — eles se baseavam principalmente no princípio de que os vizinhos deviam resolver as coisas entre si, mas sobretudo porque a lei era extraordinariamente dura. Sob o governo de Elizabeth, por exemplo, a punição por vadiagem (desemprego) era, para a primeira ocorrência, ter as orelhas pregadas em um pelourinho; para a segunda, a morte.[60]

O mesmo era válido para a lei da dívida, porque, se o credor fosse vingativo, as dívidas muitas vezes eram tratadas como crime. Em Chelsea, por volta de 1660,

> Margaret Sharples foi acusada de roubar tecido, "que ela transformou em uma anágua para uso próprio", da loja de Richard Bennett. A defesa afirmou que ela havia negociado o tecido com um empregado, "mas como não tinha dinheiro suficiente, levou-o com o intuito de pagar tão logo pudesse: depois, negociou um preço com o sr. Bennett". O lojista confirmou a negociação. Depois de concordar em pagar 22 xelins, Margaret "entregou-lhe uma cesta cheia de produtos como penhor para garantir o pagamento, e quatro xelins e nove pence em dinheiro". Mas "logo depois ele se arrependeu de fazer negócios com a mulher: devolveu a cesta e os produtos", e deu início aos procedimentos legais contra ela.[61]

Resultado: Margaret Sharples foi enforcada.

Obviamente, o estranho lojista é que queria ver seus clientes irritantes acabarem na forca. Por isso as pessoas decentes tendiam a evitar os tribunais. Uma das descobertas mais interessantes da pesquisa de Craig Muldrew é que quanto mais tempo passava, menos isso ocorria.

Mesmo na Idade Média, no caso de empréstimos muito grandes, não era incomum que os credores prestassem queixas nas cortes locais — mas esse era apenas um modo de garantir a existência de um registro público (lembre-se de que, na época, a maioria da população era analfabeta). Os devedores pareciam dar andamento aos processos até certo ponto porque, se houvesse cobrança de juros e os devedores não pagassem, o credor seria tão culpado aos olhos da lei quanto eles. Menos de 1% desses casos foi levado a julgamento.[62] A legalização dos juros começou a mudar a natureza da situação. Nos anos 1580, quando os empréstimos a juros começaram a se tornar comuns entre os aldeões, os credores também começaram a insistir no uso de contratos legais e assinados; isso levou a um aumento tão grande de apelações nas cortes que, em muitas cidadezinhas, praticamente cada família havia se envolvido em um ou outro processo por dívida. Pouquíssimos desses processos eram levados a julgamento: a conduta normal ainda era confiar na simples ameaça de punição para encorajar os devedores a liquidar a dívida fora dos tribunais.[63] Mesmo assim, consequentemente, o medo que os devedores sentiam de ser presos — ou de algo pior — passou a atormentar todo mundo, e a sociabilidade começou a ser assombrada pelo crime. Até mesmo o sr. Coward, um gentil lojista, foi abatido. O bom crédito que ele tinha se tornou um problema, principalmente porque ele se sentia obrigado, por uma questão de honra, a usá-lo para ajudar os menos afortunados:

> Ele também negociava mercadorias com fornecedores de caráter duvidoso, e começou a se preocupar com pessoas de condições decadentes, das quais nem lucro nem crédito seria possível obter; preocupava a esposa por frequentar algumas casas de reputação duvidosa. E ela era uma mulher bastante insolente, pois tomava o dinheiro dele às escondidas, e sua situação se tornou um fardo tão grande que todos os dias ele temia ser preso. Isso, junto com a vergonha de perder sua antiga reputação, o levou ao desespero e ao desgosto, tanto que ele se tornou recluso, evitando sair de casa, e morreu de tristeza e vergonha.[64]

Talvez isso não seja uma surpresa para quem consulta fontes da época sobre como eram essas prisões, principalmente para as pessoas que não provinham da aristocracia. O sr. Coward certamente saberia, pois as condições das prisões mais famosas, como Fleet e Marshalsea, provocavam escândalos periódicos quando expostas no Parlamento ou na imprensa popular, enchendo os jornais com histórias de devedores algemados "cobertos de sujeira e de bichos, sofrendo até a morte, sem piedade, de fome e febre tifoide", enquanto nas mesmas cadeias os aristocratas libertinos alojados no pavilhão dos mais abastados levavam uma vida boa, recebendo visitas de manicures e prostitutas.[65]

A criminalização da dívida, então, foi a criminalização do próprio alicerce da sociedade humana. Nunca é demais enfatizar que, em uma comunidade pequena, geralmente todos eram tanto tomadores de empréstimo como emprestadores. Só podemos imaginar as tensões e tentações que talvez tenham surgido nessas comunidades — e as comunidades, embora baseadas no amor, *justamente por serem* baseadas no amor sempre serão cheias de ódio, rivalidades e paixões — quando ficou claro que com uma intriga e uma manipulação suficientemente inteligentes, e talvez uma pitada estratégica de suborno, era possível pôr na cadeia ou mandar para a forca as pessoas de quem não se gostasse. O que será que Richard Bennett realmente tinha contra Margaret Sharples? Jamais saberemos o contexto da história, mas é aposta quase ganha que haja um histórico de problemas entre os dois. Os efeitos para a solidariedade coletiva devem ter sido devastadores. O repentino acesso à violência de fato ameaçava transformar o que havia sido a essência da sociabilidade em uma guerra de todos contra todos.[66] Não surpreende, portanto, que no século XVIII a própria noção de crédito pessoal tenha adquirido má fama, com emprestadores e tomadores de empréstimo considerados igualmente suspeitos.[67] O uso de moedas — pelo menos entre as pessoas que tinham acesso a elas — acabou por parecer, em si, algo de conteúdo moral.

ENTENDER ISSO TUDO nos permite ver sob uma luz nova alguns dos autores europeus considerados nos capítulos anteriores. Tomemos o elogio de Panurge à dívida: no fim das contas, a verdadeira piada não é a sugestão de que a dívida une as comunidades (qualquer camponês inglês ou francês da época simplesmente sabia isso), ou ainda que *apenas* a dívida une as comunidades; é colocar esse sentimento na perspectiva de um intelectual abastado que, ele sim, é de fato um criminoso inveterado — ou seja, sustentar a moral como um espelho para satirizar as próprias classes superiores que diziam desaprová-la.

Ou consideremos Adam Smith:

Não é da benevolência do açougueiro, do cervejeiro ou do padeiro que esperamos nosso jantar, mas da consideração que eles têm pelo próprio interesse. Dirigimo-nos não à sua humanidade, mas ao seu amor-próprio, e nunca lhes falamos das nossas necessidades, mas das vantagens de que irão desfrutar.[68]

O mais curioso é que, na época em que Smith escreveu essas palavras, isso simplesmente não era verdade.[69] A maioria dos lojistas ainda realizava grande parte de seus negócios a crédito, ou seja, os consumidores recorriam à benevolência o tempo todo. É difícil imaginar que Adam Smith não soubesse disso. O que ele faz, em verdade, é traçar um quadro utópico. Ele queria imaginar um mundo em que todos usassem dinheiro vivo, em parte porque concordava com a opinião da classe média emergente de que o mundo seria um lugar melhor se todos se comportassem dessa maneira e evitassem confundir e potencialmente corromper relações já duradouras. Devemos todos pagar em dinheiro, dizer "por favor" e "obrigado", e sair da loja. Mais ainda, ele usa essa ideia utópica para apresentar um argumento mais amplo: mesmo que todos os negócios funcionassem como as grandes companhias comerciais, voltadas apenas para o interesse próprio, não importaria. Mesmo "o egoísmo e a cobiça naturais" dos ricos, com todos os seus "desejos vãos e insaciáveis", ainda levariam, pela lógica da mão invisível, ao benefício de todos.[70]

Em outras palavras, Adam Smith simplesmente inventou o papel do crédito ao consumidor em sua época, assim como tinha a própria explicação para a origem do dinheiro.[71] Isso permitiu a ele ignorar o papel da benevolência *e* da malevolência nas questões econômicas, *assim como* o espírito da ajuda mútua que constituiu a fundação necessária de tudo que pareceria o livre mercado (ou seja, um mercado que não é criado e mantido pelo Estado) *e também* a violência e o mero espírito vingativo que de fato criaram mercados competitivos e voltados para o interesse próprio que ele usava como modelo.

Nietzsche, por sua vez, tomou as premissas de Smith, de que a vida é troca, mas expôs tudo aquilo (tortura, assassinato, mutilação) que Smith preferia não comentar. Agora que analisamos pelo menos um pouco do contexto social, é difícil interpretar as descrições confusas de Nietzsche sobre os caçadores e pastores antigos, que mantinham registros de suas dívidas e exigiam os dedos e os olhos dos outros, sem nos lembrarmos imediatamente do executor a serviço do príncipe Casimiro, que de fato entregou ao seu senhor uma conta cobrando olhos e dedos arrancados. O que ele de fato descreve é o que foi preciso para produzir um mundo em que o filho de um próspero reverendo de classe média, como o próprio Nietzsche, poderia simplesmente supor que toda vida humana era baseada na troca deliberada e movida para o interesse próprio.

Parte III: Dinheiro de crédito impessoal

Um dos motivos que fizeram com que os historiadores levassem tanto tempo para perceber os elaborados sistemas de crédito popular da Inglaterra nas eras Tudor e Stuart é o fato de os intelectuais da época falarem apenas de maneira muito abstrata sobre dinheiro; eles raramente o mencionavam. Para as classes instruídas, "dinheiro" logo passou a significar ouro e prata. A maioria escrevia como se o ouro e a prata sempre tivessem sido usados como dinheiro em todas as nações da história e como se isso, supostamente, fosse ocorrer para sempre.

Isso não é apenas uma afronta a Aristóteles; é uma contradição direta em relação às descobertas dos exploradores europeus da época, que encontravam dinheiro de conchas, dinheiro de contas, dinheiro de penas, dinheiro de sal e outras variedades infinitas de outras moedas correntes por onde passavam.[72] Contudo, tudo isso só fez com que os economistas não abandonassem o argumento. Alguns recorreram à alquimia para argumentar que o status monetário do ouro e da prata tinha base natural: o ouro (que fazia parte do sol) e a prata (que fazia parte da lua) eram as formas eternas e perfeitas de metal para as quais todos os metais comuns tendiam a evoluir.[73] A maioria, no entanto, não sentia que essa explicação fosse necessária: o valor intrínseco dos metais preciosos era evidente. Como resultado, quando os conselheiros reais ou os polemistas de Londres discutiam problemas econômicos, as questões debatidas eram sempre as mesmas: como impedimos que os lingotes saiam do país? Como resolvemos a escassez paralisante das moedas? Para a maioria, questões do tipo "como mantemos a confiança nos sistemas de crédito locais?" simplesmente não existiam.

Essa situação era ainda mais extrema na Grã-Bretanha do que no continente, onde "apreciar" ou "depreciar" a moeda corrente era uma opção que se mantinha. Na Grã-Bretanha, depois de uma desastrosa tentativa de desvalorização no período Tudor, esses recursos foram abandonados. Daí em diante, o enfraquecimento da liga metálica se tornou uma questão moral. Para o governo, misturar metal comum na substância pura e eterna de uma moeda era claramente um erro. Desse modo, o desbaste das moedas — ou *coin-clipping*, prática quase universal na Inglaterra — era uma versão popular de desvalorização da moeda, embora em menor grau, pois consistia em, secretamente, raspar a borda das moedas e depois pressioná-las para que continuassem tendo a aparência do tamanho original.

Além disso, essas novas formas de dinheiro virtual que começaram a surgir estavam fortemente arraigadas nessas mesmas suposições. Isso é importante porque ajuda a explicar o que, em outros contextos, pareceria uma estranha contradição: como esse período de um materialismo implacável, em que a noção de dinheiro como convenção social era definitivamente rejeitada, também presenciou o advento do papel-moeda, junto com toda uma série de novos instrumentos de crédito e formas de abstração financeira que se tornaram tão típicos do capitalismo moderno? É verdade que a maior parte dessas formas — cheques, títulos, ações, anuidades —

originou-se no ambiente metafísico da Idade Média. Contudo, nessa nova era, elas passaram por um florescimento de grandes proporções.

Se analisarmos a história real, no entanto, logo perceberemos que todas essas novas formas de moeda não destruíram de modo nenhum a suposição de que o dinheiro fosse fundamentado no valor "intrínseco" do ouro e da prata: na verdade, elas a reforçaram. O que parece ter acontecido é que, quando o crédito foi desatrelado das verdadeiras relações de confiança entre os indivíduos (fossem eles mercadores ou aldeões), ficou claro que o dinheiro poderia, de fato, ser produzido simplesmente dizendo que ele existia; mas quando isso é feito no mundo amoral de um mercado competitivo, a tendência é levar quase inevitavelmente a fraudes e disputas de credibilidade de todo tipo — fazendo com que os guardiães do sistema entrem em pânico de quando em quando e busquem novas maneiras de atrelar de volta o valor das várias formas de papel ao ouro e à prata.

Essa é a história em geral contada como "a origem do sistema bancário moderno". Da nossa perspectiva, no entanto, ela revela apenas como a guerra, os lingotes e esses novos instrumentos de crédito estavam todos intimamente conectados. Basta considerar os caminhos *não* percorridos. Por exemplo, não havia razão intrínseca para que, em um acordo financeiro, uma letra de câmbio não pudesse ser endossada para um terceiro, tornando-se assim geralmente transferível — transformando-se, com efeito, em uma forma de papel-moeda. Foi assim que o papel-moeda surgiu pela primeira vez na China, por exemplo. Na Europa medieval, houve movimentos periódicos nessa direção, mas, por uma variedade de motivos, eles não foram muito longe.[74] Por outro lado, os banqueiros podem gerar dinheiro emitindo créditos para uma quantia maior do que eles têm em reserva monetária. Essa é considerada a verdadeira essência dos bancos modernos e pode levar à circulação de cédulas bancárias privadas.[75] Alguns passos também foram dados nesse sentido, principalmente na Itália, mas era uma proposição arriscada, pois havia sempre o perigo de os depositantes entrarem em pânico e debandarem, e a maioria dos governos medievais ameaçava aplicar penas extremamente duras a banqueiros incapazes de fazer restituições nesses casos: como atesta o exemplo de Francesch Castello, decapitado na porta do próprio banco em Barcelona, em 1360.[76]

Nos locais onde os banqueiros controlavam os governos medievais, provou-se ser mais seguro e lucrativo manipular as finanças do próprio governo. A história dos instrumentos financeiros modernos — e a origem definitiva do papel-moeda — começa de fato com a emissão de títulos municipais. Essa prática foi iniciada pelo governo veneziano no século XII, no momento em que precisou de uma rápida injeção de renda para fins militares: foi requisitado um empréstimo compulsório dos cidadãos contribuintes, prometendo a cada pessoa 5% de juros anuais, e se permitiu que os "títulos" ou contratos se tornassem negociáveis, criando assim um mercado para a dívida pública. Os venezianos tendiam a ser bem meticulosos em relação ao pagamento de juros, mas, como os títulos não tinham data específica de vencimento, seus preços de mercado muitas vezes flutuavam de maneira desenfreada com os ventos políticos e militares, bem como com as oscilações resultantes das promessas de serem quitados algum dia. Práticas semelhantes rapidamente se espalharam por outras cidades italianas, chegando aos enclaves mercantis no norte da Europa: as Províncias Unidas dos Países Baixos financiaram sua longa guerra de independência contra os Habsburgo (1568-1648) basicamente com uma série de empréstimos compulsórios, embora também tenham feito diversas emissões de títulos voluntários, lançados no mercado.[77]

Forçar os contribuintes a fazer empréstimos é, em certo sentido, o mesmo que exigir que paguem impostos antecipados; mas quando a cidade de Veneza concordou pela primeira vez em pagar juros — e, em termos legais, tratava-se mais uma vez de *interesse*, isto é, uma penalidade por pagamento atrasado — ela estava, em princípio, penalizando a si própria por não devolver imediatamente o dinheiro que tomara emprestado. É fácil perceber como isso suscitaria toda sorte de questões sobre as relações legais e morais entre as pessoas e o governo. Em última instância, as classes comerciais dessas repúblicas mercantis, pioneiras nessas novas formas de financiamento, se viram mais como controladoras do governo do que devedoras dele. Não ocorria só com as classes comerciais: em 1650, a maioria das famílias holandesas detinha, pelo menos, uma pequena parcela da dívida do governo.[78] No entanto, o verdadeiro paradoxo só aparece quando começamos a "monetizar" essa dívida — ou seja, aceitar a promessa de que o governo as pagará e permitir que o governo as faça circular como moeda corrente.

Embora já no século XVI os mercadores usassem letras de câmbio para sanar dívidas, os títulos de dívida pública — *rentes*, *juros*, anuidades — eram o verdadeiro dinheiro de crédito dos novos tempos. É aqui que devemos procurar as verdadeiras origens da "revolução de preços" que arruinou os moradores das cidades e dos vilarejos, antes independentes, e fez com que a maioria deles fosse reduzida a operários assalariados, trabalhando para quem tinha acesso a essas formas mais elevadas de crédito. Mesmo em Sevilha, onde as frotas cheias de tesouros do Novo Mundo aportavam primeiro, os lingotes de ouro ou o de prata não eram muito usados nas transações diárias. A maior parte do tesouro era levada diretamente para os cofres dos bancos genoveses, que começavam a operar desde o porto da cidade, e guardada para ser despachada para o Oriente. Mas, nesse processo, o lingote tornou-se a base de complexos esquemas de crédito, em que seu valor era emprestado ao imperador para bancar operações militares em troca de papéis que dessem ao portador o direito a anuidades a juros do governo — papéis que, por sua vez, podiam ser usados como dinheiro. Dessa maneira, os banqueiros conseguiam multiplicar quase infinitamente o valor real do ouro e da prata que possuíam. Já na década de 1570 as feiras de lugares como Medina del Campo, não muito longe de Sevilha, haviam se transformado em "verdadeiras fábricas de certificados", com as transações realizadas exclusivamente em papel.[79] Como era sempre incerto se o governo espanhol realmente pagaria suas dívidas, ou com que regularidade as pagaria, os títulos passaram a circular com desconto — principalmente quando os *juros* também começaram a ser aceitos no restante da Europa —, gerando uma inflação contínua.[80]

É apenas com a criação do Banco da Inglaterra, em 1694, que se pode começar a falar de fato em papel-moeda, posto que suas cédulas bancárias não eram títulos. Elas têm sua origem, como todas as outras, nas dívidas de guerra do rei. Nunca é demais enfatizar isso. O fato de o dinheiro não ser mais uma dívida devida *ao* rei, mas uma dívida devida *pelo* rei, tornou-o diferente de tudo o que ele já havia sido. Em muitos aspectos, ele agora se tornara uma imagem especular das antigas formas de dinheiro.

É interessante lembrar que o Banco da Inglaterra foi criado quando uma associação de quarenta mercadores de Londres e Edimburgo — quase todos credores da Coroa — ofereceram ao rei Guilherme III um empréstimo de 1,2 milhão de libras para ajudar a financiar a guerra contra a França. Ao fazerem isso, eles também o convenceram, como contrapartida, a deixá-los formar uma corporação que monopolizasse a emissão de cédulas — que seriam, na verdade, notas promissórias para o dinheiro que o rei agora lhes devia. Esse foi o primeiro banco central nacional independente, e se tornou a primeira câmara de compensação de dívidas entre bancos menores; as notas logo se transformaram no primeiro exemplar de papel-moeda nacional europeu. Contudo, o grande debate público da época sobre a natureza do dinheiro não era sobre o papel-moeda, mas sobre o dinheiro de metal. A década de 1690 foi um momento de crise para a cunhagem britânica. O valor da prata subira tanto que na verdade as novas moedas britânicas (a Casa da Moeda tinha desenvolvido a cunhagem com borda serrilhada, usada até hoje, tornando as moedas à prova de desbaste) valiam menos que seu conteúdo em prata, com resultados previsíveis. As moedas de prata pura desapareceram. Aquelas que continuaram em circulação eram velhas moedas desbastadas, que aos poucos se tornaram cada vez mais raras. Algo tinha de ser feito. Seguiu-se uma polêmica disputa que atingiu seu ponto crítico em 1695, um ano depois da fundação do banco. O ensaio de Charles Davenant sobre o crédito, já citado anteriormente, na verdade fazia parte dessa batalha: ele propôs que o Banco da Inglaterra passasse a adotar uma forma única de dinheiro de crédito baseado na confiança pública — e sua posição foi ignorada. O Tesouro propôs a retirada das moedas de circulação para reemiti-las a um peso de 20% a 25% mais baixo, para trazê-las de volta abaixo do preço de mercado da prata. Muitos que apoiaram essa ideia assumiram posições explicitamente cartalistas, insistindo que a prata não tinha valor intrínseco e que o dinheiro não passava de uma unidade de medida estabelecida pelo Estado.[81] Quem ganhou a discussão, no entanto, foi John Locke, o filósofo liberal, que atuava como conselheiro de Sir Isaac Newton, na época nomeado diretor da Casa da Moeda. Locke insistia que era impossível fazer um pedacinho de prata valer mais chamando-o de "xelim", assim como era impossível transformar um homem baixo em alto declarando que agora um pé equivalia a quinze polegadas em vez de doze. O ouro e a prata tinham um valor reconhecido por todos; o selo do governo simplesmente atestava o peso e a pureza da moeda, e — como acrescentou Locke em palavras que deixam transparecer sua verdadeira indignação — o fato de os governos adulterarem as coisas dessa maneira para ter vantagem era um ato tão criminoso quanto o próprio desbaste das moedas:

> A razão de ser e o objetivo do selo público são apenas ser garantia e atestado da qualidade da prata adquirida pelos homens; e o dano causado à *fé pública*, neste ponto, é o desbaste e a falsa cunhagem transformarem *roubo* em *traição*.[82]

Assim, argumentou ele, o melhor a fazer era recolher a moeda e reemiti-la exatamente com o mesmo valor que tinha antes.

Isso foi feito, e os resultados foram desastrosos. Nos anos que se seguiram, quase não houve moedas em circulação; os preços e os salários caíram; houve fome e agitações. Apenas os ricos foram poupados, pois conseguiam tirar vantagem do novo dinheiro de crédito, negociando porções da dívida do rei na forma de cédulas bancárias. O valor dessas cédulas também flutuou um pouco no início, mas se estabilizou quando passaram a ser resgatáveis em metais preciosos. Quanto ao restante, a situação somente melhorou de fato quando o papel-moeda e, por fim, moedas de baixa denominação tornaram-se em geral aceitos. As reformas aconteceram de maneira vertical, e muito lentamente, mas foram pouco a pouco criando um ambiente em que as transações comuns e cotidianas, como aquelas feitas com açougueiros e padeiros, eram realizadas em termos polidos e impessoais, com troco miúdo. Assim, tornou-se possível imaginar a vida cotidiana como uma questão de cálculo movido pelo interesse próprio.

É fácil entender por que Locke adotou tal posição. Ele era um materialista científico. Para ele, a "fé" no governo — como mostra a citação da página anterior — não era a crença dos cidadãos de que o governo cumpriria suas promessas, mas sim de que o governo não mentiria para eles; era a fé de que o governo, como bom "cientista", daria informações precisas. Para Locke, o comportamento humano era fundamentado nas leis naturais que — como as leis da física descritas por Newton pouco tempo antes — eram superiores às leis do simples governo. A verdadeira questão é por que o governo britânico concordou com ele e resolutamente agarrou-se a essa posição apesar de todos os desastres anunciados. Pouco tempo depois, em 1717, a Grã-Bretanha adotou o padrão-ouro e o Império Britânico o manteve até seus últimos dias, e, junto com ele, a noção de que ouro e prata *eram* dinheiro.

É verdade que o materialismo de Locke também passou a ser amplamente aceito — a ponto de se tornar o lema de uma era.[83] O principal, no entanto, é que a confiança no ouro e na prata parecia fornecer o único modo de limitar os perigos envolvidos nas novas formas de dinheiro de crédito, que se multiplicaram muito rapidamente — em especial porque os bancos comuns também podiam criar dinheiro. Logo ficou claro que a especulação financeira, livre de quaisquer restrições legais ou coletivas, era capaz de produzir resultados quase insanos. A República Holandesa, pioneira no desenvolvimento dos mercados de ações, já havia passado por isso com a "tulipomania" de 1637 — a primeira de uma série de "bolhas" especulativas, como ficaram conhecidas, em que o preço futuro dos ativos foi supervalorizado pelos investidores e depois caiu de repente. Uma série de bolhas desse tipo atingiu os mercados londrinos na década de 1690, e quase todas surgiram em torno de uma nova sociedade anônima — que imitava a Companhia Britânica das Índias Orientais — para investimentos em projetos coloniais. A famosa "bolha dos Mares do Sul" em 1720 — em que uma empresa comercial recém-formada, com monopólio garantido de comércio com as colônias espanholas, comprou uma porção considerável da dívida nacional britânica e viu suas ações dispararem rapidamente antes de despencarem de forma humilhante — foi apenas o auge. Seu colapso foi seguido no ano seguinte pela quebra do famoso Banque Royale, de John Law, na França, outro ensaio de criação de um banco central — semelhante ao Banco da Inglaterra. Ele cresceu tão rapidamente que, em poucos anos, já tinha absorvido todas as empresas comerciais coloniais francesas, além de grande parte da dívida da Coroa francesa, emitindo o próprio papel-moeda, antes de, por fim, quebrar por completo, obrigando o presidente a fugir para não ser morto. Em ambos os casos, a legislação veio depois: na Grã-Bretanha para proibir a criação de novas sociedades anônimas (exceto para a construção de rodovias e canais) e na França para eliminar o papel-moeda baseado totalmente na dívida pública.

Não surpreende, portanto, que a economia newtoniana (se é que podemos chamá-la assim) — a suposição de que não se pode simplesmente criar dinheiro, tampouco manipulá-lo — passara a ser aceita por quase todo o mundo. Tinha de haver uma fundação material e sólida para tudo isso — do contrário, todo o sistema entraria em colapso. A verdade é que os economistas passariam séculos se perguntando sobre qual seria essa fundação (o ouro, a terra, o trabalho humano, a utilidade ou a durabilidade das mercadorias em geral?), mas ninguém retornou a algo parecido com a visão aristotélica.

OUTRA MANEIRA DE ENCARAR a questão seria dizer que a nova época se mostrava cada vez mais incomodada com a natureza política do dinheiro. A política, afinal de contas, é a arte da persuasão, é a dimensão da vida social em que as coisas realmente se tornam verdadeiras quando uma quantidade suficiente de pessoas acredita nelas. O problema é que, para entrar efetivamente no jogo, jamais se pode reconhecer isso abertamente: talvez seja verdade que, se eu conseguisse convencer o mundo inteiro de que sou o rei da França, eu de fato me tornaria o rei da França; mas isso jamais funcionaria se eu admitisse que essa é a única base da minha afirmação. Nesse sentido, a política se parece bastante com a mágica — por essa razão, entre outras, tanto a política como a mágica tendem a ser cercadas, praticamente em todos os lugares, por uma aura de fraude. Essas desconfianças eram muito alardeadas na época. Em 1711, o satirista Joseph Addison escreveu uma curta fantasia sobre a dependência do Banco da Inglaterra — e, consequentemente, do sistema monetário britânico — em relação à fé pública na estabilidade política do trono. (O Decreto de Estabelecimento de 1701 foi o projeto que garantiu a sucessão real, e uma esponja se tornou símbolo popular de inadimplência.) Em um sonho, disse ele:

> Avistei a Fé Pública, junto de seu trono no Grocer's Hall, com a Magna Carta sobre a cabeça e o Decreto de Estabelecimento bem à sua frente. Seu toque transformava tudo em ouro. Por trás do trono, sacos cheios de moedas se amontoavam até o teto. À sua direita, uma porta abriu-se de repente. O Pretendente entra pela porta com uma esponja em uma mão, uma espada na outra, com a qual ele lança um golpe sobre o Decreto de Estabelecimento. O belo Decreto desmaia indo ao chão. O feitiço pelo qual ele transformara em ouro tudo ao seu redor é desfeito. Os sacos de dinheiro murcham como bexigas soltando o ar. As pilhas de peças de ouro são transformadas em trouxas de farrapos e montes de talhas de madeira.[84]

Quando não se acredita no rei, o dinheiro desaparece com ele.

Desse modo, reis, mágicos, mercados e alquimistas estavam todos fundidos no imaginário popular durante essa época, e nós continuamos falando na "alquimia" do mercado, ou em "mágica financeira". Em *Fausto* (1808), Goethe faz com que seu herói — na sua condição de mágico-alquimista — visite o imperador romano-germânico. O soberano está afundado sob o peso de dívidas infindáveis que ele acumulou bancando as extravagâncias da corte. Fausto e seu assistente, Mefistófeles, convencem-no a pagar a seus credores criando o papel-moeda, o que é representado como um ato de pura prestidigitação. "Há abundância de ouro em algum lugar sob suas terras", diz Fausto. "Emita notas prometendo dar esse ouro aos seus credores. Como ninguém sabe quanto ouro há, sua promessa não precisa ter limites."[85]

Esse tipo de linguagem mágica quase nunca aparece na Idade Média.[86] Talvez somente em uma era decididamente materialista essa capacidade de produzir as coisas simplesmente dizendo que elas existem passe a ser vista como escandalosa, talvez até diabólica. E o sinal mais claro de que se está em uma era materialista é justamente o fato de ser vista dessa forma. Já vimos como Rabelais, bem no início dessa época, recorreu a uma linguagem quase idêntica à usada por Plutarco quando criticou os agiotas em tempos romanos — "riem dos filósofos naturais que sustentam que não é possível produzir coisas a partir do nada", enquanto manipulam seus livros e registros contábeis exigindo receber um dinheiro que na verdade nunca tiveram. Panurge inverteu a fórmula: ao tomar um empréstimo eu crio algo a partir do nada e me transformo em uma espécie de deus.

Consideremos o trecho a seguir, geralmente atribuído a Lord Josiah Charles Stamp, diretor do Banco da Inglaterra:

> O sistema bancário moderno fabrica o dinheiro a partir do nada. O processo talvez seja o passe de mágica mais espantoso já inventado. A atividade bancária foi concebida na iniquidade, nascida no pecado. Os banqueiros são os donos da terra; tire deles a terra e deixe-os sem nenhum poder para criar o crédito, e com um rabisco de caneta eles criarão dinheiro suficiente para comprá-la de novo. [...] Se quiserem continuar na condição de escravos dos banqueiros e arcar com os custos da própria escravidão, basta deixar que continuem criando depósitos.[87]

Parece extremamente improvável que Lord Stamp tenha dito isso algum dia, mas a passagem tem sido citada infinitas vezes — na verdade, talvez ela seja a passagem mais citada pelos críticos do sistema bancário moderno. Ainda que possa ser apócrifa, ela por certo toca em um ponto sensível da questão e aparentemente pela mesma razão: os banqueiros criam algo a partir do nada. Eles não são apenas fraudadores e mágicos: são maus, porque brincam de ser Deus.

Mas há um escândalo mais profundo que a mera prestidigitação. Não é que os moralistas medievais não tenham feito essas objeções por estar confortáveis com as entidades metafísicas. Eles tinham um problema muito mais fundamental com o mercado: a ganância. A força motriz dos mercados era tida como inerentemente corrupta. No momento em que a ganância foi legitimada e o lucro incessante foi considerado viável e um fim em si mesmo, esse elemento mágico e político se tornou um verdadeiro problema, pois queria dizer que aqueles atores — corretores, operadores, negociantes — que de fato faziam o sistema funcionar não eram leais a nada, nem mesmo ao próprio sistema.

Hobbes, que descreveu pela primeira vez essa visão da natureza humana em uma teoria explícita da sociedade, tinha plena consciência desse dilema representado pela ganância, pois ele é a base de sua filosofia política. Mesmo que sejamos racionais o suficiente para entender que viver em paz e segurança é algo intrínseco ao nosso interesse de longo prazo, dizia ele, nossos interesses de curto prazo muitas vezes são tão urgentes que matar e saquear são os caminhos obviamente mais lucrativos a tomar, e para tanto só é preciso algumas pessoas dispostas a abandonar seus escrúpulos para criar o caos e a insegurança. Por essa razão ele acreditava que os mercados só podiam existir sob a égide de um Estado absoluto, que nos forçaria a cumprir nossas promessas e respeitar a propriedade do outro. Mas o que acontece quando falamos de um mercado em que as dívidas estatais e as obrigações estatais é que são comercializadas? O que acontece quando não se pode realmente falar de um monopólio estatal baseado na força porque se opera em um mercado internacional em que a principal moeda corrente são títulos dos quais o Estado depende para sua capacidade de mobilizar a força militar?

Depois de uma guerra incessante contra todas as formas restantes de comunismo dos pobres, chegando ao ponto de criminalizarem o crédito, os mestres do novo sistema mercantil descobriram que não há mais justificativas óbvias sequer para manter o comunismo dos ricos — aquele nível de cooperação e solidariedade necessário para manter o sistema econômico em funcionamento. É verdade que, apesar de suas infinitas tensões e periódicos colapsos, o sistema durou até aqui. Mas, como atestou de maneira catastrófica a crise econômica mundial iniciada em 2008, ele nunca foi resolvido.

Parte IV: Então o que é o capitalismo, afinal?

Estamos acostumados a ver o capitalismo moderno (junto com as tradições modernas de governo democrático) como se tivesse surgido em um momento posterior: com a Idade das Revoluções — a Revolução Industrial, a Revolução Americana e a Revolução Francesa —, com uma série de rupturas profundas ocorridas no final do século XVIII que só se tornaram plenamente institucionalizadas depois do final das Guerras Napoleônicas. Aqui nos vemos diante de um paradoxo específico. É como se todos os elementos do aparato financeiro que passamos a associar com o capitalismo — bancos centrais, mercados de títulos, venda a descoberto, corretoras, bolhas especulativas, securitização, anuidades — já existissem não só antes da ciência da economia (o que talvez não seja surpreendente), mas também antes do advento das fábricas e do próprio trabalho assalariado.[88] Trata-se de um genuíno desafio às formas tradicionais de pensar. Gostamos de imaginar as fábricas e oficinas como a "economia real", e o resto como superestrutura construída acima dela. Mas se fosse realmente assim, então como a superestrutura poderia vir primeiro? As criações imaginárias do sistema poderiam ter criado sua estrutura material?

Para começar, tudo isso suscita a questão de o que é o "capitalismo", uma questão sobre a qual não existe nenhum consenso. A palavra foi inventada originalmente pelos seus oponentes, os socialistas, que viam o capitalismo como um sistema em que os donos do capital comandam o trabalho de quem não tem capital. Os defensores, em contrapartida, tendem a ver o capitalismo como a liberdade do mercado, que permite àqueles com visão potencialmente mercadológica juntar recursos para dar existência concreta a seus projetos. Praticamente todos concordam, no entanto, que o capitalismo é um sistema que exige o crescimento constante e infinito. As empresas precisam crescer sempre para permanecerem viáveis. O mesmo vale para os países. A taxa comercial legítima de juros em geral aceita, no início do capitalismo, era de 5% — ou seja, a taxa de crescimento que qualquer investidor espera ter, de acordo com o princípio do *interesse* —, portanto essa é a taxa anual de crescimento que o PIB de qualquer país deveria ter. O que antes era um mecanismo impessoal que obrigava as pessoas a ver tudo ao seu redor como fonte potencial de lucro passou a ser considerado a única medida objetiva da saúde da própria comunidade humana.

Tomando como ponto de partida o ano de 1700, nosso marco inicial, o que vemos na aurora do capitalismo moderno é um aparelho financeiro gigantesco de crédito e dívida, que funciona — em termos práticos — para extrair cada vez mais trabalho de todas as pessoas que ele abarca, e o resultado é a produção de um volume infinito de bens materiais. Essa produção não se dá apenas pela compulsão moral, mas sobretudo pelo uso da compulsão moral para mobilizar a força física. A todo momento, ressurge o entrelaçamento familiar, particularmente europeu, de guerra e comércio — e muitas vezes em novas e surpreendentes formas. As primeiras bolsas de valores na Holanda e na Grã-Bretanha eram baseadas principalmente no comércio de ações das Companhias das Índias Orientais e Ocidentais, que eram empreendimentos tanto militares quanto comerciais. Durante um século, uma dessas corporações privadas, voltadas para o lucro, governou a Índia. As dívidas nacionais da Inglaterra, da França e dos outros países eram baseadas no dinheiro emprestado não para abrir canais e erguer pontes, mas para adquirir a pólvora necessária para bombardear as cidades e construir os campos necessários para isolar os prisioneiros e treinar recrutas. Quase todas as bolhas do século XVIII envolveram algum esquema fantástico para usar a receita dos empreendimentos coloniais com a finalidade de custear as guerras europeias. O papel-moeda era dinheiro de dívida, e o dinheiro de dívida era dinheiro de guerra; essa relação se manteve. Quem financiava os infindáveis conflitos militares da Europa também empregava a polícia e as prisões para extrair da população uma produtividade sempre crescente.

Como todos sabem, o sistema de mercado mundial iniciado pelos impérios espanhol e português surgiu por causa da busca de especiarias. Logo ele se estabeleceu em três ramos mais amplos, que podem ser classificados como o comércio de armas, o comércio de escravos e o comércio de drogas. Este último se refere principalmente a drogas leves, é claro, como café, chá e açúcar para adoçar essas bebidas, além do tabaco, mas os destilados também surgiram nesse estágio da história humana, e, como sabemos, os europeus não tiveram escrúpulo nenhum em relação ao agressivo comércio de ópio na China como forma de finalmente eliminar a necessidade de exportar lingotes. O comércio de tecidos veio só mais tarde, depois que a Companhia Britânica das Índias Orientais usou a força militar para bloquear o (mais eficiente) mercado de exportação de algodão indiano. Basta dar uma olhada no livro que preserva o ensaio de Charles Davenant, de 1696, sobre o crédito e a solidariedade humana: *The Political and Commercial Works of That Celebrated Writer Charles D'Avenant: Relating to the Trade and Revenue of England, the Plantation Trade, the East-India Trade and African Trade.* "Obediência, amor e amizade" deveriam ser suficientes para governar as relações entre os ingleses, mas, nas colônias, o principal era a obediência.

Como já observamos, o comércio de escravos do Atlântico pode ser visto como uma cadeia gigante de obrigações de dívida, que vai de Bristol a Calabar e à cabeceira do rio Cross, onde os negociantes de Aro bancavam suas sociedades secretas; assim como no comércio do oceano Índico, cadeias semelhantes conectavam Utrecht ao reino de Gelgel, passando pela Cidade do Cabo e Jacarta, onde os reis balineses promoviam brigas de galo para convencer os súditos a apostar a própria liberdade. Em cada caso, o produto final era o mesmo: seres humanos arrancados de seus contextos originais, portanto totalmente desumanizados, colocados fora do campo de alcance da dívida.

Os intermediários nessas cadeias — as várias ligações comerciais da cadeia de dívida que conectava os operadores financeiros em Londres aos sacerdotes de Aro, na Nigéria, aos pescadores de pérolas nas ilhas Aru na Indonésia oriental, às plantações de chá bengali, aos seringueiros da Amazônia — dão a impressão de terem sido homens frios, calculistas e sem imaginação. Em ambas as pontas da cadeia de dívida, todo o empreendimento parecia depender da capacidade de manipular fantasias e de incitar o perigo constante de incorrer no que até os observadores da época consideravam variedades de loucura fantasmagórica. De um lado havia as bolhas periódicas, provocadas em parte pelo boato e pela fantasia, em parte pela razão de que os cidadãos de lugares como Paris e Londres com dinheiro disponível de repente descobriram que era possível lucrar com a especulação, com o fato de que todos sucumbiam ao boato e à fantasia.

Charles Mackay nos deixou algumas descrições que permanecem atuais da primeira dessas bolhas, a famosa "bolha dos Mares do Sul", de 1710. Na verdade, a Companhia dos Mares do Sul (que cresceu tanto que chegou a comprar grande parte da dívida nacional) foi somente a âncora do que aconteceu. Era uma corporação gigantesca, e o valor de suas ações subia o tempo todo, a ponto de parecer que ela era "grande demais para quebrar", como se diria hoje. Ela logo se tornou o modelo de centenas de empresas embrionárias:

> Inúmeras sociedades anônimas surgiram em todos os lugares. Elas logo receberam o nome de "bolhas", palavra mais apropriada que a imaginação poderia conceber. [...] Algumas delas duraram uma semana ou uma quinzena e depois sumiram do mapa, enquanto outras nem sequer chegaram a tanto. A cada noite surgiam novos esquemas e, a cada manhã, novos projetos. Os membros ilustres da aristocracia estavam tão gananciosos nessa busca implacável de lucro quanto o mais tenaz dos operadores financeiros em Cornhill.[89]

O autor lista, como exemplos escolhidos aleatoriamente, 86 esquemas que variam desde a manufatura de sabão ou lona, provisão de seguros para cavalos, ao método de "fazer painéis com serragem". Todos emitiam ações; elas eram lançadas, então subiam de preço e depois eram negociadas em tabernas, cafeterias, becos e mercearias de toda a cidade. Em cada caso, o preço dessas ações disparava rapidamente — e cada novo comprador acreditava, de fato, que conseguiria passá-las para outro tolo mais crédulo antes do inevitável colapso. As pessoas adquiriam cartões ou cupons que lhes dariam o direito de, mais tarde, investir em outras ações. Milhares enriqueceram. Milhares se arruinaram.

O mais absurdo e descabido de todos os esquemas, e que evidenciou, muito mais do que os outros, a loucura completa das pessoas, foi iniciativa de um aventureiro desconhecido, a *"Empresa para realização de um empreendimento muito vantajoso, mas que ninguém sabe o que é"*.

O gênio que se arriscou nesse vitorioso e ousado ataque à credulidade pública simplesmente declarava em seu prospecto que o capital necessário era de meio milhão, dividido em 5 mil cotas de cem libras, com um depósito de duas libras por ação. Cada investidor, ao fazer seu depósito, teria o direito a cem libras anuais por participação. Como esse lucro imenso seria obtido era algo que ele não se dignaria a informar naquele momento, mas prometeu que, dentro de um mês, revelaria todos os pormenores do caso e pediria as 98 libras restantes. Na manhã seguinte, às nove horas, o sujeito abriu um escritório em Cornhill. Uma multidão se juntou à sua porta e, quando ele fechou o escritório às três da tarde, percebeu que havia vendido nada menos que 1 milhão de cotas, com depósitos já feitos.

Foi sábio o suficiente para se contentar com a aventura e naquela mesma tarde partiu para o continente. Nunca mais se teve notícia dele.[90]

Se Mackay estiver correto, toda a população de Londres entendeu essa ilusão simultânea, não de que o dinheiro podia ser feito a partir do nada, mas que outras pessoas eram tolas o bastante para acreditar que poderia ser feito — e que, justamente por isso, elas podiam, sim, fazer dinheiro a partir do nada.

Passando para o outro lado da cadeia de dívida, encontramos fantasias que variam do encantador ao apocalíptico. Há de tudo na literatura antropológica: belas "esposas do mar" dos pescadores de pérolas das ilhas Aru, que só revelam os tesouros do oceano se cortejadas com presentes comprados a crédito nas lojas chinesas locais;[91] mercados secretos em que proprietários de terras bengalis contratam fantasmas para aterrorizar peões por dívida insubordinados; dívidas de carne entre os tivs, ou seja, a fantasia de uma sociedade humana canibalizando a si mesma; e, por fim, ocasiões em que o pesadelo tiv parece ter se aproximado bastante da realidade.[92] Um dos mais famosos e perturbadores exemplos foi o grande escândalo de Putumayo de 1909-11, em que o público leitor londrino entrou em choque ao descobrir que os agentes da subsidiária de uma empresa britânica de borracha, que atuava na floresta tropical peruana, haviam criado seu Coração das Trevas particular, exterminando dezenas de milhares de indígenas uitotos — que os agentes insistiam em chamar de "canibais" — com cenas de estupros, torturas e mutilações que lembravam o que houve de pior na conquista de quatrocentos anos antes.[93]

Nos debates que se seguiram, o primeiro impulso foi culpar por tudo aquilo um sistema mediante o qual, dizia-se, os nativos caíram em armadilhas de dívida, tornando-se completamente dependentes dos fornecimentos da companhia:

> A raiz de todo o mal era o chamado sistema de *patronagem* ou peonagem — uma variação do que na Inglaterra era chamado de "truck system" — pelo qual o empregado, obrigado a comprar todos os seus suprimentos na loja do empregador, é mantido em dívida irremediável, já que por lei é incapaz de abandonar o emprego até sanar a dívida. [...] Na maioria das vezes, portanto, o *peon* é um escravo *de facto*, e como nas regiões mais remotas do vasto continente não há governo efetivo, ele está totalmente à mercê de seu senhor.[94]

Os "canibais" — que por não conseguirem a quantidade suficiente de borracha eram açoitados até a morte, crucificados, amarrados e usados para praticar tiro ao alvo, ou ainda cortados em pedaços com facões — haviam caído, segundo se conta, na suprema armadilha da dívida; seduzidos pelas mercadorias dos agentes da companhia, eles negociavam a própria vida.

Uma investigação posterior do Parlamento descobriu que a verdadeira história era totalmente diferente. Os uitotos não foram ludibriados para se tornarem peões por dívida. Foram os agentes e supervisores enviados para a região que, em uma situação semelhante à dos conquistadores, se endividaram muito — nesse caso, com a companhia peruana que os contratou, a qual, em última instância, recebia crédito de financiadores londrinos. Esses agentes chegaram com todas as intenções de estender a rede de crédito para incluir os indígenas, mas, ao descobrir que os uitotos não tinham interesse nenhum nos tecidos, facões e moedas que levaram consigo para negociar, desistiram e começaram a capturar os indígenas e forçá-los a aceitar empréstimos, sob a mira de armas, e depois estabeleceram a quantidade de borracha que deviam.⁹⁵ Muitos dos indígenas massacrados, por sua vez, estavam tentando fazer o que qualquer pessoa razoável faria nas mesmas circunstâncias: fugir.

Na realidade, os indígenas foram então reduzidos à escravidão, mas, em 1907, ninguém podia admitir isso abertamente. Uma empresa legítima precisava ter alguma base moral, e a única moralidade que a empresa conhecia era a dívida. Quando ficou claro que os uitotos rejeitaram a premissa, o sistema entrou em colapso e a empresa fechou. Assim como no caso do margrave Casimiro de Brandemburgo, o empreendimento terminou preso em uma espiral de terror e revolta que ameaçava destruir sua base econômica.

O ESCÂNDALO SECRETO DO CAPITALISMO é o fato de ele nunca ter sido organizado primordialmente em torno da mão de obra livre.⁹⁶ A conquista das Américas começou com a escravização em massa, que gradualmente se dissolveu em variações como servidão por dívida, escravidão africana e "servidão por contrato" [*indentured service*], isto é, um sistema em que os trabalhadores contratados recebiam adiantamento em dinheiro e depois demoravam cinco, sete, dez anos para pagar o que deviam. Desnecessário dizer que os servos por contrato eram recrutados legalmente entre pessoas que já eram devedoras. No século XVII, em alguns momentos havia tantos devedores brancos quanto escravos africanos trabalhando nas plantações do sul, e todos se encontravam na mesma situação legal, pois, no começo, as empresas donas das plantações trabalhavam segundo a tradição europeia jurídica que pressupunha a inexistência da escravidão. Até os africanos na Carolina do Norte e do Sul eram a princípio classificados como trabalhadores contratados.⁹⁷ É claro que isso mudou quando a ideia de "raça" foi introduzida. Quando os escravos africanos foram libertados, eles foram substituídos, nas plantations de Barbados até as Ilhas Maurício, por trabalhadores contratados, agora recrutados principalmente na Índia ou na

China. Trabalhadores chineses contratados construíram o sistema ferroviário da América do Norte, e os "cules" indianos abriram as minas sul-africanas. Camponeses da Rússia e da Polônia, que na Idade Média eram trabalhadores livres, foram transformados em servos apenas no início da era capitalista, quando seus senhores começaram a vender grãos no novo mercado mundial para suprir as novas cidades industriais a oeste.[98] Os regimes coloniais na África e no Sudeste Asiático exigiram regularmente o trabalho forçado de seus subjugados ou criaram sistemas de impostos para introduzir à força a população no mercado de trabalho por intermédio da dívida. Os senhorios britânicos na Índia, começando com a Companhia Britânica das Índias Orientais e continuando com o Governo do Reino Unido, institucionalizaram a servidão por dívida como meio principal de criar produtos para venda no exterior.

Trata-se de um escândalo não só porque o sistema algumas vezes sai do controle, como aconteceu em Putumayo, mas porque ele destrói nossos pressupostos mais caros sobre o que de fato é o capitalismo — particularmente que, em sua essência, o capitalismo teria forte relação com a liberdade. Para os capitalistas, liberdade significa liberdade de mercado. Para a maior parte dos trabalhadores, significa trabalho livre. Os marxistas questionaram se o trabalho assalariado, em última instância, é ou não livre (pois aquele que não tem nada para vender exceto seu corpo não pode ser considerado um agente verdadeiramente livre), mas mesmo assim tendem a pressupor que o trabalho assalariado livre é a base do capitalismo. A imagem dominante das origens do capitalismo continua sendo a do operário inglês, exausto, nas fábricas da Revolução Industrial, e essa imagem pode ser estendida até o Vale do Silício, com uma linha reta de continuidade. Nessa visão, todos aqueles milhões de escravos, servos, cules e peões por dívida desaparecem, ou, se for preciso falar deles, eles são reduzidos a acidentes de percurso. Como as confecções clandestinas que exploram mão de obra, supõe-se que este é um estágio pelo qual os países em processo de industrialização têm de passar, assim como se acredita que aqueles milhões de peões por dívida, trabalhadores contratados e trabalhadores de confecções clandestinas ainda existentes, muitas vezes nos mesmos lugares, certamente verão no futuro seus filhos se tornarem trabalhadores assalariados regulares, com seguro-saúde e aposentadoria, e os netos virando médicos, advogados e empreendedores.

Quando analisamos a história real do trabalho assalariado, mesmo em países como a Inglaterra, essa imagem começa a se desfazer. Em grande parte da Europa Setentrional, durante a Idade Média, o trabalho assalariado era principalmente um estilo de vida. Esperava-se que todas as pessoas, mais ou menos dos doze ou catorze anos até os 28 ou trinta anos, trabalhassem como empregadas na casa de outra pessoa — geralmente com contrato anual, pelo qual recebiam cama, comida, treinamento profissional e geralmente algum tipo de salário — até que juntassem recursos suficientes para se casar e criar a própria família.[99] A primeira consequência da "proletarização" foi que milhões de jovens, homens e mulheres, de toda a Europa encontraram-se efetivamente presos em uma espécie de adolescência permanente. Aprendizes e artífices jamais se tornariam "mestres", ou seja, jamais cresceriam. Por fim, muitos desistiam e se casavam cedo — para a desgraça dos moralistas, que afirmavam que o novo proletariado estava produzindo famílias que provavelmente não poderia manter.[100]

Existe, e sempre existiu, uma curiosa afinidade entre trabalho assalariado e escravidão. Não só porque os escravos das plantações de cana do Caribe eram responsáveis pelos produtos de alto teor energético que facilitavam o trabalho dos primeiros trabalhadores assalariados; também não só porque a maioria das técnicas científicas de gestão usadas nas fábricas da Revolução Industrial remontam aos mesmos canaviais; mas sim porque tanto a relação entre senhor e escravo quanto a relação entre empregador e empregado é, em princípio, impessoal: quer você tenha sido vendido, quer tenha alugado a sua força de trabalho, no momento em que o dinheiro passa de uma mão para a outra, *quem* você é supostamente não importa; o que importa é sua capacidade de entender ordens e fazer o que lhe mandam.[101]

Talvez por essa razão, em princípio, sempre exista a sensação de que tanto a compra de escravos como a contratação de trabalhadores não devessem ser feitas a crédito, mas sempre com dinheiro vivo. O problema, como já disse, é que, durante grande parte da história do capitalismo britânico, dinheiro vivo era algo que simplesmente não existia. Mesmo quando a Casa da Moeda começou a produzir moedas de prata e de cobre de baixas denominações, a oferta era esporádica e inadequada. Foi assim que o "truck system" se desenvolveu, em primeiro lugar: durante a Revolução Industrial, os donos das fábricas muitas vezes pagavam a seus trabalhadores com tíquetes ou vouchers válidos apenas nas lojas locais; os empregadores costumavam ter algum tipo de acordo informal com essas lojas, ou, em regiões mais isoladas do país, também eram donos delas.[102] As relações de crédito tradicionais com os lojistas locais assumiram uma natureza totalmente nova, pois o lojista era agente do chefe. Outro recurso era pagar aos trabalhadores, pelo menos em parte, com mercadorias — e é notável a riqueza do vocabulário para os artigos que os trabalhadores podiam pegar em seus locais de trabalho, principalmente do lixo, das sobras ou dos subprodutos: ensanchas, maravalhas, cadilhos, rebarbas, cisalhas, aparas, tocos, ramentos, restolho, sobejos, calços, sengas.[103] "Ensanchas", por exemplo, eram os retalhos que sobravam da alfaiataria, "maravalhas" eram pedaços de madeira que os estivadores tinham o direito de levar do local de trabalho (qualquer pedaço de madeira com menos de sessenta centímetros de comprimento), "cadilhos" eram fios que sobravam na urdidura dos teares etc. E, é claro, já ouvimos falar de pagamentos em espécie na forma de bacalhau e de pregos.

Os empregadores tinham um último recurso: esperar o dinheiro aparecer e, enquanto isso não ocorresse, não pagar nada — deixavam os empregados sobreviver *apenas* com o que conseguiam achar no chão de fábrica, ou com o que suas famílias conseguiam obter por meio de artimanhas em outros trabalhos, receber em caridade, economizar em grupo com amigos e familiares ou, quando nada dava certo, contrair empréstimos de agiotas e penhoristas que logo passaram a ser vistos como o flagelo dos pobres trabalhadores. A situação chegou a tal ponto que, no século XIX, toda vez que um incêndio destruía uma casa de penhores em Londres, os vizinhos que pertenciam à classe trabalhadora se preparavam para uma onda de violência doméstica que imediatamente era desencadeada quando muitas esposas se viam obrigadas a confessar que havia muito tempo tinham penhorado os trajes de domingo dos maridos.[104]

Hoje estamos acostumados a associar a situação de uma fábrica com dezoito meses de salários atrasados a países que enfrentam uma grande recessão econômica, como ocorreu durante o colapso da União Soviética; no entanto, devido às duras políticas monetárias do governo britânico, que estava sempre preocupado em garantir sobretudo que o papel-moeda não flutuasse em outra bolha especulativa, situações desse tipo não eram incomuns nos primórdios do capitalismo industrial. Em Londres, no século XVIII, o Almirantado Real costumava atrasar um ano o pagamento de salário de quem trabalhava nos estaleiros de Deptford — por essa razão, estava sempre disposto a aceitar que os trabalhadores se apropriassem de maravalhas, sem falar de cânhamo, lonas, parafusos e cordas. Na verdade, como mostrou Linebaugh, a situação só começou de fato a tomar uma forma reconhecível por volta de 1800, quando o governo estabilizou suas finanças, começou a pagar salários em dinheiro e em dia, e tentou abolir o que hoje chamamos de "furtos em local de trabalho" — uma prática que, apesar de encontrar resistência significativa dos estivadores, começou a ser punida com chicotadas e prisão. Samuel Bentham, o engenheiro responsável pela reforma dos estaleiros, teve de transformá-los em um Estado policial a fim de estabelecer um verdadeiro sistema de trabalho assalariado. Para tanto, ele teve a ideia de construir uma grande torre entre os estaleiros para garantir vigilância constante, ideia que depois seu irmão, Jeremy, tomou emprestada para o famoso Panóptico.[105]

HOMENS COMO ADAM SMITH E JEREMY BENTHAM eram idealistas, e até mesmo de visão utópica. No entanto, para entendermos a história do capitalismo, devemos começar por reconhecer que a imagem que temos diante de nós — a de trabalhadores que batem ponto diariamente pela manhã e recebem pagamentos semanais e mensais com base em um contrato temporário que ambas as partes podem rescindir a qualquer momento — começou como uma visão utópica, foi gradualmente realizada na Inglaterra e nos Estados Unidos, e nunca chegou a ser, em nenhum momento e em lugar algum, a principal forma de organização da produção para o mercado.

Por isso a obra de Adam Smith é tão importante. Ele criou a imagem de um mundo imaginário quase totalmente livre da dívida e do crédito, e por isso livre da culpa e do pecado; um mundo em que homens e mulheres eram livres para simplesmente calcular seus interesses sabendo que tudo tinha sido arranjado por Deus para garantir o bem comum. Essas construções imaginárias são, é claro, o que os cientistas chamam de "modelos", e não há nada de intrinsecamente errado com elas. Na verdade, acho que podemos dizer com razão que é impossível pensar sem elas. O problema desses modelos — pelo menos é o que parece acontecer sempre que modelamos algo chamado "mercado" — é que, uma vez criados, nós tendemos a tratá-los como realidades objetivas, ou até mesmo a ajoelhar diante deles e adorá-los como deuses. "Devemos obedecer aos ditames do mercado!"

Karl Marx, que conhecia bastante a tendência humana de se ajoelhar e adorar as próprias criações, escreveu *O capital* em uma tentativa de mostrar que mesmo se partirmos da visão utópica dos economistas, enquanto continuarmos permitindo que algumas pessoas controlem o capital produtivo e deixem os outros sem nada para negociar, exceto o corpo e a inteligência, os resultados serão, em muitos aspectos, indistinguíveis da escravidão, e todo o sistema terminará por se autodestruir. Mas todos parecem se esquecer da natureza "condicional" de sua análise.[106] Marx estava bem ciente de que, na cidade de Londres daquela época, havia muito mais engraxates, prostitutas, mordomos, soldados, vendedores ambulantes, limpadores de chaminé, floristas, músicos de rua, presidiários, babás e taxistas do que operários nas fábricas. Ele jamais sugeriu que o mundo fosse de fato como era em sua análise.

Ainda assim, se tivermos de extrair uma lição dos últimos séculos da história mundial, essa lição seria a de que visões utópicas podem ser poderosas. Isso vale tanto para Adam Smith como para aqueles que se posicionaram contra ele. O período entre 1825 e 1975, aproximadamente, representa um esforço breve, mas determinado, por parte de um pequeno grupo muito poderoso — com o apoio ávido de muitas pessoas com menos poder —, de tentar transformar essa visão em algo parecido com a realidade. A moeda de metal e o papel-moeda foram finalmente produzidos em quantidade suficiente para que até mesmo as pessoas comuns pudessem realizar suas transações diárias sem ter de recorrer a tíquetes, vales ou crédito. Os salários começaram a ser pagos em dia. Surgiram novos tipos de lojas e galerias, em que todos pagavam em dinheiro vivo, ou, alternativamente, com o passar do tempo, por meio de formas mais impessoais como o crediário. Como resultado, a antiga noção puritana de que a dívida era pecado e degradação começou a se enraizar profundamente em muitos daqueles que pertenciam ao que consideravam ser as classes trabalhadoras "respeitáveis" — pessoas que, com a mesma certeza de que tinham todos os dentes na boca, sentiam orgulho de estar livres das garras dos penhoristas e agiotas, diferenciando-se assim de bêbados, prostitutas e trabalhadores pouco qualificados.

Falando do ponto de vista de quem foi criado em uma família de classe trabalhadora (meu irmão viveu 53 anos e recusou até a morte ter um cartão de crédito), posso atestar que, para alguém que trabalha durante a maior parte do dia cumprindo ordens das outras pessoas, sacar uma carteira cheia de cédulas que são total e incondicionalmente suas pode ser uma forma de liberdade muito atraente. Não admira que tantos pressupostos dos economistas — muitos dos quais foram criticados neste livro — tenham sido adotados pelos líderes dos históricos movimentos operários, tanto que passaram a moldar nossas visões de como seriam as alternativas ao capitalismo. Como demonstrei no capítulo 7, o problema não é só o fato de serem baseadas em uma concepção profundamente equivocada e até perversa da liberdade humana. É importante enfatizar isso porque uma resposta típica à espécie de perspectiva crítica que tenho defendido é dar destaque à liberdade política, ao progresso tecnológico e à prosperidade em massa que essa economia também produziu. Não há dúvida de que os avanços em produtividade, higiene, educação e a aplicação do conhecimento científico às necessidades cotidianas produziram uma melhora sem precedentes na vida de bilhões de pessoas nos últimos 250 anos, mais ou menos, desde a Revolução Industrial, principalmente na vida das pessoas fora de seus locais de trabalho; no entanto, para mim não está nada claro que todas essas melhorias possam ser atribuídas a uma única entidade chamada "capitalismo" — ou se é mais sensato encarar as relações econômicas capitalistas, os avanços no conhecimento científico e a política democrática como fenômenos essencialmente independentes, cada um podendo ocorrer mesmo na ausência dos outros dois. Ainda assim, se concedermos ao capitalismo o benefício da dúvida nesse aspecto, uma coisa é clara: ter um mercado global é tão impossível quanto ter um sistema em que todas as pessoas, mesmo que não fossem capitalistas, conseguissem se tornar trabalhadores assalariados respeitados, pagos em dia e com acesso a cuidados odontológicos adequados, por exemplo. Um mundo como esse jamais existiu e jamais existirá. Além disso, no sistema capitalista, no momento em que até mesmo a possibilidade de isso acontecer dá sinais de se materializar, todo o sistema ameaça começar a ruir.

Parte v: Apocalipse

Retornemos, finalmente, ao ponto onde começamos: a Cortés e o tesouro asteca. O leitor já deve ter se perguntado: O que aconteceu com o tesouro? Cortés realmente o roubou de seus homens?

A resposta na verdade é que, ao final do cerco, devia restar muito pouco do tesouro. Cortés parece ter se apoderado de quase todo o tesouro muito antes de o cerco começar. E uma parte tinha sido obtida por meio de jogos e apostas.

Essa história também está em Bernal Díaz e é estranha e intrigante, mas também, acredito, profunda. Deixem-me preencher algumas das lacunas dela. Depois de queimar os navios, Cortés começou a formar um exército de aliados locais, o que foi relativamente fácil porque os astecas eram odiados por toda parte, então ele começou a marchar pela capital. Montezuma, o imperador asteca, que acompanhava de perto a situação, concluiu que precisava pelo menos descobrir com que tipo de pessoa ele estava lidando, e para isso convocou toda a força espanhola (algumas centenas de homens) para uma visita oficial a Tenochtitlán. Isso levou a uma série de intrigas, que fizeram com que os homens de Cortés mantivessem brevemente o imperador como refém antes de expulsá-lo à força.

Durante o período em que foi mantido prisioneiro em seu palácio, Montezuma e Cortés passaram boa parte do tempo se ocupando com um jogo asteca chamado *totoloque*. Eles jogavam apostando ouro, e Cortés, é claro, roubava. Em determinado momento, os homens de Montezuma chamaram a atenção do rei para a trapaça, mas ele simplesmente riu e fez piada da situação — também não se importou posteriormente quando Pedro de Alvarado, primeiro-tenente de Cortés, começou a trapacear de maneira ainda mais flagrante, exigindo ouro a cada ponto perdido e pagando, quando ele mesmo perdia, apenas em seixos que não valiam nada. Por que Montezuma se comportou dessa maneira continua sendo um mistério histórico. Díaz interpretou como um gesto de altiva magnanimidade, talvez até como a maneira de colocar os mesquinhos espanhóis em seu devido lugar.[107]

Uma historiadora, Inga Clendinnen, sugere uma interpretação alternativa. Para ela, os jogos astecas tendiam a ter uma característica peculiar: por um estranho golpe de sorte, sempre havia um modo de sair-se vitorioso. Isso parece ter sido verdade, por exemplo, em relação a seus famosos jogos de bola. Os críticos sempre se perguntam, ao ver a posição no pátio dos minúsculos aros de pedra, como era possível acertar o alvo. A resposta parece ser que eles não acertavam, pelo menos não da maneira que se pensa. Normalmente, o jogo não tinha nada a ver com o aro. O esporte era jogado entre dois times opostos, trajados como se estivessem prontos para a batalha, que arremessavam a bola de um lado para o outro:

> O sistema de pontuação se dava pela lenta acumulação de pontos. Mas esse processo podia ser anulado de maneira dramática. Fazer a bola passar por um dos anéis — uma proeza, dados o tamanho da bola e a largura do anel, algo presumivelmente mais raro do que o *hole in one*, isto é, um acerto de primeira no golfe — representava a vitória imediata, a posse de todos os bens apostados e o direito de pilhar as vestimentas dos espectadores.[108]

Quem vencesse ganhava tudo, até mesmo as roupas dos espectadores.

Há regras semelhantes em jogos de tabuleiro, como aqueles que Cortés e Montezuma jogavam: se, por um estranho golpe de sorte, um dos dados parasse inclinado, o jogo terminava e o vencedor ganhava tudo. Isso, sugere Clendinnen, devia ser o que Montezuma esperava. Afinal, ele estava bem no meio de eventos extraordinários. Criaturas estranhas apareceram, aparentemente do nada, com poderes jamais vistos. Rumores de epidemias, da destruição de nações vizinhas, já haviam chegado até ele. Se o momento de uma grandiosa revelação dos deuses estava próximo, o momento podia ter chegado.

Tal atitude parece em perfeita consonância com o espírito da cultura asteca conhecido por sua literatura, que ostentava um senso de catástrofe iminente, talvez determinada pela astrologia, e possivelmente — mas não provavelmente — evitável. Alguns sugeriram que os astecas devem ter tido ciência de ser uma civilização à beira de uma catástrofe ecológica; outros, que o tom apocalíptico é retrospectivo — pois, afinal de contas, o que sabemos da literatura asteca é quase totalmente proveniente de homens e mulheres que de fato experimentaram sua completa destruição. Ainda assim, parece haver uma característica violenta em certas práticas astecas — como o sacrifício de dezenas de milhares de prisioneiros de guerra, muito provavelmente de acordo com a crença aparente de que, se o Sol não se alimentasse sempre de corações humanos, ele morreria e, junto com ele, o mundo — que é difícil de ser explicada de outra maneira.

Se Clendinnen está correta, para Montezuma, ele e Cortés não estavam simplesmente apostando ouro. O ouro era trivial. O que estava em jogo era o Universo inteiro.

Montezuma era, acima de tudo, um guerreiro, e todos os guerreiros são jogadores; mas, diferentemente de Cortés, ele era, em todos os aspectos, um homem de honra. Como já vimos, a quintessência da honra de um guerreiro, uma grandeza que só pode vir da destruição e da degradação dos outros, é sua disposição para se atirar em um jogo em que arrisca ser ele próprio submetido a essa mesma destruição e degradação — e, a despeito de Cortés, sua disposição de jogar graciosamente, e com respeito às regras.[109] No momento certo, isso significava estar disposto a arriscar tudo.

Ele de fato arriscou. E, até onde se sabe, nada aconteceu. Nenhum dado parou inclinado. Cortés continuou trapaceando, os deuses não fizeram nenhuma revelação, e aquele Universo, por fim, se extinguiu.

Se temos algo a aprender aqui — e eu acho que temos — é que pode haver uma relação muito mais profunda entre o jogo e o apocalipse. O capitalismo é um sistema que enaltece o jogador como parte essencial de seu funcionamento, de maneira sem precedentes; contudo, ao mesmo tempo, o capitalismo parece ser, de maneira notável, incapaz de conceber a si próprio como algo eterno. Será que esses dois fatores podem estar interligados?

Sejamos mais precisos aqui. Não é totalmente verdade que o capitalismo seja incapaz de conceber a própria eternidade. Por um lado, seus defensores muitas vezes se sentem obrigados a dizer que ele é eterno, pois insistem que é o único sistema econômico viável possível — um sistema que, como gostam de dizer, "existe há 5 mil anos e existirá por mais 5 mil". Por outro lado, parece que no instante em que uma parte significativa da população começa de fato a acreditar nisso e, particularmente, começa a tratar as instituições de crédito como se fossem durar para sempre, todo o sistema sai de controle. Note-se aqui que foram justamente os regimes capitalistas mais sóbrios, cautelosos e responsáveis — a República Holandesa do século XVII e a Comunidade Britânica do século XVIII, os regimes capitalistas mais escrupulosos em gerir a dívida pública — que assistiram às explosões mais extremas de delírio especulativo: a "tulipomania" e a "bolha dos Mares do Sul".

Boa parte disso parece girar em torno da natureza do déficit nacional e do dinheiro de crédito. A dívida nacional é, como lamentam os políticos praticamente desde que essas coisas surgiram, dinheiro emprestado de futuras gerações. Mesmo assim, os efeitos sempre foram estranhamente dúbios. Por um lado, o financiamento de déficit é uma forma de colocar um poder militar ainda maior nas mãos de príncipes, generais e políticos; por outro, sugere que o governo deve algo àqueles a quem ele governa. Na medida em que nosso dinheiro no fundo não passa de uma extensão da dívida pública, então sempre que compramos um jornal ou uma xícara de café, ou quando apostamos em um cavalo, estamos negociando promessas, representações de algo que o governo nos dará em algum momento futuro, ainda que não saibamos exatamente o que seja.[110]

Immanuel Wallerstein costuma dizer que a Revolução Francesa introduziu na política diversas ideias extremamente novas — ideias que, cinquenta anos antes da revolução, a maioria dos europeus instruídos teria descartado como insanas, mas que, cinquenta anos depois, praticamente todos sentiam que tinham de ao menos fingir que acreditavam nelas. A primeira é que a mudança social é inevitável e desejável: que a direção natural da história é a da melhora gradual da civilização. A segunda é que o governo é o agente ideal para efetuar essa mudança. A terceira é que a legitimidade do governo é dada por um ente chamado "povo".[111] É fácil perceber como a própria ideia de dívida nacional — a promessa de um crescimento futuro contínuo (no mínimo, 5% ao ano) feita ao povo pelo governo — pode ter colaborado para inspirar essa nova perspectiva revolucionária. Ao mesmo tempo, no entanto, quando observamos homens como Mirabeau, Voltaire, Diderot, Sieyès — os *philosophes* que propuseram pela primeira vez a noção do que hoje chamamos "civilização" — nos anos que levaram à revolução, percebemos que na verdade eles falavam muito mais sobre o perigo de uma catástrofe apocalíptica, da possibilidade de a civilização, como era conhecida, vir a ser destruída pelo calote e pelo colapso econômico.

Parte do problema era óbvia: primeiro, a dívida nacional nasce da guerra; segundo, ela não é devida a todas as pessoas igualmente, mas sobretudo aos capitalistas — e, na França daquela época, "capitalista" significava especificamente "aqueles que detinham partes da dívida nacional". Aqueles de tendência mais democrática acreditavam que a situação como um todo era vergonhosa. "A teoria moderna da perpetuação da dívida", escreveu Thomas Jefferson mais ou menos nessa época, "banhou a terra de sangue e esmagou seus habitantes sob fardos que não param de se acumular."[112] A maioria dos pensadores iluministas temia que seus efeitos prometiam ser ainda piores. Afinal, a possibilidade de falência era intrínseca a essa nova noção "moderna" de dívida impessoal.[113] A falência, naquela época, era realmente um apocalipse pessoal: significava prisão e dissolução de patrimônio; para os menos afortunados, significava tortura, fome e morte. O que a falência nacional significaria, naquele momento da história, ninguém sabia. Não havia precedentes. Contudo, enquanto os países travavam guerras cada vez mais grandiosas e mais sangrentas, e suas dívidas cresciam de forma exponencial, o calote começou a parecer inevitável.[114] Abbé Sieyès, por exemplo, apresentou seu ambicioso plano de governo representativo, primeiro como uma maneira de reformar as finanças nacionais, de se esquivar da inevitável catástrofe. Mas a dúvida persistia: e quando acontecesse a falência, como seria? O dinheiro perderia todo o seu valor? Os militares tomariam o poder, os regimes por toda a Europa seriam obrigados a dar calote e despencar como dominós, mergulhando o continente em barbárie, trevas e guerras infinitas? Muitos já antecipavam a perspectiva do Terror bem antes da própria revolução.[115]

Essa é uma história curiosa porque estamos acostumados a pensar no Iluminismo como a aurora de uma fase única do otimismo humano, nascida dos pressupostos de que o avanço da ciência e do conhecimento humano tornaria inevitavelmente a vida mais sábia, mais segura e melhor para todos — uma fé ingênua que, diz-se, chegou ao auge com o socialismo fabiano da década de 1890 para depois ser aniquilada nas trincheiras da Primeira Guerra Mundial. Na verdade, mesmo os vitorianos foram assombrados pelos fantasmas da degeneração e do declínio. Acima de tudo, os vitorianos partilhavam da suposição quase universal de que o próprio capitalismo não duraria para sempre. Uma insurreição parecia iminente. Muitos capitalistas vitorianos baseavam-se na crença sincera de que poderiam, a qualquer momento, ser enforcados em árvores. Por exemplo, uma vez, em Chicago, um amigo me levou de carro a uma rua antiga muito bonita, cheia de mansões dos anos 1870; ele me explicou que a rua tinha aquela configuração porque a maioria dos industriais ricos de Chicago, na época, acreditava tanto na iminência da revolução que se mudou, coletivamente, para a rua que conduzia à base militar mais próxima. Praticamente nenhum dos grandes teóricos do capitalismo, considerando todo o espectro político, de Karl Marx a Max Weber, de Joseph Schumpeter a Ludwig von Mises, sentia que o capitalismo existiria por mais que uma ou duas gerações, no máximo.

Podemos ir além: no momento em que o medo da iminente revolução social deixou de parecer plausível, ao final da Segunda Guerra Mundial, nós nos vimos imediatamente diante de outro espectro: aquele de um holocausto nuclear.[116] Depois, quando isso não parecia mais possível, descobrimos o aquecimento global. Não estou dizendo que essas ameaças não fossem e não sejam reais. Contudo, parece estranho que o capitalismo sinta a necessidade constante de imaginar, ou, na verdade, fabricar, meios de sua iminente destruição. Em contraste radical, coloca-se o comportamento dos líderes de regimes socialistas, de Cuba à Albânia, que, ao assumir o poder, começaram imediatamente a agir como se seu sistema fosse durar para sempre — algo bastante irônico se considerarmos que, na verdade, não passaram de breves acidentes em termos históricos.

Talvez a razão disso seja que aquilo que era verdade em 1710 ainda permanece verdadeiro. Diante da perspectiva da própria eternidade, o capitalismo — ou, ao menos, o capitalismo financeiro — simplesmente explode. Afinal, se não há um fim, não há nenhum motivo para gerar crédito — ou seja, dinheiro futuro — infinitamente. Os eventos recentes com certeza parecem confirmar isso. O período que vai até 2008 foi uma época em que muitos começaram a acreditar que o capitalismo duraria para sempre; na pior das hipóteses, ninguém parecia mais capaz de imaginar uma alternativa. O efeito imediato foi uma série de bolhas, cada vez mais perigosas, que levaram o sistema como um todo ao colapso.

12. O começo de algo ainda por determinar (1971-presente)

> Veja aqueles vagabundos: se ao menos existisse um jeito de descobrir quanto eles devem.
>
> Repo man: A onda punk (1984)

> Liberte sua mente da ideia de merecimento, da ideia de lucratividade, e será capaz de pensar.
>
> Ursula K. Le Guin, Os despossuídos

Em 15 de agosto de 1971, o então presidente dos Estados Unidos, Richard Nixon, anunciou que os dólares no exterior não seriam mais convertidos em ouro, eliminando assim o último vestígio do padrão-ouro internacional.[1] Foi o fim de uma política em vigência desde 1931, confirmada pelos acordos de Bretton Woods no final da Segunda Guerra Mundial: embora os cidadãos dos Estados Unidos não pudessem trocar seus dólares por ouro, toda moeda dos Estados Unidos fora do país podia ser trocada a uma taxa de 35 dólares por onça. Ao tomar tal decisão, Nixon deu início ao regime de câmbio flutuante em vigor até hoje.

O consenso entre os historiadores é que Nixon não tinha muita escolha. Ele foi obrigado a fazê-lo pelos custos ascendentes da Guerra do Vietnã — uma guerra que, como todas as guerras capitalistas, fora financiada pelo déficit público. Os Estados Unidos possuíam grande parcela das reservas de ouro do mundo em seus cofres em Fort Knox (embora cada vez menos no final da década de 1960, quando outros governos, mais notadamente a

França de Charles de Gaulle, começaram a exigir ouro por seus dólares); os países mais pobres, em contraste, mantinham suas reservas em dólares. O efeito imediato da desvinculação feita por Nixon foi uma disparada no preço do ouro, que chegou ao pico de seiscentos dólares por onça em 1980. Isso, é claro, provocou um aumento extraordinário no valor das reservas de ouro dos Estados Unidos. O valor do dólar, em comparação com o ouro, por sua vez, despencou. O resultado foi uma maciça transferência de riquezas dos países pobres, que careciam de reservas em ouro, para os países ricos, como Estados Unidos e Grã-Bretanha, que ainda as mantinham. Nos Estados Unidos também se desencadeou uma inflação persistente.

Independentemente de quais tenham sido as razões de Nixon, no entanto, uma vez que o sistema global de dinheiro de crédito se desatrelou do ouro, o mundo entrou em uma nova fase da história financeira — uma fase que ninguém compreende por completo. Durante minha infância em Nova York, ouvia muitos rumores da existência de cofres secretos de ouro embaixo das Torres Gêmeas em Manhattan. Supostamente, esses cofres conteriam não só as reservas de ouro dos Estados Unidos, mas sim das principais potências econômicas. Dizia-se que o ouro era mantido na forma de barras, empilhadas em cofres separados, um para cada país, e todo ano, quando era feito o balanço, homens usavam empilhadeiras para reorganizar os estoques, transferindo, por exemplo, alguns milhões em ouro de um cofre chamado "Brasil" para outro chamado "Alemanha", e assim por diante.

Aparentemente, muitas pessoas ouviram histórias desse tipo. Logo depois que as torres foram destruídas, em 11 de setembro de 2001, uma das primeiras perguntas que muitos nova-iorquinos fizeram foi: "O que aconteceu com o dinheiro?". Ele estava seguro? Os cofres foram destruídos? Talvez o ouro tenha se derretido. Seria esse o verdadeiro objetivo dos terroristas? Teorias da conspiração surgiram de todos os cantos. Houve boatos de que legiões de trabalhadores emergenciais teriam sido convocadas em segredo para percorrer quilômetros de túneis superaquecidos, recolhendo desesperadamente toneladas de lingotes, enquanto equipes de resgate ainda trabalhavam acima deles. Uma teoria da conspiração particularmente exuberante sugeria que todo o ataque havia sido programado por especuladores que, como Nixon, queriam ver o valor do dólar despencar e o do ouro subir em disparada — ou porque as reservas tinham sido destruídas, ou porque os especuladores haviam tramado planos para roubá-las.[2]

O mais impressionante nessa história é que, depois de acreditar nela durante anos, e então, depois do Onze de Setembro, ter sido convencido por alguns amigos mais instruídos de que tudo não passava de um grande mito ("Não", disse um deles, obstinado, como se eu fosse uma criança, "os Estados Unidos mantêm suas reservas de ouro em Fort Knox"), fiz uma rápida pesquisa e descobri que a história é, sim, verdadeira. As reservas de ouro do Tesouro dos Estados Unidos são mantidas em Fort Knox, mas o ouro do Federal Reserve (o Banco Central americano) e de mais de uma centena de outros bancos centrais, governos e organizações é armazenado em cofres embaixo do prédio do Federal Reserve, no número 33 da Liberty Street, em Manhattan, a dois quarteirões das Torres Gêmeas. Pesando aproximadamente 5 mil toneladas, essas reservas representam, reunidas, segundo o website do Federal Reserve, algo entre um quinto e um quarto de todo o ouro já extraído da Terra. São organizadas visitas de crianças ao local:

> O ouro armazenado no Federal Reserve, em Nova York, encontra-se protegido em um cofre bastante incomum. Está localizado no subsolo da ilha de Manhattan — um dos poucos lugares considerados adequados para suportar o peso do cofre, da porta e do ouro que há lá dentro —, a 24 metros abaixo do nível da rua e 15 metros abaixo do nível do mar. [...] Para que o ouro chegue ao cofre, paletas são carregadas de lingotes, colocadas em um dos elevadores do banco e descem cinco andares abaixo do nível da rua até o cofre. [...] Se tudo estiver em ordem, o ouro é levado para um ou mais dos 122 compartimentos atribuídos a países depositantes e organizações internacionais, ou colocado em prateleiras. Os "empilhadores de ouro", usando elevadores hidráulicos, mudam o tempo todo o ouro de lugar de um compartimento para outro a fim de fazerem o balanço de créditos e dívidas — os cofres, no entanto, são identificados apenas por números, de modo que nem os trabalhadores sabem quem está pagando a quem.[3]

Não há razões para acreditar, contudo, que esses cofres foram, de alguma maneira, afetados pelos eventos de 11 de setembro de 2001.

A REALIDADE, portanto, se tornou tão estranha que é difícil saber quais elementos das grandes fantasias míticas são de fato apenas fantasia e quais são verdadeiros. A imagem de cofres em ruínas, do ouro derretido, de trabalhadores secretos correndo pelo subsolo de Manhattan com empilhadeiras para retirar de lá a economia mundial — nada disso existiu. Mas é mesmo surpreendente que as pessoas tenham imaginado tudo isso?[4]

O que eu gostaria de fazer neste capítulo não é tanto uma análise detalhada de como o sistema atual funciona, mas sim de como os padrões de longo prazo que examinei podem ser entendidos como os mesmos que são usados até o momento atual e de como eles podem nos dar pelo menos uma pista da direção que será tomada pelo sistema. Ninguém será capaz ou terá alguma chance de dizer o que tudo isso realmente significa para a próxima geração, no mínimo. Por outro lado, como antropólogo, não posso deixar de ver esse confuso jogo de símbolos como importante por sua natureza intrínseca, papel crucial que desempenha na manutenção das formas de poder que ele parece representar. Em parte, esses sistemas funcionam porque ninguém sabe como realmente funcionam.

Nos Estados Unidos, o sistema bancário, desde a época de Thomas Jefferson, tem demonstrado uma capacidade impressionante de inspirar fantasias paranoides: teorias da conspiração protagonizadas pela maçonaria, pelos Sábios de Sião, pela ordem secreta dos Illuminati, pelas operações de lavagem de dinheiro do tráfico de drogas da rainha da Inglaterra, ou ainda centenas de outras conspirações e grupos secretos. Foi esse o principal motivo da tão longa demora para se fundar um Banco Central no país. De certo modo, não há nada de surpreendente nisso. Os Estados Unidos sempre foram dominados por certo populismo de mercado, e a capacidade dos bancos de "criar dinheiro a partir do nada" — ou, mais que isso, de evitar que as pessoas o façam — sempre foi o bicho-papão dos populistas de mercado, pois essa capacidade contradiz diretamente a ideia de que os mercados são a simples expressão da igualdade democrática. Mesmo assim, desde que Nixon estabeleceu o câmbio flutuante, tornou-se evidente que é *somente* o mágico nos bastidores que parece manter a viabilidade de todo o sistema. Com a ortodoxia do livre mercado que se seguiu fomos levados a aceitar a ideia de que "o mercado" é um sistema autorregulado, no qual a alta e a baixa de preços se assemelham às forças da natureza, e ao mesmo tempo fechamos os olhos para o fato de que, nas páginas de economia, aceita-se sem muito questionamento que as altas e baixas do mercado são principalmente uma antecipação ou uma reação às decisões relacionadas às taxas de juros tomadas por Alan Greenspan, Ben Bernanke ou quem quer que esteja a cargo do Federal Reserve (Fed).[5]

UM ELEMENTO, porém, tende a estar ausente de maneira ostensiva mesmo nas teorias da conspiração mais vibrantes sobre o sistema bancário, quanto mais nos relatos oficiais: o papel da guerra e do poder militar. Há uma razão para que o mágico tenha essa estranha capacidade de criar dinheiro do nada. Por trás dele há um homem armado.

Sim, em certo sentido ele sempre esteve lá, desde o começo. Eu já havia dito que o dinheiro moderno se baseia na dívida do governo, e que os governos tomam dinheiro emprestado para financiar guerra. Isso é tão verdade hoje quanto o foi na época do rei Filipe II. A criação de bancos centrais representou uma institucionalização permanente do casamento entre os interesses dos guerreiros e os dos financistas que começou a se manifestar na Itália renascentista e se tornou o fundamento do capitalismo financeiro.[6]

Nixon fez o dólar flutuar para custear uma guerra durante a qual, apenas entre os anos 1970 e 1972, ele ordenou que fossem despejados mais de 4 milhões de toneladas de explosivos em cidades e vilarejos de toda a Indochina — o que levou um senador a apelidá-lo de "o maior bombardeador de todos os tempos".[7] A crise da dívida foi um resultado direto da necessidade de pagar pelas bombas, ou, para ser mais preciso, pela ampla infraestrutura militar necessária para despejá-las. Foi isso que causou um desfalque enorme nas reservas de ouro dos Estados Unidos. Muitos sustentam que, com a flutuação do dólar, Nixon converteu a moeda norte-americana em pura "moeda fiduciária" — meros pedaços de papel, sem valor intrínseco, que eram considerados dinheiro apenas porque o governo dos Estados Unidos insistia que assim deveria ser. Nesse caso, alguém podia argumentar que a potência militar dos Estados Unidos era naquele momento a única instituição que dava suporte à moeda. Isso é verdade, em certo sentido, mas a ideia de "moeda fiduciária" supõe que o dinheiro, antes de mais nada, realmente "era" ouro. Na verdade, estamos lidando com outra variação do dinheiro de crédito.

Contrariamente à crença popular, o governo dos Estados Unidos não pode "apenas imprimir dinheiro" porque o dinheiro norte-americano não é emitido de modo nenhum pelo governo federal, mas por bancos privados, sob a égide do Federal Reserve (Fed). Essa instituição, por sua vez, é um híbrido de público e privado, é um consórcio de bancos privados cujo presidente é nomeado pelo presidente dos Estados Unidos, com aprovação do Congresso, mas que, normalmente, funciona de maneira autônoma. Todas as notas de dólar em circulação nos Estados Unidos são "Cédulas do Federal Reserve" — o Fed as emite como notas promissórias e contrata a Casa da Moeda norte-americana para fazer a impressão, pagando a ela quatro centavos de dólar por nota.[8] Esse sistema é apenas uma variação do esquema criado originalmente pelo Banco da Inglaterra: o Federal Reserve "empresta" dinheiro para o governo dos Estados Unidos adquirindo ações do Tesouro, e depois monetiza a dívida do país emprestando o dinheiro devido pelo governo a outros bancos.[9] A diferença é que, enquanto o Banco da Inglaterra originalmente emprestava o ouro do rei, o Banco Central americano simplesmente faz o dinheiro existir dizendo que ele existe. Por isso, é o Fed que tem o poder de imprimir o dinheiro.[10] Os bancos que recebem empréstimos do Fed não têm mais permissão de imprimir dinheiro, mas podem criar moeda virtual fazendo empréstimos ostensivos respeitando a taxa de reservas fracionárias estabelecida pelo Fed — embora, na prática, até mesmo essas restrições tenham se tornado, em grande medida, teóricas.[11]

Em tudo isso há um tanto de simplificação: a política monetária é infinitamente misteriosa, e muitas vezes parece intencionalmente misteriosa. (Henry Ford observou que, se os cidadãos comuns norte-americanos descobrissem como o sistema bancário funciona de fato, uma revolução explodiria no dia seguinte.) E a ilusão não acaba aqui. Por exemplo, embora o Fed tecnicamente não possa emprestar dinheiro para o governo comprando títulos do Tesouro, todos sabem que comprá-los indiretamente é uma das principais razões de sua existência. E, quando o governo emite títulos do Tesouro, ele de fato está, em certo sentido, emitindo dinheiro: ao colocar em circulação a moeda simbólica que — como consequência aparentemente paradoxal do câmbio flutuante de Nixon — passara a substituir o ouro como moeda de reserva do mundo; ou seja, como estoque definitivo de valor no mundo, conferindo aos Estados Unidos enormes vantagens econômicas.[12]

Enquanto isso, a dívida dos Estados Unidos continua a ser, como ocorre desde 1790, uma dívida de guerra. O país continua gastando com as Forças Armadas mais do que todas as outras nações do mundo juntas, e os gastos militares não são apenas a base da política industrial do governo: eles também tomam conta de uma proporção tão grande do orçamento que, de acordo com várias estimativas, os Estados Unidos não teriam déficit nenhum se não houvesse esse montante de gastos militares.

As Forças Armadas dos Estados Unidos se distinguem de quaisquer outras por sustentarem a doutrina de projeção mundial de poder: o país deveria ter a capacidade, por meio de aproximadamente oitocentas bases militares no exterior, de intervir com força letal em qualquer lugar do planeta. De certo modo, no entanto, as forças em terra são secundárias; pelo menos desde a Segunda Guerra Mundial, a chave para a doutrina militar norte-americana tem sido a confiança na força aérea. Os Estados Unidos não lutaram em nenhuma guerra sem controlar os céus, e têm confiado nos bombardeios aéreos de maneira muito mais sistemática que quaisquer outras forças armadas — como na recente ocupação do Iraque, por exemplo, chegando ao ponto de bombardear regiões residenciais de cidades já claramente sob seu controle. A essência do predomínio militar dos

Estados Unidos no mundo é, em última instância, o fato de eles poderem, conforme sua vontade, com aviso prévio de apenas algumas horas, bombardear absolutamente qualquer ponto na superfície da Terra.[13] Nenhum outro governo jamais teve uma capacidade remotamente parecida com a dos Estados Unidos. Na verdade, pode-se afirmar com certeza que essa é a força que mantém coeso todo o sistema monetário mundial, organizado em torno do dólar.

Dívida pública × Orçamento da defesa (Estados Unidos, 1950-2008)

Outra vez, estamos falando de poder simbólico. Na verdade, de uma forma de poder que só funciona basicamente na medida em que continue sendo simbólica. Na época da Guerra Fria, os Estados Unidos e a URSS eram considerados superpotências principalmente porque seus líderes tinham os meios, graças a seus arsenais nucleares, de destruir a humanidade apertando um botão. Obviamente, esse poder só poderia ser traduzido em influência política se não fosse exercido de fato. De maneira mais sutil, o mesmo continua sendo válido para as ambições cósmicas dos Estados Unidos. Ou seja, o poder não se dá pela ameaça direta, mas pela criação de um ambiente político que se define pela consciência de um acesso totalmente desproporcional aos meios de violência; essa sensação de poder absoluto, no entanto, tende a se dissipar quando a violência é usada de maneira que ultrapassa a ameaça simbólica.

Como isso funciona em termos econômicos?

Por causa dos déficits comerciais dos Estados Unidos, grandes quantidades de dólares circulam fora do país, e um dos efeitos do câmbio flutuante do dólar é o fato de os bancos centrais estrangeiros não terem muito que fazer com esses dólares, exceto usá-los para comprar títulos do Tesouro dos Estados Unidos.[14] Esse é o significado de o dólar se tornar a "moeda de reserva" do mundo. Esses títulos são, como todos os títulos, supostamente empréstimos que irão vencer e deverão ser pagos, mas, como notou o economista Michael Hudson, o primeiro a observar o fenômeno no início da década de 1970, isso nunca acontecerá:

> Na medida em que esses vales do Tesouro vão se incorporando na base monetária do mundo, eles jamais serão pagos, mas irão se acumular indefinidamente. Essa característica é a essência da corrida financeira dos Estados Unidos, uma taxa imposta à custa do mundo inteiro.[15]

Além disso, Hudson nota que, com o tempo, o efeito combinado de pagamentos a juros baixos e inflação é a perda de valor desses títulos — contribuindo para o efeito fiscal, ou, como preferi chamar no primeiro capítulo, "tributo". Os economistas preferem chamá-lo de "senhoriagem". O efeito, contudo, é que o poder imperial norte-americano se baseia em uma dívida que jamais será — nem pode ser — paga. A dívida nacional do país tornou-se uma promessa, feita não apenas ao próprio povo norte-americano, mas também a nações do mundo inteiro — uma promessa que todos sabem que jamais será cumprida.

Ao mesmo tempo, a política dos Estados Unidos à época insistia que os países dependentes dos títulos do Tesouro dos Estados Unidos como moeda de reserva se comportassem de maneira oposta: cumprindo políticas monetárias restritivas e pagando escrupulosamente suas dívidas.

Como já observei, desde os tempos de Nixon os compradores estrangeiros mais importantes dos títulos do Tesouro dos Estados Unidos tendiam a ser bancos em países que, efetivamente, estavam sob ocupação militar dos Estados Unidos. Na Europa, o aliado de Nixon mais entusiasmado a esse respeito era a Alemanha Ocidental, que na época abrigava mais de 300 mil soldados norte-americanos. Em décadas mais recentes, o foco passou para a Ásia, particularmente para os bancos centrais de países como Japão, Taiwan e Coreia do Sul — outra vez, todos protetorados militares dos Estados Unidos. Além disso, o status global do dólar é reforçado pelo fato de a moeda ser, desde 1971, a única usada para comprar e vender petróleo, e todas as tentativas de países da Opep de passar a negociar em outra moeda foram obstinadamente frustradas pela Arábia Saudita e pelo Kuwait, também membros da Opep — e, além disso, protetorados militares dos Estados Unidos.[16] Quando Saddam Hussein ousou passar sozinho do dólar para o euro em 2000, seguido pelo Irã em 2001, a retaliação logo ocorreu, o bombardeio do Iraque e sua ocupação militar pelos Estados Unidos. É impossível saber até que ponto a decisão de Hussein de se opor ao dólar pesou na decisão dos Estados Unidos de destituí-lo.[17] A decisão de parar de usar a "moeda do inimigo", como ele a chamava, foi apenas um dos gestos hostis de ambos os lados. De um jeito ou de outro, provavelmente eles seriam levados à guerra; mas é importante aqui lembrar da existência de rumores generalizados de que esse teria sido um dos fatores cruciais, e por isso nenhum estrategista político em condição de fazer uma mudança semelhante pode ignorar completamente tal possibilidade. Ainda que seus beneficiários não gostem de admitir, todos os acordos imperiais, em última instância, baseiam-se no terror.[18]

LEVANDO TUDO ISSO EM CONTA, os efeitos imediatos do advento do dólar flutuante marcaram não uma ruptura com a aliança de guerreiros e financistas sobre a qual se fundou o próprio capitalismo, mas sim algo que se parece muito mais com sua derradeira apoteose. Tampouco o retorno à moeda virtual levou a um grande retorno às relações de honra e confiança: muito pelo contrário. Estamos falando dos primeiros anos do que provavelmente será uma era que irá durar séculos. Em 1971, a maior parte dessas mudanças nem sequer havia começado. American Express, o primeiro cartão de crédito de uso geral, havia sido criado treze anos antes, e o sistema nacional moderno de cartões de crédito só passou a existir com o aparecimento do Visa e do MasterCard em 1968. Os cartões de débito vieram depois, criados na década de 1970, e a economia totalmente desprovida do uso de dinheiro vivo passou a existir na década de 1990. Todos esses novos acordos de crédito eram mediados não por relações interpessoais de confiança, mas pelas corporações que buscam o lucro, e uma das primeiras e maiores vitórias políticas da indústria de cartões de crédito nos Estados Unidos foi a eliminação de todas as restrições legais acerca do que cobrar como juros.

Se a história for verdadeira, uma era de moeda virtual deveria implicar o distanciamento da guerra, da ambição imperial, da escravidão e da servidão (assalariada ou outra qualquer) por dívida, e um movimento rumo à criação de instituições abrangentes de algum tipo, em escala global, para proteger os devedores. O que temos visto até agora é o oposto. A nova moeda global está arraigada no poder militar com uma firmeza ainda maior que a antiga. A servidão por dívida continua o principal meio de recrutar trabalho mundialmente: seja no sentido literal, como ocorre em boa parte do Leste Asiático ou da América Latina, seja no sentido subjetivo, em que a maioria dos que recebem por empreitada ou mesmo dos que têm salários fixos sente que o dinheiro que recebe por seu trabalho só dá para pagar empréstimos a juros. As novas tecnologias de transporte e comunicações apenas facilitaram isso, possibilitando cobrar de trabalhadores domésticos ou de operários milhares de dólares em taxas de transporte, levando-os depois a trabalhar em países distantes, onde não têm proteção legal para conseguirem pagar a dívida.[19] Na medida em que todas essas instituições de largo alcance e de dimensões cósmicas foram criadas sugerindo um paralelo com os reis divinos do antigo Oriente Médio ou com as autoridades religiosas da Idade Média, elas não foram concebidas para proteger devedores, mas sim para impor os direitos dos credores. O Fundo Monetário Internacional é apenas o exemplo mais gritante nesse aspecto. Encontra-se no topo de uma emergente burocracia global gigantesca — o primeiro sistema administrativo genuinamente global da história humana, composto não só das Nações Unidas, do Banco Mundial e da Organização Mundial do Comércio, mas também de inúmeras associações econômicas, organizações comerciais e organizações não governamentais que trabalham em conjunto —, criada em grande parte com o financiamento dos Estados Unidos. Todas essas organizações funcionam de acordo com o princípio de que (a não ser que se trate do Tesouro dos Estados Unidos, ou do American Insurance Group) "é preciso pagar as próprias dívidas" — pois se presume que o espectro da bancarrota de qualquer país põe em risco o sistema monetário mundial, ameaçando, como na colorida imagem de Addison, transformar todos os sacos de ouro (virtual) do mundo em pedaços de papel sem valor.

Tudo isso é verdade. Mas, ressalto, estamos tratando de um período de apenas quarenta anos do início do que pode ser uma era de quatrocentos ou quinhentos anos. O estratagema de Nixon, que Hudson chama de "imperialismo da dívida", já sofreu um desgaste considerável. A primeira vítima foi precisamente a burocracia imperial dedicada à proteção dos credores (exceto aqueles a quem os Estados Unidos deviam dinheiro). As políticas do FMI, com sua insistência de que as dívidas devem ser pagas quase exclusivamente com o dinheiro dos pobres, foram de encontro a um movimento igualmente global de rebelião social (o chamado "movimento antiglobalização" — embora o nome seja profundamente enganador), seguidas de uma contundente rebelião fiscal tanto no Leste Asiático como na América Latina. Em 2000, os países do Leste Asiático deram início a um boicote sistemático ao FMI. Em 2002, a Argentina cometeu o pecado supremo: deu um calote — e se saiu bem da história. As subsequentes aventuras militares dos Estados Unidos tinham o objetivo claro de aterrorizar e intimidar, mas não parecem ter tido tanto sucesso: parcialmente porque, para financiá-las, os Estados Unidos tiveram de recorrer não só a seus clientes militares, mas também, cada vez mais, à China, seu principal rival militar remanescente. Depois do colapso quase completo de sua indústria financeira, que, apesar de praticamente obter o direito de imprimir dinheiro à vontade, ainda conseguiu ter trilhões de dívidas que não podiam pagar, paralisando a economia mundial, os Estados Unidos perderam inclusive a capacidade de argumentar que o imperialismo da dívida garantia estabilidade.

Para termos uma ideia de como foi extrema a crise de que estamos falando, vejamos alguns gráficos estatísticos retirados do site da divisão do Federal Reserve de St. Louis.[20]

Eis o tamanho da dívida externa dos Estados Unidos:

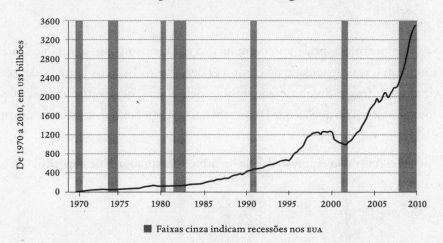

Dívida federal mantida por investidores estrangeiros e internacionais

■ Faixas cinza indicam recessões nos EUA

Fonte: US Department of the Treasury Financial Management Service (Serviço de Administração Financeira do Departamento do Tesouro dos Estados Unidos)

Enquanto isso, os bancos privados dos Estados Unidos reagiram à crise abandonando toda pretensão imaginária de que estamos lidando com uma economia de mercado, transferindo todos os ativos disponíveis para os cofres do próprio Federal Reserve, que comprou títulos do Tesouro dos Estados Unidos:

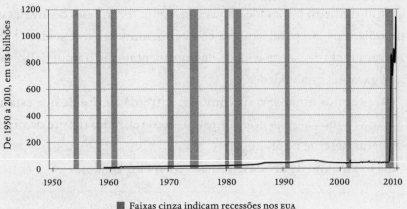

Reservas totais do conselho de governadores ajustadas para mudanças nas exigências de reservas

Fonte: Board of Governors of the Federal Reserve System (Conselho de Governadores do Banco Central dos EUA)

Isso permitiu, por meio de mais um misterioso passe de mágica que ninguém teria capacidade de compreender, que os Estados Unidos, depois de um naufrágio de quase 400 bilhões de dólares, ficassem com reservas muito maiores do que as que já tiveram em qualquer circunstância histórica:

Reservas não emprestadas de instituições captadoras de depósitos

Fonte: Board of Governors of the Federal Reserve System (Conselho de Governadores do Banco Central dos EUA)

O começo de algo ainda por determinar (1971-presente)

A essa altura, alguns credores dos Estados Unidos sentiram que finalmente estavam em posição de exigir que novas agendas políticas fossem levadas em conta:

CHINA ALERTA OS EUA SOBRE MONETIZAÇÃO DA DÍVIDA
Aparentemente em todos os lugares por onde passou em uma recente viagem à China, Richard Fisher, presidente do Federal Reserve de Dallas, recebeu o mesmo pedido para transmitir uma mensagem a Ben Bernanke, diretor do Banco Central americano: "Parem de criar crédito a partir do nada para comprar ações do Tesouro dos Estados Unidos".[21]

Mais uma vez, nunca fica claro se devemos encarar o dinheiro desviado da Ásia para apoiar a máquina de guerra dos Estados Unidos como "empréstimos" ou como "tributos". Contudo, o súbito advento da China como principal detentor de títulos do Tesouro dos Estados Unidos claramente alterou a dinâmica. Alguns podem perguntar por que, caso esses pagamentos sejam de fato pagamentos de tributos, o maior rival dos Estados Unidos estaria comprando títulos do Tesouro — e ainda concordando com vários acordos monetários tácitos para manter o valor do dólar e, assim, o poder de compra dos consumidores norte-americanos.[22] Acredito, no entanto, que esse seja um excelente exemplo da utilidade de adotarmos uma perspectiva histórica de longo prazo.

Dessa perspectiva, o comportamento da China não é nada estranho. A característica singular do império chinês é o fato de ele ter adotado, desde pelo menos a dinastia Han, um tipo específico de sistema de tributos pelo qual, em troca de reconhecimento de seu imperador como soberano mundial, se mostra disposto a abarrotar seus Estados-clientes de presentes em muito maior quantidade do que os que recebe em troca. A técnica parece ter sido desenvolvida quase como um tipo de truque quando foi preciso lidar com os "bárbaros" das estepes do norte, que sempre ameaçaram as fronteiras chinesas: foi um modo de oprimi-los com luxos para que se tornassem complacentes, efeminados e sem disposição para a guerra. Foi sistematizada na "troca de tributos" praticada com Estados-clientes como Japão, Taiwan,

Coreia e vários países do sul da Ásia, e, por um breve período, entre 1405 e 1433, chegou a se estender em escala mundial, sob o comando do famoso almirante eunuco Zheng He.[23] Ele enviou uma série de sete expedições pelo oceano Índico, sua grande "frota de tesouros" — em espetacular contraste com as frotas espanholas de tesouros do século anterior —, carregando não só milhares de fuzileiros armados, mas infinitas quantidades de seda, porcelana e outros luxos chineses a fim de presentear os governantes locais dispostos a reconhecer a autoridade do imperador.[24] Tudo isso estava enraizado em uma ideologia de extraordinário chauvinismo ("Afinal, existe algo que esses bárbaros possuam de que nós realmente precisamos?"), mas, aplicado aos vizinhos da China, provou-se uma política sábia para um império rico cercado por reinos muito menores, mas potencialmente perigosos. Na verdade, o governo dos Estados Unidos foi astuto ao adotar essa mesma política durante a Guerra Fria, criando tratados comerciais favoráveis para Estados — como Coreia, Japão, Taiwan, alguns aliados favorecidos no Sudeste Asiático — que eram tradicionalmente tributários dos chineses; nesse caso, o objetivo era conter a China.[25]

Tendo tudo isso em mente, o quadro geral agora começa a fazer sentido de novo. Quando os Estados Unidos eram de longe a maior potência econômica mundial, eles conseguiam manter Estados tributários, ao estilo chinês. Assim, esses mesmos Estados, eleitos entre os protetorados militares dos Estados Unidos, puderam lutar contra a pobreza e chegar ao status de Primeiro Mundo.[26] Depois de 1971, como a força econômica dos Estados Unidos em relação ao restante do mundo começou a declinar, eles foram gradualmente transformados em um tipo mais ultrapassado de tributários. Contudo, ao entrar no jogo, a China acrescentou um novo elemento. Temos todas as razões para acreditar que, do seu ponto de vista, esse é o primeiro estágio de um longo processo de reduzir os Estados Unidos a algo parecido a um tradicional Estado-cliente chinês. E, é claro, os governantes chineses, da mesma forma que os governantes de qualquer outro império, não são motivados principalmente pela benevolência. Sempre existe um custo político, e a manchete da notícia que transcrevemos traz os primeiros vislumbres de qual poderia ser esse custo.

Tudo que disse até agora procura chamar a atenção para um dado real que vem se vislumbrando ao longo deste livro: o dinheiro não possui essência. Ele não é "realmente" nada; portanto, sua natureza sempre foi e supostamente sempre será uma questão de disputa política. A propósito, esse é um fato cuja veracidade se comprova desde os primeiros estágios da história dos Estados Unidos — como atestam de maneira tão intensa as infindáveis batalhas do século xix entre defensores do padrão-ouro, do papel-moeda, do sistema bancário livre, do bimetalismo e do uso da prata como padrão monetário* — ou considerando-se que os eleitores norte-americanos desconfiaram tanto da própria ideia de bancos centrais que o sistema do Federal Reserve foi criado apenas às vésperas da Primeira Guerra Mundial, três séculos depois do Banco da Inglaterra. Até mesmo a monetização da dívida nacional, como já observei, tem dois lados. Ela pode ser vista — seguindo a linha de raciocínio de Jefferson — como a aliança perniciosa suprema entre guerreiros e financistas, mas também abriu caminho para que encarássemos o próprio governo como um devedor moral, e a liberdade como algo que literalmente se deve à nação. Talvez ninguém tenha colocado a questão de maneira mais eloquente que Martin Luther King Jr., em seu discurso chamado "Eu tenho um sonho", proferido na escadaria do Lincoln Memorial, em 1963:

> Em certo sentido, viemos para a capital do país para descontar um cheque. Quando os arquitetos de nossa república escreveram as magníficas palavras da Constituição e da Declaração da Independência, assinaram uma nota promissória da qual cada norte-americano seria herdeiro. Essa nota foi uma promessa de que todos os homens — sim, tanto negros como brancos — teriam garantidos os "direitos inalienáveis" de "vida, liberdade e busca da felicidade". Está claro que os Estados Unidos deram um calote nessa nota promissória no que se refere a seus cidadãos de cor. Em vez de honrar essa obrigação sagrada, o país deu aos negros um cheque sem fundos, um cheque devolvido com o carimbo de "saldo insuficiente".

---

* Respectivamente, *goldenbugs, greenbackers, free bankers, bi-metallists* e *silverites*. (N. T.)

Podemos analisar a crise de 2008 sob a mesma ótica — como o resultado de anos de lutas políticas entre credores e devedores, ricos e pobres. Até certo ponto, é exatamente isso o que ela parecia ser: uma fraude, um esquema Ponzi inacreditavelmente sofisticado, destinado a entrar em colapso quando todos soubessem que os perpetradores seriam capazes de obrigar as vítimas a socorrê-los. Em outro nível, ela pode ser vista como a culminação de uma batalha sobre a própria definição de dinheiro e crédito.

No final da Segunda Guerra Mundial, o espectro de uma revolta iminente da classe operária, que tanto havia assombrado as classes dominantes da Europa e da América do Norte no século anterior, desapareceu quase totalmente. Isso porque a luta de classes foi suspensa na condição de acordo tácito. Colocando em termos mais diretos: a classe trabalhadora branca dos países do Atlântico Norte, dos Estados Unidos até a Alemanha Ocidental, recebeu a proposta de um acordo. Se concordasse em abandonar quaisquer fantasias de mudar fundamentalmente a natureza do sistema, ela poderia manter seus sindicatos, gozar de uma ampla variedade de benefícios sociais (pensões, férias, assistência médica...), e, talvez o mais importante, graças a instituições educacionais públicas com financiamentos generosos e em constante expansão, saber que seus filhos teriam uma chance razoável de sair totalmente da classe trabalhadora. Um dos elementos-chave de tudo isso foi a garantia tácita de que o aumento na produtividade dos trabalhadores corresponderia ao aumento de salários: uma garantia que se manteve muito bem até o final da década de 1970. O período assistiu então ao aumento muito rápido da produtividade e dos salários, o que estabeleceu a base para a economia de consumo atual.

Os economistas chamam esse período de "era keynesiana", pois foi nele que as teorias econômicas de John Maynard Keynes, que já haviam sido a base do New Deal de Roosevelt nos Estados Unidos, passaram a ser adotadas pelas democracias industriais praticamente em todos os lugares. Com elas, veio também a atitude algo despreocupada de Keynes em relação ao dinheiro. O leitor se lembrará de que Keynes aceitava totalmente a ideia de que os bancos criam, sim, dinheiro "do nada", e que, por esse motivo, não há uma razão intrínseca que impeça o governo de encorajar isso em períodos de declínio econômico a fim de estimular a demanda — uma postura que, durante bastante tempo, foi cara aos devedores e considerada um anátema pelos credores.

O próprio Keynes era conhecido em sua época por fazer propostas radicais, como, por exemplo, sugerir a completa eliminação dessa classe de pessoas que vive de dívidas alheias — "a eutanásia dos rentistas", como dizia —, embora ele quisesse na verdade sugerir tal eliminação mediante a redução gradual das taxas de juros. Como ocorre em grande parte da teoria keynesiana, a ideia era muito menos radical do que parecia. Na verdade, ela fazia parte de uma grande tradição da economia política, que remontava ao ideal de Adam Smith de um mundo sem dívidas, mas especialmente à condenação por David Ricardo dos proprietários de terras, como parasitas, cuja mera existência seria hostil ao crescimento econômico. Keynes estava apenas seguindo essa mesma linha de pensamento, considerando os rentistas uma relíquia medieval inconsistente com o verdadeiro espírito da acumulação de capital. Longe de encarar sua proposta como revolucionária, ele a via, ao contrário, como a melhor maneira de evitar uma revolução:

> Consequentemente, considero o aspecto rentista do capitalismo uma fase transitória, que desaparecerá logo que tenha desempenhado sua função. E com o desaparecimento desse aspecto muitas outras transformações deverão ocorrer. Além disso, a grande vantagem para a ordem dos acontecimentos que preconizo é que a eutanásia dos rentistas, dos investidores sem função, nada terá de repentino [...] e não precisará recorrer a revoluções.[27]

Quando as recomendações keynesianas foram finalmente implementadas, depois da Segunda Guerra Mundial, elas alcançaram apenas uma fatia relativamente pequena da população mundial. Com o passar do tempo, mais e mais pessoas quiseram fazer parte do acordo. Quase todos os movimentos populares entre 1945 e 1975, talvez até mesmo os movimentos revolucionários, podiam ser vistos como demandas de inclusão: demandas de igualdade política que partiam do princípio de que esta é insignificante sem algum nível de segurança econômica. Tratava-se de uma verdade não só para os movimentos de minorias nos países do Atlântico Norte, os primeiros a ser deixados de fora do acordo — como aqueles para os quais falava Martin Luther King —, mas também para os movimentos de "libertação nacional", como eram denominados na época, da Argélia ao Chile, que representavam certos fragmentos de classes do que hoje chamamos de Sul Global, e, por fim, e talvez de maneira mais dramática, no final dos anos 1960 e 1970, para o movimento feminista. Em algum momento da década de 1970, as coisas atingiram um ponto crítico. Ficou claro que o capitalismo, como sistema, simplesmente não poderia estender esse acordo a todo mundo. Talvez o acordo nem sequer continuasse viável se todos os trabalhadores se tornassem trabalhadores assalariados livres; e certamente jamais seria capaz de dar a todas as pessoas do planeta o mesmo tipo de vida que levava, por exemplo, um trabalhador da indústria automobilística em Michigan ou Turim, na década de 1960, com casa própria, garagem e filhos na universidade — e isso já era evidente muito antes de os filhos começarem a exigir uma vida menos sufocante. O resultado pode ser chamado de crise de inclusão. No final dos anos 1970, a ordem vigente estava claramente em colapso, assolada ao mesmo tempo pelo caos financeiro, por motins por comida, crise do petróleo, profecias apocalípticas generalizadas sobre o fim do crescimento e a crise ecológica — tudo isso, como se verificou, foi uma maneira de fazer as camadas populares entenderem que os acordos haviam sido desfeitos.

No momento em que começamos a enxergar a história por esse prisma, fica fácil perceber que os trinta anos seguintes, aproximadamente de 1978 a 2009, seguiram quase o mesmo padrão. A única diferença foi que o acordo, o contrato, havia mudado. Quando Ronald Reagan, nos Estados Unidos, e Margaret Thatcher, no Reino Unido, fizeram um ataque sistemático ao poder dos sindicatos trabalhistas, bem como ao legado de Keynes, esse foi um modo de dizer explicitamente que todos os contratos anteriores estavam cancelados. Agora todos podiam ter direitos políticos — na década de 1990 mesmo, quase todas as pessoas na América Latina e na África —, mas esses direitos políticos se tornariam inexpressivos do ponto de vista econômico. A ligação entre produtividade e salários foi totalmente des-

Crescimento da produtividade e dos salários (1947-2004)

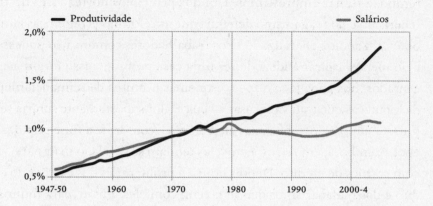

feita: as taxas de produtividade continuaram crescendo, mas os salários estagnaram ou atrofiaram:[28]

Essa tendência foi acompanhada, a princípio, pelo retorno ao "monetarismo": a doutrina de que, embora a moeda não fosse mais lastreada no ouro, ou em outra mercadoria qualquer, as diretivas do governo e dos bancos centrais deveriam se voltar principalmente para o controle cuidadoso da oferta monetária, garantindo que agiriam *como se* o dinheiro fosse uma mercadoria escassa. Mesmo assim, com o tempo, a financeirização do capital fez com que a maior parte do dinheiro investido no mercado se desligasse totalmente de qualquer relação com a produção ou o comércio, tornando-se puro instrumento de especulação.

Porém, isso não quer dizer que algo não estivesse sendo oferecido à população em geral, mas sim, como afirmei, que os termos do acordo haviam mudado. No novo modelo, os salários não subiriam mais, mas os trabalhadores seriam encorajados a comprar parte do capitalismo. Em vez de os rentistas serem submetidos à eutanásia, *todos* agora podiam se tornar rentistas — ou seja, podiam se apoderar de um naco dos lucros criados pelo drástico aumento dos níveis de exploração. Os meios para fazer isso eram muitos, e conhecidos. Nos Estados Unidos, havia milhares de fundos de pensão e uma variedade infinita de outras formas de encorajar cidadãos comuns a operar na bolsa, mas também, ao mesmo tempo, a tomar empréstimos. Um dos princípios norteadores do thatcherismo e do reaganismo defendia que as reformas econômicas jamais obteriam apoio generalizado se os trabalhadores comuns não pudessem pelo menos aspirar à ideia de ter uma casa própria; a isso foram acrescentados, nos anos 1990 e 2000, esquemas infinitos de refinanciamento de hipotecas que tratavam casas — cujo valor supostamente subiria sempre — "como se fossem caixas eletrônicos" (conforme a frase popular na época), embora, em retrospecto, elas tenham se revelado mais parecidas com cartões de crédito. Depois houve a proliferação dos cartões de crédito e dos malabarismos que se faziam com eles. Então, para muitos, a ideia de "comprar um pedaço do capitalismo" resvalou furtivamente para algo indistinguível dos conhecidos flagelos dos trabalhadores pobres: a agiotagem e o penhor. Para piorar, na década de 1980, as leis federais dos Estados Unidos sobre a usura, que antes limitavam os juros a uma taxa entre 7% e 10%, foram abolidas pelo Congresso. Assim como os Estados Unidos conseguiram se livrar por completo do problema da corrupção política tornando o suborno de políticos efetivamente legal (com o nome de "lobby"), o país colocou de lado o problema da agiotagem com a legalização de taxas de juros reais de 20%, 50%, ou ainda, em alguns casos (por exemplo, para empréstimos de curto prazo),* de até 6000% ao ano — números que teriam deixado a máfia ruborizada — cobradas não mais por capangas contratados ou por pessoas que deixam animais mutilados na porta do devedor para assustá-lo, mas sim por juízes, advogados, oficiais de Justiça e pela polícia.[29]

Diversas expressões foram usadas para descrever esse novo sistema, desde "democratização das finanças" até "financeirização da vida cotidiana".[30] Fora dos Estados Unidos, ele ficou conhecido como "neoliberalismo". No plano da ideologia, significou que não apenas o mercado, mas

---

* No original, *payday loans*. Assemelham-se aos empréstimos consignados no Brasil, em que as parcelas são descontadas diretamente da folha de pagamento do empregado ou pensionista. (N. T.)

também o capitalismo (devo lembrar mais uma vez ao leitor que são coisas diferentes) se tornou o princípio organizador de quase tudo. Espera-se que todos nós nos vejamos como pequenas corporações, organizadas em torno da mesma relação investidor-executivo: entre o bancário e sua matemática fria e calculista, e o guerreiro que, endividado, abandonou qualquer noção de honra pessoal e se transformou em uma espécie de autômato desencantado.

Num mundo assim, "pagar as próprias dívidas" pode parecer a expressão mesma da moralidade, ainda que poucas pessoas consigam fazê-lo. Por exemplo, muitos tipos de empresas nos Estados Unidos, das grandes corporações aos pequenos negócios, passaram a adotar a prática de não pagar as dívidas para ver o que acontece — reclamando apenas quando são notificadas, ameaçadas ou quando recebem algum tipo de ordem judicial. Em outras palavras, o princípio da honra foi extinto quase por completo do mercado.[31] Como resultado, talvez todo o conceito de dívida esteja envolvido por uma aura religiosa.

Na verdade, podemos até falar de uma dupla teologia: uma para os credores, outra para os devedores. Não é coincidência que a nova fase do imperialismo norte-americano da dívida também tenha sido acompanhada pelo advento da direita evangélica, que — em oposição a quase todas as teologias cristãs anteriores — adotou com entusiasmo a doutrina da "economia pelo lado da oferta" [*supply-side economics*], aquela de que criar moeda e efetivamente dá-la aos ricos é a maneira mais biblicamente apropriada de alcançar a prosperidade nacional. Talvez o mais ambicioso teólogo desse novo credo tenha sido George Gilder, cujo livro *Wealth and Poverty* [Riqueza e pobreza] se tornou campeão de vendas em 1981, bem no início daquilo que ficou conhecido como a Revolução Reagan. Segundo Gilder, aqueles que achavam que a moeda não podia ser criada estavam atolados em um materialismo antiquado e ímpio, sem perceber que assim como Deus podia criar algo do nada, Sua maior dádiva para a humanidade era a própria criatividade, que funcionava exatamente da mesma maneira. Os investidores podem criar valor a partir do nada graças à boa vontade em aceitar o risco inerente ao ato de depositar sua fé na criatividade dos outros. Em vez de ver a imitação dos poderes de criação ex nihilo de Deus como uma arrogância, para Gilder era exatamente isso que Deus queria: a criação de dinheiro era uma dádiva, uma bênção, uma canalização da graça; uma promessa, sim, mas não uma promessa que pode ser cumprida, ainda que as dívidas continuem se acumulando, pois é pela fé (novamente, "em Deus confiamos") que seu valor se torna realidade:

> Os economistas que não creem no futuro do capitalismo tendem a ignorar a dinâmica do acaso e da fé, que determina fortemente o futuro. Os economistas que desconfiam da religião jamais compreenderão os modos de adoração pelos quais se chega ao progresso. O acaso é fundamento da mudança e instrumento do divino.[32]

Arroubos desse tipo inspiraram evangelistas como Pat Robertson a declarar a economia pelo lado da oferta como "a primeira teoria verdadeiramente divina sobre a criação do dinheiro".[33]

Enquanto isso, para os que julgam ser simplesmente impossível criar dinheiro, havia uma ordenação teológica bastante diferente. "A dívida é a nova obesidade", observou recentemente Margaret Atwood, intrigada com a forma como as publicidades dos ônibus em Toronto deixaram de assustar os passageiros com mensagens sobre o terror que é perder o apelo sexual e, no lugar disso, passaram a dar conselhos de como se libertar de pavores muito mais imediatos provocados por agentes de cobrança:

> Há inclusive programas de televisão sobre dívida, com um tom religioso bem familiar. Nesses programas, há inúmeros relatos de compradores compulsivos que passaram por surtos de consumo em que tudo era muito confuso e pouco compreensível, e há confissões entre lágrimas de pessoas insones que se transformaram em verdadeiras gelatinas trêmulas por causa das dívidas, e recorreram a mentiras, trapaças, roubos e emissão de cheques sem fundos. Há testemunhos de famílias e entes queridos cujas vidas foram destruídas pelo comportamento destrutivo dos devedores. Há também críticas compassivas, mas severas, do apresentador, que nesse caso faz o papel de padre ou

de pregador. Há então o momento de enxergar a luz, seguido do arrependimento e da promessa de jamais fazer aquilo de novo. Depois vem a penitência imposta — o *rec rec* da tesoura cortando os cartões de crédito —, seguida de um regime estrito de repressão às compras; e, por fim, se tudo der certo, as dívidas são pagas, os pecados são perdoados, a absolvição é garantida e eis que desponta um novo dia, em que você, mais triste, porém mais solvente, se levanta na manhã seguinte.[34]

Nesse caso, assumir riscos não é de modo nenhum uma recomendação divina, muito pelo contrário. Mas, para os pobres, as coisas são sempre diferentes. De certo modo, o que Atwood descreve poderia ser visto como a inversão perfeita da voz profética do discurso "Eu tenho um sonho" do reverendo Martin Luther King: enquanto o primeiro período do pós-guerra consistiu em exigências coletivas acerca da dívida do país para com seus cidadãos mais humildes, e na necessidade de redenção por parte de quem fez falsas promessas, agora se ensina a esses mesmos cidadãos humildes que eles devem ver a si próprios como pecadores, que devem buscar algum tipo de redenção puramente individual para ter o direito de estabelecer vínculos morais com outros seres humanos.

Ao mesmo tempo, há algo profundamente enganoso em ação aqui. Todos esses dramas morais partem do pressuposto de que a dívida pessoal é, em última instância, uma questão de autoindulgência, um pecado contra aqueles que amamos — e, portanto, que a redenção deve necessariamente ser uma questão de purgação e restauração da abnegação ascética. Antes de tudo, o que está sendo encoberto é o fato de que *todos* no momento estão endividados (estima-se que, nos Estados Unidos, a dívida das famílias corresponda em média a 130% de seus rendimentos), e uma parte muito pequena dessa dívida foi contraída por pessoas determinadas a apostar em corridas de cavalos ou a torrar o dinheiro comprando supérfluos. A maior parte do que se tomou emprestado, o que os economistas gostam de chamar de "despesas discricionárias", foi gasta com crianças, com amigos ou usada para construir e manter relações com outros seres humanos, relações baseadas em *algo mais* que o puro cálculo material.[35]

As pessoas precisam se endividar para ter uma vida que seja mais que a mera sobrevivência.

Na medida em que há um aspecto político, essa discussão parece a variação de um tema visto desde a aurora do capitalismo. Em última instância, é a própria sociabilidade que é tratada como abusiva, criminosa e demoníaca. A maioria dos norte-americanos comuns — incluindo negros e latinos, imigrantes recentes e outros antes excluídos do crédito — tem respondido a isso com uma insistência obstinada em continuar amando uns aos outros. Eles continuam comprando casas para suas famílias, bebidas alcoólicas e aparelhos de som para festas, presentes para os amigos; até insistem em continuar realizando casamentos e funerais, sem considerar que isso possa levá-los à falência — aparentemente concluindo que, como hoje em dia todos têm de se refazer como capitalistas em miniatura, por que eles também não podem criar dinheiro do nada?

Contudo, é verdade que o papel das despesas discricionárias não deve ser exagerado. A principal causa de falência nos Estados Unidos são questões médicas de grande impacto [doenças de longa duração ou subitamente incapacitantes]; a maior parte dos empréstimos não passa de uma questão de sobrevivência (se não se tem carro, não se pode trabalhar); e, cada vez mais, frequentar a universidade hoje significa quase necessariamente uma servidão por dívida durante pelo menos metade da vida produtiva de trabalho dos estudantes.[36] Mesmo assim, vale destacar que, para os seres humanos, a sobrevivência raramente basta. Nem deveria bastar.

Nos anos 1990, as mesmas tensões começaram a reaparecer em escala mundial, à medida que a antiga tendência a contrair empréstimos para projetos estatais grandiosos, como a represa de Assuã, no Egito, deu lugar a uma ênfase no microcrédito. Inspirado pelo sucesso do Grameen Bank em Bangladesh, o novo modelo consistia em identificar empreendedores promissores nas comunidades pobres e conceder a eles pequenos empréstimos a juros baixos. "O crédito é um direito humano", dizia o Grameen Bank. Ao mesmo tempo, a ideia era recorrer ao "capital social" — conhecimento, redes, conexões e capacidades que as pessoas do mundo todo já usam para superar circunstâncias difíceis — e convertê-lo em maneira de gerar ainda mais capital (expansivo), capaz de crescer de 5% a 20% ao ano.

Para antropólogos como Julia Elyachar, o resultado tem dois lados. Conforme lhe explicou, sem meias-palavras, o consultor de uma ONG no Cairo, em 1995:

> O dinheiro dá poder. Esse é um dinheiro que dá poder. Você precisa ser grande, pensar grande. Aqui os tomadores de empréstimos podem ser presos se não pagarem, então por que se preocupar?
>
> Nos Estados Unidos, recebemos por e-mail dez ofertas de cartão de crédito por dia. Pagam-se taxas de juros reais inacreditáveis por esse crédito, algo em torno de 40%. Mas a oferta está feita, então você pega a carteira, enche-a de cartões de crédito e se sente bem. Ocorreria o mesmo aqui, por que não ajudá-los a se endividar? Você acha que realmente me interessa saber como usarão o dinheiro, uma vez que paguem o empréstimo?[37]

A própria incoerência da citação é reveladora. O único tema unificador parece ser este: as pessoas *deveriam* se endividar. É algo bom em si mesmo. Dá poder. De todo modo, se ficarem com poder demais, também podem ser presas. Dívida e poder, pecado e redenção tornam-se quase indiscerníveis. Liberdade é escravidão. Escravidão é liberdade. Durante o tempo que passou no Cairo, Elyachar testemunhou jovens formados em um programa de treinamento de uma ONG fazendo greve pelo direito de receber empréstimos para empresas emergentes. Ao mesmo tempo, quase todos davam por certo que a maioria dos estudantes, para não dizer todos os envolvidos no programa, era corrupta e explorava o sistema como fonte de renda pessoal. Aspectos da vida econômica baseados em relações duradouras de confiança se tornavam, pela intrusão das burocracias de crédito, efetivamente criminalizados.

Ao cabo de mais uma década, o projeto inteiro — mesmo no sul da Ásia, onde teve início — começou a parecer semelhante à crise das hipotecas de risco nos Estados Unidos: todos os tipos de emprestadores inescrupulosos surgiram em abundância, todos os tipos de avaliações financeiras enganosas foram passados para os investidores, os juros se acumularam, os tomadores de empréstimo reunidos tentaram se recusar a pagar, os emprestadores começaram a contratar capangas para proteger os poucos bens que tinham (moradias com telhado de zinco, por exemplo) e o resultado final tem sido uma epidemia de suicídios de pobres agricultores presos em armadilhas financeiras das quais suas famílias jamais conseguirão sair.[38]

Assim como no período entre 1945 e 1975, esse novo ciclo culminou em outra crise de inclusão. Ficou provado que transformar realmente todas as pessoas do mundo em microempresas ou "democratizar o crédito" para que toda família pudesse ter uma casa (e, se pararmos para pensar, se temos os meios para construí-las, por que não fazer isso? Há famílias que não "merecem" ter casas?) era algo tão impossível quanto permitir que todos os trabalhadores assalariados fossem sindicalizados, recebessem aposentadoria e serviços de saúde. O capitalismo não funciona dessa maneira. Em última instância, ele é um sistema de poder e exclusão, e, quando atinge o ponto de ruptura, os sintomas reaparecem, assim como reapareceram na década de 1970: motins por comida, crise do petróleo, crise financeira, a súbita percepção de que o curso das coisas era insustentável em termos ecológicos seguida da visão de cenários apocalípticos de todos os tipos.

Na esteira da crise do *subprime*, o governo dos Estados Unidos foi obrigado a decidir quem de fato faz dinheiro a partir do nada: os financistas ou as pessoas comuns. Os resultados foram previsíveis. Os financistas foram "socorridos com dinheiro do contribuinte" — ou seja, basicamente o dinheiro imaginário deles foi tratado como se fosse real. Os detentores de hipotecas foram em sua maior parte deixados à mercê dos tribunais e sujeitos à lei de falência que o Congresso havia alterado um ano antes (com uma presciência bastante suspeita, devo acrescentar), tornando-a muito mais dura com os devedores. Nada mudou. Todas as decisões importantes foram adiadas. O Grande Debate que muitos esperavam jamais aconteceu.

HOJE VIVEMOS EM UMA CONJUNTURA histórica de fato peculiar. A crise do crédito nos deu uma ilustração bem nítida, no capítulo anterior: o capitalismo realmente não pode funcionar em um mundo em que as pessoas acreditam que ele durará para sempre.

Nos últimos séculos, a maioria das pessoas imaginava que o crédito não podia ser gerado indefinidamente porque se pensava que o próprio sistema econômico não duraria para sempre. Era provável que o futuro fosse muito diverso. No entanto, de algum modo, as revoluções esperadas nunca aconteceram. As estruturas básicas do capitalismo financeiro continuaram praticamente no mesmo lugar. Só agora, precisamente no momento em que fica cada vez mais claro que os acordos atuais não são viáveis, é que sofremos o impacto de um choque de realidade em termos da nossa imaginação coletiva.

Há uma boa razão para acreditar que, daqui a uma ou duas gerações, o próprio capitalismo não existirá mais — muito provavelmente, como sempre lembram os ecologistas, porque é impossível manter uma máquina de crescimento perpétuo em um planeta finito, e a forma atual de capitalismo não parece ser capaz de produzir as mobilizações e os avanços tecnológicos revolucionários necessários para que comecemos a colonizar outros planetas. Contudo, diante da perspectiva do fim do capitalismo, a reação mais comum — mesmo por parte de quem se diz "progressista" — é o puro medo. Nós nos agarramos ao que existe porque perdemos a capacidade de imaginar alguma alternativa que não venha a ser ainda pior.

Como chegamos a esse ponto? Suspeito que estejamos vendo as últimas consequências da militarização do próprio capitalismo norte-americano. Na verdade, podemos dizer que nos últimos trinta anos assistimos à construção de um vasto aparato burocrático cujo objetivo é criar e manter a desesperança, uma máquina gigantesca feita para, antes de mais nada, destruir qualquer ideia de possíveis futuros alternativos. Na sua origem está uma verdadeira obsessão por parte dos governantes do mundo todo — em resposta às revoltas dos anos 1960 e 1970 — por garantir que os movimentos sociais não nasçam, floresçam ou proponham alternativas; de que os que contestam os acordos de poder existentes jamais sejam vistos, sob quaisquer circunstâncias, como vencedores.[39] Para isso, é preciso criar um vasto aparato formado por exércitos, prisões, polícia, vários tipos de empresas de segurança privada e de sistemas de inteligência militar, além de instrumentos de propaganda de todos os tipos concebíveis. A maior parte desse aparato não ataca diretamente as alternativas, mas cria um clima de medo universal, de conformidade chauvinista e puro desespero que faz com que qualquer ideia de mudar o mundo pareça uma fantasia inútil. Manter esse aparato parece ser ainda mais importante para os defensores do "livre mercado", mais ainda do que manter qualquer tipo viável de economia de mercado. De que outra maneira poderíamos explicar o que aconteceu na antiga União Soviética? De modo geral, pensamos que o fim da Guerra Fria levaria ao desmantelamento do Exército e da KGB e à reconstrução de fábricas, mas na verdade o que ocorreu foi justamente o contrário. Esse é apenas um exemplo extremo do que tem acontecido em todos os lugares. Em termos econômicos, o aparato representa um peso morto a travar o sistema — todas as armas, câmeras de vigilância e instrumentos de propaganda são extremamente caros e não produzem nada —, e não há dúvida de que ele é mais um elemento que colabora para afundar todo o sistema capitalista. Além disso, ele produz a ilusão de um futuro eternamente capitalista, ilusão que assentou a base para as infinitas bolhas especulativas. O capital financeiro se transformou na compra e venda de nacos desse futuro, e a liberdade econômica, para a maioria de nós, foi reduzida ao direito de comprar uma pequena parte da nossa subordinação permanente.

Em outras palavras, parece haver uma profunda contradição entre o imperativo político de estabelecer o capitalismo como a única maneira possível de gerir tudo e a própria necessidade inconfessa do capitalismo de limitar seus horizontes futuros para evitar que a especulação, previsivelmente, saia do controle. Quando isso aconteceu e todo o maquinário capitalista implodiu, fomos deixados na estranha situação de não conseguir nem sequer imaginar qualquer outra maneira de arranjar as coisas. A única possibilidade que somos capazes de imaginar é a catástrofe.

Para começarmos a nos libertar, o primeiro passo que precisamos dar é nos ver novamente como agentes históricos, como pessoas que podem fazer alguma diferença no curso dos acontecimentos mundiais. É exatamente disso que a militarização da história está tentando nos privar.

Ainda que estejamos no início da virada de um ciclo histórico muito longo, cabe a nós determinar como será essa reviravolta. Por exemplo: na última vez em que passamos da economia baseada em lingotes para a moeda virtual, no fim da Idade Axial e início da Idade Média, a mudança imediata foi vivenciada como uma série de grandes catástrofes. Acontecerá o mesmo desta vez? É de supor que dependa em grande parte do nosso empenho consciente em garantir que aquilo não se repetirá. Será que um retorno à moeda virtual levará a um afastamento dos impérios e de grandes exércitos permanentes e à criação de estruturas mais amplas que limitem as atitudes predatórias dos credores? Há boas razões para acreditar que tudo isso acontecerá — e provavelmente terá de ser assim para que a humanidade sobreviva —, mas não temos ideia de quanto tempo levará para acontecer, nem de que aparência terá esse futuro no caso de ele se concretizar. O capitalismo tem transformado o mundo de maneira irreversível. O que tentei fazer neste livro não foi propor uma visão de como será a próxima era, mas sim abrir novas perspectivas, ampliar nossa percepção das possibilidades e começar a perguntar o que significaria pensar com profundidade e grandeza apropriadas ao momento.

Vejamos um exemplo. Falei de dois ciclos de movimentos populares desde a Segunda Guerra Mundial. O primeiro (1945-78) em torno da reivindicação de direitos de cidadania no plano nacional, e o segundo (1978--2008) em torno do próprio acesso ao capitalismo. Parece significativo que no Oriente Médio, durante o primeiro ciclo, os movimentos populares que contestaram de maneira mais direta o status quo mundial tendessem a ser inspirados no marxismo; no caso do segundo, eles se inspiravam em grande parte em alguma variação do islamismo radical. Considerando que o islã sempre instalou a dívida no centro de suas doutrinas sociais, é fácil entender o apelo. Mas por que não ampliar as coisas ainda mais? Nos últimos 5 mil anos, houve pelo menos dois momentos em que grandiosas inovações financeiras e morais surgiram do país que hoje chamamos de Iraque. A primeira inovação foi a invenção da dívida com juros, talvez por volta de 3000 a.C.; a segunda, por volta do ano 800, foi o desenvolvimento do primeiro sistema comercial sofisticado que a rejeitou explicitamente. Será que estamos preparados para mais uma dessas inovações? Essa pergunta talvez pareça estranha para a maioria dos norte-americanos, pois eles estão acostumados a pensar nos iraquianos ou como vítimas ou como fanáticos (é o que as forças de ocupação sempre pensam a respeito do povo que vive no território que ocupam), mas vale notar que o movimento mais proeminente da classe trabalhadora islâmica contrário à ocupação dos Estados Unidos, o sadrista, se refere ao nome de um dos fundadores da economia islâmica contemporânea, Muhammad Baqir al-Sadr. É verdade que desde então a maior parte do que se considera economia islâmica atualmente mostrou-se pouco significativa.[40] Certamente, ela não representa uma ameaça ao capitalismo. Contudo, precisamos lembrar que todas as conversas interessantes sobre, por exemplo, a condição do trabalho assalariado se dão entre movimentos populares desse tipo. Ou talvez seja algo simplista procurar algum avanço inovador no legado puritano da antiga rebelião patriarcal. Talvez ele surja do feminismo. Ou do feminismo islâmico. Ou talvez sua procedência seja totalmente inesperada. Quem poderá dizer? A única certeza que temos é que a história ainda não acabou, e que as ideias novas e surpreendentes do próximo século surgirão do lugar que menos esperamos, qualquer que seja ele.

A ÚNICA COISA CLARA é que essas ideias novas não podem surgir sem que nos livremos de boa parte das nossas categorias habituais de pensamento — que se tornaram um peso morto, quando não partes intrínsecas do próprio aparato de desesperança —, tampouco sem a formulação de novas categorias. Por isso, este livro trata em grande medida do mercado, mas também da falsa escolha entre Estado e mercado que monopolizou tanto a ideologia política dos últimos séculos a ponto de dificultar a discussão sobre qualquer outro assunto.

A verdadeira história dos mercados não tem nada a ver com o que nos ensinaram a pensar que é. Os primeiros mercados de que temos notícia parecem ter sido mais ou menos como um transbordamento: efeitos colaterais dos elaborados sistemas administrativos da Mesopotâmia. Eles funcionavam basicamente com o crédito. Os mercados à vista surgiram com as guerras: mais uma vez, sobretudo pelas políticas tributárias feitas originalmente para aprovisionar soldados, mas que depois se tornaram úteis em todos os aspectos. Foi somente na Idade Média, com o retorno dos sistemas de crédito, que surgiram as primeiras manifestações do que podemos chamar de populismo de mercado: a ideia de que os mercados poderiam existir além, contra e fora dos Estados, como acontecia com os mercados do oceano Índico muçulmano — ideia que ressurgiria depois na China com as grandes revoltas pela prata no século XV. Ela parece surgir sempre em situações em que os mercadores, por uma ou outra razão, se veem conjugando esforços com o povo contra o maquinário administrativo de algum Estado poderoso. Mas o populismo de mercado está sempre rodeado de paradoxos, porque ainda depende, até certo ponto, da existência do Estado, e sobretudo porque requer que as relações de mercado sejam fundadas, em última análise, em algo que não seja o mero cálculo: nos códigos de honra, de confiança e, por fim, na comunidade e na ajuda mútua, mais típicas do que chamei economias humanas.[41] Isso, por sua vez, significa relegar a competição a um fator de importância relativamente menor. Adam Smith, ao criar sua utopia de um mercado sem dívida, fundiu elementos desse legado improvável com uma concepção militarista do comportamento de mercado, típica do Ocidente cristão. Ao fazer isso, é verdade que ele foi presciente. Mas, como todos os escritores muito influentes, ele também estava apenas capturando algo do espírito emergente de sua época. O que vemos desde então é uma disputa política interminável entre dois tipos de populismo — o de Estado e o de mercado —, mesmo que ninguém tenha se dado conta de que eram dois lados da mesma moeda.

A principal razão de não termos percebido isso, acredito, é o fato de o legado da violência ter distorcido tudo ao nosso redor. As guerras, as conquistas e a escravidão tiveram papel central na transformação de economias humanas em economias de mercado, mas não apenas isso: literalmente, não existe nenhuma instituição na nossa sociedade que não tenha sido afetada de alguma maneira. A história que contei no final do capítulo 7 — a saber, de como as nossas concepções de "liberdade" foram transformadas pela instituição romana da escravidão, que deixaram de dizer respeito à capacidade de fazer amigos ou de estabelecer relações morais com os outros e se tornaram sonhos incoerentes de poder absoluto — talvez seja apenas o exemplo mais dramático, e o mais insidioso, pois faz com que seja muito difícil imaginar como seria uma liberdade humana plena.[42]

Se há algo que este livro procura evidenciar é quanto de violência foi necessário, no decorrer da história humana, para nos deixar em uma situação em que é possível acreditar, até mesmo, que a vida seja de fato assim — principalmente ao considerarmos quanto da nossa experiência cotidiana contradiz tudo isso. Como tenho destacado, o comunismo pode ser a fundação de todas as relações humanas — esse comunismo que, na nossa vida cotidiana, se manifesta sobretudo no que chamamos de "amor" —, mas sempre há uma espécie de sistema de troca e, muitas vezes, um sistema de hierarquia erguidos sobre ele. Esses sistemas de troca podem assumir várias formas, muitas delas perfeitamente inócuas. Contudo, estamos falando aqui de um tipo bem específico de troca, fundado no cálculo preciso. Como mencionei lá no início: a diferença entre dever um favor a alguém e ter uma dívida para com alguém é o fato de a dívida poder ser calculada com precisão. O cálculo exige equivalência. E essa equivalência — principalmente quando envolve a equivalência entre seres humanos (e sempre parece começar dessa maneira, pois, a princípio, os seres humanos são sempre o valor fundamental) — parece ocorrer apenas quando as pessoas foram arrancadas à força de seus contextos, tanto que podem ser tratadas como idênticas a qualquer outra coisa, como em "sete peles de marta e doze argolas de prata em troca de seu irmão capturado", "uma de suas três filhas como garantia pelo empréstimo de 150 alqueires de grãos"...

Isso, por sua vez, aponta para a situação constrangedora que assombra todas as tentativas de representar o mercado como a forma mais elevada de liberdade humana: o fato de que, historicamente, mercados comerciais e impessoais têm sua origem no roubo. Mais do que tudo, a recitação sem fim do mito do escambo, como se fosse uma fórmula mágica, foi o modo que os economistas encontraram de exorcizar essa incômoda verdade. Esse fato salta aos olhos. Quem teria sido o primeiro homem a olhar para uma casa cheia de objetos e avaliá-los de acordo com o que poderia ser usado para trocá-los no mercado? Obviamente, só poderia ter sido um ladrão. Ladrões, soldados saqueadores, talvez até cobradores de dívidas, foram os primeiros a ver o mundo dessa maneira. Era somente nas mãos dos soldados, logo depois de eles terem saqueado vilarejos e cidades, que pedaços de ouro ou prata — derretidos, na maior parte dos casos, depois de serem retirados de algum tesouro familiar, e que, seja os deuses da Caxemira, seja os peitorais astecas ou as tornozeleiras usadas pelas mulheres na Babilônia, eram tanto uma obra de arte como um pequeno compêndio de história — podiam se tornar pedaços simples e uniformes de moeda corrente sem nenhuma história, valiosos justamente por não terem história, pois assim podiam ser aceitos em qualquer lugar, sem nenhuma pergunta. E isso continua sendo verdade. Todo sistema que reduz o mundo a números só pode se sustentar pelas armas, seja espadas, porretes ou, como agora, "bombas inteligentes" lançadas de drones teleguiados.

Esse sistema também só pode funcionar convertendo o amor em dívida. Sei que o uso que faço da palavra "amor" aqui é ainda mais provocador, à sua maneira, do que o uso de "comunismo". Contudo, é importante enfatizar a questão. Assim como acontece com os mercados, que invariavelmente começam a se transformar em redes baseadas na honra, na confiança e na reciprocidade quando se permite que se afastem e se liberem totalmente de suas origens violentas, a manutenção dos sistemas de coerção faz constantemente o oposto: transforma de novo em números os produtos da cooperação, da criatividade, da devoção, do amor e da confiança. Ao fazer isso, o sistema possibilita imaginar um mundo que não passa de uma série de cálculos frios. Além disso, ao converter a própria sociabilidade humana em dívidas, transforma as próprias fundações de nosso ser — afinal de contas, não passamos do somatório das relações que temos uns com os outros — em questões de erro, pecado e crime, e faz do mundo um lugar de desigualdade, a qual só pode ser superada caso se efetue alguma transação cósmica grandiosa que aniquilará tudo.

Tentar inverter as coisas perguntando "o que devemos à sociedade?", ou tentando falar sobre nossa "dívida para com a natureza" ou para com alguma outra manifestação do Cosmo, é uma solução falsa — de fato, é apenas uma luta desesperada para salvar algo da mesma lógica moral que nos separou do Cosmo. Com efeito, é a culminação do processo, é levar o processo até o ponto em que ele se manifesta como verdadeira demência, pois se parte da suposição de que estamos tão absoluta e completamente desenredados do mundo que podemos jogar todos os outros seres humanos — ou todas as outras criaturas vivas, ou até o Cosmo — no mesmo saco e depois começar a negociá-los. Não surpreende que o resultado, em termos históricos, seja encararmos a vida como algo que se sustenta sobre falsas premissas, um empréstimo vencido há muito tempo, e, desse modo, encararmos a própria existência como crime. Sem dúvida, se há aqui algum crime, é a fraude. A própria premissa é fraudulenta. O que poderia ser mais presunçoso, ou mais ridículo, do que pensar que seria possível negociar com os fundamentos da própria existência? Isso é tarefa impossível. Uma vez que se podem de fato estabelecer relações com o Absoluto, isso significa que estamos lidando com um princípio que existe inteiramente fora do tempo, ou do tempo em escala humana; portanto, como reconheceram, com razão, os teólogos medievais, ao lidar com o Absoluto não pode existir dívida.

Conclusão: Talvez o mundo realmente nos deva uma vida

Grande parte da literatura de economia sobre crédito e sistema bancário, quando voltada para questões históricas mais amplas como as tratadas neste livro, parecem-me pouco mais que argumentos ilusórios. É certo que homens como Adam Smith e David Ricardo suspeitavam dos sistemas de crédito, mas, já em meados do século XIX, os economistas preocupados com tais questões tentavam em larga medida demonstrar que, apesar das aparências, o próprio sistema bancário era profundamente democrático. Um dos argumentos mais usados dizia que era um modo de canalizar recursos dos "ricos ociosos" — que, sem a menor imaginação para investir o próprio dinheiro, o confiavam a outros, particularmente aos "pobres com ânimo empreendedor", que tinham energia e iniciativa para produzir novas riquezas. Isso justificava a existência dos bancos, mas também fortalecia a mão de populistas que exigiam políticas monetárias menos restritivas, proteção para os devedores etc. — uma vez que, se os tempos eram difíceis, por que deveriam sofrer justamente os "pobres com ânimo empreendedor", os agricultores, os artesãos e os pequenos negociantes?

Isso suscitou uma segunda linha de argumentação, conforme a qual sem dúvida os ricos eram os maiores credores do mundo antigo, mas agora a situação havia se invertido. Assim pensava Ludwig von Mises, que, na década de 1930, mais ou menos na época em que Keynes sugeria a "eutanásia dos rentistas", escreveu:

> A opinião pública sempre teve preconceito em relação aos credores; identifica-os com o rico ocioso, e os devedores com o trabalhador pobre. Abomina os primeiros, tomando-os por exploradores gananciosos, e apieda-se dos últimos, considerando-os vítimas inocentes da opressão. Julga a ação do governo que visa reduzir os direitos dos credores como uma medida extremamente benéfica para a imensa maioria, à custa de uma pequena minoria de usurários insensíveis. A opinião pública ainda não percebeu que as inovações capitalistas do século XIX mudaram completamente a composição das classes credoras e devedoras. Na Atenas de Sólon, na Roma das leis agrárias e na Idade Média, os credores de modo geral eram os ricos e os devedores, os pobres. Mas, nesta nossa época de títulos e debêntures, de bancos hipotecários, sociedades de poupança, apólices de seguro de vida e benefícios previdenciários, as massas populares de menor renda são muito mais credoras do que devedoras.[43]

Os ricos, portanto, com suas empresas alavancadas em dívidas, agora são os principais devedores. Este é o argumento da "democratização das finanças" e não há nada de novo: sempre que houver alguém pedindo a eliminação da classe que vive do recebimento de juros, haverá outros para contestar que tal medida destruirá o sustento de viúvas e pensionistas.

O notável é que, nos dias atuais, defensores do sistema financeiro costumam estar preparados para usar os dois argumentos, apelando a um ou a outro de acordo com a conveniência retórica do momento. De um lado, temos "especialistas" como Thomas Friedman, que celebra o fato de hoje "todos" terem uma parte da Exxon ou do México, e que os ricos devedores, portanto, precisam prestar contas aos pobres. De outro, temos Niall Ferguson, autor de *A ascensão do dinheiro*, publicado em 2009, que ainda pode anunciar, como uma de suas principais descobertas, que:

> A pobreza não resulta de financistas gananciosos que exploram os pobres. Ela tem muito mais a ver com a falta de instituições financeiras, com a ausência de bancos, do que com a existência deles. É somente quando os que tomam emprestado têm acesso a redes de crédito eficazes que eles conseguem fugir das garras de agiotas, e é somente quando os poupadores conseguem depositar em bancos confiáveis que o dinheiro pode ser canalizado dos ricos ociosos para os trabalhadores pobres.[44]

Essa é a situação do debate na literatura dominante. Meu propósito aqui não foi me envolver com ela diretamente, mas mostrar como ela nos encoraja o tempo todo a fazer as perguntas erradas. Tomemos esse parágrafo como ilustração. O que Ferguson está realmente dizendo? A pobreza é causada pela falta de crédito. Os pobres trabalhadores só poderão sair da pobreza se tiverem acesso a empréstimos de bancos estáveis e respeitados, e não precisarem procurar agiotas ou, presume-se, empresas de cartão de crédito ou empréstimos de curto prazo, que hoje cobram taxas de agiotas. Sendo assim, Ferguson não está preocupado nem um pouco com a "pobreza", mas apenas com a pobreza de algumas pessoas, quais sejam, os pobres de ânimo empreendedor, que não merecem ser pobres. E os pobres não esforçados? É de supor que possam ir para o inferno (de maneira bem literal, segundo alguns ramos do cristianismo). Ou talvez seus barcos venham de alguma forma a subir graças à maré. No entanto, isso é profundamente secundário. Eles são indignos, posto que não são esforçados, e por isso o que acontece com eles é irrelevante.

Para mim, é bem isso que a moralidade da dívida tem de tão pernicioso: o modo como os imperativos financeiros tentam constantemente reduzir todos nós, contra nossa vontade, ao equivalente a saqueadores, enxergando no mundo apenas o que pode ser transformado em dinheiro — e depois tentam nos dizer que somente os que estão dispostos a ver o mundo na qualidade de saqueadores é que merecem ter acesso aos recursos necessários para buscar qualquer coisa na vida *que não seja* dinheiro. Ela introduz perversões morais em quase todos os níveis. ("Cancelar todos os empréstimos estudantis? Mas isso seria injusto com todas as pessoas que lutaram anos para pagar seus empréstimos estudantis!" Devo esclarecer ao leitor, como alguém que lutou anos para pagar empréstimos estudantis e por fim conseguiu, que esse argumento faz tanto sentido quanto dizer que seria "uma injustiça" contra uma vítima de assalto não assaltar também seus vizinhos.)

O argumento talvez fizesse sentido se concordássemos com o pressuposto subjacente de que o trabalho é uma virtude por definição, uma vez que a medida por excelência do sucesso do homem como espécie é sua capacidade de aumentar a quantidade mundial de produtos e serviços em pelo menos 5% ao ano. O problema é que se torna cada vez mais óbvio que, se continuarmos seguindo essa linha por muito mais tempo, provavelmente destruiremos tudo. Essa gigantesca máquina da dívida que, nos últimos cinco séculos, transformou uma parte crescente da população mundial no equivalente moral de conquistadores espanhóis, parece estar enfrentando seus limites sociais e ecológicos. A propensão arraigada do capitalismo de conceber a própria destruição o levou, nos últimos cinquenta anos, a criar cenários que ameaçam ruir, levando consigo o mundo inteiro. E não há motivos para acreditar que essa propensão deixe um dia de existir. A verdadeira pergunta, agora, é como atenuar as coisas um pouco, como seguir rumo a uma sociedade em que as pessoas possam viver mais trabalhando menos.

Gostaria de terminar, portanto, falando algo de positivo sobre os pobres não esforçados.[45] Pelo menos eles não estão prejudicando ninguém. Como o tempo que passam fora do trabalho é direcionado para amigos e familiares, para aproveitar e cuidar das pessoas que amam, é provável que eles estejam melhorando o mundo mais do que imaginamos. Talvez devêssemos encará-los como pioneiros de uma nova ordem econômica que não compactuaria com a nossa propensão atual à autodestruição.

NESTE LIVRO, evitei em grande medida fazer propostas concretas, mas vou encerrá-lo com uma. Parece-me que já deveríamos há muito tempo ter promovido um tipo de jubileu ao estilo bíblico: um jubileu que afetaria tanto a dívida internacional quanto a dívida do consumidor. Seria salutar não só porque aliviaria muito o sofrimento humano, mas também porque seria um modo de nos lembrarmos de que o dinheiro não é algo inefável, que pagar as próprias dívidas não é a essência da moral, que todas essas coisas são acordos humanos e que, se a democracia tem algum sentido, esse sentido é a capacidade de todos concordarem em reorganizar as coisas de maneira diferente. Acredito que seja digno de nota o fato de grandes Estados imperiais, desde Hamurabi, terem quase invariavelmente resistido a esse tipo de política. Atenas e Roma estabeleceram o paradigma: mesmo confrontados com contínuas crises da dívida, insistiram em legislar apenas nas bordas do sistema, suavizando seu impacto, eliminando abusos óbvios como a servidão por dívida, usando espólios do império para distribuir todos os tipos de benefícios extras aos cidadãos mais pobres (que, afinal de contas, eram os soldados rasos que compunham seus exércitos), a fim de se manterem mais ou menos respirando — mas sem desafiarem demais o próprio princípio da dívida. A classe dirigente dos Estados Unidos parece ter adotado uma abordagem notadamente semelhante, eliminando os piores abusos (por exemplo, prisões por dívida), usando os frutos do império para dar subsídios, explícitos ou não, para a maioria da população — e, nos últimos anos, manipulando as taxas de câmbio para abastecer o país de produtos baratos da China, mas sem nunca deixar que as pessoas questionem o princípio sagrado de que todos devemos pagar nossas dívidas.

A esta altura, porém, já está claro para o leitor que esse princípio é uma grande mentira. O mais revelador é que nem "todos" entre nós temos que pagar nossas dívidas. Apenas alguns pagam. Nada seria mais importante do que passar uma borracha na dívida de todas as pessoas, marcar uma ruptura com nossa moral e começar tudo de novo.

Afinal de contas, o que é uma dívida? É apenas a perversão de uma promessa. É uma promessa corrompida pela matemática e pela violência. Se a liberdade (a verdadeira liberdade) é a capacidade de fazer amigos, então também é necessariamente a capacidade de fazer promessas reais. Que tipos de promessas homens e mulheres livres de fato fariam uns para os outros? Neste momento, não podemos dizer. Interessa mais saber como podemos chegar a um lugar que nos permita descobrir como seria. E o primeiro passo da caminhada é aceitar, numa visão mais abrangente das coisas, que, assim como ninguém tem o direito de dizer qual é o nosso real valor, ninguém tem o direito de nos dizer o que realmente devemos.

Posfácio (2014)

Quando resolvi escrever este livro, em meados de 2008, estava muito preocupado com o colapso financeiro. A maioria das pessoas interessadas nas questões em jogo reconhecia que algum tipo de crise era inevitável — quer dizer, também havia quem afirmasse o contrário por interesses comerciais. Esse contexto político transformou o que eu havia concebido originalmente como um livro acadêmico, de orientação teórica, em algo muito mais amplo: uma tentativa de examinar se era possível usar as ferramentas intelectuais disponíveis — ferramentas históricas, etnográficas e teóricas — a fim de influenciar de fato a discussão pública em questões realmente importantes.

Em parte por esse motivo, também decidi escrever um livro de grande porte, abrangente e enciclopédico — como os que ninguém escreve mais. O que é especialmente verdade para antropólogos como eu. Sempre achei que havia uma ironia trágica no modo como os antropólogos atuam na academia. Há pelo menos um século, eles têm desempenhado o papel de pessoas impertinentes: sempre que algum teórico ambicioso, na Europa ou nos Estados Unidos, aparece fazendo generalizações grandiosas sobre como os seres humanos organizam a vida política, econômica ou familiar, surge um antropólogo dizendo que há povos em Samoa, Terra do Fogo ou Burundi que fazem exatamente o contrário. Mas, justamente por essa razão, os antropólogos também são os únicos capazes de fazer generalizações amplas que desafiam as evidências. E, no entanto, cada vez mais achamos que é errado fazê-las, pois soam como uma forma de arrogância, às vezes até como imperialismo intelectual.

Surpreendi-me, porém, com o fato de que um ambicioso esforço de comparação como este era exatamente o que a época pedia. Duas razões me fizeram chegar a tal conclusão. Eis a primeira (e mais óbvia): nossa imaginação coletiva, como observei, sofreu uma espécie de colapso. É quase como se as pessoas tivessem sido levadas a acreditar que os avanços tecnológicos da nossa época, e a sua tão grande complexidade social, tivessem o efeito de *reduzir* nossas possibilidades políticas, sociais e econômicas, em vez de expandi-las. Ao invés de aumentar nosso campo de visão, impossibilitaram qualquer tipo de política visionária. Um livro que levasse em conta a história em toda a sua amplitude revelaria necessariamente os diferentes modos que os seres humanos encontraram para ordenar sua vida política e econômica no passado e, ao fazê-lo, ajudaria a ampliar nossa percepção do futuro.

A segunda razão — e por isso pensei que uma história de 5 mil anos seria especialmente útil — era mais sutil. Ficou claro que 2008 representava um divisor de águas histórico, e a verdadeira questão era entender em que escala isso se dava. Afinal, quando se está no centro de eventos históricos radicais que parecem representar algum tipo de ruptura, a coisa mais importante a fazer é ter uma noção clara da estrutura rítmica geral. Seria essa crise algum tipo de fenômeno geracional, um mero movimento dos altos e baixos do capitalismo ou o desdobramento inevitável de uma onda de Kondratieff, que representa ciclos de sessenta anos de inovação e declínio tecnológico? Ou algo ainda maior e mais memorável? De que maneira todos esses ritmos se entrelaçam e se separam? Existe um ritmo central responsável pela condução dos demais? De que maneira eles se apoiam uns nos outros, produzindo síncopes, concatenações, harmonias e colisões?

Quanto mais eu refletia sobre a questão, mais me aproximava da conclusão de que essa crise tinha de ser considerada na maior escala histórica possível, e que, para compreendê-la, precisaríamos repensar totalmente nossas ideias sobre os ritmos da história econômica.

Ora, talvez os antropólogos não pareçam os melhores candidatos para essa tarefa, embora, na verdade, ocupemos uma posição que pode ser perfeita para realizá-la. Isso porque economistas e historiadores costumam se perder em direções opostas. Os economistas tendem a abordar a história munidos de modelos matemáticos ainda em vigor e de suposições sobre a natureza humana que esses modelos suscitam: basicamente, trata-se de organizar os dados em torno das equações. Os historiadores, em contrapartida, são tão decididamente empíricos que muitas vezes se recusam a fazer conjecturas; na falta de indícios diretos, por exemplo, de assembleias democráticas populares na Idade do Bronze europeia, eles não se perguntam se não seria razoável supor que tais assembleias existiram, ou se teriam deixado, nos vestígios disponíveis, alguma pista de sua existência. Em vez disso, os historiadores simplesmente agem como se as assembleias não tivessem existido e não pudessem existir e, portanto, consideram que o "nascimento da democracia" tenha ocorrido na Grécia da Idade do Ferro. Por isso temos tantas "histórias do dinheiro" que na verdade são histórias da cunhagem: como as moedas deixam traços óbvios, ao contrário do que costuma ocorrer com os registros de crédito, os historiadores ignoram totalmente a possibilidade da existência destes. Os antropólogos, por outro lado, além de ser empíricos — eles não aplicam simplesmente modelos predefinidos —, também têm à sua disposição uma riqueza tal de materiais comparativos que podem especular sobre como deveriam ser as assembleias nos vilarejos europeus da Idade do Bronze ou os sistemas de crédito na China antiga. E podem reexaminar os vestígios disponíveis para ver se eles confirmam ou contradizem suas afirmações.

Por fim, os antropólogos estão plenamente cientes de que não se pode falar de "vida econômica" como uma categoria a priori. Até pelo menos trezentos anos atrás "a economia" não existia, pelo menos no sentido de algo a que as pessoas poderiam se referir como uma entidade em si, com suas próprias leis e princípios. Para a grande maioria dos seres humanos na história, as "questões econômicas" eram apenas um aspecto do que chamaríamos de política, lei, vida doméstica ou até religião. A linguagem econômica sempre foi — e ainda é — fundamentalmente moral, mesmo quando insiste em não ser (como nos imperativos políticos implacáveis da Idade Axial, ou na análise custo-benefício "racional" dos economistas hoje em dia), e uma genuína história econômica deve, portanto, também ser uma história da moralidade. Por isso o capítulo sobre a lógica transacional — comunismo, troca e hierarquia — tem um papel tão central neste livro. Toda discussão sobre questões econômicas, sobre direitos de acesso a produtos ou recursos de valor, ou sobre a disposição desses produtos ou recursos, para não falar da dívida, sempre será um emaranhado de diferentes discursos morais que entram em conflito de variadas maneiras.

DESSE MODO, é provável que minha maior inspiração tenha sido o antropólogo francês Marcel Mauss, tanto porque ele foi talvez o primeiro a reconhecer que todas as sociedades são um amontoado de princípios contraditórios, como também porque, em termos mais específicos, foi um dos primeiros a tentar combinar as ideias da história antiga com as da etnografia contemporânea para desmascarar as suposições bizarras sobre a vida e a natureza humanas nas quais se baseia a economia moderna. Mais importante ainda, ele tentou fornecer uma alternativa ao "mito do escambo", identificado corretamente, em seus aspectos mais importantes, como o mito fundador da civilização contemporânea.

Mauss é uma figura curiosa na história da antropologia. Muito embora nunca tenha realizado pesquisa de campo nem escrito um livro propriamente dito (ele morreu cercado de projetos inacabados), os ensaios esporádicos que publicou exerceram notável influência — todos eles ensejaram uma literatura consistente. Ele tinha o dom extraordinário de fazer as perguntas mais interessantes — sobre o sentido do sacrifício, a natureza da magia ou da dádiva, o modo como as premissas culturais são inscritas na postura e em outras técnicas do corpo, ou sobre a própria ideia do eu. Essas questões vieram definir aquilo em que consiste a própria antropologia. Como teórico, portanto, Mauss estabeleceu uma obra importante e bem-sucedida. Mas ele também era ativista político, cooperativista e ávido colaborador de jornais e revistas socialistas que procuraram aplicar as constatações da teoria social aos problemas políticos — e aqui seus esforços não obtiveram sucesso algum. Seu trabalho mais conhecido, *Ensaio sobre a dádiva*, tinha o objetivo de acabar de uma vez por todas com a noção de que as economias primitivas funcionavam com base no escambo e, apesar de seu prestígio nos círculos intelectuais, a obra praticamente não exerceu influência alguma sobre o modo de ensinar economia ou sobre o entendimento popular da questão.

Enquanto eu escrevia este livro, disse algumas vezes para mim mesmo que queria fazer um livro que o próprio Mauss teria feito se tivesse conseguido superar sua persistente desorganização. Não tenho certeza se cumpri meu objetivo — não sei nem mesmo se teria sido bom se tivesse conseguido cumpri-lo —, mas estou extremamente satisfeito por realmente ter ajudado a concretizar um dos objetivos de toda a vida de Mauss: acabar definitivamente com o mito do escambo. A propósito, esse não era um objetivo apenas dele — a questão vem aborrecendo os antropólogos há mais de cem anos. No que se refere a esse mito, a sensação que a maioria de nós tinha era a de que sempre batíamos nossa cabeça contra a parede ao ouvir a mesma história ser adaptada e repetida ad nauseam por economistas, reproduzida em textos escolares e cartuns e recontada na forma de senso comum em todo canto, não importa quantas vezes demonstrássemos que ela simplesmente não poderia ser verdadeira. Obviamente, vai demorar ainda algum tempo para percebermos quanto a mudança é realmente profunda ou duradoura, mas parece que o sucesso de *Dívida* finalmente provocou certo impacto. Em 2014, o Banco da Inglaterra publicou o informe "O papel do dinheiro na economia moderna", acompanhado por um vídeo e um texto explicando as origens do dinheiro, que começa como se fosse contar o mito do escambo ("Imaginem um pescador e um fazendeiro que, no início dos tempos, quisessem fazer uma troca entre si…"). Em vez disso, entretanto, fala da história de vales improvisados, algo que poderia ter sido tirado diretamente do meu livro. Na verdade, um ou dois amigos acreditam piamente que tenha sido. Eu não saberia dizer — a ideia também pode ter sido inspirada pela Teoria Monetária Moderna —, mas devo admitir que minha primeira reação foi estourar uma garrafa de champanhe em homenagem a todos os antropólogos: depois de um século de trabalho, é possível que tenhamos finalmente conseguido chegar lá!

Não foi só por isso que o impacto deste livro me deixou surpreso — e até mesmo espantado, eu diria. Grande parte de seu sucesso se deve, é claro, apenas ao extremo acaso do momento certo. Não falo com ironia aqui, pois antes de *Dívida* minha carreira intelectual tinha sido marcada pelo pior timing imaginável. Escrevi um livro de etnografia longo, detalhado e romanceado (*Lost People*) no momento em que publicar etnografias longas tinha se tornado quase impossível; escrevi um livro de teoria antropológica (*Toward an Anthropological Theory of Value*) no momento em que os livros de teoria não despertavam mais interesse para a disciplina; tornei-me conhecido como ativista, defensor da ação direta, logo depois do Onze de Setembro. Então, em 2011, foi como se todo o timing que me faltara durante uma década e meia estivesse agindo em meu favor. Meu livro sobre a dívida apareceu no momento exato em que as pessoas descartaram a ideia de que 2008 representava um acidente histórico momentâneo — e quando pareceram dispostas a fazer perguntas sérias sobre o que a política baseada na dívida realmente significava. Além disso, apareci em Nova York para promovê-lo no instante em que começava a se formar um movimento social que arrebataria os Estados Unidos, e até o mundo, a partir justamente de discussões sobre a dívida.

Obviamente, falo da minha contribuição pessoal ao Occupy Wall Street. Quando voltei a Nova York, em junho de 2011, procurei me engajar em algum projeto de ativismo e acabei me deparando com um dos oitenta e tantos militantes que planejaram a ocupação do Zuccotti Park. Na época, porém, eu realmente não percebi como as duas coisas, meu estudo e meu ativismo, estavam conectadas. Na verdade, trabalhei duro para mantê-las separadas — afinal, não queria me tornar um intelectual de vanguarda impondo a um movimento social uma visão ideológica; também achava que seria de péssimo gosto usar esse movimento para promover meu livro. Tentei evitar falar sobre o livro, ou sobre as ideias que o compunham, durante reuniões e encontros com ativistas. Por fim, descobri que a tarefa ficava cada vez mais difícil. Toda vez que eu falava sobre o livro para alguns jovens, pelo menos um deles — algumas vezes, muitos deles — me procurava depois para perguntar sobre a possibilidade de criar algum tipo de movimento em torno da questão da dívida estudantil. Depois, quando a ocupação do Zuccotti Park começou — e não tínhamos ideia de quem apareceria na ocupação, se é que alguém apareceria —, descobrimos que o maior contingente era de refugiados da dívida. Depois da repressão aos acampamentos, começamos uma série de assembleias públicas a fim de descobrir para onde as pessoas queriam que levássemos o movimento, e as assembleias sobre a dívida foram gerando maior interesse do que as outras. Não demorou para que eu me juntasse ao Strike Debt! — um grupo de trabalho do Occupy com o qual evitei me envolver nos primeiros dias pelas mesmas razões descritas acima — e ajudasse a formular a estratégia do *Debt Resistors' Operations Manual* [Manual de operações da resistência à dívida], do Rolling Jubilee e de outros projetos.

AINDA RESTA SABER onde tudo isso vai dar. O legado intelectual do livro e o significado político fundamental dos movimentos de 2011 e das mobilizações subsequentes que tiveram a dívida como motivador ainda vão demorar bastante tempo para ser esclarecidos. Suspeito — pelo menos gosto de pensar assim — que os debates mais interessantes sobre as questões levantadas em *Dívida* também pertencem ao futuro. Quase toda a reação inicial correspondeu àquela que podemos esperar de um livro que tenta reformular problemas antigos em termos pouco conhecidos e um tanto inquietantes. Muitos liberais norte-americanos, por exemplo, aceitaram a premissa básica (aquela de que há milhares de anos existe uma conexão íntima entre a organização dos impérios e outras formas de violência estatal, dívida e formas de criação de dinheiro) como uma revelação histórica fascinante — e depois reagiram com raiva quando sugeri que a premissa continuava válida depois de 1945. (Somos levados a acreditar que o velho sistema foi substituído por um novo sistema puramente espontâneo e não imperial que, apenas por acaso, parece funcionar e funciona quase daquela mesma maneira.) Muitos radicais simplesmente me criticaram por escrever este livro e não outro qualquer (sobre a teoria do valor em Marx, talvez, ou sobre a história econômica neoclássica). Embora haja exceções brilhantes

— Benjamin Kunkel, George Caffentzis, Silvia Federici são os nomes de que me lembro com mais facilidade —, teremos de esperar algum tempo, acredito, até que discussões realmente importantes tenham início.

Meu maior desejo, é claro, seria ver este livro contribuir, de alguma maneira, para uma reavaliação moral mais ampla das ideias de dívida, trabalho, dinheiro, crescimento e até mesmo de "economia". Como eu disse, a simples ideia de que existe algo chamado "economia" é relativamente nova. Será que as crianças nascidas hoje irão conhecer um tempo em que não existirá mais uma "economia", um tempo em que poderemos examinar todas essas questões em termos totalmente diferentes? Como seria um mundo assim? De nossa atual posição, é muito difícil imaginá-lo. Mas, se tivermos de criar um mundo que não ameace dizimar nossa humanidade mais ou menos a cada geração, é exatamente nessa escala que precisamos começar a repensar as coisas. E, durante esse processo, muitos dos nossos mais caros princípios — sobre o valor do trabalho, por exemplo, ou sobre a virtude de pagar as próprias dívidas — serão virados de cabeça para baixo.

Foi com tais ideias em mente que resolvi encerrar o livro tal como fiz, com algumas palavras saudando os pobres sem ânimo empreendedor deste mundo.

Por isso, devo terminar este posfácio de maneira semelhante, com uma reverência a Adam Smith. Sei que o retrato do grande filósofo moral escocês traçado neste livro não é muito positivo, em parte porque abordei apenas uma parcela de sua filosofia — seu esforço para conceber uma visão utópica em que cada pessoa pudesse negociar livremente com outras, sempre procurando o melhor para si e depois ir embora sem ficar devendo nada a ninguém. Mas tudo isso se baseava numa teoria das motivações humanas que pressupunha que as pessoas, em geral, eram estimuladas sobretudo a ser objeto da atenção e da solidariedade dos outros. As pessoas buscam a riqueza porque sabem que os outros se importam mais com quem é próspero. Por isso, ele acreditava que o livre mercado funcionaria para o aperfeiçoamento de todos: estava convencido de que os seres humanos comuns *não* seriam tão diligentes, e portanto tão ambiciosos, para continuar buscando vantagens depois de atingir certa posição de confortável proeminência: ou seja, não continuariam acumulando mais e mais riquezas simplesmente por acumular. Para Adam Smith, a busca de riquezas além de determinado ponto em que se atingiu uma posição confortável era inútil, até patológica. Por isso, em *Teoria dos sentimentos morais*, ele relembra esta história de Plutarco:

> O que o favorito do rei de Épiro disse para seu senhor aplica-se a todos os homens nas situações comuns da vida. Quando o rei contou a ele, na ordem correta, todas as conquistas que se propôs a realizar e chegou à última delas, o favorito indagou-lhe:
> — E o que vossa majestade pretende fazer depois disso?
> — Pretendo gozar da vida com os amigos e fazer da garrafa uma boa companhia — respondeu o rei.
> — E o que impede vossa majestade de começar agora mesmo? — perguntou o favorito.[1]

O engraçado dessa história é que, ao lê-la, percebi que se tratava basicamente da mesma piada que meu orientador na pós-graduação, o antropólogo Marshall Sahlins, costumava contar — embora, nesse caso, a narrativa tenha sido transformada no encontro imaginário entre um missionário e um samoano descansando na praia:

> MISSIONÁRIO: Veja só você! Está jogando a vida fora ao ficar deitado o dia inteiro desse jeito.
> SAMOANO: Por quê? O que acha que eu deveria estar fazendo?
> MISSIONÁRIO: Ora, tem um monte de cocos por aí. Por que você não seca a polpa e vende?
> SAMOANO: E para que eu faria isso?
> MISSIONÁRIO: Você pode ganhar muito dinheiro. E, com o dinheiro que ganhar, pode comprar uma máquina para secar a polpa mais rapidamente e ganhar ainda mais dinheiro.

SAMOANO: Certo, mas para que eu faria isso?

MISSIONÁRIO: Bom, você ficaria rico. Poderia comprar terras, plantar mais árvores, expandir suas atividades. A partir de então, nem precisaria mais fazer o trabalho pesado, poderia contratar outras pessoas para isso.

SAMOANO: Certo, mas por que eu faria isso?

MISSIONÁRIO: Bom, ao final, cheio de polpa, propriedades, máquinas, empregados e dinheiro, você poderia se aposentar como um homem rico. Então não teria de fazer mais nada e poderia passar o dia inteiro deitado na praia.

Notas

1. Sobre a experiência da confusão moral [pp. 11-35]

1. Com os resultados previsíveis de que na verdade não foram construídas para facilitar a locomoção e a circulação do povo no país, mas principalmente para que os produtos obtidos nas plantações chegassem aos portos, movimentando o câmbio exterior para pagar a construção de estradas rodoviárias e linhas férreas.
2. Os Estados Unidos, por exemplo, só reconheceram a República do Haiti em 1860. A França manteve-se obstinadamente presa a sua reivindicação, e a República do Haiti foi forçada a pagar o equivalente a 21 bilhões de dólares entre 1925 e 1946 — durante a maior parte desse período o país esteve sob ocupação militar dos Estados Unidos.
3. H. Hallam, *The Constitutional History of England*, pp. 269-70. Como o governo não achava apropriado pagar pela manutenção dos improvidentes, os prisioneiros deviam arcar com todos os custos da própria prisão. Se não podiam fazê-lo, simplesmente morriam de fome.
4. Se considerarmos as responsabilidades tributárias como dívidas, trata-se da maioria esmagadora — e, no mínimo, as duas estão intimamente relacionadas, uma vez que, no curso da história, a necessidade de juntar dinheiro para pagar impostos sempre foi o maior motivo da contração de dívidas.
5. M. Finley, *Slavery in Classical Antiquity*, p. 63; *The Ancient Greeks*, p. 24; *The Ancient Economy*, p. 80; *Economy and Society in Ancient Greece*, p. 106; *Politics in the Ancient World*, p. 108. E esses são apenas os que consegui identificar. O que ele diz sobre Grécia e Roma parece ser igualmente verdadeiro para a China, o Japão ou a Índia.
6. J.-C. Galey, "Creditors, Kings and Death".
7. Jacques de Vitry, citado em J. Le Goff, *Your Money or Your Life*, p. 64.
8. Kyōkai, *Record of Miraculous Events in Japan* (c. 822), citado em W. R. LaFleur, *The Karma of Words*, p. 36. Também K. Nakamura, *Miraculous Stories from the Japanese Buddhist Tradition*, pp. 257-9.
9. Kyōkai, citado em LaFleur, op. cit., p. 36.
10. Ibid., p. 37.
11. J. Hoffman, "Shipping Out of the Economic Crisis", sobre a única indústria de navegação especializada em desmontagem de navios de carga e venda do material para ferros-velhos que se expandiu depois de 2008.
12. Simon Johnson, diretor econômico do FMI na época, resumiu essa questão em um artigo publicado na *The Atlantic*: "Quase todas as agências reguladoras, legisladores

e acadêmicos assumiram que os gerentes desses bancos sabiam o que estavam fazendo. Em retrospecto, eles não sabiam. A divisão de produtos financeiros do American International Group (AIG), por exemplo, obteve 2,5 bilhões de dólares de lucro bruto em 2005, basicamente revendendo seguros subvalorizados sobre títulos complexos e não muito bem compreendidos. Geralmente descrita como 'caçar níqueis na frente de um rolo compressor', essa estratégia é lucrativa nos anos comuns e catastrófica nos anos ruins. Quanto à última queda, o AIG teve seguros não pagos sobre mais de 400 bilhões de dólares em títulos. Até esta data, o governo dos Estados Unidos, no esforço de resgatar a empresa, aplicou cerca de 180 bilhões de dólares em investimentos e empréstimos para cobrir as perdas que a sofisticada modelagem de risco do AIG disse que seriam praticamente impossíveis" (S. Johnson, "The Quiet Coup", *The Atlantic*, maio 2009, disponível em: <www.theatlantic.com/magazine/archive/2009/05/the-quiet-coup/307364/>). Johnson, é claro, ignora a possibilidade de que o AIG soubesse perfeitamente bem o que poderia acontecer, mas simplesmente não se importou, uma vez que sabia que o rolo compressor achataria outra coisa qualquer.

13. Em contrapartida, a Inglaterra já teve uma bancarrota nacional em 1571. A tentativa de criar uma lei federal de falência nos Estados Unidos em 1800 fracassou; uma lei entrou em vigor brevemente entre 1867 e 1878, destinada a aliviar os veteranos endividados da Guerra Civil, mas foi abolida por fundamentos morais (ver B. Mann, *Republic of Debtors*, para um bom relato recente). Há mais probabilidade de que a reforma da falência nos Estados Unidos torne os termos mais rigorosos do que o contrário, como aconteceu com as reformas de 2005 de acordo com as exigências da indústria, aprovadas pelo Congresso pouco antes do colapso do crédito.
14. O fundo de amparo hipotecário estabelecido depois do resgate financeiro, por exemplo, forneceu ajuda apenas para uma porcentagem minúscula de requerentes, e não houve nenhum movimento para a liberalização das leis de falência que de fato tenha se tornado mais rigoroso, sob a pressão da indústria financeira em 2005, apenas dois anos antes do colapso.
15. C. Serres e G. Howatt, "In Jail for Being in Debt". Ver American Civil Liberties Union, "In for a Penny".
16. A. Jameson e E. Judge, "IMF Warns Second Bailout Would 'Threaten Democracy'", *The Times*, 2009, disponível em: <http://www.thetimes.co.uk/tto/business/economics/article2151357.ece>.

2. O mito do escambo [pp. 37-62]

1. K. E. Case et al., *Economics*, p. 564. Grifos do original.
2. Ibid.
3. D. Begg, S. Fischer e R. Dornbusch, *Economics*, p. 384. Também P. Maunder et al., *Economics Explained*, p. 310. Ainda, M. Parkin e D. King, *Economics*, p. 65.

4. J. Stiglitz; J. Driffill, *Economics*, p. 521. Mais uma vez, grifos do original.
5. Aristóteles, *Política*, 1.9.1257.
6. Tampouco está claro se estamos falando de escambo nesse caso. Aristóteles usa o termo *métadosis*, cuja tradução atualmente costuma ser "partilhar" ou "distribuir". Desde Smith, a palavra vem recebendo a tradução "escambo", mas, como logo destacou K. Polanyi ("Aristotle Discovers the Economy", p. 93), trata-se provavelmente de um emprego impreciso, a não ser que Aristóteles estivesse introduzindo um significado totalmente novo para o termo. Teóricos que estudam a origem do dinheiro grego, de B. Laum (*Heiliges Geld*) a R. Seaford (*Money and the Early Greek Mind*), destacaram que os consumidores de produtos aquinhoados (por exemplo, saques de guerra, carne de sacrifício) provavelmente tiveram um papel importante no desenvolvimento da moeda grega. (Para uma crítica à tradição aristotélica, que supõe que Aristóteles esteja falando de escambo, ver S. Fayazmanesh, *Money and Exchange*.)
7. Para uma literatura a respeito dessa questão, ver J.-M. Servet, "La Fable du troc"; "Le Troc primitif". Ele também afirma que no século XVIII esses relatos desapareceram de repente e surgiram visões infindáveis sobre "escambo primitivo" em relatos sobre a Oceania, a África e as Américas.
8. A. Smith, *A riqueza das nações*, 1.2.1-2. Como veremos, essas palavras parecem ter sido tiradas de fontes mais antigas.
9. A. Smith, *Lectures on Jurisprudence*, p. 56: "Se pudéssemos investigar o princípio da mente humana na qual se encontra essa tendência para a troca, veríamos que é claramente a inclinação natural que se tem de persuadir. Oferecer a alguém um xelim, algo que para nós parece ter um significado tão simples e claro, é na realidade oferecer um argumento para persuadir alguém a fazer desta ou daquela maneira como se o fizesse em interesse próprio". É fascinante perceber que a suposição de que a noção de troca seja a base de nossas funções mentais, e que ela se manifesta tanto na linguagem (como troca de palavras) quanto na economia (como troca de bens materiais), remonta a Smith. A maioria dos antropólogos atribui essa noção a C. Lévi-Strauss (*Structural Anthropology*, p. 296).
10. A referência a pastores indica que ele pode estar se referindo a outra parte do mundo; no entanto, seus exemplos em outros lugares, como o da troca de veado por castor, deixam claro que ele está pensando nos bosques do nordeste da América do Norte.
11. A. Smith, *A riqueza das nações*, 1.4.2.
12. Ibid., 1.4.3.
13. Ibid., 1.4.7.
14. A ideia de uma sequência histórica que parte do escambo, passa pelo dinheiro e chega ao crédito parece ter surgido pela primeira vez nas conferências de um banqueiro italiano chamado Bernardo Davanzati (1529-1606); cf. R. Waswo, "Shakespeare and the Formation of the Modern Economy". Ela foi desenvolvida como teoria distinta às de historiadores econômicos alemães — B. Hildebrand ("Natural-, Geld- und Kreditwirtschaft") postulou um estágio pré-histórico de

escambo, e então, depois de um ou outro retorno ao escambo na Idade Média, um estágio moderno da economia de crédito. Essa teoria toma forma canônica na obra de um aluno seu, K. Bücher (*Industrial Evolution*). A sequência se tornou senso comum universalmente aceito e reaparece em Marx, de maneira tácita, e em Simmel, de maneira explícita — muito embora quase toda a pesquisa histórica subsequente a tenha demonstrado errada.

15. No entanto, tiveram impacto sobre muitas outras. O trabalho de L. H. Morgan em particular (*League of the Ho-de-no-sau-nee*; *Ancient Society*; *Houses and House-Life of the American Aborigines*), que dava destaque tanto aos direitos de propriedade coletiva como à extraordinária importância das mulheres, com conselhos femininos que cuidavam sobretudo da vida econômica, impressionou tanto alguns pensadores radicais — inclusive Marx e Engels — que se tornou a base de um tipo de contramito, do comunismo primitivo e do matriarcado primitivo.

16. Pode-se dizer que o artigo de A. Chapman ("Barter as a Universal Mode of Exchange") vai além, notando que se o puro escambo for definido como ligado apenas a objetos de troca, e não ao reajuste das relações entre as pessoas, não há evidências claras de que ele existiu. Ver também P. Heady, "Barter", além do texto mencionado: C. Humphrey, "Barter and Economic Disintegration", p. 48.

17. C. Lévi-Strauss, "Guerre et commerce chez les Indiens d'Amérique du Sud"; a tradução é de J.-M. Servet, "Primitive Order and Archaic Trade. Part 2", p. 33.

18. Pode-se imaginar que a tentação pela variação sexual deve ser bem forte para homens e mulheres jovens acostumados a passar a maior parte do tempo, talvez, com uma dezena de pessoas da mesma idade.

19. R. Berndt, "Ceremonial Exchange in Western Arnhem Land", p. 161. Cf. S. Gudeman, *The Anthropology of Economy*, pp. 124-5, que faz uma análise bem semelhante à minha.

20. R. Berndt, op. cit., p. 162.

21. No entanto, como veremos adiante, não é exatamente como se os acordos comerciais internacionais jamais envolvessem música, dança, comida, drogas, prostitutas de alto nível ou a possibilidade de violência. Para um exemplo fortuito dos dois últimos elementos, ver J. Perkins, *Confessions of an Economic Hit Man*.

22. C. Lindholm, *Generosity and Jealousy*, p. 116.

23. Ver J.-M. Servet ("Le Troc primitif", pp. 20-1), em que há uma compilação enorme desses termos.

24. O argumento é tão óbvio que surpreende não ter sido citado com mais frequência. O único economista clássico que penso ter considerado a possibilidade de que pagamentos adiados fariam do escambo algo desnecessário é R. Hawtrey (*Currency and Credit*, p. 2), citado em P. Einzig (*Primitive Money*, p. 375). Todos os outros simplesmente pressupõem, sem motivo nenhum, que todas as trocas, mesmo entre vizinhos, seriam necessariamente o que os economistas gostam de chamar de "trocas imediatas".

25. P. Bohannan, "Some Principles of Exchange and Investment"; F. Barth, "Economic Spheres in Darfur". Cf. N. Munn, *The Fame of Gawa*. Também D. Akin e J. Robbins, "An Introduction to Melanesian Currencies". Um bom resumo do conceito pode ser encontrado em C. A. Gregory, *Gifts and Commodities*, pp. 48-9. Gregory cita o exemplo de um sistema das Terras Altas de Papua-Nova Guiné com seis categorias de valores: porcos e casuares vivos estão no topo da classificação, "pingentes de conchas, costelas de porco, machados de pedra, toucados de penas de casuar e tiras de búzios para a cabeça", em segundo lugar, e assim por diante. Os itens de consumo geralmente são limitados às duas últimas categorias, que consistem em alimentos requintados e vegetais básicos, respectivamente.
26. Ver J.-M. Servet, "Démonétarisation et remonétarisation en Afrique-Occidentale et équatoriale"; C. Humphrey, "Barter and Economic Disintegration".
27. O ensaio clássico sobre esse assunto é R. A. Radford, "The Economic Organization of a POW Camp".
28. No século XVII, pelo menos, as antigas denominações carolíngias eram chamadas de "dinheiro imaginário" — todos continuavam usando libras, xelins e pence (ou *livres, sous* e *deniers*) durante oitocentos anos, apesar do fato de, na maior parte desse período, as moedas reais serem totalmente diferentes ou simplesmente não existirem (L. Einaudi, "The Theory of Imaginary Money").
29. Para outros exemplos do escambo coexistindo com o dinheiro: B. Orlove, "Barter and Cash Sale on Lake Titicaca"; R. Barnes e R. Barnes, "Barter and Money in an Indonesian Village Economy".
30. Uma das desvantagens, para um autor, ao ver seu livro se tornar um clássico, é que muitas vezes as pessoas vão averiguar a veracidade dos exemplos utilizados. (Uma das vantagens é que, mesmo que descubram que você está errado, as pessoas continuarão citando seu texto como autoridade.)
31. A. M. Innes, "What is Money?", p. 378. E prossegue: "Uma breve reflexão mostra que uma mercadoria básica não poderia ser usada como dinheiro porque, *ex hypothesi*, o meio de troca é igualmente recebível por todos os membros da comunidade. Assim, se os pescadores pagam por seus suprimentos em bacalhau, os comerciantes terão igualmente de pagar com bacalhau o bacalhau que adquirem, um absurdo evidente".
32. Os templos parecem ter surgido primeiro; os palácios, que se tornaram cada vez mais importantes com o passar do tempo, herdaram o sistema de administração dos templos.
33. Smith não sonhou com elas: o termo técnico na época para se referir a esses lingotes era "hacksilver" [prata cortada grosseiramente] (ver M. S. Balmuth, *Hacksilber to Coinage*).
34. Para estabelecer um paralelo com o Egito, compare com P. Grierson, *The Origins of Money*, p. 17.
35. Ver M. Hudson, "Reconstructuring the Origins of Interest-Bearing Debt", p. 25; "The Archeology of Money", p. 114.

36. A. M. Innes, "What is Money?", p. 381.
37. O monumental *Money and Its Use in Medieval Europe*, de P. Spufford, que dedica centenas de páginas à exploração de ouro e prata, cunhagem de moedas e adulteração do processo de cunhagem, menciona apenas duas ou três vezes os vários tipos de moedas feitas de chumbo ou couro, ou acordos de créditos menores, pelos quais as pessoas comuns parecem ter conduzido a maioria de suas transações diárias. Sobre estas, ele diz que "podemos conhecer quase nada" (p. 336). Um exemplo ainda mais dramático é a talha, sobre a qual ainda vamos ouvir muito: o uso de talhas em vez de dinheiro vivo era difundido na Idade Média, mas não houve nenhuma pesquisa sistemática sobre esse assunto, sobretudo fora da Inglaterra.

3. Dívidas primordiais [pp. 63-100]

1. G. Heinsohn e O. Steiger ("The Veil of Barter") sugerem que seus colegas economistas não abandonaram o relato tradicional porque os antropólogos ainda não forneceram uma alternativa igualmente incontestável. Assim, quase todas as histórias do dinheiro têm início por relatos imaginários sobre o escambo. Outro recurso é incorrer em puras definições circulares: se o "escambo" é uma transação econômica que não emprega a moeda corrente, então qualquer transação econômica que não envolva moeda corrente, qualquer que seja sua forma ou conteúdo, tem de ser escambo. G. Davies (*A History of Money*, pp. 11-3) chega a descrever as cerimônias *potlatche* dos kwakiutles como "escambo".
2. Para minha interpretação sobre a teoria do valor-trabalho, ver D. Graeber, *Toward an Antropological Theory of Value*.
3. Nós geralmente nos esquecemos de que existe um forte elemento religioso nisso tudo. O próprio Newton não era ateu — na verdade, ele tentou usar suas habilidades matemáticas para confirmar que o mundo realmente havia sido criado, como antes argumentara o arcebispo Ussher, por volta de 23 de outubro de 4004 a.C.
4. Adam Smith usou a expressão "mão invisível" pela primeira vez em "History of Astronomy" (III.2), mas em *Teoria dos sentimentos morais* (IV.1.10) ele diz explicitamente que a mão invisível do mercado é a da "providência". Sobre a teologia de Smith em geral, ver D. Nicholls, *God and Government in an "Age of Reason"*, pp. 35-43; sobre sua possível conexão com o islamismo medieval, ver o capítulo 10.
5. P. A. Samuelson, *Economics*, p. 49. Ver G. Heinsohn e O. Steiger (op. cit.) para uma crítica a essa posição. Ver também G. Ingham, *The Nature of Money*.
6. A. C. Pigou, *The Veil of Money*. M. Boianovsky ("Böhm-Baewerk, Irving Fisher, and the Term 'Veil of Money'") fornece uma história do termo.
7. "Não conhecemos nenhuma economia em que o escambo sistemático aconteça sem a presença do dinheiro" — S. Fayazmanesh (*Money and Exchange*, p. 87) refere-se, nesse caso, à moeda de conta.

8. Sobre o papel do governo no estímulo ao "mercado autorregulado" em geral, ver K. Polanyi, *The Great Transformation*. A economia ortodoxa clássica, segundo a qual um mercado surge naturalmente quando o governo simplesmente sai do caminho — sem a necessidade de criação de instituições legais, políticas e de polícia apropriadas —, foi refutada de forma dramática quando teóricos do livre mercado tentaram impor esse modelo na antiga União Soviética na década de 1990.
9. A. M. Innes ("What is Money?"), como de costume, coloca essa questão muito bem: "Os olhos jamais viram e as mãos jamais tocaram um dólar. [Temos apenas] a promessa de pagar ou liquidar uma dívida por uma quantia chamada dólar". Igualmente, observa ele, "o mesmo acontece com todas as nossas unidades de medida. Ninguém nunca viu uma onça, um pé ou uma hora. Um pé é uma distância fixa entre dois pontos, mas nem a distância nem os pontos têm existência corpórea".
10. Note-se que isso assume algum meio de cálculo desses valores — ou seja, que já existe algum tipo de moeda de conta. Talvez isso pareça óbvio, mas parece que uma quantidade notável de antropólogos deixa isso passar.
11. Para dar uma ideia da escala, até mesmo Hong Kong, cidade-Estado comercial relativamente limitada, tem atualmente cerca de 23,3 bilhões de dólares em circulação. Com uma população de aproximadamente 7 milhões de pessoas, isso representa mais de 3 mil dólares de Hong Kong por habitante.
12. "A teoria estatal pode ser remontada ao século XIX e à Nova Teoria do Dinheiro, de Adam Müller, que tentava explicar o valor da moeda como uma expressão da confiança comunitária e da vontade nacional, e culminou em *The State Theory of Money*, de G. F. Knapp, publicado em alemão em 1905. Knapp considerava um absurdo tentar entender o dinheiro 'sem a ideia de Estado'. O dinheiro não é um meio que surge da troca. Antes, é um meio de prestação de contas e liquidação de dívidas, sendo as dívidas fiscais as mais importantes" (G. Ingham, *The Nature of Money*, p. 47). O livro de Ingham é uma declaração admirável da posição cartalista, e grande parte do meu argumento a esse respeito pode ser vista com mais detalhes no livro dele. No entanto, como veremos adiante, eu também discordo dele em alguns aspectos.
13. Na França, *livres, sous* e *deniers*.
14. L. Einaudi, "The Theory of Imaginary Money". C. Cipolla (*Money, Prices and Civilisation in the Mediterranean World*) o chama de "dinheiro fantasma".
15. Sobre as talhas, ver C. H. Jenkinson, "Exchequer Tallies"; "Medieval Tallies, Public and Private"; A. M. Innes, "What is Money?"; A. Grandell, "The Reckoning Board and Tally Stick"; W. T. Baxter, "Early Accounting"; W. E. Stone, "The Tally".
16. F. J. Snell (*The Customs of Old England*, p. 240) observa que os reis, ao percorrer seus domínios, muitas vezes confiscavam o gado ou outros bens pelo direito de "preempção" e pagavam em talhas, mas depois era muito difícil fazer com que seus representantes liquidassem a dívida: "Os súditos eram obrigados a vender; e o pior era que os abastecedores do rei tinham o hábito de pagar não imediatamente, mas

sim com uma talha do erário, ou uma surra [...]. Na prática, não era nada fácil se recuperar nesse sistema, que se prestava aos piores tipos de cobranças e é assunto de inúmeras reclamações na poesia popular da época".

17. Nesse aspecto, também é interessante notar que o Banco da Inglaterra ainda mantinha na época de Adam Smith as próprias contas internas usando talhas, e somente abandonou essa prática em 1826.
18. Ver D. W. Engels (*Alexander the Great and the Logistics of the Macedonian Army*) para um estudo clássico desse tipo de problema.
19. Apelando principalmente aos devedores, que, com razão, eram atraídos pela ideia de que a dívida não passa de um arranjo social de modo nenhum imutável, mas criado por políticas governamentais que poderiam, com a mesma facilidade, ser remanejadas — sem mencionar aqueles que se beneficiariam das políticas inflacionárias.
20. Sobre o imposto, ver G. Jacob ("Gallieni et 'l'impôt moralisateur' à Madagascar"); para o estudo na aldeia dos betsimisarakas, ver G. Althabe, "La Circulation monétaire dans un village Betsimisaraka"; para estudos de caso malgaxes análogos, ver J. Fremigacci, "Ordre économique colonial et exploitation de l'indigène"; D. Rainibe, *L'Administration et la justice coloniales*; B. Schlemmer, *Le Menabe*; G. Feeley-Harnik, "The King's Men in Madagascar". Para a política colonial de impostos na África em termos mais gerais, ver M. Forstater, "Taxation and Primitive Accumulation"; "Taxation: Additional Evidence from the History of Thought, Economic History, and Economic Policy".
21. Ver, por exemplo, G. Heinsohn e O. Steiger, op. cit., pp. 188-9.
22. A prata era extraída de minas no próprio Centro-Oeste, e adotar o bimetalismo, tendo o ouro e a prata como auxiliares potenciais para a moeda corrente, foi visto como um passo na direção do dinheiro de crédito livre e da criação do dinheiro pelos bancos locais. No final do século XIX houve a criação do capitalismo corporativo moderno nos Estados Unidos, e esse capitalismo enfrentou uma resistência fervorosa: a centralização do sistema bancário foi o principal campo de batalha, e o mutualismo — sistema bancário democrático e popular (não voltado para o lucro) e acordos de seguro —, uma das principais formas de resistência. Os bimetalistas foram os sucessores mais moderados dos *greenbackers*, que clamavam por uma moeda corrente totalmente separada do dinheiro, como Lincoln impôs durante breve período em tempo de guerra. (R. Dighe (org.), *The Historian's Wizard of Oz*, dá um bom resumo das bases históricas.)
23. Eles se tornam sapatinhos de rubi apenas no filme.
24. Alguns sugeriram que Dorothy representa Teddy Roosevelt, uma vez que, silabicamente, "Dor-o-thee" equivale a "Thee-o-dor" de trás para a frente.
25. Ver H. Littlefield ("The Wizard of Oz") e H. Rockoff ("The 'Wizard of Oz' as a Monetary Allegory") para uma argumentação detalhada de *O Mágico de Oz* como "alegoria monetária". Baum nunca reconheceu que o livro tem subtexto político, e é bem provável que essa interpretação tenha surgido só depois da publicação

do livro (ver D. B. Parker, "The Rise and Fall of The Wonderful Wizard of Oz as a 'Parable on Populism'"; Q. P. Taylor, "Money and Politics in the Land of Oz"), mas a verdade é que o livro adquiriu essa fama. Desse modo, a questão é apenas se Bauer criou o mito ou se outros o criaram.

26. Pode-se facilmente argumentar que Reagan era praticante do keynesianismo militar extremo, usando orçamento do Pentágono para criar empregos e impulsionar o crescimento econômico; de todo modo, a ortodoxia monetária foi abandonada muito rapidamente, mesmo em termos retóricos, entre aqueles que de fato gerenciam o sistema.

27. Ver G. Ingham, "'Babylonian Madness'".

28. J. M. Keynes, *A Treatise on Money*, pp. 4-5.

29. Costuma-se aludir a esse argumento como o paradoxo do sistema bancário. Para fornecer uma versão extremamente simplificada: digamos que exista apenas um banco. Mesmo que esse banco lhe fizesse um empréstimo de 1 trilhão de dólares sem nenhuma base em ativos de nenhum tipo, você levaria o dinheiro de volta para o banco, o que significa que agora o banco teria 1 trilhão em dívida e 1 trilhão em ativo circulante, mantendo um equilíbrio perfeito. Se o banco cobrasse juros pelo empréstimo que foi concedido (o que os bancos sempre fazem), ele também obteria lucro. O mesmo seria verdade se você gastasse o trilhão — quem quer que recebesse o dinheiro teria de levá-lo de volta ao banco. Keynes apontou que a existência de múltiplos bancos na verdade não muda nada, uma vez que os bancos coordenavam seus esforços — algo que, com efeito, eles sempre fazem.

30. Devo notar que essa suposição ecoa a lógica da teoria econômica neoclássica, a qual assume que todos os acordos institucionais básicos que definem o contexto da atividade econômica foram acordados por todas as partes em algum ponto imaginário no passado, e que, desde então, tudo continuou e continuará existindo de maneira equilibrada. Vale ressaltar que Keynes rejeitou explicitamente essa suposição em sua teoria da moeda (P. Davidson, "Keynes and Money"). Os teóricos contratualistas contemporâneos passaram a defender um argumento semelhante: não há a necessidade de assumir que isso de fato aconteceu; basta dizer que poderia ter acontecido e agir como se tivesse acontecido.

31. Aglietta é marxista, um dos fundadores da "Escola da Regulação"; Orléan é defensor da "economia da convenção" apoiada por Thévenot e Boltanski. A teoria da dívida primordial foi desenvolvida principalmente por um grupo de pesquisadores circunjacentes aos economistas Michel Aglietta e André Orléan, primeiro em *La Violence de la monnaie*, que empregava um quadro teórico psicanalítico e girardiano, e depois em um livro chamado *Souveraineté, légitimité de la monnaie* e uma coletânea chamada *La Monnaie souveraine*, organizada por M. Aglietta e A. Orléan e com a contribuição de onze pesquisadores diferentes. Os dois últimos títulos abandonaram a perspectiva girardiana e adotaram a perspectiva dumontiana. Nos últimos anos, o principal expoente dessa posição tem sido outro regulacionista, B. Théret (*Régimes économiques de l'ordre politique*; *L'État, la finance et le social*; *La*

Monnaie dévoilée par ses crises; "Les Trois États de la monnaie"). Infelizmente, quase nada desse material foi traduzido para o inglês, embora encontremos um resumo de muitas das contribuições de Aglietta em J. Grahl, "Money as Sovereignty".

32. Por exemplo, R. Wray (*Money and Credit in Capitalist Economies*; *Understanding Modern Money*; *Credit and State Theories of Money*) e S. Bell ("Do Taxes and Bonds Finance Government Spending?"; "The Role of the State and the Hierarchy of Money") nos Estados Unidos, ou G. Ingham ("Money as a Social Relation"; "Capitalism, Money, and Banking"; *The Nature of Money*) no Reino Unido. Michael Hudson e outros do grupo ISCANEE (Conferência Internacional de Pesquisadores de Economias do Antigo Oriente Próximo) tomaram elementos da ideia, mas, pelo que sei, não a adotaram por completo.

33. *Ṛna. C. Malamoud ("The Theology of Debt in Brahmanism", p. 22) nota que, já nos primeiros textos, a dívida tinha o significado de "bens recebidos como retorno pela promessa de devolver os próprios bens ou algo de valor pelo menos igual", bem como de "crime" ou "falta". Também P. Olivelle (*The Asrama System*, p. 48) nota que *rna "pode significar falta, crime ou culpa — muitas vezes ao mesmo tempo". No entanto, não é a mesma palavra usada para "dever". Para um exemplo típico das primeiras orações para libertação da dívida, ver Atharva Veda, livro 6, hinos 117, 118 e 119.

34. *Śatapatha Brāhmaṇa*, 3.6.2.16.

35. Como observou S. Lévi, mentor de Marcel Mauss, se levarmos a sério a doutrina brâmane, "o único sacrifício autêntico seria o suicídio" (*La Doctrine du sacrifice dans les Brâhmanas*, p. 133). Ver também A. B. Keith, *The Religion and Philosophy of the Veda and Upanishads*, p. 459. Mas é claro que ninguém leva as coisas assim tão longe.

36. Mais precisamente, o ritual oferecia ao sacrificador um modo de sair de um mundo em que tudo, inclusive ele mesmo, era uma criação dos deuses — ou seja, um modo de dar forma a um corpo divino e imortal, de ascender aos céus, e assim "nascer em um mundo criado por ele mesmo" (*Śatapatha Brāhmaṇa*, 6.2.2.27), em que todas as dívidas seriam pagas, recomprando dos deuses seu corpo imortal abandonado (ver S. Lévi, *La Doctrine du sacrifice dans les Brâhmanas*, pp. 130-2; C. Malamoud, ("The Theology of Debt in Brahmanism", pp. 31-2). Essa certamente é uma das afirmações mais ambíguas já feitas sobre a eficácia do sacrifício, mas alguns sacerdotes na China, nessa época, faziam afirmações semelhantes (M. J. Puett, *To Become a God*).

37. O termo "sábios" recebeu a tradução "santos" na epígrafe deste capítulo, mas, como se refere aos autores dos textos sagrados, o uso parece apropriado.

38. Aqui faço a fusão de duas versões levemente diferentes: uma em *Tattirīya Sarphita* (6.3.10.5), segundo a qual todos os brâmanes nascem *com* uma dívida, mas lista apenas os deuses, os pais e os sábios, deixando de fora o dever da hospitalidade, e a outra em *Śatapatha Brāhmaṇa* (1.7.12.1-6), que diz que todos os homens nascem *como* uma dívida, listando todas as quatro categorias — mas que parece se referir de fato aos homens nascidos nas três castas superiores, ou "duas vezes nasci-

dos". Para uma discussão completa, ver C. Malamoud,"The Theology of Debt in Brahmanism"; "Le Paiement des actes rituels dans l'Inde védique"; P. Olivelle, *The Asrama System*, pp. 46-55.
39. B. Théret, "The Socio-Cultural Dimensions of the Currency", pp. 60-1.
40. "A liquidação suprema dessa dívida fundamental é o sacrifício dos vivos para satisfazer e expressar gratidão aos ancestrais e às deidades do Cosmos" (G. Ingham, *The Nature of Money*, p. 90).
41. Ibid. Ele cita M. Hudson ("Reconstructing the Origins of Interest-Bearing Debt", pp. 12-3) sobre os termos para "culpa" ou "pecado", mas, como veremos, a questão remonta a P. Grierson (*The Origins of Money*, pp. 22-3).
42. B. Laum, *Heiliges Geld*. Seu argumento sobre a origem do dinheiro na Grécia, nas distribuições que havia nos templos, é intrigante e tem como expoentes contemporâneos R. Seaford (*Money and the Early Greek Mind*) e parcialmente M. Hudson (ver "The Creditary/ Monetarist Debate in Historical Perspective"), mas na verdade sua teoria diz respeito à origem da cunhagem.
43. Muito mais do que eu sonharia em tentar citar. Há dois trabalhos de pesquisa clássicos sobre "dinheiro primitivo": o de H. Quiggin (*A Survey of Primitive Money*) e o de P. Einzig (*Primitive Money in its Ethnological, Historical, and Ethnographic Aspects*), ambos publicados, curiosamente, em 1949. Os dois constituem análises ultrapassadas, mas contêm uma quantidade enorme de material útil.
44. O verbo inglês "pay" vem do francês *payer*, que por sua vez é derivado do latim *pacare*, "pacificar", "fazer as pazes com". A palavra *pacare*, por sua vez, está relacionada a *pacere*, "chegar a um acordo com a parte ofendida" (P. Grierson, *The Origins of Money*, p. 21).
45. Ibid., p. 20.
46. Ibid., p. 26. Na verdade, como observa Grierson, os autores muitas vezes pareciam rir intencionalmente de si próprios, como no texto irlandês que especifica que o sujeito pode exigir a compensação por uma picada de abelha, mas somente se for deduzido primeiro o custo da abelha morta.
47. Como exemplo, nós também temos uma abundância de mitos e hinos da Mesopotâmia antiga — mas a maior parte foi descoberta nas ruínas de antigas bibliotecas que também estão cheias de registros de julgamentos, contratos de negócios e correspondências pessoais. No caso dos textos sânscritos mais antigos, a literatura religiosa é tudo o que temos. Além disso, uma vez que esses textos foram transmitidos verbatim de professor para aluno durante milhares de anos, nem sequer podemos dizer com precisão quando e onde foram escritos.
48. Os empréstimos a juros certamente existiam na Mesopotâmia, mas só apareceram no Egito em épocas helenísticas, e no mundo germânico ainda depois. O texto fala do "tributo que devo a Yama", o que *pode* aludir a "juros", mas a revisão abrangente das primeiras fontes legais indianas em *History of Dharmaśāstra* (pp. 411-61), de Pandurang V. Kane, não chega a uma conclusão clara sobre quando os juros apareceram pela primeira vez; D. D. Kosambi (*An Introduction to the Study of Indian History*,

p. 148) estima que os juros devem ter aparecido em 500 a.C., mas reconhece que a informação não passa de um palpite.
49. Mesopotâmia, Egito e China vêm à mente quase que de imediato. A noção de que a vida é um empréstimo feito com os deuses aparece em todos os lugares; ela parece brotar espontaneamente na Grécia antiga mais ou menos na mesma época que o dinheiro e os empréstimos a juros. "Somos todos devidos como dívida à morte", escreveu o poeta Simônides por volta de 500 a.C. "O sentimento de que a vida era um empréstimo a ser recompensado pela morte [tornou-se] quase um dito popular" (P. Millett, *Lending and Borrowing in Classical Athens*, p. 6). Pelo que sei, nenhum pensador grego conecta a dívida especificamente ao sacrifício, embora seja concebível argumentar que o personagem Céfalo, de Platão, o faça de maneira implícita em uma passagem de *A República* (331d).
50. Ver H. Hubert e M. Mauss (*Sacrifice*), em que há boa pesquisa da literatura antiga a esse respeito.
51. M. Finley, *Economy and Society in Ancient Greece*, p. 90.
52. Tratava-se de uma distinção legalista; na prática, significava que os fundos recolhidos na Pérsia eram tecnicamente considerados "doações", mas isso mostra o poder do princípio (P. Briant, *From Cyrus to Alexander*, pp. 398-9).
53. O Egito faraônico e a China imperial certamente cobravam impostos diretos, em dinheiro, artigos ou trabalho, em proporções diferentes e épocas diferentes. Na Índia antiga, as repúblicas das *gana-sanghas* ("assembleias tribais") não pareciam cobrar impostos dos cidadãos, mas as monarquias que substituíram essas repúblicas cobravam (C. Rhys Davids, "Economic Conditions According to Early Buddhist Literature", pp. 198-200). Acredito que os impostos não eram inevitáveis e costumavam ser vistos como marcas de conquista.
54. Sigo o que acredito ser ainda a visão predominante; contudo, pelo menos em alguns lugares, os palácios passaram a cuidar praticamente de todas as coisas, e os templos foram subordinados (ver K. Maekawa, "The Development of the É-MÍ in Lagash during Early Dynastic III"). Há um debate vigoroso sobre isso, como no caso do equilíbrio entre templos, palácios, clãs e propriedades individuais em diferentes épocas e lugares, mas eu evito me envolver nesses debates, por mais que sejam interessantes, a não ser que tenham relevância direta para o meu argumento.
55. Sigo aqui a interpretação de M. Hudson ("Reconstructing the Origins of Interest--Bearing Debt"), embora outros — por exemplo, P. Steinkeller, "The Renting of Fields in Early Mesopotamia"; M. van de Mieroop, "A History of Near Eastern Debt?", p. 64 — sugiram que os juros podem ter se originado das taxas de aluguel.
56. Para uma boa síntese, ver M. Hudson, *The Lost Tradition of Biblical Debt Cancellations*; "Reconstructing the Origins of Interest-Bearing Debt". O significado de *amargi* foi observado pela primeira vez por A. Falkenstein ("La Cité-temple sumérienne"); ver também S. N. Kramer (*The Sumerians*, p. 79); N. P. Lemche ("Andurarum and Misharum", p. 16 n34).
57. No antigo Egito o empréstimo por juros não existia, e sabemos relativamente pouco sobre os antigos impérios, portanto não sabemos se era prática comum.

No entanto, há indícios na China no mínimo sugestivos. Os teóricos monetários chineses sempre foram decididamente cartalistas; além disso, na história clássica sobre as origens da cunhagem, pelo menos desde a dinastia Han, o fundador mítico da dinastia Shang, descontente por ver tantas famílias tendo de vender seus filhos durante períodos de penúria, criou as moedas para que o governo redimisse as crianças e as devolvesse para suas famílias (ver capítulo 8).

58. O que é o sacrifício, afinal de contas, senão o reconhecimento de que um ato, como tirar a vida de um animal, mesmo que necessário para o nosso sustento, é algo sério, que deve ser encarado com uma atitude de humildade perante o Cosmos?

59. A não ser que os credores tenham dívidas com os recebedores, permitindo assim que todos liquidem circularmente as suas dívidas. Essa questão pode parecer estranha, mas a liquidação circular de dívidas dessa maneira parece ter sido prática comum em grande parte da história; ver, por exemplo, a descrição dos "ajustes de contas" no capítulo 11.

60. Não estou necessariamente atribuindo essa posição aos autores dos Brâmanas; estou apenas seguindo o que considero ser a lógica interna do argumento, em diálogo com seus autores.

61. C. Malamoud, "The Theology of Debt in Brahmanism", p. 32.

62. A. Comte, *Catecismo positivista*, p. 279.

63. Na França, principalmente por pensadores políticos como Alfred Fouillé e Léon Bourgeois. Este último, líder do Partido Radical nos anos 1890, fez da noção de dívida social um dos fundamentos conceituais de sua filosofia do "solidarismo" — uma forma de republicanismo radical que, segundo ele, forneceria um tipo de alternativa intermediária para o marxismo revolucionário e o liberalismo do livre mercado. A ideia era superar a violência da luta de classes apelando a um novo sistema moral baseado na noção de dívida comum para com a sociedade — da qual o Estado, é claro, não passava de administrador e representante (J. Hayward, "Solidarity"; J. Donzelot, *L'Invention du social*; B. Jobert, "De la Solidarité aux solidarités dans la rhétorique politique française"). Émile Durkheim também era politicamente solidarista.

64. Como slogan, a expressão é geralmente atribuída a Charles Gide, cooperativista francês do final do século XIX, mas ficou comum nos círculos solidaristas. Tornou-se princípio importante nos círculos sociais turcos na mesma época (E. Aydan, *The Peculiarities of Turkish Revolutionary Ideology in the 1930s*), e, pelo que eu soube, embora não tenha conseguido verificar, na América Latina.

4. Crueldade e redenção [pp. 101-18]

1. K. Hart, "Heads or Tails? Two Sides of the Coin", p. 638.
2. O termo técnico para isso é "fiduciaridade", ou seja, em que medida seu valor é baseado não no conteúdo metálico, mas na confiança pública. Para uma boa dis-

cussão sobre a fiduciaridade das moedas correntes antigas, ver R. Seaford, *Money and the Early Greek Mind*, pp. 139-46. Quase todas as moedas de metal eram supervalorizadas. Se o governo estabelecesse o valor abaixo do valor do metal, as pessoas simplesmente as derreteriam, claro; quando o valor é estabelecido como idêntico ao valor do metal, os resultados geralmente são deflacionários. Como afirma B. Théret ("Les Trois États de la monnaie", pp. 826-7), apesar das reformas de Locke — que estabeleceram o valor da soberania britânica como exatamente igual ao seu peso em prata — terem sido ideologicamente motivadas, elas tiveram efeitos econômicos desastrosos. Obviamente, se a cunhagem é enfraquecida ou o valor é muito alto em relação ao conteúdo do metal, isso pode gerar inflação. Mas a visão tradicional de que a moeda corrente foi "destruída" pelo enfraquecimento da liga metálica é claramente falsa, uma vez que houve demora de anos para ocorrer a inflação (G. Ingham, *The Nature of Money*, pp. 102-3).

3. P. Einzig, *Primitive Money in its Ethnological, Historical, and Ethnographic Aspects*, p. 104. Fichas de apostas parecidas com essas, no caso feitas de bambu, eram usadas em cidades chinesas no deserto de Gobi (ibid., p. 108).

4. Sobre o dinheiro simbólico inglês, ver G. C. Williamson, *Trade Tokens Issued in the Seventeenth Century*; J. R. S. Whiting, *Trade Tokens*; P. Mathias, "The People's Money in the Eighteenth Century".

5. Sobre o cacau, R. F. Millon, *When Money Grew on Trees*; sobre o dinheiro de sal da Etiópia, P. Einzig, op. cit., pp. 123-6. Tanto K. Marx (*Capital*, p. 162; *The Grundrisse*, p. 223) como M. Weber (*Economy and Society*, pp. 673-4) acreditavam que o dinheiro surgiu do escambo entre as sociedades, e não no interior delas. K. Bücher (*Industrial Evolution*) e K. Polanyi ("The Semantics of Money Uses") sustentavam algo parecido com essa posição, ao menos porque os dois insistiam que o dinheiro moderno surgiu da troca *externa*. Inevitavelmente, deve ter havido algum tipo de processo entre as moedas de troca e o sistema contábil local responsável pelo fortalecimento mútuo das duas partes. Na medida em que falamos sobre a "invenção" do dinheiro em seu sentido moderno, presumivelmente esse seria nosso lugar de análise, embora em alguns locais como a Mesopotâmia isso deva ter acontecido muito antes do uso da escrita, e por isso, para nós, a história efetivamente se perdeu.

6. Einzig (op. cit., p. 266), citando J. Kulischer (*Allgemeine Wirtschaftsgeschichte des Mittelalters und der Neuzeit*, p. 92) e F. Ilwof (*Tauschhandel und Geldsurrogate in alter und neuer Zeit*, p. 36).

7. F. Nietzsche, *Genealogia da moral*, pp. 59-60.

8. Como observei antes, tanto Adam Smith como Nietzsche, desse modo, antecipam o famoso argumento de Lévi-Strauss de que a linguagem é "troca de palavras". O interessante aqui é que muitos conseguiram se convencer de que, com tudo isso, Nietzsche fornece uma alternativa radical à ideologia política, até mesmo à lógica da troca. Deleuze e Guattari, de maneira embaraçosa, insistem que "O grande livro da etnologia moderna é menos o *Ensaio sobre a dádiva*, de Mauss, do que a

Genealogia da moral, de Nietzsche. Pelo menos deveria sê-lo", uma vez que, segundo eles, Nietzsche consegue interpretar a "sociedade primitiva" em termos de dívida, enquanto Mauss ainda hesita em romper com a lógica da troca (G. Deleuze e F. Guattari, *Anti-Oedipe*, pp. 224-5). Inspirada neles, N. Sarthou-Lajus (*L'Éthique de la dette*) considera a filosofia da dívida como uma alternativa às ideologias burguesas da troca que, segundo ela, pressupõem a autonomia prévia da pessoa. O que Nietzsche propõe não é mesmo uma alternativa, mas sim outro aspecto da mesma coisa. Tudo isso é um lembrete vívido de como é fácil confundir formas radicalizadas de nossa tradição burguesa com alternativas a ela. (G. Bataille, "The Accursed Share" [*La part maudite*], em que Deleuze e Guattari exaltam, na mesma passagem, como mais uma alternativa a Mauss, é mais um exemplo disso.)
9. Nietzsche, op. cit., p. 54.
10. Nietzsche certamente leu muitas obras de Shakespeare. Não há registro da mutilação de devedores no mundo antigo; havia muita mutilação de escravos, mas estes eram, por definição, pessoas que não podiam se endividar. A mutilação por dívida costuma ser atribuída ao período medieval, mas, como veremos, os judeus tendiam a ser as vítimas, uma vez que praticamente não tinham direitos e certamente não eram os perpetradores. Shakespeare virou essa história de ponta-cabeça.
11. Nietzsche, op. cit., p. 77.
12. Ibid., p. 80.
13. P. Freuchen, *Book of the Eskimos*, p. 154. Não está claro em que língua isso foi dito, considerando que não existe escravidão entre os inuítes. Também é interessante porque a passagem não faria sentido se não existissem *alguns* contextos em que a troca de ofertas *funcionasse*, e, desse modo, as dívidas se acumulassem. O caçador está enfatizando que era importante que essa lógica não se estendesse aos meios básicos da existência humana, como a alimentação.
14. Para dar um exemplo, o vale do Ganges, na época de Buda, era cheio de argumentos sobre os méritos relativos das Constituições monárquica e democrática. Gautama, embora filho de um rei, ficou ao lado dos democratas, e muitas das técnicas de tomada de decisões usadas nas assembleias democráticas da época continuam preservadas na organização dos mosteiros budistas (S. Muhlenberger e P. Paine, "Democracy in Ancient India"). Não fosse isso, nós não saberíamos nada sobre eles, ou talvez nem ao menos teríamos certeza da existência dessas políticas democráticas.
15. Como exemplo, resgatar as terras de um ancestral (Lv 25,25-26) ou algo que tenha sido dado ao templo (Lv 27).
16. No caso de falência completa, o devedor também perderia sua liberdade. Ver W. J. Houston (*Contending for Justice*) para uma boa pesquisa da literatura contemporânea sobre as condições econômicas na época dos profetas. Baseio-me aqui em um resumo feito por ele e em uma reconstrução de M. Hudson (*The Lost Tradition of Biblical Debt Cancellations*).
17. Ver, por exemplo, Am 2,6; 8,2, e Is 58.

18. Ne 5,3-7. [Os trechos bíblicos em português seguem a *Bíblia de Jerusalém*, São Paulo: Paulus, 2002. (N. E.)]
19. Ainda há um intenso debate acadêmico sobre se essas leis na verdade foram inventadas por Neemias e seus aliados sacerdotais (principalmente Esdras), e se elas de fato foram impostas em algum período. Ver J. B. Alexander, "A Babylonian Year of Jubilee?"; R. North, *Sociology of the Biblical Jubilee*; J. J. Finkelstein, "Ammisaduqa's Edict and the Babylonian 'Law Codes'"; "Some New Misharum Material and Its Implications"; R. Westbrook, "Jubilee Laws"; N. P. Lemche, "The Manumission of Slaves"; "Andurarum and Misharum"; M. Hudson, *The Lost Tradition of Biblical Debt Cancellations*; W. J. Houston, op. cit., para alguns exemplos. No início havia debates semelhantes sobre se as "tábulas rasas" haviam sido realmente impostas, até que surgiram evidências indiscutíveis de que sim, foram impostas. O montante de informações hoje indica que as leis do Deuteronômio também foram impostas, embora não saibamos ao certo quão efetivamente.
20. "A cada sete anos farás remissão. Eis o que significa essa remissão: todo credor que tinha emprestado alguma coisa a seu próximo remitirá o que havia emprestado" (Dt 15,1-3). Quem estiver em seu poder também será libertado. A cada 49 anos (cinquenta anos em algumas versões) vinha o Jubileu, momento em que todas as propriedades familiares eram devolvidas aos donos originais, e todos os membros da família, os que haviam sido vendidos como escravos, eram libertados (Lv 25,9).
21. O que é previsível, uma vez que a necessidade de fazer empréstimos era quase sempre despertada pela necessidade de pagar impostos aos conquistadores estrangeiros.
22. Michael Hudson observa que, na Babilônia, essas "tábulas rasas" "chamavam-se *hubullum* (dívida) *masa'um* (lavar), literalmente 'lavar as dívidas [registros]', ou seja, dissolver as tabuletas de argila nas quais se inscreviam as obrigações fiscais" (*The Lost Tradition of Biblical Debt Cancellations*, p. 19).
23. Mt 18,23-34.
24. Para dar uma ideia dos números em questão, 10 mil talentos em ouro era mais ou menos o equivalente a todo o recolhimento de impostos feito pelo Império Romano em suas antigas províncias do que hoje é o Oriente Médio. Cem denários equivaliam a ⅟₆₀ de um talento, ou seja, valiam 600 mil vezes menos.
25. *Opheilēma* no original grego, que significa "aquilo que é devido", "dívidas financeiras" e, por extensão, "pecado". Esse termo foi aparentemente usado para traduzir o aramaico *hoyween*, que também significa "dívida" e, por extensão, "pecado". A versão em inglês que usei (assim como as outras citações bíblicas) segue a versão de King James, que nesse caso se baseia na tradução de 1381 do Pai-Nosso feita por John Wycliffe. A maioria dos leitores provavelmente conhece melhor a versão de 1559 do Livro de Oração Comum, que diz "perdoai as nossas ofensas assim como nós perdoamos a quem nos tem ofendido". No entanto, o original é bem explícito ao dizer "dívidas" [cf. Mt 6,9-13 (N. E.)].
26. Mudar para "dívidas espirituais" na verdade não altera o problema.

27. A possibilidade de abuso sexual nessas situações com certeza era um peso enorme na imaginação popular. "Há entre nossas filhas algumas que já são escravas", protestaram os israelenses a Neemias. Tecnicamente, as filhas levadas como escravas por dívida, se fossem virgens, não ficariam sexualmente expostas aos credores que não queriam se casar com elas, ou casar seus filhos com elas (Ex 221,7-9; D. P. Wright, *Inventing God's Law*, pp. 130-3); os escravos tidos como propriedade, no entanto, eram disponibilizados sexualmente (ver C. Hezser, "The Impact of Household Slaves on the Jewish Family"), e muitas vezes, na prática, esses papéis se misturavam. Mesmo onde as leis protegiam as filhas, os pais tinham poucos recursos para protegê-las ou fazer com que as leis fossem cumpridas. O mesmo vale para os filhos homens. O relato do historiador romano Tito Lívio sobre a abolição da servidão por dívida em Roma em 326 a.C., por exemplo, fala de um jovem chamado Caio Publílio, que, entregue como servo por dívida herdada do pai, foi espancado barbaramente por se recusar a prestar favores sexuais ao seu credor (Lívio 8.28). Quando ele foi às ruas e relatou o que lhe aconteceu, uma multidão se juntou a ele e marchou até o Senado para exigir a abolição dessa prática.
28. Principalmente se os escravos forem estrangeiros capturados em guerra. Como veremos, a crença comum de que não havia objeções morais à escravidão no mundo antigo é falsa. Havia muitas. Mas, a despeito de certos radicais como os essênios, a instituição era aceita como uma necessidade infeliz.
29. M. Hudson ("Reconstructing the Origins of Interest-Bearing Debt", p. 37) cita o historiador grego Diodoro Sículo (i.79), que atribui essa ideia ao faraó egípcio Baquenrenefe, embora ele mesmo ressalte que as considerações militares não eram as únicas, mas que as anulações refletiam sentimentos mais amplos sobre justiça.
30. L. Oppenheim, *Ancient Mesopotamia*, p. 88. Oppenheim sugere que empréstimos livres de juros eram comuns no Levante, e que na Mesopotâmia era provável que os socialmente iguais cobrassem juros uns dos outros mas em termos mais amenos, citando um antigo mercador assírio que fala dos "juros que um irmão cobra do outro". Na Grécia antiga, empréstimos amigáveis entre pessoas socialmente iguais eram conhecidos como empréstimos *eranos*, geralmente de quantias levantadas por uma sociedade improvisada de ajuda mútua e sem envolver o pagamento de juros (J. W. Jones, *The Law and Legal Theory of the Greeks*, pp. 171-3; J. Vondeling, *Eranos*; M. Finley, *Economy and Society in Ancient Greece*, pp. 67-8; P. Millett, *Lending and Borrowing in Classical Athens*, pp. 153-5). Os aristocratas costumavam conceder esses empréstimos uns aos outros, mas também acontecia entre grupos de escravos que tentavam juntar dinheiro para comprar de volta a própria liberdade (J. A. Harrill, *The Manumission of Slaves in Early Christianity*, p. 167). Essa tendência à ajuda mútua, mais destacada entre as camadas mais altas e as mais baixas da escala social, é um padrão consistente até hoje.
31. Daí a constante evocação da expressão "teu irmão", particularmente em Deuteronômio, por exemplo, "Não emprestes ao teu irmão com juros" (Dt 23,20).

5. Breve tratado sobre os fundamentos morais das relações econômicas
[pp. 119-67]

1. Como veremos no capítulo 7, Platão começa *A República* exatamente da mesma maneira.
2. Para uma avaliação polida, porém devastadora, ver D. Kahneman, "A Psychological Perspective on Economics".
3. G. Homans, "Social Behavior as Exchange"; também P. Blau, *Exchange and Power in Social Life*; C. Lévi-Strauss, *Structural Anthropology*, p. 296. Na antropologia, o primeiro a propor a reciprocidade como princípio universal foi R. C. Thurnwald ("Banaro Society"), mas a ideia ficou famosa com B. Malinowski (*Argonauts of the Western Pacific*).
4. Por essa razão, entre outras, nenhum código de leis conhecido jamais conseguiu impor esse princípio; a penalidade sempre existiu para ser convertida em algo mais brando.
5. M. Atwood, *Payback: Debt and the Shadow Side of Wealth*, p. 1. A escritora prossegue e explora a natureza da nossa noção de moralidade econômica comparando o comportamento de macacos enjaulados ao de crianças canadenses de classe média, e argumenta que todas as relações humanas são ou de troca ou de apropriação forçada (p. 49). Apesar do brilhantismo de vários de seus argumentos, o resultado é um testemunho bem triste de como é difícil para os descendentes das classes profissionais do Atlântico Norte não verem as próprias maneiras características de imaginar o mundo como simples natureza humana.
6. O pai de Seton, magnata das navegações que faliu e se tornou contador, era tão frio e agressivo, como contou Seton posteriormente, que seu filho passou a maior parte da juventude na floresta tentando evitá-lo; depois de pagar a dívida — que chegou a 537,50 dólares, uma quantia considerável, mas não impossível de ser paga em 1881 —, Seton mudou de nome e passou grande parte da vida tentando desenvolver técnicas mais positivas para a criação de crianças.
7. Rev. W. H. Beatley, citado em L. Lévy-Bruhl, *Primitive Mentality*, p. 411.
8. Rev. Fr. Bulléon, citado em L. Lévy-Bruhl, op. cit., p. 425.
9. A propósito, a frase não foi cunhada por Marx; aparentemente era um slogan corrente no início do movimento dos trabalhadores na França e apareceu impressa pela primeira vez em 1839, na obra do socialista Louis Blanc. Marx lançou mão da frase em 1875, em *Crítica do Programa de Gotha*, e a partir disso a usou de maneira bastante idiossincrática, pois o princípio imaginado por ele poderia ser aplicado no nível da sociedade como um todo, uma vez que a tecnologia chegasse ao ponto de garantir a abundância material absoluta. Para Marx, "comunismo" era tanto o movimento político que visava produzir essa sociedade futura como essa própria sociedade. Baseio-me aqui mais na corrente alternativa da teoria revolucionária, evidente de maneira mais notória talvez em *Mutual Aid*, de P. Kropotkin.

10. Pelo menos, a não ser que haja alguma razão para não fazê-lo — por exemplo, uma divisão hierárquica do trabalho que diga que algumas pessoas têm o direito de tomar café e outras não.
11. Isso significa, é claro, que economias de controle — indicar burocracias governamentais para coordenar cada aspecto da produção e distribuição de bens e serviços em determinado território nacional — tendem a ser muito menos eficazes que as alternativas disponíveis. Trata-se de uma verdade óbvia, mas, se ela "simplesmente não funciona", fica difícil imaginar como Estados como a União Soviética poderiam ao menos ter existido, que dirá manter-se como potências mundiais.
12. E. E. Evans-Pritchard, *The Nuer*, p. 182.
13. De maneira semelhante, é improvável que um pedestre de classe média peça informações ao membro de uma gangue, e talvez até corra de medo se um deles se aproximar perguntando as horas, mas isso se deve, mais uma vez, à suposição de que existe um estado de guerra tácito entre eles.
14. E. E. Evans-Pritchard, *The Nuer*, p. 183.
15. A. Richards, *Land, Labour and Diet in Northern Rhodesia*, p. 197. M. Gluckman, ao comentar sobre esses costumes, conclui que na medida em que é possível falar de "comunismo primitivo", ele existe no consumo, e não na produção, que tende a ser organizada de maneira muito mais individual (*Politics, Law and Ritual in Tribal Society*, p. 52).
16. Um exemplo típico: "Se um grupo de pessoas famintas encontra outro cujas provisões ainda não se esgotaram totalmente, este último divide com os recém-chegados o pouco que lhe resta sem que o grupo peça, por mais que, com isso, o grupo se exponha ao mesmo perigo de sucumbir que aquele a que está ajudando [...]". J.-F. Lafitau, *Customs of the American Indians*, v. 2, p. 61.
17. "The Jesuit Relations" (1635, v. 8, p. 127), citado em D. Delâge, *Bitter Feast*, p. 54.
18. De fato trata-se de um arranjo comum em algumas partes do mundo (principalmente Andes, Amazônia, ilhas do sul da Ásia e Melanésia), e invariavelmente há algumas regras segundo as quais cada metade é independente da outra em relação a alguma coisa considerada essencial à vida humana. Só se pode casar com alguém do outro lado do vilarejo, ou só se pode comer porcos criados do outro lado, ou talvez um dos lados precise de pessoas do outro lado para apadrinhar os rituais que iniciam os filhos homens na vida adulta.
19. Como já sugeri anteriormente, de acordo com o princípio "de cada um segundo suas capacidades, a cada um segundo suas necessidades". D. Graeber, *Toward an Anthropological Theory of Value*, pp. 159-60; cf. M. Mauss, *Manuel d'ethnographie*, pp. 104-5.
20. Estou evitando aqui toda a questão dos exemplos unilaterais discutida em D. Graeber, *Toward an Anthropological Theory of Value*, p. 218.
21. M. Sahlins (*Stone Age Economics*) cunhou a expressão "reciprocidade generalizada" para descrever esse tipo de relação, segundo o princípio de que, se tudo circula livremente, no fim todas as contas serão contrabalanceadas. M. Mauss já

havia apresentado esse argumento em palestras ministradas na década de 1930 (*Manuel d'ethnographie*), mas ele também reconheceu os problemas: por mais que isso seja verdadeiro em relação às metades iroquesas, algumas relações nunca se contrabalanceiam — por exemplo, entre mãe e filho. Sua solução, a "reciprocidade alternada" — que pagamos nossos pais tendo nossos filhos —, é claramente retirada de seu estudo sobre os Vedas, mas, em última instância, demonstra que, se resolvermos que todas as relações se baseiam na reciprocidade, sempre poderemos definir o termo de maneira ampla o suficiente para torná-lo verdadeiro.

22. Para *hostis*, ver É. Benveniste, "Don et échange dans le vocabulaire indo-européen", p. 72. A terminologia latina concernente à hospitalidade enfatiza o domínio absoluto da casa por parte do proprietário (homem) como precondição de qualquer ato de hospitalidade. J. Derrida (*Of Hospitality*; *Acts of Religion*) argumenta que isso aponta para uma contradição central no próprio conceito de hospitalidade, uma vez que implica um domínio ou poder absoluto já existentes em relação aos outros, cuja forma mais exploradora é encontrada em Ló, quando oferece as próprias filhas a um monte de sodomitas para dissuadi-los de violentar seus convidados. No entanto, o mesmo princípio de hospitalidade pode ser igualmente bem documentado em sociedades como as dos iroqueses — sociedades que eram tudo, menos patriarcais.
23. E. E. Evans-Pritchard, *The Nuer*, pp. 154, 158.
24. Obviamente, essa é a razão mais clara de os muitos ricos gostarem sobretudo de se relacionar uns com os outros.
25. Em uma linha menos hostil, pode-se falar da troca de prisioneiros, cartas ou elogios.
26. Uma excelente fonte sobre esse tipo de negociação é V. Uchendo, "Some Principles of Haggling in Peasant Markets".
27. L. Bohannan, *Return to Laughter*, p. 47.
28. Não um acordo comercial verdadeiro, uma vez que esse tipo de acordo costuma envolver muito vinho, comida e troca de presentes. Trata-se mais do tipo de acordo comercial imaginário que aparece nos manuais de economia.
29. Basta olhar para a vasta literatura antropológica sobre "banquetes competitivos": por exemplo, V. Valeri, "Feasts".
30. P. Bourdieu, "The Sentiment of Honor in Kabyle Society". Esse é o principal texto, mas ele repete os mesmos argumentos em *The Logic of Practice*, pp. 98-101.
31. L. Onvlee, "The Significance of Livestock on Sumba", p. 204.
32. Petrônio, *Satyricon*, 51; Plínio, o Velho, *Naturalis Historiae*, liv. XXXVI, § 195; C. Dio, *Historiae Romanae*, 57.21.5-7.
33. I. Battuta sobre o rei de Sind, uma das quatro províncias do Paquistão: "De todos os homens, esse rei é o mais viciado na criação de presentes e no derramamento de sangue. Em seus portões sempre há algum pobre que enriqueceu ou algum homem executado".

34. Ou até os muito ricos. Nelson Rockefeller costumava se orgulhar de nunca carregar carteira. Ele não precisava. Sempre que trabalhava até mais tarde e precisava comprar cigarros, pegava "algum" emprestado com um segurança na recepção do Rockefeller Center, que depois ostentaria o fato de ter emprestado dinheiro a Rockefeller e raramente pedia devolução. Em contrapartida, o rei português dom Manuel, no século XVI, que enriqueceu com o mercado das Índias, adotou o título "Senhor do Comércio, da Conquista e da Navegação da Arábia, Pérsia e Índia". Outros o chamavam de "rei merceeiro" (E. Ho, "Empire through Diasporic Eyes", p. 227).
35. Ver D. Graeber, *Toward an Anthropological Theory of Value*, pp. 175-6.
36. Mesmo entre estranhos, trata-se de algo um tanto incomum: como enfatizou Servet ("Primitive Order and Archaic Trade. Part 1; 2"), a maioria das "transações primitivas" acontece por meio de parcerias de troca e intermediários regionais especializados.
37. Ilustrei dessa maneira porque estou interessado principalmente na economia. Se estivéssemos pensando apenas nas relações humanas, suponho que poderíamos dizer que um extremo é matar, e o outro, dar à luz.
38. Na verdade, parece ser essencial à natureza da caridade que, como no caso de presentes dados a um rei, ela nunca leve à reciprocidade. Ainda que se descubra que o pedinte de aparência patética é na verdade um deus encarnado caminhando na terra, ou Harun al-Rashid, sua recompensa será totalmente desproporcional. Ou pense em todas aquelas histórias sobre milionários bêbados que, ao voltar a si depois de uma farra, distribuem carros luxuosos e casas aos benfeitores. É mais fácil imaginar um mendigo dando a você uma fortuna do que devolvendo o equivalente exato ao dólar que deu a ele.
39. Xenofonte, *Ciropédia*, 8.6; Heródoto, *História*, 3.8.9. Ver P. Briant, *From Cyrus to Alexander*, pp. 193-4, 394-404, que reconhece que algo muito parecido deve ter de fato acontecido, com um sistema de ofertas mais improvisado sob o governo de Ciro e Cambisses e sistematizado posteriormente por Dário.
40. M. Bloch (*Feudal Society*, pp. 114-5) acrescenta: "Qualquer ato, uma vez consumado, ou antes, repetido três ou quatro vezes, arriscava-se a criar um precedente: até mesmo quando, na sua origem, tinha sido excepcional, ou mesmo francamente abusivo".
41. Essa abordagem costuma ser associada ao antropólogo britânico A. M. Hocart (*Kings and Councillors*). O que importa é que isso não significa necessariamente que essas ocupações passassem a ser exclusivas: na maior parte do tempo, as pessoas continuavam simples agricultoras, como todas as outras. No entanto, o que elas faziam para o rei, ou depois, em ocasiões rituais, pela comunidade, era visto como determinante de sua natureza essencial, sua identidade no todo.
42. Na verdade, podemos ficar revoltados com ele por um ato de mesquinharia que jamais consideraríamos mesquinho em ninguém — principalmente em nós.
43. S. Stillman, "'The Missing White Girl Syndrome'".

44. K. Karatani (*Transcritique*, pp. 203-5) defende esse argumento de maneira convincente. Os kwakiutles e outros povos antigos da costa noroeste da América do Norte são um caso um tanto intermediário — aristocratas, mas, pelo menos no período que conhecemos, usavam meios não coercitivos para obtenção de recursos (apesar do que diz H. Codere, *Fighting with Property*).
45. G. Duby (*The Three Order*) nos apresenta a história definitiva desse conceito, que remonta a ideias indo-europeias muito mais antigas.
46. Para um exemplo típico de reciprocidade imaginária entre pais e filhos, ver D. Oliver, *A Solomon Island Society*, p. 230. Os entusiastas da teoria antropológica perceberão que estou adotando aqui a posição de E. Leach (*Rethinking Anthropology*) sobre o problema do "conúbio circulante". Posteriormente Leach aplica o mesmo argumento à famosa "cadeia kula", em "The Kula: An Alternative View".
47. Na verdade, existem relações hierárquicas que explicitamente subvertem a si mesmas: a relação entre professor e aluno, por exemplo, pois se o professor tem sucesso ao transmitir seu conhecimento para o aluno, não existe base para a desigualdade.
48. P. Freuchen, *Book of the Eskimos*, p. 154. Não está claro em que língua isso foi dito, considerando que não existe escravidão entre os inuítes. Além disso, a passagem não faria sentido se não existissem *alguns* contextos em que a troca de ofertas *funcionasse*, e, desse modo, as dívidas se acumulassem. O caçador está enfatizando que era importante que essa lógica não se estendesse aos meios básicos da existência humana, como a alimentação.
49. R. Firth, *Economics of the New Zealand Maori*, pp. 411-2 (também D. Graeber, *Toward an Anthropological Theory of Value*, p. 175). O nome dele era Tei Reinga.
50. Para um famoso exemplo, ver N. Chagnon, *Yanomamo*, pp. 170-6.
51. De maneira semelhante, dois grupos podiam formar uma aliança estabelecendo uma "relação de brincadeira", em que qualquer membro de um grupo poderia, pelo menos teoricamente, fazer exigências exageradas semelhantes a um membro do outro (J.-C. Hébert, "La Parenté à plaisanterie à Madagascar").
52. M. Mauss, em seu famoso *Ensaio sobre a dádiva*, algumas vezes as tomou literalmente, e os resultados confundiram a discussão durante algumas gerações.
53. M. Mauss, "Commentaires sur un texte de Posidonius"; a fonte grega é Posidônio. Como de costume, não sabemos até que ponto podemos interpretar essa declaração de maneira literal. Mauss a considera provavelmente exata; suspeito que tenha acontecido uma ou duas vezes.
54. Recontado por W. I. Miller (*Humiliation*, pp. 15-6). A primeira citação é feita diretamente do original, *Egil's Saga* (cap. 78). Egil continua ambivalente em relação ao escudo: ele o levou para uma festa de casamento e o deixou cair em um tanque cheio de soro de leite. Depois concluiu que estava danificado e o desmantelou inteiro, retirando a matéria-prima.
55. Ver, por exemplo, A. Wallace-Hadrill (org.), *Patronage in Ancient Society*.
56. L. Blaxter, "Rendre service and Jalousie", pp. 127-8.

57. Outro antropólogo, por exemplo, define as relações entre patrocinador e cliente como "relações contratuais de longo prazo em que o apoio do cliente é trocado pela proteção do patrocinador; há uma ideologia moral que parece descartar a contabilidade estrita e aberta, mas as duas partes mantêm uma conta tácita e aproximada; os bens e serviços trocados não são semelhantes, e não há nenhuma implicação de troca leal ou de equilíbrio de satisfações, uma vez que o cliente é notadamente mais fraco em termos de força e precisa do patrocinador mais do que este precisa dele" (P. Loizos, "Politics and Patronage in a Cypriot Village, 1920-1970", p. 115). Mais uma vez, a relação tanto é como não é de troca, tanto se trata como não se trata de uma questão de contabilidade.
58. O mesmo se dá se alguém aceita um emprego em uma loja de *donuts*; legalmente, deveria ser um contrato entre iguais, mesmo que para dizer isso tenhamos de sustentar a encantadora ficção legal de que uma das partes do contrato é uma pessoa imaginária chamada "Krispy Kreme".
59. Por exemplo, a palavra em inglês *should* [deveria] é originalmente derivada do alemão *Schuld*, que significa "culpa, falta, dívida". É. Benveniste dá exemplos semelhantes de outras línguas indo-europeias (*Indo-European Language and Society*, p. 68). Línguas do Leste Asiático, como o chinês e o japonês, raramente combinam essas palavras, mas uma identificação parecida da dívida com pecado, vergonha, culpa e falta pode ser documentada com facilidade (C. Malamoud, "Présentation").
60. Plutarco, *Moralia*, 303b. Também discutido em M. Finley, *Economy and Society in Ancient Greece*, p. 152; e P. Millett, *Lending and Borrowing in Classical Athens*, p. 42. De maneira semelhante, São Tomás de Aquino afirma que, na doutrina católica, os pecados eram "dívidas de punição" devidas a Deus.
61. Entre outros motivos, por isso é tão fácil mascarar outros tipos de relação como dívidas. Digamos que você queira ajudar um amigo que precisa muito de dinheiro, mas não queira constrangê-lo. De modo geral, a maneira mais fácil de fazer isso é dar a ele o dinheiro e insistir que aquilo é um empréstimo (e então deixar que as duas partes convenientemente se esqueçam do que aconteceu). Ou pense em todas as ocasiões e em todos os lugares em que os ricos conseguem empregados adiantando o que aparentemente é um empréstimo.
62. Poderíamos argumentar que termos equivalentes a "por favor" e "obrigado" são encontrados em todas as línguas, se estivéssemos decididos a encontrá-los, mas os termos que costumamos encontrar são usados de maneiras tão diferentes — por exemplo, apenas em contextos rituais ou para superiores em uma hierarquia — que é difícil dar muita importância a esse fato. É significativo que, durante o último século, ou algo assim, quase todas as linguagens usadas em escritórios ou para fazer transações em lojas tenham criado termos que funcionam como equivalentes exatos de "por favor", "obrigado" e "por nada".
63. Em espanhol, primeiro se pede um favor (*por favor*) e depois se diz *gracias* para afirmar que se reconhece o que o outro fez, pois a palavra deriva do latim *gratia*, que quer dizer "influência ou favor". "Appreciate", em inglês, tem um sentido mais

monetário: se você diz "aprecio muito o que você está fazendo", está usando uma palavra derivada do latim *appretiare*, "dar um preço".

64. *"You're welcome"* [literalmente, "você é bem-vindo"], documentado pela primeira vez na época de Shakespeare, deriva do inglês antigo *wilcuma* — *wil* significa "prazer" e *cuma*, "convidado". Por isso as pessoas ainda são bem-vindas a uma casa. É como a expressão *"be my guest"* [literalmente, "seja meu convidado"], ou seja, se há alguma obrigação, ela cabe a mim, pois todo anfitrião é obrigado a ser generoso com seus convidados, e cumprir com obrigações desse tipo é um prazer em si. Ainda assim, é interessante perceber que os moralistas raramente repreendem as pessoas quando elas não dizem *"you're welcome"* — é algo opcional.

65. F. Rabelais, *Gargantua and Pantagruel*, 1.12.

66. Compare com o que diz o filósofo árabe medieval I. Miskaway: "O credor quer o bem-estar do devedor para receber seu dinheiro de volta, e não porque sente amor por ele. O devedor, por outro lado, não tem muito interesse no credor" (cf. H. Hosseini, "Contributions of Medieval Muslim Scholars to the History of Economics", p. 36).

67. Apropriado, uma vez que todo o discurso de Panurge não passa de uma elaboração cômica do argumento de Marsílio Ficino de que todo o Universo é impulsionado pela força do amor.

6. Jogos com sexo e morte [pp. 169-216]

1. P. Carlson, "The Relatively Charmed Life of Neil Bush", *The Washington Post*, 28 dez. 2003, p. D01.

2. P. Grierson, *The Origins of Money*, p. 20.

3. Para fazer justiça a Grierson, depois ele sugere que a escravidão teve um papel importante nas origens do dinheiro — embora ele nunca leve o gênero em consideração, o que parece significativo: jovens escravas também serviam como a denominação mais alta da moeda corrente na Islândia medieval (C. O. Williams, *Thraldom in Ancient Iceland*), e, no *Rig Veda*, presentes e pagamentos grandiosos são regularmente designados em "ouro, gado e escravas" (U. Chakravarti, "Of Dasas and Karmakaras", pp. 56-7). Por sinal, digo "jovens" porque, em todos os lugares, quando escravos são usados como unidade monetária, a unidade supostamente equivale a escravos entre dezoito e vinte anos de idade. Uma *cumal* era considerada o equivalente, em valor, a três vacas leiteiras ou seis novilhas.

4. Sobre *cumal*, ver P. Nolan, *A Monetary History of Ireland*; P. Einzig, *Primitive Money in its Ethnological, Historical, and Ethnographic Aspects*, pp. 247-8; M. Gerriets, *Money and Clientship in the Ancient Irish Laws*, "The Organization of Exchange in Early Christian Ireland" e "Money in Early Christian Ireland According to the Irish Laws"; O. Patterson, *Slavery and Social Death*, pp. 168-9; e F. Kelly, *A Guide to Early Irish Law*, pp. 112-3. A maioria deles simplesmente diz que uma *cumal* era usada

apenas como unidade de conta, e não sabemos nada sobre práticas anteriores. É notável, no entanto, que nos códigos de leis, quando diversas mercadorias diferentes são usadas como unidades de conta, elas incluam os produtos de exportação mais importantes daquele país e moeda de troca (é por isso que, nos códigos russos, as unidades eram pele e prata). Isso implicaria um comércio significativo de escravas no período imediatamente anterior às fontes históricas.

5. Como mostra Bender, 1996.
6. Baseio-me aqui em uma pesquisa etnográfica detalhada feita por A. Testart ("L'Esclavage pour dettes en Asie Orientale", *Esclave, la dette et le pouvoir* e "The Extent and Significance of Debt Slavery"). Testart faz um trabalho maravilhoso de resumo de dados, embora ele também tenha — como veremos no próximo capítulo — alguns pontos cegos igualmente estranhos em suas conclusões.
7. "Embora a expressão retórica 'vender a própria filha à prostituição' tenha circulação ampla [...] o esquema real é apresentado com mais frequência como um empréstimo à família ou um pagamento adiantado pelos serviços da garota (geralmente indefinidos ou deturpados). Os juros nesses 'empréstimos' costumam ser de 100%, e o principal pode aumentar com outras dívidas — ajuda de custo, assistência médica, propinas — resultantes, uma vez que a menina tenha começado a trabalhar" (R. Bishop e L. S. Robinson, *Night Market*, p. 105).
8. Como nos diz Michael Hudson (citado em L. R. Wray, "An Irreverent Overview of the History of Money"), mas isso fica claro se prestarmos atenção na linguagem do original: "Não cobiçarás a casa do teu próximo, não cobiçarás a sua mulher, nem o seu escravo, nem a sua escrava, nem o seu boi, nem o seu jumento, nem coisa alguma que pertença a teu próximo" (Ex 20,17; Dt 5,21).
9. O *wampum* é um bom exemplo: os iroqueses parecem nunca tê-lo usado para comprar coisas de membros da mesma comunidade, embora fosse frequentemente usado para negociar com os colonos (ver D. Graeber, *Toward an Anthropological Theory of Value*, pp. 117-50). Outros, como o dinheiro de conchas *yurok* ou algumas moedas papuas, são muito usados enquanto moeda corrente como complemento a suas funções sociais, mas o primeiro parece ter surgido do segundo.
10. Os textos mais importantes a respeito do debate sobre o "preço da noiva": E. E. Evans-Pritchard, "An Alternative Term for 'Bride-Price'"; Barão de R. F. S. Raglan, "Bride Price"; R. F. Gray, "Sonjo Bride-Price and the Question of African 'Wife Purchase'"; J. L. Comaroff (org.), *The Meaning of Marriage Payments*; V. Valeri, "Buying Women but no Selling Them". Evans-Pritchard propôs alterar o termo "preço da noiva" para "riqueza da noiva" porque, entre outros fatores, a Liga das Nações proibiu a prática em 1926 como forma de escravidão (J. I. Guyer, "Brideprice").
11. Sobre parentesco e economia tiv: E. de C. Duggan, "Notes on the Munshi Tribe"; R. C. Abraham, *The Tiv People*; R. M. Downes, *The Tiv Tribe*; B. Akiga Sai, *Akiga's Story*; L. Bohannan, "A Genealogical Charter"; P. Bohannan, "Some Principles of Exchange and Investment among the Tiv"; *Justice and Judgment among the*

Tiv; "The Impact of Money on an African Subsistence Economy"; P. Bohannan e L. Bohannan, *The Tiv of Central Nigeria*; *Tiv Economy*; J. I. Tseayo, *Conflict and Incorporation in Nigeria*; e C. Keil, *Tiv Song*.

12. Ver B. Akiga Sai (*Akiga's Story*, p. 106) para uma boa análise de como isso aconteceu. Para uma reanálise comparativa em perspectiva regional, ver R. Fardon, "Sisters, Wives, Wards and Daughters [...]. Part I: 'The Tiv'"; "Sisters, Wives, Wards and Daughters [...]. Part II: 'The Transformations'".

13. P. Bohannan coloca desta maneira: "A relação *kem* de dívida entre um homem e o guardião de sua esposa jamais é rompida, pois a *kem* é eterna, a dívida jamais pode ser totalmente paga" (*Justice and Judgment among the Tiv*, p. 73). O restante da explicação é de B. Akiga Sai, *Akiga's Story*, pp. 126-7.

14. P. Rospabé, "Don archaïque et monnaie sauvage", p. 35.

15. E. E. Evans-Pritchard, *The Nuer*, p. 153.

16. Como diz o etnógrafo, "eles aceitam o gado apenas por uma questão de honra, e não porque estão prontos para aceitá-lo em troca da vida de seu parente morto" (ibid., p. 153).

17. Ibid., pp. 154-5.

18. L. H. Morgan, *League of the Ho-de-no-sau-nee*, p. 332. (Advogado por formação, Morgan utiliza o termo técnico *"condonation"* [perdão tácito], que é definido no *Oxford English Dictionary* como "ato de ignorar voluntariamente um delito".)

19. Ibid., p. 333. A base era de cinco braças para um homem, de dez para uma mulher, mas outros fatores também influenciavam (ibid., pp. 331-4; T. Smith, "Wampum as Primitive Valuables", p. 236; A. Parker, "An Analytical History of the Seneca Indians").

20. E. E. Evans-Pritchard, *The Nuer*, p. 155; *Kinship and Marriage among the Nuer*, pp. 109-11; P. P. Howell, *A Manual of Nuer Law*, pp. 71-80; K. Gough, "Nuer Kinship"; S. Hutchinson, *Nuer Dilemmas*, pp. 62, 175-6.

21. P. Rospabé, *La Dette de vie: Aux Origines de la monnaie sauvage*, pp. 47-8, citando E. L. Peters, "Some Structural Aspects of the Feud among the Camel-Herding Bedouins of Cyrenaica".

22. Sobre as "guerras de luto", ver D. K. Richter, "War and Culture"; a expressão "punham o nome dele em um tapete" é de W. N. Fenton, "Northern Iroquois Culture Patterns", p. 315. A propósito, estou supondo que é um homem que morre, pois esses são os exemplos das fontes. Não está claro se o mesmo era feito com as mulheres que morriam naturalmente. Vale notar que algo semelhante acontecia entre os nambiquaras. Mencionei no capítulo 3 que os banquetes realizados depois de um escambo podiam levar à sedução e ao assassinato motivado por ciúme; Lévi-Strauss acrescenta que a maneira comum de resolver esses assassinatos era o assassino se casar com a esposa da vítima, adotar seus filhos e assim se tornar, efetivamente, a pessoa que a vítima costumava ser ("Guerre et commerce chez les Indiens d'Amérique du Sud", p. 123).

23. Contudo, as pessoas o usavam para obter alguns produtos sofisticados (como instrumentos musicais), feitos por especialistas de outros vilarejos (M. Douglas, *The Lele of the Kasai*, pp. 54-5).
24. Id., "Raffia Cloth Distribution in the Lele Economy", p. 112; *In the Active Voice*, p. 43.
25. M. Douglas (*The Lele of the Kasai*, p. 58) estima que um homem bem-sucedido, ao atingir a maturidade social plena, terá gastado pelo menos trezentas peças de tecido de ráfia em pagamentos, e pelo menos trezentas peças dadas como presentes.
26. Como costumam notar os antropólogos, o fato de a descendência ser traçada pelas mulheres não significa que elas tenham muito poder. Pode ser que sim, como acontecia entre os iroqueses e como acontece agora entre os minangkabaus, mas não necessariamente.
27. M. Douglas, *The Lele of the Kasai*, pp. 144-5, que na verdade é uma repetição de M. Douglas, "Blood-Debts and Clientship among the Lele", pp. 3-4.
28. Ela era católica conservadora, casada com um economista tóri, e tendia a olhar com desdém para todos os interesses liberais.
29. Dando mais destaque à questão, acreditava-se que os homens contraíam uma dívida de vida no momento em que tinham filhas (M. Douglas, *The Lele of the Kasai*, p. 115) — e essa dívida só poderia ser paga no momento em que ele tomava uma filha de sua filha como peoa. Isso só faz sentido se partirmos do princípio de que apenas os homens podem dever uma vida, e que, no caso das mulheres, a criação da vida era tida como gratuita. Os homens, como visto, também podiam ser peões, mas jamais eram negociados.
30. M. Douglas, *Purity and Danger*, p. 150.
31. Sobre "esposas da aldeia", ver especialmente M. Douglas, "A Form of Polyandry among the Lele of the Kasai"; *The Lele of the Kasai*, pp. 128-40.
32. M. Douglas, *The Lele of the Kasai*, p. 76. Compare com o texto de M. Douglas, "A Form of Polyandry among the Lele of the Kasai", p. 11. Claramente, a autora está apenas repetindo a explicação dos informantes a respeito de um costume: os leles não "tinham de" criar esse arranjo; na verdade, como na maioria das sociedades africanas.
33. Algumas esposas da aldeia eram literalmente princesas, uma vez que as filhas dos chefes invariavelmente escolhiam se casar com classes etárias dessa maneira. As filhas dos chefes podiam fazer sexo com todos que elas quisessem, independentemente da classe etária, e também tinham o direito de recusar o sexo, o que geralmente as esposas da aldeia não faziam. Princesas desse tipo eram raras: havia apenas três chefes em todo o território leles. Por outro lado, M. Douglas estima em "A Form of Polyandry among the Lele of the Kasai" que aproximadamente 10% das mulheres leles se tornavam esposas da aldeia.
34. Por exemplo, M. Douglas, "Blood-Debts and Clientship among the Lele", p. 4; *The Lele of the Kasai*, pp. 145-6, 168-73; "Matriliny and Pawnship in Central Africa", p. 303. Obviamente, os homens muitas vezes podiam exercer uma grande pressão física sobre as mulheres; pelo menos, se todos concordassem que eles tinham um

direito moral de fazê-lo, mas mesmo nesse aspecto Douglas enfatiza que a maioria das mulheres tinha bastante espaço para realizar manobras.
35. Sobre a pacificidade, principalmente: M. Douglas, *The Lele of the Kasai*, pp. 70-1.
36. Ibid., p. 170.
37. Ibid., p. 171.
38. Sobre o custo dos escravos: ibid., p. 36; id., *In the Active Voice*, pp. 46-7.
39. No entanto, esse foi parcialmente o caso, porque o principal propósito dos escravos homens era que eles fossem sacrificados nos funerais de homens importantes (id., *The Lele of the Kasai*, p. 36).
40. Ver D. Graeber, *Toward an Anthropological Theory of Value*, cap. 4. A grande exceção poderia ser o dinheiro de gado dos nuers e de povos pastoris semelhantes. No entanto, até mesmo essa moeda serviria como um tipo de adorno.
41. B. Akiga Sai, *Akiga's Story*, pp. 121, 158-60.
42. O mesmo pode ser dito sobre a prática do casamento por captura dos tivs (ibid., pp. 137-41).
43. Baseio-me aqui na análise clássica das "esferas de troca" feita por P. Bohannan ("Some Principles of Exchange and Investment among the Tiv"; "The Impact of Money on an African Subsistence Economy") e complementada por D. C. Dorward ("Precolonial Tiv Trade and Cloth Currency") e J. Guyer (*Marginal Gains*, pp. 27-31).
44. Consoante B. Akiga Sai, *Akiga's Story*, p. 241; P. Bohannan, "Some Principles of Exchange and Investment among the Tiv", p. 66; P. Bohannan e L. Bohannan, *Tiv Economy*, pp. 233, 235. Como carisma em geral, B. Akiga Sai, *Akiga's Story*, p. 236; R. M. Downes, *Tiv Religion*, p. 29.
45. Ver R. C. Abraham, op. cit., p. 26; B. Akiga Sai, *Akiga's Story*, p. 246; P. Bohannan, "Extra-processual Events in Tiv Political Institutions", p. 3; R. M. Downes, *Tiv Religion*, p. 27.
46. Sobre bruxos em geral: P. Bohannan, *Justice and Judgment among the Tiv*, pp. 187-8; "Extra-processual Events in Tiv Political Institutions"; R. M. Downes, *Tiv Religion*, pp. 32-5. Sobre dívidas de carne: R. C. Abraham, op. cit., pp. 81-4; R. M. Downes, *Tiv Religion*, pp. 36-40.
47. B. Akiga Sai, *Akiga's Story*, p. 257.
48. Ibid., p. 260.
49. Sigo aqui a ideia de M. H. Wilson, "Witch Beliefs and Social Structure".
50. P. Bohannan ("Extra-processual Events in Tiv Political Institutions", p. 4) defende um argumento semelhante, mas não idêntico.
51. Histórias sobre a migração dos tivs (R. C. Abraham, op. cit., pp. 17-26; B. Akiga Sai, "The 'Descent' of the Tiv from Ibenda Hill"; P. Bohannan, "The Migration and Expansion of the Tiv") não falam explicitamente dessa questão, mas podemos depreendê-la facilmente. A história de B. Akiga Sai (*Akiga's Story*, p. 137) sobre os migrantes tivs que pintavam manchas parecidas com pústulas no corpo das mulheres para que não fossem levadas por invasores parece particularmente sugestiva. Apesar da falta de governo, os tivs tinham uma organização de guerra notoria-

mente eficaz e, como observa R. C. Abraham (op. cit., p. 19), conseguiram com sucesso pôr os fulanis e os jukuns uns contra os outros, interferindo na própria guerra que tinham uns com os outros.

52. Algumas dessas incursões não davam totalmente certo. Durante algum tempo, pelo que parece, o domínio vizinho dos jukuns, que fizeram diversas tentativas malsucedidas de incorporar os tivs no século XVIII, parece ter vendido prisioneiros tivs para traficantes de escravos que atuavam na costa (R. C. Abraham, op. cit., p. 19; P. D. Curtin, *The Atlantic Slave Trade*, pp. 255, 298; A. J. H. Latham, *Old Calabar 1600-1891*, p. 29; D. C. Tambo, "The Sokoto Caliphate Slave Trade", pp. 201-3). Sem dúvida, é significativo que muitos tivs afirmassem, na década de 1930, que os jukuns eram canibais e que as origens da "organização" *mbatsav* residiam sobretudo em certos títulos que os tivs adquiriram deles quando finalmente chegaram a uma reconciliação política (R. C. Abraham, op. cit., pp. 33-5).

53. G. I. Jones, "Native and Trade Currencies in Southern Nigeria"; A. J. H. Latham, "Currency, Credit and Capitalism"; D. Northrup, *Trade Without Rulers*, pp. 157--64; E. W. Herbert, *Red Gold of Africa*, p. 196. O famoso viajante medieval árabe I. Battuta, a quem já nos referimos ao falar da corte do rei de Sind no capítulo 2, viu pessoas usando o cobre como dinheiro na região da Nigéria, não muito distante dali, na década de 1340.

54. E. W. Herbert (op. cit., p. 181) estima que os europeus exportaram cerca de 20 mil toneladas de latão e cobre ingleses para a África entre 1699 e 1865. Eles eram fabricados em Bristol, Cheadle e Birmingham. A maior parte dos metais era trocada por escravos.

55. Esses dados são baseados no fato conhecido de que 152 076 escravos foram exportados do golfo de Biafra naqueles anos (D. Eltis et al., *The Transatlantic Slave Trade*). O tráfico de escravos em Velha Calabar durou aproximadamente de 1650 a 1841, período em que o porto era, de longe, o maior de Biafra, e as exportações de lá, em seu auge, representavam cerca de 20% da exportação de toda a África (P. E. Lovejoy e D. Richardson, "Trust, Pawnship, and Atlantic History", p. 337).

56. R. B. Sheridan, "The Commercial and Financial Organization of the British Slave Trade, 1750-1807"; J. M. Price, *Capital and Credit in British Overseas Trade*; "What Did Merchants Do?"; "Credit in the Slave Trade and Plantation Economies".

57. Uma variedade de contas de tamanho maior.

58. Jean Barbot, citado em P. A. Talbot, *The Peoples of Southern Nigeria*, v. 1, pp. 185-6.

59. J. E. Inkori ("The Import of Firearms into West Africa, 1750 to 1807") mostra que, no final do século XVIII, os navios britânicos que aportavam em Velha Calabar levavam a média de quatrocentos mosquetes cada um, e que, entre 1757 e 1806, o total exportado para a região de Calabar e de Camarões foi de 22 986 mosquetes. Rum e outras bebidas, no entanto, eram produtos bem menos importantes.

60. Um recurso comum, sobretudo nos primeiros anos: os mercadores chegavam aos mercados das aldeias com canoas cheias de produtos para trocá-los por escravos e, se não atingissem a cota, esperavam anoitecer e simplesmente atacavam as ha-

bitações comuns ao longo do rio, carregando todos que encontrassem (Thomas Clarkson, citado em D. Northrup, *Trade Without Rulers*, p. 66; também citado em M. E. Noah, "Social and Political Developments", p. 94).

61. A literatura acadêmica existente não ajuda muito a reconstruir a história de como uma forma foi transformada na outra, uma vez que as obras tratam apenas da peonagem como questão de parentesco (M. Douglas, "Matriliny and Pawnship in Central Africa"; R. Fardon, "Sisters, Wives, Wards and Daughters [...]. Part I: 'The Tiv'"; "Sisters, Wives, Wards and Daughters [...]. Part II: 'The Transformations'") *ou* de comércio (T. Falola e P. E. Lovejoy, *Pawnship in Africa*), mas nunca comparam as duas formas. Como resultado, muitas questões básicas continuam sem resposta. T. Falola e P. E. Lovejoy, por exemplo, sugerem que o trabalho dos peões funciona como juros, mas o livro não traz nenhuma informação sobre se os empréstimos a juros existiam nas regiões africanas em que a peonagem era praticada.

62. Também está claro que esse tipo de peonagem deve ter se desenvolvido a partir de algo parecido com a instituição lele e muitas regras eram as mesmas. Como exemplo, assim como entre os leles, se uma garota era prometida, o credor tinha a opção de se casar com ela quando se tornasse adulta, liquidando a dívida.

63. P. E. Lovejoy e D. Richardson, "Trust, Pawnship, and Atlantic History", pp. 349--51; "The Business of Slaving".

64. O. Equiano, *The Interesting Narrative of the Life of Olaudah Equiano*, pp. 6-13.

65. Outras incluíam a Akunakuna e a Efik, ambas sediadas em Calabar. A Aro era formada por falantes de igbo, e a região era uma colcha de retalhos de falantes de igbo e de línguas ibibios.

66. Sobre a Confederação Aro em geral, ver G. I. Jones, "Who Are the Aro?"; S. Ottenberg, "Ibo Oracles and Intergroup Relations"; A. E. Afigbo, "The Aro of Southeastern Nigeria"; F. I. Ekejiuba, "The Aro Trade System in the Nineteenth Century"; E. Isichei, *A History of the Igbo People*; D. Northrup, *Trade Without Rulers*; K. O. Dike e F. Ekejiuba, *The Aro of Southeastern Nigeria, 1650-1980*; A. O. Nwauwa, "Integrating Arochukwu into the Regional Chronological Structure".

67. K. O. Dike e F. Ekejiuba (op. cit., p. 150) estimam que 70% dos escravos vendidos para os europeus no golfo de Biafra vieram da Aro. A maior parte do restante era oriunda de outras sociedades mercantis.

68. Um ancião do século XX recorda que "as mulheres que cometiam adultério seriam vendidas pelo marido, que ficava com o dinheiro. Ladrões eram vendidos, e o dinheiro ficava com os anciãos, cuja responsabilidade era tomar a decisão" (D. Northrup, *Trade Without Rulers*, p. 69).

69. Ibid., p. 73.

70. Sobre a Ekpe como cobradora de dívidas em Calabar: G. I. Jones, "The Political Organization of Old Calabar"; A. J. H. Latham, *Old Calabar 1600-1891*, pp. 35-41; P. E. Lovejoy e D. Richardson, "Trust, Pawnship, and Atlantic History", pp. 347-9. Sobre a difusão da Ekpe para Arochukwe e toda a região: M. Ruel, *Leopards and Leaders*, pp. 250-8; D. Northrup, *Trade Without Rulers*, pp. 109-10; G. I. Nwaka,

"Secret Societies and Colonial Change"; S. Ottenberg e L. Knudsen, "Leopard Society Masquerades". G. Nwaka (op. cit., p. 188) escreve: "A sociedade Ekpe, a mais difundida em toda a área do rio Cross, formava a base do governo local. Ela era responsável pelas funções executivas e judiciais nas áreas em que operava. As ações de seus membros permitiam que as punições fossem aplicadas aos infratores públicos, os costumes fossem impostos e a autoridade dos anciãos fosse preservada. Até certo ponto, as leis da Ekpe regulavam a vida da maior parte dos membros da comunidade em questões como limpeza de ruas e cidades, cobrança de dívidas e outras medidas de benefício público".

71. A. J. H. Latham, *Old Calabar 1600-1891*, p. 38.
72. Retirado de J. B. Walker, "Notes on the Politics, Religion, and Commerce of Old Calabar", p. 120.
73. S. Ottenberg e P. Ottenberg, "Afikpo Markets: 1900-1960", p. 124.
74. C. Partridge, *Cross River Natives*, p. 72.
75. Quando precisavam de um peão, bastava carregar uma criança qualquer de uma aldeia vizinha, pois seus pais logo sairiam à sua procura.
76. P. Lovejoy e D. Richardson, "The Business of Slaving", p. 74. Para um caso paralelo em Gana, ver T. R. Getz, "Mechanisms of Slave Acquisition and Exchange in Late Eighteenth Century Anomabu", p. 85.
77. Notavelmente, B. Akiga Sai (*Akiga's Story*, pp. 379-80) afirma que, entre os tivs, assim se deu a origem da escravidão: confiscar reféns da mesma linhagem do devedor que se recusava a pagar. Eles mantinham os reféns agrilhoados durante algum tempo e depois os vendiam em outra região: "Esta é a origem da escravidão".
78. Assim também nos diz R. Harris ("The History of Trade at Ikom, Eastern Nigeria", p. 128) ao escrever sobre outro distrito no rio Cross, Ikom, um dos principais fornecedores de escravos para Calabar. Lá, observa a autora, os devedores eram obrigados a se entregar à peonagem quando parentes maternos ou paternos intervinham para evitar que eles entregassem mais membros da família; como resultado, eles eram escravizados e enviados para Calabar.
79. Não sabemos a proporção disso. O rei Eyo II disse a um missionário britânico que os escravos "eram vendidos por diferentes razões — alguns como prisioneiros de guerra, outros por dívida, outros por transgredirem as leis e outros ainda por homens importantes que os odiavam" (M. E. Noah, op. cit., p. 95). Isso sugere que a dívida não era insignificante, principalmente porque, como observa P. Larson (*History and Memory in the Age of Enslavement*, p. 18), todas as fontes na época registrariam "guerra" por ser considerada a razão mais legítima. Compare com o texto de D. Northrup, *Trade Without Rulers*, pp. 76-80.
80. A. Reid, *Slavery, Bondage and Dependence in Southeast Asia*, p. 8.
81. Ibid.
82. Ibid., p. 10.
83. A. Vickers (*Bali: A Paradise Created*) nos fornece uma excelente história da imagem de Bali no imaginário do Atlântico Norte, de "Bali selvagem" a paraíso terrestre.

84. H. Geertz e C. Geertz, *Kinship in Bali*; J. A. Boon, *The Anthropological Romance of Bali*, pp. 121-4. Segundo J. Belo ("A Study of the Balinese Family", p. 26), informantes na década de 1920 afirmavam que o casamento por captura era relativamente recente, uma inovação surgida com gangues de homens que roubavam mulheres de aldeias inimigas e, amiúde, exigiam pagamento dos pais para recuperá-las.

85. J. A. Boon, *The Anthropological Romance of Bali, 1597-1972*, p. 74.

86. M. Covarrubias (*Island of Bali*, p. 12) observa que, já em 1619, as mulheres balinesas eram bastante procuradas nos mercados de escravos na ilha da Reunião.

87. J. A. Boon, op. cit., p. 28; A. van der Kraan, "Bali: Slavery and Slave Trade"; M. J. Wiener, *Visible and Invisible Realms*, p. 27.

88. A. Vickers, op. cit., p. 61. Devo apenas observar que a literatura antropológica sobre Bali — com maior destaque dado ao famoso ensaio de C. Geertz sobre as rinhas balinesas como um "jogo profundo" ("Deep Play: Notes on the Balinese Cockfight"), espaço em que os balineses podem dar vazão a seus demônios internos e contar histórias sobre si mesmos, ou sua concepção dos governos pré-coloniais como "estados teatrais" (id., *Negara*), cuja política era centrada na reunião de recursos para criar rituais magnificentes — pode muito bem ser repensada à luz de tudo isso. Há uma cegueira particular nessa literatura. Até mesmo J. A. Boon, depois da citação anterior sobre os homens escondendo as próprias filhas, refere-se aos "súditos" do governo como nada mais que uma "audiência levemente tarifada para seus rituais" (op. cit., p. 75), como se a provável perspectiva de estupro, assassinato e escravização das crianças de fato não importasse, ou, de todo modo, não tivesse importância política explícita.

89. Em parte, tudo isso representa uma crítica aos argumentos de L. Dumont (*Essays on Individualism*), segundo os quais as únicas sociedades verdadeiramente igualitárias são as modernas, e mesmo assim porque não há opção: como seu valor supremo é o individualismo, e como cada indivíduo é valioso, acima de tudo, pelo grau de sua unicidade, não pode haver base nenhuma para afirmar que uma pessoa seja intrinsecamente superior a qualquer outra. Podemos ter o mesmo efeito sem absolutamente nenhuma doutrina do "individualismo ocidental". O conceito de "individualismo" como um todo precisa ser seriamente repensado.

90. J. Beattie, *Bunyoro: An African Kingdom*, p. 61.

91. Sim, é verdade que em muitas sociedades tradicionais homens que batem excessivamente nas mulheres recebem penalidades severas. Mas, vale ressaltar, a suposição é de que *determinado* comportamento desse tipo seja esperado.

92. Sobre o charivari, ver, por exemplo, K. G. Davies, *The North Atlantic World in the Seventeenth Century*, 1975; R. Darnton, *The Great Cat Massacre*; K. Thomas (*Religion and the Decline of Magic*, p. 630), que cita essa história nyora ao descrever aldeias inglesas da época, relata toda uma série de sanções sociais — como atirar na água a "megera da aldeia" — que parecem totalmente voltadas para o controle violento das mulheres, mas ele também afirma, estranhamente, que o objetivo dos charivaris era apontar os *homens* que batiam nas esposas, apesar de todas as fontes dizerem o oposto.

Notas

93. Não exatamente todas. Mais uma vez, citamos a sociedade iroquesa do mesmo período como exemplo: em muitos aspectos ela era matriarcal, sobretudo com relação a questões familiares cotidianas, e as mulheres não eram trocadas.
94. Retirado de M. Trawick, *Notes on Love in a Tamil Family*, p. 185, fig. 11.
95. Reproduzido de P. Bohannan, *Justice and Judgment among the Tiv*, p. 87.
96. B. Akiga Sai, *Akiga's Story*, p. 161.
97. O mesmo vale para os leles, entre os quais M. Douglas (*The Lele of the Kasai*, p. 131) observa que era considerado aceitável açoitar uma esposa da aldeia caso ela se recusasse a trabalhar ou fazer sexo, o que não era um reflexo da sua condição, uma vez que isso também acontecia com esposas leles casadas com apenas um homem.

7. Honra e degradação, ou Sobre as fundações da civilização contemporânea
[pp. 217-75]

1. Dicionário antigo de sumério: "Proto-Sumerian dictionary", disponível em: <https://www.sumerian.org/prot-sum.htm>.
2. Jurisconsulto Florentino (séc. II), "Instituições de Justiniano" (1.5.4.1). É interessante notar que, quando se tenta justificar a escravidão, começando com Aristóteles, o enfoque geralmente não é dado à instituição, que não é justificável em si, mas sim às qualidades inferiores de algum grupo étnico que está sendo escravizado.
3. A. A. Elwahed ('Alī 'Abd al-Wāḥid), *Contribution à une théorie sociologique de l'esclavage*. W. Clarence-Smith ("Islamic Abolitionism in the Western Indian Ocean from c. 1800", p. 17 n56) nota que o próprio livro de Al-Wāḥid surgiu de debates dinâmicos no Oriente Médio sobre o papel da escravidão no islã, que aconteciam desde meados do século XIX.
4. A. A. Elwahed, op. cit., pp. 101-10 e passim. Uma lista análoga aparece em O. Patterson, *Slavery and Social Death*, p. 105.
5. A venda de crianças sempre foi vista como um sinal de colapso econômico e moral. Observa Al-Wāḥid que mesmo os últimos imperadores romanos, como Diocleciano, apoiavam a caridade voltada explicitamente para o alívio de famílias pobres, para que elas não tivessem de recorrer a esse tipo de necessidade (A. A. Elwahed, op. cit., pp. 89-91).
6. T. Mitamura, *Chinese Eunuchs*.
7. A escravidão por dívida, observa Al-Wāḥid, foi praticada na Roma antiga porque, de acordo com a Lei das Doze Tábuas, devedores falidos podiam de fato ser mortos. Na maior parte dos lugares em que isso não era possível, os devedores não eram totalmente escravizados, mas reduzidos a peões ou servos. Ver A. Testart ("L'Esclavage pour dettes en Asie Orientale" e "The Extent and Significance of Debt Slavery") para uma explicação completa das diferentes possibilidades.
8. Al-Wāḥid cita exemplos de Ateneu [de Náucratis] sobre pacientes gregos que se ofereciam como escravos aos médicos que salvavam a vidas deles (A. A. Elwahed, op. cit., p. 234).

9. Ulpiano (séc. III) é preciso: "Em cada ramo da lei, a pessoa que não consegue retornar de mãos inimigas é considerada morta no momento em que foi capturada" (*Digesto*, 49.15.18). A Lex Cornelia, de 84 a.C.-81 a.C., especifica a necessidade de novo casamento.
10. C. Meillassoux, *The Anthropology of Slavery*, p. 106.
11. O. Patterson, op. cit., p. 13: "Escravidão", como ele a define, "é a dominação violenta e permanente de pessoas alienadas em relação ao nascimento e desonradas de maneira geral".
12. O. Patterson, op. cit., cita Frederick Douglass com grande efeito: "Um homem sem força é desprovido da dignidade essencial da humanidade. A natureza humana é constituída de modo tal que não pode honrar um homem desamparado, mas somente sentir pena dele; e mesmo isso por pouco tempo, caso os sinais de poder não se manifestarem".
13. Presumivelmente, também uma mulher honorável, embora, no caso das mulheres, como veremos, o assunto envolva de maneira inextricável questões de fidelidade e castidade.
14. Paul Houlm, citado em S. Duffy, A. MacShamhráin e J. Moynes, *Medieval Ireland: An Encyclopedia*, p. 431. É verdade que a balança do tráfico parece ter oscilado de um lado para o outro; em alguns períodos, os navios irlandeses navegaram por águas inglesas, e, depois do ano 800, os vikings carregaram milhares de pessoas, transformando Dublin no maior mercado de escravos da Europa. Nessa época, no entanto, as *cumals* não parecem mais ter sido usadas como moeda real. Há alguns paralelos aqui com a África, onde, em determinados momentos e lugares afetados pelo tráfico, as dívidas também eram calculadas em escravos (ver P. Einzig, *Primitive Money in its Ethnological, Historical, and Ethnographic Aspects*, p. 153).
15. São Patrício, um dos fundadores da Igreja irlandesa, foi um dos primeiros padres a se oporem, total e incondicionalmente, à escravidão.
16. C. Doherty, "Exchange and Trade in Early Medieval Ireland", pp. 78-83.
17. M. Gerriets, *Money and Clientship in the Ancient Irish Laws*, p. 128; "The Organization of Exchange in Early Christian Ireland", pp. 171-2; "Money in Early Christian Ireland according to the Irish Laws", p. 338. A propósito, trata-se de um contraste enorme com o direito galês de apenas dois ou três séculos depois, época em que o preço de todos esses objetos é especificado meticulosamente (T. P. Ellis, *Welsh Tribal Law and Custom in the Middle Ages*, pp. 379-81). A lista de itens, por sinal, é uma seleção aleatória dos códigos galeses.
18. C. Doherty, op. cit., pp. 73-4.
19. O mesmo é verdadeiro em irlandês e galês, e aparentemente também em outras línguas celtas. T. M. Charles-Edwards ("Honour and Status in Some Irish and Welsh Prose Tales", p. 130; *Early Irish and Welsh Kinship*, p. 555) na verdade traduz "preço da honra" [*honor price*] por "valor de face" [*face value*]. [Vale lembrar que, nesse contexto, "face" também assume, para as ciências humanas, o significado de "dignidade" ou "prestígio". (N. T.)]

20. A única exceção é um texto eclesiástico antigo: P. Einzig, op. cit., pp. 247-8; M. Gerriets, *Money and Clientship in the Ancient Irish Laws*, p. 71.
21. A principal fonte sobre o sistema monetário é M. Gerriets (*Money and Clientship in the Ancient Irish Laws*), dissertação que infelizmente nunca foi publicada em forma de livro. Uma tabela com as taxas-padrão de troca entre *cumals*, vacas, prata etc. também pode ser encontrada em T. M. Charles-Edwards, *Early Irish and Welsh Kinship*, pp. 478-85.
22. M. Gerriets, *Money and Clientship in the Ancient Irish Laws*, p. 53.
23. Se você emprestasse um cavalo ou uma espada a um homem e ele não a devolvesse a tempo de uma batalha, causando perda de prestígio, ou se mesmo um monge emprestasse seu capelo a outro monge que não o devolvesse a tempo, de modo que não tivesse um traje apropriado para um sínodo importante, um e outro poderiam exigir o pagamento de seu preço da honra (F. Kelly, *A Guide to Early Irish Law*, p. 118).
24. O preço da honra dos reis galeses era bem mais alto (T. P. Ellis, op. cit., p. 144).
25. O preço da noiva dos reis provinciais, de alta posição, era de catorze *cumals*, e, em teoria, havia um rei supremo em Tara que governava toda a Irlanda, mas a posição costumava ficar desocupada ou ser contestada (F. Byrne, *Irish Kings and High Kings*).
26. Tudo isso é uma simplificação do que na verdade é um sistema infinitamente complicado, e alguns aspectos, principalmente os relativos ao casamento — existem diversas variedades, com diferentes integrações de preço da noiva e dote —, continuam obscuros. No caso de dependentes, por exemplo, havia dois pagamentos iniciais feitos pelo soberano, e um deles era o preço da honra; com "dependentes livres", no entanto, o preço da honra não era pago e o cliente não era reduzido ao status de servidão. Ver F. Kelly (op. cit.) para um resumo geral melhor.
27. Código Dimetiano, 11.24.12 (K. Howel, *Ancient Laws and Institutes of Wales*, p. 559). Penalidade semelhante é especificada pelo assassinato de autoridades públicas de alguns distritos (T. P. Ellis, op. cit., p. 362).
28. "Não há indícios de que os próprios produtos podiam ter preços estabelecidos. Ou seja, embora as moedas irlandesas pudessem quantificar o status de um indivíduo, elas não eram usadas para quantificar o valor dos produtos" (M. Gerriets, "Money in Early Christian Ireland according to the Irish Laws", p. 338).
29. D. Sutton, "Anthropology's Value(s)", p. 374.
30. T. W. Gallant, "Honor, Masculinity, and Ritual Knife Fighting in Nineteenth--Century Greece". Devemos considerar aqui a expressão "questão de honra", ou, aliás, "crime de honra" — que também deixa claro que tais sentimentos estão longe de ser confinados à Grécia rural.
31. Na verdade, poderíamos inverter a questão com a mesma facilidade: Por que é um insulto tão grande sugerir que a irmã de um homem está trocando sexo por dinheiro? É por essa razão que afirmo que os conceitos de honra ainda moldam nossa percepção de um modo que nem sequer imaginamos — há inúmeros lugares no mundo em que a sugestão de que a esposa de alguém esteja fazendo sexo por

dinheiro, ou que a irmã esteja envolvida com vários parceiros, tem uma probabilidade maior de ser recebida com bom humor desconcertado do que com uma raiva assassina. Já vimos exemplos nos gunwinggus e nos leles.

32. Obviamente, estou distinguindo o termo aqui de um sentido mais amplo de patriarcado usado em grande parte da literatura feminista, ou seja, de qualquer sistema social baseado na subordinação das mulheres pelos homens. Está claro que as origens do patriarcado nesse sentido mais amplo devem ser buscadas em um período bem anterior da história, tanto no Mediterrâneo como no Oriente Próximo.

33. O modelo da "infiltração semita" já é encontrado em algumas fontes clássicas como H. Saggs (*The Greatness That Was Babylon*). Em termos gerais, o padrão parece ser de crise urbana periódica, o quase colapso da sociedade ribeirinha seguido de um renascimento, aparentemente depois do advento de uma nova onda de pecuaristas semitas (R. Adams, C. Lamberg-Karlovsky e W. Moran, "The Mesopotamian Social Landscape").

34. R. Rohrlich ("State Formation in Sumer and the Subjugation of Women") é um ótimo exemplo.

35. É claro que essa é uma simplificação enorme de uma tese associada principalmente a J. Goody (*Production and Reproduction*; *Development of Marriage and the Family in Europe*; *The Oriental, the Ancient, and the Primitive*). O princípio básico é que o dote não é tanto um pagamento por parte do pai da noiva (poderia ser de ambos os lados), mas sim um tipo de herança prematura. No entanto, o pouco que Goody disse sobre a Mesopotâmia (*The Oriental, the Ancient, and the Primitive*, pp. 315-7) centrou-se quase exclusivamente na prática das classes altas.

36. C. Wilcke, "Familiengründung im alten Babylonien"; R. Westbrook, *Old Babylonian Marriage Law*; S. Greengus, "Bridewealth in Sumerian Sources"; M. Stol, "Women in Mesopotamia", pp. 125-7. Para a cidade de Mari: B. Lafont, "Les Lilies du roi de Mari". Para a prática na antiga Babilônia: S. Greengus, "Old Babylonian Marriage Ceremonies and Rites"; "The Old Babylonian Marriage Contract". Para a cidade de Nuzi: K. Grosz, "Bridewealth and Dowry in Nuzi"; "Some Aspects of the Position of Women in Nuzi".

37. Nossas melhores fontes são da cidade de Nuzi, c. 1500 a.C., embora fosse atípica em alguns aspectos, sobretudo devido à influência hurriana. Em Nuzi parece que os pagamentos matrimoniais eram feitos em estágios, por exemplo, no nascimento do primeiro filho (K. Grosz, "Some Aspects of the Position of Women in Nuzi", p. 176) — padrão conhecido dos antropólogos na Melanésia, na África e em várias outras partes do mundo.

38. J. J. Finkelstein, "Sex Offenses in Sumerian Laws"; R. VerSteeg, *Early Mesopotamian Law*, pp. 121, 153n91. O pai podia reivindicar danos materiais contra aquele que afirmava falsamente que sua filha não era virgem, presumivelmente porque reduziria o preço da noiva (J. S. Cooper, "Virginity in Ancient Mesopotamia", p. 101).

39. J. Bottéro, *Everyday Life in Ancient Mesopotamia*, p. 113.

40. M. Stol, op. cit., p. 126.

41. Sobre "adoção matrimonial", ver G. Cardascia ("L'Adoption matrimoniale à Babylone et à Nuzi"), bem como I. Mendelsohn (*Slavery in the Ancient Near East*, pp. 8-12) e S. Greengus ("Sisterhood Adoption at Nuzi and the 'Wife-Sister' in Genesis", 1975). Em tempos de penúria, às vezes até mesmo o preço da noiva era dispensado, e uma família faminta poderia entregar a filha a uma família rica em troca da promessa de mantê-la viva.

42. E. E. Evans-Pritchard, "An Alternative Term for 'Bride-Price'"; Barão de Raglan, "Bride Price". É um pouco irônico que o debate tenha ocorrido na Inglaterra, uma vez que esse era um dos poucos lugares onde, tecnicamente, era legal vender ou até leiloar a esposa (S. P. Menefee, *Wives for Sale*; L. Stone, *Road to Divorce*, pp. 143-8; C. Pateman, *The Sexual Contract*). L. Stone afirma que, embora aparentemente as "vendas públicas de esposas" nos vilarejos ingleses na verdade fossem antecipações de divórcios, "os detalhes do ritual tinham o intuito de enfatizar a natureza final da transferência de propriedade, imitando o máximo possível a venda de uma vaca ou de uma ovelha. Usava-se um cabresto para levar a esposa de casa até o mercado, e do mercado até a casa do comprador" (*Road to Divorce*, p. 145). A prática, restrita às classes populares, gerou escândalo quando foi documentada em *The Mayor of Casterbridge* [O prefeito de Casterbridge], de Thomas Hardy, e foi completamente abandonada em 1919.

43. M. Finley, *Economy and Society in Ancient Greece*, pp. 153-5; P. Steinkeller, "Money-Lending Practices in Ur III Babylonia"; M. van de Mieroop, "The Invention of Interest", pp. 27-8. Van de Mieroop nota que o contrato mais antigo desse tipo remonta à Babilônia do século XXI a.C. Trata-se de um exemplo interessante para a história do trabalho assalariado. Como observei alhures (D. Graeber, "Turning Modes of Production Inside Out", pp. 66-9; *Possibilities: Essays on Hierarchy, Rebellion and Desire*, pp. 91-4), contratos de trabalho assalariado no mundo antigo eram principalmente uma questão de aluguel de escravos — prática que, na Mesopotâmia, foi documentada pela primeira vez somente em épocas neobabilônicas (L. Oppenheim, op. cit., p. 78; R. VerSteeg, *Early Mesopotamian Law*, pp. 70-1; para um paralelo com o Egito, ver id., *Law in Ancient Egypt*, p. 197).

44. Toda a questão foi complicada pela afirmação de Heródoto (op. cit., 1.199) de que as mulheres da Babilônia, exceto as filhas da elite, deveriam se prostituir nos templos uma vez, para ganhar o dinheiro necessário para seus dotes. Trata-se certamente de uma afirmação falsa, mas fez com que os termos do debate se confundissem bastante entre as pessoas que insistem na importância das "hierodulas", ou que afirmam que toda prostituição era sagrada (S. N. Kramer, *The Sacred Marriage*; W. G. Lambert, "Prostitution"), e as pessoas que rejeitam essa ideia como uma fantasia orientalista (D. Arnaud, "La Prostitution sacrée en Mesopotamie, un mythe historique?"; J. G. Westenholz, "Tamar, Qedesa, Qadistu, and Sacred Prostitution in Mesopotamia"; M. Beard e J. Henderson, "With This Body I Thee Worship"; J. Assante, "From Whores to Hierodules"). No entanto, os textos de Kish e Sippar publicados recentemente deixam claro que os rituais sexuais envolvendo mulheres

nos templos, pelo menos algumas que eram pagas pelos serviços, definitivamente não aconteceram (M. L. Gallery, "Services Obligations of the Kezertu-Women"; N. Yoffee, "The Economics of Ritual at Late Babylonian Kish"; M. Stol, op. cit., pp. 138-9). A propósito, a analogia com as *devadasis* aparece pela primeira vez, pelo que sei, em N. Yoffee, op. cit., p. 336. Sobre *devadasis* em geral: L. C. Orr, *Donors, Devotees, and Daughters of God*; K. E. Jordan, *From Sacred Servant to Profane Prostitute*; P. Vijaisri, *Recasting the Devadasi*.

45. S. N. Kramer, *The Sumerians*, p. 116; Z. Bahrani, *Women of Babylon*, pp. 59-60.
46. Uma história semelhante pode ser encontrada em J. Bottéro, *Everyday Life in Ancient Mesopotamia*, p. 96, mas sem a ambivalência destacada por G. Lerner, "The Origin of Prostitution in Ancient Mesopotamia", p. 247.
47. Ver G. Lerner, "The Origin of Prostitution in Ancient Mesopotamia"; K. van der Toorn, "Female Prostitution in Payment of Vows in Ancient Israel"; W. G. Lambert, op. cit.
48. Além disso, em muitos lugares pequenas comerciantes eram comparadas ou confundidas com prostitutas, simplesmente por manter múltiplas relações duradouras com homens sem parentesco ou proximidade (para um exemplo cazaque recente, ver J. Nazpary, *Post-Soviet Chaos*) — e os papéis às vezes podem se sobrepor.
49. I. Diakonoff, "The Structure of Near Eastern Society before the Middle of the 2nd Millennium B.C.". Grupos dissolutos de pastores nômades ou refugiados, que muitas vezes também atuavam como soldados, costumavam ser chamados genericamente de *hapiru* ou *habiru*, tanto na Mesopotâmia como mais para o Ocidente. Talvez seja essa a origem do termo "hebreu", outro grupo que, de acordo com as próprias histórias, fugiu da servidão, vagou pelo deserto com seus rebanhos e conquistou sociedades urbanas.
50. Heródoto, *História*, 1.199. Também Estrabão, *Geografia*, 16.1.20.
51. Ap 17,4-5. O Apocalipse parece seguir a perspectiva dos seguidores de Pedro mais do que dos de Paulo. A propósito, entendo que o movimento rastafári, a principal voz profética que usa hoje a imagem da Babilônia como corrupção e opressão — embora tenda a atenuar as imagens da corrupção sexual —, na prática tem tratado bastante da reafirmação da autoridade patriarcal entre os pobres.
52. G. Lerner, "The Origin of Prostitution in Ancient Mesopotamia", pp. 249-54; *The Creation of Patriarchy*, pp. 123-40. A principal fonte textual é G. R. Driver e J. C. Miles, *The Assyrian Laws*; ver também G. Cardascia, *Les Lois assyriennes*.
53. Nos casamentos sumérios, o pai da noiva a cobria com o véu, e o noivo o tirava — com esse ato ele a tomava como esposa (M. Stol, op. cit., p. 128). Isso tanto demonstra o nível em que o véu era tido como símbolo de limitação da mulher na autoridade doméstica dos homens quanto pode ser visto como a fonte da prática assíria que foi posteriormente adotada.
54. Minha opinião sobre o confucionismo segue a abordagem pouco convencional de G. Deng, *The Premodern Chinese Economy*. Sobre a mercadorização de mulheres, ver J. L. Watson, "Transactions in People"; sobre sua relação como declínio

geral das liberdades das mulheres durante a dinastia Song, ver H. Gates, "The Commoditization of Women in China"; parece ter havido outro revés importante durante a dinastia Ming — para uma visão geral recente, ver D. Ko, J. K. Haboush, e J. R. Piggott, *Women and Confucian Cultures in Premodern China, Korea, and Japan*. A. Testart ("L'Esclavage pour dettes en Asie Orientale"; *Esclave, la dette et le pouvoir*, pp. 148-9, 190) enfatiza que o caso da China confirma sua "lei sociológica geral", de que as sociedades praticantes do preço da noiva também permitem a escravidão por dívida (A. Testart et al., "Prix de la fiancée et esclavage pour dettes"), uma vez que esse era o local em que o governo tentava, em vão, acabar com essas duas práticas. Outro aspecto do confucionismo é que a escravidão masculina era vista como muito mais dúbia que a escravidão feminina; no entanto, a situação jamais chegou ao ponto do que aconteceu na Coreia, onde, depois da invasão de Hideyoshi, foi aprovada uma lei segundo a qual *apenas* as mulheres poderiam ser escravizadas.

55. S. J. Tambiah ("Dowry and Bridewealth and the Property Rights of Women in South Asia"; "Bridewealth and Dowry Revisited") foi o primeiro a fazer a que hoje é considerada a crítica-padrão ao argumento de J. Goody. Goody prefere ver essas ações como pagamentos indiretos de dotes, pois eles geralmente eram passados para a família (*The Oriental, the Ancient, and the Primitive*, pp. 178-97).

56. Sobre a honra homérica: M. Finley, *The World of Odysseus*, pp. 118-9; A. W. H. Adkins, *Moral Values and Political Behaviour in Ancient Greece*, pp. 14-6; R. Seaford, *Reciprocity and Ritual*, pp. 6-7. O gado é mais uma vez a principal unidade de conta, e a prata também é aparentemente utilizada. Como notaram os classicistas, os únicos atos verdadeiros de compra e venda nas epopeias homéricas acontecem com estrangeiros (S. von Reden, *Exchange in Ancient Greece*, pp. 58-76; R. Seaford, *Money and the Early Greek Mind*, pp. 26-30; M. Finley, *The World of Odysseus*, pp. 67-70). Desnecessário dizer que a sociedade homérica carecia da precisão legalista da ideia irlandesa de "preço da honra", mas os princípios eram muito parecidos, uma vez que a palavra *tīme* significava não só "honra", mas também "penalidade" e "compensação".

57. A palavra *tīme* não é usada para o "preço" de mercadorias na *Ilíada* ou na *Odisseia*, mas também o preço das mercadorias praticamente não é mencionado. No entanto, ela é usada para a "compensação", no sentido de *Wergeld*, em inglês, ou de "preço da honra" (R. Seaford, *Money and the Early Greek Mind*, p. 198 n46). O primeiro uso confirmado de *tīme* como preço de compra está no hino homérico a Deméter (132), um pouco posterior, e no qual, como nota Seaford, parece significativo o fato de ele se referir na verdade a uma escrava.

58. Aristóteles (*Constituição de Atenas*, 2.2) se refere à grande crise que levou às reformas de Sólon, o famoso "sacudir dos fardos" de *c.* 594 a.C.

59. A escravatura grega na verdade era mais extrema que qualquer outra situação que possa ter existido no Oriente Próximo na época (ver, por exemplo, W. L. Westermann, *The Slave Systems of Greek and Roman Antiquity*; M. Finley, *The Ancient Economy*; *Economy and Society in Ancient Greece*; T. Wiedemann, *Greek and Roman*

Slavery; M. Dandamaev, *Slavery in Babylonia*; R. Westbrook, "Slave and Master in Ancient Near Eastern Law"), não só porque a maior parte dos "escravos" do Oriente Próximo não era tecnicamente de escravos, mas de servos por dívida resgatável, que por isso, pelo menos em teoria, não podiam sofrer abuso arbitrário, mas também porque aqueles que eram propriedade privada absoluta tinham direitos mais consistentes.

60. "A autossuficiência é um fim e o que há de melhor" (Aristóteles, *Política*, 1.1256-8). Ver M. Finley, *The Ancient Economy*, pp. 109-11; P.-M. Veyne, "Mythe et réalité de l'autarcie à Rome", para discussões clássicas do que isso significava na prática.

61. Meu argumento aqui é baseado em L. Kurke, *Coins, Bodies, Games, and Gold*. Sobre os bordéis públicos, ver D. Halperin, "The Democratic Body"; L. Kurke, "Pindar and the Prostitutes". Na verdade, também existiam prostitutas nos templos da Grécia, mais notadamente em Corinto, onde Estrabão (op. cit., 8.6.20) afirmou que o Templo de Afrodite tinha mil delas, aparentemente escravas oferecidas ao templo por adoradores devotos.

62. Como notado na citação anterior de D. Sutton (op. cit.). Para uma amostra da literatura antropológica sobre a honra na sociedade grega contemporânea, ver J. K. Campbell, *Honour, Family and Patronage*; J. G. Peristiany, "Honour and Shame in a Cypriot Highland Village"; J. Schneider, "Of Vigilance and Virgins"; M. Herzfeld, "Honour and Shame"; *The Poetics of Manhood*; R. Just, "On the Ontological Status of Honour".

63. Sobre a impropriedade do trabalho feminino fora de casa, ver R. Brock, "The Labour of Women in Classical Athens". Sobre a segregação das mulheres em geral, ver E. Keuls, *The Reign of the Phallus*; D. Cohen, "Seclusion, Separation and the Status of Women in Classical Athens"; R. Just, *Women in Athenian Law and Life*; N. Loraux, *The Children of Athena*.

64. Os fatos são claríssimos, mas foram quase ignorados até pouco tempo. L. Llewellyn-Jones observa que a prática começou como uma afetação da aristocracia, mas que no século v todas as mulheres respeitáveis "cobriam-se do véu diária e rotineiramente, pelo menos em público ou diante de homens não aparentados" (*Aphrodite's Tortoise*, p. 14).

65. S. von Reden ("Money, Law and Exchange", p. 174), fazendo alusão a Heródoto (op. cit., 7.233) e Plutarco ("Péricles", *Vidas paralelas*, 26.4).

66. Uma mulher que Aquiles havia reduzido pessoalmente à escravidão. Briseida era da cidade troiana de Lirnesso, e depois de Aquiles matar seu marido e seus três irmãos no ataque grego à cidade, ela lhe foi ofertada como prêmio. (O pai dela, ao saber disso, se enforcou.) Na *Ilíada*, Aquiles insiste que a ama. As opiniões de Briseida não eram consideradas dignas de nota; poetas posteriores, contudo, inconformados com a ideia de que a maior epopeia da Antiguidade era uma celebração da simples violação, conceberam uma história em que Briseida na verdade era apaixonada por Aquiles havia muito tempo, e de alguma maneira manipulou o curso dos acontecimentos para provocar a batalha.

67. Os guerreiros homéricos não eram de fato aristocratas; se o fossem, como afirma G. W. Calhoun ("Classes and Masters in Homer", p. 308), seriam "apenas no sentido mais vago da palavra". Grande parte deles não passava de um grupo formado por líderes locais e guerreiros ambiciosos.

68. Ver L. Kurke ("Inventing the 'Hetaira'", pp. 112-3; *Coins, Bodies, Games, and Gold*, pp. 197-8), para esclarecimentos gregos sobre o tema. Assim também pensa R. Seaford: "Enquanto a *dádiva* homérica é imbuída da personalidade de seu heroico doador, o único tipo de pessoa que o *dinheiro* lembra é a prostituta. Para Shakespeare, ela é 'a puta comum de toda a humanidade'" ("Review: Reading Money", p. 156, ênfases do original). A meu ver, Seaford está um tanto equivocado: Shakespeare descreveu a *terra* como a "puta comum da humanidade", cujo ventre produz ouro, que é dinheiro (*Timão de Atenas*, ato IV, cena III, 42-5).

69. R. Seaford, em sua análise crítica do livro de Leslie Kurke (op. cit.), nota que as fontes gregas vão e voltam o tempo todo nessa questão.

70. Na *Odisseia* de Homero (11.488-91), Aquiles, ao tentar evocar as pessoas mais vis e miseráveis que poderia imaginar, evoca não um escravo, mas um *thete*, um simples trabalhador sem ligação com nenhuma unidade familiar.

71. As *porné* livres eram sempre filhas de estrangeiros ou de moradores estrangeiros. Aliás, também o eram as cortesãs dos aristocratas.

72. O leitor perceberá que as mulheres simplesmente desaparecem até mesmo dos relatos. Não temos nem ideia de quem era a esposa de Polemarco.

73. Lembremo-nos de que a pederastia era tecnicamente ilegal. Ou, para ser mais exato, submeter-se ao papel passivo na sodomia era ilegal; podia-se perder a cidadania por causa disso. Embora a maior parte dos homens adultos se envolvesse em casos amorosos com rapazes, e os rapazes com homens, supunha-se que na verdade não havia relações sexuais entre eles; como resultado, quase todas as pessoas podiam ser acusadas de indecência. O exemplo mais famoso é *Contra Timarco*, de Ésquines (ver S. von Reden, *Exchange in Ancient Greece*, pp. 120-3; e também J. M. Dillon, *Morality and Custom in Ancient Greece*, pp. 117-28). Exatamente os mesmos dilemas ressurgiram em Roma, quando Cícero acusou seu rival Marco Antônio de ter outrora "ganhado a vida" como prostituto (*Filípicas* 2.44-5), e Otaviano, o futuro Augusto, tinha grande fama de ter se "prostituído" quando jovem para Júlio César, entre outros protetores poderosos (Suetônio, "Augusto", *A vida dos doze césares*, 68).

74. Os exemplos mais famosos aconteceram em Atenas, Corinto e Mégara (D. Asheri, "Leggi greche sul problema dei debiti"; G. Ste. Croix, *The Class Struggle in the Ancient Greek World*; M. Finley, *Economy and Society in Ancient Greece*, pp. 156-7).

75. A lei foi chamada de *palintokia* e é conhecida principalmente por causa de Plutarco (*Moralia*, 295D), que aparentemente se baseou em uma obra perdida de Aristóteles (*Constituição de Mégara*). Quase tudo sobre essa lei é falado hoje na academia (D. Asheri, op. cit., pp. 14-6; T. J. Figueira, "The Theognidea and Megarian Society", pp. 149-56; P. Millett, "Patronage and its Avoidance", pp. 21-2; M. Hudson, "Did

the Phoenicians Introduce the Idea of Interest", p. 131; J. M. Bryant, *Moral Codes and Social Structure in Ancient Greece*, pp. 100-4). Hudson, por exemplo, argumenta que como o evento parece ter ocorrido por volta de 540 a.C., uma época em que os empréstimos a juros talvez não existissem, a história como um todo pode ter sido propaganda posterior. Outros sugerem que o evento de fato aconteceu muito tempo depois. É interessante notar que todas as fontes gregas tratam do assunto como uma medida populista extremamente radical e ultrajante — apesar do fato de medidas semelhantes terem se tornado a política católica padrão durante grande parte da Idade Média na Europa.

76. Não se sabe ao certo se os empréstimos a juros existiram nesse período, pois a primeira referência aparente aos juros é de mais ou menos 475 a.C., e as primeiras referências totalmente claras são do final do mesmo século (R. Bogaert, *Les Origines antiques de la banque de dépôt*; *Banques et banquiers dans les cités grecques*; M. Finley, *Economy and Society in Ancient Greece*; P. Millett, *Lending and Borrowing in Classical Athens*, pp. 44-5; M. Hudson, "Did the Phoenicians Introduce the Idea of Interest").

77. Compare, por exemplo, Lv 25,35-7, que fala da permissão de transformar um pobre "irmão que vive contigo" em um cliente ou arrendatário, mas *não* de conceder a ele empréstimos a juros.

78. Como nos diz Hesíodo em *Os trabalhos e os dias* (parte II, 344-63); ele é nossa principal fonte sobre essas questões. P. Millett (*Lending and Borrowing in Classical Athens*, pp. 30-5) faz uma leitura atenta dessa passagem, ilustrando a ambiguidade entre dádivas e empréstimos. Esse livro de Millett é a obra básica sobre o assunto. Estudiosos da economia grega há muito se ocupam do que ainda é chamado (de modo um tanto anacrônico) debate primitivista-modernista; Millett assume uma forte posição primitivista e tem acalorado, de maneira previsível, o outro extremo do debate (por exemplo, E. E. Cohen, "Review of 'Lending and Borrowing in Ancient Athens'"; G. Shipley, *The Greek World After Alexander 323-30 B.C.*; G. Shipley e J. Salmon, *Human Landscapes in Classical Antiquity*). A maior parte da discussão, no entanto, trata da prevalência do empréstimo comercial, que diverge das minhas preocupações atuais.

79. A história é notável porque Nasrudin quase nunca se comporta da maneira que os leitores contemporâneos considerariam injusta ou exploradora. Presume-se que, nas histórias que tratam das relações com o vizinho avarento, o leitor saiba que, uma vez que é avarento, ele necessariamente deve tramar alguma coisa.

80. "Contra Nicostrato" (Demóstenes, 53). Minha versão segue quase à risca a versão de P. Millett (*Lending and Borrowing in Classical Athens*, pp. 53-9), mas também é baseada em J. Trevett, *Apollodoros the Son of Pasion*; J. M. Dillon, op. cit., pp. 94-100; E. M. Harris, *Democracy and the Rule of Law in Classical Athens*, pp. 261-3. A interpretação dos motivos de Nicostrato é minha; J. M. Dillon, por exemplo, suspeita que toda a história do sequestro e do resgate em Egina foi inventada — mas, se esse fosse o caso, acredito que Apolodoro descobriria e contaria ao júri. O texto não diz explicitamente

que Nicostrato era aristocrata, mas essa parece ser a explicação mais plausível para alguém que tinha uma propriedade confortável, mas nenhum dinheiro. Sabia-se de outros contextos que Apolodoro, no entanto, temia que seus concidadãos desdenhassem suas origens humildes e tentou compensá-las com generosidade excessiva — alguns achavam excessiva demais (ver T. N. Ballin, *A Commentary on (Demosthenes) "50, Against Polykles"*; J. Trevett, *Apollodoros the Son of Pasion*.

81. Os atenienses, ao tentarem ser nobres, pelo menos falavam como se seus concidadãos devessem se comportar assim uns com os outros; emprestar dinheiro a juros para um cidadão em necessidade extrema era um comportamento obviamente repreensível (P. Millett, *Lending and Borrowing in Classical Athens*, p. 26). Todos os filósofos que trataram do assunto, a começar com Platão (*As leis*, 742c, 921c) e Aristóteles (*Política*, 1.1258c), criticavam os juros como imorais. Mas é claro que nem todos pensavam dessa maneira. Como no Oriente Médio, de onde o costume se espalhou (M. Hudson, "Did the Phoenicians Introduce the Idea of Interest"), o dilema era que a cobrança de juros tinha um sentido óbvio no caso de empréstimos comerciais, mas se tornou facilmente abusiva no caso dos empréstimos pessoais.

82. Não está claro se a escravidão por dívida, ou pelo menos a servidão por dívida, foi eliminada por completo em todos os lugares, e se a crise da dívida continuou acontecendo a intervalos regulares em outras cidades que não Atenas (D. Asheri, op. cit.; G. Ste. Croix, op. cit.). Alguns (P. J. Rhodes, *A Commentary on the Aristotelian Athenaion Politeia*, pp. 118-27; F. Cairns, "The 'Laws of Eretria' (*"IG"* XII.9, 1273 e 1274)"; E. M. Harris, op. cit., pp. 249-80) acreditam que a servidão por dívida não foi totalmente eliminada em Atenas. P. Millett (*Lending and Borrowing in Classical Athens*, p. 76) provavelmente está correto quando diz que capitais imperiais como Atenas, e depois Roma, se esquivaram dos perigos das crises da dívida e da inquietação resultante não tanto proibindo a prática, mas sim canalizando o dinheiro dos tributos em programas sociais que proporcionaram uma fonte de fundos constante para os pobres, tornando a usura em geral desnecessária.

83. P. Millett, "Sale, Credit and Exchange in Athenian Law and Society", pp. 189-92. O mesmo era verdadeiro na Galileia romana (M. Goodman, *State and Society in Roman Galilee, A.D. 132-212*, p. 55) e, presumivelmente, também em Roma (C. Howgego, "The Supply and Use of Money in the Roman World 200 B.C. to A.D. 300", p. 13).

84. As Fúrias, que perseguiram Orestes para evitar que ele matasse a própria mãe, insistem que estão cobrando uma dívida devida em sangue (Ésquilo, *Eumênides*, 260, 319). P. Millett (*Lending and Borrowing in Classical Athens*, pp. 6-7) reúne vários exemplos. J. Korver (*Die terminologie van het crediet-wezen en het Grieksch*, citado em P. Millett, *Lending and Borrowing in Classical Athens*, pp. 29-32) mostra que nunca houve distinção formal entre "dádiva" e "empréstimo": continua havendo uma mescla sombria entre os dois conceitos.

85. As duas atitudes eram tidas como conectadas: Heródoto, de forma memorável, argumentou que para os persas o maior crime era mentir, e que por isso eles

proibiam o empréstimo a juros, uma vez que ele suscitaria necessariamente o comportamento insincero (op. cit., 1.138).
86. Platão, *A República*, 331c.
87. Ibid., 345d. Minha interpretação é fortemente influenciada pela de M. Shell (*The Economy of Literature*). O ensaio do primeiro capítulo de Shell é importante ("The Ring of Gyges", pp. 11-62), mas tristemente negligenciado, pois os classicistas parecem citar apenas uns aos outros (pelo menos quando o assunto é "clássicos").
88. Polemarco, é claro, está evocando a lógica da dádiva heroica e da rixa. Se alguém o ajuda ou o prejudica, você paga da mesma maneira, ou melhor. Polemarco na verdade diz que há duas circunstâncias em que é fácil fazer isso: na guerra e nos negócios de dinheiro.
89. *A República* foi escrito em 380 a.C., e esses eventos aconteceram em 388-7 a.C. Ver H. Thesleff ("Platonic Chronology", p. 5) e P. DuBois (*Slaves and Other Objects*, pp. 153-4) para as datas e referências de estudos antigos e atuais sobre a questão, os quais concordam que tais eventos de fato aconteceram. Não sabemos ao certo se Platão foi pego em um ato de pirataria, vendido por ordem de um ex-mecenas furioso ou capturado como prisioneiro de guerra (Egina — local de nascimento de Platão, a propósito — estava em guerra com Atenas na época). Mas as diferenças se confundem. Curiosamente, Diógenes, o Cínico, contemporâneo de Platão, porém mais jovem, também foi capturado por piratas em uma viagem para Egina mais ou menos na mesma época. No caso dele, ninguém o ajudou (previsivelmente, considerando que ele rejeitou todos os vínculos mundanos e tendia a insultar todas as pessoas que conhecia) — e ele passou o restante da vida como escravo em Corinto (D. Laércio, *Vidas e doutrinas dos filósofos ilustres*, 4.9). Platão, Aristóteles e Diógenes foram os três filósofos mais famosos do século IV a.C.; o fato de dois deles terem sido leiloados demonstra que esse tipo de coisa poderia realmente acontecer com qualquer pessoa.
90. Platão reconta os acontecimentos na sua *Carta VII*, mas Aniceres aparece somente em D. Laércio, op. cit., 3.19-20.
91. R. von Ihering, *Geist des Römischen Rechts auf den verschiedenen Stufen seiner Entwicklung*.
92. Os direitos *in rem*, ou "sobre a coisa", são considerados direitos "contra todo o mundo", pois "é incumbido um dever a todas as pessoas de se absterem de atos prejudiciais ao direito" — ou seja, o oposto de direitos *in personem*, mantidos contra um indivíduo específico ou grupo de indivíduos (K. Digby e W. Harrison, *An Introduction to the History of the Law of Real Property*, p. 301). P. Garnsey (*Thinking about Property*, pp. 177-8) nota que P.-J. Proudhon (*Qu'est-ce que la propriété?*, 1840) estava correto ao dizer que a natureza "absoluta" dos direitos de propriedade no Código Civil Francês e em outros documentos jurídicos modernos paradigmáticos remonta diretamente ao direito romano, *tanto* à noção de propriedade privada absoluta *como* ao direito de soberania absoluta do imperador.

93. A ideia de que a propriedade romana não era um direito remonta a M. Villey ("L'Idée du droit subjectif et les systèmes juridiques romains") e se tornou conhecida na academia inglesa com R. Tuck (*Natural Rights Theories*, pp. 7-13) e B. Tierney (*The Idea of Natural Rights*), embora P. Garnsey (*Thinking about Property*, pp. 177-95) tenha defendido recentemente um argumento convincente de que os juristas romanos viam a propriedade como direito (*ius*) no sentido de se ter o direito da alienação e de defender as próprias reivindicações no tribunal. Trata-se de um debate interessante que se concentra basicamente na definição que se tem de "direito", mas um pouco tangencial ao meu argumento.
94. "A relação paradigmática entre uma pessoa e uma coisa é a de posse, embora os próprios romanos não a tenham definido. Para eles, era uma relação de poder — uma forma de *potestas* — exercida diretamente sobre a própria coisa física" (G. Samuel, "Property, Obligations", p. 302).
95. No direito romano antigo, em que vigorava a Lei das Doze Tábuas (c. 450 a.C.), os escravos continuavam sendo pessoas, mas de valor reduzido, pois nas ofensas eles valiam metade do que valia uma pessoa livre (Lei das Doze Tábuas, VIII.10). No final da República, mais ou menos na época em que surgiu o conceito de *dominium*, os escravos foram redefinidos como *res*, coisas, e as ofensas contra eles tinham o mesmo estado legal que as ofensas contra animais de granja (A. Watson, *Roman Slave Law*, p. 46).
96. O. Patterson (op. cit., p. 31): "é difícil entender por que os romanos inventariam a ideia de relação entre pessoa e coisa (uma noção quase metafísica, bastante dissonante do modo romano de pensar em outras áreas) [...] a menos que entendamos que, para todos os propósitos, a 'coisa' que tinham em mente era um escravo".
97. Ela não aparece na Lei das Doze Tábuas, tampouco em documentos legais anteriores.
98. *Dominus* aparece pela primeira vez em III a.C.; *dominium*, um pouco depois (P. Birks, "The Roman Law Concept of Dominium", p. 26). K. Hopkins (*Conquerors and Slaves*) estima que, no final da República, os escravos somavam de 30% a 40% da população italiana, talvez a proporção mais alta de qualquer sociedade conhecida.
99. *Digesto*, 9.2.11 pr., Ulpiano no livro XVIII sobre o Edito.
100. Os exemplos são do *Digesto*, 47.2.36 pr., Ulpiano no livro XLI sobre Sabino, e *Digesto*, 9.2.33 pr., livro II de Paulo a Pláucio, respectivamente.
101. Ver R. Saller ("'Familia, Domus', and the Roman Concept of the Family") sobre *domus* versus *familia*. A palavra *familia*, e seus vários cognatos europeus posteriores, como *famille* em francês, *family* em inglês etc., continuou se referindo principalmente a uma unidade de autoridade, e não necessariamente de parentesco, até pelo menos o século XVIII (L. Stone, *The Family, Sex and Marriage in England 1500-1800*; J.-L. Flandrin, *Families in Former Times*; G. Duby, *Rural Economy and the Country Life in the Medieval West*, pp. 220-3; S. Ozment, *When Fathers Ruled*; D. Herlihy, *Medieval Households*).

102. R. Westbrook ("*Vitae Necisque Potestas*", p. 207) analisa os três casos conhecidos desse acontecimento. Parece que aqui a autoridade do pai era considerada idêntica à do Estado. O pai poderia ser punido se fosse descoberto que havia executado o filho ilegitimamente.

103. Ou os tomassem como escravos. De fato, a própria Lei das Doze Tábuas (III.1) parece ser uma tentativa de reformar ou moderar até mesmo as práticas mais severas, como apontou A. A. Al-Wāḥid (A. A. Elwahed, op. cit., pp. 81-2) talvez pela primeira vez na história.

104. M. Finley (*Ancient Slavery and Modern Ideology*, p. 143) observa que a disponibilidade sexual dos escravos "é tratada como algo comum na literatura greco-romana". Ver R. P. Saller, "Slavery and the Roman Family", pp. 98-9; J. A. Glancey, *Slavery in Early Christianity*, pp. 50-7.

105. Há um debate dinâmico sobre se a reprodução de escravos foi extensivamente praticada em Roma: uma teoria comum da escravidão (por exemplo, C. Meillassoux, op. cit.; P. Anderson, *Passages from Antiquity to Feudalism*) argumenta que a prática não era lucrativa, e quando o fornecimento de novos escravos era cortado, os escravos existentes eram ordinariamente convertidos em servos. Não parece haver razões para tratar disso aqui; para um resumo, ver K. R. Bradley, "On the Roman Slave Supply and Slavebreeding".

106. Sim, os cidadãos romanos, legalmente, não podiam escravizar uns aos outros, mas podiam ser escravizados por estrangeiros, e piratas e sequestradores raramente mediam palavras ao tratar desse assunto.

107. O imperador chinês Wang Mang era tão exigente a esse respeito que uma vez ordenou a execução do próprio filho pelo assassinato arbitrário de um escravo (A. Testart, "Pourquoi la Condition de l'esclave s'améliore-t-elle en régime despotique?", p. 23).

108. A Lex Petronia, em vigor por volta dos anos 19 a 32, tecnicamente proibia os donos de obrigar escravos a "lutarem com bestas selvagens", uma diversão pública popular; "luta", no entanto, é geralmente um eufemismo, visto que quem lutava com leões famintos não podia usar armas, ou obviamente usava armas inadequadas. Somente um século depois, sob o governo de Adriano (117-38), os proprietários foram proibidos de matar escravos, manter cárceres privados ou praticar outras punições cruéis e excessivas. Interessante notar que a limitação gradual do poder dos donos de escravos foi acompanhada pelo aumento do poder estatal e da expansão da cidadania, mas também do retorno de várias formas de servidão por dívida e da criação de um campesinato dependente (M. Finley, *The Ancient Economy*, pp. 92-3; *Economy and Society in Ancient Greece*, pp. 164-5).

109. T. Lívio (*Ab urbe condita libri*, 41.9.11) observa que, em 177 a.C., o Senado aprovou uma lei proibindo italianos que não tivessem cidadania romana de vender parentes à escravidão — como era feito para que se tornassem cidadãos romanos.

110. A frase foi preservada na obra do velho Sêneca (*Controversiae*, 4.7) e destacada por M. Finley (*Ancient Slavery and Modern Ideology*, p. 96), entre outros. Há uma

discussão detalhada sobre ela em J. L. Butrica, "Some Myths and Anomalies in the Study of Roman Sexuality", pp. 210-23.
111. C. Wirszubski, *Libertas as a Political Ideal at Rome*. Sobre a etimologia, ver É. Benveniste, *Indo-European Language and Society*. De maneira semelhante, I. Kopytoff e S. Miers ("African 'Slavery' as an Institution of Marginality") enfatizam que, na África, "liberdade" sempre significou a incorporação em um grupo de parentesco — apenas os escravos eram "livres" (no nosso sentido) de todas as relações humanas.
112. J. Florentino, "Instituições de Justiniano" (1.5.4.1). Alguns sugerem que a palavra "natural" na primeira frase foi inserida apenas em edições posteriores, talvez no século IV d.C. A posição de que a escravidão é produto da força ratificada na lei, contra a natureza, no entanto, remonta pelo menos ao século IV a.C., quando Aristóteles (*Política*, 1.1253b20-30) discorda dela explicitamente (ver G. Cambiano, "Aristotle and the Anonymous Opponents of Slavery").
113. Já nessa época, advogados como Azo e Bracton começaram a questionar: Se isso for verdade, então os servos também não seriam livres? (Ver A. Harding, "Political Liberty in the Middle Ages", p. 424 n6; ver também W. W. Buckland, *The Roman Law of Slavery*, p. 1; A. Watson, op. cit.)
114. Ulpiano escreveu que "todos nasciam livres segundo a lei da natureza", e que a escravidão era resultado da *ius gentium* ("lei das nações"), os usos comuns legais da humanidade. Juristas posteriores acrescentaram que a propriedade era originalmente comum, e a *ius gentium* era responsável por reinos, propriedade etc. (*Digesto*, 1.1.5). Como afirma R. Tuck (op. cit., p. 19), essas ideias estavam dispersas e só foram sistematizadas por pensadores da Igreja, como Graciano, muito tempo depois, durante o renascimento do direito romano no século XII.
115. *Princeps legibus solutus est* ("o príncipe é desobrigado das leis"), frase cunhada inicialmente por Ulpiano e repetida por Justiniano (1.3 pr.). Essa noção era muito nova no mundo antigo; para os gregos, por exemplo, embora os homens pudessem agir como quisessem com suas mulheres, filhos e escravos, qualquer governante que explorasse seus súditos da mesma maneira era considerado tirano. Até mesmo o princípio básico da soberania moderna, de que os governantes detêm o poder supremo da vida e da morte com relação aos súditos (que os modernos chefes de Estado ainda sustentam para garantir perdões), era visto com suspeita. De maneira semelhante, sob a República, Cícero argumentou que os governantes que insistiam em sustentar o poder da vida e da morte eram tiranos por definição, "ainda que preferissem ser chamados de reis" (*De Re Publica*, 3.23). Ver R. Westbrook, "*Vitae Necisque Potestas*", p. 204.
116. *The Chronicle of Walter of Guisborough*, p. 216. Ver M. T. Clanchy, *From Memory to Written Record*, pp. 2-5.
117. G. E. Aylmer, "The Meaning of Property in Seventeenth-Century England".
118. Para ser justo, os liberais ortodoxos diriam que essa é a conclusão lógica quando se parte da ideia de liberdade como ativa e não passiva (ou, como dizem os filóso-

fos, que há "direitos subjetivos") — ou seja, ver a liberdade como a obrigação dos outros não só de permitir que façamos o que quer que a lei ou os costumes digam que podemos fazer, mas também de fazer qualquer coisa que não seja especificamente proibida, e que isso tem efeitos libertadores enormes. Decerto há alguma verdade nisso. Mas, em termos históricos, esses efeitos foram algo colaterais, e há muitas outras maneiras de chegar à mesma conclusão que não exigem que aceitemos as suposições básicas sobre propriedade.

119. R. Tuck, op. cit., p. 49; J. Tully, *An Approach to Political Philosophy*, p. 252; R. Blackburn, *The Making of New World Slavery*, pp. 63-4.

120. Note-se que, nesse período, a justificativa não pode ser baseada em nenhum pressuposto de inferioridade racial — as ideologias raciais surgiram depois —, mas sim no pressuposto de que as leis africanas eram legítimas e deveriam ser consideradas irrevogáveis, pelo menos com relação aos africanos.

121. Já defendi extensivamente o argumento de que o trabalho assalariado está enraizado na escravidão — ver, por exemplo, D. Graeber, "Turning Modes of Production Inside Out".

122. É por essa razão que, como explicou C. B. MacPherson (*The Political Theory of Possessive Individualism*), as "violações aos direitos humanos" só são evocadas nos jornais quando é possível dizer que os governos estão violando a pessoa ou os bens de uma vítima — digamos, violentando-a, torturando-a ou matando-a. A Declaração Universal dos Direitos Humanos, como praticamente todos os documentos semelhantes, também fala dos direitos universais à alimentação e moradia, mas nunca vemos notícias sobre governos que cometem "violação aos direitos humanos" quando cortam o controle de preços dos alimentos básicos, mesmo que o corte leve a uma desnutrição generalizada, ou quando expulsamos os sem-teto de seus abrigos.

123. Podemos remontar essa ideia pelo menos a Sêneca, que, no século I, argumentou que os escravos podiam ser livres na mente, visto que a força só era aplicada à "prisão do corpo" (*De beneficiis*, 3.20) — esse parece ter sido um ponto fundamental de transição entre a ideia de liberdade como capacidade de estabelecer relações morais com os outros e liberdade como interiorização do poder do senhor.

124. Para um autor que relaciona explicitamente essa questão com a dívida, ver J. Roitman, "Unsanctioned Wealth", p. 224. Há vasta literatura para objetos como pontos únicos na história humana, mas ver J. Hoskins, *Biographical Objects*; D. Graeber, *Toward an Anthropological Theory of Value*.

125. Pode-se perceber como a escravidão era incomum pelas suposições dos informantes de que os escravos não faziam ideia de que este seria seu destino.

126. Acentuadamente, no momento exato em que sua existência social era a única existência que lhe restava. Há registros sobre a matança de escravos nos funerais de reis, ou de magnatas, da antiga Gália à Suméria, China e Américas.

127. Homero, *Ilíada*, livro 9, 342-4.

128. E. E. Evans-Pritchard, *The Divine Kingship of the Shilluk of the Nilotic Sudan*, p. 36; M. Sahlins, "The Stranger-king or Dumézil among the Fijians". Para um bom exemplo da identificação entre reis e escravos, ver G. Feeley-Harnik, op. cit. Obviamente, todos sabemos muito bem que reis têm famílias, amigos, amantes etc. — a questão é que isso sempre é visto como um problema, pois um rei deveria ser rei igualmente para todos os seus súditos.
129. Sobre a influência do direito romano na tradição liberal, é fascinante notar que o autor mais antigo de que temos registro a ter esboçado algo parecido ao modelo de Smith, em que o dinheiro — e a cunhagem, em última instância — é criado como auxílio para o comércio, é outro jurista romano, Paulo (*Digesto*, 18.1.1).
130. Mas não foi de modo nenhum eliminada. (Se alguém tiver dúvida disso, recomendo que passeie pela vizinhança sem levar em consideração todos os direitos de propriedade e veja em quanto tempo as armas começarão a aparecer.)

8. Crédito versus lingotes e os ciclos da história [pp. 277-89]

1. "Dívida, s. Substituto ingênuo para o grilhão e o chicote do feitor", escreveu A. Bierce, cínico notório (*The Devil's Dictionary*, 1911, p. 49). Decerto para aquelas mulheres tailandesas que apareceram na porta do quarto de Neil Bush, a diferença entre terem sido vendidas pelos pais e trabalhar para cumprir um contrato de dívida dos pais era um mero detalhe tanto quanto o seria 2 mil anos antes.
2. Um dos poucos autores que enfrentaram a questão de maneira direta, pelo que sei, é P. Dockès (*Medieval Slavery and Liberation*), que fez a declaração convincente de que o desaparecimento da escravidão tem a ver com o poder do Estado: pelo menos, a escravidão enquanto instituição foi brevemente revivida no Império Carolíngio e depois desapareceu de novo. É interessante que, pelo menos desde o século XIX, a "transição do feudalismo ao capitalismo" tenha se tornado nosso paradigma histórico para uma mudança social memorável, e ninguém trate da transição da antiga escravidão para o feudalismo, mesmo que haja razões para acreditar que o que acontece agora se assemelha muito mais a essa transição.
3. R. Blackburn defende esse argumento de maneira bastante convincente em *The Making of New World Slavery*. Houve algumas exceções, notadamente as cidades--Estado italianas. A história é bem mais complicada do que parece aqui: durante grande parte da Idade Média, os europeus foram vítimas de piratas de escravos mais do que de seus beneficiários, com muitos prisioneiros vendidos no norte da África e no Oriente Médio, e esse foi um dos motivos da hostilidade.
4. As moedas da região do Egeu eram estampadas; as indianas, puncionadas; as chinesas, fundidas. Isso sugere que não estamos falando de uma difusão. Ao falar sobre as moedas indianas, um historiador observa: "Algo que parece distinto em uma moeda vazada é que a pessoa que a criou nunca viu uma moeda grega — ou, se tivesse visto, não teria se impressionado. A moeda puncionada é feita por um

processo metalúrgico totalmente diferente" (D. Schaps, "The Invention of Coinage in Lydia, in India, and in China", p. 9).
5. A. H. Pruessner ("The Earliest Traces of Negotiable Instruments") talvez tenha sido o primeiro a mencionar isso.
6. Elas parecem ter sido muito usadas pelos mercadores da antiga Assíria que trabalhavam na Anatólia (K. Veenhof, "'Modern' Features in Old Assyrian Trade").
7. M. A. Powell ("A Contribution to the History of Money in Mesopotamia"; "Ancient Mesopotamian Weight Metrology"; *"Wir müssen unsere Nische nutzen"*, pp. 14-8) dá uma declaração excelente sobre esses dados, destacando que os babilônios não produziam escalas precisas o bastante para medir as quantidades minúsculas de prata que teriam de usar para realizar compras comuns para casa, como peixe frito, cordões ou lenha, em dinheiro. Ele conclui que a prata era muito usada nas transações entre mercadores. Supõe-se que os vendedores dos mercados, portanto, agiam da mesma maneira que agem hoje nos pequenos mercados na África e na Ásia Central, fazendo listas de clientes confiáveis aos quais poderiam conceder crédito com o tempo. Ver K. Hart, *The Memory Bank*, p. 201; J. Nazpary, *Post-Soviet Chaos*.
8. M. Hudson ("Reconstructing the Origins of Interest-Bearing Debt", pp. 21-3) lança a hipótese de que o elemento temporal foi importante, pois os mercadores presumivelmente atrasariam o uso dos fundos o máximo possível. Ver J. Renger, "Patterns of Non-Institutional Trade and Non-Commercial"; "On Economic Structures in Ancient Mesopotamia"; M. van de Mieroop, "The Invention of Interest".
9. Refiro-me aqui ao *qirad* e ao *mudaraba*, arranjos semelhantes à antiga *commenda* mediterrânea da Idade Média (A. L. Udovitch, *Partnership and Profit in Medieval Islam*; N. D. Ray, "The Medieval Islamic System of Credit and Banking").
10. Heródoto, *História*, 1.138.
11. Ibid., 3.102-5.
12. M. van de Mieroop, "A History of Near Eastern Debt?", p. 63; "The Invention of Interest", p. 29. Ele observa que o total de grãos obtidos por Entemena em um ano era de aproximadamente 37 milhões de litros, fazendo da quantidade que ele reclama ser devida mais de mil vezes maior que a receita anual do próprio palácio.
13. M. Lambert, "Une Inscription nouvelle d'Entemena prince de Lagash"; N. P. Lemche, "Andurarum and Misharum", p. 16.
14. M. Hudson ("The Lost Tradition of Biblical Debt Cancellations") nos dá a visão geral mais detalhada dessa literatura.
15. Ibid., p. 20.
16. P. Grierson (*The Origins of Money*, p. 17) cita J. Cerny, "Prices and Wages in Egypt in the Ramesside Period", p. 907.
17. E. Bleiberg, "Loans, Credit and Interest in Ancient Egypt".
18. Uma autoridade no assunto declara categoricamente: "Desconheço quaisquer decretos de anulação de dívida emitidos por algum faraó" (R. L. Jasnow, "Predemotic Pharaonic Sources", p. 42) e acrescenta que indícios de servidão por dívida

só aparecem no final do período demótico. É o mesmo período em que as fontes gregas começam a falar dessas duas práticas.
19. R. VerSteeg, *Law in Ancient Egypt*, p. 199. Ver D. Lorton, "The Treatment of Criminals in Ancient Egypt", pp. 42-4.
20. De certa forma, isso lembra as brechas legais criadas no mundo cristão e no mundo islâmico medievais, cenários em que os juros foram proibidos formalmente; ver o capítulo 10.
21. D. Sículo, *Biblioteca Histórica*, 1.79. Ver W. L. Westermann (*The Slave Systems of Greek and Roman Antiquity*, pp. 50-1) para uma comparação de fontes gregas e egípcias sobre o assunto.
22. A história da disseminação da dívida com juros está apenas começando a ser reconstruída. Ela não aparece ainda em Ebla (c. 2500 a.C.), no Império Antigo ou Médio do Egito ou na Civilização Micênica, mas se torna comum no Levante no final da Idade do Bronze, e também na Anatólia hitita. Como veremos, ela apareceu tarde na Grécia clássica, e ainda mais tarde em lugares como a Alemanha.
23. Na historiografia chinesa, na verdade, toda essa época é conhecida como "período feudal".
24. Nos textos de *Guanzi*, de G. Zhong, citado em D. Schaps, "The Invention of Coinage in Lydia, in India, and in China", p. 20.
25. L. Yung-Ti ("On the Function of Cowries in Shang and Western Zhou China") argumentou recentemente que as pessoas não carregavam as conchas, mas nós não teríamos como comprovar esse fato. F. Thierry (*Monnaies de Chine*, pp. 39-41) simplesmente supõe que sim, e apresenta muitos indícios de seu uso como unidades de conta e meio de pagamento, mas não para comprar e vender itens.
26. Em todo caso, os búzios foram definitivamente usados como o equivalente a moedas em períodos posteriores, e o governo periodicamente refreava seu uso ou o reintroduzia (A. H. Quiggin, *A Survey of Primitive Money*; G. Ban e N. L. Swann, *Food and Money in Ancient China*; F. Thierry, *Monnaies de Chine*, pp. 39-41; X. Peng, *A Monetary History of China*). O dinheiro de búzios sobreviveu, junto com as talhas, como forma comum de moeda corrente na província de Yunnan, no extremo sul, até tempos relativamente recentes (B. Yang, "Horses, Silver, and Cowries"). Há estudos detalhados sobre isso, mas — pelo que sei — apenas em chinês.
27. W. Scheidel, "The Divergent Evolution of Coinage in Eastern and Western Eurasia", p. 5.
28. L. Kan, "The Early Use of the Tally in China", p. 92; J.-C. Martzloff, *A History of Chinese Mathematics*, p. 178. A propósito, há um estudo sobre o sistema quipo dos incas fascinante a esse respeito; os cordões eram usados para registrar obrigações que consideraríamos financeiras e outras que consideraríamos rituais, visto que, como em muitas línguas eurasianas, "dívida" e "pecado" também eram representados pela mesma palavra em quíchua (J. Quilter e G. Urton, *Narrative Threads*, p. 270).
29. L. Yang (*Money and Credit in China*, p. 5) encontrou a primeira referência literária confiável a respeito dos empréstimos a juros no século IV a.C. X. Peng (op. cit.,

pp. 98-101) observa que os registros mais antigos existentes até hoje (ossos oraculares e inscrições) não mencionam empréstimos, mas não há motivos para mencioná-los; ele também reúne a maior parte das referências literárias disponíveis, encontra muitas referências a empréstimos em períodos antigos e conclui que não há como saber se podemos levá-los a sério. No Período dos Reinos Combatentes, no entanto, há evidências abundantes de usurários locais e de todos os tipos de abusos habituais.

30. *Yan tie lun*, 1.2/4b2-6, citado em H. K'uan, *Discourses on Salt and Iron*, p. 12.
31. G. Zhong, *Guanzi*, v. 2, p. 397.
32. Assim, por volta de 100 a.C., "quando assolados por inundações e secas [...] quem tinha grãos os vendeu pela metade do preço, e quem não tinha os tomou emprestados a juros exorbitantes. As propriedades paternas mudaram de dono; filhos e netos foram vendidos para pagar dívidas; os mercadores lucraram em grande escala, e mesmo pequenos comerciantes abriram negócios e obtiveram ganhos sem precedentes" (J. J. L. Duyvendak, *The Book of Lord Shang*, p. 32). Os empréstimos a juros são documentados pela primeira vez no século IV a.C. na China, mas podem ter existido antes disso (L. Yang, op. cit., p. 5). Para um caso paralelo de venda de crianças para pagamento de dívida na antiga Índia, ver C. Rhys Davids, "Economic Conditions According to Early Buddhist Literature", p. 218.

9. Idade Axial (800 a.C.-600 d.C.) [pp. 291-326]

1. K. Jaspers, *Vom Ursprung und Ziel der Geschichte*.
2. H. B. Parkes, *Gods and Men*, p. 71.
3. Ou, para sermos ainda mais precisos, deveríamos terminá-lo em 632, com a morte do Profeta.
4. Obviamente, o hinduísmo védico é anterior; refiro-me aqui ao hinduísmo como religião consciente de si, que a princípio tomou forma como reação ao budismo e ao jainismo mais ou menos nessa época.
5. A data costumava ser estabelecida como bem anterior, em 650 a.C. ou ainda 700 a.C., mas a arqueologia recente colocou isso em questão. As moedas da Lídia parecem ser ainda anteriores, aliás, pois a maior parte das outras parece ter sido criada antes desse período também.
6. S. Prakash e R. Singh, *Coinage in Ancient India*; M. K. Dhavalikar, "The Beginning of Coinage in India"; D. D. Kosambi, *Indian Numismatics*; P. L. Gupta e T. R. Hardaker, *Indian Silver Punchmarked Coins*. A data mais recentemente aceita para o surgimento da cunhagem na Índia, baseada em análises por carbono radioativo, é por volta de 400 a.C. (G. Erdosy, *Urbanisation in Early Historic India*, p. 115; "City States in North India and Pakistan at the Time of the Buddha", p. 113).
7. D. D. Kosambi observa que parece haver uma ligação direta entre as primeiras dessas barras e as cidades harappianas da Idade do Bronze: "Mesmo depois da

destruição de Mohenjo-Daro — uma cidade inteiramente comercial, como visto pelo peso metálico das barras e pelas armas pobres —, os comerciantes persistiram e continuaram a usar os mesmos pesos precisos daquele período" (*Indian Numismatics*, p. 91). Dado o que sabemos sobre a Mesopotâmia, que mantinha contato direto com a civilização harappiana, também parece razoável supor que elas continuaram a usar técnicas comerciais mais antigas e, com efeito, "notas promissórias" aparecem como práticas conhecidas nas fontes literárias mais antigas, como as "Jatakas" (C. Rhys Davids, "Economic Conditions in Ancient India", p. 316; R. Thapar, "The First Millennium B.C. in Northern India", p. 125; I. Fiser, "The Problem of the Setthi in Buddhist Jatakas", p. 194), mesmo que tenham aparecido muitos séculos depois. Nesse caso, claro, as marcas supostamente confirmavam a precisão do peso e mostravam que não houve diminuição, mas a inspiração em práticas de crédito anteriores parece provável. D. D. Kosambi confirma isso depois: "As marcas correspondiam às rubricas modernas em faturas ou cheques liquidados pelas câmaras de compensação" (*An Introduction to the Study of Indian History*, pp. 178-9).

8. Nosso primeiro registro literário da cunhagem na China é de um reino que reformou seu sistema monetário em 524 a.C. — ou seja, ele já tinha sistema monetário, e provavelmente havia um bom tempo (X. Li, *Eastern Zhou and Qin Civilizations*, p. 372).

9. D. Schaps, "The Invention of Coinage in Lydia, in India, and in China", p. 34. Para um argumento semelhante recente, ver E. Schoenberger, "The Origins of the Market Economy".

10. É claro que as primeiras moedas foram de denominações altíssimas e muito provavelmente usadas mais para pagar taxas e impostos e adquirir casas e gado do que para compras cotidianas (C. M. Kraay, "Hoards, Small Change and the Origin of Coinage"; M. J. Price, "Thoughts on the Beginnings of Coinage"; D. Schaps, *The Invention of Coinage and the Monetization of Ancient Greece*; M. J. Vickers, "Early Greek Coinage, a Reassessment"). Só se pode dizer que existia uma verdadeira sociedade de mercado na Grécia quando, por exemplo no século v a.C., os cidadãos comuns iam ao mercado carregando minúsculas moedas de prata ou cobre estampadas.

11. Proposta pela primeira vez por R. M. Cook ("Speculations on the Origins of Coinage"), a explicação veio perdendo força em grande medida (M. J. Price, op. cit.; C. M. Kraay, op. cit.; R. B. Wallace, "The Origin of Electrum Coinage"; D. Schaps, *The Invention of Coinage and the Monetization of Ancient Greece*, pp. 96-101; contudo, cf. G. Ingham, *The Nature of Money*, p. 100) sob o argumento de que os soldados somente poderiam ser pagos com moedas se já houvesse pessoas dispostas a aceitá-las. Para mim trata-se de uma objeção fraca, pois a ausência de moedas não implica a ausência de dinheiro ou de mercados; quase todas as partes envolvidas no debate (ver, por exemplo, M. S. Balmuth ("The Monetary Forerunners of Coinage in Phoenicia and Palestine"; "Remarks on the Appearance of the Earliest

Coins"; "The Critical Moment"; *Hacksilber to Coinage*), que diz que as peças irregulares de prata já eram de uso amplo como moeda; G. Le Rider (*La Naissance de la monnaie*), R. Seaford (*Money and the Early Greek Mind*, pp. 318-37) e ainda D. Schaps (*The Invention of Coinage and the Monetization of Ancient Greece*, pp. 222-35), que argumentam que elas não eram numerosas o suficiente para compor uma moeda corrente viável) parecem levar muito em consideração a possibilidade de que a maior parte das transações comerciais acontecia a crédito. De todo modo, como notei anteriormente, seria fácil demais para o Estado garantir que as moedas se tornassem moeda corrente simplesmente afirmando que esse seria o único meio aceitável para o pagamento das obrigações para com o próprio Estado.

12. A maioria dos banqueiros gregos mais antigos era de ascendência fenícia, e é bem possível que tenham introduzido na Grécia, pela primeira vez, o conceito de juros (M. Hudson, "Did the Phoenicians Introduce the Idea of Interest").
13. J. Elayi e A. G. Elayi, *Trésors de monnaies phéniciennes et circulation monetaire*.
14. C. G. Starr, *The Economic and Social Growth of Early Greece*, p. 113. Ver I. Lee, "Entella".
15. É interessante notar que, pelo que sabemos, as grandes nações comerciais não produziram muita arte ou filosofia.
16. Esparta, obviamente, foi a grande exceção, pois se recusou a emitir a própria moeda, mas desenvolveu um sistema em que os aristocratas adotaram um estilo de vida estritamente militar e treinavam permanentemente para a guerra.
17. O próprio Aristóteles notou essa ligação quando enfatizou que a constituição de um Estado grego poderia ser predita pelo principal exército de suas forças armadas: aristocracias, se baseadas na cavalaria (pois os cavalos eram muito caros); oligarquias, no caso de infantaria pesada (pois as armaduras não eram baratas); e democracia, no caso de infantaria leve ou marinha (pois qualquer pessoa podia manusear uma funda ou remar um bote). Ver *Política*, 4.3.1289b33-44, 13.1297b16-24; 6.7.1321a6-14.
18. D. Keyt (*Aristotle: Politics Books V and VI*, p. 103) resume *Política*, v.1304b27-31.
19. Tucídides (*História da Guerra do Peloponeso*, 6.97.7) afirmou que 20 mil escravos fugiram das minas em 421 a.C., o que provavelmente é um exagero, mas a maior parte das fontes estima que pelo menos 10 mil deles, em grande parte daquele século, trabalhavam agrilhoados e sob condições atrozes (R. S. Robinson, *The Size of the Slave Population at Athens*).
20. G. Ingham, *The Nature of Money*, pp. 99-100.
21. J. MacDonald, *A Free Nation Deep in Debt*, p. 43.
22. Sobre as necessidades monetárias dos exércitos de Alexandre, ver G. Davies, *The North Atlantic World in the Seventeenth Century*, pp. 80, 83; sobre uma visão mais geral dessa logística, D. W. Engels, *Alexander the Great and the Logistics of the Macedonian Army*. O número 120 mil inclui não só as tropas em si, mas empregados, vivandeiros etc.
23. P. Green, *Alexander to Actium*, p. 366.

24. A instituição romana era chamada *nexum*, e não sabemos exatamente como ela funcionava: isto é, se era uma forma de contrato de trabalho, em que se liquidava a dívida por um termo fixo, ou algo mais parecido com os sistemas de peonagem africanos, em que o devedor — e seus filhos e filhas — serviam em condições parecidas às de escravos até a redenção. Ver A. Testart, "The Extent and Significance of Debt Slavery", para as possibilidades. Ver também W. H. Buckler, *The Origin and History of Contract in Roman Law*, 1895; P. A. Brunt, *Social Conflicts in the Roman Republic*; T. Cornell, *The Beginnings of Rome*, pp. 266-7, 330-2.
25. Por essa razão, a maioria das histórias escandalosas que desencadearam revoltas contra a servidão por dívida se centravam em casos dramáticos de violência física ou sexual; obviamente, uma vez que a servidão por dívida foi abolida e o trabalho familiar começou a ser realizado por escravos, esse tipo de violência passou a ser considerado normal e aceitável.
26. As primeiras moedas de bronze pagas aos soldados parecem ter sido cunhadas por volta de 400 a.C. (W. Scheidel, "The Divergent Evolution of Coinage in Eastern and Western Eurasia"), mas essa é a data tradicional, de acordo com historiadores romanos.
27. O que digo contraria boa parte do saber acadêmico tradicional, talvez mais bem resumido por M. Finley quando escreve que "a classe devedora se rebelou na Grécia e em Roma, mas não no Oriente Próximo" (*Economy and Society in Ancient Greece*) — por isso reformas como as de Neemias eram no mínimo temporárias e paliativas. A rebelião do Oriente Próximo assumiu uma forma diferente; ademais, as soluções gregas e romanas foram mais limitadas e mais temporárias do que se supunha.
28. Ver M. Ioannatou (*Affaires d'argent dans la correspondance de Cicéron*) para um bom exemplo. A conspiração de Catilina em 63 a.C. foi uma aliança de aristocratas endividados e camponeses desesperados. Sobre a contínua dívida republicana e as campanhas de redistribuição de terra, ver R. E. Mitchell, "Demands for Land Redistribution and Debt Reduction in the Roman Republic".
29. C. Howgego diz o seguinte: "Se ouvimos pouco sobre a dívida no Principado pode ser porque a estabilidade política acabou com a oportunidade de manifestação dos descontentes. Tal argumento é apoiado pela maneira problemática como a dívida ressurge em momentos de revolta geral" ("The Supply and Use of Money in the Roman World 200 B.C. to A.D. 300", p. 13).
30. Plutarco, *Moralia*, 828f-831a.
31. Desnecessário dizer que há uma literatura ampla e antagônica sobre o assunto, mas provavelmente a melhor fonte seja J. Banaji. Ele enfatiza que, no final do império, "a dívida era um meio essencial de os empregadores imporem o controle sobre os trabalhadores, fragmentando sua solidariedade e 'personalizando' as relações entre donos e empregados" (*Agrarian Change in Late Antiquity*, p. 205), uma situação que, curiosamente, ele compara com a da Índia.

32. D. D. Kosambi, *Ancient India*; J. P. Sharma, *Republics in Ancient India*; S. N. Misra, *Ancient Indian Republics*; A. S. Altekar, *State and Government in Ancient India*, pp. 109-38. Historiadores indianos contemporâneos, que se referem a elas como *gana-sanghas* ("assembleias tribais"), tendem a rejeitá-las como aristocracias de guerreiros apoiadas por populações de hilotas ou escravos, embora, obviamente, as cidades-Estado gregas pudessem ser descritas da mesma maneira.
33. Em outras palavras, pareciam-se mais com Esparta do que com Atenas. Os escravos também eram de propriedade coletiva (U. Chakravarti, "Of Dasas and Karmakaras", pp. 48-9). Aqui também temos de imaginar até que ponto essa era de fato a regra geral, mas prefiro me ater, quando se trata dessas questões, à opinião predominante na academia.
34. Kauṭilya, *Arthaśāstra*, 2.12.27. Ver D. Schaps ("The Invention of Coinage in Lydia, in India, and in China", p. 18) para um comentário comparativo interessante.
35. R. Thapar, "The Role of the Army in the Exercise of Power in Ancient India", p. 34; V. R. R. Dikshitar, *War in Ancient India*.
36. Também havia impostos, é claro, que costumavam variar de um sexto a um quarto da produção total (D. D. Kosambi, *An Introduction to the Study of Indian History*, p. 316; B. S. Sihag, "Kautilya on Public Goods and Taxation"), mas os impostos também serviam como uma forma de pôr produtos no mercado.
37. Consoante D. D. Kosambi, *Ancient India*, pp. 152-7.
38. E o trabalho assalariado, dois fenômenos que, como acontecia com frequência no mundo antigo, em boa parte se sobrepunham: a expressão comum usada para os trabalhadores nos textos da época era *dasa-karmakara*, "mercenários-escravos", supondo-se que escravos e trabalhadores trabalhavam juntos e mal se distinguiam (U. Chakravarti, op. cit.). Sobre o predomínio da escravidão, ver R. S. Sharma, *Śūdras in Ancient India*; G. K. Rai, *Involuntary Labour in Ancient India*. A amplitude da escravidão é contestada, mas os primeiros textos budistas parecem assumir que toda família rica teria escravos domésticos — o que certamente não aconteceu em outros períodos.
39. Depois da breve conquista do Vale do Indo por Alexandre e do estabelecimento de colonos no Afeganistão, as moedas puncionadas também foram substituídas por moedas de estilo egeu, provocando, em última instância, o desaparecimento de toda a tradição indiana (D. D. Kosambi, *Indian Numismatics*; P. L. Gupta e T. R. Hardaker, op. cit.).
40. Costuma ser chamado de "Edito do Pilar" (K. R. Norman, "Asoka and Capital Punishment", p. 16).
41. Há muito debate sobre quando isso ocorreu: G. Schopen ("Doing Business for the Lord") enfatiza que há poucas evidências de mosteiros budistas importantes anteriores ao século I, talvez até três séculos depois. Como veremos, isso também foi bastante relevante para a monetização.
42. "O comerciante privado era considerado um espinho (*kantaka*), um inimigo público, quase uma calamidade nacional, por *Arth*. [*Arthaśāstra*] 4.2, taxado e multado

por procedimentos ilegais, muitos deles admitidos como naturais" (D. D. Kosambi, *An Introduction to the Study of Indian History*, p. 243).
43. Quem quisesse se tornar monge precisava primeiro afirmar que não era devedor (assim como tinha de prometer que não era um escravo fugitivo), mas não havia regras dizendo que o próprio mosteiro não podia tomar dinheiro emprestado. Na China, como veremos, facilitar os termos de crédito para camponeses era visto como uma forma de caridade.
44. De maneira semelhante, os monges budistas não podem ver um exército, se puderem evitar (*Pacittiya*, 48-51).
45. M. E. Lewis, *Sanctioned Violence in Early China*.
46. C. M. Wilbur, *Slavery in China during the Former Han Dynasty*; R. D. S. Yates, "Slavery in Early China". O Estado de Qin, durante o Período dos Reinos Combatentes, não só permitia que oficiais do exército fossem escravos alocados por classe, mas também que mercadores, artesãos e os "pobres e ociosos" fossem "confiscados como escravos" (M. E. Lewis, op. cit., pp. 61-2).
47. W. Scheidel ("The Divergent Evolution of Coinage in Eastern and Western Eurasia"; "The Monetary Systems of the Han and Roman Empires"; *Rome and China*) considerou amplamente a questão e concluiu que a moeda corrente chinesa assumiu uma forma incomum por duas razões principais: 1) a coincidência histórica de Qin (que usava moedas de bronze) ter derrotado Chu (que usava ouro) nas guerras civis, e o conservadorismo subsequente, e 2) a falta de um exército profissional bem pago, que permitiu que o Estado chinês agisse como a antiga República romana, que também se limitou às moedas de bronze para os camponeses conscritos — mas, diferentemente da República romana, a China não era cercada por Estados acostumados a outras formas de moeda.
48. Até onde sabemos, Pitágoras foi o primeiro a tomar o segundo caminho, fundando uma sociedade política secreta que, durante algum tempo, controlou as alavancas do poder político nas cidades gregas do sul da Itália.
49. P. Hadot, *Philosophy as a Way of Life*; *What is Ancient Philosophy?*. No mundo antigo, o cristianismo era reconhecido como filosofia sobretudo porque tinha as próprias formas de prática ascética.
50. Sobre a Escola Agrônoma: A. C. Graham, "The Nung-Chia 'School of the Tillers'"; *Studies in Chinese Philosophy and Philosophical Literature*, pp. 67-110. Ela parece ter surgido mais ou menos na mesma época que Mozi, fundador do moísmo (aproximadamente 470 a.C.-391 a.C.). Os agrônomos acabaram desaparecendo, deixando para trás uma série de tratados sobre tecnologia agrícola, mas exerceram influência enorme sobre o taoismo em seus primórdios — que, por sua vez, se tornou a filosofia predileta dos camponeses rebeldes nos séculos por vir, começando com a Rebelião do Turbante Amarelo em 184. Por fim, o taoismo foi suplantado por formas messiânicas de budismo como ideologia predileta dos camponeses rebeldes.
51. T. Wei-Ming, "Structure and Function of the Confucian Intellectual in Ancient China"; A. C. Graham, *Disputers of the Tao*; B. I. Schwartz, *The World of Thought in Ancient China*.

52. Conta a lenda que depois que um matemático pitagórico descobriu a existência dos números irracionais, outros membros do grupo o levaram para um cruzeiro e o jogaram no mar. Para uma extensa discussão da relação dos primórdios do pitagorismo (530 a.C.-400 a.C.) com o advento de uma economia monetizada, ver R. Seaford, *Money and the Early Greek Mind*, pp. 266-75.
53. Pelo menos se minha experiência em Madagascar for significativa o bastante para nos servir de base.
54. A guerra é bem semelhante: nela também é possível imaginar que todos estão em um jogo em que as regras e os riscos são surpreendentemente transparentes. A principal diferença é que, na guerra, ninguém se importa com os colegas soldados. Sobre a origem da nossa noção de "interesse próprio", ver o capítulo 11.
55. Não confundir com o termo confucionista *li*, que significa "ritual" ou "etiqueta". Posteriormente, *li* tornou-se a palavra usada para "interesse" — ou seja, não só "interesse próprio", mas também "pagamento de interesses", no sentido de juros (ver M. Cartier, "Dette et propriété en Chine", pp. 26-7). Devo dizer que meu argumento aqui foge ao convencional. B. I. Schwartz (*The World of Thought in Ancient China*, pp. 145-51) afirma que, em Confúcio, "lucro" tem significado puramente pejorativo, e argumenta que Mozi interpretou a palavra de maneira subversiva. Acho improvável que Confúcio represente o pensamento convencional da época; embora seus escritos sejam os mais antigos a que temos acesso sobre o assunto, sua posição continuou sendo marginal durante séculos depois de sua morte. Assumo, ao contrário, que a tradição legalista já refletia sabedoria comum antes de Confúcio — ou, seguramente, Mêncio.
56. *Zhan Guo Ce* ("Estratégias dos Reinos Combatentes"), n. 109, 7.175.
57. *Annals of Lü Buwei*, 8/5.4.
58. Ver R. Ames (*The Art of Rulership*) para uma discussão dos principais termos: *si li* (interesse próprio), *shi* (vantagem estratégica) e *li min* (lucro público).
59. *Book of Lord Shang*, 947-8: ver J. J. L. Duyvendak, *The Book of Lord Shang*, p. 65.
60. Tradução de D. D. Kosambi (*The Culture and Civilisation of Ancient India*, p. 142); a *Encyclopaedia Britannica* prefere "guia do lucro" (no verbete "Cārvāka", A. S. Altekar (*State and Government in Ancient India*, p. 3), "a ciência da riqueza".
61. K. Nag e V. R. R. Dikshitar, "The Diplomatic Theories of Ancient India and the Arthashastra", p. 15. D. D. Kosambi argumenta que a política máuria era baseada em uma contradição fundamental: "uma população cumpridora das leis morais governada por um rei completamente amoral" (*An Introduction to the Study of Indian History*, p. 237). Contudo, essa situação não é nada incomum, seja naqueles tempos ou agora.
62. Tucídides, op. cit., 5.85-113 (ver também 3.36-49). O evento aconteceu em 416 a.C., na mesma época em que mestre Shang e Kautilya escreveram. Vale destacar que as próprias objeções de Tucídides a esse comportamento não são explicitamente morais; elas queriam mostrar que esse comportamento não era para o "lucro a longo prazo" do império (L. Kallet, *Money and the Corrosion of Power in Thucydides*,

p. 19). Para uma visão mais geral do materialismo utilitário de Tucídides, ver M. Sahlins, *Apologies to Thucydides*.
63. Mozi, 6,7b, citado em C. Hansen, *A Daoist Theory of Chinese Thought*, p. 137.
64. Mêncio, 4.1, citado em J. J. L. Duyvendak, op. cit., pp. 76-7. Ele parece se referir à distinção feita originalmente pelo próprio Confúcio: "O homem superior entende o que é correto, o homem inferior entende apenas o que é para lucro pessoal" (*Analectos*, 7.4.16).
65. O caminho moísta — que abarca abertamente a lógica financeira — foi o menos percorrido. Já vimos como na Índia e na Grécia as tentativas de enquadrar a moralidade como dívida não chegaram a lugar nenhum: mesmo os princípios védicos tratam ostensivamente da libertação da dívida, que também era, como veremos, tema central em Israel.
66. M. Leenhardt, *Do Kamo*, p. 164.
67. Essa interpretação contraria diretamente uma das principais críticas acadêmicas sobre a questão, que tende a enfatizar a natureza "transcendental" das ideias da Idade Axial (ver B. I. Schwartz, "The Age of Transcendence"; S. N. Eisenstadt, "The Axial Age"; "Heterodoxies and Dynamics of Civilizations"; *The Origins and Diversity of Axial Age Civilizations*; H. Roetz, *Confucian Ethics of the Axial Age*; R. N. Bellah, "What is Axial About the Axial Age?").
68. O sistema grego na verdade começou com fogo, ar e água, e o indiano com fogo, água e terra, embora em cada caso houvesse diversas elaborações. O sistema elemental chinês era quíntuplo: madeira, fogo, terra, metal e água.
69. No cristianismo, pelo menos na tradição agostiniana, isso é bem explícito: o mundo material de modo nenhum participa de Deus; Deus não está nele; ele simplesmente foi feito por Ele (Santo Agostinho, *A Cidade de Deus*, 4.12) — essa separação radical de espírito e ser natural, segundo H. Frankfort (*Kingship and the Gods*, pp. 342-4), é uma peculiaridade da tradição judaico-cristã. Essa mesma tradição agostiniana, no entanto, também se baseou em Platão para dizer que a razão, por outro lado — o princípio abstrato que nos permite entender as coisas e que é totalmente separado da matéria —, *participa* do divino (ver D. J. Hoitenga, *Faith and Reason from Plato to Plantinga*, pp. 112-4, para a divergência com as ideias de Agostinho).
70. O ensaio "The Ring of Gyges", de M. Shell (*The Economy of Literature*, pp. 11-62), já foi citado no capítulo anterior, na discussão sobre Platão; R. Seaford, "Tragic Money"; *Money and the Early Greek Mind*.
71. Baseado no fato de que Mileto foi uma das primeiras cidades, se não a primeira, a produzir moedas de denominações pequenas o suficiente para serem usadas nas transações cotidianas (C. M. Kraay, op. cit., p. 67).
72. Heráclito era da cidade jônica de Éfeso, nas proximidades, e Pitágoras da ilha jônica de Samos. Depois que a Jônia foi incorporada ao Império Persa, uma quantidade enorme de jônios fugiu para o sul da Itália, que começou a se tornar o centro da filosofia grega, mais uma vez no período em que as cidades gregas começaram a

ser monetarizadas. Atenas se tornou o centro da filosofia grega apenas no século v, período em que era militarmente dominante, e a cunhagem ateniense da "coruja" tornou-se a principal moeda internacional do Mediterrâneo oriental.

73. Ou, como afirma R. Seaford (*Money and the Early Greek Mind*, p. 208), refletindo a descrição de Anaximandro sobre a substância primal, "uma substância distinta, eterna, impessoal, oniabrangente, ilimitada, homogênea, abstrata, reguladora e em eterno movimento, destino e origem de todas as coisas" (ou, pelo menos, "todas as coisas" disponíveis para compra).

74. R. Seaford, *Money and the Early Greek Mind*, pp. 136-46. Ver O. Picard, "La 'fiduciarité' des monnaies métalliques en Grèce"; R. B. Wallace, op. cit.; W. V. Harris (org.), "Introduction" em *The Monetary Systems of the Greeks and Romans*, p. 10. A moeda puramente "fiduciária" é, claro, o que os metalistas chamariam de moeda "simbólica" ou "privada", ou os keynesianos chamariam de "dinheiro cartalista". Apesar dos argumentos de M. Finley em contrário (*Ancient Slavery and Modern Ideology*, pp. 141, 196), praticamente todo o dinheiro antigo era fiduciário até certo ponto. É fácil perceber por que as moedas circulavam originalmente a um valor nominal mais alto que seu peso em ouro ou prata, pois o preço desses metais tendia a flutuar, mas no momento em que o valor nominal da moeda de metal passasse a ser mais baixo que o material de que era feita, não haveria mais razão para não derretê-la.

75. No caso de Estados muito grandes, como o Império Romano ou o Máuria, a inflação por fim surgiu, mas os plenos efeitos só foram sentidos pelo menos um século depois. Para boas discussões a respeito da situação romana, ver G. Ingham, *The Nature of Money*, pp. 101-4; D. Kessler e P. Temin, "Money and Prices in the Early Roman Empire"; W. V. Harris (org.), "The Nature of Roman Money".

76. R. Seaford, *Money and the Early Greek Mind*, pp. 138-9.

77. Nesse ponto me inspiro parcialmente nos argumentos de M. Mauss sobre o conceito de substância (N. J. Allen, "The Category of Substance").

78. Por essa razão, como veremos, a posição de Aristóteles de que uma moeda era apenas uma convenção social (*Ética a Nicômaco*, 1133a29-31) continuou uma visão da minoria no mundo antigo. Ela só se tornou predominante depois, na Idade Média.

79. Ele é conhecido como Pāyāsi nas escrituras budistas e como Paesi nos escritos jainistas. Para uma boa discussão sobre os materialistas indianos antigos, ver J. Bronkhorst, *Greater Magadha*, pp. 143-59. Para a escola materialista posterior, à qual se diz ter pertencido Kautilya, ver D. Chattopadhyaya, *Carvaka/ Lokayata*. K. Jaspers (*Way to Wisdom*, p. 135), ao escrever sobre a Índia, fala do surgimento de todas "as tendências filosóficas, incluindo o ceticismo e o materialismo, a sofística e o niilismo" — uma lista importante, pois obviamente não se trata da lista de "todas" as tendências filosóficas, mas apenas das mais materialistas.

80. Em Platão (*A República*) essa tentativa é rejeitada de imediato. Na Índia, como argumentei, a tradição hindu só parece abarcá-la. Os budistas, jainistas e outras filosofias antagônicas não utilizam o termo.

81. Fílon de Alexandria, que escreveu na época de Cristo, diz sobre os essênios: "Nem um escravo sequer é encontrado entre eles, pois que todos são livres, trocam serviços uns com os outros e denunciam os donos de escravos, não apenas pela injustiça de ultrajar a lei da igualdade, mas também por sua impiedade em anular o estatuto da natureza" (*Quod omnis probus liber sit*, 79). Os Therapeutae, outro grupo também formado por judeus, rejeitavam todas as formas de propriedade, mas viam a escravidão "como uma coisa absoluta e totalmente contrária à natureza, pois a natureza criara todos os homens livres" (id., *De vita contemplativa*, 70). A semelhança com as ideias jurídicas romanas é notável. Há boa documentação a respeito dos grupos judeus, o que é incomum; se seitas semelhantes existiram, por exemplo, na Trácia ou na Numídia, provavelmente não saberíamos.
82. Posteriormente diz a lenda que seu pai era um rei e que ele crescera em um palácio, mas o cargo de "rei" Sakya na época era na verdade eletivo e rotativo (D. D. Kosambi, *The Culture and Civilisation of Ancient India in Historical Outline*, p. 96).

10. Idade Média (600-1450) [pp. 327-96]

1. As moedas produzidas pelos Estados bárbaros sucessores geralmente não tinham grande quantidade de ouro ou de prata; como resultado, tendiam a circular apenas no principado do rei ou barão que as emitia e eram predominantemente inúteis para o comércio.
2. P. Dockès (*Medieval Slavery and Liberation*, pp. 62-70) dá uma visão geral da situação — de maneira literal, uma vez que o entendimento comum da extensão dos Estados escravistas romanos na França é baseado em grande parte na aerofotografia. Com o tempo, mesmo as comunidades livres atingiam a servidão por dívida de um ou outro tipo, ou presas às terras como servos (em latim, *coloni*).
3. Como vimos, D. D. Kosambi considerava Mágada o ponto alto da monetização. R. S. Sharma (*Early Medieval Indian Society*, pp. 119-62) argumenta que a cunhagem continuou sendo lugar-comum sob o domínio do Império Gupta (280-550), mas depois desapareceu quase completamente. No entanto, mesmo que ele esteja correto quando diz que a quantidade de moedas em circulação não diminuíra até aquela época, ele mesmo afirma que a população total das Grandes Planícies quase triplicou nesse período (ibid., p. 143). Portanto, este seria o marco de um declínio uniforme.
4. Para uma visão geral: R. S. Sharma, "Usury in Medieval India"; P. V. Kane, *History of Dharmaśāstra*, pp. 411-61; H. Chatterjee, *The Law of Debt in Ancient India*. G. Schopen ("Doing Business for the Lord") especialmente enfatiza que as técnicas ficaram mais sofisticadas no decorrer da Idade Média, por exemplo, desenvolvendo recursos de escrituração contábil para combinar juros compostos com pagamentos parciais.

5. Documentos sobre a regulamentação de questões monásticas dão muita atenção aos detalhes: como o dinheiro seria emprestado; como os contratos seriam assinados, selados e guardados no templo diante de testemunhas; como deveria ser faturada uma garantia ou fiança duas vezes maior que o empréstimo; como "irmãos laicos devotos" deveriam ser nomeados para cuidar do investimento etc. (G. Schopen, "Doing Business for the Lord").
6. Do árabe *dinar*, que, por sua vez, deriva do romano *denarius*. Não sabemos se essas quantias eram pagas em moedas nessa época: um antigo manual monástico, ao falar de objetos que poderiam ser relegados aos Tesouros Inesgotáveis, e assim disponibilizados a juros, menciona "ouro e prata, seja na forma de moedas, acabadas ou brutas, em grandes ou pequenas quantidades, puras ou ligadas, ou na forma de utensílios, acabados ou inacabados" (Mahāsāmghika Vinaya, citado em J. Gernet, *Buddhism in Chinese Society*, p. 165).
7. J. F. Fleet, *Inscriptions of the Early Gupta Kings*, pp. 260-2, como traduzido em G. Schopen, "Doing Business for the Lord", pp. 532-3. Desnecessário observar a ironia da ênfase na eternidade no budismo, uma religião fundada no reconhecimento da impermanência de todos os vínculos mundanos.
8. Os empréstimos comerciais estão documentados em uma inscrição no mosteiro em Karli, cidade da Índia (S. Lévi, *L'Inde civilisatrice*, p. 145; J. Gernet, *Buddhism in Chinese Society*, p. 164; A. Barreau, "Indian and Ancient Chinese Buddhism", pp. 444-7), e as assembleias em templos tâmeis posteriores (P. V. J. Ayyar, *South Indian Shrines*, pp. 40-68; R. S. Sharma, "Usury in Medieval India"). Não se sabe se alguns desses empréstimos eram comerciais ou mais parecidos com o costume budista posterior da *jisa*, ainda comum no Tibete, no Butão e na Mongólia, em que um indivíduo — coletivo ou grupo de famílias —, disposto a apoiar uma cerimônia específica ou, digamos, um projeto educacional, receberia um empréstimo "perpétuo" de quinhentas rúpias e então forneceria oitocentas rúpias por ano para organizar a cerimônia. As responsabilidades são então herdadas, posto que o "empréstimo" pode ser transferido (R. J. Miller, "Monastic Economy: The Jisa Mechanism"; G. Murphy, "Buddhist Monastic Economy: Comment").
9. Kalhana, *Rajatarangini*, 7.1091-8. Ver A. L. Basham, "Harsa of Kashmir and the Iconoclast Ascetics"; D. M. Riepe, *The Naturalistic Tradition in Indian Thought*, p. 44 n49. Os monges eram provavelmente ajikivas, que ainda existiam na época.
10. Ver S. N. Naskar (*Foreign Impact on Indian Life and Culture*) e R. S. Sharma (*Early Medieval Indian Society*, pp. 45-66) sobre a descrição purana da "Idade de Kali", que parece ser como os brâmanes posteriores se referiam ao período do reinado de Alexandre até a Alta Idade Média, aproximadamente, uma época de insegurança e inquietação, em que as dinastias estrangeiras governaram quase toda a Índia e as hierarquias de casta foram amplamente contestadas ou rejeitadas.
11. Manu, *Manusmṛti*, 8.5.257. Importante destacar que a dívida para com outros seres humanos desaparece totalmente nesses textos.
12. Ibid., 8.5.270-2. A língua do sudra também seria cortada em caso de insulto a um membro das castas dos considerados "duas vezes nascidos" (ibid., 8.270).

13. R. S. Sharma, *Śūdras in Ancient India; Urban Decay in India c. 300-c. 1000*; G. G. Chauhan, *An Economic History of Early Medieval Northern India*.
14. "Um sudra, embora emancipado por seu senhor, não é libertado, por aquele que pode dele se desfazer, de um estado de servidão para um estado que lhe é natural?" (Manu, op. cit., 8.5.419), ou ainda "Os sudras devem ser reduzidos à escravidão, seja pela compra ou não, porque foram criados por Deus para servir aos outros" (Yājñavalkya, *Yājñavalkya-Smṛti*, 8.5.413).
15. Kautilya permitia 60% para empréstimos comerciais, 120% para "empreendimentos que envolvem jornadas pelas florestas", e o dobro para jornadas que envolvem o transporte marítimo de produtos (Kautilya, *Arthaśāstra*, 3.11). Um código posterior (Yājñavalkya, op. cit., 2.38) segue essa mesma linha.
16. Yājñavalkya, op. cit., 2.37; Manu, op. cit., 8.143; Viṣṇu, *Viṣṇu smṛti*, 5.6.2. Ver P. V. Kane, op. cit., p. 421.
17. R. S. Sharma, "Usury in Medieval India", p. 68. De maneira similar, os primeiros códigos de leis especificavam que qualquer pessoa inadimplente no pagamento de uma dívida renasceria como escravo ou animal doméstico na casa do credor. Um texto budista chinês posterior foi ainda mais exato, especificando que para cada oito *wen* devidos deve-se passar um dia como boi, ou, para cada sete *wen* devidos, um dia como cavalo (Zhuang Chun, citado em X. Peng, *A Monetary History of China*, p. 244 n17).
18. L. Dumont, *Homo Hierarchicus*.
19. G. Prakash (*Bonded Histories: Genealogies of Labor Servitude in Colonial India*, p. 184) defende este raciocínio para o período colonial: quando as antigas hierarquias de casta começaram a ser tratadas como questões de servidão por dívida, os subordinados se transformaram em pessoas com direitos iguais, que haviam sido temporariamente "suspensos".
20. Para dizer a verdade, podemos argumentar que é possível que camponeses endividados também estejam no comando de mais recursos, e assim são mais capazes de organizar uma rebelião. Sabemos muito pouco sobre insurreições populares na Índia medieval, mas a quantidade de revoltas parece ter sido relativamente baixa em comparação com a China, onde o clima de rebelião era quase incessante. No entanto, sobre a Índia, ver R. Guha, *Elementary Aspects of Peasant Insurgency in Colonial India*; R. A. Palat, "Popular Revolts and the State in Medieval South India"; *From World-Empire to World-Economy*, pp. 205-15; D. D. Kosambi, *An Introduction to the Study of Indian History*, pp. 392-3.
21. "Ninguém sabe quantas rebeliões aconteceram na história chinesa. Os registros oficiais mostram que houve milhares de incidentes em apenas três anos, de 613 a 615, provavelmente mil ao ano (W. Zheng et al., "Report of the Imperial Historians", 636 d.C.). Segundo J. B. Parsons (*The Peasant Rebellions of the Late Ming Dynasty*), durante o período 1629-44, houve nada mais nada menos que 234 185 insurreições na China, uma média de 43 ao dia, ou 1,8 rebelião por hora (G. Deng, *The Premodern Chinese Economy*, p. 220).

22. Seguindo a interpretação de G. Deng, op. cit.
23. R. Huang, *Broadening the Horizons of Chinese History*, p. 231.
24. Esses empréstimos parecem ter sido uma extensão da lógica dos armazéns estatais, que estocavam alimentos; alguns seriam vendidos em momentos estratégicos para manter os preços baixos, outros seriam distribuídos gratuitamente em momentos de penúria, e ainda outros seriam emprestados a juros baixos como alternativa aos usurários.
25. R. Huang, *Broadening the Horizons of Chinese History*; Z. Xu e J. L. Dull, *Han Agriculture*, pp. 22-4. Para suas complexas reformas da moeda corrente: X. Peng, op. cit., pp. 111-4.
26. De modo geral, as taxas de juros foram fixadas a no máximo 20%, e os juros compostos foram proibidos. As autoridades chinesas adotaram também o princípio indiano de que os juros não podiam exceder o principal (M. Cartier, "Dette et propriété en Chine", p. 28; L. Yang, *Money and Credit in China*, pp. 92-103).
27. F. Braudel, *Civilisation matérielle, économie et capitalisme*; I. Wallerstein, "Braudel on Capitalism, or Everything Upside Down"; *The End of the World as We Know It*.
28. Sigo aqui principalmente a obra de R. B. Wong (*China Transformed*; "Between Nation and World"). Ver também E. Mielants ("Europe and China Compared"; *The Origins of Capitalism and the "Rise of the West"*). Decerto a maioria dos braudelianos considera apenas as dinastias posteriores, como a Ming, como personificação plena desse princípio, mas acredito que ele pode ser projetado para o passado.
29. Enquanto os mercados em si eram considerados benéficos, o governo também intervinha sistematicamente para evitar flutuações de preço, estocando mercadorias quando eram baratas e pondo-as em circulação quando o preço subia. Houve períodos na história da China em que os governantes conjugavam esforços com os comerciantes, mas o resultado costumava ser uma grande revolta popular (G. Deng, op. cit., p. 146).
30. Ver K. Pomeranz (*The Great Divergence*) e Jack A. Goldstone ("Efflorescences and Economic Growth in World History") para uma introdução à vasta literatura sobre os padrões comparativos de vida. A Índia também caminhou muito bem durante grande parte de sua história.
31. E. Zürcher, *The Buddhist Conquest of China*, p. 282.
32. J. Gernet, *Buddhism in Chinese Society*, pp. 241-2; para a discussão subsequente, ver J. Gernet, "Les Suicides par le feu"; Y. Jan, "Buddhist Self-Immolation in Medieval China"; J. Kieschnick, *The Eminent Monk*; J. A. Benn, "Where Text Meets Flesh"; *Burning for the Buddha*.
33. Tsan-ning (919-1001), citado em Y. Jan, op. cit., p. 263. Outros recorreram à história dos bodisatvas e reis pios que ofereciam o próprio corpo, como o rei que, em momento de penúria, se matou para que seu corpo se transformasse em uma montanha de carne, com milhares de cabeças, olhos, lábios, dentes e línguas, que durante 10 mil anos só fez crescer, não importava quanto daquela montanha os seres humanos e os animais ingerissem (J. A. Benn, *Burning for the Buddha*, pp. 95, 108; cf. R. Ohnuma, *Head, Eyes, Flesh, and Blood*).

34. Tu Mu, citado em J. Gernet, *Buddhism in Chinese Society*, p. 245.
35. Talvez seja uma surpresa, visto que a expressão "dívida cármica" é usada com tanta frequência na contemporaneidade ocidental, tornando-se quase um clichê da Nova Era. Mas os euro-americanos parecem se afetar muito mais com a expressão do que os indianos. Apesar da associação estreita entre dívida e pecado na tradição indiana, escolas budistas mais antigas evitavam o conceito — em grande parte por implicar a continuidade do eu, que, para eles, era efêmero e no fundo ilusório. A exceção era a Escola Sammitiya, os chamados "personalistas" por acreditarem em um eu duradouro, que desenvolveu a noção de *avipraṇāśa*, segundo a qual o resultado de boas ou más ações — carma — "perdura como uma folha de papel na qual se inscreve uma dívida", como elemento inconsciente do eu que passa de uma vida para a outra (E. Lamotte, *Karmasiddhi Prakarana*, pp. 22-4, 86-90; D. Lusthaus, *Buddhist Phenomenology*, pp. 209-10). A ideia teria morrido com essa seita se não tivesse sido tomada pelo famoso filósofo maaiana Nāgārjuna, que a comparou a uma "nota promissória imperecível" (D. Kalupahana, *Mūlamadhyamakakārikā of Nāgārjuna*, pp. 54-5, 249; B. Pasadika, "The concept of Avipranasa in Nāgārjuna"). Sua escola Mādhyamaka, por sua vez, tornou-se a Sanlun, ou "Escola dos Três Tratados" na China; a noção de dívida cármica foi adotada, em particular, pela "Escola dos Três Estágios" ou "Três Níveis", criada pelo monge Hsin-Hsing (540--94). Ver A. Hubbard, *Absolute Delusion, Perfect Buddhahood*.
36. "Commentary on the Dharma of the Inexhaustible Storehouse of the Mahayana Universe", traduzido para o inglês por J. A. Hubbard (op. cit., p. 265), com leves mudanças baseadas em J. Gernet (*Buddhism in Chinese Society*, p. 246).
37. J. A. Hubbard, op. cit., p. 266.
38. Dao Shi, citado em A. Cole, *Mothers and Sons in Chinese Buddhism*, p. 117. O livro de Cole contém um excelente resumo dessa literatura. Ver também E. Ahern, *The Cult of the Dead in a Chinese Village*; S. F. Teiser, *The Ghost Festival in Medieval China*; K. N. Knapp, "Reverent Caring"; E. Oxfeld, "'When You Drink Water, Think of Its Source'". Alguns textos medievais centram-se exclusivamente na mãe, outros, nos pais de modo geral. Vale notar que a mesma ideia de "dívida de leite" infinita e impagável para com a mãe também aparece na Turquia (ver J. B. White, *Money Makes Us Relatives*, pp. 75-6).
39. Apud J. Baskind, "Mortification Practices in the Ōbaku School", p. 166. Aqui, "4 bilhões de anos" traduz "kalpa", que, tecnicamente, são 4,32 bilhões de anos. Também mudei "lhes", que se referia a "pais", para "lhe", referindo-se à mãe, pois o contexto se refere a um homem que corta a própria carne especificamente em nome da mãe.
40. Os budistas chineses não inventaram as casas de penhores, mas parecem ter sido os primeiros a patrociná-las em larga escala. Sobre as origens da corretagem de penhores em geral, ver A. Hardaker, *A Brief History of Pawnbroking*; S. Kuznets, "Pawnbroking". Especificamente sobre a China: J. Gernet, *Buddhism in Chinese Society*, pp. 170-3; L. Yang, op. cit., pp. 71-3; T. S. Whelan, *The Pawnshop in China*.

Em um paralelo notável, as primeiras casas de penhores "formais" na Europa também surgiram de mosteiros com propósitos semelhantes: os *monti di pieta*, ou montepios, criados pelos franciscanos na Itália no século xv. X. Peng (op. cit., p. 245) também destaca o mesmo paralelo.

41. J. Gernet, *Buddhism in Chinese Society*, pp. 142-86; K. Ch'en, *Buddhism in China*, pp. 262-5; R. Collins, *Weberian Social Theory*, pp. 66-71; X. Peng, op. cit., pp. 243-5. Parece que os mosteiros taoistas, que também se multiplicaram nesse período, proibiram os empréstimos (L. Kohn, *Monastic Life in Medieval Daoism*, p. 76), talvez em parte para marcar uma distinção.

42. J. Gernet (*Buddhism in Chinese Society*, p. 228) escreve sobre isso de forma memorável: "Os doadores dos Tesouros Inesgotáveis eram acionistas, não no domínio econômico, mas no domínio da religião". Pelo que sei, o único estudioso contemporâneo que defendeu plenamente a premissa de que na verdade essa era uma forma primitiva de capitalismo é R. Collins (*Weberian Social Theory*), que vê um capitalismo monástico semelhante também na Europa da Baixa Idade Média. A historiografia chinesa reconhecida tendia a localizar as primeiras "sementes do capitalismo" algum tempo depois, na dinastia Song, que foi muito menos hostil para os mercadores que outras dinastias, seguidas da adoção completa do mercado — mas firme rejeição do capitalismo — nas dinastias Ming e Qing. A principal questão é a organização do trabalho, e na época da dinastia Tang ela continua um tanto obscura, pois mesmo que houvesse estatísticas disponíveis, o que não é o caso, seria difícil saber o que de fato os termos "servo", "escravo" e "trabalho assalariado" significavam na prática.

43. Ver J. Gernet (*Buddhism in Chinese Society*, pp. 116-39) e K. Ch'en (op. cit., pp. 269-71) para reivindicação de terras e escravos monásticos.

44. "Afirma-se que o propósito dessa generosidade é aliviar os pobres e órfãos, quando na verdade não passa de excesso e fraude. Não se trata de um negócio legítimo." Ver J. Gernet, *Buddhism in Chinese Society*, pp. 104-5, 211.

45. Ibid., p. 22.

46. Ver W. L. Adamek, "The Impossibility of the Given"; M. J. Walsh, "The Economics of Salvation".

47. É provavelmente por isso que abstrações como Verdade, Justiça e Liberdade costumam ser representadas por figuras femininas.

48. Marco Polo observou a prática na província meridional de Yunnan, no século xiii: "E quando negociam uns com os outros, usam um pedaço redondo ou quadrado de graveto e partem-no em dois; cada pessoa fica com a metade. Mas, antes de o partirem, fazem dois ou três entalhes, ou tantos quantos quiserem. Assim, quando um vier pagar ao outro, dá-se o dinheiro em troca da outra metade de graveto" (L. F. Benedetto, *The Travels of Marco Polo*, p. 193). Ver também L. Yang, op. cit., p. 92; L. Kan, op. cit.; X. Peng, op. cit., pp. 320, 330, 508; E. Trombert, *Le Crédit à Dunhuang*, pp. 12-5. Talhas desse tipo parecem, segundo Kan, ter precedido a escrita; e diz uma lenda que o mesmo homem, ministro de Huang Di, o Imperador Amarelo, inventou simultaneamente a escrita e os contratos de talha (E. Trombert, op. cit., p. 13).

49. A. C. Graham, *The Book of Lieh-Tzu*, p. 179.
50. Na verdade, essa semelhança foi observada também na Antiguidade: Laozi (*Daodejing*, 27) fala daqueles que podem "contar sem uma talha, segurar uma porta sem fechadura". De forma memorável, ele também afirmou que, "quando os sábios guardam a talha como penhor, eles não pressionam os devedores por suas dívidas. Homens virtuosos se prendem às talhas; homens sem virtude reclamam a dívida" (ibid., 79).
51. Ou, poderíamos dizer, transformando-as, com o estalo da madeira se quebrando, de dívidas monetárias em dívidas morais, pois o simples fato de sabermos a história significa que, no fim, ele foi recompensado (X. Peng, op. cit., p. 100). Talvez valha ressaltar que a palavra *fu*, que significa "talha", também podia significar "presságio auspicioso concedido a um príncipe como sinal de sua convocação pelos Céus" (R. H. Mathews, *Mathews' Chinese-English Dictionary*, p. 283). De maneira semelhante, Peng nota uma passagem de *Zhan Guo Ce* ("Estratégias dos Reinos Combatentes") sobre um soberano que tenta obter apoio popular: "Feng corre até Bi, onde os fiscais haviam reunido todos os endividados, para que suas talhas fossem correlacionadas às suas. Depois de comparadas, Feng proclamou a falsa ordem de perdoar as dívidas e queimou as talhas. Todos aplaudiram" (X. Peng, op. cit., p. 100 n9). Para paralelos tibetanos, ver H. Uebach, "From Red Tally to Yellow Paper".
52. Algo semelhante acontecia na Inglaterra, onde os primeiros contratos eram divididos em dois, em uma imitação das antigas talhas: a expressão *indentured servant* [servo por contrato] deriva dessa prática, pois se trata de trabalhadores contratados; a palavra deriva de *indentation*, reentrâncias ou sulcos na talha usada como contrato (Sir W. Blackstone, *Commentaries on the Laws of England*, v. 1, p. 218).
53. L. Yang, op. cit., p. 52; X. Peng, op. cit., pp. 329-31. X. Peng, com grande discernimento, observa que "esse método de unir talhas para retirar dinheiro na verdade foi uma consequência do processo usado no empréstimo de dinheiro, exceto que a circulação dos empréstimos no tempo foi transformada em circulação no espaço" (p. 330).
54. Os bancos eram chamados "lojas de depósito", e L.Yang (op. cit., pp. 78-80) os chama de "protobancos". X. Peng (op. cit., pp. 323-7) observa que algo nessa linha já estava em funcionamento, pelo menos para mercadores e viajantes, na dinastia Tang, mas o governo exercia controles estritos que proibiam banqueiros de reinvestir o dinheiro.
55. A prática começou em Sichuan, que tinha sua forma peculiar de dinheiro em ferro, e não em bronze, e portanto de manuseio muito mais difícil.
56. X. Peng, op. cit., p. 508 (ver também pp. 515, 833). Tudo se parece bastante com o dinheiro simbólico que circulava em grande parte da Europa na Idade Média.
57. Embora X. Peng (op. cit.) afirme algo parecido, o expoente acadêmico mais importante dessa visão é R. von Glahn ("Myth and Reality of China's Seventeenth Century Monetary Crisis"), que parece ser a predominante entre os economistas, conhecidos e não conhecidos.

58. Diagrama de J. MacDonald, *A Free Nation Deep in Debt*, p. 65.
59. U ⟨ɪ⟩ las imagens mais lembradas para falar do governo dos legalistas, sob a ⟨…⟩ a Primeira Dinastia, é que eles construíram grandes caldeirões de latão, nos ⟨…⟩ cada lei era explicada pública e claramente, e depois eles eram usados para ⟨…⟩ver criminosos vivos.
60. Ver R. W. Bulliet, *Conversion to Islam in the Medieval Period*. Ver também I. Lapidus (*A History of Islamic Societies*, pp. 141-6) sobre o processo de conversão. R. W. Bulliet enfatiza (op. cit., p. 129) que o principal efeito da conversão em massa era fazer com que a aparente justificativa do governo, como protetor e difusor da fé, parecesse cada vez mais insignificante. O apoio popular aos califas e líderes políticos reapareceu em alguns períodos, como as cruzadas ou durante a Reconquista na Espanha, quando o próprio islã parecia estar na mira dos ataques. Por razões semelhantes, o mesmo acontece em grande parte do mundo islâmico atual.
61. "Na maior parte das vezes, os círculos inferiores pagavam tributos altíssimos e cuidavam de si próprios. De maneira semelhante, o governo recebia os tributos, dava alguma segurança e se ocupava com questões de seu interesse: guerra externa, patronagem dos estudos e das artes, uma vida de luxuosa ostentação" (M. N. Pearson, "Premodern Muslim Political Systems", p. 54).
62. O provérbio, atribuído ao próprio Profeta, aparece em A. H. Al-Ghazzālī (*The Kitab al-'Ilm*, 284), seguido de uma longa lista de declarações semelhantes: "Sa'id Bin Musaiyab disse: 'Quando vires um sábio religioso prestando visita a um príncipe, evita-o, pois que é um ladrão'. Al-Auza'i disse: 'Nada é mais detestável para Alá do que um sábio religioso que presta visita a um oficial'" etc. Essa atitude não desapareceu. A grande maioria dos aiatolás iranianos, por exemplo, se opõe à ideia de um Estado muçulmano, sob a alegação de que ele necessariamente corrompe a religião.
63. M. Lombard, "Les Bases monétaires d'une suprématie économique"; P. Grierson, "The Monetary Reforms of 'Abd al-Malik", 1960. Essa política costuma ser representada como a atitude sábia de não "enfraquecer" a cunhagem, mas poderia igualmente significar que a assinatura do califa não acrescentava valor nenhum. Um experimento com papel-moeda estilo chinês realizado em Basra, em 1294, fracassou, pois ninguém queria aceitar dinheiro respaldado apenas pela confiança estatal (E. Ashtor, *A Social and Economic History of the Middle East*, p. 257).
64. J. MacDonald, op. cit., p. 64. Aos poucos, essa diferença salarial se tornou insuportável e os impérios muçulmanos adotaram o sistema *iqta*, mais tipicamente medieval, em que os soldados recebiam a arrecadação fiscal de territórios específicos.
65. Tampouco os escravos, desde então, foram empregados como soldados, exceto em circunstâncias temporárias e anômalas (por exemplo, pelos manchus ou em Barbados).
66. Parece significativo que 1) a "inquisição" de 832, tentativa abássida fracassada de controlar os ulemás; 2) a mais importante conversão em massa dos súditos do califado ao islã, com o auge em 825-50; e 3) a ascensão definitiva dos soldados

escravos turcos nos exércitos abássidas, geralmente datada de 838, tenham todas acontecido mais ou menos na mesma época.
67. A. A. Elwahed, *Contribution à une théorie sociologique de l'esclavage*, pp. 111-35. Como ele mesmo afirma (ibid., p. 127), "a *inalienabilidade da liberdade* é um dos princípios fundamentais e incontestáveis do islã". Os pais não têm o direito de vender os filhos, e os indivíduos não têm o direito de se venderem — ou pelo menos, se o fizerem, nenhum tribunal reconhecerá posteriores reivindicações de posse. Entendo que esse é o exato oposto da abordagem do "direito natural" que se desenvolveu posteriormente na Europa.
68. Há uma controvérsia aqui: alguns estudiosos, incluindo pesquisadores contemporâneos muçulmanos contrários ao movimento econômico islâmico, insistem que a *riba*, claramente proibida no Alcorão, não se referia originalmente a "juros" em geral, mas à prática árabe pré-islâmica de multar um pagamento atrasado duplicando o dinheiro devido, e que a condenação geral dos juros é má interpretação (F. Rahman, "Riba and Interest"; T. Kuran, "Islamic Economics and the Islamic Subeconomy"). Não estou em posição para intervir, mas, se for verdade, isso sugere que a proibição à usura de fato surgiu no Iraque como parte do processo de criação dos fundamentos islâmicos, o que de fato ajudaria a reforçar meu argumento geral.
69. Os melhores registros que temos são os de uma comunidade de mercadores judeus que viveram no século XII no Egito, relatada no Geniza (ver P. E. Kahle, *The Cairo Geniza*), em que havia a proibição aos juros inclusive nas negociações feitas entre si. Quando ouvimos falar da cobrança de juros, percebemos que ela ocorria na mesma área em que a coerção também era executada regularmente, ou seja, em negociações com reis, vizires e oficiais, que costumavam tomar emprestadas grandes quantias de dinheiro — principal mas não exclusivamente de banqueiros judeus ou cristãos — para pagar a suas tropas. Atender a um pedido de empréstimo ilegal era perigoso, mas recusá-lo era ainda mais perigoso (para exemplos abássidas, ver N. D. Ray, "The Medieval Islamic System of Credit and Banking", pp. 68-70, que se baseia principalmente em W. J. Fischel, *Jews in the Economic and Political Life of Medieval Islam*).
70. Também havia toda uma série de subterfúgios legais (chamados *hiyal*), aos quais era possível recorrer se o sujeito estivesse absolutamente determinado a cobrar juros: por exemplo, comprar a casa de um devedor pela quantia do empréstimo, cobrar dele aluguel e depois permitir que ele a comprasse de volta pela mesma quantia; convencer o devedor a comprar determinado produto mensalmente e vendê-lo com desconto; e assim por diante. Algumas escolas de direito islâmico baniam totalmente essas práticas; outras apenas as desaprovavam. Costumava-se acreditar que esses métodos fossem amplamente adotados, pois a maioria dos historiadores econômicos supunha que os juros eram um elemento necessário do crédito, mas pesquisas recentes não dão evidência de que fossem especialmente comuns (para a visão mais antiga: M. S. A. Khan, "The Mohammedan Laws against Usury and How They Are Evaded"; para a visão nova: N. D. Ray, op. cit., pp. 58-9).

71. A. Mez, *Die Renaissance des Islams*, p. 448, citado em S. Y. Labib, "Capitalism in Medieval Islam", p. 89. Note-se que Basra, a cidade onde todas as transações comerciais eram feitas com cheques, também era a cidade em que, um século depois, as tentativas mongóis de introduzir o papel-moeda emitido pelo governo sofreram ampla resistência. A palavra *sakk*, por sinal, deu origem à palavra *check* [cheque], em inglês. A origem suprema do *sakk* é motivo de controvérsia: E. Ashtor ("Banking Instruments between the Muslim East and the Christian West", p. 555) sugere ser bizantina; J. K. Chosky ("Loan and Sales Contracts in Ancient and Early Medieval Iran"), persa.

72. S. D. Goiten ("Banker's Accounts from the Eleventh Century A.D."; *A Mediterranean Society*; *Letters of Medieval Jewish Traders*) apresenta um resumo detalhado das práticas financeiras entre os mercadores judeus no Egito do século XII. Quase todas as transações envolviam o crédito em certa medida. Os cheques, extremamente parecidos aos que usamos hoje, eram de uso comum — embora sacos fechados de moedas de metal fossem ainda mais comuns nas transações cotidianas.

73. Aparentemente, no entanto, às vezes os governos pagavam salários com cheques (S. I. Tag El-Din, "Capital and Money Markets of Muslims", p. 69). Não estou, de modo nenhum, menosprezando aqui o papel do governo: houve, por exemplo, tentativas de fundar bancos centrais, e decerto um comprometimento, em princípio, de que o governo devia impor padrões e regras comerciais. Entretanto, parece que isso dificilmente acontecia na prática.

74. A. L. Udovitch, *Partnership and Profit in Medieval Islam*, pp. 71-4.

75. Muhammad al-Sarakhsi, citado em A. L. Udovitch, "Reflections on the Institutions of Credit and Banking in the Medieval Islamic Near East", p. 11, que tem uma boa discussão sobre as questões envolvidas. Ver também N. D. Ray, op. cit., pp. 59-60.

76. Talvez também interesse aos estudantes de Pierre Bourdieu o fato de ele ter defendido um famoso argumento, baseado em estudo da sociedade cabila na Argélia, de que a honra dos homens em uma sociedade desse tipo é uma forma de "capital simbólico", análoga ao capital econômico, porém mais importante que ele, pois é possível transformar honra em dinheiro, mas não o contrário (P. Bourdieu, *Outline of a Theory of Practice*; *The Logic of Practice*). Verdade, o texto não diz exatamente isso, mas podemos imaginar até que ponto essa poderia ser uma conclusão de Bourdieu e com que simplicidade ela reflete o senso comum de seus informantes.

77. Sigo aqui K. N. Chaudhuri (*Trade and Civilization in the Indian Ocean*, p. 197). A expansão do islã foi liderada tanto por irmandades sufistas como por legalistas; muitos mercadores acumulavam uma das duas atividades, ou ambas. A literatura especializada sobre essa questão é excepcionalmente rica. Ver, por exemplo, K. N. Chaudhuri, *Trade and Civilization in the Indian Ocean*; *Asia Before Europe*; P. Risso, *Merchants and Faith*; S. Subrahmanyam, "Of Imarat and Tijarat"; R. J. Barendse, *The Arabian Seas*; P. Beaujard, "The Indian Ocean in Eurasian and African World-Systems before the Sixteenth Century".

78. J. Goody, *The East in the West*, p. 91.

79. M. Lombard, *The Golden Age of Islam*, pp. 177-9.
80. *The Book of a Thousand Nights and a Night*, v. 6, p. 2013, tradução para o inglês de Sir R. F. Burton.
81. Além disso, os oficiais empregaram os próprios banqueiros pessoais e faziam uso abrangente de instrumentos de crédito, como *sufjata*, tanto para transferir pagamentos de impostos como para guardar ganhos obtidos de forma ilícita (M. G. S. Hodgson, *The Venture of Islam*, v. 1, p. 301; A. L. Udovitch, "Reflections on the Institutions of Credit and Banking in the Medieval Islamic Near East", p. 8; N. D. Ray, op. cit., pp. 69-71).
82. "Para Muhammad, essa regulação natural do mercado corresponde a uma regulação cósmica. Os preços sobem e caem, assim como a noite se segue ao dia, as marés baixas seguem-se às altas, e a imposição de preços, além de ser uma injustiça com o mercador, é uma desordenação da ordem natural das coisas" (Y. Essid, *A Critique of the Origins of Islamic Economic Thought*, p. 153).
83. Eram feitas pouquíssimas exceções, como em momentos de desastre, por isso a maior parte dos estudiosos afirmou que era sempre melhor fornecer um alívio direto aos necessitados do que interferir nas forças do mercado. Ver S. M. Ghazanfar e A. A. Islahi, "Explorations in Medieval Arab-Islamic Thought"; A. A. Islahi, *Contributions of Muslim Scholars to Economic Thought and Analysis*, pp. 31-2. Para uma discussão mais completa das visões de Muhammad sobre a estruturação dos preços, ver E. Tuma, "Early Arab Economic Policies"; Y. Essid, "Islamic Economic Thought"; *A Critique of the Origins of Islamic Economic Thought*.
84. H. S. Hosseini, "Seeking the Roots of Adam Smith's Division of Labor in Medieval Persia", p. 672; "Contributions of Medieval Muslim Scholars to the History of Economics", p. 37: "Os dois indicam que animais, como cães, não trocam um osso por outro".
85. H. S. Hosseini, "Seeking the Roots of Adam Smith's Division of Labor in Medieval Persia"; "Contributions of Medieval Muslim Scholars to the History of Economics". Smith diz que visitou uma fábrica pessoalmente, o que pode ser verdade, mas o exemplo dos dezoito passos aparece originalmente no verbete "Épingle", no volume 5 da *Encyclopédie* francesa publicada em 1755, vinte anos antes. Hosseini também observa que "a biblioteca pessoal de Smith continha as traduções latinas das obras de estudiosos persas (e árabes) do período medieval" (H. S. Hosseini, "Seeking the Roots of Adam Smith's Division of Labor in Medieval Persia", p. 679), sugerindo que ele pode ter retirado os exemplos diretamente dos originais. Outras fontes importantes para os precedentes islâmicos da teoria econômica posterior incluem M. Rodinson, *Islam and Capitalism*; A. A. Islahi, "Ibn Taimiyah's Concept of Market Mechanism"; Y. Essid, "Islamic Economic Thought"; H. S. Hosseini, "Understanding the Market Mechanism before Adam Smith"; S. M. Ghanzafar, "Scholastic Economics and Arab Scholars"; "The Economic Thought of Abu Hamid Al-Ghazali and St. Thomas Aquinas"; S. M. Ghanzafar (org.), *Medieval Islamic Economic Thought*; S. M. Ghazanfar e A. A. Islahi, *The Economic Thought of*

al-Ghazali; "Explorations in Medieval Arab-Islamic Thought". Está ficando cada vez mais claro que grande parte do pensamento iluminista remonta à filosofia islâmica: o *cogito* de Descartes, por exemplo, parece derivar de Ibn Sina (conhecido como Avicena); o famoso argumento de Hume de que a observância de conjunções constantes não prova a causalidade aparece em A. H. Al-Ghazzālī; e eu mesmo encontrei a definição kantiana de esclarecimento na boca de um pássaro mágico no poeta persa Rumi, do século xiv.

86. N. ad-Din Tusi, *The Nasirean Ethics*, em G.-Z. Sun, "Fragment: Nasir ad-Din Tusi on Social Cooperation and the Division of Labor", p. 409.
87. S. M. Ghazanfar e A. A. Islahi, "Explorations in Medieval Arab-Islamic Thought", p. 58; S. M. Ghazanfar (org.), *Medieval Islamic Economic Thought*, pp. 32-3.
88. Entre os princípios éticos de Al-Ghazzālī encontramos "o comprador deve ser leniente ao barganhar com um vendedor pobre, e rígido ao negociar com um vendedor rico" e "as pessoas deviam estar dispostas a vender aos pobres que não têm como pagar e estender crédito a eles sem a expectativa de pagamento" (A. H. Al-Ghazzālī, *The Mysteries of Almsgiving*, v. 2, pp. 79-82, citado em S. M. Ghazanfar, A. A. Islahi, *The Economic Thought of al-Ghazali*, p. 22) — a segunda citação, obviamente, lembra Lc 6,35.
89. A. H. Al-Ghazzālī, citado em S. M. Ghazanfar e A. A. Islahi, *The Economic Thought of al-Ghazali*, p. 27.
90. Ibid., p. 32.
91. Ibid., p. 32.
92. Ibid., p. 35. Sobre carteiros no islã medieval: S. D. Goitein, "The Commercial Mail Service in Medieval Islam". A posição de A. H. Al-Ghazzālī aqui lembra *Ética a Nicômaco* (1121b), de Aristóteles, e sem dúvida é influenciada por ela: como o dinheiro é uma convenção social feita para facilitar a troca, desviá-lo para a usura é ir contra seu propósito; seu objetivo supremo, no entanto, é outro: aproxima-se mais do argumento de São Tomás de Aquino, segundo o qual o dinheiro é basicamente uma medida, deturpada pela usura, e do argumento de Henrique de Gante, de que "o dinheiro é um meio em troca, não um término" — nada surpreendente, posto que Aquino provavelmente foi influenciado por ele (S. M. Ghazanfar, "The Economic Thought of Abu Hamid Al-Ghazali and St. Thomas Aquinas").
93. Nunca é demais destacar essa questão. Até mesmo a famosa "curva de Laffer", com a qual o governo de Reagan, na década de 1980, tentou defender que o corte nos impostos aumentaria a arrecadação pública por estimular a atividade econômica, costuma ser chamada de "curva de Laffer-Khaldun" porque foi proposta pela primeira vez, como princípio geral, em *Muqaddimah*, de I. Khaldûn, em 1377. [Ver, entre outros, J. D. C. Boulakia, "Ibn Khaldûn: A Fourteenth-Century Economist". (N. E.)]
94. Ver S. D. Goitein, "The Rise and Fall of the Middle Eastern Bourgeoisie in Early Islamic Times", para o advento da "burguesia do Oriente Médio".
95. A "depreciação" funcionava como um aumento nos impostos, uma vez que as pessoas teriam de pagar mais ecus para compensar uma alíquota fixada em xelins.

Como os salários eram fixados em libras, xelins e pence, isso também tinha o efeito de aumentar o valor deles, e por essa razão era muito popular. O "enaltecimento", em contrapartida, tinha o efeito de baixar o valor efetivo das unidades de conta. Ele podia ser útil para reduzir a dívida pessoal de um rei — ou de seus aliados —, medidas em tal unidade, mas também baixava a renda de quem recebia salário ou qualquer outro tipo de renda fixa, por isso costumava haver protestos.

96. O. Langholm, *Price and Value in the Aristotelian Tradition*; D. Wood, *Medieval Economic Thought*, pp. 73-6.
97. Sobre a literatura patrística a respeito da usura, ver R. P. Maloney, "The Teaching of the Fathers on Usury"; B. Gordon, *The Economic Problem in Biblical and Patristic Thought*; T. Moser, "The Idea of Usury in Patristic Literature"; S. R. Holman, *The Hungry are Dying*, pp. 112-26; D. Jones, *Reforming the Morality of Usury*, pp. 25-30.
98. Mt 5,42.
99. São Basílio de Cesareia, "Homilia II in Psalmum XIV" (pp. 29, 268-9).
100. Ibid.
101. Ibid.
102. Santo Ambrósio, *De officiis ministrorum*, 2.25.89.
103. Id., *De Tobia*, 15, p. 51. Ver B. Nelson, *The Idea of Usury*, pp. 3-5; B. Gordon, *The Economic Problem in Biblical and Patristic Thought*, pp. 114-8.
104. Mas não de todo. Vale notar que, na época, a principal oferta de escravos para o império vinha dos bárbaros germânicos fora do império, adquiridos *ou* pela guerra *ou* pela dívida.
105. "Se cada um", escreve São Basílio, "depois de retirar de suas riquezas pessoais tudo aquilo que satisfaria suas necessidades pessoais, deixasse o supérfluo para quem carece de tudo que é necessário, não haveria ricos ou pobres" ("Homilia in illud Lucae", pp. 31, 49d) — o próprio Basílio nasceu aristocrata, mas vendeu seus bens imóveis e distribuiu a renda entre os pobres.
106. Id., "Homilia II in Psalmum XIV" (pp. 29, 277c). Referência a Pr 19,17.
107. São Tomás de Aquino, *Summa Theologica*, 8.3.1.3: "Como a graça é concedida livremente, ela exclui a ideia de dívida. [...] De modo nenhum a dívida significa que Deus deve algo a outra criatura".
108. B. Clavero ("The Jurisprudence on Usury as a Social Paradigm in the History of Europe") indica esse ponto como um conflito básico sobre a natureza do contrato, e portanto sobre a base legal das relações humanas na história europeia: a usura — e, por extensão, o lucro — era criticada, mas o aluguel, base das relações feudais, nunca foi contestado.
109. B. Gordon, *The Economic Problem in Biblical and Patristic Thought*, p. 115. "O que é o comércio", escreveu Cassiodoro (485-585), "senão a vontade de vender caro o que se pode comprar barato? Por isso são detestáveis os mercadores que, sem considerar a justiça de Deus, oneram seus produtos mais com perjúrios do que com valor. O Senhor os expulsa do templo dizendo: 'Não fazeis da casa de meu Pai um covil de ladrões'." (Ver O. Langholm, "The Medieval Schoolmen", p. 454.)

110. Sobre a tradição judaica concernente à usura, ver S. Stein, "Laws of Interest in the Old Testament"; "The Development of the Jewish Law of Interest"; A. Kirschenbaum, "Jewish and Christian Theories of Usury in the Middle Ages".
111. L. Poliakov, *Jewish Bankers and the Holy See*, p. 21.
112. B. Nelson (op. cit.) parte do pressuposto de que a "Exceção" muitas vezes se aplicava a relações entre cristãos e judeus, mas J. T. Noonan (*The Scholastic Analysis of Usury*, pp. 101-2) insiste que ela se aplicava apenas a "hereges e infiéis, principalmente os sarracenos", e, em alguns casos, nem a eles.
113. Até 52% com garantia, até 120% sem garantia (S. Homer, *A History of Interest Rates*, p. 91).
114. As prisões exclusivas para devedores existiram na Inglaterra somente depois de 1263, mas a detenção de devedores tem uma história muito mais longa. Antes de tudo, os emprestadores judeus parecem ter se dedicado à transformação do dinheiro de crédito em cunhagem, coletando a prata da família de devedores inadimplentes e levando-a para casas da moeda. Eles também ganhavam o direito sobre grande parte da propriedade de um devedor inadimplente, e a maior porção dela ia parar nas mãos de barões ou de mosteiros (S. A. Singer, "The Expulsion of the Jews from England in 1290"; R. H. Bowers, "From Rolls to Riches"; P. R. Schofield e N. J. Mayhew (orgs.), *Credit and Debt in Medieval England, c. 1180-c. 1350*).
115. Roger de Wendover, *Flowers of History*, 1849, p. 252-3. Roger não nomeia a vítima; em versões posteriores, seu nome é Abraão; em outras, Isaac.
116. Matthew Prior, citado em J. A. Bolles, *A Treatise on Usury and Usury Laws*, p. 13.
117. Ou ainda, aliás, as fantasias de Nietzsche sobre a origem da justiça na mutilação. Enquanto o primeiro era uma projeção em judeus de atrocidades de fato cometidas contra os judeus, Nietzsche escrevia em uma época em que os verdadeiros "selvagens" costumavam ser punidos com torturas e mutilações semelhantes por não pagarem suas dívidas às entidades fiscais coloniais, como atesta o notório escândalo no Congo Belga, de Leopoldo II.
118. R. R. Mundill, *England's Jewish Solution*; P. Brand, "The Jewish Community of England in the Records of the English Royal Government".
119. N. Cohn, *The Pursuit of the Millennium*, p. 80.
120. Peter Cantor (Petrus Cantor), citado em B. Nelson, op. cit., pp. 10-1.
121. Uma firma de Cahors recebeu a propriedade dos judeus ingleses quando estes foram expulsos em 1920. No entanto, durante muito tempo lombardos e cahorsianos dependeram de favores reais e raramente ocupavam posição melhor que a dos judeus. Na França, os reis pareciam expropriar e expulsar judeus e lombardos alternadamente (L. Poliakov, op. cit., p. 42).
122. J. T. Noonan, op. cit., pp. 18-9; J. Le Goff, *Your Money or Your Life*, pp. 23-7.
123. "Como dissemos antes, essa arte se desdobra em duas, e um de seus ramos é de natureza comercial, enquanto o outro pertence à economia doméstica; este último ramo é necessário e louvável, enquanto o ramo ligado à permuta é justamente censurado (ele não é conforme à natureza, e nele alguns homens ganham à custa de

outros). Sendo assim, a usura é detestada com muita razão, pois seu ganho vem do próprio dinheiro, e não daquilo que levou à sua invenção. Efetivamente, o objetivo original do dinheiro foi facilitar a permuta, mas os juros aumentam a quantidade do próprio dinheiro (esta é a verdadeira origem da palavra [tokos]: a prole se assemelha aos progenitores, e os juros são dinheiro nascido de dinheiro); logo, essa forma de ganhar dinheiro é de todas a mais contrária à natureza" (Aristóteles, *Política*, I. 1258b). *Ética a Nicômaco* (1121b) é igualmente condenatório. Para uma excelente análise geral da tradição aristotélica sobre a usura, ver O. Langholm, *The Aristotelian Analysis of Usury*.

124. J. T. Noonan, op. cit., pp. 105-12; O. Langholm, *The Aristotelian Analysis of Usury*, p. 50.
125. O termo técnico para a renda perdida é *lucrum cessans* [lucros cessantes]: ver G. O'Brien, *An Essay on Medieval Economic Teaching*, pp. 107-10; J. Noonan, op. cit., pp. 114-28; O. Langholm, *Economics in the Medieval Schools*, pp. 60-1; *The Legacy of Scholasticism in Economic Thought*, p. 75; P. Spufford, *Money and its Use in Medieval Europe*, p. 260.
126. Como os mercadores germânicos também fizeram nas cidades bálticas da aliança hanseática. Sobre o banco dos Médici como exemplo, ver R. de Roover, "The Medici Bank"; *The Rise and Decline of the Medici Bank*; T. Parks, *Medici Money*.
127. A situação em Veneza, pioneira nessas questões, é marcante: não havia guilda de mercado, mas guildas de ofícios, uma vez que as guildas eram criadas essencialmente como proteção contra o governo e, em Veneza, os mercadores *eram* o governo (R. MacKenney, *Tradesmen and Traders*; F. Mauro, "Merchant Communities, 1350-1750", pp. 259-60).
128. Eles foram acusados de heresia e sodomia. Ver M. Barber, *The Trial of the Templars*, 1978.
129. Não se pode "provar" a inspiração islâmica para as letras de câmbio europeias, mas, considerando a abrangência do comércio entre os dois lados do Mediterrâneo, negá-la seria bizarro. F. Braudel (*The Mediterranean and the Mediterranean World*, v. 2, pp. 816-7) propõe que a ideia deve ter chegado à Europa pelos mercadores judeus, que, pelo que sabemos, usavam essas letras de câmbio havia muito tempo no Egito.
130. Sobre letras de câmbio: A. P. Usher, "The Origin of the Bill of Exchange"; R. de Roover, "The Scholastics, Usury and Foreign Exchange"; M.-T. Boyer-Xambeu, G. Deleplace e L. Gillard, *Private Money & Public Currencies*; J. Munro, "The Medieval Origins of the Financial Revolution", pp. 542-6; M. A. Denzel, "The European Bill of Exchange". Havia muitas moedas correntes, e cada uma delas poderia, a qualquer momento, ser "enaltecida", "depreciada" ou ter flutuação de valor. As letras de câmbio também permitiam que os mercadores se envolvessem efetivamente na especulação financeira, que até contornassem as leis da usura, pois se tornara possível pagar uma letra de câmbio emitindo outra letra de câmbio, com data para muitos meses depois, por uma quantia um pouco maior. Essa prática era chamada *dry exchange* [câmbio seco] (R. de Roover, "What is Dry Exchange?"), e,

com o tempo, a Igreja se tornou ainda mais cética, gerando mais uma onda de criatividade financeira para contornar as leis da usura. Vale notar que a taxa de juros nesses empréstimos comerciais era geralmente muito baixa: 12% no máximo, em contraste radical com os empréstimos aos consumidores. Trata-se de um sinal do risco cada vez menor dessas transações. Ver S. Homer, op. cit., para uma história das taxas de juros.

131. F. C. Lane, *Venetian Ships and Shipbuilders of the Renaissance*.
132. "Em muitos aspectos, como organização do trabalho escravo, gestão das colônias, administração imperial, instituições comerciais, tecnologia marítima e navegação e artilharia naval, as cidades-Estado italianas foram as precursoras do império português e do império espanhol, tendo contribuído profundamente para sua formação e dividido seus lucros de maneira ampla" (T. A. Brady Jr., "The Rise of Merchant Empires, 1400-1700", p. 150).
133. Eles parecem ter usado servos gregos primeiro, e às vezes árabes capturados nas cruzadas, somente depois, africanos. Mesmo assim, esse foi o modelo econômico transportado posteriormente pelos mercadores portugueses para ilhas do Atlântico como Canárias, e depois eventualmente para o Caribe (C. Verlinden, *The Beginnings of Modern Colonization*; W. D. Phillips, *Slavery from Roman Times to the Early Transatlantic Trade*, pp. 93-7; B. Solow, "Capitalism and Slavery in the Exceedingly Long Run"; M. L. von Wartburg, "Production de sucre de canne à Chypre").
134. J. V. Scammell, *The World Encompassed*, pp. 173-5.
135. P. Spufford, op. cit., p. 142.
136. Sobre a noção de aventura: E. Auerbach, *Mimesis*; M. Nerlich, *Ideology of Adventure*.
137. G. Duby (*Guerriers et paysans, VIIe-XIIe siècle*) defende esse argumento. Originalmente, a "távola redonda" foi um tipo de torneio, e, especialmente nos anos 1300, tornou-se comum fazer desses torneios uma imitação explícita da corte do rei Arthur, com os cavaleiros das competições assumindo o papel dos cavaleiros originais: Galaaz, Gawain, Boor etc.
138. Também uma época em que as mudanças tecnológicas, principalmente a invenção do arco e o advento dos exércitos profissionais, começavam a tornar o papel dos cavaleiros em combate cada vez mais irrelevante (E. Vance, "Signs of the City").
139. A. Kelly, "Eleanor of Aquitaine and Her Courts of Love", p. 10.
140. Ver E. Schoenberger, "The Origins of the Market Economy", para uma interpretação recente e convincente: a comparação do papel da mobilização de guerra na criação de mercados na Grécia e em Roma com a Europa Ocidental na Idade Média clássica.
141. R. L. Wolf, "The Mortgage and Redemption of an Emperor's Son".
142. Argumento defendido originalmente por E. Vance ("Chretien's Yvain and the Ideologies of Change and Exchange", p. 48). A semelhança é mais óbvia em *Parsifal*, do poeta alemão Wolfram von Eschenbach, escrito talvez vinte anos depois, em que os cavaleiros "percorrem livremente Espanha, norte da África, Egito,

Síria, até Bagdá, Armênia, Índia, Ceilão" (H. Adolf, "Christendom and Islam in the Middle Ages", p. 113) — e as referências islâmicas são numerosas (id., "New Light on Oriental Sources for Wolfram's Parzival and Other Grail Romances"; "Christendom and Islam in the Middle Ages") —, ou seja, regiões conhecidas dos europeus da época somente pelo mercado. O fato de os mercadores reais, nas raras ocasiões em que apareciam, não serem nunca personagens carismáticos é pouco relevante.

143. R. Wagner, *Die Nibelungen: Weltgeschichte aus der Sage* (1848) — cuja tradução em inglês é "História mundial contada em saga". Meu relato se baseia no argumento de Wagner tirado de outro ensaio maravilhoso, extravagante em alguns momentos, de M. Shell, chamado "Accounting for the Grail" (*Money, Language, and Thought*, pp. 37-8). O argumento de Wagner é realmente mais complexo: centra-se na tentativa fracassada de Frederico Barbarossa, imperador do Sacro Império Romano-Germânico, de subjugar as cidades-Estado italianas, e no abandono de seu princípio de que a propriedade pode proceder apenas do rei; em vez disso, temos o advento da propriedade privada mercantil, que foi reverberada pela abstração financeira.

144. M. Shell interpreta o Graal como uma transformação da antiga noção de cornucópia ou uma busca inesgotável em uma era que "começava a se familiarizar com cheques e crédito" — ressaltando a conexão da lenda com os templários, e fato é que Chrétien, cujo nome significa "cristão", provavelmente, por essa razão, era judeu convertido. Wolfram também afirmou ter obtido a lenda a partir de uma fonte judaica (M. Shell, *Money, Language, and Thought*, pp. 44-5).

145. Até a China foi muitas vezes dividida e fraturada. Praticamente todos os grandes projetos de construção de impérios da Idade Média não foram obra de exércitos profissionais, mas de povos nômades: árabes, mongóis, tártaros e turcos.

146. Aristóteles, *Ética a Nicômaco*, 1133a29-31.

147. Ele compara o dinheiro não apenas a um carteiro, mas também a um "governante", que se posiciona fora da sociedade para governar e regular nossas interações. É interessante notar que Tomás de Aquino, que pode ter sido influenciado diretamente por A. H. Al-Ghazzālī (S. M. Ghazanfar, "The Economic Thought of Abu Hamid Al-Ghazali and St. Thomas Aquinas"), aceitava o argumento aristotélico de que o dinheiro era uma convenção social que os homens podiam modificar facilmente. Em certo período, no final da Idade Média, essa visão se tornou predominante entre os católicos.

148. Pelo que sei, o único estudioso a mostrar essa conexão é Bernard Faure, um franco-americano que estuda o budismo japonês. Ver B. Faure, "The Buddhist Icon and the Modern Gaze", p. 798; *Visions of Power*, p. 225.

149. Ainda mais tarde, quando as transações a crédito ficaram comuns, o termo era aplicado a pequenas quantias de dinheiro oferecidas como pagamento de entrada, parecido com a expressão inglesa *earnest money*, ou "sinal". Sobre os *symbola* em geral: L. Beauchet, *Histoire du droit privé de la République athénienne*; J. W. Jones, *The Law and Legal Theory of the Greeks*, p. 217; M. Shell, *The Economy of Literature*, pp. 32-5.

150. R. Descat, "L'Économie antique et la cité grecque", p. 986.
151. Aristóteles, *Da interpretação*, 1.16-17. C. W. A. Whitaker, desse modo, observa que, para Aristóteles, "o significado de uma palavra é fixo por convenção, assim como a importância atribuída a uma talha, a uma ficha ou a um tíquete; depende do acordo entre as partes envolvidas" (*Aristotle's De interpretatione*, p. 10).
152. Aristóteles, *Ética a Nicômaco*, 1133a29-31.
153. Mas eles acreditavam que essas fórmulas resumiam ou "agrupavam" a essência dessas verdades secretas reveladas pelos Mistérios — *symbolon*, palavra derivada do verbo *symballein*, significa "reunir, juntar ou comparar".
154. W. Müri, *Symbolon*; M. W. Meyer, *The Ancient Mysteries*. O único conhecimento que temos dessas *symbola* vem de fontes cristãs; posteriormente, os cristãos adotaram seu próprio *symbolon*, o Credo, que continuou como o principal referente do termo "símbolo" por toda a Idade Média (G. B. Ladner, "Medieval and Modern Understanding of Symbolism").
155. Ou Pseudo-Dionísio, pois o verdadeiro Dionísio, o Areopagita, foi um ateniense do século I convertido ao cristianismo por são Paulo. A obra do Pseudo-Dionísio é uma tentativa de conciliar o neoplatonismo — e sua noção de filosofia como processo de libertação da alma da criação material e sua reunificação com o divino — com a ortodoxia cristã. Infelizmente, sua obra mais relevante, *Teologia simbólica*, se perdeu, mas as que sobreviveram tratam da questão até certo ponto.
156. M. Barasch, *Icon: Sudies in the History of an Idea*, p. 161.
157. Pseudo-Dionísio, *Sobre a hierarquia celeste*, 141A-C. Sobre a teoria de Dionísio a respeito do simbolismo em geral e sua influência, ver M. Barasch, op. cit., pp. 158-80. Ver também J.-J. Goux, *Symbolic Economies*, p. 67; H.-G. Gadamer, *Truth and Method*, pp. 63-4.
158. Como a comunhão, ele as chama de "dádivas que nos são garantidas em modo simbólico" (Pseudo-Dionísio, *Sobre a hierarquia celeste*, 124A).
159. R. H. Mathews, op. cit., p. 283. Compare a definição de *symbolon*:
   a. ou: *talha*, isto é, cada uma das duas metades ou partes correspondentes de um osso ou outro objeto, que dois convidados, ou duas partes de um contrato, quebram de comum acordo, e cada um guarda uma parte como prova da identidade do ofertante para o outro.
   b. ou: diz-se de outros dispositivos com o mesmo propósito, isto é, um selo ou lacre de cera,
      1. qualquer sinal que sirva como prova de identidade
      2. garantia
      3. sinal, especialmente de boa vontade.
   Baseado em H. G. Liddell e R. Scott, pp. 1676-7, sem os exemplos e com as palavras gregas para "osso" e "convidado" traduzidas para o inglês.
160. R. des Rotours, "Les Insignes en deux parties (fou) sous la dynastie des T'ang", p. 6. Sobre uma abordagem mais geral do *fu* (ou *qi*, outra palavra para talhas de dívida que podiam ser usadas de modo geral como "sinais"): R. des Rotours, op.

cit.; M. Kaltenmark, "Ling pao: Notes sur un terme du taoïsme religieux", 1960; L. Kan, op. cit.; B. Faure, *Visions of Power*, pp. 221-9; L. von Falkenhausen, "The E Jun Qi Metal Tallies".

161. Há uma tensão curiosa aqui: a vontade dos céus é também, em certo sentido, a vontade do povo, e a ênfase era dada de forma diferente pelos pensadores chineses. Xunzi, por exemplo, supunha que a autoridade do rei se baseia na confiança do povo. Ele também argumentava que, embora a confiança entre as pessoas seja mantida por contratos garantidos pela correspondência de talhas, sob um reinado verdadeiramente justo, a confiança social será tanta que os objetos se tornarão desnecessários (H. Roetz, *Confucian Ethics of the Axial Age*, pp. 73-4).

162. L. Kohn, *Daoism Handbook*, p. 330. Algo semelhante acontecia no Japão: ver B. Faure, *Visions of Power*, p. 227.

163. Na obra *Encyclopedia of Taoism*, eles são descritos como "diagramas, concebidos como forma de escrita celestial, cujo poder deriva da parte celestial equivalente guardada com as deidades que os concederam" (S. R. Bokenkamp, "Fu: Talisman, Tally, Charm", p. 35). Sobre o *fu* taoista, ver M. Kaltenmark, op. cit.; A. Seidel, "Imperial Treasures and Taoist Sacraments"; M. Strickmann, *Chinese Magical Medicine*, pp. 190-1; F. Verellen, "The Dynamic Design: Ritual and Contemplative Graphics in Daoist Scriptures"; para paralelos budistas, ver B. Faure, "The Buddhist Icon and the Modern Gaze"; J. Robson, "Signs of Power".

164. M. Sasso, "What is the Ho-Tu?". A origem do símbolo yin-yang continua obscura e contestada, mas os sinólogos que consultei consideram essa explicação plausível. A palavra genérica para "símbolo" em chinês contemporâneo é *fúhào*, derivada diretamente de *fu*.

165. Uma vez que estou tratando do debate sobre a questão "por que o mundo islâmico não desenvolveu o capitalismo moderno?", parece-me que são importantes tanto o argumento de A. L. Udovitch ("Reflections on the Institutions of Credit and Banking in the Medieval Islamic Near East", pp. 19-21), de que o mundo islâmico nunca desenvolveu mecanismos de crédito impessoais, como a objeção de N. D. Ray (op. cit., pp. 39-40), de que a proibição dos juros e do seguro era mais relevante. A sugestão de Ray de que as diferenças no direito de sucessão podem ser importantes também merece ser investigada.

166. F. W. Maitland, *The Constitutional History of England*, p. 54.

167. J. Davis, *Corporations*, 1904.

168. No sentido platônico: assim como todo pássaro físico específico que porventura observarmos em uma árvore próxima é apenas uma amostra da ideia geral de "pássaro" (que é imaterial, abstrata, angelical), também os vários indivíduos físicos e mortais, que se juntam para criar uma corporação, tornam-se uma ideia abstrata e angelical. E. H. Kantorowicz (*The King's Two Bodies*, pp. 280-1) argumenta que foi preciso diversas inovações intelectuais para tornar possível a ideia de corporação: notavelmente, a ideia de *éon* ou *aevum*, tempo eterno, ou seja, tempo que dura para sempre, em oposição à eternidade agostiniana, que está totalmente fora do

tempo e era considerada a morada dos anjos, até a retomada das obras de Dionísio, o Areopagita.
169. E. H. Kantorowicz, op. cit., pp. 282-3.
170. Como exemplo, o direito islâmico, além de não desenvolver a noção de pessoa fictícia, resistiu duramente a reconhecer as corporações até pouco tempo (T. Kuran, "The Absence of the Corporation in Islamic Law").
171. Principalmente R. Collins (*Weberian Social Theory*, pp. 52-8), que também faz a comparação com a China. Cf. J. Coleman, "Property and Poverty".
172. Ver M. Nerlich, op. cit., pp. 121-4.

11. Idade dos Grandes Impérios Capitalistas (1450-1971) [pp. 397-464]

1. Sobre os salários ingleses, ver C. Dyer, *Standards of Living in the Later Middle Ages*; sobre a vida festiva inglesa, há vasta literatura, mas uma fonte recente muito boa é C. Humphrey, *The Politics of Carnival*. S. Federici (*Caliban and the Witch*) oferece uma síntese recente fascinante.
2. Para uma pequena amostra dos debates mais recentes sobre a "revolução dos preços", ver E. J. Hamilton, *American Treasure and the Price Revolution in Spain, 1501-1650*; C. M. Cipolla, *Money, Prices and Civilisation in the Mediterranean World*; D. Flynn, "The Population Thesis View of Sixteenth-Century Inflation Versus Economics and History"; J. A. Goldstone, "Urbanization and Inflation"; "Monetary versus Velocity Interpretations of the 'Price Revolution'"; D. Fisher, "The Price Revolution"; J. H. Munro, "The Monetary Origins of the 'Price Revolution'"; "Review of Earl J. Hamilton, *American Treasure and the Price Revolution in Spain, 1501-1650*". O principal debate é entre os monetaristas que continuam argumentando que o aumento na quantidade de dinheiro em espécie foi responsável pela inflação e aqueles que destacam o papel do rápido crescimento populacional; no entanto, os argumentos mais específicos têm nuances mais consideráveis.
3. Os historiadores falam de uma "escassez de lingotes" — como as minas mais ativas "secaram", o ouro e a prata que não eram extraídos na Europa para pagar os supérfluos orientais foram se ocultando cada vez mais, gerando todo tipo de dificuldades para o comércio. Na década de 1460, a escassez de dinheiro em espécie em cidades como Lisboa foi tão grave que muitas vezes os navios mercantes que passavam pelo porto, carregados de produtos, tinham de voltar para casa sem vender nada (P. Spufford, *Money and its Use in Medieval Europe*, pp. 339-62).
4. T. Brook, *The Confusions of Pleasure*. Desnecessário dizer que estou simplificando demais as coisas: outro problema foi o crescimento das propriedades arrendáveis, com muitos pequenos proprietários se endividando com o senhorio por serem incapazes de pagar. À medida que os membros da família real, cada vez maior, e de outras famílias favorecidas ganhavam isenções de impostos do Estado, a carga

tributária imposta aos pequenos proprietários foi ficando tão pesada que muitos foram obrigados a vender suas terras para famílias poderosas em troca de acordos de inquilinato para libertar as terras dos impostos.

5. Os historiadores chineses contam 77 "revoltas de mineiros" diferentes durante as décadas de 1430 e 1440 (J. P. Harrison, "Communist Interpretations of the Chinese Peasant Wars", pp. 103-4; J. W. Tong, *Disorder Under Heaven*, pp. 60-4; J. Gernet, *A History of Chinese Civilization*, p. 414). Essas revoltas, entre 1445 e 1449, tornaram-se uma séria ameaça, pois os mineradores de prata, sob a liderança do rebelde Ye Zongliu, se juntaram aos agricultores arrendatários e aos pobres que moravam nas cidades superpovoadas de Fujian e Shaxian, gerando um levante que se espalhou para diversas províncias, apoderando-se de diversas cidades e expulsando boa parte da aristocracia rural.
6. R. von Glahn (*Fountain of Fortune*, pp. 70-82) documenta o processo. J. Gernet (*A History of Chinese Civilization*, pp. 415-6) mostra como, entre 1450 e 1500, a maior parte dos impostos se tornou pagável em prata. O processo culminou no método chamado de "uma única chibatada": reformas fiscais realizadas entre 1530 e 1581 (ver R. Huang, *Taxation and Governmental Finance in Sixteenth-Century China*; G. Arrighi et al., "Historical Capitalism, East and West", pp. 272-3).
7. R. B. Wong, *China Transformed*; K. Pomeranz, *The Great Divergence*; G. Arrighi, *Adam Smith in Beijing*, entre outros defensores desse argumento.
8. K. Pomeranz, op. cit., p. 273.
9. O valor da prata na China (medido em ouro) continuou, durante o século xvi, duas vezes maior do que o preço em Lisboa ou Antuérpia (D. Flynn e A. Giráldez, "Born with a 'Silver Spoon'"; "Cycles of Silver").
10. R. von Glahn, "Myth and Reality of China's Seventeenth Century Monetary Crisis", p. 440; W. S. Atwell, "Ming China and the Emerging World Economy".
11. C. E. Challis, *The Tudor Coinage*, p. 157.
12. A China teve sua própria "idade da exploração" no início do século xv, mas a esse período não se seguiram a conquista e a escravização em massa.
13. É possível que eles estejam errados. De modo geral, houve um declínio em 90% de populações mesmo nas áreas em que não aconteceu um genocídio direto. Mas, na maior parte dos lugares, depois de uma ou duas gerações, as populações começaram a se recuperar; na ilha de Santo Domingo e em muitas partes do México e do Peru, em volta das minas, a mortalidade máxima se aproximava dos 100%.
14. T. Todorov, *The Conquest of America*, pp. 137-8; para o original, J. G. Icazbalceta, *Memoriales de Fray Toribio de Motolinia*, pp. 23-6.
15. Um historiador observa: "No final do século xvi, o lingote, principalmente de prata, representava 95% de tudo que era exportado da América Espanhola para a Europa. Quase a mesma porcentagem da população indígena foi destruída no processo de tomada dessas riquezas" (D. E. Stannard, *American Holocaust*, p. 221).
16. B. Díaz, *The Conquest of New Spain*, p. 43.
17. Bernal Díaz: a citação é uma síntese da tradução de Lockhart (*The Memoirs of the Conquistador Bernal Diaz del Castillo*, v. 2, p. 120) e da tradução de Cohen (*The

Conquest of New Spain, p. 412), embora pareçam se basear em originais levemente diferentes.
18. B. Díaz, *The Conquest of New Spain*.
19. H. Cortés, *The Fifth Letter of Hernán Cortés to the Emperor Charles V*, p. 141.
20. A maioria dos conquistadores tem histórias semelhantes. Balboa foi para as Américas para fugir dos credores; Pizarro fez tantos empréstimos para financiar sua expedição ao Peru que, depois das primeiras derrotas, foi o medo de ser preso por dívida que o impediu de voltar para o Panamá; Francisco de Montejo teve de penhorar todas as suas posses mexicanas por um empréstimo de 8 mil pesos para financiar sua expedição a Honduras; Pedro de Alvarado também se afundou em dívidas, e por fim dedicou-se totalmente a um projeto de conquistar as ilhas Molucas e a China — quando morreu, seus credores tentaram imediatamente levar suas propriedades a leilão.
21. Ver A. Pagden, *The Fall of Natural Man*.
22. C. Gibson, *The Aztecs Under Spanish Rule*, p. 253. Tudo isso lembra bastante, e de maneira perturbadora, a atual política global, em que a Organização das Nações Unidas, por exemplo, incita os países pobres a tornarem a educação gratuita e disponível para todos, mas ao mesmo tempo o Fundo Monetário Internacional (que, legalmente, faz parte das Nações Unidas) insiste que esses mesmos países façam exatamente o oposto, impondo taxas escolares como parte de "reformas econômicas" mais amplas como condição para refinanciar os empréstimos feitos por eles.
23. Sigo aqui W. Pietz ("The Problem of the Fetish, 1", p. 8), que estudou relatos dos primeiros aventureiros-mercadores da África Ocidental; ver também T. Todorov (op. cit., pp. 129-31), que tinha perspectiva semelhante sobre os conquistadores.
24. Alguns entraram em falência — como exemplo, uma ramificação da família Fugger. Mas esse caso foi surpreendentemente raro.
25. Martinho Lutero, *Von Kaufshandlung und Wucher* [On Trading and Usury], 1524, citado em B. Nelson, *The Idea of Usury*, p. 50.
26. Na época de Lutero, a principal questão era uma prática chamada *Zinskauf*, tecnicamente a cobrança de aluguel sobre uma propriedade arrendada, que era basicamente uma forma disfarçada de empréstimo a juros.
27. J. W. Baker, "Heinrich Bullinger and the Idea of Usury", pp. 53-4. A referência a Paulo é de Rm 13,7.
28. Ele argumentou que o fato de o Deuteronômio permitir a usura sob quaisquer circunstâncias demonstra que essa lei não poderia ter sido uma "lei espiritual" universal, mas sim uma lei política criada especificamente para a antiga situação israelita, e que, por isso, podia ser considerada irrelevante em outras situações.
29. E, na verdade, isso é o que originalmente significava "capital". O termo remonta à antiga palavra latina *capitale*, que significava "fundos, reserva de mercadorias, soma de dinheiro ou dinheiro sujeito a juros" (F. Braudel, *Civilization and Capitalism, 15th-18th Century*, p. 232). A palavra surge em inglês em meados do século XVI, como um termo emprestado principalmente das técnicas contábeis italianas (ver,

por exemplo, dois textos com o mesmo título: E. Cannan, "Early History of the Term Capital"; R. D. Richard, "Early History of the Term Capital"), para designar aquilo que restava quando propriedades, créditos e dívidas eram liquidados; no entanto, até o século XIX, as fontes inglesas preferiram, em geral, a palavra *stock* [fundos, reserva] — suspeita-se, em parte, que tinha havido a preferência porque a palavra "capital" era associada à usura.

30. Nações que, afinal de contas, também praticavam a usura umas com as outras: B. Nelson, op. cit., p. 76.
31. Ibid., no qual Ben Nelson enfatiza essa questão.
32. H. C. E. Midelfort, *Mad Princes of Renaissance Germany*, p. 39.
33. H. Zmora, "The Princely State and the Noble Family", pp. 6-8. O financiamento público, nesse período, era basicamente o disfarce de empréstimos a juros da pequena nobreza, que também representava a camada social de onde vinham os administradores locais.
34. Sobre as terras da Igreja: C. S. Dixon, *The Reformation and Rural Society*, p. 91. Sobre as dívidas de jogo de Casimiro: J. Janssen, *A History of the German People at the Close of the Middle Ages*, v. 4, p. 147. Sua dívida geral chegou a meio milhão de florins em 1528, e mais de três quartos de milhão em 1541 (H. Zmora, op. cit., p. 13 n55).
35. Depois ele foi acusado de conspirar com o conde Guilherme de Henneburg, que havia se juntado aos rebeldes, para se tornar duque secular dos territórios então comandados pelo bispo de Wurzburg.
36. De "Report of the Margrave's Commander, Michel Gross from Trockau", citado em T. Scott e B. Scribner (orgs.), *The German Peasants' War*, p. 301. A soma baseia-se na promessa de um florim por execução, meio florim por mutilação. Não sabemos se Casimiro chegou a pagar essa dívida específica.
37. Para alguns relatos interessantes da revolta e da repressão: F. Seebohm, *The Era of the Protestant Revolution*, pp. 141-5; J. Janssen, *A History of the German People at the Close of the Middle Age*s, v. 4, pp. 323-6; P. Blickle, *The Revolution of 1525*; R. Endres, "The Peasant War in Franconia"; R. L. Vice, "Leadership and Structure of the Tauber Band during the Peasants' War in Franconia"; T. Robisheaux, *Rural Society and the Search for Order in Early Modern Germany*, pp. 48-67; T. F. Sea, "'The German Princes' Responses to the Peasants' Revolt of 1525". Acredita-se que Casimiro, no fim, tenha estabelecido multas pesadas, exigindo de seus súditos 104 mil florins como compensação.
38. P. Linebaugh (*The Magna Carta Manifesto*) faz uma bela análise desse tipo de fenômeno em seu ensaio sobre as origens sociais da Carta Magna.
39. É notável que, apesar das reprimendas infindáveis contra o povo, nenhum dos príncipes da nobreza alemã, mesmo aqueles que colaboraram abertamente com os rebeldes, foi responsabilizado de alguma maneira.
40. C. Muldrew, "Interpreting the Market"; "Credit and the Courts"; "The Culture of Reconciliation"; *The Economy of Obligation*; "'Hard Food for Midas'". Cf. M. K. McIntosh, "Money Lending on the Periphery of London, 1300-1600"; M. Zell,

"Credit in the Pre-Industrial English Woollen Industry"; R. Waswo, "Crises of Credit"; J. P. Ingram, *Idioms of Self-Interest*; D. M. Valenze, *The Social Life of Money in the English Past*; A. Kitch, "The Character of Credit and the Problem of Belief in Middleton's City Comedies". Concordo fortemente com a maioria das conclusões de C. Muldrew, fazendo pouquíssimas ressalvas: por exemplo, sua rejeição do argumento de C. B. MacPherson sobre o individualismo possessivo (*The Political Theory of Possessive Individualism*) é desnecessária para mim, pois acredito que esse argumento identifica mudanças que estão acontecendo em um nível estrutural mais profundo e menos acessível ao discurso explícito. Ver D. Graeber, "Manners, Deference and Private Property".

41. C. Muldrew ("'Hard Food for Midas'", p. 92) estima que, por volta de 1600, 8 mil mercadores londrinos possuíam pelo menos um terço de todo o dinheiro da Inglaterra.
42. G. C. Williamson, *Trade Tokens Issued in The Seventeenth Century in England, Wales, and Ireland, by Corporations, Merchants, Tradesmen, etc.*; J. R. S. Whiting, *Trade Tokens*; P. Mathias, "The People's Money in the Eighteenth Century"; D. M. Valenze, op. cit., pp. 34-40.
43. O ouro e a prata representavam uma parcela muito pequena da riqueza familiar: os inventários revelam, em média, 15 xelins de crédito para cada um em moeda (C. Muldrew, *The Economy of Obligation*).
44. Esse princípio do direito à subsistência é fundamental para o que E. P. Thompson chamou de "economia moral da multidão" ("The Moral Economy of the English Crowd in the 18th Century") na Inglaterra do século XVIII, ideia que C. Muldrew ("Interpreting the Market") pensa poder ser aplicada a esses sistemas de crédito como um todo.
45. W. Stout, *The Autobiography of William Stout of Lancaster 1665-1752*, pp. 74-5; partes da mesma passagem são citadas em C. Muldrew ("Interpreting the Market", p. 178; *The Economy of Obligation*, p. 152).
46. Para ser mais exato, ou a piedade (no caso calvinista) ou a boa sociabilidade (no caso de quem se opunha a elas em nome de valores festivos mais antigos) — nos anos que antecederam a Guerra Civil, muitos governos paroquiais foram divididos entre homens "religiosos" e homens "honestos" (W. Hunt, *The Puritan Moment*, p. 146).
47. A. Shepard, "Manhood, Credit and Patriarchy in Early Modern England *c.* 1580--1640"; G. Walker, "Expanding the Boundaries of Female Honour in Early Modern England"; para a minha visão sobre o "ciclo dos serviços" e o trabalho assalariado, ver, de novo, D. Graeber, "Manners, Deference and Private Property".
48. C. Hill, *The World Turned Upside Down*, pp. 39-56; K. Wrightson e D. Levine, *Poverty and Piety in an English Village*; A. L. Beier, *Masterless Men*.
49. C. Muldrew, "'Hard Food for Midas'", p. 84.
50. Para uma declaração clássica sobre a conexão entre mercados, festivais e aspectos morais no período Tudor, ver J.-C. Agnew, *Worlds Apart*.
51. L. Johnson, "Friendship, Coercion, and Interest", pp. 56-8. Sobre as duas concepções de justiça: K. Wrightson, "Two Concepts of Order". O ensaio de J. Bodin

(*De Republica* [*Les six livres de la République*, 1576, esp. liv. I]) foi muito lido. Ele se baseia na visão de Aquino sobre o amor e a amizade como anteriores à ordem jurídica, que, por sua vez, remonta a Aristóteles (*Ética a Nicômaco*), que chegou à Europa através de fontes gregas. Não sabemos se houve também uma influência direta das próprias fontes islâmicas, mas, considerando o nível de envolvimento mútuo geral (S. M. Ghazanfar (org.), *Medieval Islamic Economic Thought*), é bem provável que sim.

52. G. de Malynes (*The Maintenance of Free Trade*, 1622), citado em C. Muldrew, *The Economy of Obligation*, p. 98; ver também seu ensaio "'Hard Food for Midas'", p. 83.

53. A obra de Chaucer é cheia de trocadilhos: o "Conto da Mulher de Bath" tem muito a dizer sobre dívidas conjugais (ver J. F. Cotter, "The Wife of Bath and the Conjugal Debt"). Foi realmente no período entre 1400 e 1600 que tudo começou a ser enquadrado como dívida, refletindo supostamente os primeiros impulsos do individualismo possessivo, e tentativas de reconciliá-lo com antigos paradigmas morais. D. J. Guth ("The Age of Debt"), historiador jurídico, chama esses séculos de "idade da dívida", que foi substituída em 1600 pela "idade do contrato".

54. C. Davenant, "Discourses on the Public Revenues and on Trade", p. 152.

55. M. Sahlins ("The Sadness of Sweetness"; *The Western Illusion of Human Nature*) vem enfatizando as raízes teológicas de Hobbes há algum tempo. Boa parte da análise que se segue é baseada nele.

56. O próprio Hobbes não usa o termo "interesse próprio", mas fala em interesses "particulares", "privados" e "comuns".

57. Helvétius, *De L'Esprit*, 53, citado em A. O. Hirschman, *Rival Views of Market Society*, p. 45. Explorar o contraste entre o "lucro" de Shang e o "interesse" de Helvétius seria interessante por si só. Não se trata do mesmo conceito.

58. A palavra inglesa *interest* (de *interesse*) entrou em uso comum como eufemismo para usura no século XIV, mas passou a ser usada em seu sentido mais familiar e geral apenas no século XVI. Como já registrado em nota anterior, Hobbes não usa "interesse próprio", embora fale de interesses "privados" e "comuns". Contudo, o termo já era corrente, tendo aparecido na obra de Francesco Guicciardini, o amigo de Maquiavel, em 1512. Ela adquire uso comum no século XVIII (ver A. O. Hirschman, *The Passions and the Interests*; *Rival Views of Market Society and Other Recent Essays*, principalmente o capítulo 2, "O conceito de interesse"). Ver também L. Dumont, *From Mandeville to Marx*; M. L. Myers, *The Soul of Modern Economic Man*; J. Heilbron, "French Moralists and the Anthropology of the Modern Era".

59. H. E. Sée (*Modern Capitalism*, p. 187) observa que, até por volta de 1800, "interesse" era a palavra comum para "capital" em francês; em inglês, a palavra mais usada era *stock*. É curioso notar que Adam Smith, por exemplo, na verdade recupera o uso agostiniano, "amor-próprio", em sua famosa passagem sobre o açougueiro e o padeiro (*A riqueza das nações*, 1.2.2).

60. A. L. Beier, op. cit., pp. 159-63. Cf. M. Dobb, *Studies in the Development of Capitalism*, p. 234. Consorciar-se com ciganos também era crime capital. No caso da vadiagem,

era tão difícil para os juízes encontrar pessoas dispostas a fazer denúncias que eles foram obrigados a reduzir a pena para açoitamento em público.
61. G. Walker, op. cit., p. 244.
62. R. H. Helmholz, "Usury and the Medieval English Church Courts"; P. Brand, "Aspects of the Law of Debt, 1189-1307"; D. J. Guth, op. cit.
63. R. H. Helmholz, op. cit.; C. Muldrew, *The Economy of Obligation*, p. 255; P. R. Schofield e N. J. Mayhew (orgs.), *Credit and Debt in Medieval England, c. 1180-c. 1350*; D. J. Guth, op. cit.
64. W. Stout, op. cit., p. 121.
65. "Os horrores de Fleet e Marshalsea foram revelados em 1729. Os devedores pobres foram encontrados amontoados no 'lado comum' — cobertos de sujeira e de bichos, sofrendo até a morte, sem piedade, de fome e febre tifoide. [...] Não se tentava distinguir os devedores fraudulentos dos desafortunados. O vigarista rico — capaz de pagar suas dívidas, mas sem nenhuma vontade de fazê-lo — passava o tempo no luxo e na depravação, enquanto seus colegas de prisão pobres e desafortunados eram deixados famintos e apodrecendo no 'lado comum'" (H. Hallam, *The Constitutional History of England*, pp. 269-70).
66. Não estou dizendo que a narrativa mais familiar do "acúmulo primitivo", do cercamento de terras comuns e do advento da propriedade privada, o deslocamento de milhares de antigos agricultores que se tornaram trabalhadores sem terra, é falsa. Estou apenas salientando um lado menos familiar da história. É especialmente útil salientá-lo porque há debates acalorados sobre até que ponto o período Tudor e o período Stuart foram de fato marcados pelo advento dos cercamentos (ver J. R. Wordie, "The Chronology of English Enclosure, 1500-1914"). O uso da dívida para desintegrar as comunidades segue a mesma linha de raciocínio que o brilhante argumento de S. Federici (op. cit.) sobre o papel das acusações de bruxaria na inversão dos ganhos populares da Idade Média tardia e a abertura do caminho para o capitalismo.
67. "O crédito pessoal foi muito criticado no século XVIII. Costumava-se dizer que era errado se endividar simplesmente para pagar por produtos de consumo diário. Era celebrada uma economia monetizada, e a virtude da prudência na administração doméstica e a da parcimônia eram exaltadas. Consequentemente, o crédito ao comércio varejista, a corretagem de penhores e o empréstimo financeiro foram todos criticados, tendo como alvo tanto emprestadores como tomadores de empréstimo" (J. Hoppit, "Attitudes to Credit in Britain, 1680-1790", pp. 312-3).
68. A. Smith, *A riqueza das nações*, 1.2.2.
69. C. Muldrew defende esse argumento em "Interpreting the Market", p. 163.
70. A. Smith, *Teoria dos sentimentos morais*, 4.1.10.
71. "A pessoa que toma emprestado para gastar logo se arruína, e quem lhe empresta geralmente terá que arrepender-se da insensatez cometida. Tomar emprestado ou emprestar para esse fim, portanto, em todos os casos em que não houver usura, é contrário aos interesses das duas partes; e embora às vezes aconteça certas pessoas

fazerem isso, podemos estar certos de que, devido à consideração que cada um tem pelo seu próprio interesse, isso não ocorre com tanta frequência como talvez poderíamos imaginar" (A. Smith, *A riqueza das nações*, 2.4.2). Ele reconhece algumas vezes a existência do crédito ao comércio varejista, mas não dá importância a ele.
72. E. Reeves, "As Good as Gold". Reeves, assim como J.-M. Servet ("La Fable du troc"; "Le Troc primitif"), mostra que muitos sabiam da variedade das coisas usadas como moeda: S. von Pufendorf (*On the Duty of Man and Citizen*, 1682), por exemplo, fez uma longa lista delas.
73. Quando atribuímos valor ao ouro, portanto, estamos apenas reconhecendo isso. O mesmo argumento costumava ser usado para resolver o antigo enigma medieval sobre os diamantes e a água: por que os diamantes são tão caros, embora inúteis, e a água, útil de todas as maneiras, praticamente não vale nada? A solução comum era: os diamantes são a forma eterna de água. (Galileu, que rejeitava a premissa como um todo, sugeriu em determinado momento que quem afirma esse tipo de coisa deveria ser transformado em estátua. Dessa maneira, sugeriu ele, em estilo renascentista inimitável, todos seriam felizes, porque 1) seriam eternos, e 2) o restante de nós não teria mais de ouvir argumentos estúpidos.) Ver C. Wennerlind, "Credit-money as the Philosopher's Stone", que observa, de modo interessante, que a maioria dos governos europeus empregava alquimistas no século XVII para fabricar ouro e prata para moedas; foi somente quando esse esquema se provou um fracasso que os governos passaram a usar o papel-moeda.
74. C. P. Kindleberger, *A Financial History of Western Europe*; M.-T. Boyer-Xambeu, G. Deleplace e L. Gillard, *Private Money & Public Currencies*; G. Ingham, *The Nature of Money*, p. 171. Em vez disso, o caminho acabou levando à criação das bolsas de valores: a primeira bolsa pública, em Bruges e em Antuérpia no século XV, começou não pela troca de cotas em investimentos anônimos, que praticamente não existiam na época, mas sim "descontando" letras de câmbio.
75. A. P. Usher ("The Origins of Banking"; *The Early History of Deposit Banking*) introduziu originalmente a distinção entre "sistema bancário primitivo", em que simplesmente se empresta o que se tem, e "sistema bancário moderno", baseado em algum tipo de sistema de reserva fracionário — ou seja, empresta-se mais do que se tem, criando efetivamente o dinheiro. Essa seria outra razão de nos movermos agora para algo que não o "sistema bancário moderno" — ver mais adiante.
76. P. Spufford, op. cit., p. 258, baseado em A. P. Usher, *The Early History of Deposit Banking*, pp. 239-42. Embora notas de depósito fossem usadas, as cédulas privadas, baseadas no crédito, apareceram somente depois — com os ourives ingleses, que também atuavam como banqueiros, nos séculos XVII e XVIII.
77. Ver J. H. Munro, "The Medieval Origins of the Financial Revolution", para um excelente resumo.
78. J. MacDonald, *A Free Nation Deep in Debt*, p. 156.
79. Tomás de Mercado (*Suma de tratos y contratos*, 1571) citado em D. Flynn, "A New Perspective on the Spanish Price Revolution", p. 400.

80. Ver D. Flynn, "Spanish-American Silver and World Markets in the Sixteenth Century"; F. Braudel, *Civilization and Capitalism, 15th-18th Century*, pp. 522-3; S. J. Stein e B. H. Stein, *Silver, Trade, and War*, pp. 501-5, 960-2; G. Tortella e F. Comín, "Fiscal and Monetary Institutions in Spain, 1600-1900". A quantidade de *juros* em circulação passou de 3,6 milhões de ducados em 1516 para 80,4 milhões em 1598.
81. O mais famoso defensor dessa posição foi Nicholas Barbon (*A Discourse of Trade*, 1690), que dizia que "o dinheiro é um valor estabelecido pela lei" e uma medida da mesma maneira que polegadas, horas ou onças fluidas. Ele também enfatizou que a maior parte do dinheiro era crédito.
82. J. Locke ("Further Considerations Concerning Raising the Value of Money", p. 144), também citado em C. G. Caffentzis, *Clipped Coins, Abused Words, and Civil Government*, pp. 46-7, que continua o resumo mais revelador do debate e suas implicações. Compare com M. Perlman e C. R. McCann, *The Pillars of Economic Understanding*, pp. 117-20; W. Letwin, *Origins of Scientific Economics*, pp. 71-8; D. M. Valenze, *The Social Life of Money in the English Past*, pp. 40-3.
83. Nós tendemos a nos esquecer de que o materialismo da tradição marxista não é um desvio radical — Marx, assim como Nietzsche, tomava pressupostos burgueses (embora, no caso de Marx, diferentes) e os levava para direções que indignariam seus proponentes originais. De todo modo, há boas razões para acreditar que o que chamamos hoje de "materialismo histórico" não passa do acréscimo de Engels ao projeto — Engels nada mais representava que um sujeito de histórico e consciência burgueses (ele era um fiel partidário da Bolsa de Valores de Colônia).
84. Barão T. B. Macauley, *The History of England*, p. 485; o ensaio original foi publicado no jornal *Spectator*, 1 mar. 1711.
85. Goethe, *Fausto*, parte II, ato 1. Para uma análise detalhada, ver M. Shell, *Money, Language, and Thought*; H. C. Binswanger, *Money and Magic*. A conexão com a alquimia é reveladora. Quando, em 1300, Marco Polo observou que o imperador chinês "parecia ter dominado a arte da alquimia", por sua capacidade de transformar o simples papel em algo tão bom quanto o ouro, ele obviamente fazia uma piada; no século XVII, a maioria dos monarcas europeus empregou alquimistas para tentar produzir ouro a partir de metais comuns; o fracasso deles levou à adoção do papel-moeda (C. Wennerlind, op. cit.).
86. Não é como se as suspeitas em relação ao dinheiro não existissem; elas existiam, mas tendiam a se centrar em questões morais e metafísicas (p. ex., "o roubo do tempo").
87. Supostamente dito em uma conferência na Universidade do Texas em 1927, mas, na verdade, embora a passagem seja infinitamente citada em livros recentes, e sobretudo na internet, não há como atribuir data anterior a 1975. As primeiras duas linhas parecem derivar do que disse o consultor financeiro britânico L. Angas em 1937: "O sistema bancário moderno fabrica o dinheiro a partir do nada. O processo talvez seja o truque mais estarrecedor já inventado. Com efeito, os bancos podem inflar, forjar e desforjar a moeda moderna decorrente de lançamento contábil"

(*Slump Ahead in Bonds*, pp. 20-1). As outras partes da citação provavelmente são invenções posteriores — e Lord Stamp nunca sugeriu nada parecido em seus escritos publicados. Um trecho semelhante — "os bancos têm o benefício de todo o interesse que criam a partir do nada" —, atribuído a William Patterson, primeiro diretor do Banco da Inglaterra, provavelmente é da década de 1930, mas também deve se tratar de um apócrifo.

88. As sociedades anônimas foram criadas no início do período colonial com a Companhia Britânica das Índias Orientais e empreendimentos relacionados, mas em boa parte desapareceram no período da Revolução Industrial e foram retomadas apenas no final do século XIX, a princípio nos Estados Unidos e na Alemanha. Como afirmou G. Arrighi (*The Long Twentieth Century*), o auge do capitalismo britânico foi marcado por pequenas empresas familiares de altas finanças; foram os Estados Unidos e a Alemanha, que passaram a primeira metade do século XX disputando a posição de quem substituiria a Grã-Bretanha como poder hegemônico, que introduziriam o capitalismo corporativo e burocrático moderno.
89. C. Mackay, *Memoirs of Extraordinary Popular Delusions and the Madness of Crowds*, p. 52.
90. Ibid., pp. 53-4.
91. P. Spyer, "The Eroticism of Debt".
92. G. Prakash, *Bonded Histories*, pp. 209-16.
93. W. E. Hardenburg e Sir R. Casement, *The Putumayo*; a história foi analisada de forma memorável e brilhante por M. Taussig ("Culture of Terror-Space of Death"; *Shamanism, Colonialism, and the Wild Man*).
94. *Encyclopaedia Britannica*, 1911, verbete "Putumayo".
95. Como observa M. Taussig ("Culture of Terror-Space of Death", p. 482), quando perguntaram depois ao diretor da empresa o que significava "canibal", ele disse, simplesmente, que eram indígenas que se recusavam a negociar com outras pessoas.
96. Trata-se de um argumento demonstrado com riqueza de detalhes em um livro importante de Y. Moulier-Boutang (*De l'Esclavage au salariat*), infelizmente jamais traduzido para o inglês.
97. K. G. Davies, *The North Atlantic World in the Seventeenth Century*, p. 59; *indentured* deriva de *indentation*, reentrâncias ou sulcos nas talhas usadas amplamente como contratos, pois a maioria desses servos não sabia ler (Sir W. Blackstone, *Commentaries on the Laws of England*, v. 1, p. 218).
98. I. Wallerstein (*The Modern World System*) faz uma análise clássica dessa "segunda servidão".
99. A propósito, isso era válido para todo o espectro de classes: esperava-se que todos fizessem isso, das ordenhadoras e aprendizes humildes às "damas de companhia" e escudeiros da nobreza. Por essa razão, entre outras, os contratos de trabalho não pareceram ser uma grande mudança no século XVII; houve apenas um prolongamento do tempo de contrato, passando de um para cinco ou sete anos. Mesmo

na época medieval também havia trabalhadores diaristas adultos, mas eles eram indistinguíveis de simples criminosos.
100. A própria palavra "proletariado" alude a isso de certa maneira, pois tem origem no termo romano para "aqueles que têm filhos".
101. C. L. R. James, *The Black Jacobins*; E. Williams, *Capitalism and Slavery*.
102. "Havia muitos meios pelos quais os empresários economizavam no uso do dinheiro para pagamento de salários — o pagamento só podia ser feito a longos intervalos; o pagamento poderia consistir em créditos dados aos outros (pagamentos em mercadorias, tíquetes ou vouchers que podiam ser usados nas lojas etc., ou fornecimento de vales e notas privadas)", P. Mathias ("Capital, Credit, and Enterprise in the Industrial Revolution", p. 95).
103. Na verdade, a lista completa é bem mais extensa. Ver P. Linebaugh, *The London Hanged*, p. 449. Ver também J. Rule, *The Labouring Classes in Early Industrial England*, pp. 115-7; P. Linebaugh, "Labour History without the Labour Process".
104. M. Tebbutt, *Making Ends Meet*, p. 49. Sobre corretagem de penhores em geral: A. Hardaker, *A Brief History of Pawnbroking*; K. Hudson, *Pawnbroking*; J. P. Caskey, *Fringe Banking*; J. Fitzpatrick, *Three Brass Balls*.
105. P. Linebaugh, *The London Hanged*, pp. 371-404.
106. Geralmente, a fim de concluir que hoje, é claro, vivemos em um mundo totalmente diferente, porque é evidente que já não é mais assim. Talvez seja útil lembrar ao leitor que Marx acreditava estar escrevendo uma "crítica da economia política" — ou seja, da teoria e da prática da economia de sua época.
107. Ver a tradução de Lockhart para B. Díaz (*The Memoirs of the Conquistador Bernal Diaz del Castillo*, v. 2, p. 396), que dá diferentes versões da história, retirada de diversas fontes.
108. I. Clendinnen, *Aztecs: An Interpretation*, p. 144.
109. Baseado nisso, A. Testart distingue a escravidão devida à aposta, em que o jogador arrisca a si próprio, e a escravidão por dívida, mesmo que, em última instância, sejam dívidas de aposta: "A mentalidade desse jogador que arrisca diretamente sua pessoa no jogo é muito mais parecida com a do guerreiro, que arrisca perder a própria vida na guerra ou ser reduzido à escravidão, do que com a da pessoa disposta a se vender para sobreviver" ("The Extent and Significance of Debt Slavery", p. 180).
110. A propósito, é por isso que queixas sobre a imoralidade dos déficits são tão profundamente insinceras: como o dinheiro moderno efetivamente é dívida do governo, se não houvesse déficit, os resultados seriam desastrosos. Sim, o dinheiro também pode ser gerado privativamente, pelos bancos, mas parece haver limites para isso. Por esse motivo, as elites financeiras dos Estados Unidos, levadas por Alan Greenspan, entraram em pânico no final da década de 1990 quando o governo Clinton começou a acumular superávits orçamentários; a redução de impostos do governo Bush parece ter sido projetada especialmente para garantir que o déficit fosse mantido.
111. I. Wallerstein, "The French Revolution as a World-Historical Event".

112. T. Jefferson, *Political Writings*, p. 600.
113. A Grã-Bretanha aprovou sua primeira lei de falência em 1542.
114. Sem dúvida, isso é o que apontava Goethe quando Fausto aconselha especificamente o imperador a pagar suas dívidas com vales. Afinal, todos sabemos o que acontece quando chega sua hora.
115. M. Sonenscher (*Before the Deluge*) fornece uma longa e detalhada história desses debates.
116. Podemos identificar um elemento religioso aqui: na época de Augusto, um grupo de cultistas religiosos no Oriente Médio concebeu a ideia de que o fogo viria do céu e consumiria o planeta. Nada parecia menos improvável na época. Deixe-os no comando de um pedacinho do mundo por 2 mil anos e eles descobrirão uma maneira de fazer isso. Mas, ainda assim, isso é claramente parte de um padrão bem maior.

12. O começo de algo ainda por determinar (1971-presente) [pp. 465-505]

1. Entendi o significado verdadeiro dessa data com o colega antropólogo C. A. Gregory (*Savage Money*, pp. 265-96) e também com M. Hudson (*Super Imperialism*). Os cidadãos dos Estados Unidos não conseguiam trocar dinheiro por ouro desde 1934. A análise que se segue é inspirada em Gregory e Hudson.
2. Uma versão que soa plausível, que cita quantidades mínimas de lingotes, pode ser lida em Reuters, "Buried WTC Gold Returns to Futures Trade", nov. 2017, disponível em: <https://www.rediff.com/money/2001/nov/17wtc.htm>. Para uma versão mais fictícia e divertida, ver D. Herman, "Confessions of a 911 Hitman", out. 2013, disponível em: <https://rense.com/general73/confess.htm>.
3. Ver Federal Reserve Bank of New York, "The Federal Reserve Bank of New York: The Key to the Gold Vault".
4. Como comentário à parte, lembro-me de na época ler algumas notícias da existência de várias joalherias caras localizadas nas galerias logo abaixo das torres, e que todo o ouro delas de fato desapareceu. Provavelmente foi embolsado pela equipe de resgate, mas, considerando as circunstâncias, parece que não houve sérias objeções — pelo menos nunca ouvi falar sobre algum tipo de investigação, muito menos sobre processos.
5. Decerto não é coincidência que W. Greider tenha chamado sua maravilhosa história do Federal Reserve de "Segredos do Templo". É assim que a maioria de seus funcionários a descreve em privado. Ele cita um deles: "O Sistema é como a Igreja [...]. Tem um papa, que é o chefe; e um grupo de cardeais, que são os governadores e os presidentes do banco; e também uma cúria, a direção. O equivalente aos laicos seriam os bancos comerciais [...]. Temos até diferentes ordens de pensamento religioso, como jesuítas, franciscanos e dominicanos, mas os chamamos de pragmatistas, monetaristas e neokeynesianos" (*Secrets of the Temple*, p. 54).

6. Não se trata de uma constatação nova, e ela se baseia em parte na escola braudeliana (sistemas mundiais), por exemplo, a recente obra de E. Mielants (*The Origins of Capitalism and the "Rise of the West"*). Para uma versão marxista mais clássica desenvolvendo a conexão desde a época de Nixon, ver P. Custers, *Questioning Globalized Militarism*. Para tratamentos neoclássicos mais predominantes da conexão, ver S. B. MacDonald e A. L. Gastmann, *A History of Credit & Power in the Western World*; J. MacDonald, *A Free Nation Deep in Debt*.
7. Senador J. William Fulbright, citado em R. McDermott, *Presidential Leadership, Illness, and Decision Making*, p. 190.
8. Vejo que isso vai diretamente contra o propósito da Constituição dos Estados Unidos (1.8.5), que especifica que é da competência do Congresso "cunhar moedas e regular o seu valor" — sem dúvida a pedido dos jeffersonianos, que se opunham à criação de um banco central. Os Estados Unidos ainda observam a letra da lei: as moedas de metal do país são cunhadas diretamente pelo Tesouro. O papel-moeda dos Estados Unidos, enquanto assinado pelo chefe do Tesouro, não é emitido pelo Tesouro, mas pelo Federal Reserve (Fed). Tecnicamente, o papel-moeda são cédulas bancárias, embora, assim como acontece no Banco da Inglaterra, um banco tenha o monopólio garantido de emissão.
9. Para quem não sabe como o Federal Reserve funciona: tecnicamente, há uma série de estágios. De modo geral, o Tesouro disponibiliza títulos para o público e o Federal Reserve os compra de volta. O Fed, então, empresta a outros bancos o dinheiro assim criado, cobrando uma taxa especial de juros baixa ("taxa preferencial"), para que esses bancos possam emprestá-lo a taxas mais altas. Nessa capacidade como reguladora do sistema bancário, o Federal Reserve também estabelece a taxa de reserva fracionária: quantos dólares esses bancos podem "emprestar" — efetivamente, criar — para cada dólar que tomam emprestado do Fed, ou possuem em depósito, ou podem contar como ativos. Tecnicamente, a taxa é 10 para 1, mas várias brechas legais permitem que os bancos subam bastante essa taxa.
10. O que suscita a interessante questão: Para que servem de fato as reservas de ouro?
11. O papel exato dos bancos centrais na criação do dinheiro é assunto de uma discussão política considerável no momento. Alguns defendem que o Federal Reserve realmente é, ou deveria ser, uma extensão da política governamental; outros insistem que ele efetivamente é uma voz autônoma da classe investidora. Seu papel na criação do dinheiro e o status do sistema bancário de reserva fracionária são muito contestados, como mostram debates recentes entre Paul Krugman, representando a abordagem neoclássica, e Steve Keen, defensor da Teoria Monetária Moderna (TMM). O Banco da Inglaterra entrou na discussão em um relatório recente chamado "Criação do dinheiro na economia moderna", em que, para nossa surpresa, defendeu explicitamente a posição da TMM de que o dinheiro é de fato criado pelos bancos privados e que o sistema de reserva fracionária efetivamente não limita sua capacidade de criá-lo. Trata-se de uma declaração expressiva — basicamente o reconhecimento de que quase toda a linguagem usada para justificar os programas de austeridade está simplesmente errada.

12. Aliás, o governo dos Estados Unidos tem uma maneira de realmente imprimir dinheiro, embora não tenha se aproveitado dessa opção: imprimindo moedas de alta denominação. Como a Constituição estabelece que apenas o governo federal pode "cunhar" dinheiro, a moeda de metal continua a ser produzida diretamente pelo Tesouro, mesmo que o papel-moeda seja produzido pelo Federal Reserve. Embora a moeda de denominação mais alta produzida atualmente pelo governo seja a de um dólar, não há nenhum motivo legal que o impeça, digamos, de produzir uma "moeda de platina" equivalente a 1 trilhão de dólares e usá-la para pagar as próprias dívidas. Essa solução chegou a ser proposta pelos defensores da Teoria Monetária Moderna durante a crise financeira de 2010 e discutida na imprensa; aparentemente, no entanto, nunca foi levada a sério pela administração de Obama.
13. Na verdade, talvez a maior concessão à força mundial dos Estados Unidos nos últimos anos seja o fato de hoje haver um único lugar — a região da China de frente para Taiwan — onde as defesas aéreas são tão densas e sofisticadas que a Força Aérea americana não tem certeza se consegue penetrá-la livremente.
14. Ou colocar o dinheiro na Bolsa de Valores dos Estados Unidos, o que, em última instância, tem um efeito similar. Como observa M. Hudson, "os diplomatas norte-americanos deixaram claro que comprar o controle de empresas dos Estados Unidos ou até mesmo devolver o ouro seria visto como um ato inamistoso" (*Super Imperialism*, p. 7). Assim, a menos que eles queiram se livrar totalmente dos dólares, o que seria considerado um ato ainda mais inamistoso, há pouca alternativa. Sobre como seriam recebidos atos "inamistosos", ver a seguir.
15. M. Hudson, *Super Imperialism*, p. 12.
16. Como muitos notaram, os três países que passaram para o euro na época — Irã, Iraque e Coreia do Norte — foram justamente os países escolhidos por Bush como "Eixo do Mal". É claro, podemos falar aqui em causa e efeito. Também é significativo que Estados centrais do euro, como França e Alemanha, opunham-se uniformemente à guerra, enquanto os aliados dos Estados Unidos eram países céticos em relação ao euro, como o Reino Unido.
17. Para algumas opiniões características a respeito da relação entre dólar e império, ver: de uma perspectiva conservadora neoclássica, N. Ferguson (*The Cash Nexus*; *Colossus*); de uma perspectiva keynesiana radical, M. Hudson, *Super Imperialism*; de uma perspectiva marxista, R. Brenner, *The Boom and the Bubble*.
18. Há também uma discussão tanto entre economistas da corrente dominante quanto entre economistas heterodoxos sobre se o fato de as vendas de petróleo serem realizadas em dólar realmente confere alguma vantagem de senhoriagem aos Estados Unidos. Para nossos propósitos, o que realmente importa é que os estrategistas políticos dos Estados Unidos parecem sentir que são simbolicamente importantes e resistem a qualquer tentativa de alterar essa condição.
19. Até a CIA se refere hoje a esses acordos como "escravidão", embora a servidão por dívida seja tecnicamente diferente.

20. Compare com o infográfico da dívida federal e do orçamento de defesa na página 472 — a curva é efetivamente idêntica.
21. Ver *The Daily Bail*. "China Warns U.S. Debt Monetization", maio 2009, disponível em: <http://dailybail.com/home/china-warns-us-about-debt-monetization.html>. A história é baseada em um artigo de Mary Anastasia O'Grady veiculado no *Wall Street Journal* ("Don't Monetize the Debt: The President of the Dallas Fed on Inflation Risk and Central Bank Independence"). Devo acrescentar que, hoje em dia, a expressão "monetizar a dívida" [*to monetize the debt*] é geralmente usada como sinônimo de "imprimir dinheiro" para pagar a dívida. Esse uso se tornou quase universal, mas não é o sentido original da expressão, que significa transformar a própria dívida em dinheiro. O Banco da Inglaterra não imprimiu dinheiro para pagar a dívida nacional; ele transformou a própria dívida nacional em dinheiro. Aqui também há uma profunda colocação em jogo sobre a natureza do próprio dinheiro.
22. O acordo costuma ser chamado de Bretton Woods II (M. Dooley, D. Folkerts-Landau e P. Garber, "The Revived Bretton Woods System"; "Bretton Woods II Still Defines The International Monetary System"). Trata-se, efetivamente, de um acordo mantido desde a década de 1990 pelo menos, para manter, por diversos métodos não oficiais, o valor do dólar artificialmente alto e o valor das moedas do Leste Asiático — particularmente a chinesa — artificialmente baixo, com o intuito de exportar mercadoria asiática barata para os Estados Unidos. Tendo em conta que os salários reais nos Estados Unidos estagnaram ou diminuíram regularmente desde a década de 1970, essa situação e o acúmulo da dívida do consumidor são os únicos motivos de os padrões de vida nos Estados Unidos não caírem drasticamente.
23. Sobre Zheng He, ver E. L. Dreyer, *Zheng He: China and the Oceans in the Early Ming Dynasty*; G. Wade, "The Zheng He Voyages"; C. Wake, "The Great Ocean-Going Ships of Southern China". Sobre a troca de tributos em geral, ver: L. W. Moses, "T'ang Tribute Relations with the Inner Asian Barbarian"; Y.-s. Yü, *Trade and Expansion in Han China*; T. Hamashita, "Tribute Trade System and Modern Asia"; "Tribute and Treaties"; N. Di Cosmo e D. J. Wyatt (orgs.), *Political Frontiers, Ethnic Boundaries, and Human Geographies in Chinese History*.
24. Minha hipótese aqui se baseia em G. Arrighi et al., "Historical Capitalism, East and West", e alguns de seus elementos refletem ideias da obra mais recente de Arrighi (*Adam Smith in Beijing*).
25. G. Arrighi, por exemplo, argumentou que os Estados Unidos não tentaram transformar sua dívida em sistema de tributos, o que, em última instância, foi insustentável: "A revitalização econômica dos Estados Unidos na década de 1990 e a dependência continuada da economia mundial em relação à economia crescente dos Estados Unidos basearam-se no aumento da dívida estrangeira do país, uma dívida sem precedentes na história mundial. Uma situação como essa dificilmente poderia ser reproduzida, em muito ou pouco tempo, sem se transformar num

tributo categórico, ou 'pagamento de proteção' — os mais de 2 bilhões de dólares (até agora) de que os Estados Unidos precisam diariamente para equilibrar suas contas-correntes com o resto do mundo. Mesmo assim [...] as tentativas dos Estados Unidos de transformar a coleta desse tributo (pela primeira vez na história) na fundação de um novo império verdadeiramente universal fracassaram miseravelmente, criando uma situação de instabilidade política global sem comparativos desde as décadas de 1920 e 1930" (*Adam Smith in Beijing*, p. 164). Para Arrighi, foi justamente essa tentativa que levou à crise de 2008.
26. O Japão, é claro, foi uma exceção, pois supostamente atingiu o que podemos chamar de status de Primeiro Mundo bem antes disso.
27. J. M. Keynes, *A teoria geral do emprego, do juro e da moeda*, p. 345.
28. Ver D. E. Feller, "How as Low Wage Economy with Weak Labor Laws Brought Us the Mortgage Credid Crisis".
29. A principal legislação foi a "Lei de Controle Monetário e Desregulamentação de Instituições Depositárias" ("Depository Institutions Deregulation and Monetary Control Act") de 1980, que derrubou todas as leis federais de agiotagem: nitidamente, tratou-se de uma reação à inflação rompante do final da década de 1970; no entanto, elas não foram recuperadas quando se conseguiu controlar a inflação nos últimos 25 anos. Os tetos de juros de cada estado permaneceram intactos, mas instituições como empresas de cartão de crédito puderam cumprir as leis dos estados em que estão registradas, independentemente de onde operavam. Por esse motivo, a maioria está registrada em Dakota do Sul, que não tem taxa máxima de juros.
30. O primeiro termo é de T. Friedman (*The Lexus and the Olive Tree*), um livro arrogante e vazio; o segundo, que dá título ao livro, é de R. Martin (*Financialization of Daily Life*).
31. Nos Estados Unidos, essa "alteridade universal" é realizada sobretudo pelo racismo. Por esse motivo, quase todos os pequenos varejos nos Estados Unidos são geridos sobre linhas étnicas. Por exemplo, mercearias ou lavanderias coreanas, que fazem acordos de crédito entre si, cujos clientes, no entanto, são tão distantes socialmente que não há sequer a possibilidade de estender o crédito ou de esperar relações básicas de confiança — uma vez que já assumem que eletricistas, serralheiros ou outros prestadores de serviços pelo menos tentarão lhes passar a perna. Em essência, o mercado que atravessa linhas étnicas ou raciais torna-se o que tem por certo que todos são amalecitas.
32. G. Gilder, *Wealth and Poverty*, p. 266, citado em M. Cooper, *Life as Surplus*, p. 7. O ensaio de M. Cooper é uma exploração brilhante da relação entre o imperialismo da dívida — expressão que parece ter sido cunhada por ela, inspirada por Michael Hudson — e o cristianismo evangélico e é altamente recomendado. Ver também R. T. Naylor, *Dominion of Debt*.
33. P. Robertson, *The Secret Kingdom*, p. 153. Também em M. Cooper, *Life as Surplus*.
34. M. Atwood, *Payback: Debt and the Shadow Side of Wealth*, p. 42.

35. A propósito, essa também é a melhor resposta para as críticas convencionais que justificam a dívida dos pobres dizendo que eles são incapazes de guardar sua gratificação — outra maneira de a lógica econômica, com todos os seus pontos cegos, distorcer toda compreensão possível das reais motivações dos "consumidores". Em termos racionais, como os CDBS rendem por volta de 4% anuais, e os cartões de crédito cobram 20%, os consumidores deveriam poupar para manter uma reserva e só se endividar quando tivessem absoluta necessidade, adiando compras desnecessárias até que sobre algum dinheiro. Pouquíssimas pessoas agem assim, mas raramente por imprudência (não conseguir esperar para comprar determinado vestido), e sim porque as relações humanas não podem ser proteladas da mesma maneira que "compras de consumo" imaginárias: a filha só fará aniversário de cinco anos uma vez na vida, e o avô só tem mais alguns anos pela frente.
36. Há tantos livros sobre o assunto no mercado que hesito em citá-los; no entanto, os melhores exemplos são A. Kamentz (*Generation Debt*) e B. Williams (*Debt for Sale*). O argumento mais amplo sobre demandas de dívida como uma forma de luta de classes é basicamente inspirado pelo Midnight Notes Collective, segundo o qual, por mais paradoxal que seja, "o neoliberalismo inaugurou uma nova dimensão da luta entre o capital e a classe trabalhadora no domínio do crédito" ("Promissory Notes: From Crises to Commons", p. 7, disponível em: <www.midnightnotes.org/Promissory%20Notes.pdf>). Segui essa análise até certo ponto, mas tentei me distanciar da definição economicista do ser humano como "reprodução de mão de obra", que tanto prejudica a literatura marxista — a ênfase na vida além da sobrevivência pode ter uma vaga semelhança com a visão de R. Vaneigem (*Traité de savoir-vivre à l'usage des jeunes générations*), mas em geral recai sobre minha obra a respeito da teoria do valor (D. Graeber, *Toward an Anthropological Theory of Value*).
37. J. Elyachar, "Empowerment Money", p. 510.
38. Ver, por exemplo, S. Biswas, "India's Micro-finance Suicide Epidemic", *BBC*, dez. 2010, disponível em: <https://bbc.co.uk/news/world-south-asia-11997571>.
39. Tenho observado isso em primeira mão, e em diversas ocasiões, no meu trabalho como ativista: como exemplo, a polícia tem o prazer de fechar efetivamente cúpulas de comércio, somente para garantir que não haja a possibilidade de os manifestantes sentirem que foram bem-sucedidos em alguma ocasião.
40. Na prática, ela consiste basicamente em acordos bancários "livres de juros", supostamente ligados à ideia de participação nos lucros, mas na verdade funciona da mesma maneira que qualquer outro banco. O problema é que se os bancos baseados na participação nos lucros competem com bancos mais tradicionais no mesmo mercado, aqueles que antecipam que suas empresas obterão altos rendimentos gravitam rumo aos que oferecem empréstimos a juros fixos, e apenas aqueles que antecipam rendimentos baixos recorrem à opção de participação nos lucros (T. Kuran, "Islamic Economics and the Islamic Subeconomy", p. 162). Para que a transição para um sistema bancário sem juros funcione, ela tem de ser total.
41. No califado, para garantir a oferta monetária; na China, pela intervenção siste-

mática para estabilizar os mercados e evitar monopólios capitalistas; por fim, nos Estados Unidos e outras repúblicas do Atlântico Norte, permitindo-se a monetização da própria dívida.

42. Sim, como mostrei no capítulo 5, a vida econômica sempre consistirá em princípios opostos, e por isso incoerentes em certo sentido. Na verdade, não acho que isso seja algo ruim — na pior das hipóteses, trata-se de algo infinitamente produtivo. Para mim, as distorções nascidas da violência são particularmente insidiosas.
43. L. von Mises, *Human Action*, pp. 540-1. O texto original alemão foi publicado em 1940 e supostamente escrito um ou dois anos antes.
44. N. Ferguson, *The Ascent of Money*, p. iv.
45. Posso falar com certa autoridade; sou conhecido pelos meus amigos como um sujeito viciado em trabalho — para desgosto deles — e estou plenamente ciente de que esse tipo de comportamento é, na melhor das hipóteses, levemente patológico, e com certeza não faz de ninguém uma pessoa melhor.

Posfácio (2014) [pp. 507-16]

1. *Teoria dos sentimentos morais*, 3.36. A história é sobre Pirro, rei de Épiro, que realmente deveria ter escutado o conselho de seu favorito.

Referências bibliográficas

ABRAHAM, Roy Clive. *The Tiv People*. Lagos: Government Printer, 1933.
ABU LUGHOD, Janet. *Before European Hegemony*. Oxford: Oxford University Press, 1989.
ADAMEK, Wendi L. "The Impossibility of the Given: Representations of Merit and Emptiness in Medieval Chinese Buddhism". *History of Religions*, v. 45, n. 2, 2005, pp. 135-80.
ADAMS, Robert McC.; LAMBERG-KARLOVSKY, C.; MORAN, William L. "The Mesopotamian Social Landscape: The View from the Frontier". *Bulletin of the American Schools of Oriental Research. Supplementary Studies*, n. 20, Reconstructing Complex Societies: An Archaeological Colloquium, 1974, pp. 1-20.
ADKINS, Arthur W. H. *Moral Values and Political Behaviour in Ancient Greece: From Homer to the End of the Fifth Century*. Nova York: Norton, 1972.
ADOLF, Helen. "New Light on Oriental Sources for Wolfram's Parzival and Other Grail Romances". *PMLA*, v. 62, n. 2, 1947, pp. 306-24.
_____. "Christendom and Islam in the Middle Ages: New Light on 'Grail Stone' and 'Hidden Host'". *Speculum*, v. 32, n. 1, 1957, pp. 103-15.
AFIGBO, Adiele Eberechukwu. "The Aro of Southeastern Nigeria: A Socio-Historical Analysis of Legends of Their Origins". *African Notes*, n. 6, 1971, pp. 31-46.
AGLIETTA, Michel; ORLÉAN, André. *La Violence de la monnaie*. Paris: Presses Universitaires de France, 1992.
_____ (Orgs.). *Souveraineté, légitimité de la monnaie*. Paris: Association d'Économie Financière, 1995. (Cahiers finance, éthique, confiance).
_____ (Orgs.). *La Monnaie souveraine*. Paris: Odile Jacob, 1998.
AGLIETTA, Michel; ORLÉAN, André et al. "Introduction". In: AGLIETTA, Michel; ORLÉAN, André (Orgs.). *La Monnaie souveraine*. Paris: Odile Jacob, 1998, pp. 9-31.
AGNEW, Jean-Christophe. *Worlds Apart: The Market and the Theater in Anglo-American Thought*. Cambridge: Cambridge University Press, 1986.
AHERN, Emily. *The Cult of the Dead in a Chinese Village*. Stanford: Stanford University Press, 1973.
AKIGA SAI, B. *Akiga's Story: The Tiv Tribe as Seen by One of Its Members*. Trad. para o inglês e notas de Rupert East. Londres: Oxford University Press, 1939. (Publicado para o Instituto Africano Internacional).
_____. "The 'Descent' of the Tiv from Ibenda Hill". Trad. para o inglês de Paul Bohannan. *Africa: Journal of the International African Institute*, v. 24, n. 4, 1954, pp. 295-310.
AKIN, David; ROBBINS, Joel. "An Introduction to Melanesian Currencies: Agencies, Identity, and Social Reproduction". In: AKIN, David; ROBBINS, Joel (Orgs.). *Money*

and Modernity: State and Local Currencies in Melanesia. Pittsburgh: University of Pittsburgh Press, 1998, pp. 1-40.

ALEXANDER, John B. "A Babylonian Year of Jubilee?". *Journal of Biblical Literature*, n. 57, 1938, pp. 55-79.

AL-GHAZZĀLĪ, Abū Ḥāmid. *The Book of Knowledge: Kitāb al 'ilm of Al-Ghazzali's Iḥyā' 'Ulūm al-Dīn*. Trad. para o inglês de Nabih Amin Faris. Kuala Lumpur: Dar Al Wahi, 2013. (The Revival of the Religious Sciences).

ALLEN, Nick J. "The Category of Substance: A Maussian Theme Revisited". In: JAMES, Wendy; ALLEN, Nick J. (Orgs.). *Marcel Mauss: A Centenary Tribute*. Londres: Berghahn Books, 1998, pp. 175-91.

ALTEKAR, Anant Sadashiv. *State and Government in Ancient India*. Nova Delhi: Motilal Banarsidass, 1977.

_____. *The Position of Women in Hindu Civilization*. Delhi: Motilal Banarsidass, 1983.

ALTHABE, Gérard. "La Circulation monétaire dans un village Betsimisaraka". *Tany Gasy*, n. 8, 1968, pp. 35-46.

AMERICAN CIVIL LIBERTIES UNION. "In for a Penny: The Rise of America's New Debtor's Prisons", out. 2010. Disponível em: <www.aclu.org/files/assets/InFor APenny_web.pdf>.

AMES, Roger. *The Art of Rulership: A Study of Ancient Chinese Political Thought*. Albany: State University of New York Press, 1994.

ANDERSON, Perry. *Passages from Antiquity to Feudalism*. Londres: Verso, 1974.

ANGAS, Lawrence Lee Bazley. *Slump Ahead in Bonds*. Nova York: Somerset Pub. Co., 1937.

ARISTÓTELES. *Política*. Trad. de Mario da Gama Kury. Brasília, DF: Ed. UnB, 1985.

_____. *Ética a Nicômaco*. Trad. de António de Castro Caeiro. São Paulo: Atlas, 2009.

_____. *Constituição de Atenas*. Trad. de Edson Bini. São Paulo: Edipro, 2011.

_____. *Da interpretação*. Trad. de José Veríssimo Teixeira da Mata. São Paulo: Unesp, 2013.

ARNAUD, Daniel. "La Prostitution sacrée en Mesopotamie, un mythe historique?". *Revue de l'histoire des religions*, n. 183, 1973, pp. 111-5.

ARRIGHI, Giovanni. *The Long Twentieth Century: Money, Power, and the Origins of Our Times*. Londres: Verso, 1994.

_____. *Adam Smith in Beijing: Lineages of the Twenty-First Century*. Londres: Verso, 2007.

ARRIGHI, Giovanni et al. "Historical Capitalism, East and West". In: ARRIGHI, Giovanni; HAMASHITA, Takeshi; SELDEN, Mark (Orgs.). *The Resurgence of East Asia: 500, 150, and 50 Year Perspectives*. Londres: Routledge, 2003, pp. 259-333.

ASHERI, David. "Leggi greche sul problema dei debiti". *Studi classici e orientali*, n. 18, 1969, pp. 5-122.

ASHTOR, Eliahu. "Banking Instruments between the Muslim East and the Christian West". *Journal of European Economic History*, n. 1, 1972, pp. 559-73.

_____. *A Social and Economic History of the Middle East*. Berkeley: University of California Press, 1976.

ASSANTE, Julia. "From Whores to Hierodules: The Historiographic Invention of Mesopotamian Female Sex Professionals". In: DONAHUE, Alice A.; FULLERTON, Mark D. (Orgs.). *Ancient Art and Its Historiography*. Cambridge: Cambridge University Press, 2003, pp. 13-47.

ATWELL, William S. "Ming China and the Emerging World Economy, c. 1470-1650". In: TWITCHETT, Denis; MOTE, Frederick W. (Orgs.). *The Cambridge History of China: The Ming Dinasty — 1368-1644, parte 2*, 1998, pp. 376-416. (v. 8).

ATWOOD, Margaret. *Payback: Debt and the Shadow Side of Wealth*. Londres: Bloomsbury, 2008.

AUERBACH, Erich. *Mimesis: The Representation of Reality in Western Literature*. Trad. para o inglês de Willard R. Trask. Princeton: Princeton University Press, 2003.

AYDAN, Ertan. *The Peculiarities of Turkish Revolutionary Ideology in the 1930s: The ülüku version of Kemalism, 1933-1936*. Ancara: Bilkent University, 2003. Tese (Doutorado em Ciência Política e Administração Pública). Disponível em: <www.thesis.bilkent.edu.tr/0002416.pdf>.

AYLMER, G. E. "The Meaning of Property in Seventeenth-Century England". *Past and Present*, n. 86, 1980, pp. 87-97.

AYYAR, P. V. Jagadisa. *South Indian Shrines: Ilustrated*. Nova Delhi: Apex, 1982.

BAHRANI, Zainab. *Women of Babylon: Gender and Representation in Mesopotamia*. Londres: Routledge, 2001.

BAKER, Jennifer. *Securing the Commonwealth: Debt, Speculation, and Writing in the Making of Early America*. Baltimore: Johns Hopkins University Press, 2005.

BAKER, Joseph Wayne. "Heinrich Bullinger and the Idea of Usury". *The Sixteenth Century Journals*, v. 5, n. 1, 1974, pp. 49-70.

BALLIN, Theodore N. *A Commentary on [Demosthenes] "50. Against Polykles"*. Seattle: University of Washington, 1978. (Tese de doutorado não publicada).

BALMUTH, Miriam S. "The Monetary Forerunners of Coinage in Phoenicia and Palestine". In: KINDLER, Aryeh (Org.). *International Numismatic Convention, Jerusalem, 27-31 December 1963: The Patterns of Monetary Development in Phoenicia and Palestine in Antiquity: Proceedings*. Tel Aviv: Shocken, 1967, pp. 25-32.

_____. "Remarks on the Appearance of the Earliest Coins". In: MITTEN, David G.; PEDLEY, John Griffiths; SCOTT, Jane Ayer (Orgs.). *Studies Presented to George M. A. Hanfmann*. Mainz: Philipp von Zabern, 1971, pp. 1-7.

_____. "The Critical Moment: The Transition from Currency to Coinage in the Eastern Mediterranean". *World Archeology*, n. 6, 1975, pp. 293-9.

_____. *Hacksilber to Coinage: New Insights into the Monetary History of the Near East and Greece*. Nova York: American Numismatic Society, 2001. (Numismatic Studies, 24).

BAN, Gu; SWANN, Nancy Lee. *Food and Money in Ancient China: The Earliest Economic History of China to A.D. 25; Han Shu 24, with Related Texts. Han Shu 91 and Shih-chi 129*. Princeton: Princeton University Press, 1950.

BANAJI, Jairus. *Agrarian Change in Late Antiquity: Gold, Labour, and Aristocratic Dominance*. Oxford: Oxford University Press, 2001.

BARASCH, Moshe. *Icon: Studies in the History of an Idea*. Nova York: New York University Press, 1993.

BARBER, Malcolm. *The Trial of the Templars*. Cambridge: Cambridge University Press, 1978.

BARENDSE, René J. *The Arabian Seas: The Indian Ocean World of the Seventeenth Century*. Armonk: M. E. Sharpe, 2002.

BARNES, Robert Harrison; BARNES, Ruth. "Barter and Money in an Indonesian Village Economy". *Man*, v. 24, n. 3, 1989, pp. 399-418. (New Series).

BARREAU, André. "Indian and Ancient Chinese Buddhism: Institutions Analogous to the Jisa". *Comparative Studies in Society and History*, v. 3, n. 4, 1961, pp. 443-51.

BARTH, Frederick. "Economic Spheres in Darfur". In: FIRTH, Raymond (Org.). *Themes in Economic Anthropology*. Londres: Tavistock, 1969, pp. 149-74. (ASA Monographs, 6).

BASHAM, Arthur Llewellyn. "Harsa of Kashmir and the Iconoclast Ascetics". *Bulletin of the School of Oriental and African Studies*, v. 12, n. 3/4, 1948, pp. 668-99.

BASKIND, James. "Mortification Practices in the Ōbaku School". In: WITTERN, Christian; LISHAN, Shi (Orgs.). *Essays on East Asian Religion and Culture, Festschrift in Honour of Nishiwaki Tsuneki on the Occasion of His 65th Birthday*. Kyoto: Kyoto University, 2007.

BATAILLE, Georges. "The Accursed Share, Volume III, Sovereignty, Part One: 'What I Understand by Sovereignty'". In: _____. *The Accursed Share*. Nova York: Zone Books, 1993, pp. 197-257. v. 2 e 3.

BATTUTA, Ibn. *Travels in Asia and Africa, 1325-1354*. Trad. para o inglês de Hamilton A. R. Gibb. Londres: Routledge & Kegan Paul, 1929.

BAXTER, William T. "Early Accounting: The Tally and Checkerboard". *Accounting Historians Journal*, v. 16, n. 2, 1989, pp. 43-83.

BEARD, Mary; HENDERSON, John. "With This Body I Thee Worship: Sacred Prostitution in Antiquity". *Gender & History*, n. 9, 1997, pp. 480-503.

BEATTIE, John. *Bunyoro: An African Kingdom*. Nova York: Holt, Rinehart and Winston, 1960.

BEAUCHET, Ludovic. *Histoire du droit privé de la République athénienne*. Paris: Chevalier Maresoq, 1897.

BEAUJARD, Philippe. "The Indian Ocean in Eurasian and African World-Systems before the Sixteenth Century". *Journal of World History*, v. 16, n. 4, 2005, pp. 411-65.

BEGG, David; FISCHER, Stanley; DORNBUSCH, Rudiger. *Economics*. 8. ed. Berkshire: McGraw-Hill, 2005.

BEIER, A. Lee. *Masterless Men: The Vagrancy Problem in England 1560-1640*. Londres: Routledge, 1985.

BELL, Stephanie. "Do Taxes and Bonds Finance Government Spending?". *Journal of Economic Issue*, n. 34, 1999, pp. 603-20.

_____. "The Role of the State and the Hierarchy of Money". *Cambridge Journal of Economics*, n. 25, 2000, pp. 149-63.

BELL, Stephanie; HENRY, John F. "Hospitality versus Exchange: The Limits of Monetary Economics". *Review of Social Economics*, v. 54, n. 2, 2001, pp. 203-26.

BELLAH, Robert N. "What is Axial About the Axial Age?". *Archives of European Sociology*, v. 46, n. 1, 2005, pp. 69-87.

BELO, Jane. "A Study of the Balinese Family". *American Anthropologist*, v. 38, n. 1, 1936, pp. 12-31.

BENEDETTO, Luigi Foscolo. *The Travels of Marco Polo*. Trad. para o inglês de Aldo Ricci. Londres: Routledge & Kegan Paul, 1931.

BENN, James A. "Where Text Meets Flesh: Burning the Body as an Apocryphal Practice in Chinese Buddhism". *History of Religions*, v. 37, n. 4, 1998, pp. 295-322.

_____. *Burning for the Buddha: Self-Immolation in Chinese Buddhism*. Honolulu: University of Hawaii Press, 2007.

BENVENISTE, Émile. *Indo-European Language and Society*. London: Faber & Faber, 1963. 2 v.

_____. "Don et échange dans le vocabulaire indo-européen". In: _____. *Problèmes de linguistique générale*. Paris: Gallimard, 1972.

BERNDT, Ronald M. "Ceremonial Exchange in Western Arnhem Land". *Southwestern Journal of Anthropology*, v. 7, n. 2, 1951, pp. 156-76.

BINSWANGER, Hans Christoph. *Money and Magic: A Critique of the Modern Economy in the Light of Goethe's Faust*. Chicago: University of Chicago Press, 1994.

BIRKS, Peter. "The Roman Law Concept of Dominium and the Idea of Absolute Ownership". *Acta Juridica*, n. 1, 1985, pp. 1-37.

BISHOP, Ryan; ROBINSON, Lilian S. *Night Market: Sexual Cultures and the Thai Economic Miracle*. Nova York: Routledge, 1998.

BLACKBURN, Robin. *The Making of New World Slavery: From the Baroque to the Modern, 1492-1800*. Londres: Verso, 1997.

BLACKSTONE, Sir William. *Commentaries on the Laws of England*. Londres: E. Duyckinck, 1827. 4 v.

BLANC, Louis. *L'Organisation du travail*. Paris: Au Bureau du Nouveau Monde, 1839.

BLAU, Peter. *Exchange and Power in Social Life*. Nova York: Wiley, 1964.

BLAXTER, Lorraine. "Rendre service and Jalousie". In: BAILEY, Frederick G. (Org.). *Gifts and Poison: The Politics of Reputation*. Londres: Basil Blackwell, 1971, pp. 119-30.

BLEIBERG, Edward. "Loans, Credit and Interest in Ancient Egypt". In: HUDSON, Michael; MIEROOP, Marc van de (Orgs.). *Debt and Economic Renewal in the Ancient Near East*. Bethesda: CDL Press, 2002, pp. 257-76.

BLICKLE, Peter. *The Revolution of 1525: The German Peasant's War from a New Perspective*. Trad. para o inglês de Thomas Brady e Erik Midelfort. Baltimore: Johns Hopkins University Press, 1977.

BLOCH, Marc. *Feudal Society*. Chicago: University of Chicago Press, 1961. 2 v. [Ed. port.: *Sociedade feudal*. 2. ed. Trad. de Emanuel Lourenço Godinho. Lisboa: Edições 70, 1987.]

BOGAERT, Raymond. *Les Origines antiques de la banque de dépôt*. Leiden: Sijthoff, 1966.

_____. *Banques et banquiers dans les cités grecques*. Leiden: Sijthoff, 1968.

BOHANNAN, Laura. "A Genealogical Charter". *Africa: Journal of the International African Institute*, v. 22, n. 4, 1952, pp. 301-15.

_____. "Political Aspects of Tiv Social Organization". In: MIDDLETON, John; TAIT, David (Orgs.). *Tribes Without Rulers*. Londres: Routledge & Kegan Paul, 1958, pp. 33-66.

_____. *Return to Laughter: An Anthropological Novel*. Nova York: Praeger, 1964. (Sob o pseudônimo de Elenore Bowen Smith).

BOHANNAN, Paul. "The Migration and Expansion of the Tiv". *Africa: Journal of the International African Institute*, v. 24, n. 1, 1954, pp. 2-16.

_____. "Some Principles of Exchange and Investment among the Tiv". *American Anthropologist*, n. 57, 1955, pp. 60-7.

_____. *Justice and Judgment among the Tiv*. Londres: Oxford University Press, 1957.

_____. "Extra-processual Events in Tiv Political Institutions". *American Anthropologist*, n. 60, 1958, pp. 1-12.

_____. "The Impact of Money on an African Subsistence Economy". *Journal of Economic History*, n. 19, 1959, pp. 491-503.

BOHANNAN, Paul; BOHANNAN, Laura. *The Tiv of Central Nigeria*. Londres: International African Institute, 1953.

_____. *Tiv Economy*. Evanston: Northwestern University Press, 1968.

_____. *A Source Notebook on Tiv Religion*. New Haven: Human Relations Area Files, 1969. 5 v.

BOIANOVSKY, Mauro. "Böhm-Baewerk, Irving Fisher, and the Term 'Veil of Money'". *History of Political Economy*, v. 25, n. 4, 1993, pp. 725-38.

BOKENKAMP, Stephen R. "Fu: Talisman, Tally, Charm". In: PREGADIO, Fabrizio (Org.). *The Encyclopedia of Taoism*. Londres: Routledge, 2008, pp. 35-8.

BOLLES, John Augustus. *A Treatise on Usury and Usury Laws*. Boston: James Munroe, 1837.

BOON, James A. *The Anthropological Romance of Bali, 1597-1972: Dynamic Perspectives in Marriage and Caste, Politics, and Religion*. Cambridge: Cambridge University Press, 1977.

BOTTÉRO, Jean. "Désordre économique et annulation des dettes en Mésopotamie à l'époque paléo-babylonienne". *Journal of the Economic and Social History of the Orient*, n. 4, 1961, pp. 113-64.

_____. *Everyday Life in Ancient Mesopotamia*. Trad. para o inglês de Antonia Nevill. Baltimore: Johns Hopkins University Press, 1992.

BOULAKIA, Jean D. C. "Ibn Khaldûn: A Fourteenth-Century Economist". *Journal of Political Economy*, v. 79, n. 5, 1971, pp. 1105-18.

BOURDIEU, Pierre. "The Sentiment of Honor in Kabyle Society". In: PERISTIANY, John G. (Org.). *Honour and Shame: The Values of Mediterranean Society*. Londres: Trinity Press, 1965, pp. 191-242.

_____. *Outline of a Theory of Practice*. Cambridge: Cambridge University Press, 1977.

_____. *The Logic of Practice*. Trad. para o inglês de Richard Nice. Cambridge: Polity Press, 1990.

BOWERS, Richard H. "From Rolls to Riches: King's Clerks and Moneylending in Thirteenth-Century England". *Speculum*, v. 58, n. 1, 1983, pp. 60-71.

BOYER-XAMBEU, Marie-Thérèse; DELEPLACE, Ghislain; GILLARD, Lucien. *Private Money & Public Currencies: The 16th Century Challenge*. Trad. para o inglês de Azizeh Azodi. Armonk: M. E. Sharpe, 1994.

BRADLEY, Keith R. "On the Roman Slave Supply and Slavebreeding". In: FINLEY, Moses I. (Org.). *Classical Slavery*. Londres: Routledge, 1987, pp. 42-64.

BRADY JR., Thomas A. "The Rise of Merchant Empires, 1400-1700. A European Counterpoint". In: TRACY, James D. (Org.). *The Political Economy of Merchant Empires*. Cambridge: Cambridge University Press, 1997, pp. 117-60.

BRAND, Paul. "Aspects of the Law of Debt, 1189-1307". In: SCHOFIELD, Phillipp R.; MAYHEW, Nicholas J. (Orgs.). *Credit and Debt in Medieval England, c. 1180-c. 1350*. Londres: Oxbow, 2002, pp. 19-41.

_____. "The Jewish Community of England in the Records of the English Royal Government". In: SKINNER, Patricia (Org.). *The Jews in Medieval Britain: Historical, Literary, and Archaeological Perspectives*. Woodbridge: Boyden and Brewer, 2003, pp. 73-96.

BRAUDEL, Fernand. *Civilisation matérielle, économie et capitalisme, XVe-XVIIIe siècle: Le temps du monde*. Paris: A. Colin, 1979. v. 3.

_____. *Civilization and Capitalism, 15th-18th Century: The Wheels of Commerce*. Berkeley: University of California Press, 1992.

_____. *The Mediterranean and the Mediterranean World in the Age of Philip II*. Berkeley: University of California Press, 1995. 2 v.

BRENNER, Robert. *The Boom and the Bubble: The US in the World Economy*. Londres: Verso, 2002.

BRIANT, Paul. *From Cyrus to Alexander: A History of the Persian Empire*. Nova York: Eisenbrauns, 2006.

BROCK, Roger. "The Labour of Women in Classical Athens". *The Classical Quarterly*, v. 44, n. 2, 1994, pp. 336-46. (New Series).

BRONKHORST, Johannes. *Greater Magadha: Studies in the Culture of Early India*. Leiden: Brill, 2007.

BROOK, Timothy. *The Confusions of Pleasure: Commerce and Culture in Ming China*. Berkeley: University of California Press, 1998.

BRUNT, Peter A. *Social Conflicts in the Roman Republic*. Nova York: Norton, 1974.

BRYANT, Joseph M. *Moral Codes and Social Structure in Ancient Greece: A Sociology of Greek Ethics from Homer to the Epicureans and Stoics*. Albany: State University of New York Press, 1996.

BÜCHER, Karl. *Industrial Evolution*. Trad. para o inglês de Samuel Morley Wickett. Nova York: Holt, 1907.

BUCKLAND, William Warwick. *The Roman Law of Slavery*. Cambridge: Cambridge University Press, 1908.

BUCKLER, William H. *The Origin and History of Contract in Roman Law down to the End of the Republican Period*. Londres: C. J. Clay & Sons, 1895.

BULLIET, Richard W. *Conversion to Islam in the Medieval Period: An Essay in Quantitative History*. Cambridge: Harvard University Press, 1979.

BUTRICA, James L. "Some Myths and Anomalies in the Study of Roman Sexuality". In: VERSTRAETE, Beert C.; PROVENCAL, Vernon (Orgs.). *Same-Sex Desire and Love in Greco-Roman Antiquity and in the Classical Tradition of the West*. Berkeley: University of California Press, 2006, pp. 209-70.

BYRNE, Frances. "Tribes and Tribalism in Early Ireland". *Ériu*, n. 22, 1971, pp. 128-66.

_____. *Irish Kings and High Kings*. Londres: Batsford, 1973.

CAFFENTZIS, Constantine George. *Clipped Coins, Abused Words, and Civil Government: John Locke's Philosophy of Money*. Nova York: Autonomedia, 1989.

CAIRNS, Francis. "The 'Laws of Eretria' (IG XII.9 1273 e 1274): Epigraphic, Legal, Historical, and Political Aspects". *Phoenix*, v. 45, n. 4, 1991, pp. 296-313.

CALHOUN, George W. "Classes and Masters in Homer". *Classical Philology*, n. 29, 1934, pp. 192-206, 301-16.

CAMBIANO, Guiseppe. "Aristotle and the Anonymous Opponents of Slavery". In: FINLEY, Moses I. (Org.). *Classical Slavery*. Londres: Frank Cass, 1987, pp. 28-53.

CAMPBELL, John Kennedy. *Honour, Family and Patronage: A Study of Institutions and Moral Values in a Greek Mountain Community*. Oxford: Oxford University Press, 1964.

CANNAN, Edwin. "Early History of the Term Capital". *Quarterly Journal of Economics*, v. 35, n. 3, 1921, pp. 469-81.

CARDASCIA, Guillaume. "L'Adoption matrimoniale à Babylone et à Nuzi". *Revue historique de droit français et étranger*, v. 37, 1959, pp. 1-16.

_____. *Les Lois assyriennes*. Paris: Cerf, 1969. (Littératures Anciennes du Proche-Orient, 2).

CARTIER, Michel. "Dette et propriété en Chine". In: MALAMOUD, Charles (Org.). *Lien de Vie: Noued Martel: Les représentations de la dette en Chine, au Japan, et dans le monde Indien*. Paris: Éditions de l'École des Hautes Études en Sciences Sociales, 1988, pp. 17-29.

CASE, Karl E. et al. *Economics*. Londres: Prentice Hall, 1996.

CASKEY, John P. *Fringe Banking: Check-Cashing Outlets, Pawnshops, and the Poor*. Nova York: Russell Sage Foundation, 1994.

CERNY, Jaroslav. "Prices and Wages in Egypt in the Ramesside Period". *Cahiers d'histoire mondiale*, n. 4, 1954, pp. 903-21.

CHAGNON, Napoleon A. *Yanomamo: Case Studies in Cultural Anthropology*. 5. ed. Texas: Harcourt Brace, 1996. [Ed. bras.: *Nobres selvagens: Minha vida entre duas tribos perigosas — os ianomâmis e os antropólogos*. São Paulo: Três Estrelas, 2014.]

CHAKRAVARTI, Uma. "Of Dasas and Karmakaras: Servile Labor in Ancient India". In: PATNAIK, Ursa; DINGWANEY, Manjari (Orgs.). *Chains of Servitude: Bondage and Slavery in India*. Reno: University of Nevada Press, 1985, pp. 35-75.

CHALLIS, C. E. *The Tudor Coinage*. Nova York: Barnes & Noble, 1978.

CHAPMAN, Anne. "Barter as a Universal Mode of Exchange". *L'Homme*, v. 22, n. 3, 1980, pp. 33-83.

CHARLES-EDWARDS, T. M. "Honour and Status in Some Irish and Welsh Prose Tales". *Eriu*, n. 29, 1978, pp. 123-41.

_____. *Early Irish and Welsh Kinship*. Oxford: Oxford University Press, 1993.

CHATTERJEE, Heramba. *The Law of Debt in Ancient India*. Calcutá: Sanskrit College, 1971.

CHATTOPADHYAYA, Debiprasad. *Carvaka/ Lokayata: An Anthology of Source Materials and Some Recent Studies*. Nova Delhi: Mrinal Kanti Gangopadhyaya, 1994.

CHAUDHURI, Kirti N. *Trade and Civilisation in the Indian Ocean: An Economic History from the Rise of Islam to 1750*. Cambridge: Cambridge University Press, 1985.

_____. *Asia Before Europe: Economy and Civilization of the Indian Ocean from the Rise of Islam to 1750*. Cambridge: Cambridge University Press, 1990.

CHAUHAN, Gian Ghand. *An Economic History of Early Medieval Northern India*. Nova Delhi: Atlantic Publishers, 2003.

CH'EN, Kenneth K. S. *Buddhism in China: A Historical Survey*. Princeton: Princeton University Press, 1964.

CHOKSY, Jamsheed K. "Loan and Sales Contracts in Ancient and Early Medieval Iran". *Indo-Iranian Journal*, v. 31, n. 3, 1988, pp. 191-218.

CIPOLLA, Carlo M. *Money, Prices and Civilisation in the Mediterranean World: Fifth to Seventeenth Centuries*. Princeton: Princeton University Press, 1967.

CLANCHY, Michael T. *From Memory to Written Record, England 1066-1307*. Oxford: Blackwell, 1993.

CLARENCE-SMITH, William G. "Islamic Abolitionism in the Western Indian Ocean from c. 1800". In: *Slavery and the Slave Trades in the Indian Ocean and Arab Worlds: Global Connections and Disconnections*, Yale University, 2008.

CLAVERO, Bartolomé. "The Jurisprudence on Usury as a Social Paradigm in the History of Europe". In: HEYEN, Erik Volkmar (Org.). *Historische Soziologie der Rechtswissenschaft*. Frankfurt: Vittorio Klostermann, 1986, pp. 23-36.

CLENDINNEN, Inga. *Aztecs: An Interpretation*. Cambridge: Cambridge University Press, 1991.

CODERE, Helen. *Fighting with Property: A Study of Kwakiutl Potlatching and Warfare 1792--1930*. Nova York: American Ethnological Society, 1950. (Monograph, 18).

COHEN, David. "Seclusion, Separation and the Status of Women in Classical Athens". *Greece and Rome*, v. 36, n. 1, 1987, pp. 1-15.

COHEN, Edward E. "Review of 'Lending and Borrowing in Ancient Athens'". *Bryn Mawr Classical Review*, v. 3, n. 4, 1995.

COHN, Norman. *The Pursuit of the Millennium: Revolutionary Millenarians and Mystical Anarchists of the Middle Ages*. Nova York: Oxford University Press, 1972.

COLE, Alan. *Mothers and Sons in Chinese Buddhism*. Palo Alto: Stanford University Press, 1998.

COLEMAN, Janet. "Dominium in 13th and 14th Century Political Thought and its 17th Century Heirs: John of Paris and Locke". *Political Studies*, n. 33, 1985, pp. 73-100.

COLEMAN, Janet. "Property and Poverty". In: BARNES, James H. (Org.). *The Cambridge History of Medieval Political Thought, c. 1350-1450*. Cambridge: Cambridge University Press, 1988, pp. 607-48.

COLLINS, Randall. *Weberian Social Theory*. Cambridge: Cambridge University Press, 1986.

_____. *The Sociology of Philosophies: A Global Theory of Intellectual Change*. Cambridge: Harvard University Press, 1989.

COMAROFF, John L. (Org.). *The Meaning of Marriage Payments*. Londres: Academic Press, 1980.

COMTE, Auguste. *Catecismo positivista*. Trad. de Miguel Lemos. São Paulo: Abril Cultural, 1983.

COOK, Robert Manuel. "Speculations on the Origins of Coinage". *Historia*, n. 7, 1958, pp. 257-67.

COOPER, Frederick. "The Problem of Slavery in African Studies". *Journal of African History*, n. 20, 1979, pp. 103-25.

COOPER, Jerrold S. *Sumerian and Akkadian Royal Inscriptions, Volume I: Presargonic Inscriptions*. New Haven: American Oriental Society, 1986.

_____. "Virginity in Ancient Mesopotamia". In: PARPOLA, Simo; WHITING, Robert M. (Orgs.). *Sex and Gender in the Ancient Near East: Proceedings of the 47th Rencontre Assyriologique Internationale, Helsinki*. Helsinque: Neo-Assyrian Text Corpus Project, 2002, pp. 91-112.

COOPER, Melinda. "The Unborn Born Again: Neo-Imperialism, the Evangelical Right and the Culture of Life". *Postmodern Culture*, v. 17, n. 1, 2006.

_____. *Life as Surplus: Biotechnology and Capitalism in the Neoliberal Era*. Seattle: University of Washington Press, 2008.

CORNELL, Tim. *The Beginnings of Rome: Italy and Rome from the Bronze Age to the Punic Wars (c. 1000-264 B.C.)*. Londres: Routledge, 1995.

CORTÉS, Hernán. *The Fifth Letter of Hernán Cortés to the Emperor Charles V: Containing an Account of his Expedition to Honduras*. Londres: Hakluyt Society, 1868.

COTTER, James Finn. "The Wife of Bath and the Conjugal Debt". *English Language Notes*, v. 6, 1969. pp. 169-72.

COVARRUBIAS, Miguel. *Island of Bali*. Londres: Routledge & Kegan Paul, 1937.

CURTIN, Philip D. *The Atlantic Slave Trade: A Census*. Madison: University of Wisconsin Press, 1969.

CURTIN, Philip D.; VANSINA, Jan. "Sources of the Nineteenth Century Atlantic Slave Trade". *Journal of African History*, v. 5, n. 2, 1964, pp. 185-208.

CUSTERS, Peter. *Questioning Globalized Militarism: Nuclear and Military Production and Critical Economic Theory*. Monmouth: Merlin Press, 2006.

DANDAMAEV, Muhammed. *Slavery in Babylonia, from Nabopolasser to Alexander the Great (626-331 B.C.)*. Illinois: Northern Illinois University Press, 1984.

DARNTON, Robert. *The Great Cat Massacre*. Nova York: Vintage Books, 1984.

DAVENANT, Charles. "Discourses on the Public Revenues and on Trade. Discourse II: Concerning Credit, and the Means and Methods by Which it May be Restored". In:

WHITWORTH, Sir Charles (Org.). *The Political and Commercial Works of That Celebrated Writer Charles D'Avenant: Relating to the Trade and Revenue of England, the Plantation Trade, the East-India Trade and African Trade*. Londres: R. Horsefeld, 1771, pp. 150-206.

DAVIDSON, Paul. "Keynes and Money". In: ARESTIS, Philip; SAWYER, Malcolm (Orgs.). *A Handbook of Alternative Monetary Economics*. Cheltenham: Edward Elgar Press, 2006, pp. 139-53.

DAVIES, Glyn. *A History of Money: From Ancient Times to the Present Day*. Cardiff: University of Wales Press, 1996.

DAVIES, Kenneth Gordon. *The North Atlantic World in the Seventeenth Century*. St. Paul: University of Minnesota Press, 1975.

DAVIS, John. *Corporations*. Nova York: Capricorn, 1904.

DELÂGE, Denys. *Bitter Feast: Amerindians and Europeans in Northeastern North America, 1600-64*. Vancouver: University of British Columbia Press, 1993.

DELEUZE, Gilles; GUATTARI, Félix. *Anti-Oedipe*. Trad. para o inglês de Robert Hurley, Mark Seem e Helen R. Lane. Nova York: Continuum, 2004.

DENG, Gang. *The Premodern Chinese Economy: Structural Equilibrium and Capitalist Sterility*. Londres: Routledge, 1999.

DENZEL, Markus A. "The European Bill of Exchange". In: XIV International Economic History Congress, Helsinque, Finlândia, 2006. Disponível em: <www.helsinki.fi/iehc2006/papers1/Denzel2.pdf>.

DERRIDA, Jacques. *Of Hospitality: Anne Dufourmantelle Invites Jacques Derrida to Respond*. Trad. para o inglês de Rachel Bowlby. Stanford: Stanford University Press, 2000.

_____. *Acts of Religion*. Londres: Routledge, 2001.

DESCAT, Raymond. "L'Économie antique et la cité grecque: Un modèle en question". *Annales. Histoire, Sciences Sociales*, v. 50, n. 5, 1995, pp. 961-89.

DHAVALIKAR, Madhukar Keshav. "The Beginning of Coinage in India". *World Archaeology*, v. 6, n. 3, 1975, pp. 330-8.

DIAKONOFF, Igor. "The Structure of Near Eastern Society before the Middle of the 2th Millennium B.C.". *Oikumene*, n. 3, 1982, pp. 7-100.

DÍAZ, Bernal. *The Memoirs of the Conquistador Bernal Diaz del Castillo, Written by Himself, Containing a True and Full Account of the Discovery and Conquest of Mexico and New Spain*. Trad. para o inglês de John Ingram Lockhart. Boston: J. Hatchard and Son, 1844. 2 v.

_____. *The Conquest of New Spain*. Trad. para o inglês de J. M. Cohen. Nova York: Penguin Books, 1963.

DI COSMO, Nicola; WYATT, Don J. (Orgs.). *Political Frontiers, Ethnic Boundaries, and Human Geographies in Chinese History*. Londres: Routledge Curzon, 2005.

DIGBY, Kenelm Edward; HARRISON, William Montagu. *An Introduction to the History of the Law of Real Property with Original Authorities*. 5. ed. Oxford: Clarendon Press, 1897.

DIGHE, Ranjit (Org.). *The Historian's Wizard of Oz: Reading L. Frank Baum's Classic as a Political and Monetary Allegory*. Westport: Greenwood Publishing Group, 2002.

DIKE, Kenneth Onwuka; EKEJIUBA, Felicia. *The Aro of Southeastern Nigeria, 1650-1980: A Study of Socio-Economic Formation and Transformation in Nigeria*. Ibadan: University Press, 1990.

DIKSHITAR, Vishnampet R. Ramachandra. *War in Ancient India*. Déli: Motilal Banarsidass, 1948.

DILLON, John M. *Morality and Custom in Ancient Greece*. Bloomington: Indiana University Press, 2004.

DIXON, C. Scott. *The Reformation and Rural Society: The Parishes of Brandenburg-Ansbach-Kulmbach, 1528-1603*. Cambridge: Cambridge University Press, 2002.

DOBB, Maurice. Studies in the Development of Capitalism. Londres: George Routledge & Sons, 1946.

DOCKÈS, Pierre. *Medieval Slavery and Liberation*. Trad. para o inglês de Arthur Goldhammer. Chicago: University of Chicago Press, 1979.

DOHERTY, Charles. "Exchange and Trade in Early Medieval Ireland". *Journal of the Royal Society of Antiquaries of Ireland*, n. 110, 1980, pp. 67-89.

DONZELOT, Jacques. *L'Invention du social: Essai sur le déclin des passions politiques*. Paris: Seuil, 1994.

DOOLEY, Michael P.; FOLKERTS-LANDAU, Paul; GARBER, Peter. "The Revived Bretton Woods System". *International Journal of Finance and Economics*, v. 9, n. 4, 2004, pp. 307-13.

_____. "Bretton Woods II Still Defines The International Monetary System". *Pacific Economic Review, Blackwell Publishing*, v. 14, n. 3, 2009, pp. 297-311.

DORWARD, David C. "Precolonial Tiv Trade and Cloth Currency". *International Journal of African Historical Studies*, v. 9, n. 4, 1976, pp. 576-91.

DOUGLAS, Mary. "A Form of Polyandry among the Lele of the Kasai". *Africa: Journal of the International African Institute*, v. 21, n. 1, 1951, pp. 1-12. (Artigo assinado como Mary Tew).

_____. "Raffia Cloth Distribution in the Lele Economy". *Africa: Journal of the International African Institute*, v. 28, n. 2, 1958, pp. 109-22.

_____. "Blood-Debts and Clientship among the Lele". *Journal of the Royal Anthropological Institute of Great Britain and Ireland*, v. 90, n. 1, 1960, pp. 1-28.

_____. "The Lele Compared with the Bushong: A Study in Economic Backwardness". In: BOHANNAN, Paul; DALTON, George (Orgs.). *Markets in Africa*. Chicago: Northwestern University Press, 1962, pp. 211-23.

_____. *The Lele of the Kasai*. Londres: Oxford University Press, 1963.

_____. "Matriliny and Pawnship in Central Africa". *Africa: Journal of the International African Institute*, v. 34, n. 4, 1964, pp. 301-13.

_____. *Purity and Danger: An Analysis of Concepts of Pollution and Taboo*. Londres: Routledge & Kegan Paul, 1966.

_____. *In the Active Voice*. Londres: Routledge & Kegan Paul, 1982.

_____. "Sorcery Accusations Unleashed: The Lele Revisited, 1987". *Africa: Journal of the International African Institute*, v. 69, n. 2, 1999, pp. 177-93.

DOWNES, Rupert Major. *The Tiv Tribe*. Kaduna: Government Printer, 1933.
_____. *Tiv Religion*. Ibadan: Ibadan University Press, 1971.
DREYER, Edward L. *Zheng He: China and the Oceans in the Early Ming Dynasty, 1405-1433*. Nova York: Pearson Longman, 2006.
DRIVER, Godfrey Rolles; MILES, John C. *The Assyrian Laws*. Oxford: Clarendon Press, 1935.
DUBOIS, Page. *Slaves and Other Objects*. Chicago: University of Chicago Press, 2003.
DUBY, Georges. *Guerriers et paysans, VIIe-XIIe siècle: Premier essor de l'économie européenne*. Paris: Gallimard, 1973.
_____. *The Three Orders: Feudal Society Imagined*. Trad. para o inglês de Arthur Goldhammer. Chicago: University of Chicago Press, 1980.
_____. *Rural Economy and the Country Life in the Medieval West*. Nova York: Routledge & Kegan Paul, 1982.
DUFFY, Seán; MACSHAMHRÁIN, Ailbhe; MOYNES, James (Orgs.). *Medieval Ireland: An Encyclopedia*. Dublin: CRC Press, 2005.
DUGGAN, E. de C. "Notes on the Munshi Tribe". *Journal of the African Society*, n. 31, 1932, pp. 173-82.
DUMONT, Louis. *Homo Hierarchicus: Essai sur le système des castes*. Paris: Gallimard, 1966.
_____. *From Mandeville to Marx: The Genesis and Triumph of Economic Ideology*. Chicago: University of Chicago Press, 1981.
_____. *Essays on Individualism: Modern Ideology in Anthropological Perspective*. Chicago: University of Chicago Press, 1992.
DUYVENDAK, Jan Julius Lodewijk. *The Book of Lord Shang*. Londres: Arthur Probsthain, 1928.
DYER, Christopher. *Standards of Living in the Later Middle Ages: Social Change in England, c. 1200-1520*. Cambridge: Cambridge University Press, 1989.
EINAUDI, Luigi. "The Theory of Imaginary Money from Charlemagne to the French Revolution". In: LANE, Federic C.; RIEMERSMA, Jelle C. (Orgs.). *Enterprise and Secular Change*. Londres: Allen & Unwin, 1956.
EINZIG, Paul. *Primitive Money in its Ethnological, Historical, and Ethnographic Aspects*. Nova York: Pergamon Press, 1949.
EISENSTADT, Shmuel N. "The Axial Age: The Emergence of Transcendental Visions and the Rise of Clerics". *European Journal of Sociology*, v. 23, n. 2, 1982, pp. 294-314.
_____. "Heterodoxies and Dynamics of Civilizations". *Proceedings of the American Philosophical Society*, v. 128, n. 2, 1984, pp. 104-13.
_____. *The Origins and Diversity of Axial Age Civilizations*. Albany: State University of New York Press, 1986.
EKEJIUBA, Felicia Ifeoma. "The Aro Trade System in the Nineteenth Century". *Ikenga*, v. 1, n. 1, pp. 11-26; v. 1, n. 2, 1972, pp. 10-21.
ELAYI, Josette; ELAYI, A. G. *Trésors de monnaies phéniciennes et circulation monétaire (V^e-IVe siècle avant J.-C.)*. Paris: Gabalda, 1993.

ELLIS, Thomas Peter. *Welsh Tribal Law and Custom in the Middle Ages*. Oxford: Oxford University Press, 1926.

ELTIS, David et al. *The Transatlantic Slave Trade: A Database*. Cambridge: Cambridge University Press, 2000.

ELWAHED, Ali Abd ('Alī 'Abd al-Wāḥid). *Contribution à une théorie sociologique de l'esclavage: Étude des situations génératrices de l'esclavage, avec appendice sur l'esclavage de la femme et bibliographie critique*. Paris: Éditions Albert Mechelinck, 1931.

ELYACHAR, Julia. "Empowerment Money: The World Bank, Non-Governmental Organizations, and the Value of Culture in Egypt". *Public Culture*, v. 14, n. 3, 2002, pp. 493-513.

_____. *Markets of Dispossession: NGOs, Economic Development, and the State in Cairo*. Durham: Duke University Press, 2005.

ENDRES, Rudolf. "The Peasant War in Franconia". In: SCRIBNER, Bob; BENECKE, Gerhard (Orgs.). *The German Peasant War of 1525: New Viewpoints*. Londres: Allen & Unwin, 1979, pp. 63-83.

ENGELS, Donald W. *Alexander the Great and the Logistics of the Macedonian Army*. Berkeley: University of California Press, 1978.

EQUIANO, Olaudah. *The Interesting Narrative of the Life of Olaudah Equiano: Or, Gustavus Vassa, the African*. Nova York: Modern Library, 2004.

ERDOSY, George. *Urbanisation in Early Historic India*. Oxford: British Archaeological Reports, 1988.

_____. "City States in North India and Pakistan at the Time of the Buddha". In: ALLICHIN, Frank; ERDOSY, George (Orgs.). *The Archaeology of Early Historic South Asia: The Emergence of Cities and States*. Cambridge: Cambridge University Press, 1995, pp. 99-122.

ESSID, Yassine. "Islamic Economic Thought". In: LOWRY, Todd (Org.). *Preclassical Economic Thought: From the Greeks to the Scottish Enlightenment*. Boston: Kluwer, 1988, pp. 77-102.

_____. *A Critique of the Origins of Islamic Economic Thought*. Leiden: E. J. Brill, 1995.

EVANS-PRITCHARD, Edward E. "An Alternative Term for 'Bride-Price'". *Man*, n. 31, 1931, pp. 36-9.

_____. *The Nuer: A Description of the Modes of Livelihood and Political Institutions of a Nilotic People*. Oxford: Clarendon Press, 1940.

_____. *The Divine Kingship of the Shilluk of the Nilotic Sudan. The Frazer Lecture for 1948*. Cambridge: Cambridge University Press, 1948.

_____. *Kinship and Marriage among the Nuer*. Oxford: Clarendon Press, 1951.

FALKENHAUSEN, Lothar von. "The E Jun Qi Metal Tallies: Inscribed Texts and Ritual Contexts". In: KERN, Martin (Org.). *Text and Ritual in Early China*. Seattle: University of Washington Press, 2005, pp. 79-123.

FALKENSTEIN, Adam. "La Cité-temple sumérienne". *Cahiers d'histoire mondiale*, n. 1, 1954, pp. 784-814.

FALOLA, Toyin; LOVEJOY, Paul E. (Orgs.). *Pawnship in Africa: Debt Bondage in Historical Perspective*. Boulder: University of Colorado Press, 1994.

FARDON, Richard. "Sisters, Wives, Wards and Daughters: A Transformational Analysis of the Political Organization of the Tiv and their Neighbors. Part I: 'The Tiv'". *Africa: Journal of the International African Institute*, v. 54, n. 4, 1984, pp. 2-21.

_____. "Sisters, Wives, Wards and Daughters: A Transformational Analysis of the Political Organization of the Tiv and their Neighbours. Part II: 'The Transformations'". *Africa: Journal of the International African Institute*, v. 55, n. 1, 1985, pp. 77-91.

FAURE, Bernard. "The Buddhist Icon and the Modern Gaze". *Critical Inquiry*, v. 24, n. 3, 1998, pp. 768-813.

_____. *Visions of Power: Imagining Medieval Japanese Buddhism*. Princeton: Princeton University Press, 2000.

FAYAZMANESH, Sasan. *Money and Exchange: Folktales and Reality*. Nova York: Routledge, 2006.

FEDERAL RESERVE BANK OF NEW YORK. "The Federal Reserve Bank of New York: The Key to the Gold Vault", 2008. Disponível em: <www.newyorkfed.org/education/addpub/goldvaul.pdf>.

FEDERICI, Silvia. *Caliban and the Witch: Women, the Body and Primitive Accumulation*. Nova York: Autonomedia, 2004. [Ed. bras.: *Calibã e a bruxa: Mulheres, corpo e acumulação primitiva*. São Paulo: Elefante, 2017.]

FEELEY-HARNIK, Gillian. "The King's Men in Madagascar: Slavery, Citizenship and Sakalava Monarchy". *Africa: Journal of the International African Institute*, v. 52, n. 2, 1982, pp. 31-50.

FELLER, David E. "How a Low Wage Economy with Weak Labor Laws Brought Us the Mortgage Credit Crisis". *Berkeley Journal of Employment and Labor Law*, v. 29, n. 2, 2008, pp. 455-72.

FENTON, William N. "Northern Iroquois Culture Patterns". In: STURTEVANT, William; TRIGGER, Bruce (Orgs.). *Northeast*. Washington, DC: Smithsonian Institute Press, 1978, pp. 296-321. (Handbook of the North American Indians, v. 15).

FERGUSON, Niall. *The Cash Nexus: Money and Power in the Modern World, 1700-2000*. Londres: Allen Lane, 2001.

_____. *Colossus: The Price of America's Empire*. Londres: Penguin, 2004.

_____. *The Ascent of Money: A Financial History of the World*. Londres: Penguin, 2007. [Ed. bras.: *A ascensão do dinheiro: A história financeira do mundo*. 3. ed. São Paulo: Crítica, 2021.]

FIGUEIRA, Thomas J. "The Theognidea and Megarian Society". In: FIGUEIRA, Thomas J.; NAGY, Gregory. *Theognis of Megara: Poetry and the Polis*. Baltimore: The Johns Hopkins University Press, 1985, pp. 112-68.

FINKELSTEIN, Jacob J. "Ammisaduqa's Edict and the Babylonian 'Law Codes'". *Journal of Cuneiform Studies*, n. 15, 1961, pp. 91-104.

_____. "Some New Misharum Material and Its Implications". *Assyriological Studies*, n. 16, 1965, pp. 233-46.

_____. "Sex Offenses in Sumerian Laws". *Journal of the American Oriental Society*, n. 86, 1966, pp. 355-72.

FINLEY, Moses I. *The World of Odysseus*. Nova York: Viking Press, 1954.

FINLEY, Moses I. *Slavery in Classical Antiquity: Views and Controversies.* Cambridge: W. Heffer & Sons, 1960.

_____. *The Ancient Greeks: An Introduction to Their Life and Thought.* Nova York: Viking Press, 1963.

_____. "Between Slavery and Freedom". *Comparative Studies in Society and History*, v. 6, n. 3, 1964, pp. 233-49.

_____. *The Ancient Economy.* Berkeley: University of California Press, 1974.

_____. *Ancient Slavery and Modern Ideology.* Londres: Penguin, 1980.

_____. *Economy and Society in Ancient Greece.* Nova York: Penguin, 1981.

_____. *Politics in the Ancient World.* Cambridge: Cambridge University Press, 1983.

_____. *Studies in Land and Credit in Ancient Athens, 500-200 BC: The "Horos" Inscriptions.* New Brunswick: Transaction Publishers, 1985.

FIRTH, Raymond. *Economics of the New Zealand Maori.* Wellington: R. E. Owen, 1959.

FISCHEL, Walter J. *Jews in the Economic and Political Life of Medieval Islam.* Londres: Royal Asiatic Society, 1937.

FISER, Ivo. "The Problem of the Setthi in Buddhist Jatakas". In: CHAKRAVARTI, Ranabir (Org.). *Trade in Early India.* Oxford: Oxford University Press, 2004, pp. 166-98.

FISHER, Douglas. "The Price Revolution: A Monetary Interpretation". *Journal of Economic History*, v. 49, n. 1, 1989, pp. 884-902.

FITZPATRICK, Jim. *Three Brass Balls: The Story of the Irish Pawnshop.* Dublin: Collins Press, 2001.

FLANDRIN, Jean-Louis. *Families in Former Times.* Cambridge: Cambridge University Press, 1979.

FLEET, John Faithful. *Inscriptions of the Early Gupta Kings and Their Successors, Corpus Inscriptionium Indicarum.* Calcutá: Government Printer, 1888. v. 3.

FLYNN, Dennis. "A New Perspective on the Spanish Price Revolution: The Monetary Approach to the Balance of Payments". *Explorations in Economic History*, v. 15, n. 4, 1978, pp. 388-406.

_____. "Spanish-American Silver and World Markets in the Sixteenth Century". *Economic Forum*, n. 10, 1979, pp. 46-71.

_____. "The Population Thesis View of Sixteenth-Century Inflation Versus Economics and History". In: IRSIGLER, Franz; CAUWENBERGHE, Eddy H. G. van (Orgs.). *Munzpragung, Geldumlauf und Wechselkurse/Mintage, Monetary Circulation and Exchange Rates.* In: Akten der C7-Section des 8th International Economic History Congress Budapest, 1982. Trier: THF-Verlag, 1982, pp. 361-82.

FLYNN, Dennis; GIRÁLDEZ, Arturo. "Born with a 'Silver Spoon': The Origin of World Trade in 1571". *Journal of World History*, v. 6, n. 2, 1995, pp. 201-11.

_____. "Cycles of Silver: Global Economic Unity through the Mid-Eighteenth Century". *Journal of World History*, v. 13, n. 2, 2002, pp. 391-427.

FORSTATER, Mathew. "Taxation and Primitive Accumulation: The Case of Colonial Africa". *Research in Political Economy*, n. 22, 2005, pp. 51-64.

FORSTATER, Mathew. "Taxation: Additional Evidence from the History of Thought, Economic History, and Economic Policy". In: SETTERFIELD, Mark (Org.). *Complexity, Endogenous Money, and Exogenous Interest Rates*. Chetlenham: Edward Elgar Press, 2006.

FRANKFORT, Henri. *Kingship and the Gods: A Study of Ancient Near Eastern Religion as the Integration of Society and Nature*. Chicago: University of Chicago Press, 1948.

FREMIGACCI, Jean. "Ordre économique colonial et exploitation de l'indigène: Petits colons et forgerons Betsileo (1900-1923)". *Archipel*, v. 11, n. 1, 1976, pp. 177-222.

FREUCHEN, Peter. *Book of the Eskimos*. Ohio: World Publishing Co., 1961.

FRIEDMAN, Thomas L. *The Lexus and the Olive Tree*. Nova York: Farrar, Straus and Giroux, 1999.

GADAMER, Hans-Georg. *Truth and Method*. Trad. para o inglês de Joel Weinsheimer e Donald G. Marshall. Londres: Continuum, 2004.

GALEY, Jean-Claude. "Creditors, Kings and Death: Determinations and Implications of Bondage in Tehri-Gathwal (Indian Himalayas)". In: MALAMAUD, Charles (Org.). *Debts and Debtors*. Londres: Vikas, 1983, pp. 67-124.

GALLANT, Thomas W. "Honor, Masculinity, and Ritual Knife Fighting in Nineteenth--Century Greece". *American Historical Review*, v. 105, n. 2, 2000, pp. 359-82.

GALLERY, Maureen L. "Services Obligations of the Kezertu-Women". *Orientalia*, v. 49, 1980, pp. 333-8.

GARDINER, Geoffrey. "The Primacy of Trade Debts in the Development of Money". In: WRAY, L. Randall (Org.). *Credit and State Theories of Money: The Contributions of A. Mitchell-Innes*. Cheltingham: Edward Elgar Press, 2004.

GARNSEY, Peter. *Ideas of Slavery from Aristotle to Augustine*. Cambridge: Cambridge University Press, 1996.

_____. *Thinking about Property: From Antiquity to the Age of Revolution*. Cambridge: Cambridge University Press, 2008.

GATES, Hill. "The Commoditization of Women in China". *Signs*, v. 14, n. 4, 1989, pp. 799-832.

GEERTZ, Clifford. "Deep Play: Notes on the Balinese Cockfight". In: _____. *The Interpretation of Culture*. Nova York: Basic Books, 1973.

_____. *Negara: The Theatre State in Nineteenth-Century Bali*. Nova Jersey: Princeton University Press, 1981.

GEERTZ, Hildred; GEERTZ, Clifford. *Kinship in Bali*. Chicago: University of Chicago Press, 1975.

GERNET, Jacques. *Les aspects économiques du bouddhisme dans la société chinoise du Ve au Xe siècle*. Paris: École Française d'Extrême-Orient, 1956. [Ed. ingl.: *Buddhism in Chinese Society: An Economic History from the Fifth to the Tenth Centuries*. (Trad. para o inglês de Franciscus Verellen). New York: Columbia University Press, 1995.]

_____. "Les Suicides par le feu chez les bouddhistes chinois du ve au xe siècle". *Mélanges publiés par l'Institut des Hautes Études Chinoises*, v. 2, 1960, pp. 527-58.

_____. *A History of Chinese Civilization*. Cambridge: Cambridge University Press, 1982.

GERRIETS, Marilyn. *Money and Clientship in the Ancient Irish Laws*. Toronto: University of Toronto, 1978. Tese (Doutorado).

———. "The Organization of Exchange in Early Christian Ireland". *Journal of Economic History*, v. 41, n. 1, 1981, pp. 171-6.

———. "Money in Early Christian Ireland According to the Irish Laws". *Comparative Studies in Society and History*, v. 27, n. 2, 1985, pp. 323-39.

———. "Kinship and Exchange in Pre-Viking Ireland". *Cambridge Medieval Celtic Studies*, v. 13, 1987, pp. 39-72.

GETZ, Trevor R. "Mechanisms of Slave Acquisition and Exchange in Late Eighteenth Century Anomabu: Reconsidering a Cross-Section of the Atlantic Slave Trade". *African Economic History*, n. 31, 2003, pp. 75-89.

GHAZANFAR, Shaikh M. "Scholastic Economics and Arab Scholars: The 'Great Gap' Thesis Reconsidered". *Diogenes: International Review of Human Sciences*, n. 154, 1991, pp. 117-33.

———. "The Economic Thought of Abu Hamid Al-Ghazali and St. Thomas Aquinas: Some Comparative Parallels and Links". *History of Political Economy*, v. 32, n. 4, 2000, pp. 857-88.

——— (Org.). *Medieval Islamic Economic Thought: Filling the "Great Gap" in European Economics*. Nova York: Routledge, 2003.

GHAZANFAR, Shaikh M.; ISLAHI, Abdul Azim. *The Economic Thought of al-Ghazali (450--505 A.H./1058-1111 A.D.)*. Jidá: Scientific Publishing Centre King Abdulaziz University, 1997.

———. "Explorations in Medieval Arab-Islamic Thought: Some Aspects of Ibn Taimiyah's Economics". In: GHAZANFAR, Shaiki (Org.). *Medieval Islamic Economic Thought: Filling the "Great Gap" in European Economics*. Nova York: Routledge, 2003, pp. 53-71.

GIBSON, Charles. *The Aztecs Under Spanish Rule: A History of the Indians of the Valley of Mexico, 1519-1810*. Stanford: Stanford University Press, 1964.

GILDER, George. *Wealth and Poverty*. Nova York: Basic Books, 1981.

———. *Microcosm: The Quantum Revolution in Economics and Technology*. Nova York: Simon & Schuster, 1990.

GLAHN, Richard von. *Fountain of Fortune: Money and Monetary Policy in China, 1000-1700*. Berkeley: University of California Press, 1996.

———. "Myth and Reality of China's Seventeenth Century Monetary Crisis". *Journal of Economic History*, v. 56, n. 2, 1996, pp. 429-54.

GLANCEY, Jennifer A. *Slavery in Early Christianity*. Oxford: Oxford University Press, 2006.

GLUCKMAN, Max. *Politics, Law and Ritual in Tribal Society*. Londres: Basil Blackwell, 1971.

GOITEIN, Shelomo Dov. "From the Mediterranean to India: Documents on the Trade to India, South Arabia, and East Africa from the Eleventh to Twelfth Centuries". *Speculum*, v. 29, n. 2, 1954, pp. 181-97.

———. "The Rise and Fall of the Middle Eastern Bourgeoisie in Early Islamic Times". *Journal of World History*, n. 3, 1957, pp. 583-603.

GOITEIN, Shelomo Dov. "The Commercial Mail Service in Medieval Islam". *Journal of the American Oriental Society*, n. 84, 1964, pp. 118-23.

_____. "Banker's Accounts from the Eleventh Century A.D.". *Journal of the Economic and Social History of the Orient*, v. 9, n. 1/2, 1966, pp. 28-66.

_____. *A Mediterranean Society, The Jewish Communities of the Arab World as Portrayed in the Documents of the Cairo Geniza*. Berkeley: University of California Press, 1967.

_____. *Letters of Medieval Jewish Traders*. Princeton: Princeton University Press, 1973.

GOLDSTONE, Jack A. "Urbanization and Inflation: Lessons from the English Price Revolution of the Sixteenth and Seventeenth Centuries". *American Journal of Sociology*, v. 89, n. 5, 1984, pp. 1122-60.

_____. "Monetary Versus Velocity Interpretations of the 'Price Revolution': A Comment". *Journal of Economic History*, v. 51, n. 1, 1991, pp. 176-81.

_____. "Efflorescences and Economic Growth in World History: Rethinking the 'Rise of the West' and the Industrial Revolution". *Journal of World History*, v. 13, n. 2, 2002, pp. 323-89.

GOODMAN, Martin. *State and Society in Roman Galilee, A.D. 132-212*. Londres: Valentine Mitchell, 1983.

GOODY, Jack. *Production and Reproduction: A Comparative Study of the Domestic Domain*. Cambridge: Cambridge University Press, 1976.

_____. *Development of Marriage and the Family in Europe*. Cambridge: Cambridge University Press, 1983.

_____. *The Oriental, the Ancient, and the Primitive: Systems of Marriage and the Family in the Pre-Industrial Societies of Eurasia*. Cambridge: Cambridge University Press, 1990.

_____. *The East in the West*. Cambridge: Cambridge University Press, 1996.

GOODY, Jack; TAMBIAH, Stanley J. *Bridewealth and Dowry*. Cambridge: Cambridge University Press, 1973.

GORDON, Barry. "Lending at Interest: Some Jewish, Greek, and Christian Approaches, 800 B.C.-A.D. 100". *History of Political Economy*, v. 14, n. 3, 1982, pp. 406-26.

_____. *The Economic Problem in Biblical and Patristic Thought*. Leiden: E. J. Brill, 1989.

GOUGH, Kathleen. "Nuer Kinship: A Reexamination". In: BEIDELMAN, Thomas (Org.). *The Translation of Culture: Essays to E. E. Evans-Pritchard*. Londres: Tavistock Publications, 1971, pp. 79-123.

GOUX, Jean-Joseph. *Symbolic Economies: After Marx and Freud*. Trad. para o inglês de Jennifer Curtiss Gage. Ithaca: Cornell University Press, 1990.

GRAEBER, David. "Manners, Deference and Private Property: The Generalization of Avoidance in Early Modern Europe". *Comparative Studies in Society and History*, v. 39, n. 4, 1997, pp. 694-728.

_____. *Toward an Anthropological Theory of Value: The False Coin of Our Own Dreams*. Nova York: Palgrave, 2001.

GRAEBER, David. "Fetishism and Social Creativity, or Fetishes are Gods in Process of Construction". *Anthropological Theory*, v. 5, n. 4, 2005, pp. 407-38.

GRAEBER, David. "Turning Modes of Production Inside Out: Or, Why Capitalism is a Transformation of Slavery (versão resumida)". *Critique of Anthropology*, v. 26, n. 1, 2006, pp. 61-81.

_____. *Possibilities: Essays on Hierarchy, Rebellion and Desire*. Oakland: AK Press, 2007.

_____. "Debt, Violence, and Impersonal Markets: Polanyian Meditations". In: HANN, Chris; HART, Keith (Orgs.). *Market and Society: The Great Transformation Today*. Cambridge: Cambridge University Press, 2009, pp. 106-32.

GRAHAM, Angus Charles. *The Book of Lieh-Tzu*. Londres: John Murray, 1960.

_____. "The Nung-Chia 'School of the Tillers' and the Origin of Peasant Utopianism in China". *Bulletin of the School of Oriental and African Studies*, v. 42, n. 1, 1979, pp. 66-100.

_____. *Disputers of the Tao: Philosophical Argument in Ancient China*. Illinois: Open Court Press, 1989.

_____. *Studies in Chinese Philosophy and Philosophical Literature*. Albany: State University of New York Press, 1994. (SUNY series in Chinese Philosophy and Culture).

GRAHL, John. "Money as Sovereignty: The Economics of Michel Aglietta". *New Political Economy*, v. 5, n. 2, 2000, pp. 291-316.

GRANDELL, Axel. "The Reckoning Board and Tally Stick". *Accounting Historians Journal*, v. 4, n. 1, pp. 101-5, 1977.

GRAY, Robert F. "Sonjo Bride-Price and the Question of African 'Wife Purchase'". *American Anthropologist*, v. 62, n. 1, 1968, pp. 34-47.

GREEN, Peter. *Alexander to Actium: The Historical Evolution of the Hellenistic Age*. Berkeley: University of California Press, 1993.

GREENGUS, Samuel. "Old Babylonian Marriage Ceremonies and Rites". *Journal of Cuneiform Studies*, n. 20, 1966, pp. 57-72.

_____. "The Old Babylonian Marriage Contract". *Journal of the American Oriental Society*, n. 89, 1969, pp. 505-32.

_____. "Sisterhood Adoption at Nuzi and the 'Wife-Sister' in Genesis". *Hebrew Union College Annual*, n. 46, 1975, pp. 5-31.

_____. "Bridewealth in Sumerian Sources". *Hebrew Union College Annual*, n. 61, 1990, pp. 25-88.

GREGORY, Christopher A. *Gifts and Commodities*. Nova York: Academic Press, 1982.

_____. *Savage Money: The Anthropology and Politics of Commodity Exchange*. Amsterdam: Harwood Academic Publishers, 1998.

GREIDER, William. *Secrets of the Temple: How the Federal Reserve Runs the Country*. Nova York: Simon & Schuster, 1989.

GRIERSON, Phillip. "Commerce in the Dark Ages: A Critique of the Evidence". *Transactions of the Royal Historical Society*, 1959, pp. 123-40. (Fifth Series, 9).

_____. "The Monetary Reforms of 'Abd al-Malik: Their Metrological Basis and Their Financial Repercussions". *Journal of the Economic and Social History of the Orient*, v. 3, n. 3, 1960, pp. 241-64.

GRIERSON, Phillip. *The Origins of Money*. Londres: Athlone Press, 1977.

GRIERSON, Phillip. "The Origins of Money". *Research in Economic Anthropology*, v. 1, 1978, pp. 1-35.
_____. *Dark Age Numismatics*. Londres: Variorium Reprints, 1979.
GROSZ, Katarzyna. "Bridewealth and Dowry in Nuzi". In: CAMERON, Averil; KUHRT, Amélie (Orgs.). *Images of Women in Antiquity*. Detroit: Wayne State University Press, 1983, pp. 193-206.
_____. "Some Aspects of the Position of Women in Nuzi". In: LESKO, Barbara S. (Org.). *Women's Earliest Records from Ancient Egypt and Western Asia*. Atlanta: Scholar's Press, 1989, pp. 167-80.
GUDEMAN, Stephen. *The Anthropology of Economy*. Londres: Blackwell, 2002.
GUHA, Ranjanit. *Elementary Aspects of Peasant Insurgency in Colonial India*. Durham: Duke University Press, 1999.
GUISBOROUGH, William of. *The Chronicle of William of Guisborough*. Org. de H. Rothwell. Londres: Camden, 1954.
GUPTA, Parameshwari Lal; HARDAKER, Terry R. *Indian Silver Punchmarked Coins: Magadha-Maurya Karshapana Series*. Nashik: Indian Institute of Research in Numismatic Studies, 1985.
GUTH, Delloyd J. "The Age of Debt: The Reformation and English Law". In: GUTH, Delloyd J.; MCKENNA, John W. (Orgs.). *Tudor Rule and Revolution: Essays for G. R. Elton from His American Friends*. Cambridge: Cambridge University Press, 2008, pp. 69-86.
GUYER, Jane I. "Brideprice". In: STEARNS, Peter N. (Org.). *The Encyclopedia of Social History*. Londres: Taylor & Francis, 1994, p. 84.
_____. *Marginal Gains: Monetary Transactions in Atlantic Africa*. Chicago: University of Chicago Press, 2004.
HADOT, Pierre. *Philosophy as a Way of Life: Spiritual Exercises from Socrates to Foucault*. Trad. para o inglês de Michael Chase. Oxford: Blackwell, 1995.
_____. *What is Ancient Philosophy?* Cambridge: Belknap Press, 2002.
HALLAM, Henry. *The Constitutional History of England, from the Accession of Henry VII to the Death of George II*. Londres: Widdelton, 1866.
HALPERIN, David. "The Democratic Body: Prostitution and Citizenship in Classical Athens". In: _____ (Org.). *One Hundred Years of Homosexuality and Other Essays on Greek Love*. Nova York: Routledge, 1990, pp. 88-112.
HAMASHITA, Takeshi. "Tribute Trade System and Modern Asia". In: LATHAM, Anthony J. H.; KAWAKATSU, Heita (Orgs.). *Japanese Industrialization and the Asian Economy*. Londres: Routledge, 1994, pp. 91-107.
_____. "Tribute and Treaties: Maritime Asia and Treaty Port Networks in the Era of Negotiations, 1800-1900". In: ARRIGHI, Giovanni et al. (Orgs.). *The Resurgence of East Asia, 500, 150 and 50 Year Perspectives*. Londres: Routledge, 2003, pp. 15-70.
HAMILTON, Earl J. *American Treasure and the Price Revolution in Spain, 1501-1650*. Cambridge: Harvard University Press, 1934.
HANSEN, Chad. *A Daoist Theory of Chinese Thought: A Philosophical Interpretation*. Oxford: Oxford University Press, 2000.

HARDAKER, Alfred. *A Brief History of Pawnbroking*. Londres: Jackson, Ruston and Keeson, 1892.

HARDENBURG, Walter Ernest; CASEMENT, Sir Roger. *The Putumayo: The Devil's Paradise; Travels in the Peruvian Amazon Region and an Account of the Atrocities Committed Upon the Indians Therein*. Londres: T. F. Unwin, 1913.

HARDING, Alan. "Political Liberty in the Middle Ages". *Speculum*, v. 55, n. 3, pp. 423--43, 1980.

HARRILL, J. Albert. *The Manumission of Slaves in Early Christianity*. Tübingen: Mohr Siebek, 1998.

HARRIS, Edward M. *Democracy and the Rule of Law in Classical Athens: Essays on Law, Society, and Politics*. Cambridge: Cambridge University Press, 2006.

HARRIS, Rosemary. "The History of Trade at Ikom, Eastern Nigeria". *Africa: Journal of the International African Institute*, v. 42, n. 2, 1972, pp. 122-39.

HARRIS, William Vernon (Org.). "A Revisionist View of Roman Money". *Journal of Roman Studies*, n. 96, 2006, pp. 1-24.

_____. "Introduction". In: HARRIS, William V. (Org.). *The Monetary Systems of the Greeks and Romans*. Oxford: Oxford University Press, 2008, pp. 1-12.

_____. "The Nature of Roman Money". In: HARRIS, William V. (Org.). *The Monetary Systems of the Greeks and Romans*. Oxford: Oxford University Press, 2008, pp. 174-207.

HARRISON, James P. "Communist Interpretations of the Chinese Peasant Wars". *The China Quarterly*, n. 24, 1965, pp. 92-118.

HART, Keith. "Heads or Tails? Two Sides of the Coin". *Man*, v. 21, n. 4, 1986, pp. 637--56. (New Series).

_____. *The Memory Bank: Money in an Unequal World*. Londres: Perpetua Books, 1999.

HAWTREY, Ralph G. *Currency and Credit*. 3. ed. Londres: Longmans, Green and Co., 1928.

HAYWARD, Jack. "Solidarity: The Social History of An Idea in Nineteenth Century France". *International Review of Social History*, n. 4, 1959, pp. 261-84.

HEADY, Patrick. "Barter". In: CARRIER, James (Org.). *Handbook of Economic Anthropology*. Cheltenham: Edward Elgar Press, 2005, pp. 262-74.

HÉBERT, Jean-Claude. "La Parenté à plaisanterie à Madagascar: Étude d'Ethnologie Juridique". *Bulletin de Madagascar*, n. 142-3, 1958, pp. 122-258.

HEILBRON, Johan. "French Moralists and the Anthropology of the Modern Era: On the Genesis of the Notions of 'Interest' and 'Commercial Society'". In: WIITROCK, Bjorn; HEILBRON, Johan; MAGNUSSON, Lars (Orgs.). *The Rise of the Social Sciences and the Formation of Modernity: Conceptual Change in Context, 1750-1850*. Dordrecht: Kluwer Academic Publishers, 1998, pp. 77-106.

HEINSOHN, Gunnar; STEIGER, Otto. "The Veil of Barter: The Solution to 'The Task of Obtaining Representations of an Economy in Which Money is Essential". In: KREGEL, Jan A. (Org.). *Inflation and Income Distribution in Capitalist Crisis: Essays in Memory of Sidney Weintraub*. Nova York: New York University Press, 1989, pp. 175-202.

HELMHOLZ, Richard H. "Usury and the Medieval English Church Courts". *Speculum*, v. 61, n. 2, 1986, pp. 364-80.
HERBERT, Eugenia W. *Red Gold of Africa: Copper in Precolonial History and Culture*. Madison: University of Wisconsin Press, 2003.
HERLIHY, David. *Medieval Households*. Cambridge: Harvard University Press, 1985.
HERZFELD, Michael. "Honour and Shame: Problems in the Comparative Analysis of Moral Systems". *Man*, v. 15, n. 2, 1980, pp. 339-51.
_____. *The Poetics of Manhood*. Princeton: Princeton University Press, 1985.
HEZSER, Catherine. "The Impact of Household Slaves on the Jewish Family in Roman Palestine". *Journal for the Study of Judaism*, v. 34, n. 4, 2003, pp. 375-424.
HILDEBRAND, Bruno. "Natural-, Geld- und Kreditwirtschaft". *Jahrbuch Nationalökonomie*, 1864.
HILL, Christopher. *The World Turned Upside Down*. Nova York: Penguin, 1972.
HIRSCHMAN, Albert O. *The Passions and the Interests: Political Arguments for Capitalism Before Its Triumph*. Princeton: Princeton University Press, 1977.
_____. *Rival Views of Market Society and Other Recent Essays*. Cambridge: Harvard University Press, 1992.
HO, Engseng. "Empire through Diasporic Eyes: A View from the Other Boat". *Comparative Studies in Society and History*, v. 46, n. 2, 2004, pp. 210-46.
HOCART, Alfred M. *Kings and Councillors: An Essay in the Comparative Anatomy of Human Society*. Chicago: University of Chicago Press, 1936.
HODGSON, Marshall G. S. *The Venture of Islam: Conscience and History in a World Civilization*. Chicago: University of Chicago Press, 1974. 3 v.
HOFFMAN, Jan. "Shipping Out of the Economic Crisis". *The Brown Journal of World Affairs*, v. 16, n. 2, primavera/verão 2010, pp. 121-30.
HOLMAN, Susan R. *The Hungry are Dying: Beggars and Bishops in Roman Cappadocia*. Nova York: Oxford University Press, 2002.
HOMANS, George. "Social Behavior as Exchange". *American Journal of Sociology*, v. 63, n. 6, 1958, pp. 597-606.
HOMER, Sydney. *A History of Interest Rates*. 2. ed. New Brunswick: Rutgers University Press, 1987.
HOPKINS, Keith. *Conquerors and Slaves: Sociological Studies in Roman History*. Cambridge: Cambridge University Press, 1978.
HOPPIT, Julian. "Attitudes to Credit in Britain, 1680-1790". *The Historical Journal*, v. 33, n. 2, 1990, pp. 305-22.
HOSKINS, Janet. *Biographical Objects: How Things Tell the Stories of People's Lives*. Nova York: Routledge, 1999.
HOSSEINI, Hamid S. "Understanding the Market Mechanism before Adam Smith: Economic Thought in Medieval Islam". *History of Political Economy*, v. 27, n. 3, 1995, pp. 539-61.
_____. "Seeking the Roots of Adam Smith's Division of Labor in Medieval Persia". *History of Political Economy*, v. 30, n. 4, 1998, pp. 653-81.

HOSSEINI, Hamid S. "Contributions of Medieval Muslim Scholars to the History of Economics and Their Impact: A Refutation of the Schumpeterian Great Gap". In: SAMUELS, Warren J.; BIDDLE, Jeff; DAVIS, John Bryan (Orgs.). *The Blackwell Companion to Contemporary Economics, III: A Companion to the History of Economic Thought*. Londres: Wiley-Blackwell, 2003, pp. 28-45.

HOUSTON, Walter J. *Contending for Justice: Ideologies and Theologies of Social Justice in the Old Testament*. Londres: T&T Clark, 2006.

HOWEL, King. *Ancient Laws and Institutes of Wales: Laws Supposed to Be Enacted by Howel the Good*. Nova Jersey: The Lawbook Exchange, Ltd., 2006.

HOWELL, Paul P. *A Manual of Nuer Law*. Londres: International Africa Institute; Oxford University Press, 1954.

HOWGEGO, Christopher. "The Supply and Use of Money in the Roman World 200 B.C. to A.D. 300". *Journal of Roman Studies*, n. 82, 1992, pp. 1-31.

HUANG, Ray. *Taxation and Governmental Finance in Sixteenth-Century China*. Cambridge: Cambridge University Press, 1974.

_____. *Broadening the Horizons of Chinese History: Discourses, Syntheses, and Comparisons*. Amonk: M. E. Sharpe, 1999.

HUBBARD, Jamie. *Absolute Delusion, Perfect Buddhahood: The Rise and Fall of a Chinese Heresy*. Honolulu: University of Hawaii Press, 2001.

HUBERT, Henri; MAUSS, Marcel. *Sacrifice: Its Nature and Function*. Trad. para o inglês de W. D. Halls. Londres: Cohen and West, 1964.

HUDSON, Kenneth. *Pawnbroking: An Aspect of British Social History*. Londres: The Bodley Head, 1982.

HUDSON, Michael. "Did the Phoenicians Introduce the Idea of Interest to Greece and Italy — And If So, When?". In: KOPCKE, Günter; TOKUMARU, Isabelle (Orgs.). *Greece between East and West: 10th-18th Centuries B.C.* Mainz: Verlag Philipp von Zabern, 1992, pp. 128-43.

_____. *The Lost Tradition of Biblical Debt Cancellations*. Nova York: Henry George School of Social Science, 1993. Disponível em: <http://michael-hudson.com/wp-content/uploads/2010/03/HudsonLostTradition.pdf>.

_____. "Reconstructing the Origins of Interest-Bearing Debt and the Logic of Clean Slates". In: HUDSON, Michael; MIEROOP, Marc van de (Orgs.). *Debt and Economic Renewal in the Ancient Near East*. Bethesda: CDL Press, 2002, pp. 7-58.

_____. *Super Imperialism: The Origins and Fundamentals of U.S. World Dominance*. Londres: Pluto Press, 2003.

_____. "The Creditary/ Monetarist Debate in Historical Perspective". In: BELL, Stephanie; NELL, Edward (Orgs.). *The State, the Market, and Euro: Chartalism versus Metallism in the Theory of Money*. Cheltenham: Edward Elgar Press, 2003, pp. 39-76.

_____. "The Archeology of Money: Debt vs. Barter Theories of Money". In: WRAY, Randall (Org.). *Credit and State Theories of Money*. Cheltenham: Edward Elgar Press, 2004, pp. 99-127.

_____. "The Development of Money-of-Account in Sumer's Temples". In: HUDSON, Michael; WUNSCH, Cornelia (Orgs.). *Creating Economic Order: Record-Keeping,*

Standardization and the Development of Accounting in the Ancient Near East. Baltimore: CDL Press, 2004, pp. 303-29.

HUDSON, Michael; MIEROOP, Marc van de (Orgs.). *Debt and Economic Renewal in the Ancient Near East*. Bethesda: CDL Press, 2002.

HUMPHREY, Caroline. "Barter and Economic Disintegration". *Man*, v. 20, n. 1, 1985, pp. 48-72. (New Series).

_____. "Fair Dealing, Just Rewards: The Ethics of Barter in North-East Nepal". In: HUMPHREY, Caroline; HUGH-JONES, Stephen (Orgs.). *Barter, Exchange, and Value: An Anthropological Approach*. Cambridge: Cambridge University Press, 1994, pp. 107-41.

HUMPHREY, Chris. *The Politics of Carnival: Festive Misrule in Medieval England*. Manchester: Manchester University Press, 2001.

HUNT, William. *The Puritan Moment: The Coming of Revolution in an English County*. Cambridge: Harvard University Press, 1983.

HUTCHINSON, Sharon. *Nuer Dilemmas: Coping with Money, War, and the State*. Berkeley: University of California Press, 1996.

ICAZBALCETA, Joaquín García. *Memoriales de Fray Toribio de Motolinia*. Charleston: BiblioBazaar, 2008.

IHERING, Rudolf von. *Geist des Römischen Rechts auf den verschiedenen Stufen seiner Entwicklung*. Berlim: Adamant Media Corporation, 2003.

ILWOF, Franz. *Tauschhandel und Geldsurrogate in alter und neuer Zeit*. Graz: Leuschner & Lubensky, 1882.

INGHAM, Geoffrey. "Money as a Social Relation". *Review of Social Economy*, v. 54, n. 4, 1996, pp. 507-29.

_____. "Capitalism, Money, and Banking: A Critique of Recent Historical Sociology". *British Journal of Sociology*, v. 5, n. 1, 1999, pp. 76-96.

_____. "'Babylonian Madness': On the Historical and Sociological Origins of Money". In: SMITHIN, John (Org.). *What is Money?* Nova York: Routledge, 2000, pp. 16-41.

_____. *The Nature of Money*. Cambridge: Polity Press, 2004.

INGRAM, Jill Phillips. *Idioms of Self-Interest: Credit, Identity and Property in English Renaissance Literature*. Nova York: Routledge, 2006.

INKORI, Joseph E. "The Import of Firearms into West Africa, 1750 to 1807: A Quantitative Analysis". In: _____ (Org.). *Forced Migration: The Impact of the Export Slave Trade on African Societies*. Londres: Hutchinson University Library, 1982, pp. 126-53.

INNES, A. Mitchell. "What is Money?". *Banking Law Journal*, v. 30, n. 5, 1913, pp. 377-408.

_____. "Credit Theory of Money?". *Banking Law Journal*, v. 31, n. 2, 1914, pp. 151-68.

IOANNATOU, Marina. *Affaires d'argent dans la correspondance de Cicéron: L'Aristocratie sénatoriale face à ses dettes*. Paris: De Boccard, 2006.

ISICHEI, Elizabeth. *A History of the Igbo People*. Londres: Basingstoke, 1976.

ISLAHI, Abdul Azim. "Ibn Taimiyah's Concept of Market Mechanism". *Journal of Research in Islamic Economics*, v. 2, n. 2, 1985, pp. 55-65.

_____. *Contributions of Muslim Scholars to Economic Thought and Analysis (11-905 A.H./632-1500 A.D.)*. Jidá: Scientific Publishing Center; King Abdulaziz University, 2005.

JACOB, Guy. "Gallieni et 'l'impôt moralisateur' à Madagascar: Théorie, pratiques et conséquences, 1901-1905". *Revue Française d'Histoire d'Outre-mer*, v. 74, n. 277, 1987, pp. 431-73.

JAMES, Cyril Lionel Robert. *The Black Jacobins: Toussaint L'Ouverture and the San Domingo Revolution*. Londres: Seeker and Warburg, 1938.

JAN, Yün-hua. "Buddhist Self-Immolation in Medieval China". *History of Religions*, v. 4, n. 2, 1965, pp. 243-68.

JANSSEN, Johannes. *A History of the German People at the Close of the Middle Ages*. 3. ed. Trad. para o inglês de M. A. Mitchell e A. M. Christie. Londres: Kegan Paul, Trench, Trübner & Co., 1910. 16 v.

JASNOW, Richard Lewis. "Pre-demotic Pharaonic Sources". In: WESTBROOK, Raymond; JASNOW, Richard (Orgs.). *Security for Debt in Ancient Near Eastern Law*. Leiden: Brill, 2001, pp. 35-45.

JASPERS, Karl. *Vom Ursprung und Ziel der Geschichte*. Munique: Piper Verlag, 1949.

_____. *Way to Wisdom: An Introduction to Philosophy*. New Haven: Yale University Press, 1951. [Ed. bras.: *Caminhos para a sabedoria: Uma introdução à vida filosófica*. Petrópolis: Vozes; Goiânia: Vida Integral, 2022.]

JEFFERSON, Thomas. *Political Writings*. Org. de Joyce Oldham Appleby e Terence Ball. Cambridge: Cambridge University Press, 1988.

JENKINSON, C. Hilary. "Exchequer Tallies". *Archaeologia*, n. 62, 1911, pp. 367-80.

_____. "Medieval Tallies, Public and Private". *Archaeologia*, n. 74, 1924, pp. 289-324.

JEVONS, W. Stanley. *Theory of Political Economy*. Nova York: MacMillan & Co., 1871.

_____. *Money and the Mechanism of Exchange*. Nova York: Appleton and Company, 1875.

JOBERT, Bruno. "De la Solidarité aux solidarités dans la rhétorique politique française". In: BECC, Colette; PROCACCI, Giovanna (Orgs.). *De la Responsabilité solidaire: Mutations dans les politiques sociales d'aujourd'hui*. Paris: Syllepse, 2003, pp. 69-83.

JOHNSON, Lynn. "Friendship, Coercion, and Interest: Debating the Foundations of Justice in Early Modern England". *Journal of Early Modern History*, v. 8, n. 1, 2004, pp. 46-64.

JONES, David. *Reforming the Morality of Usury: A Study of Differences that Separated the Protestant Reformers*. Lanham: University Press of America, 2004.

JONES, G. I. "Who Are the Aro?". *Nigerian Field*, n. 8, 1939, pp. 100-3.

_____. "Native and Trade Currencies in Southern Nigeria During the Eighteenth and Nineteenth Centuries". *Africa: Journal of the International African Institute*, v. 28, n. 1, 1958, pp. 43-56.

_____. "The Political Organization of Old Calabar". In: FORDE, Daryll (Org.). *Efik Traders of Old Calabar*. Londres: International African Institute, 1968.

JONES, J. Walter. *The Law and Legal Theory of the Greeks*. Oxford: Clarendon Press, 1956.

JORDAN, Kay E. *From Sacred Servant to Profane Prostitute: A History of the Changing Legal Status of Devadasis in India, 1857-1947*. Nova Delhi: Manohar, 2003.

JUST, Roger. *Women in Athenian Law and Life*. Londres: Routledge, 1989.

JUST, Roger. "On the Ontological Status of Honour". In: HENDRY, Joy; WATSON, C. W. (Orgs.). *An Anthropology of Indirect Communication*. Londres: Routledge, 2001, pp. 34-50. (ASA Monographs, 37).

KAHLE, Paul E. *The Cairo Geniza*. 2. ed. Oxford: Basil Blackwell, 1959.

KAHNEMAN, Daniel. "A Psychological Perspective on Economics". *American Economic Review*, v. 93, n. 2, 2003, pp. 162-8.

KALLET, Lisa. *Money and the Corrosion of Power in Thucydides: The Sicilian Expedition and Its Aftermath*. Berkeley: University of California Press, 2001.

KALTENMARK, Max. "Ling pao: Notes sur un terme du taoïsme religieux". *Mélanges publiés par l'Institut des Hautes Études Chinoises*, v. 2, 1960, pp. 559-88.

KALUPAHANA, David. *Mūlamadhyamakakārikā of Nāgārjuna: The Philosophy of the Middle Way*. Delhi: Motilal Banarsidas, 1991.

KAMENTZ, Anya. *Generation Debt: Why Now is a Terrible Time to Be Young*. Nova York: Riverhead Books, 2006.

KAN, Lao. "The Early Use of the Tally in China". In: ROY, David T.; TSIEN, Tsuen-hsuin (Orgs.). *Ancient China: Studies in Early Civilization*. Hong Kong: Chinese University Press, 1978, pp. 91-8.

KANE, Pandurang Vaman. *History of Dharmaśāstra*. Poona: Bhandarkar Oriental Research Institute, 1968. v. 3.

KANTOROWICZ, Ernst H. *The King's Two Bodies: A Study in Medieval Political Theology*. Princeton: Princeton University Press, 1957.

KARATANI, Kojin. *Transcritique: On Kant and Marx*. Cambridge: MIT Press, 2003.

KEIL, Charles. *Tiv Song*. Chicago: University of Chicago Press, 1979.

KEITH, Arthur Berriedale. *The Religion and Philosophy of the Veda and Upanishads*. Cambridge: Harvard University Press, 1925.

KELLY, Amy. "Eleanor of Aquitaine and Her Courts of Love". *Speculum*, v. 12, n. 1, 1937, pp. 3-19.

KELLY, Fergus. *A Guide to Early Irish Law*. Dublin: Dublin Institute for Advanced Studies, 1988.

KESSLER, David; TEMIN, Peter. "Money and Prices in the Early Roman Empire". In: HARRIS, William V. (Org.). *The Monetary Systems of the Greeks and Romans*. Oxford: Oxford University Press, 2008, pp. 137-60.

KEULS, Eva. *The Reign of the Phallus: Sexual Politics in Ancient Athens*. Cambridge: Harper & Row, 1985.

KEYNES, John Maynard. *A Treatise on Money*. Londres: MacMillan, 1930.

_____. *The General Theory of Employment, Interest and Money*. Londres: MacMillan, 1936. [Ed. bras.: *A teoria geral do emprego, do juro e da moeda: Inflação e deflação*. Trad. de Mário R. da Cruz. São Paulo: Nova Cultural, 1983. (Os Economistas).]

KEYT, David. *Aristotle: Politics Books*. Oxford: Clarendon Press, 1999. (Clarendon Aristotle Series, 5 e 6).

KHAN, Mir Siadat Ali. "The Mohammedan Laws against Usury and How They Are Evaded". *Journal of Comparative Legislation and International Law*, n. 4, 1929, pp. 233-44. (Third Series, 2).

KIESCHNICK, John. *The Eminent Monk: Buddhist Ideals in Medieval Chinese Hagiography*. Honolulu: University of Hawaii Press, 1997.

KIM, Henry S. "Archaic Coinage as Evidence for the Use of Money". In: MEADOWS, Andrew; SHIPTON, Kirsty (Orgs.). *Money and Its Uses in the Ancient Greek World*. Oxford: Oxford University Press, 2001, pp. 7-21.

_____. "Small Change and the Moneyed Economy". In: CARTLEDGE, Paul; COHEN, Edward E.; FOXHALL, Lin (Orgs.). *Money, Labour and Land: Approaches to the Economies of Ancient Greece*. Nova York: Routledge, 2002.

KINDLEBERGER, Charles P. *A Financial History of Western Europe*. Londres: MacMillan, 1984.

_____. *Manias, Panics, and Crashes: A History of Financial Crises*. Londres: MacMillan, 1986.

KIRSCHENBAUM, Aaron. "Jewish and Christian Theories of Usury in the Middle Ages". *The Jewish Quarterly Review*, v. 75, n. 1, 1985, pp. 270-89.

KITCH, Aaron. "The Character of Credit and the Problem of Belief in Middleton's City Comedies". *Studies in English Literature*, v. 47, n. 2, 2007, pp. 403-26.

KLEIN, Martin A. "The Slave Trade and Decentralized Societies". *Journal of African History*, v. 41, n. 1, 2000, pp. 49-65.

KNAPP, Georg Friedrich. *The State Theory of Money*. Trad. para o inglês de H. M. Lucas e J. Bonar. Londres: MacMillan, 1925.

KNAPP, Keith N. "Reverent Caring: The Parent-Son Relation in Early Medieval Tales of Filial Offspring". In: CHAN, Alan Kam-leung; TAN, Sur-hoon (Orgs.). *Filial Piety in Chinese Thought and History*. Londres: Routledge, 2004, pp. 44-70.

KO, Dorothy; HABOUSH, JaHyun Kim; PIGGOTT, Joan R. (Orgs.). *Women and Confucian Cultures in Premodern China, Korea, and Japan*. Berkeley: University of California Press, 2003.

KOHN, Livia. *Daoism Handbook*. Leiden: E. J. Brill, 2000.

_____. *Monastic Life in Medieval Daoism: A Cross-Cultural Perspective*. Honolulu: University of Hawaii Press, 2002.

KOPYTOFF, Igor; MIERS, Suzanne. "African 'Slavery' as an Institution of Marginality". In: MIERS, Suzanne; KOPYTOFF, Igor (Orgs.). *Slavery in Africa: Historical and Anthropological Perspectives*. Madison: University of Wisconsin Press, 1977, pp. 1-84.

KORVER, Jan. *Die terminologie van het crediet-wezen en het Grieksch*. Amsterdam: H. J. Paris, 1934.

KOSAMBI, Damodar Dharmanand. *The Culture and Civilisation of Ancient India in Historical Outline*. Londres: Routledge & Kegan Paul, 1965.

_____. *Ancient India: A History of Its Culture and Civilization*. Nova York: Pantheon, 1966.

_____. *Indian Numismatics*. Hyderabad: Orient Longman, 1981.

_____. *An Introduction to the Study of Indian History*. Mumbai: Popular Prakashan, 1996.

KRAAN, Alfons van der. "Bali: Slavery and Slave Trade". In: REID, Anthony (Org.). *Slavery, Bondage and Dependence in Southeast Asia*. Nova York: St. Martin's Press, 1983, pp. 315-40.

KRAAY, Colin M. "Hoards, Small Change and the Origin of Coinage". *Journal of Hellenic Studies*, n. 84, 1964, pp. 76-91.

KRAMER, Samuel Noah. *The Sumerians: Their History, Culture, and Character*. Chicago: University of Chicago Press, 1963.

_____. *The Sacred Marriage: Aspects of Faith, Myth and Ritual in Ancient Sumer*. Bloomington: Indiana University Press, 1969.

KROPOTKIN, Peter. *Mutual Aid: A Factor of Evolution*. Londres: William Heinemann, 1902.

K'UAN, Huan. *Discourses on Salt and Iron: A Debate on State Control of Commerce and Industry in Ancient China*. Trad. para o inglês, introdução e notas de Esson McDowell Gale. Taipei: Ch'eng-Wen, 1967.

KULISCHER, Josef. *Allgemeine Wirtschaftsgeschichte des Mittelalters und der Neuzeit*. Munique: R. Oldenbourg, 1928.

KURAN, Timur. "Islamic Economics and the Islamic Subeconomy". *Journal of Economic Perspectives*, v. 9, n. 4, 1995, pp. 155-73.

_____. "The Absence of the Corporation in Islamic Law: Origins and Persistence". *American Journal of Comparative Law*, v. 53, n. 4, 2005, pp. 785-834.

KURKE, Leslie. "Pindar and the Prostitutes, or Reading Ancient 'Pornography'". *Arion*, v. 4, n. 2, 1996, pp. 49-75. (Third Series).

_____. "Inventing the 'Hetaira': Sex, Politics, and Discursive Conflict in Archaic Greece". *Classical Antiquity*, v. 16, n. 1, 1997, pp. 106-50.

_____. *Coins, Bodies, Games, and Gold: The Politics of Meaning in Archaic Greece*. Princeton: Princeton University Press, 1999.

KUZNETS, Solomon. "Pawnbroking". In: SELIGMAN, Edwin R. A. (Org.). *Encyclopaedia of the Social Sciences*. Nova York: MacMillan, 1933, p. 38. v. 7.

LABIB, Subhi Y. "Capitalism in Medieval Islam". *The Journal of Economic History*, v. 29, n. 1, 1969, pp. 79-96.

LADNER, Gerhardt B. "Medieval and Modern Understanding of Symbolism: A Comparison". *Speculum*, v. 54, n. 2, 1979, pp. 223-56.

LAFITAU, Joseph-François. *Customs of the American Indians Compared with the Customs of Primitive Times*. Org. e trad. para o inglês de William N. Fenton e Elizabeth L. Moore. Toronto: Champlain Society, 1974. 2 v.

LAFLEUR, William R. *The Karma of Words: Buddhism and the Literary Arts in Medieval Japan*. Berkeley: University of California Press, 1986.

LAFONT, Bertrand. "Les Lilies du roi de Mari". In: DURAND, Jean-Marie (Org.). *La Femme dans le Proche-Orient antique: Compte rendu de la 33ᵉ Rencontre Assyriologique Internationale (Paris 7-10 juillet 1986)*. Paris: ERC, 1987, pp. 113-23.

LAMBERT, Maurice. "Une Inscription nouvelle d'Entemena prince de Lagash". *Revue du Louvre*, n. 21, 1971, pp. 231-6.

LAMBERT, Wilfried G. "Prostitution". In: HAAS, Volkert (Org.). *Aussenseiter und Randgruppen: Beiträge zu einer Sozialgeschichte des Alten Orients*. Konstanz: Universitätsverlag, 1992, pp. 127-57.

LAMOTTE, Etienne. *Karmasiddhi Prakarana: The Treatise on Action by Vasubandhu.* Freemont: Asian Humanities Press, 1997.

LANE, Frederic Chapin. *Venetian Ships and Shipbuilders of the Renaissance.* Baltimore: Johns Hopkins University Press, 1934.

LANGHOLM, Odd. *Price and Value in the Aristotelian Tradition.* Oslo: Universitetsforlaget, 1979.

_____. *The Aristotelian Analysis of Usury.* Bergen: Universitetsforlaget, 1984.

_____. *Economics in the Medieval Schools: Wealth, Exchange, Value, Money and Usury According to the Paris Theological Tradition, 1200-1350.* Leiden: E. J. Brill, 1992. (Studien und Texte zur Geistesgeschichte des Mittelalters, 29).

_____. "The Medieval Schoolmen, 1200-1400". In: LOWRY, S. Todd; GORDON, Barry (Orgs.). *Ancient and Medieval Economic Ideas and Concepts of Social Justice.* Leiden: E. J. Brill, 1996, pp. 439-502.

_____. *The Legacy of Scholasticism in Economic Thought: Antecedents of Choice and Power.* Cambridge: Cambridge University Press, 1998.

_____. *The Merchant in the Confessional: Trade and Price in the Pre-Reformation Penitential Handbooks.* Leiden: E. J. Brill, 2002.

LAPIDUS, Ira. "State and Religion in Islamic Societies". *Past and Present,* n. 151, 1995, pp. 3-27.

_____. *A History of Islamic Societies.* 2. ed. Cambridge: Cambridge University Press, 2002.

LARSON, Pier. *History and Memory in the Age of Enslavement: Becoming Merina in Highland Madagascar, 1770-1822.* Portsmouth: Heinemann, 2000.

LATHAM, Anthony J. H. "Currency, Credit and Capitalism on the Cross River in the Precolonial Era". *Journal of African History,* v. 12, n. 4, 1971, pp. 599-605.

_____. *Old Calabar 1600-1891: The Impact of the International Economy Upon a Traditional Society.* Oxford: Clarendon Press, 1973.

_____. "The Pre-Colonial Economy; The Lower Cross Region". In: ABASIATTAI, Monday B. (Org.). *A History of the Cross River Region of Nigeria.* Calabar: University of Calabar Press, 1990, pp. 70-89.

LAUM, Bernard. *Heiliges Geld: Eine historische Untersuchung über den sakralen Ursprung des Geldes.* Tübingen: J. C. B. Mohr, 1924.

LAW, Robin. "On Pawning and Enslavement for Debt in the Pre-Colonial Slave Coast". In: FALOLA, Toyin; LOVEJOY, Paul E. (Orgs.). *Pawnship in Africa: Debt Bondage in Historical Perspective.* Boulder: University of Colorado Press, 1994, pp. 61-82.

LEACH, Edmund R. *Rethinking Anthropology.* Londres: Athlone Press, 1961.

_____. "The Kula: An Alternative View". In: LEACH, Jerry (Org.). *The Kula: New Perspectives on Massim Exchange.* Cambridge: Cambridge University Press, 1983, pp. 529-38.

LEE, Ian. "Entella: The Silver Coinage of the Campanian Mercenaries and the Site of the First Carthaginian Mint, 410-409 B.C.". *Numismatic Chronicle,* n. 160, 2000, pp. 1-66.

LEENHARDT, Maurice. *Do Kamo: Person and Myth in the Melanesian World*. Chicago: University of Chicago Press, 1979.
LE GOFF, Jacques. *Your Money or Your Life: Economy and Religion in the Middle Ages*. Trad. para o inglês de Patricia Ranum. Nova York: Zone Books, 1990.
LE GUIN, Ursula. *The Disposessed*. Nova York: Avon, 1974.
LEMCHE, Niels Peter. "The 'Hebrew Slave': Comments on the Slave Law, Ex. xxi 2-11". *Vetus Testamentum*, n. 25, 1975, pp. 129-44.
_____. "The Manumission of Slaves: The Fallow Year, The Sabbatical Year, The Jobel Year". *Vetus Testamentum*, n. 26, 1976, pp. 38-59.
_____. "Andurarum and Misharum: Comments on the Problems of Social Edicts and their Application in the Ancient Near East". *Journal of Near Eastern Studies*, n. 38, 1979, pp. 11-8.
_____. *Ancient Israel: A New History of Israelite Society*. Sheffield: Sheffield Academic Press, 1985.
LE RIDER, George. *La Naissance de la monnaie: Pratiques monétaires de l'Orient ancient*. Paris: Presses Universitaires de France, 2001.
LERNER, Abba P. "Money as a Creature of the State". *American Economic Review, Papers and Proceedings*, v. 37, n. 2, 1947, pp. 312-7.
LERNER, Gerda. "The Origin of Prostitution in Ancient Mesopotamia". *Signs*, v. 11, n. 2, 1980, pp. 236-54.
_____. "Women and Slavery". *Slavery and Abolition: A Journal of Comparative Studies*, v. 4, n. 3, 1983, pp. 173-98.
_____. *The Creation of Patriarchy*. Nova York: Oxford University Press, 1989.
LETWIN, William. *Origins of Scientific Economics: English Economic Thought, 1660-1776*. Londres: Routledge, 2003.
LÉVI, Sylvain. *La Doctrine du Sacrifice dans les Brâhmanas*. Paris: Ernest Leroux, 1898.
_____. *L'Inde civilisatrice*. Paris: Institut de Civilisation Indienne, 1938.
LÉVI-STRAUSS, Claude. "Guerre et commerce chez les Indiens d'Amérique du Sud". *Renaissance*, v. 1, n. 1/2, 1943.
_____. *Structural Anthropology*. Trad. para o inglês de C. Jacobson e B. G. Schoepf. Nova York: Basic Books, 1963. [Ed. bras.: *Antropologia estrutural*. Trad. de Beatriz Perrone-Moisés. São Paulo: Ubu, 2017.]
LÉVY-BRUHL, Lucien. *Primitive Mentality*. Londres: Allen & Unwin, 1923.
LEWIS, Mark Edward. *Sanctioned Violence in Early China*. Albany: State University of New York Press, 1990.
LI, Xueqin. *Eastern Zhou and Qin Civilizations*. Trad. para o inglês de Kwang-chih Chang. New Haven: Yale University Press, 1985.
LIDDELL, Henry George; SCOTT, Robert. *A Greek-English Lexicon*. Ed. rev. aum. por Sir Henry Stuart Jones e Roderick McKenzie. Oxford: Clarendon Press, 1940.
LINDHOLM, Charles. *Generosity and Jealousy: The Swat Pukhtun of Northern Pakistan*. Nova York: Columbia University Press, 1982.
LINEBAUGH, Peter. "Labour History without the Labour Process: A Note on John Gast and His Times". *Social History*, v. 7, n. 3, 1982, pp. 319-28.

LINEBAUGH, Peter. *The London Hanged: Crime and Civil Society in the Eighteenth Century*. Cambridge: Cambridge University Press, 1993.

_____. *The Magna Carta Manifesto: Liberties and Commons for All*. Berkeley: University of California Press, 2008.

LITTLEFIELD, Henry. "The Wizard of Oz: Parable on Populism". *American Quarterly*, v. 16, n. 1, 1963, pp. 47-98.

LLEWELLYN-JONES, Lloyd. *Aphrodite's Tortoise: The Veiled Woman of Ancient Greece*. Swansea: Classical Press of Wales, 2003.

LOCKE, John. "Further Considerations Concerning Raising the Value of Money". In: *The Works of John Locke*. Londres: W. Otridge & Son, 1812, pp. 131-206. v. 5.

_____. *Two Treatises on Government*. Cambridge: Cambridge University Press, 1988.

LOIZOS, Peter. "Politics and Patronage in a Cypriot Village, 1920-1970". In: GELLNER, Ernest; WATERBURY, John (Orgs.). *Patrons and Clients*. Londres: Duckworth, 1977, pp. 115-35.

LOMBARD, Maurice. "Les Bases monétaires d'une suprématie économique: L'Or musulman du VIIe au XIe siècle". *Annales: Economies, Sociétés, Civilisations*, v. 2, 1947, pp. 143-60.

_____. *The Golden Age of Islam*. Princeton: Markus Wiener Publishers, 2003.

LORAUX, Nicole. *The Children of Athena: Athenian Ideas About Citizenship and the Division between the Sexes*. Princeton: Princeton University Press, 1993.

LORTON, David. "The Treatment of Criminals in Ancient Egypt: Through the New Kingdom". *Journal of the Economic and Social History of the Orient*, v. 20, n. 1, 1977, pp. 2-64.

LOVEJOY, Paul E.; RICHARDSON, David. "Trust, Pawnship, and Atlantic History: The Institutional Foundations of the Old Calabar Slave Trade". *American Historical Review*, v. 104, n. 2, 1999, pp. 333-55.

_____. "The Business of Slaving: Pawnship in Western Africa, c. 1600-1810". *Journal of African History*, v. 42, n. 1, 2001, pp. 67-84.

_____. "'This Horrid Hole': Royal Authority, Commerce and Credit at Bonny, 1690--1840". *Journal of African History*, v. 45, n. 3, 2004, pp. 363-92.

LUSTHAUS, Dan. *Buddhist Phenomenology: A Philosophical Investigation of Yogācāra Buddhism and the Ch'eng Wei-shih lun*. Nova York: Routledge, 2002. (Curzon Critical Studies in Buddhism, 13).

MACAULAY, Barão Thomas Babington. *The History of England: From the Accession of James the Second*. Londres: Longmans, Green and Co., 1886. 2 v.

MACDONALD, James. *A Free Nation Deep in Debt: The Financial Roots of Democracy*. Princeton: Princeton University Press, 2006.

MACDONALD, Scott B.; GASTMANN, Albert L. *A History of Credit & Power in the Western World*. New Brunswick: Transaction Publishers, 2001.

MACKAY, Charles. *Memoirs of Extraordinary Popular Delusions and the Madness of Crowds*. 2. ed. Londres: G. Routledge and Sons, 1854. 2 v. Disponível em: <www.econlib.org/library/Mackay/macEx.html>.

MACKENNEY, Richard. *Tradesmen and Traders: The World of the Guilds in Venice and Europe (c. 1250-c. 1650)*. Totowa: Barnes & Noble, 1987.

MACPHERSON, Crawford Brough. *The Political Theory of Possessive Individualism: Hobbes to Locke*. Oxford: Clarendon Press, 1962.

MAEKAWA, Kazuya. "The development of the É-MÍ in Lagash during Early Dynastic III". *Mesopotamia*, n. 8/9, 1974, pp. 77-144.

MAITLAND, Frederick William. *The Constitutional History of England: A Course of Lectures Delivered*. Cambridge: Cambridge University Press, 1908.

MALAMOUD, Charles. "The Theology of Debt in Brahmanism". In: _____(Org.). *Debts and Debtors*. Londres: Vices, 1983, pp. 21-40.

_____. "Présentation". In: _____ (Org.). *Lien de vie, nœud martel: Les représentations de la dette en Chine, au Japon et dans le monde indien*. Paris: EHESS, 1988, pp. 7-15.

_____. "Le Paiement des actes rituels dans l'Inde védique". In: AGLIETTA, Michel; ORLÉAN, André (Orgs.). *La Monnaie souveraine*. Paris: Odile Jacob, 1998, pp. 35-54.

MALINOWSKI, Bronislaw. *Argonauts of the Western Pacific: An Account of Native Enterprise and Adventure in the Archipelagoes of Melanesian New Guinea*. Londres: Routledge, 1922.

MALONEY, Robert P. "The Teaching of the Fathers on Usury: An Historical Study on the Development of Christian Thinking". *Vigiliae Christianae*, v. 27, n. 4, 1983, pp. 241-65.

MANN, Bruce H. *Republic of Debtors: Bankruptcy in the Age of American Independence*. Cambridge: Harvard University Press, 2002.

MARTIN, Randy. *Financialization of Daily Life*. Filadélfia: Temple University Press, 2002.

MARTZLOFF, Jean-Claude. *A History of Chinese Mathematics*. Berlim: Springer Verlag, 2006.

MARX, Karl. "The British Rule in India". *New-York Daily Tribune*, 25 jun. 1853.

_____. *Pre-Capitalist Economic Formations*. Trad. para o inglês de Jack Cohen. Nova York: International Publishers, 1965.

_____. *Capital: A Critique of Political Economy*. Nova York: New World Paperbacks, 1967. 3 v.

_____. *The Grundrisse*. Nova York: Harper and Row, 1973.

MATHEWS, Robert Henry. *Mathews' Chinese-English Dictionary*. Cambridge: Harvard University Press, 1931.

MATHIAS, Peter. "Capital, Credit, and Enterprise in the Industrial Revolution". In: _____(Org.). *The Transformation of England: Essays in the Economic and Social History of England in the Eighteenth Century*. Londres: Taylor & Francis, 1979, pp. 88-115.

_____. "The People's Money in the Eighteenth Century: The Royal Mint, Trade Tokens and the Economy". In: _____(Org.). *The Transformation of England: Essays in the Economic and Social History of England in the Eighteenth Century*. Londres: Taylor & Francis, 1979, pp. 190-208.

MAUNDER, Peter et al. *Economics Explained*. 3. ed. Londres: HarperCollins, 1991.

MAURO, Frédéric. "Merchant Communities, 1350-1750". In: TRACY, James D. (Org.). *The Rise of Merchant Empires: Long-Distance Trade in the Early Modern World, 1350-1750*. Cambridge: Cambridge University Press, 1993, pp. 255-86.

MAUSS, Marcel. "Essai sur le don. Forme et raison de l'échange dans les sociétés archaïques". *L'Année Sociologique*, n. 1, 1924, pp. 30-186. (Seconde Série). [Ed. bras.: *Ensaio sobre a dádiva*. Trad. de Paulo Neves. São Paulo: Ubu, 2018.]

_____. "Commentaires sur un texte de Posidonius. Le suicide, contre-prestation suprême". *Revue celtique*, n. 42, 1925, pp. 324-9.

_____. *Manuel d'ethnographie*. Paris: Payot, 1947.

MCDERMOTT, Rose. *Presidential Leadership, Illness, and Decision Making*. Nova York: Cambridge University Press, 2007.

MCINTOSH, Marjorie K. "Money Lending on the Periphery of London, 1300-1600". *Albion*, v. 20, n. 4, 1988, pp. 557-71.

MEILLASSOUX, Claude. *The Anthropology of Slavery: The Womb of Iron and Gold*. Trad. para o inglês de Alide Dasnois. Chicago: University of Chicago Press, 1996.

MENDELSOHN, Isaac. *Slavery in the Ancient Near East: A Comparative Study of Slavery in Babylonia, Assyria, Syria and Palestine from the Middle of the Third Millennium to the End of the First Millennium*. Westport: Greenwood Press, 1949.

MENEFEE, Samuel Pyeatt. *Wives for Sale: An Ethnographic Study of British Popular Divorce*. Oxford: Blackwell, 1981.

MENGER, Karl. "On the Origins of Money". *Economic Journal*, v. 2, n. 6, 1892, pp. 239-55.

MEYER, Marvin W. *The Ancient Mysteries: A Sourcebook: Sacred Texts of the Mystery Religions of the Ancient Mediterranean World*. Filadélfia: University of Pennsylvania Press, 1999.

MEZ, Adam. *Die Renaissance des Islams*. Heidelberg: C. Winter, 1922.

MIDELFORT, H. C. Erik. *Mad Princes of Renaissance Germany*. Charlottesville: University of Virginia Press, 1996.

MIDNIGHT Notes Collective. "Promissory Notes: From Crises to Commons", 2009. Disponível em: <www.midnightnotes.org/Promissory%20Notes.pdf>.

MIELANTS, Eric. "Europe and China Compared". *Review* (Fernand Braudel Center), v. 25, n. 4, 2002, pp. 401-49.

_____. *The Origins of Capitalism and the "Rise of the West"*. Filadélfia: Temple University Press, 2007.

MIEROOP, Marc van de. "A History of Near Eastern Debt?". In: HUDSON, Michael; MIEROOP, Marc van de (Orgs.). *Debt and Economic Renewal in the Ancient Near East*. Bethesda: CDL, 2002, pp. 59-95.

_____. "The Invention of Interest: Sumerian Loans". In: GOETZMANN, William N.; ROUWENHORST, K. Geert (Orgs.). *The Origins of Value: The Financial Innovations That Created Modern Capital Markets*. Oxford: Oxford University Press, 2005, pp. 17-30.

MILLER, Joseph. *Way of Death: Merchant Capitalism and the Angolan Slave Trade 1730-1830*. Madison: University of Wisconsin Press, 1988.

MILLER, Robert J. "Monastic Economy: The Jisa Mechanism". *Comparative Studies in Society and History*, v. 3, n. 4, 1961, pp. 427-38.
MILLER, William Ian. *Humiliation: And Other Essays on Honor, Social Discomfort, and Violence*. Ithaca: Cornell University Press, 1993.
_____. *An Eye for An Eye*. Ithaca: Cornell University Press, 2006.
MILLETT, Paul. "Patronage and Its Avoidance". In: WALLACE-HADRILL, Andrew (Org.). *Patronage in Ancient Society*. Londres: Routledge, 1989, pp. 15-47.
_____. *Lending and Borrowing in Classical Athens*. Cambridge: Cambridge University Press, 1991.
_____. "Sale, Credit and Exchange in Athenian Law and Society". In: CARTILEDGE, Paul; MILLETT, Paul C.; TODD, Stephen C. (Orgs.). *Nomos*. Cambridge: Cambridge University Press, 1991, pp. 167-94.
MILLON, René F. *When Money Grew on Trees: A Study of Cacao in Ancient Mesoamerica*. Nova York: Columbia University, 1955. Tese (Doutorado em Filosofia).
MISES, Ludwig von. *Human Action: A Treatise on Economics*. New Haven: Yale University Press, 1949.
MISRA, Shive Nandan. *Ancient Indian Republics: From the Earliest Times to the 6th Century A.D.* Lucknow: Upper India Publishing House, 1976.
MITAMURA, Taisuke. *Chinese Eunuchs: The Structure of an Intimate Politics*. Rutland: Charles E. Tuttle Company, 1970.
MITCHELL, Richard E. "Demands for Land Redistribution and Debt Reduction in the Roman Republic". In: IRANI, Kaikhosrov D.; SILVER, Morris (Orgs.). *Social Justice in the Ancient World*. Westport: Greenwood Press, 1993, pp. 199-214.
MORGAN, Lewis Henry. *League of the Ho-de-no-sau-nee, or Iroquois*. Secaucus: Citadel Press, 1851.
_____. *Ancient Society*. Nova York: Henry Holt, 1877.
_____. *Houses and House-Life of the American Aborigines*. Chicago: University of Chicago Press, 1965.
MOSER, Thomas. "The Idea of Usury in Patristic Literature". In: PSALIDOPOULOS, Michalis (Org.). *The Canon in the History of Economics: Critical Essays*. Londres: Routledge, 2000, pp. 24-44.
MOSES, Larry W. "T'ang Tribute Relations with the Inner Asian Barbarian". In: PERRY, John C.; SMITH, Bardwell L. (Orgs.). *Essays on T'ang Society: The Interplay of Social, Political and Economic Forces*. Leiden: Brill, 1976, pp. 61-89.
MOULIER-BOUTANG, Yann. *De l'Esclavage au salariat: Économie historique du salariat bridé*. Paris: Presses Universitaires de France, 1997.
MUHLENBERGER, Steven; PAINE, Phil. "Democracy in Ancient India". *World History of Democracy Site*, 1997. Disponível em: <https://uts.nipissingu.ca/muhlberger/HISTDEM/INDIADEM.HTM>
MULDREW, Craig. "Interpreting the Market: The Ethics of Credit and Community Relations in Early Modern England". *Social History*, v. 8, n. 2, 1993, pp. 163-83.

MULDREW, Craig. "Credit and the Courts: Debt Litigation in a Seventeenth-Century Urban Community". *The Economic History Review*, v. 46, n. 1, 1993, pp. 23-38. (New Series).

_____. "The Culture of Reconciliation: Community and the Settlement of Economic Disputes in Early Modern England". *The Historical Journal*, v. 39, n. 4, 1996, pp. 915-42.

_____. *The Economy of Obligation: The Culture of Credit and Social Relations in Early Modern England*. Nova York: Palgrave, 1998.

_____. "'Hard Food for Midas': Cash and Its Social Value in Early Modern England". *Past and Present*, n. 170, 2001, pp. 78-120.

MUNDILL, Robin R. *England's Jewish Solution: Experiment and Expulsion, 1262-1290*. Cambridge: Cambridge University Press, 2002.

MUNN, Nancy. *The Fame of Gawa: A Symbolic Study of Value Transformation in a Massim (Papua New Guinea) Society*. Cambridge: Cambridge University Press, 1986.

MUNRO, John H. "The Monetary Origins of the 'Price Revolution': South German Silver Mining, Merchant Banking, and Venetian Commerce, 1470-1540". In: FLYNN, Dennis; GIRÁLDEZ, Arturo; GLAHN, Richard von (Orgs.). *Global Connections and Monetary History, 1470-1800*. Burlington: Ashgate, 2003, pp. 1-34.

_____. "The Medieval Origins of the Financial Revolution: Usury, Rents, and Negotiability". *International History Review*, v. 25, n. 3, 2003, pp. 505-62.

_____. "Review of Earl J. Hamilton, American Treasure and the Price Revolution in Spain, 1501-1650", 2007. *EH.Net Economic History Services*, 15 jan. 2007. Disponível em: <https://eh.net/book_reviews/american-treasure-and-the-price-revolution-in-spain-1501-1650/>.

MÜRI, Walter. *Symbolon: Wort-und sachgeschichtliche Studie*. Berna: Beilage zum Jahresbericht über das Städtische Gymnasium, 1931.

MURPHY, George. "Buddhist Monastic Economy: The Jisa Mechanism: Comment". *Comparative Studies in Society and History*, v. 3, n. 4, 1961, pp. 439-42.

MYERS, Milton L. *The Soul of Modern Economic Man: Ideas of Self-Interest, Thomas Hobbes to Adam Smith*. Chicago: University of Chicago Press, 1983.

NAG, Kalidas; DIKSHITAR, Vishnampet R. Ramachandra. "The Diplomatic Theories of Ancient India and the Arthashastra". *Journal of Indian History*, v. 6, n. 1, 1927, pp. 15-35.

NAKAMURA, Kyoko Motomochi. *Miraculous Stories from the Japanese Buddhist Tradition: The Nihon ryōiki of the Monk Kyōkai*. Londres: Routledge, 1996.

NASKAR, Satyendra Nath. *Foreign Impact on Indian Life and Culture (c. 326 B.C. to c. 300 A.D.)*. Nova Delhi: Abhinav Publications, 1996.

NAYLOR, Robin Thomas. *Dominion of Debt: Centre, Periphery and the International Economic Order*. Londres: Black Rose, 1985.

NAZPARY, Jomo. *Post-Soviet Chaos: Violence and Dispossession in Kazakhstan*. Londres: Pluto, 2001.

NELSON, Benjamin. *The Idea of Usury: From Tribal Brotherhood to Universal Otherhood*. Oxford: Oxford University Press, 1949.

NERLICH, Michael. *Ideology of Adventure: Studies in Modern Consciousness, 1100-1750*. Trad. para o inglês de Ruth Crowley. Minneapolis: University of Minnesota Press, 1987.

NICHOLLS, David. *God and Government in an "Age of Reason"*. Nova York: Routledge, 2003.

NIETZSCHE, Friedrich. *Genealogia da moral*. Trad. de Paulo César de Souza. São Paulo: Companhia das Letras, 2009.

NOAH, Monday Efiong. "Social and Political Developments: The Lower Cross Region, 1600-1900". In: ABASIATTAI, Monday B. (Org.). *A History of the Cross River Region of Nigeria*. Calabar: University of Calabar Press, 1990, pp. 90-108.

NOLAN, Patrick. *A Monetary History of Ireland*. Londres: King, 1926.

NOONAN, John T. *The Scholastic Analysis of Usury*. Cambridge: Harvard University Press, 1957.

NORMAN, Kenneth R. "Aśoka and Capital Punishment: Notes on a Portion of Aśoka's Fourth Pillar Edict, with an Appendix on the Accusative Absolute Construction". *The Journal of the Royal Asiatic Society of Great Britain and Ireland*, n. 1, 1975, pp. 16-24.

NORTH, Robert. *Sociology of the Biblical Jubilee*. Roma: Pontifical Biblical Institute, 1954.

NORTHRUP, David. *Trade Without Rulers: Pre-Colonial Economic Development in Southeastern Nigeria*. Oxford: Clarendon Press, 1978.

_____. *Indentured Labor in the Age of Imperialism, 1834-1922*. Cambridge: Cambridge University Press, 1995.

NWAKA, Geoffrey I. "Secret Societies and Colonial Change: A Nigerian Example (Sociétés secrètes et politique coloniale: Un exemple nigerian)". *Cahiers d'Études Africaines*, v. 18, n. 69/70, 1978, pp. 187-200.

NWAUWA, Apollos Okwuchi. "Integrating Arochukwu into the Regional Chronological Structure". *History in Africa*, v. 18, 1991, pp. 297-310.

O'BRIEN, George. *An Essay on Medieval Economic Teaching*. Londres: Longmans, Green & Co., 1920.

OHNUMA, Reiko. *Head, Eyes, Flesh, and Blood: Giving Away the Body in Indian Buddhist Literature*. Nova York: Columbia University Press, 2007.

OLIVELLE, Patrick. *The Asrama System: The History and Hermeneutics of a Religious Institution*. Oxford: Oxford University Press, 1992.

_____. *Manu's Code of Law: A Critical Edition and Translation of the Mānava Dharmaśāstra*. Oxford: Oxford University Press, 2005.

_____. "Explorations in the Early History of Dharmaśāstra". In: _____ (Org.). *Between the Empires: Society in India 300 BCE to 400 CE*. Nova York: Oxford University Press, 2006, pp. 169-90.

_____. "Dharmaśāstra: A Literary History". In: LUBIN, Timothy; DAVIS, Donald (Orgs.). *The Cambridge Handbook of Law and Hinduism*. Cambridge: Cambridge University Press, 2009, pp. 112-43.

OLIVER, Douglas. *A Solomon Island Society*. Cambridge: Harvard University Press, 1955.

ONVLEE, Louis. "The Significance of Livestock on Sumba". In: FOX, James J. (Org.). *The Flow of Life: Essays on Eastern Indonesia*. Cambridge: Harvard University Press, 1980, pp. 195-207.

OPPENHEIM, Leo. *Ancient Mesopotamia: Portrait of a Dead Civilization*. Chicago: University of Chicago Press, 1964.

ORLÉAN, André. "La Monnaie autoréférentielle: Réflexions sur les évolutions monétaires contemporaines". In: AGLIETTA, Michel; ORLÉAN, André (Orgs.). *La Monnaie souveraine*. Paris: Odile Jacob, 1998, pp. 359-86.

ORLOVE, Benjamin. "Barter and Cash Sale on Lake Titicaca: A Test of Competing Approaches". *Current Anthropology*, v. 27, n. 2, 1986, pp. 85-106.

ORR, Leslie C. *Donors, Devotees, and Daughters of God: Temple Women in Medieval Tamilnadu*. Oxford: Oxford University Press, 2000.

OTTENBERG, Simon. "Ibo Oracles and Intergroup Relations". *Southwestern Journal of Anthropology*, v. 14, n. 3, 1958, pp. 295-317.

OTTENBERG, Simon; KNUDSEN, Linda. "Leopard Society Masquerades: Symbolism and Diffusion". *African Arts*, v. 18, n. 2, 1985, pp. 37-44.

OTTENBERG, Simon; OTTENBERG, Phoebe. "Afikpo Markets: 1900-1960". In: BOHANNAN, Paul; DALTON, George (Orgs.). *Markets in Africa*. Chicago: Northwestern University Press, 1962, pp. 118-69.

OXFELD, Ellen. "'When You Drink Water, Think of Its Source': Morality, Status, and Reinvention in Chinese Funerals". *Journal of Asian Studies*, v. 63, n. 4, 2004, pp. 961-90.

OZMENT, Steven. *When Fathers Ruled*. Cambridge: Cambridge University Press, 1983.

PAGDEN, Anthony. *The Fall of Natural Man: The American Indian and the Origins of Comparative Ethnology*. Cambridge: Cambridge University Press, 1986.

PALAT, Ravi Arvind. "Popular Revolts and the State in Medieval South India: A Study of the Vijayanagara Empire (1360-1565)". *Bijdragen tot de taal-, Land-, en Volkenkunde*, v. 142, n. 1, 1986, pp. 128-44.

_____. *From World-Empire to World-Economy: Southeastern India and the Emergence of the Indian Ocean World-Economy (1350-1650)*. Binghamton: State University of New York, 1988. Tese (Doutorado em Sociologia).

PARKER, Arthur. "An Analytical History of the Seneca Indians". *Researches and Transactions*, v. 6, n. 1/5, 1926.

PARKER, David B. "The Rise and Fall of The Wonderful Wizard of Oz as a 'Parable on Populism'". *Journal of the Georgia Association of Historians*, n. 15, 1994, pp. 49-63.

PARKES, Henry Bamford. *Gods and Men: The Origins of Western Culture*. Nova York: Vintage Books, 1959.

PARKIN, Michael; KING, David. *Economics*. 2. ed. Londres: Addison-Wesley Publishers, 1995.

PARKS, Tim. *Medici Money: Banking, Metaphysics, and Art in Fifteenth-Century Florence*. Nova York: Norton, 2005.

PARSONS, James E. *Peasant Rebellions of the Late Ming Dynasty*. Tucson: University of Arizona Press, 1970. (The Association for Asian Studies, 26).

PARTRIDGE, Charles. *Cross River Natives: Being Some Notes on the Primitive Pagans of Obubura Hill District, Southern Nigeria*. Londres: Hutchinson & Co., 1905.

PASADIKA, Bhikkhu. "The Concept of Avipranasa in Nāgārjuna". In: DHAMMAJOTI, Bikkhu K. L.; TILAKARATNE, Asanga; ABHAYAWANSA, Kapila (Orgs.). *Recent Researches in Buddhist Studies: Essays in Honour of Y. Karunadasa*. Kuala Lumpur: Y. Karunadasa Felicitation Committee & Chi Ying Foundation, 1997, pp. 516-23.

PATEMAN, Carole. *The Sexual Contract*. Stanford: Stanford University Press, 1988.

PATTERSON, Orlando. *Slavery and Social Death: A Comparative Study*. Cambridge: Harvard University Press, 1982.

PEARSON, Michael N. "Premodern Muslim Political Systems". *Journal of the American Oriental Society*, v. 102, n. 1, 1982, pp. 47-58.

PENG, Xinwei. *A Monetary History of China (Zhongguo Huobi Shi)*. Trad. para o inglês de Edward H. Kaplan. Bellingham: Western Washington University, 1994. 2v., 982 pp. (East Asian Research Aids and Translations, 5).

PERISTIANY, John G. "Honour and Shame in a Cypriot Highland Village". In: _____ (Org.). *Honour and Shame: The Values of Mediterranean Society*. Londres: Trinity Press, 1965, pp. 171-90.

PERKINS, John. *Confessions of an Economic Hit Man*. Nova York: Plume, 2006.

PERLMAN, Mark; MCCANN, Charles Robert. *The Pillars of Economic Understanding: Ideas and Traditions*. Ann Arbor: University of Michigan Press, 1998.

PETERS, E. L. "Some Structural Aspects of the Feud among the Camel-Herding Bedouins of Cyrenaica". *Africa*, n. 37, 1967, pp. 261-82.

PHILLIPS, William D. *Slavery from Roman Times to the Early Transatlantic Trade*. Minneapolis: University of Minnesota Press, 1985.

PICARD, Olivier. "La 'fiduciarité' des monnaies métalliques en Grèce". *Bulletin de la Société Française de Numismatique*, v. 34, n. 10, 1975, pp. 604-9.

PIETZ, William. "The Problem of the Fetish, I". *RES: Anthropology and Aesthetics*, n. 9, 1985, pp. 5-17.

PIGOU, Arthur Cecil. *The Veil of Money*. Londres: MacMillan, 1949.

PLATÃO. *Diálogos*. Trad. e notas de José Cavalcante de Souza, Jorge Paleikat e João Cruz Costa. 5. ed. São Paulo: Nova Cultural, 1991. (Os pensadores).

_____. *Carta VII*. 2. ed. Trad. de José Trindade Santos. Rio de Janeiro: Ed. PUC-Rio; Loyola, 2008. (Bibliotheca Antiqua, 3). (Ed. bilíngue).

_____. *A República*. Trad. de Edson Bini. São Paulo: Edipro, 2019.

_____. *As leis*. Trad. de Edson Bini. São Paulo: Edipro, 2021.

POLANYI, Karl. *The Great Transformation*. Nova York: Rinehart, 1949.

_____. "Aristotle Discovers the Economy". In: POLANYI, Karl; ARENSBERG, Conrad; PEARSON, Harry. (Orgs.). *Trade and Market in the Early Empires*. Glencoe: The Free Press, 1957, pp. 64-94.

POLANYI, Karl. "The Economy as an Instituted Process". In: POLANYI, Karl; ARENSBERG, Conrad; PEARSON, Harry (Orgs.). *Trade and Market in the Early Empires*. Glencoe: The Free Press, 1957, pp. 243-69.

_____. "The Semantics of Money Uses". In: DALTON, George (Org.). *Primitive, Archaic, and Modern Economies: Essays of Karl Polanyi*. Nova York: Anchor, 1968.

POLIAKOV, Léon. *Jewish Bankers and the Holy See from the Thirteenth to the Seventeenth Century*. Londres: Routledge & Kegan Paul, 1977.

POMERANZ, Kenneth. *The Great Divergence: China, Europe, and the Making of the Modern World Economy*. Princeton: Princeton University Press, 1998.

POWELL, Marvin A. "A Contribution to the History of Money in Mesopotamia Prior to the Invention of Coinage". In: HRUŠKA, Blahoslav; KOMORÓCZY, Géza (Orgs.). *Festschrift Lubor Matouš*. Budapeste: E. Loránd; O. Tanszék, 1978, pp. 211-43. v. 2.

_____. "Ancient Mesopotamian Weight Metrology: Methods, Problems and Perspectives". In: POWELL, Marvin A.; SACK, Ronald H. (Orgs.). *Studies in Honor of Tom B. Jones*. Amsterdam: Kevelaer; Neukirchen-Vluyn, 1979, pp. 71-109.

_____. "Wir müssen unsere Nische nutzen: Monies, Motives and Methods in Babylonian Economics". In: DERKSEN, Jan G. (Org.). *Trade and Finance in Ancient Mesopotamia: Proceedings of the First MOS Symposium (Ledien 1997)*. Istambul: Nederlands Historich-Archeologisch Instituut, 1999, pp. 5-24.

PRAKASH, Gyan. *Bonded Histories: Genealogies of Labor Servitude in Colonial India*. Cambridge: Cambridge University Press, 2003.

PRAKASH, Satya; SINGH, Rajendra. *Coinage in Ancient India*. Nova Delhi: Research Institute of Ancient Scientific Studies, 1968.

PRICE, Jacob M. *Capital and Credit in British Overseas Trade: The View from the Chesapeake, 1700-1776*. Cambridge: Harvard University Press, 1980.

_____. "What Did Merchants Do? Reflections on British Overseas Trade, 1660-1790". *The Journal of Economic History*, v. 49, n. 2, 1989, pp. 267-84.

_____. "Credit in the Slave Trade and Plantation Economies". In: SOLOW, Barbara L. (Org.). *Slavery and the Rise of the Atlantic System*. Cambridge: Cambridge University Press, 1991, pp. 313-7.

PRICE, Martin Jessop. "Thoughts on the Beginnings of Coinage". In: BROOKE, Christopher N. L. et al. (Orgs.). *Studies in Numismatic Method Presented to Philip Grierson*. Cambridge: Cambridge University Press, 1983, pp. 1-10.

PROUDHON, Pierre-Joseph. *Qu'est-ce que la propriété?: Ou Recherches sur le principe du Droit et du Gouvernement; Premier mémoire*. Paris: J.-F. Brocard, 1840.

PRUESSNER, A. H. "The Earliest Traces of Negotiable Instruments". *The American Journal of Semitic Languages and Literatures*, v. 44, n. 2, 1928, pp. 88-107.

PUETT, Michael J. *To Become a God: Cosmology, Sacrifice, and Self-Divinization in Early China*. Cambridge: Harvard University Press, 2002.

QUIGGIN, A. Hingston. *A Survey of Primitive Money: The Beginning of Currency*. Londres: Methuen, 1949.

QUILTER, Jeffrey; URTON, Gary. *Narrative Threads: Accounting and Recounting in Andean Khipu*. Austin: University of Texas Press, 2002.

RADFORD, Richard A. "The Economic Organization of a POW Camp". *Economica*, v. 12, n. 48, 1945, pp. 189-201.

RAGLAN, Barão de, Richard FitzRoy Somerset. "Bride Price". *Man*, v. 31, 1931, p. 75.

RAHMAN, Fashur. "Riba and Interest". *Islamic Studies*, n. 3, 1964, pp. 1-43.

RAI, G. K. *Involuntary Labour in Ancient India*. Allahabad: Chaitanya Press, 1981.

RAINIBI, Dahy. *L'Administration et la justice coloniales: Le District d'Arivonimamo en 1910*. Antananarivo: Université d'Antananarivo, 1987.

RAY, Nicholas Dylan. "The Medieval Islamic System of Credit and Banking: Legal and Historical Considerations". *Arab Law Quarterly*, v. 12, n. 1, 1997, pp. 43-90.

REDEN, Sitta von. *Exchange in Ancient Greece*. Londres: Duckworth, 1995.

_____. "Money, Law and Exchange: Coinage in the Greek Polis". *Journal of Hellenic Studies*, n. 117, 1997, pp. 154-76.

REEVES, Eileen. "As Good as Gold: The Mobile Earth and Early Modern Economics". *Journal of the Warburg and Courtauld Institutes*, n. 62, 1999, pp. 126-66.

REID, Anthony. *Slavery, Bondage and Dependence in Southeast Asia*. Nova York: St. Martin's Press, 1983.

RENGER, Johannes. "Patterns of Non-Institutional Trade and Non-Commercial. Exchange in Ancient Mesopotamia at the Beginning of the Second Millennium B.C.". In: ARCHI, Alfonso (Org.). *Circulation of Goods in Non-Palatial Contexts in the Ancient Near East*. Roma: Edizioni dell'Ateneo, 1984, pp. 31-123.

_____. "On Economic Structures in Ancient Mesopotamia". *Orientalia*, n. 18, 1994, pp. 157-208.

RHODES, Peter J. *A Commentary on the Aristotelian Athenaion Politeia*. Nova York: Oxford University Press; Clarendon, 1993.

RHYS DAVIDS, Caroline A. F. "Economic Conditions in Ancient India". *The Economic Journal*, v. 11, n. 43, 1901, pp. 305-20.

_____. "Economic Conditions According to Early Buddhist Literature". In: RAPSON, E. J. (Org.). *The Cambridge History of India, v. 1: Ancient India*. Cambridge: Cambridge University Press, 1922, pp. 198-219.

RICHARD, R. D. "Early History of the Term Capital". *Quarterly Journal of Economics*, v. 40, n. 2, 1926, pp. 329-38.

RICHARDS, Audrey. *Land, Labour and Diet in Northern Rhodesia*. Londres: Oxford University Press, 1939.

RICHTER, Daniel K. "War and Culture: The Iroquois Experience". *William and Mary Quarterly*, n. 40, 1983, pp. 528-59. (Third Series).

RIEPE, Dale Maurice. *The Naturalistic Tradition in Indian Thought*. Seattle: University of Washington Press, 1961.

RISSO, Patricia. *Merchants and Faith: Muslim Commerce and Culture in the Indian Ocean*. Boulder: Westview Press, 1995.

ROBERTSON, Pat. *The Secret Kingdom*. Londres: Word Publishing, 1992.

ROBINSON, Rachel Sargent. *The Size of the Slave Population at Athens during the Fifth and Fourth Centuries Before Christ*. Westport: Greenwood Press, 1973.

ROBISHEAUX, Thomas. *Rural Society and the Search for Order in Early Modern Germany*. Cambridge: Cambridge University Press, 1989.

ROBSON, James. "Signs of Power: Talismanic Writing in Chinese Buddhism". *History of Religions*, v. 48, n. 2, 2008, pp. 130-69.

ROCKOFF, Hugh. "The 'Wizard of Oz' as a Monetary Allegory". *Journal of Political Economy*, v. 98, n. 4, 1990, pp. 739-60.

RODINSON, Maxime. *Islam and Capitalism*. Austin: University of Texas Press, 1978.

ROETZ, Heiner. *Confucian Ethics of the Axial Age: A Reconstruction under the Aspect of the Breakthrough toward Postconventional Thinking*. Albany: State University of New York Press, 1993.

ROHRLICH, Ruby. "State Formation in Sumer and the Subjugation of Women". *Feminist Studies*, v. 6, n. 1, 1980, pp. 76-102.

ROITMAN, Janet. "Unsanctioned Wealth; or, the Productivity of Debt in Northern Cameroon". *Public Culture*, v. 15, n. 2, 2003, pp. 211-37.

ROOVER, Raymond de. "What is Dry Exchange? A Contribution to the Study of English Mercantilism". *Journal of Political Economy*, n. 52, 1944, pp. 250-66.

_____. "The Medici Bank". *Journal of Economic History*, n. 6, 1946, pp. 24-52, 153-72.

_____. *Money, Banking, and Credit in Medieval Bruges*. Cambridge: Mediaeval Academy of America, 1948.

_____. *The Rise and Decline of the Medici Bank: 1397-1494*. Nova York: W. W. Norton, 1963.

_____. "The Scholastics, Usury and Foreign Exchange". *Business History Review*, v. 41, n. 3, 1967, pp. 257-71.

ROSPABÉ, Philippe. "Don archaïque et monnaie sauvage". In: *Revue du Mauss: Ce que Donner Veut Dire. Don et intérêt*. v. 1, n. 1, 1993, pp. 33-59.

_____. *La Dette de vie: Aux Origines de la monnaie*. Paris: La Découverte; MAUSS, 1995. (Recherches; Bibliothèque du MAUSS).

ROTOURS, Robert des. "Les Insignes en deux parties (fou) sous la dynastie des T'ang (618-907)". *T'oung Pao*, v. 41, n. 1/3, 1952, pp. 1-148.

RUEL, Malcolm. *Leopards and Leaders*. Londres: Tavistock, 1969.

RULE, John. *The Labouring Classes in Early Industrial England, 1750-1850*. Londres: Longman, 1986.

SAGGS, Henry William Frederick. *The Greatness That Was Babylon*. Nova York: Mentor Books, 1962.

SAHLINS, Marshall. *Stone Age Economics*. Chicago: Aldine, 1972.

_____. "The Stranger-King or Dumézil among the Fijians". *Journal of Pacific History*, v. 16, n. 3, 1981, pp. 107-32.

_____. "Cosmologies of Capitalism". *Proceedings of the British Academy*, v. 74, 1988, pp. 1-51.

SAHLINS, Marshall. "The Sadness of Sweetness: The Native Anthropology of Western Cosmology". *Current Anthropology*, v. 37, n. 3, 1996, pp. 395-428.
_____. *Apologies to Thucydides: Understanding History as Culture and Vice Versa*. Chicago: University of Chicago Press, 2004.
_____. *The Western Illusion of Human Nature*. Chicago: Prickly Paradigm Press, 2008.
SALLER, Richard P. "'Familia, Domus', and the Roman Concept of the Family". *Phoenix*, v. 38, n. 4, 1984, pp. 336-55.
_____. "Slavery and the Roman Family". In: FINLEY, Moses (Org.). *Classical Slavery*. Londres: Frank Cass, 1987, pp. 82-110.
SAMUEL, Geoffrey. "Property, Obligations: Continental and Comparative Perspesctives". In: HUDSON, Alastair (Org.). *New Perspectives on Property Law, Human Rights, and the Home*. Londres: Cavendish Publications, 2003, pp. 295-318.
SAMUELSON, Paul A. *Economics*. Nova York: McGraw Hill, 1948.
_____. "An Exact Consumption-loan Model of Interest with or without the Social Contrivance of Money". In: _____. *The Collected Scientific Papers of Paul A. Samuelson*. Org. de Joseph E. Stiglitz. Cambridge: MIT Press, 1958, pp. 219-33. v. 1.
SARTHOU-LAJUS, Nathalie. *L'Éthique de la dette*. Paris: Presses Universitaires de France, 1997.
SASSO, Michael. "What is the Ho-Tu?". *History of Religions*, v. 17, n. 314, 1978, pp. 399-416.
SCAMMELL, Jeffrey Vaughan. *The World Encompassed: The First European Maritime Empires c. 800-1650*. Londres: Taylor & Francis, 1981.
SCHAPS, David. *The Invention of Coinage and the Monetization of Ancient Greece*. Ann Arbor: University of Michigan Press, 2004.
_____. "The Invention of Coinage in Lydia, in India, and in China". In: XIV International Economic History Congress, 2006, Helsinque.
SCHEIDEL, Walter. "The Divergent Evolution of Coinage in Eastern and Western Eurasia", 2006. Disponível em: <www.princeton.edu/~pswpc/pdfs/scheidel/040603.pdf>.
_____. "The Monetary Systems of the Han and Roman Empires", 2007. Disponível em: <www.princeton.edu/~pswpc/pdfs/scheidel/020803.pdf>.
_____ (Org.). *Rome and China: Comparative Perspectives on Ancient World Empires*. Nova York: Oxford University Press, 2009.
SCHLEMMER, Bernard. *Le Menabe: Histoire d'une colonisation*. Paris: Orstom, 1983.
SCHNEIDER, Jane. "Of Vigilance and Virgins: Honor, Shame, and Access to Resources in Mediterranean Societies". *Ethnology*, n. 10, 1971, pp. 1-24.
SCHOENBERGER, Erica. "The Origins of the Market Economy: State Power, Territorial Control, and Modes of War Fighting". *Comparative Studies in Society and History*, v. 50, n. 3, 2008, pp. 663-91.
SCHOFIELD, Phillipp R.; MAYHEW, N. J. (Orgs.). *Credit and Debt in Medieval England, c. 1180-c. 1350*. Londres: Oxbow, 2002.
SCHOPEN, Gregory. "Doing Business for the Lord: Lending on Interest and Written Loan Contracts in the Mulasarvāstivāda-vinaya". *Journal of the American Oriental Society*, v. 114, n. 4, 1994, pp. 527-54.

SCHOPEN, Gregory. "Monastic Law Meets the Real World: A Monk's Continuing Right to Inherit Family Property in Classical India". *History of Religions*, v. 35, n. 2, 1995, pp. 101-23.

_____. *Bones, Stones, and Buddhist Monks: Collected Papers on the Archaeology, Epigraphy, and Texts of Monastic Buddhism in India*. Honolulu: University of Hawaii Press, 1997.

_____. *Buddhist Monks and Business Matters: Still More Papers on Monastic Buddhism in India*. Honolulu: University of Hawaii Press, 2004.

SCHUMPETER, Joseph. *History of Economic Analysis*. Nova York: Oxford University Press, 1934.

SCHWARTZ, Benjamin I. "The Age of Transcendence". *Daedalus*, n. 104, 1975, pp. 1-7.

_____. *The World of Thought in Ancient China*. Cambridge: Harvard University Press, 1985.

SCOTT, Tom; SCRIBNER, Bob (Orgs.). *The German Peasants' War: A History in Documents*. Nova Jersey: Humanities Press, 1991.

SEA, Thomas F. "'The German Princes' Responses to the Peasants' Revolt of 1525". *Central European History*, v. 40, n. 2, 2007, pp. 219-40.

SEAFORD, Richard. *Reciprocity and Ritual. Homer and Tragedy in the Developing City--State*. Oxford: Oxford University Press, 1994.

_____. "Tragic Money". *Journal of Hellenic Studies*, v. 118, 1998, pp. 76-90.

_____. "Review: Reading Money: Leslie Kurke on the Politics of Meaning in Archaic Greece". *Arion*, v. 9, n. 3, 2002, pp. 145-65. (Third Series).

_____. *Money and the Early Greek Mind: Homer, Philosophy, Tragedy*. Cambridge: Cambridge University Press, 2004.

SÉE, Henri Eugène. *Modern Capitalism: Its Origin and Evolution*. Nova York: Adelphi, 1928.

SEEBOHM, Frederic. *The Era of the Protestant Revolution*. Londres: Longmans, Green & Co., 1877.

SEIDEL, Anna. "Imperial Treasures and Taoist Sacraments: Taoist Roots in Apocrypha". In: STRICKMANN, Michel (Org.). *Tantric and Taoist Studies in Honor of Rolf A. Stein*. Bruxelas: Institut Belge des Hautes Études Chinoises, 1983, pp. 291-371. v. 2.

SERRES, Chris; HOWATT, Glenn. "In Jail for Being in Debt". *Star Tribune*, Minneapolis, 17 mar. 2011. Disponível em: <https://www.startribune.com/in-jail-for-being-in-debt/95692619/>.

SERVET, Jean-Michel. "Primitive Order and Archaic Trade. Part 1". *Economy and Society*, v. 10, n. 4, 1981, pp. 423-50.

_____. "Primitive Order and Archaic Trade. Part 2". *Economy and Society*, v. 11, n. 1, 1982, pp. 22-59.

_____. "La Fable du troc". *Revue XVIIIe siècle*, n. 26, 1994, pp. 103-15.

_____. "Démonétarisation et rémonétarisation en Afrique-Occidentale et Équatoriale (XIXe-XXe siècles)". In: AGLIETTA, Michel; ORLÉAN, André (Orgs.). *La Monnaie souveraine*. Paris: Odile Jacob, 1998, pp. 289-324.

SERVET, Jean-Michel. "Le Troc primitif, un mythe fondateur d'une approche économiste de la monnaie". *Revue Numismatique*, v. 6, n. 157, 2001, pp. 15-32.
SHARMA, J. P. *Republics in Ancient India: c. 1500-c. 500 B.C.* Leiden: E. J. Brill, 1968.
SHARMA, Ram Sharan. *Śūdras in Ancient India*. Nova Delhi: Motilal Banarsidass, 1958.
_____. "Usury in Medieval India (A.D. 400-1200)". *Comparative Studies in Society and History*, v. 8, n. 1, 1965, pp. 56-77.
_____. *Urban Decay in India c. 300-c. 1000*. Nova Delhi: Munshiram Manoharlal, 1987.
_____. *Early Medieval Indian Society: A Study in Feudalisation*. Hyderbad: Orient Longman, 2001.
SHELL, Marc. *The Economy of Literature*. Baltimore: Johns Hopkins University Press, 1978.
_____. *Money, Language, and Thought*. Baltimore: Johns Hopkins University Press, 1992.
SHEPARD, Alexandra. "Manhood, Credit and Patriarchy in Early Modern England c. 1580-1640". *Past and Present*, v. 167, n. 1, 2000, pp. 75-106.
SHERIDAN, Richard B. "The Commercial and Financial Organization of the British Slave Trade, 1750-1807". *The Economic History Review*, v. 11, n. 2, 1958, pp. 249-63. (New Series).
SHIPLEY, Graham. *The Greek World After Alexander 323-30 B.C.* Nova York: Routledge, 2000. (Routledge History of the Ancient World).
SHIPLEY, Graham; SALMON, John. *Human Landscapes in Classical Antiquity: Enviromental and Culture*. Nova York: Routledge, 1996. (Leicester-Nottingham Studies in Ancient Society, 6).
SIHAG, Blabir S. "Kautilya on Public Goods and Taxation". *History of Political Economy*, v. 37, n. 4, 2005, pp. 723-51.
SILVER, Morris. *Economic Structures of the Ancient Near East*. Londres: Taylor & Francis, 1985.
SINGER, Sholom A. "The Expulsion of the Jews from England in 1290". *The Jewish Quarterly Review*, v. 55, n. 2, 1964, pp. 117-36. (New Series).
SKINNER, Quentin. *Liberty before Liberalism*. Cambridge: Cambridge University Press, 1998.
SMITH, Adam. *An Inquiry into the Nature and Causes of the Wealth of Nations*. Oxford: Clarendon Press, 1976. [Ed. bras.: *A riqueza das nações*. Trad. de Daniel Moreira Miranda. São Paulo: Edipro, 2022. (5 v.)]
_____. "History of Astronomy". In: ROSS, Ian S. (Org.). *Essays on Philosophical Subjects*. Indianápolis: Liberty Fund, 1982. (Glasgow Edition of the Works and Correspondence of Adam Smith, 3).
_____. *Lectures on Jurisprudence*. Indianápolis: Liberty Fund, 1982. (Glasgow Edition of the Works and Correspondence of Adam Smith, 5).
SMITH, Adam. *Theory of Moral Sentiments*. Cambridge: Cambridge University Press, 2002. [Ed. bras.: *Teoria dos sentimentos morais*. Trad. de Lya Luft. São Paulo: Martins Fontes, 1999.]

SMITH, Edwin; DALE, Andrew Murray. *The Ila Speaking Peoples Of Northern Rhodesia*. Londres: Kessinger, 1968. 2 v.

SMITH, Timothy. "Wampum as Primitive Valuables". *Research in Economic Anthropology*, n. 5, 1983, pp. 225-46.

SNELL, Frederick J. *The Customs of Old England*. Londres: Methuen, 1919.

SOLOW, Barbara. "Capitalism and Slavery in the Exceedingly Long Run". *Journal of Interdisciplinary History*, v. 17, n. 4, 1987, pp. 711-37.

SONENSCHER, Michael. *Before the Deluge: Public Debt, Inequality, and the Intellectual Origins of the French Revolution*. Princeton: Princeton University Press, 2007.

SPUFFORD, Peter. *Money and Its Use in Medieval Europe*. Cambridge: Cambridge University Press, 1988.

SPYER, Patricia. "The Eroticism of Debt: Pearl Divers, Traders, and Sea Wives in the Aru Islands of Eastern Indonesia". *American Ethnologist*, v. 24, n. 3, 1997, pp. 515-38.

STANNARD, David E. *American Holocaust: The Conquest of the New World*. Nova York: Oxford University Press, 1993.

STARR, Chester G. *The Economic and Social Growth of Early Greece. 800-500 B.C.* Nova York: Oxford University Press, 1977.

STE. CROIX, Geoffrey Ernest Maurice de. *The Class Struggle in the Ancient Greek World: From the Archaic Age to the Arab Conquests*. Ithaca: Cornell University Press, 1981.

STEIN, Siegfried. "Laws of Interest in the Old Testament". *Journal of Theological Studies*, n. 4, 1953, pp. 161-70.

_____. "The Development of the Jewish Law of Interest from the Biblical Period to the Expulsion of the Jews from England". *Historia Judaica*, n. 17, 1955, pp. 3-40.

STEIN, Stanley J.; STEIN, Barbara H. *Silver, Trade, and War: Spain and America in the Making of Early Modern Europe*. Baltimore: Johns Hopkins University Press, 2000.

STEINKELLER, Piotr. "The Renting of Fields in Early Mesopotamia and the Development of the Concept of 'Interest' in Sumerian". *Journal of the Economic and Social History of the Orient*, n. 24, 1980, pp. 113-45.

_____. "Money-Lending Practices in Ur III Babylonia: The Question of Economic Motivation". In: HUDSON, Michael; MIEROOP, Marc van de (Orgs.). *Debt and Economic Renewal in the Ancient Near East*. Bethesda: CDL, 2003, pp. 109-37.

STIGLITZ, Joseph; DRIFFILL, John. *Economics*. Nova York: W. W. Norton, 2000.

STILLMAN, Sarah. "'The Missing White Girl Syndrome': Disappeared Women and Media Activism". *Gender & Development*, v. 15, n. 3, 2007, pp. 491-502.

STOL, Marten. "Women in Mesopotamia". *Journal of the Economic and Social History of the Orient*, v. 38, n. 2, 1995, pp. 123-44.

STONE, Lawrence. *The Family, Sex and Marriage in England 1500-1800*. Londres: Unwin, 1968.

STONE, Lawrence. *Road to Divorce: England 1530-1987*. Oxford: Oxford University Press, 1990.

STONE, Willard E. "The Tally: An Ancient Accounting Instrument". *Abacus*, v. 11, n. 1, 2005, pp. 49-57.

STOUT, William. *The Autobiography of William Stout of Lancaster 1665-1752*. Org. de John Duncan Marshall. Manchester: Manchester University Press, 1967.

STRICKMANN, Michel. *Chinese Magical Medicine*. Stanford: Stanford University Press, 2002.

SUBRAHMANYAM, Sanjay. "Of Imarat and Tijarat: Asian Merchants and State Power in the Western Indian Ocean, 1400 to 1750". *Comparative Studies in Society and History*, v. 37, n. 4, 1996, pp. 750-80.

SUN, Guang-Zhen. "Fragment: Nasir ad-Din Tusi on Social Cooperation and the Division of Labor: Fragment from The Nasirean Ethics". *Journal of Institutional Economics*, v. 4, n. 3, 2008, pp. 403-13.

SUTTON, David. "Anthropology's Value(s)". *Anthropological Theory*, v. 4, n. 3, 2004, pp. 373-9.

TAG EL-DIN, Saif I. "Capital and Money Markets of Muslims: The Emerging Experience in Theory and Practice". *Kyoto Bulletin of Islamic Area Studies*, n. 1/2, 2007, pp. 54-71.

TALBOT, P. Amaury. *The Peoples of Southern Nigeria*. Londres: Oxford University Press, 1926. 4 v.

TAMBIAH, Stanley J. "Dowry and Bridewealth and the Property Rights of Women in South Asia". In: GOODY, Jack; TAMBIAH, Stanley J. (Orgs.). *Bridewealth and Dowry*. Cambridge: Cambridge University Press, 1973, pp. 59-169.

_____. "Bridewealth and Dowry Revisited: The Position of Women in Sub-Saharan Africa and North India". *Current Anthropology*, v. 30, n. 4, 1989, pp. 413-34.

TAMBO, David C. "The Sokoto Caliphate Slave Trade in the Nineteenth Century". *International Journal of African Historical Studies*, v. 9, n. 2, 1976, pp. 187-217.

TAUSSIG, Michael. "Culture of Terror, Space of Death. Roger Casement's Putumayo Report and the Explanation of Torture". *Comparative Studies in Society and History*, v. 26, n. 3, 1984, pp. 467-97.

_____. *Shamanism, Colonialism, and the Wild Man*. Chicago: University of Chicago Press, 1987.

TAYLOR, Quentin P. "Money and Politics in the Land of Oz". *The Independent Review*, v. 9, n. 3, 2005, pp. 413-26.

TAYLOR, R. Thomas. *Dominion of Debt: Centre, Periphery and the International Economic Order*. Montreal: Black Rose, 1985.

TEBBUTT, Melanie. *Making Ends Meet: Pawnbroking and Working-Class Credit*. Nova York: St. Martin's Press, 1983.

TEISER, Stephen F. *The Ghost Festival in Medieval China*. Princeton: Princeton University Press, 1988.

TESTART, Alain. "Le Mise en gage des personnes: Sociologie comparative d'une institution". *Archives Européenes de Sociologie*, n. 38, 1997, pp. 38-67.

_____. "Pourquoi la Condition de l'esclave s'améliore-t-elle en régime despotique?". *Revue Française de Sociologie*, v. 39, n. 1, 1998, pp. 3-38.

_____. "L'Esclavage pour dettes en Asie Orientale". *Moussons*, n. 2, 2000, pp. 3-29.

_____. *Esclave, la dette et le pouvoir: Études de sociologie comparative*. Paris: Errance, 2001.

TESTART, Alain. "The Extent and Significance of Debt Slavery". *Revue Française de Sociologie*, v. 43, n. supl., 2002, pp. 173-204.

TESTART, Alain et al. "Prix de la fiancée et esclavage pour dettes: Un Exemple de loi sociologique". *Études rurales*, n. 159/160, 2001, pp. 9-33.

THAPAR, Romila. "The First Millennium B.C. in Northern India". In: _____ (Org.). *Recent Perspectives of Early Indian History*. Nova Delhi: Book Review Trust, 1995, pp. 87-150.

_____. "The Role of the Army in the Exercise of Power in Ancient India". In: CHANIÓTIS, Ángelos; DUCRE, Pierre (Orgs.). *Army and Power in the Ancient World*. Heidelberg: Franz Steiner Verlag, 2002, pp. 25-39. (*Heidelberger althistorische Beiträge und epigraphische Studien*, 37).

THE BOOK of a Thousand Nights and a Night. Trad. para o inglês e notas de Sir Richard F. Burton. Il. de Valenti Angelo. Nova York: Heritage Press, 1934. 6 v.

THÉRET, Bruno. *Régimes économiques de l'ordre politique: Esquisse d'une théorie régulationniste des limites de l'État*. Paris: Presses Universitaires de France, 1992.

_____ (Org.). *L'État, la finance et le social. Souveraineté nationale et construction européenne*. Paris: La Découverte, 1995.

_____. "The Socio-Cultural Dimensions of the Currency: Implications for the Transition to the Euro". *Journal of Consumer Policy*, n. 22, 1999, pp. 51-79.

_____ (Org.). *La Monnaie dévoilée par ses crises*. Paris: Éditions de l'EHESS, 2007. 2 v.

_____. "Les Trois États de la monnaie: Approche interdisciplinaire du fait monétaire". *Revue Economique*, v. 59, n. 4, 2008, pp. 813-42.

THESLEFF, Holgar. "Platonic Chronology". *Phronesis*, v. 34, n. 1, 1989, pp. 1-26.

THIERRY, François. *Monnaies de Chine*. Paris: Bibliothèque Nationale, 1992.

_____. "Sur les Spécifités Fondamentales de la Monnaie chinoise". In: TESTART, Alain (Org.). *Aux Origines de la monnaie*. Paris: Errance, 2001, pp. 109-44.

THOMAS, Keith. *Religion and the Decline of Magic: Studies in Popular Beliefs in Sixteenth and Seventeenth Century England*. Nova York: Scribners, 1972.

THOMPSON, Edward Palmer. "The Moral Economy of the English Crowd in the 18th Century". *Past and Present*, n. 50, 1971, pp. 76-136.

THURNWALD, Richard C. "Banaro Society: Social Organization and Kinship System of a Tribe in the Interior of New Guinea". *Memoirs of the American Anthropological Association*, n. 8, 1916, pp. 251-391.

TIERNEY, Brian. *The Idea of Natural Rights: Studies on Natural Rights, Natural Law and Church Law 1150-1625*. Atlanta: Scholars Press, 1997. (Emory University Studies in Law and Religion, 5).

TODOROV, Tzvetan. *The Conquest of America: The Question of the Other*. Chicago: University of Chicago Press, 1984. [Ed. bras.: *A conquista da América: A questão do outro*. Trad. de Beatriz Perrone-Moisés. São Paulo: Martins Fontes, 1983.]

TONG, James W. *Disorder Under Heaven: Collective Violence in the Ming Dynasty*. Stanford: Stanford University Press, 1991.

TOORN, Karel van der. "Female Prostitution in Payment of Vows in Ancient Israel". *Journal of Biblical Literature*, v. 108, n. 2, 1989, pp. 193-205.

TORTELLA, Gabriel; COMÍN, Francisco. "Fiscal and Monetary Institutions in Spain, 1600--1900". In: BORDO, Michael D.; CONDE, Roberto Cortés (Orgs.). *Transferring Wealth and Power from the Old to the New World: Monetary and Fiscal Institutions in the 17th through the 19th Century*. Cambridge: Cambridge University Press, 2002, pp. 140-86.

TRAWICK, Margaret. *Notes on Love in a Tamil Family*. Berkeley: University of California Press, 1992.

TREVETT, Jeremy. *Apollodoros the Son of Pasion*. Oxford: Clarendon Press, 1992.

_____. "Coinage and Democracy at Athens". In: MEADOWS, Andres; SHIPTON, Kirsty. (Orgs.). *Money and Its Uses in the Ancient Greek World*. Oxford: Oxford University Press, 2001, pp. 23-34.

TROMBERT, Eric. *Le Crédit à Dunhuang: Vie Matérielle et Société en Chine médiévale*. Paris: Collège de France; Institut des Hautes Études Chinoises, 1995.

TSEAYO, Justin Iyorbee. *Conflict and Incorporation in Nigeria: The Integration of the Tiv*. Nigéria: Gaskiya, 1975.

TUCK, Richard. *Natural Rights Theories: Their Origin and Development*. Cambridge: Cambridge University Press, 1979.

TULL, Herman Wayne. *The Vedic Origins of Karma: Cosmos as Man in Ancient Indian Myth and Ritual*. Albany: State University of New York Press, 1989.

TULLY, James. *An Approach to Political Philosophy: Locke in Contexts*. Cambridge: Cambridge University Press, 1993.

TUMA, Elias. "Early Arab Economic Policies, 1st-7th and 4th-10th Centuries". *Islamic Studies*, v. 4, n. 1, 1965, pp. 1-23.

UCHENDO, Victor. "Some Principles of Haggling in Peasant Markets". *Economic Development and Cultural Change*, v. 16, n. 1, 1967, pp. 37-50.

UDOVITCH, Abraham L. *Partnership and Profit in Medieval Islam*. Princeton: Princeton University Press, 1970.

_____. "Reflections on the Institutions of Credit and Banking in the Medieval Islamic Near East". *Studia Islamica*, n. 41, 1975, pp. 5-21.

UEBACH, Helg. "From Red Tally to Yellow Paper: The Official Introduction of Paper in Tibetan Administration in 744-745". *Revue d'Études Tibétaines*, n. 14, 2008, pp. 57-69.

USHER, Abbot Payson. "The Origin of the Bill of Exchange". *Journal of Political Economy*, n. 22, 1914, pp. 566-76.

_____. "The Origins of Banking: The Primitive Bank of Deposit, 1200-1600". *Economic History Review*, v. 4, n. 4, 1934, pp. 399-428.

_____. *The Early History of Deposit Banking in Mediterranean Europe*. Cambridge: Harvard University Press, 1943.

VALENZE, Deborah M. *The Social Life of Money in the English Past*. Cambridge: Cambridge University Press, 2006.

VALERI, Valerio. "Buying Women but no Selling Them: Gift and Commodity Exchange in Huaulu Alliance". *Man*, v. 29, n. 1, 1994, pp. 1-26. (New Series).

VALERI, Valerio. "Feasts". In: *Fragments from Forests and Libraries*. Durham: Carolina Academic Press, 2001, pp. 1-27.

VANCE, Eugene. "Signs of the City: Medieval Poetry as Detour". *New Literary History*, v. 4, n. 3, 1973, pp. 557-74.

_____. "Chrétien's *Yvain* and the Ideologies of Change and Exchange". *Yale French Studies*, n. 70, 1986, pp. 42-62.

VANEIGEM, Raoul. *Traité de savoir-vivre à l'usage des jeunes générations*. Paris: Gallimard, 1967.

VEENHOF, Karl. "'Modern' Features in Old Assyrian Trade". *Journal of the Economic and Social History of the Orient*, v. 40, n. 4, 1997, pp. 336-66.

VERELLEN, Franciscus. "The Dynamic Design: Ritual and Contemplative Graphics in Daoist Scriptures". In: PENNY, Benjamin (Org.). *Daoism in History: Essays in Honour of Liu Ts'un-yan*. Colab. de Cunren Liu. Londres: Routledge, 2006, pp. 159-82.

VERLINDEN, Charles. *The Beginnings of Modern Colonization: Eleven Essays with an Introduction*. Ithaca: Cornell University Press, 1970.

VERSTEEG, Russ. *Early Mesopotamian Law*. Durham: Carolina Academic Press, 2000.

_____. *Law in Ancient Egypt*. Durham: Carolina Academic Press, 2002.

VEYNE, Paul-Marie. "Mythe et réalité de l'autarcie à Rome". *Revue des études anciennes*, n. 81, 1979, pp. 261-80.

VICE, Roy L. "Leadership and Structure of the Tauber Band during the Peasants' War in Franconia". *Central European History*, v. 24, n. 2, 1988, pp. 175-95.

VICKERS, Adrian. *Bali: A Paradise Created*. Cingapura: Peri Plus Editions, 1996.

VICKERS, Michael J. "Early Greek Coinage, a Reassessment". *Numismatic Chronicle*, n. 145, 1985, pp. 1-44.

VIJAISRI, Priyadarshini. *Recasting the Devadasi: Patterns of Sacred Prostitution in Colonial South India*. Nova Delhi: Kanishka, 2004.

VILLEY, Michel. "L'Idée du droit subjectif et les systèmes juridiques romains". *Revue historique de droit français et étranger*, n. 23, 1946, pp. 201-27. (Quatrième Série).

VONDELING, Johannes. *Eranos*. Groningen: J. B. Wolters, 1961. (Com sumário em inglês).

WADE, Geoffrey. "The Zheng He Voyages: A Reassessment", 2004. *Asia Research Institute Working Paper Series*, n. 31, 2004.

WAKE, Christopher. "The Great Ocean-going Ships of Southern China in the Age of Chinese Maritime Voyaging to India, Twelfth to Fifteenth Centuries". *International Journal of Maritime History*, v. 9, n. 2, 1997, pp. 51-81.

WALKER, Garthene. "Expanding the Boundaries of Female Honour in Early Modern England". *Transactions of the Royal Historical Society*, n. 8, 1996, pp. 235-45. (Sixth Series).

WALKER, James Broom. "Notes on the Politics, Religion, and Commerce of Old Calabar". *The Journal of the Anthropological Institute of Great Britain and Ireland*, n. 6, 1875, pp. 119-24.

WALLACE, Robert B. "The Origin of Electrum Coinage". *American Journal of Archaeology*, n. 91, 1987, pp. 385-97.

WALLACE-HADRILL, Andrew (Org.). *Patronage in Ancient Society*. Londres: Routledge, 1989. (Leicester-Nottingham Studies in Ancient Society, 1).

WALLERSTEIN, Immanuel. *The Modern World System*. Nova York: Academic Press, 1974. v. 1.

_____. "The French Revolution as a World-Historical Event". *Social Research*, v. 56, n. 1, 1989, pp. 33-52.

_____. "Braudel on Capitalism, or Everything Upside Down". *Journal of Modern History*, v. 63, n. 2, 1991, pp. 354-61.

_____. *The End of the World as We Know It: Social Science for the Twenty-First Century*. Minneapolis: University of Minnesota Press, 2001.

WALSH, Michael J. "The Economics of Salvation: Toward a Theory of Exchange in Chinese Buddhism". *Journal of the American Academy of Religion*, v. 75, n. 2, 2007, pp. 353-82.

WARBURTON, David. "Before the IMF: The Economic Implications of Unintentional Structural Adjustment in Ancient Egypt". *Journal of the Economic and Social History of the Orient*, v. 43, n. 2, 2000, pp. 65-131.

_____. "State and Economy in Ancient Egypt". In: DENEMARK, Robert et al. (Orgs.). *World System History: The Social Science of Long-term Change*. Nova York: Routledge, 2001, pp. 169-84.

WARTBURG, Marie Louise von. "Production de sucre de canne à Chypre". In: BALARD, Michel; DUCELLIER, Alain (Orgs.). *Coloniser au Moyen Âge*. Paris: A. Colon, 1995, pp. 126-31.

WASWO, Richard. "Shakespeare and the Formation of the Modern Economy". *Surfaces*, v. 6, n. 217, 1996, pp. 5-32.

_____. "Crises of Credit: Monetary and Erotic Economies in the Jacobean Theater". In: MEHL, Dieter; STOCK, Angela; ZWIERLEIN, Anne-Julia (Orgs.). *Plotting Early Modern Londres: New Essays on Jacobean City Comedy*. Londres: Ashgate Publishing, 2004, pp. 55-74.

WATSON, Alan. *Roman Slave Law*. Baltimore: Johns Hopkins University Press, 1987.

WATSON, James L. "Transactions in People: The Chinese Market in Slaves, Servants, and Heirs". In: WATSON, James L. (Org.). *Asian and African Systems of Slavery*. Cambridge: Cambridge University Press, 1980, pp. 223-50.

WEBER, Max. *General Economic History*. Nova York: Collier Books, 1961.

_____. *The Agrarian Sociology of Ancient Civilizations*. Trad. para o inglês de R. I. Frank. Londres: Verso, 1976. (Fundations of History Library.)

_____. *Economy and Society: An Outline of Interpretive Sociology*. Trad. para o inglês de Ephrain Fischoff. Berkeley: University of California Press, 1978.

WEI-MING, Tu. "Structure and Function of the Confucian Intellectual in Ancient China". In: EISENSTADT, Shmuel N. (Org.). *Origins and Diversity of Axial Age Civilizations*. Albany: State University of New York Press, 1986, pp. 360-73.

WENNERLIND, Carl. "Credit-money as the Philosopher's Stone: Alchemy and the Coinage Problem in Seventeenth-century England". *History of Political Economy*, n. 35, 2003, pp. 234-61.

WESTBROOK, Raymond. "Jubilee Laws". *Israel Law Review*, n. 6, 1971, pp. 209-26.

_____. "The Enforcement of Morals in Mesopotamian Law". *Journal of the American Oriental Society*, n. 104, 1984, pp. 753-6.

_____. *Old Babylonian Marriage Law*. Horn: F. Burger, 1988. (Archiv für Orientforschung, Beiheft, 23).

_____. "Adultery in Ancient Near Eastern Law". *Revue biblique*, n. 97, 1990, pp. 542-80.

_____. *Property and the Family in Biblical Law*. Sheffield: Sheffield Academic Press, 1991.

_____. "Slave and Master in Ancient Near Eastern Law". *Chicago-Kent Law Review*, v. 70, n. 4, 1995, pp. 1631-76.

_____. "Vitae Necisque Potestas". *Historia: Zeitschrift für alte Geschichte*, v. 48, n. 2, 1999, pp. 203-23.

WESTENHOLZ, Joan Goodnick. "Tamar, Qedesa, Qadistu, and Sacred Prostitution in Mesopotamia". *Harvard Theological Review*, n. 82, 1989, pp. 245-65.

WESTERMANN, William L. *The Slave Systems of Greek and Roman Antiquity*. Filadélfia: American Philosophical Society, 1955.

WHELAN, T. S. *The Pawnshop in China*. Ann Arbor: Center of Chinese Studies; University of Michigan, 1979. (Michigan Abstracts, 6).

WHITAKER, C. W. A. *Aristotle's De interpretatione: Contradiction and Dialectic*. Oxford: Oxford University Press, 2002.

WHITE, Jenny Barbara. *Money Makes Us Relatives: Women's Labor in Urban Turkey*. Londres: Routledge, 2004.

WHITING, John Roger Scott. *Trade Tokens: A Social and Economic History*. Londres: Newton Abbot, 1971.

WIEDEMANN, Thomas. *Greek and Roman Slavery*. Nova York: Routledge, 1981.

WIENER, Margaret J. *Visible and Invisible Realms: Power, Magic, and Colonial Conquest in Bali*. Chicago: University of Chicago Press, 1995.

WILBUR, C. Martin. *Slavery in China during the Former Han Dynasty*. Chicago: Chicago Field Museum of Natural History, 1943. (Anthropological Series, 34).

WILCKE, Claus. "Familiengründung im alten Babylonien". In: MÜLLER, Ernst W. (Org.). *Geschlechtsreife und Legitimation zur Zeugung*. Munique: Alber, 1985, pp. 213-317.

WILLIAMS, Brett. *Debt for Sale: A Social History of the Credit Trap*. Filadélfia: University of Pennsylvania Press, 2004.

WILLIAMS, Carl O. *Thraldom in Ancient Iceland: A Chapter in the History of Class Rule*. Chicago: University of Chicago Press, 1937.

WILLIAMS, Eric. *Capitalism and Slavery*. Chapel Hill: University of North Carolina Press, 1944.

WILLIAMSON, George Charles. *Trade Tokens Issued in the Seventeenth Century in England, Wales, and Ireland, by Corporations, Merchants, Tradesmen, etc. Illustrated by Numerous Plates and Woodcuts, and Containing notes of Family, Heraldic, and Topographical Interest Respecting The Various Issuers of The Tokens*. Londres: E. Stock, 1889.

WILSON, Monica Hunter. "Witch Beliefs and Social Structure". *The American Journal of Sociology*, v. 56, n. 4, 1951, pp. 307-31.

WINK, André. *Al-Hind: Early Medieval India and the Expansion of Islam, 7th-11th centuries*. Leiden: E. J. Brill, 2002.

WIRSZUBSKI, Chaim. *Libertas as a Political Ideal at Rome During the Late Republic and Early Principate*. Cambridge: Cambridge University Press, 1950.

WOLF, Robert L. "The Mortgage and Redemption of an Emperor's Son: Castile and the Latin Empire of Constantinople". *Speculum*, v. 29, n. 1, 1954, pp. 45-85.

WONG, Roy Bin. *China Transformed: Historical Change and the Limits of European Experience*. Ithaca: Cornell University Press, 1997.

_____. "Between Nation and World: Braudelian Regions in Asia". *Review* (Fernand Braudel Center), v. 26, n. 1, 2003, pp. 1-45.

WOOD, Diana. *Medieval Economic Thought*. Cambridge: Cambridge University Press, 2002.

WORDIE, J. R. "The Chronology of English Enclosure, 1500-1914". *The Economic History Review*, v. 36, n. 4, 1983, pp. 483-505. (Second Series).

WRAY, L. Randall. *Money and Credit in Capitalist Economies*. Aldershot: Edward Elgar Press, 1990.

_____. *Understanding Modern Money: The Key to Full Employment and Price Stability*. Cheltenham: Edward Elgar Press, 1998.

_____. "An Irreverent Overview of the History of Money from the Beginning of the Beginning to the Present". *Journal of Post Keynesian Economics*, v. 21, n. 4, 1999, pp. 679-87.

_____. *Credit and State Theories of Money*. Cheltenham: Edward Elgar Press, 2000.

WRIGHT, David P. *Inventing God's Law: How the Covenant Code of the Bible Used and Revised the Laws of Hammurabi*. Oxford: Oxford University Press, 2009.

WRIGHTSON, Keith. "Two Concepts of Order: Justices, Constables and Jurymen in Seventeenth-Century England". In: BREWER, John; STYLES, John (Orgs.). *An Ungovernable People: The English and Their Law in the Seventeenth and Eighteenth Centuries*. Londres: Hutchinson, 1980, pp. 21-46.

WRIGHTSON, Keith; LEVINE, David. *Poverty and Piety in an English Village*. Cambridge: Cambridge University Press, 1979.

XU, Zhuoyun; DULL, Jack L. *Han Agriculture: The Formation of Early Chinese Agrarian Economy, 206 B.C.-A.D. 220*. Seattle: University of Washington Press, 1980. (Han Dynasty China, 2).

YANG, Bin. "Horses, Silver, and Cowries: Yunnan in Global Perspective". *Journal of World History*, v. 15, n. 3, 2002, pp. 281-322.

YANG, Lien-sheng. *Money and Credit in China: A Short History*. Cambridge: Harvard University Press, 1971. (Harvard-Yenching Institute Monographs, 12).

YATES, Robin D. S. "Slavery in Early China: A Socio-Cultural Approach". *Journal of East Asian Archaeology*, v. 3, n. 1/2, 2002, pp. 283-331.

YOFFEE, Norman. "The Economics of Ritual at Late Babylonian Kish". *Journal of the Economic and Social History of the Orient*, v. 41, n. 3, 1998, pp. 312-43.

YÜ, Ying-shih. *Trade and Expansion in Han China. A Study in the Structure in Sino-
-Barbarian Economic Relations*. Berkeley: University of California Press, 1967.
YUNG-TI, Li. "On the Function of Cowries in Shang and Western Zhou China". *Journal of East Asian Archaeology*, n. 5, 2006, pp. 1-26.
ZELL, Michael. "Credit in the Pre-Industrial English Woollen Industry". *The Economic History Review*, v. 49, n. 4, 1996, pp. 667-91. (New Series).
ZHONG, Guan. *Guanzi: Political, Economic, and Philosophical Essays from Early China*. Org. e trad. para o inglês de Allyn W. Rickett. Princeton: Princeton University Press, 1998. 2 v.
ZMORA, Hillay. "The Princely State and the Noble Family: Conflict and Cooperation in the Margraviates Ansbach-Kulmbach in the Early Sixteenth Century". *The Historical Journal*, n. 49, 2006, pp. 1-21.
ZÜRCHER, Erik. *The Buddhist Conquest of China: The Spread and Adaptation of Buddhism in Early Medieval China*. Leiden: E. J. Brill, 1958. (Sinica Leidensia, 2).

Índice remissivo

Abissínia, 44
abolicionismo, 219
acionista, etimologia de, 70
acúmulo primitivo, 602n
adal-badal [toma lá dá cá], 52-3
Addison, Joseph, 442, 476
adultério: na cultura lele, 184, 188; visão bíblica do, 172, 546n
África: colonialismo na, 452; dinheiro de tecido da, 172; exemplos de reciprocidade na, 123-5; homens cabila (Argélia), 141, 586n; imagem negativa da, 207; islã na, 354-5; moeda na, 198-200; sistemas de escambo na, 41, 46-7; *ver também* lele, povo; escravidão; tiv, povo
agentes de cobrança, 488
agiotagem/agiotas, 22-3, 46, 73, 111, 255, 335, 337, 344, 368-9, 373-5, 382, 406, 443, 454, 457, 486, 502, 611n
Aglietta, Michel, 79-80, 525-6n
Agni (deus), 81
Agostinho, Santo, 428, 575n; tradições agostinianas, 575n, 601n
agressão militar, definição de, 16
ahimsa, princípios da, 305, 332
AIG (American International Group, Inc.), 33, 517-8n
ajuda mútua, 154, 157-8, 255, 285, 362-3, 377, 422, 425-6, 432-3, 497, 533n
Akiga Sai, 176, 213, 544-5n, 547n
akunakunas, comerciantes, 203, 546n
Alcorão, 240, 585n
Alemanha, 66, 403, 415; acordo com os EUA, 474, 482; disputa com os, 605n; euro e, 79-80, 609n; pagamentos de reparação feitos pela, 16; títulos do Tesouro dos EUA e, 18
Alemanha Ocidental, 474
Alexandre, o Grande, 287, 297, 299-300, 304, 570n, 572n, 578n
Al-Ghazzālī, Abū Ḥāmid, 362-5, 376, 386-7, 584n, 587-8n, 593n; *Ihya*, 362
alma, teorias sobre a natureza da, 308
alquimia, 434, 442, 604n
Al-Sadr, Muhammad Baqir, 496
Althabe, Gérard, 74
Alvarado, Pedro de, 459, 598n
Al-Wāḥid, Wafi, Ali 'Abd, 221-2, 356, 549n, 562n
amargi [liberdade], 92, 283, 528n
Amazônia, costumes na, 132, 149, 447, 535n
Ambrósio, Santo, 366, 369-70, 372-4
América Latina, dívida internacional da, 475-6
American Express, 475
Américas, conquista europeia das, 406-11, 451-2
amizades como dívida, 424-5, 600-1n
amor: como dívida, 499; conceitos de, 426-8, 600-1n
amorita, língua, 234
Amós, 101
analfabetismo, 430
Anaximandro de Mileto, 318-9, 576n
Anaxímenes de Mileto, 318-9
anéis de ferro, como moeda corrente, 85
Angas, Lawrence L. B., 604n
Aniceres, 258-9, 560n
anistia da dívida: Lei do Jubileu, 13, 112, 504; "tábulas rasas", 92, 287, 301, 532n
Antigo Testamento *ver* Bíblia
apeiron ["o ilimitado"], 319
Apocalipse, 241, 554n
appretiare ["dar um preço"], 539-40n
apreciar, etimologia de, 539-40n
Aquiles, 248, 273, 556-7n
Aquino, São Tomás de, 327, 371, 388, 394, 539n, 588-9n, 593n, 600-1n
Aquitânia, Leonor da, 381
Arábia Saudita, 474
aramaico, língua, 234
arcadiano, língua, 234
Argélia: homens cabila na, 141, 586n; movimentos de libertação nacional na, 484
Argentina, 57; calote na dívida externa, 476

669

aristocracia, 18-9, 150, 245-9, 421, 424, 431; endividamento da, 301, 533n; noções de superioridade, 148-9, 538n
Aristóteles, 560n, 600-1n; aristotélicos de Bagdá, 352; sobre a escravidão, 549n, 563n; sobre a talha, 386-8, 391, 594n; sobre agiotagem, 376, 559n, 590-1n; sobre o dinheiro, 41, 367, 386-8, 390, 576n, 593n; sobre o Estado grego, 570n; sobre sistemas de escambo, 519n
armadilha da dívida, 76, 204, 447, 449-50, 492, 611n
Aro, Confederação, 201-2, 204, 215, 447, 546n
Arrighi, Giovanni, 605n, 610-1n
Arthaśāstra (Kautilya), 72, 303, 313, 579n
Arthur, rei, 380, 592n
Aru, ilhas, Indonésia, 447, 449
Ascensão do dinheiro, A (Ferguson), 502
Asoka, imperador, 305-6, 324, 329
assassinato como forma de pagamento, 180-1, 542n
Assuã, represa de, Egito, 490
astecas: conquista europeia dos, 406-7, 409, 420-1, 458-60; jogos dos, 458-60; Montezuma, 458-60
Atlantic, The, 517-8n
Atwood, Margaret, 122-3, 488-9, 534n
Augustin, carrasco, 419
Augusto, 372, 557n
Austrália, povo gunwinggu, 49-52, 54, 169, 551-2n
autossuficiência: na China, 400; na Grécia, 245-6, 249; no Egito, 285; nos vilarejos indianos, 332-3
aventureiros-mercadores, 41, 378, 380-1, 395-6, 407, 411, 417, 448-9, 598n

Babilônia *ver* Mesopotâmia
bacalhau seco, como moeda corrente, 44, 58, 70, 454, 521n
Bagdá, aristotélicos de, 352
Bakenranef, faraó, 286, 533n
Balboa, Vasco Núñez de, 598n
Bali, 215; tráfico de escravos em, 207-9, 447, 548n
Banaji, Jairus, 571n
Banco da Inglaterra, 66, 70, 437-8, 441-3, 470, 511, 524n, 608n; monetização da dívida e, 481

Banco Mundial, 476
bancos/sistemas bancários: cédulas privadas, 435, 603n; crise financeira de 2008, 29-31, 464, 482, 512, 517n, 610-1n; *"go-go banking"*, 12; lei islâmica sobre, 357-63, 585n; na Europa medieval, 435; na Grécia, 296, 570n; na Itália, 377-8; "protobancos", 583n; provérbios sobre, 11; "sistema bancário moderno", 603-4n; "sistema bancário primitivo", 603n; sistemas monetários globais, 475-6; teorias da conspiração sobre, 466-9; *ver também* bancos centrais; Federal Reserve
bancos centrais, 66, 467-9, 473-4, 485, 608n; *ver também* Federal Reserve
Bangladesh, microcrédito em, 490-1
Banking Law Journal, 61
Banque Royale (França), 441
banquete, O (Platão), 384
banquetes: hospitalidade nos, 131; potencial para a violência nos, 48-52, 140, 155, 169; troca competitiva de dádivas nos, 156-7, 253-4
Barbarossa, Frederico, 593n
Barbon, Nicholas, 604n
Bardi (banco), 378
barras brutas, 44, 60
Bataille, Georges, 530-1n
Battuta, Ibn, 143, 536n, 545n
Baum, L. Frank, 75-6, 524-5n
beduínos, 180
Begg, David, 39-40
bengali, 447, 449
Bentham, Jeremy, 455
Bentham, Samuel, 455
Bernanke, Ben, 469, 479
Berndt, Ronald, 49
Biafra, golfo de, 199, 218, 545-6n
Bíblia: conceito de liberdade, 112; conceito de perdão, 114-5; linguagem da dívida na, 114-5; sobre a prostituição, 240; sobre cobiça e adultério, 172; sobre dívida e redenção, 110-7; sobre honrar dívidas, 218; sobre a hierarquia patriarcal, 233; valores da hospitalidade na, 536n
Bierce, Ambrose, 565n
bimetalismo, 75-6, 481, 524n
Blackburn, Robin, 564n
Blanc, Louis, 534n

Blaxter, Lorraine, 157-8
Bloch, Marc, 146-7, 537n
Bodin, Jean, 399, 425, 600-1n
Boesoou (escultor), 317, 321
Bohannan, Laura, 139, 193-4, 541-2n
Bohannan, Paul, 193-4, 521n, 541-2n, 544n
bolhas financeiras, 66, 356, 440, 445-8, 455, 461, 464, 494
Bolívia, 16, 30
Bolsa de Valores: bolhas financeiras, 66, 356, 440, 445-8, 455, 461, 464, 494; criação da, 440-1, 445-7; inovações financeiras e, 29-30, 352, 495-6; nos EUA, 609n; primeiros mercados, 497; *ver também* capitalismo; corporações
Boltanski, Luc, 525n
"bombas inteligentes", 499
Book of the Eskimos (Freuchen), 108, 153, 158, 531n, 538n
Bosman, William, 204
bosquímanos do Kalahari, 55
Bourdieu, Pierre, 141, 359, 536n, 586n
Bourgeois, Léon, 529n
Brâmanas, 80-2, 94-5, 110, 529n
brâmanes, 22, 81, 243, 308, 331-2, 578n; deveres dos, 332-4, 526-7n
Brasil, nambiquaras, indígenas, 47-8, 51-2, 54, 169, 542n
Braudel, Fernand, 338-9, 591n
braudelianos (sistemas mundiais), 580n, 608n
Bretton Woods, 465
Bretton Woods II, 610n; *ver também* títulos do Tesouro dos EUA
bronze, moedas de, 320, 388, 401, 571n, 573n
bruxos, sociedade dos (*mbatsav*), 195-6, 545n
Bryan, William Jennings, 75-6
Bücher, Karl, 519-20n, 530n
Buda, 291-2, 303, 325-6, 330, 340, 346, 531n
budismo: costume de *jisa*, 578n; crenças sobre eternidade, 578n; darma, 340, 343-5, 349; dívida, dever de pagar, 346-7; doutrina maaiana, 345; na Idade Axial, 292, 305-7; natureza ilusória do eu no, 340-1, 581n; princípios de *ahimsa*, 305, 332; *sangha* (mosteiros budistas), 326; sobre a escravidão, 305, 572n; sobre mercados e humanidade, 110; *ver também* Vedas
budismo chinês, 35, 341-50; capital de investimento, origens do, 35; dívida e, 335-52; mulheres no, 343-8, 582n
budismo indiano, 309, 324, 329-30, 572n
bullae (tabuletas de argila), 281
Bulliet, Richard W., 584n
Bush, George W., 609n; redução de impostos, 606n
Bush, Neil, 169-70, 172, 565n
Buwei, Lü, 312
búzios, 177, 287-8, 293, 521n, 567n

cadeia de dívida *ver* armadilha da dívida
cahorsianos, agiotas franceses, 375, 590n
Calabar, 545n; tráfico de escravos em, 198-202, 270, 447, 545n, 547n
cálculo comercial, 109
califado, 222, 353-7, 393, 584-5n
califado abássida, 353, 356, 584-5n
calote: Argentina e, 476; como inevitável, 462-3; EUA e, 481; leis sobre, 413
calvinismo, 408, 600n
Calvino, João, 416
câmbio seco [*dry exchange*], 591-2n
Camelot, 381
camponeses, 60, 74, 91-2, 103, 111-2, 116-7, 144-6, 149, 151, 206, 208, 252, 268, 284, 298, 300, 302, 309, 325, 329, 335-8, 344, 399, 401, 404, 415, 419-21, 452, 571n, 573n, 579n
canhotos, etimologia de, 70
canibalismo, 195, 449, 605n
capital: capital de investimento, origens do, 35; "capital simbólico", 586n; capital social, 490; como crédito no islã, 352-66
capital, O (Marx), 456
capitale [capital], significado original de, 598-9n
capitalismo: acesso ao, 495; armadilha da dívida, 76, 204, 447, 449-50, 492, 611n; capitalismo britânico, 442-3, 453-5, 605n; capitalismo mercantil, 377; comércio e, 445-7; comunismo versus, 126-7; crise financeira do, 29; defensores do, 445; definição de, 338-9; democracia e, 32-3; desumanização no, 109-10, 346-7, 447, 456-7; "economia pelo lado da oferta" [*supply-side economics*], 487-8; falhas do, 499-503; futuro do, 462-4, 493-4; guerra e, 446-7, 497; ideias sobre mudanças no, 481-3, 495-6; ideologias

religiosas, influência no, 487-9, 598n; inovações financeiras e, 29-30, 352, 495-6; jogos de azar e, 382-3; lingotes no, 280-1; Marx sobre o, 452, 463-4; militarização e modelos utópicos e, 446-7, 493-4; na China, 338-9; na Europa medieval, 582n; necessidade de crescimento, 445-6, 490-1; neoliberalismo, 486-7, 612n; origens do, 429; pobreza e, 501-3; práticas correntes, 484-94; prosperidade e, 448-9; protestos contra o, 493-4; trabalho assalariado e, 445; tráfico de escravos e, 450-3; visão geral sobre, 445-55; visões históricas do, 451-3; *ver também* livre mercado, ideologias de; juros

capitalista, definição de, 462-3

caridade, 368, 370-1; reciprocidade e, 144-5

carisma [*tsav*], 194-6

Carlos v, imperador romano-germânico e rei da Espanha, 410, 412-3

Carlos Magno, 69-70

carma, 25, 332, 581n

Carta VII (Platão), 560n

Cartago, 296-7, 299

cartalismo, 68-9, 72-3, 78, 336, 438, 523n, 528-9n, 576n

casamento *ver* noiva, riqueza da; matrimônio

Case, Karl E., 38-9

Casimiro, margrave, 417-21, 433, 451, 599n

castas, sistemas de, 116-7, 147, 243-4, 314, 332-5, 400, 526-7n, 578-9n

Castello, Francesch, 436

castidade e honra, 231-7, 550n

Catecismo positivista (Comte), 97-8

Catilina, conspiração de, 571n

catolicismo: positivismo e, 97-8; sobre agiotagem, 22-3, 367-70; sobre interações sociais, 593n; tradições agostinianas, 428, 575n, 595-6n; vida festiva inglesa e, 399; *ver também* cristianismo

cavaleiros medievais, 145, 151, 380-3, 411

cavaleiros templários, 378

Caxemira, 331, 499

cédulas *ver* papel-moeda

"Cédulas do Federal Reserve", 470

Céfalo, 528n

Celebes, servidão por dívida em, 206

Chapman, Anne, 520n

charta (folha de papel, ou papiro, carta, lâmina de metal), 68

Chase (banco), 12

Chaucer, Geoffrey, 425, 601n

Chaudhuri, Kirti N., 586n

cheques [*sakk*], 358-9, 586n

Chicago, industrialização em, 463

Chile, movimentos de libertação nacional no, 484

China: comunismo na, 126; crédito para camponeses na, 279, 573n; dinheiro na, 278-9, 287, 307-8, 401; dívida cármica na, crenças sobre, 341-2, 392-3, 526n, 528n, 581n; dívida na, 288, 338, 341-2, 345-6, 349, 392-3, 404-5; empréstimos na, 288-9, 337-8; escravatura na, 278, 307, 554-5n; honra patriarcal na, 171; impostos na, 336-7, 351, 400-1, 528n; inflação na, 351, 403-4; moedas na, 278-9, 287-9, 307-8, 344-6, 349-52, 401, 528-9n; monetização da dívida dos EUA e, 479, 481; notas promissórias na, 295, 350-1; preço da noiva na, 243, 554-5n; produtos baratos da, 504-5, 580n; rebeliões camponesas na, 336-7, 404-5, 579n; reformas tributárias na, 337-8, 401; servidão por dívida na, 243; taxas de juros na, 337-8, 394; títulos do Tesouro dos EUA e, 18, 476-9; venda de crianças na, 289, 528-9n

Cícero, 557n

cidadania, reivindicação de direitos de, 495

ciganos, 601-2n

cigarros, como moeda corrente, 57

Citibank (banco), 12, 15, 30

civilização, noções de, 462

classes sociais, 130, 148-9, 300-1, 340, 538n, 571n; *ver também* relações hierárquicas

Clavero, Bartolomé, 589n

Clendinnen, Inga, 459-60

cobiça, 172, 188, 407, 427, 432, 541n

cobre, 44, 66, 198-9, 202, 209, 285, 289, 294, 299, 305, 307, 319, 346, 454, 545n

Código Civil Francês, 560n

códigos de leis: assírios, 242, 554n; bárbaras, 86, 106, 170, 226, 328; galeses, 86-8, 170, 230, 550n; germânicos, 86-7; hindus, 24, 329, 331, 334; irlandeses, 225, 228-9

Cohn, Norman, 374

Collins, Randall, 582n

Colombo, Cristóvão, 41, 134, 402

colonialismo: África e, 452; Américas e, 406-11; efeito sobre países devedores, 16-7; Haiti e, 17, 517n; Madagascar e, 16-7, 73-4; "pacificação" e, 16-7; Sudeste Asiático e, 452; *ver também* conquistadores; conquistas europeias
Comaroff, John, 272
comércio, 44, 51, 61, 91, 131, 173, 200-1, 208, 218-9, 225, 240, 243-4, 247, 258, 262, 278-9, 294-6, 304-6, 310-1, 327-40, 357-60, 371-2, 376-9, 395-6, 399-403, 406, 414-6, 423-6, 440, 446-7, 485, 540-1n, 565n, 577n, 589n, 591n, 596n, 602-3n, 612n; *ver também* escambo, sistemas de
comida, compartilhamento de, 130-2, 134-5, 531n; *ver também* banquetes
commerçants (servos), 381
Companhia Britânica das Índias Orientais, 412, 440, 447, 452, 605n
Companhia dos Mares do Sul, 448; "bolha dos Mares do Sul" (1720), 440, 448, 461
Companhia Holandesa das Índias Orientais, 412
"complexo de cunhagem militar escravista", 299, 305, 313, 323-4
Comte, Auguste, 97-9
comunidade, definição de, 102
comunidades utópicas, 325
comunismo: capitalismo versus, 126-7; China e, 126, 337-9; como princípio moral, 125, 135-6; "comunismo de base", 130, 132-4, 138, 164, 363; "comunismo dos ricos", 301, 421, 444; "comunismo épico", 126; "comunismo mítico", 126; "comunismo primitivo", 126, 150, 520n, 535n; Cuba e, 126; "de cada um segundo suas capacidades", princípio, 126-7, 128-30, 133, 535n; definição de, 126, 129-30, 132; direitos de propriedade coletiva, 126; Escola Agrônoma (School of the Tillers), 309, 573; Marx sobre, 520n, 534n; mitos sobre, 126-7; URSS e, 126; *ver também* Marx, Karl
conceitos bíblicos: Deuteronômio, 112, 118, 369-70, 372, 416, 532-3n, 598n; *ver também* cristianismo
"*condonation*" [perdão tácito], 542n
confecções clandestinas, 452-3
confiança, conceitos de: em Deus, 488; governo e, 319, 349, 358-60, 523n, 584n; mercado e, 422, 425; moeda virtual e, 404, 474-5; nos sistemas de crédito, 77, 101-2, 280, 404, 423-6, 434-5, 438, 474-5
Confúcio, 291-2, 312, 322, 574-5n
confucionismo, 292, 307, 309, 315, 323-4, 336-40, 345, 354, 376, 385, 393, 554-5n, 574n
conquistadores: Alvarado, Pedro de, 459, 598n; Balboa, Vasco Nuñez de, 598n; Colombo, Cristóvão, 41, 134, 402; Cortés, Hernán, 400, 408-11, 413-4, 420-1, 458-61; Gama, Vasco da, 402; Marco Polo, 582n, 604n; Pizarro, Francisco, 400, 598n
conquistas europeias: Américas e, 399-400, 402-4, 406-12, 451, 598n; astecas e, 406-7, 409, 420-1, 458-60; impérios espanhol e português, 402, 446, 592n; moral e, 116, 145-6, 265-6; *ver também* conquistadores
Constantino, imperador, 324
Constantinopla, 383, 385, 398
Constituição de Atenas (Aristóteles), 245, 250, 555n
Constituição de Mégara (obra perdida de Aristóteles), 557n
consumidor/consumidores, 59, 91-2, 135, 283, 432, 479, 504, 519n, 592n, 610n, 612n
contas a pagar, como sistemas de crédito, 33
contas de bar e tabernas, 58, 68
contas de despesas, 33
Contra Timarco (Ésquines), 557n
contrato social, teorias de, 79
contratos *ver* sistemas de crédito
"conúbio circulante", problema do, 538n
Cook, capitão James, 134
Cook, Robert Manuel, 569n
Cooper, Melinda, 611n
Coreia do Norte, euro e, 609n
Coreia do Sul, 324, 474, 480; títulos do Tesouro dos EUA e, 18
corporações, 31, 189, 344, 394-5, 412, 446, 475, 487, 595-6n
corpus intellectuale ou *mysticum* [corpo intelectual ou místico], 395
Cortés, Hernán, 400, 408-11, 413-4, 420-1, 458-61
cortesias cotidianas, 162
costumes de negociação: barganhas em bazares, 135, 138, 588n; islã e, 366; Java e, 135; Madagascar e, 138
Coward, Henry, 423, 430-1

crédito: como direito humano, 490-2; como "reputação" importante, 491; poder e, 490-1; visão negativa do crédito pessoal, 431, 602n

crédito, cartões de: cartões de débito, 475; criação dos, 475; taxas e juros cobrados pelos, 491-2, 502, 611-2n

Credo, oração (símbolo), 594n

credores, visão social dos, 501

crianças: dívida para com os pais, 343-4; dívidas de leite, 343-4, 348, 392, 581n; venda de, na China, 289, 528-9n

crime: criminalização da dívida, 31-2, 424, 429-31; dívida social dos criminosos, 159-61; hierarquia e, 144-7; oferta na surdina, 145-7; punições para criminosos, 584n; redenção e troca, 34-5

crimes de honra, 551n

crise, etimologia de, 232

crise da dívida: bolhas financeiras e, 440, 445-8, 455; crise da hipoteca e, 30, 491-2; crise das hipotecas de risco nos EUA, 491-2; crise financeira global de 2008, 29-31; dívida internacional dos EUA e, 476; EUA e (década de 1970), 469-70; Grécia e, 232, 300-1, 559n; recessões econômicas e, 31; resolvida com a guerra, 300-1; Roma e, 300-1; Terceiro Mundo e, 12-3, 16-8

crise do petróleo (década de 1970), 12

cristianismo: conceito de liberdade e, 112, 218, 371; conceito de redenção, 109-10; Idade Média e, 277, 352-3, 361, 370-2; indígenas norte-americanos e, 406; judaísmo versus, 112, 292, 353; Martinho Lutero e, 414-5; mundo antigo e, 308; noções sobre Deus, 107, 575n; sacrifício e, 107; símbolos no, 594n; sobre a pobreza, 502-3; sobre agiotagem, 367-76, 412; sobre direitos de propriedade, 376; visões sobre dívida, 114-5, 119; visões sobre os mercadores, 371-6; *ver também* Bíblia; conceitos bíblicos; catolicismo

Crítica do Programa de Gotha (Marx), 534n

Cross, rio, sociedades do, 198, 201, 203, 215, 447, 547n

cruzadas, 378, 584n, 592n

Cuba, 126, 464

culpa e pecado, conceitos de: agiotagem e, 24-6; conceitos religiosos morais e dívida, 80; *cumals* [servas], 86, 170, 225-7, 550n; dívida vista como pecado, 256, 284, 457; linguagem sobre a dívida, 21, 80, 105-6, 160, 539n; *Schuld* [culpa, falta, dívida], 105-6, 539n

Da interpretação (Aristóteles), 594n

dádiva, 56, 87, 108, 120, 139-41, 153, 156-9, 175, 192-4, 251-3, 255, 287-8, 310, 341, 510; dádiva de caridade, 371; dádiva heroica, 560n; "economias da dádiva", 144; símbolos como, 389

Dakota do Sul, 611n

dançarinas dos templos: na Grécia, 556n; na Mesopotâmia, 90

Dário, rei, 302, 537n

darma, 340, 343-5, 349

Davanzati, Bernardo, 519n

Davenant, Charles, 420, 426, 438, 447

"de nada" [*you're welcome*], 163

De Republica (Bodin), 399, 425, 600-1n

"de rien" [de nada], 163

De Tobia (Santo Ambrósio), 369

Decreto de Estabelecimento (1701), 442

Decreto de Graciano, 372

déficits governamentais, 461, 465, 471, 473, 606n

dege (mingau de milho e leite), 222

Deleuze, Gilles, 530-1n

demagogos, 298

democracia: capitalismo e, 32-3, 482-3; na Grécia, 298-9, 509, 570n; resgates financeiros e ameaça à, 32-3; sentido da, 504

"democratização das finanças", 486, 501-2

deniers (moeda francesa), 70, 378, 521n, 523n

depreciação/enaltecimento, 588-9n, 591n

derivativos financeiros, 29

derrotados, 21-2

desigualdade *ver* igualdade/desigualdade

despesas universitárias, dívida e, 490

Deus, noções sobre: "em Deus confiamos", 488; *ver também* ideologias religiosas

Deuteronômio, visões da dívida no, 112, 118, 369-70, 372, 416, 532-3n, 598n

devadasis ["dançarinas do templo"], 237, 553-4n

Dez Mandamentos, 172

Dharmasastra, 332, 527-8n

diamantes versus água, 603n

Índice remissivo

Díaz del Castillo, Bernal, 408-10, 458-9, 597-8n, 606n
didjeridu, 49
Die Nibelungen (Wagner), 593n
dignidade *ver* honra, conceitos de
Dike, K. Onwuka, 546n
dinares e dirrãs, 330, 355, 358, 364-5, 393, 578n
dinastias chinesas: Han, 288-9, 307-8, 324, 336, 340, 349-50, 479, 529n; Liang, 340; Qing, 308, 336, 582n; Shang, 59, 529n; Song, 350-1, 554-5n, 582n; Sung, 336; Tang, 289, 336, 340, 353, 582-3n; Yuan, 336; Zhou, 294
dinheiro, conceitos de: como conceito matemático, 75; como criação do governo, 41-2; como ilimitado, 319-21; como mercadoria, 44, 55-7, 66-8, 101-2, 521n; como moeda social, 174, 182, 203, 209; como poder, 491; como símbolo de degradação, 247-8; como símbolo, 387-91; como vale, 101-4; como valor criado na lei, 438; honra e, 224-5; linguagem e, 256; moeda de conta e, 522-3n; pensamento filosófico sobre, 318-21; teoria da dívida impagável de Rospabé sobre, 174-81, 209-10, 347-8; valor de medida e, 67-9
dinheiro, origens do: EUA e, 608n; lendas sobre, 574n; na Grécia, 41, 519n; na Mesopotâmia, 59-62, 530n; primeiras moedas, 569n; primeiras práticas legais e, 85-7; primeiro papel-moeda, 435; sistemas de crédito e, 101-4, 530n; teoria da dívida primordial, 79-80, 107, 181, 525n; *ver também* escambo, mito do
dinheiro, tipos de: barras de cobre, 198-202; *fiat-money* [moeda fiduciária], 77, 319, 328, 351-2, 470, 529-30n, 576n; gado, 42-3, 65, 84-5, 130, 176-7, 180, 540n, 544n, 555n; latão, 85, 174, 176-7, 192-4, 202-3; prata, 33, 37, 59-61, 65-7, 69-71, 76, 85, 91, 102, 104, 192, 235-6, 279-81, 293-4, 355, 364-5, 367, 373, 401-5, 433-40, 454, 481; prisões e campos de guerra e, 303-4; tabaco, 44, 50, 58-9, 103, 192
"dinheiro cartalista", 576n
dinheiro com suporte do governo, 75, 351, 469-70, 576n
dinheiro de conchas ou búzios, 44, 177, 287-8, 293, 433, 521n, 567n
dinheiro de contas, 85, 433
dinheiro de crédito *ver* dinheiro virtual
dinheiro eletrônico *ver* dinheiro virtual
"dinheiro fantasma", 523n; *ver também* "dinheiro imaginário"
"dinheiro imaginário", 70, 366, 492, 521n
dinheiro primitivo: anéis de ferro, 85; bacalhau seco, 44, 58, 70, 454, 521n; cacau, 103, 530n; conchas ou búzios, 44, 177, 287-8, 293, 433, 521n, 567n; escalpos de pica-pau, 85; fichas de porcelana chinesa, 102; gado, 42-3, 65, 84-5, 130, 176-7, 180, 540n, 544n, 555n; peles ou couros preparados, 43-4, 87; penas, 85, 192, 433; sal, 44, 103, 192, 433, 530n; sândalo, 183, 189-91, 210; tabaco, 44, 50, 58-9, 103, 192; tecido de ráfia, 183, 188-91, 543n; varetas de latão, 85, 174, 176-7, 192-4, 202-3; *wampum* [moeda-concha], 85, 172, 179-81, 541n
dinheiro simbólico de madeira, chumbo ou couro, 102, 421
dinheiro virtual: como forma original de dinheiro, 33; confiança e, 474-6; cunhagem de moedas e, 62; na Idade Média, 280, 404; nova era do, 33; primórdios do, 33, 349, 365, 387, 398, 434; visão geral sobre, 33-4
"Dinheiro Voador", 350
Diógenes, o Cínico, 560n
Dionísio, o Areopagita (Pseudo-Dionísio), 388-9, 391, 594n; obras de, 594n
direito islâmico, 354-6, 375, 585n, 596n
direito romano: *ius* [propriedade como direito], 260-1, 561n; *ius gentium* [lei das nações], 220, 267, 563n; *Lex Aquilia* [lei dos danos civis], 262; *Lex Petronia*, 562n
direitos de propriedade: códigos de leis franceses sobre, 560n; direitos *in personem*, 560n; direitos *in rem* [sobre a coisa], 560n; "poder absoluto" nos, 259-61, 263, 268, 270-1; Roma antiga e, 259-66, 561n
ditadores, 12-3, 30
dívida: budismo e, 335-52; como valor, 473; conceito de, 16; definição no *Oxford English Dictionary*, 11; dever de pagar, obrigação moral, 5, 106; etimologia de "pagar", 85-6, 527n; impostos e, 99; na Mesopotâmia, 110-1; Platão sobre, 257-8
dívida, coleta da: reis e, 523-4n; violência e, 18-20, 28, 254-5; *ver também* agiotagem/agiotas

dívida, tipos de: dívida cármica, 341-3, 348, 581n; dívida social, 98, 529n; dívidas de carne, 343-4, 348, 392, 581n; dívidas de leite, 343-4, 348, 392, 581n; dívidas de sangue, 181-2, 184-7, 189; dívidas de vida, 185-6, 342; relações morais como dívidas, 283, 425
dívida das famílias nos EUA, 489
dívida de guerra nos EUA, 471
dívida dos EUA, Federal Reserve e, 19, 470-2
dívida existencial, 97, 98, 114
dívida infinita, 93-4, 96, 347; *ver também* budismo chinês
dívida internacional, 504; padrão-ouro internacional, 77, 465
dívida social: "solidarismo" e, 529n; "todos nascemos em dívida para com a sociedade", 98
dívidas de sangue, povo lele e, 181-2, 184-7, 189
dívidas impagáveis: dinheiro primitivo usado para, 174-81; dívidas de carne, 195-6, 425, 449; dívidas de leite, 343-4, 348, 392, 581n; dívidas de sangue, 181-2, 184-7, 189; dívidas de vida, 185-6, 342; economias humanas e, 181; inutilidade do dinheiro para, 174-81; moralidade e, 159-61; mulheres usadas como moeda corrente para pagamentos, 138-9; relação *kem* e, 542n; riqueza da noiva com, 175-7; vendetas e, 86, 135, 177-8, 209
"Doações Perpétuas", 330
Dockès, Pierre, 565n, 577n
doença, falência e, 490
dólar, EUA: atrelado ao ouro, 9, 75-7, 281, 465-74; bancos centrais e, 473; como "moeda de reserva" mundial, 466, 471, 473, 609n; *greenbackers* e, 75-6, 481n, 524n; status global do, 473-4; trocado por ouro, 465; vendas de petróleo e, 474
dominicanos, 375-6, 607n
domínio militar dos EUA, 471-2
dominium [propriedade], 259, 261-3, 267-8, 561n
Dornbusch, Rudiger, 39-40
dotes, 243, 553n, 555n; *ver* noiva, riqueza da
Douglas, Mary, 182, 184-91, 543-4n, 549n
Douglass, Frederick, 550n
doutrina brâmane, 526n; *ver também* Vedas
Dragon (navio), 199

Driffill, John, 40
dry exchange [câmbio seco], 591-2n
Duby, Georges, 538n, 592n
Dumont, Louis, 335, 548n
"dupla coincidência de desejos", 39-40, 53, 56
Durkheim, Émile, 99, 529n
dzamalag (cerimonial), 49-50

economia, como disciplina, 40-2, 45, 51-2, 20-1; descoberta da, 64-5; "economias reais", 65, 445; vocabulário técnico na, 45; *ver também* Smith, Adam
economia, conceito de, 45, 51-2
economia, história da, 40-2, 61-5
economia comercial, 94, 225, 233, 244-5, 384, 398; *ver também* economias de mercado
"economia da dádiva", 56, 87, 120, 144
"economia de escambo", 39, 47, 51, 62, 65; *ver também* escambo, sistemas de
economia newtoniana, 64, 441
economia suméria, 59, 238
economias de mercado, 39, 120, 304; colapso das, 56-7; surgimento a partir da ajuda mútua, 285, 377; transformação de economias humanas em, 173, 498; *ver também* capitalismo
Economics (Begg, Fischer e Dornbusch), 39-40
Economics (Case et al.), 38-9
Economics (Parkin e King), 40
Economics Explained (Maunder et al.), 40
Edessa, batalha de, 248
"Edito do Pilar", 572n
Eduardo I, rei, 268
Éfeso, cidade de, 575n
Efik, sociedade comercial, 546n
Egil (viking), 156, 254, 538n
Egito, 59, 112, 118, 274, 285-7, 289, 295, 300, 353-6, 380, 490, 521n, 527-8n, 553n, 567n, 585-6n, 591-2n
Einzig, Paul, 520n, 527n, 530n, 550-1n
"Eixo do Mal", 609n
Ekejiuba, Felicia, 546n
Ekpe, sociedade secreta, 202-3, 215, 546-7n
Elizabeth, rainha, 429
Elyachar, Julia, 491
empresas emergentes, 491
empréstimos: China e, 94, 171, 288-9, 337-8, 479, 528n; crise da dívida no Terceiro

Mundo e, 12-4; dádivas versus, 251-2, 344, 370-1, 558n, 559n; empréstimos comerciais, 91, 284, 330, 333, 357, 376-7, 416, 558-9n, 578-9n, 592n; empréstimos compulsórios, 21, 436; empréstimos *eranos*, 254, 533n; empréstimos irresponsáveis e crise da dívida, 15, 30; sistemas de tributos versus, 18, 479; *ver também* sistemas de crédito; agiotagem/agiotas

empréstimos a juros, 475, 490, 527-8n; 533n, 546n, 558-60n, 567-8n, 580n, 598-9n, 612n

Engels, Friedrich, 520n, 604n

Enkidu, história de, 238-40

Ensaio sobre a dádiva (Mauss), 120, 510, 530-1n, 538n

Entemena, rei, 283, 566n

Equiano, Olaudah, 218-9, 224

"Era dos Descobrimentos", 397

"era keynesiana", 482-3

eranos, empréstimos, 254, 533n

escambo, mito do, 33-62; Adam Smith sobre escambo, 41-2, 46-8, 53-6, 483; crença continuada no, 63, 65, 522n; dissipação do, 520n; papel na sociedade do, 52-62

escambo, sistemas de: *adal-badal* [toma lá dá cá], 52-3; Aristóteles sobre, 41, 519n; bosquímanos do Kalahari, 55; divisão do trabalho e, 364; "dupla coincidência de desejos", 39-40, 53, 56; etnia pachtun, 52, 57; inuítes, 124, 154, 531n, 538n; nambiquaras, indígenas, 47-8, 51-2, 54, 169, 542n; nativos norte-americanos, 42-3, 519n; opiniões negativas sobre, 377-8; origens do dinheiro e, 38, 46-7, 519-20n; papel das mulheres no, 46-9, 520n; pontos de vista dos economistas sobre os, 38-46, 55-9, 520n; *potlatche* entre os kwakiutles, 522n; povo gunwinggu, 49-52, 54, 169, 551-2n; sociabilidade nos, 46-51; troca cerimonial, 49-52, 54-5, 169-70, 520n, 551-2; valores de hospitalidade e, 48-52; violência e, 49-50, 520n

escambo cerimonial, 49

"escambo primitivo", 519n

Eschenbach, Wolfram von, 384, 592n

Escola Agrônoma, 309, 573n

"Escola da Regulação", 525n

Escola dos Três Estágios, 341-2, 345, 581n

"Escola Histórica Alemã", 69

escravas: comércio de, 541; *cumals*, 86, 170, 225-7, 550n; na Grécia, 246, 248-9, 556n; na Islândia, 540n; servas, 86, 170, 230, 239, 242; usadas como moeda corrente, 540-1n

escravidão: China e, 278, 307, 554-5n; Egito e, 274; Europa e, 379, 592n; Europa medieval e, 589n; fim da antiga forma de, 277-9, 565n; forma clássica de, 222-3, 277-9, 307, 333, 555-6n; Grécia e, 245-8, 299, 555-6n, 559n; histórias de horror baseadas na, 197-8, 223; Idade Média e, 385; Índia e, 303, 305, 333; islã e, 221-4, 355-6, 549n, 562n, 584-5n; Itália e, 379; justificativas para a, 220-2, 549n; origens do dinheiro e, 169-70, 540-1n; Peru e, 450-1; Roma e, 261-71, 328, 562n, 577n; tráfico, 173, 196-207, 214-6, 217-8, 220, 225, 270, 545n; *ver também* venda de crianças; servidão por dívida; escravas

escravidão, leis sobre: direito islâmico, 356-7; direito romano, 220, 222, 261-2, 561n; lei das nações, 220, 267, 563n; leis africanas, 222

escrituração, 427, 577n

"esfera de consumo", 52

"esferas de troca", 56, 544n

Esparta, 44, 570n, 572n

esposa, direito do marido de vender a, 169-70

"esposa fantasma", 180, 209

"esposas da aldeia", 189, 543n

"esposas do mar", 449

esquimós *ver* inuítes

Ésquines, 557n

essênios, 325, 533n, 577n

Estado islâmico, 356, 584n

Estados Unidos da América (EUA): como "império", 18; costumes de civilidade, 161-2; declínio da força global dos, 480; dívida de guerra dos, 471; dívida dos, 19, 470-2; domínio militar dos, 470-2; embargo ao Haiti pelos, 17, 517n; inflação nos, 466, 611n; monetização da dívida, 479, 481, 613n; poder global baseado na dívida nos, 473; políticas de dívida do Terceiro Mundo, 18; populismo de mercado nos, 468-9, 497; reservas em ouro dos, 466; sistemas de escambo nos, 40, 519n

estagnação salarial, 484-5, 610n

estampagem de moedas, 293, 320-1, 565n, 569n

estruturalismo, 121
eternidade, crenças na: crenças budistas na, 578n; eternidade agostiniana, 595-6n
Ética a Nicômaco (Aristóteles), 576n, 588n, 590-1n, 593-4n, 601n
euro: adoção global do, 79-80, 474, 609n; Alemanha e, 79-80, 609n; Coreia do Norte e, 609n
Europa: capitalismo mercantil na, 376-7, 591n; capitalismo na, 582n; empréstimos a juros na, 591-2n; escravidão na Idade Média na, 384-5; falta de prata, 402; hierarquia na, 392; "Idade das Trevas" na, 277, 328; Idade Média na, 366-84, 582n; inflação na, 397-400, 403-4, 437, 596n; islamismo na, 353; peste bubônica e, 398; revoltas na, 397-400; "revolução dos preços" na, 404-5, 596n; sistemas bancários na, 377-8, 591n; sistemas de dívida baseados em moeda simbólica, 61, 69-70, 583n; surgimento das economias de mercado, 172-3; títulos do Tesouro dos EUA e, 474; tráfico de escravos na, 225-7, 565n
Evans-Pritchard, E. E., 128-30, 178, 541n
êxodo, visões sobre a dívida no, 240, 300, 325
exploradores *ver* conquistadores
Eyo II, rei, 547n

Fair, Ray C., 38-9
falências, 14, 31, 282, 462-3, 490, 492, 518n, 531n, 598n, 607n
família, etimologia, 262-3, 561n
fatidra [irmandade de sangue], 154
Faure, Bernard, 593n
Fausto (Goethe), 442, 604n, 607n
Federal Reserve (banco central americano): "Cédulas do Federal Reserve", 470; dívida internacional dos EUA e, 19, 470-2, 477-9; empréstimos feitos ao governo, 470-2; Nova York, em, 467; poder para imprimir dinheiro, 470, 609n
feiras e festivais medievais, 378-83, 395-6, 410, 437
feminismo: advento do, 484; islâmico, 496; *ver também* escravas; filhas; mulheres
feudalismo, 151, 565n
fichas de pôquer chinesas, 102
Ficino, Marsílio, 540n

filhas, como moeda corrente para pagamento de dívida, 22, 27, 111, 115-6, 170-2; *ver também* escravas; mulheres
"Filhos de Deus" *ver* Aro, Confederação
Filipe II, rei da Espanha, 413, 469
Filipe IV, 378
Filipinas, como país devedor, 16
Fílon de Alexandria, 577n
filosofia, 307-8, 312, 316; conceito de, 317-8
filosofia "materialista", conceito de, 320-3
filosofia moral, 256
financiamento público, 599n
Finley, Moses, 89; sobre o dinheiro antigo, 21
Fischer, Stanley, 39
Fleet, prisão, 18, 431, 602n
Força Aérea Britânica, 129
Força Aérea dos EUA, 471, 609n
Ford, Henry, 471
Fort Knox, 465, 467
Fouillé, Alfred, 529n
França: conquista do Haiti, 17, 517n; estruturalismo na, 121; euro e, 609n; filosofia do solidarismo, 529n; invasão de Madagascar, 16-7, 74
franciscanos, 375-6, 581-2n, 607n
francos malgaxes, 73
Franklin, Benjamin, 90
Frederico I, margrave, 417
Free Silver, plataforma eleitoral, 75
Freuchen, Peter, 108, 153, 158, 531n, 538n
Friedman, Thomas, 502, 611n
fructus (frutos), 261
fu ou *fu hao* [símbolo], 387
Fugger, família, 413, 598n
fundo de amparo hipotecário, 518n
Fundo Monetário Internacional (FMI): boicote ao, 476-7; capitalismo global e, 32-3; condição legal do, 598n; dívida do Terceiro Mundo e, 12-5, 476-7; insistência no pagamento das dívidas, 476-7
fundos de pensão, 30, 485-6
funerais, como despesas de vida, 22
Fúrias, 166, 559n
"furtos em local de trabalho", 455

Gabão, 30, 97
gado, como moeda corrente, 42-3, 65, 84-5, 130, 176-7, 180, 540n, 544n, 55n

Galey, Jean-Claude, 21-2
Galilei, Galileu, 603n
Gallieni, general Joseph, 16-7, 73
Gama, Vasco da, 402
gana-sanghas ("assembleias tribais"), repúblicas das, 528n, 572n
Ganesha (deus), 347-8
Gardiner, Geoffrey W., 277
Gargântua e Pantagruel (Rabelais), 164
Gärtner, Manfred, 38-9
Gautama, Siddhartha, 303, 531n
Genealogia da moral (Nietzsche), 104, 530-1n
General Motors, 30
generosidade e compartilhamento, como valores culturais, 130-4, 137, 535n
Gênesis, 233-4
Gernet, Jacques, 340-2, 344, 348, 581-2n, 597n
Gide, Charles, 529n
Gifts and Spoils (coletânea), 157
Gilder, George, 487-8
Girard, René, 525n
Gluckman, Max, 535n
goal [redenção], 110
Goethe, Johann Wolfgang von, 442, 604n, 607n
"*go-go banking*", 12
Goldman Sachs (banco), 33, 127
Goody, Jack, 552n, 555n
governo, diretivas e poder do, 351, 485, 565n
Graciano (Franciscus Gratianus), 563n; Decreto de Graciano, 372
Grameen Bank (Bangladesh), 490
Grande Depressão (1929), 76
"*gracias*" [obrigado], 539n
gratia [influência ou favor], 539n
Grécia: autossuficiência na, 245-6, 249; crise da dívida na, 232, 300-1, 559n; demagogos na, 298; escravidão na, 245-8, 299, 555-6n, 559n; honra e dívida na, 231-2; honra homérica, 246-7, 555n; livre campesinato na, 298; origem das moedas na, 519n, 569n; patronagem na, 251; política na, 298-302, 573n; prostituição na, 556n; Seaford sobre origem do dinheiro na, 318-20, 519n, 527n, 555n, 557n, 570n, 576n; sistemas monetários na, 89, 102, 118, 244-51, 295-302, 318-20, 533n, 557-9n, 566n, 575-6n; vida econômica na, 249-54
greenbackers [papel-moeda], 75-6, 481n, 524n

Greenspan, Alan, 469, 606n
Gregory, Christopher A., 521n, 607n
Greider, William, 607n
Grierson, Phillip, 86, 170, 521n, 527n, 540n
Guanzi (Guan Zhong), 289, 567n
Guattari, Félix, 530-1n
guerra: mercados à vista, 497; princípio de troca e a origem do dinheiro na, 446-7, 497; *ver também* Idade Axial
Guerra do Vietnã, 465
Guerra Fria, 472, 480, 494
"guerras de luto", 542n
Guicciardini, Francesco, 428, 601n
guildas de mercadores, 280-1, 330, 355, 358, 375, 394, 591n; judeus excluídos das, 373
Guilherme III, rei, 438
gunwinggu, povo, Austrália, 49-52, 54, 169, 551-2n
Guth, Delloyd J., 601n

"hacksilver" [prata cortada grosseiramente], 521n
Hadot, Pierre, 573n
haidas, povo, 155
Haiti, 17, 517n
Hallam, Henry, 517n, 602n
Han, dinastia, 288-9, 307-8, 324, 336, 340, 349-50, 479, 529n
harappiana, civilização, 568-9n
Hardy, Thomas, 553n
Harris, Rosemary, 547n
Harsa, governante da Caxemira, 331
Hart, Keith, 68, 101
Hawtrey, Ralph, 520n
He, Zheng, 480
Heather, Ken, 38-9
Helvétius, 427-8, 601n
Henneburg, Guilherme de, 599n
Henrique, o Liberal, 381, 383
Henrique II, rei, 69-70
Henrique III, rei, 374
Henrique IV, rei, 395
Henrique de Gante, 588n
Heráclito, 575n
Heródoto, 240-1, 282-3, 553n, 556n, 559-60n
Hesíodo, 558n
hierarquia patriarcal: autoridade doméstica em Roma, 263, 562n; castidade e

propriedade sexual, 232-6, 542n, 551-2n; China e, 234; Índia e, 234; Mesopotâmia e, 231-44; Oriente Médio (Oriente Próximo) e, 171, 233, 552n; origens da, 231-2, 240-1; prostituição e, 239-44, 553-4n; restrições à liberdade das mulheres, 234-36, 554-5n; Suméria e, 233-4; uso obrigatório de véu e, 234, 242-3, 247, 554n, 556n; "vendas públicas de esposas", 235, 553n

hieróglifos egípcios, 59

Hildebrand, Bruno, 519-20n

hinduísmo: nascimento do, 292, 306, 568n; sobre a dívida, 80, 97, 334-5; sobre empréstimos a juros, 24, 329-30, 333; sobre prostituição, 237-8

hipoteca, 375, 378; crise nos EUA, 30-2, 491-2, 518n; esquemas de refinanciamento, 486

Hiromushime, história de, 25-8

"History of Astronomy" (Smith), 522n

History of Dharmaśāstra (Kane), 527n, 577n

hiyal (subterfúgios legais), 585n

Hobbes, Thomas, 270, 274, 420, 426-8, 444, 601n; *Leviatã*, 426-7

Hohenzollern, dinastia, 417

Holanda, bolsas de valores na, 446

Homans, George, 121

Homero, 59, 84, 231, 248, 251, 295, 557n; *Ilíada*, 155, 248, 273, 555-6n

honra, conceitos de: castidade e propriedade sexual, 232-6, 550-2n; desonestidade e, 252-5; homens de honra, 219, 224, 232, 273, 360; honra de um guerreiro, 460; honra homérica, 246-7, 555n; honrar as próprias dívidas, 218; linguagem e, 217-8, 231-2, 555n; perda de prestígio e, 551n; significados contraditórios da, 224; valor do dinheiro e, 225; vendetas e, 86, 135, 177-8, 209; *ver também* hierarquia patriarcal

honra, questão de, 156, 178, 421, 430, 542n

hospitalidade, 52, 63, 82, 131, 134, 157, 526n, 536n

Hosseini, Hamid S.

host, hostile, hostage [hospedeiro, hostil, refém], etimologia de, 134

hostis [hospitalidade], 536n

Howgego, Christopher, 571n

hoyween [dívida], 532n

Huang, Qin Shi, 312

Hudson, Michael, 92, 284, 473, 476, 526-8n, 531-3n, 541n, 557-8n, 566n, 607n, 609n, 611n; "tábulas rasas", 535n

Hume, David, 587-8n

Humphrey, Caroline, 47, 596n

Hussein, Saddam, 16, 474

Idade Axial, 291-326; ascensão da cunhagem na, 280; busca de lucros e materialismo, 309-16; guerra durante a, 300-1; metais como moeda corrente, 294-6, 569-70n; origens da moeda, 293-6; pensamento religioso na, 291-2

"idade da dívida", 601n

idade da exploração, 597; *ver também* "Era dos Descobrimentos"

Idade das Revoluções, 445

Idade das Trevas, 277, 328

"Idade de Kali", 578n

Idade do Bronze, 234, 287-8, 303-4, 509, 567-9n

Idade do Ferro, 82, 279, 286, 291, 509

Idade Média: dinheiro virtual na, 280, 404; escravidão na, 385; movimento rumo à abstração, 348; sofisticação dos sistemas monetários na, 329-30, 577

ideologia burguesa, Nietzsche sobre, 108, 530-1n

ideologias religiosas, 316-26, 388-9

ideologias utópicas marxistas, 456, 463-4

igualdade/desigualdade: dádiva e, 156; empréstimos a juros e, 117-8, 533n; nas relações hierárquicas, 132-3, 152-4, 334-5, 535-6n, 538n; violência como causa de, 150

igualdade, suposição de, na dívida, 117-8, 533n

Ihering, Rudolf von, 259

Ihya (Al-Ghazzālī), 362

Ilíada (Homero), 155, 248, 273, 555-6n

"ilimitado, o" [*apeiron*], conceito de, 319

Illuminati, ordem secreta dos, 468

Iluminismo, 385, 462-3, 588n

"imperialismo da dívida", 476-7, 487

Império Bizantino, 352

Império Carolíngio, 57, 366, 565n; *deniers* (moeda francesa) no, 70, 378, 521n, 523n

Império Gupta, 577n

Império Otomano, 398

Império Persa *ver* Pérsia

Império Sassânida, 72, 248, 354
impérios espanhol e português, 402, 446, 592n
impostos: China e, 336-7, 351, 400-1, 528n; como causa de dívida, 113, 116, 517n; como marcas de conquista, 528n; "curva de Laffer" e, 121, 588n; "depreciação/supervalorização", 367, 588-9n; direito islâmico e, 584n; dívida primordial e, 80, 84, 90; Egito e, 89-90; Índia e, 89; Madagascar e, 15-7, 73-4; Mesopotâmia e, 89; mundo antigo e, 89; objeções ao pagamento de, 115-6; Oriente Médio (Oriente Próximo) e, 365-6; Pérsia e, 90; política monetária internacional dos EUA e, 465, 472-3; redução pelo governo Bush, 606n; Roma e, 90; sistemas mongóis de impostos, 351, 400; usados para criar mercados, 71-3, 76, 78, 235
impôt moralisateur [imposto "moralizante" ou "educacional"], 73
inclusão, crise de, 483-4, 492
Índia: *Arthaśāstra* (Kautilya), 72, 303, 313, 579n; escravidão na, 303, 333; império Kosala, 303; império Mágada, 303-4, 306, 577n; império Máuria, 102, 303, 305, 331, 574n, 576n; Nalanda (centro de estudos budistas), 385; origens das moedas na, 278-9, 293, 565-6n, 568n; sistema de castas na, 243-4; sistemas monetários na, 293, 303-7, 329-35, 528n, 572n, 578-80n
Índias Ocidentais, sistemas de escambo nas, 41
Índico, oceano, mercado no, 208, 354, 358, 360, 379, 447, 497
indígenas americanos: astecas, 406-7, 409, 420-1, 458-60; conquista europeia e, 405; conversão ao cristianismo, 411-2; costumes, 535n; kwakiutles, 155, 522n, 538n; reciprocidade entre os, 151; sistemas de escambo entre os, 42-3; *ver também* inuítes; iroqueses
individualismo: possessivo, 599-601n; sociedades igualitárias e, 548n
"infiltração semita", modelo da, 234, 552n
inflação: bancos alemães e, 79-80; crescimento populacional e, 596n; desvalorização da moeda e, 45, 320, 530n; durante a "idade da exploração", 410; "revolução dos preços" e, 404-5, 596n

inflação contínua, 437
Ingham, Geoffrey, 83-4, 299, 523n, 527n, 530n
Inglaterra: capitalismo britânico, 454, 605n; controle monetário governamental na Idade Média, 68-73, 523-4n; dinheiro de crédito na, 67; envolvimento no comércio de escravos, 198-200; período Stuart, 429, 433, 602n; período Tudor, 404, 429, 433-4, 600n, 602n; período vitoriano, 463; sistemas de dívida baseados em moeda simbólica, 61, 68-9; trabalho assalariado na, 452-5; "truck system" na, 450, 454; tumulto econômico na, 399; vida festiva, 424, 596n
Inocêncio IV, papa, 394
inovações financeiras, 29-30, 352, 495-6; dinheiro virtual, 33, 280-1, 327, 434
instituições de proteção ao devedor, 34; *ver também* Fundo Monetário Internacional
instrumentos financeiros modernos, 405, 435-6
interação social: cortesias civis e, 160-4, 539n; teorias da, 121-2
interesse próprio: Adam Smith sobre, 432-3; como motivação para a troca, 64, 152, 426-33; desejo de lucrar e, 427-8, 601n; guerra e, 574n; Hobbes sobre, 426-8, 601n; interesse próprio comercial, 152, 439; natureza humana e, 121, 257, 426-33, 519n; 601n; noção de, 427-8, 574n, 601n; relações entre devedor e credor e, 164-7, 540n; *si li*, 574n; *ver também* lucro, conceitos de
inuítes, 124, 154, 531n, 538n
iqta (sistema salarial), 584n
Irã, 474; euro e, 609n
Iraque, 471, 496, 585n, 609n; dívida para com o Kwait, 16; euro e, 609n; Forças Armadas dos EUA no, 471, 474; inovações financeiras do, 495-6, 585n; Saddam Hussein, 16; visões norte-americanas sobre, 496
Irlanda: códigos de leis na, 86-7; *cumals*, 86, 225-7, 550n; escravas na, 225-7; preço da honra na, 225-31, 550-1n
"irmãos de sangue", expressão, 132, 154
iroqueses: dívidas de vida, 180-1; papel social e valor das mulheres, 535-6n, 543n, 549n; reciprocidade, 133; visão geral sobre, 47, 132, 151; *wampum* [moeda-concha], 85, 172, 179-81, 541n

islã/islamismo: ajuda mútua no, 285, 377, 600-1n; Alcorão, 240, 585n; bazares e, 138-9, 361-6; capital como crédito na Idade Média, 352-66; islã radical, 495; mercados, papel na sociedade, 360, 362-4; moeda corrente no, 355-60; sobre o escambo, 364

Islândia, escravas na, 540n

Israel, dívida como questão moral em, 575n

Itália: escravidão na, 379; guildas de mercadores na, 379, 591n; sistemas bancários na, 377-8, 591n

ius [propriedade como direito], 260-1, 561n

ius gentium [lei das nações], 220, 267, 563n

jainismo, 292, 303, 568n

Japão, 19, 324, 335, 402, 479-80, 517n, 595n, 611n; banco central no, 474; títulos do Tesouro dos EUA e, 18

Jaspers, Karl, 291-2, 576n

Java: costumes de barganha em, 135; tráfico de escravos em, 207-8

Jefferson, Thomas, 274, 462, 468, 481

Jeremias (profeta), 112, 367

Jevons, Stanley, 45

jisa, costume da, 578n

João I, rei inglês, 373-4

Johnson, Simon, 517-8n

Jorge, o Pio, 419

Jubileu, Lei do, 13, 112, 504

judaísmo: cristianismo versus, 112, 292, 353; noções sobre Deus, 575n; sobre conceito de redenção, 110-2

judeus: atitudes em relação a agiotagem, 24, 372-7; como escravos no islã, 356; como mercadores, 586n; discriminação e ofensa a, 112, 372-5, 590n; exclusão das guildas, 373; visões de dívidas para com os, 373

Jukun, reino, 544-5n

Júlio César, 557n

juro [interesse]: escrituração contábil e, 427; etimologia de, 427-8, 427n, 601n; primeira aparição, 89, 527-8n; princípio do, 376, 428, 436, 445-6, 590-1n; tokos (Aristóteles), 590-1n

juros [títulos de dívida], 437

juros, restrições aos: na China, 337-8, 580n; na Índia, 580n; no islã, 585n, 595n

justiça, origens e conceitos de, 121-2, 151, 256-7, 323, 354, 425, 582n, 590n

kalanoro (espírito), 46

Kamentz, Anya, 612n

Kan, Lao, 567n, 582n

Kane, Pandurang Vaman, 527-8n

kantaka (espinho), 572-3n

Kantorowicz, Ernst, 394-5, 595-6n

Kautilya, 303-4, 325, 574-6n, 579n; Arthaśāstra, 72, 303, 313, 579n

Kelly, Amy, 382

kem, relação, 542n

Keynes, John Maynard, 482-4, 525n; "eutanásia dos rentistas", 483, 501; "tradição alternativa", 77-8

keynesianismo, 76-7, 482-3, 525n, 576n; neokeynesianos, 78-9, 607n; Reagan e, 525n

KGB, 494

Khaldun, Ibn, 145, 588n; curva de Laffer-Khaldun (curva de Laffer), 121, 588n

King, David, 40

King, Martin Luther, Jr., 481, 484, 489

Knapp, Georg Friedrich, 69-70, 78, 523n

Kosambi, Damodar Dharmanand, 527-8n, 568-9n, 572n, 574n, 577n

Kropotkin, Peter, 534n

Kuwait: dívida do Iraque para com o, 16; euro no, 474

kwakiutles, povo, 155, 522n, 538n

Laffer, curva de (curva de Laffer-Khaldun), 121, 588n

laissez-faire, economia de ver capitalismo; livre mercado

Laozi (Lao Zi ou Lao-tsé), 349, 583n

Larson, Pier, 547n

Laum, Bernard, 84, 519n, 527n

Law, John, 441

Leach, Edmund, 538n

Leenhardt, Maurice, 317-8

legalistas, 87, 313, 584n, 586n

Lehman Brothers, 30

lei das nações, 220, 267, 563n

"Lei de Controle Monetário e Desregulamentação de Instituições Depositárias" (1980), 611n

leis, As (Platão), 559n

leis de falência, 14; na Inglaterra, 518n, 607n; nos EUA, 31, 492

lele, povo (África), 181-94, 200, 210, 214, 273, 543n

Lending and Borrowing in Ancient Athens (Millett), 558n
Lerner, Gerda, 241-2
letras de câmbio europeias: inspiração islâmica para as, 378-80, 385, 591n; visão geral sobre, 424, 437, 591-2n
Lévi, Sylvain, 526n
Leviatã (Hobbes), 426
Lévi-Strauss, Claude, 121-2, 519n, 530-1n, 534n, 542n
Levítico, visões sobre a dívida no, 112, 558n
Lévy-Bruhl, Lucien, 124
Lex Aquilia [lei dos danos civis], 262
Lex Petronia, 562n
li (lucro), 312
li min (lucro público), 574n
liberdade: *amargi* (sumeriano), 92, 283, 528n; *libertas* [livre], 266; *ver também* escravidão
libertas [livre], 266
Lídia, reino da, 279, 293, 318; moedas da, 296, 568n
Liezi ver Laozi
Liga Hanseática, 377
lingotes, 33, 45, 279, 435, 447; capitalismo e, 280, 350-1, 404, 466-7; "hacksilver" [prata cortada grosseiramente], 521n; na Idade Média, 60, 280, 285, 294-6, 307, 327, 398-400, 437, 495, 596n; *ver também* ouro e prata
língua suméria, substituição da, 234
linguagem, definição do uso da, 388
linguagem mágica, 442
linguagem ofensiva: comunismo e, 127-30; troca competitiva de ofertas e, 140-2, 155-6, 531n, 537n
literatura feminista, 552n
Lívio, Tito, 300, 533n, 562n
livre, etimologia de, 266
livre mercado, ideologias de, 35, 64, 361-2, 365, 393, 414, 433, 494, 514, 523n, 529n; *ver também* capitalismo; corporações
livres (moeda francesa), 70, 521n, 523n
Llewellyn-Jones, Lloyd, 556n
"lobby", políticas de, nos EUA, 486
Locke, John, 41, 66, 274, 439-40, 529-30n, 604n
Loizos, Peter, 539n
Lombard, Maurice, 360-1, 584n
lombardos, agiotas italianos, 375, 590n

Londres *ver* Inglaterra
lucro, conceitos de: *li* (lucro), 312; *li min* (lucro público), 574n; *shi* (vantagem estratégica), 574n; *si li* (interesse próprio), 574n
lucrum cessans [lucro cessante], 591n
Lutero, Martinho, 414-5, 427, 598n

maaiana, doutrina, 345, 581n
Mackay, Charles, 448-9
maçonaria, 468
MacPherson, Crawford B., 564n, 600n
Madagascar, 15-7, 19, 46, 73-4, 138, 154, 574n
Mādhyamaka, escola, 581n
Mágico de Oz, O (Baum), 75-6, 524-5n
Maharastra, motins de 1875, 335
Mahavira (fundador do jainismo), 303
Malamoud, Charles, 526n, 539n
malgaxes, 8, 17, 73-4, 144, 524n; *ver também* Madagascar
Malinowski, Bronislaw K., 534n
mamelucos (Egito), 274, 356, 380
manas [homem], 105
manuais de economia, 4, 51-7, 63
Manuel, dom, 537n
"mão invisível", teoria da, 64, 362, 432, 522n
Maomé, profeta, 292, 352, 354, 357, 362, 372
maori, povo, Nova Zelândia, 143, 154-5
Marco Antônio, 557n
Marco Aurélio, 316
Marco Polo, 582n, 604n
Marduque (deus), 284
Marechal, Guillaume le, 382
Marshall, John e Lorna, 55
Marshalsea, prisão, 18-9, 431, 602n
Martin, Randy, 611n
Marx, Karl: *capital, O*, 456; sobre o capitalismo, 452, 463-4; sobre o comunismo, 520n, 534n; sobre as origens do dinheiro, 519-20n
marxismo: alternativas ao, 529n; capitalismo versus, 495-6; influência do, 495-6; materialismo do, 604n; trabalho e, 496; *ver também* comunismo
MasterCard, 475
"materialismo histórico", 604n
Mateus (evangelista), 532n
matriarcado primitivo, 520n
matrimônio: agiotagem e, 22; como maior despesa da vida, 22, 174-5, 177, 183, 543n;

cultura lele e, 182-3, 543n, 546n; cultura sumeriana e, 554n; cultura tiv e, 175-6, 192, 544n; diagrama do padrão antropológico do, 212-3; por captura, 207, 544n; *ver também* noiva, riqueza da
Maunder, Peter, 40
Mauss, Marcel, 120, 510-1, 526n, 528n, 535-6n, 576n; *Ensaio sobre a dádiva*, 120, 510, 530-1n, 538n; sobre "economias de dádiva", 144
mbatsav [sociedade dos bruxos], 195-6, 545n
Médici (banco), 378, 591n
"medieval", visões negativas da palavra, 327
Mediterrâneo, mar, 93, 157, 171, 231-2, 252, 263, 292, 296-302, 318, 353, 379, 402, 552n, 576n, 591n
Mefistófeles, 442
Megástenes, 305, 329
"melhores amigos", expressão, 132-3; *ver também* "irmãos de sangue", expressão
Mêncio, 315, 574-5n
Mencken, H. L., 37
Menger, Karl, 45
Mensch [homem], 105
mercado: como autorregulador, 469; conceitos de, 422; definição de, 152; desumanização e, 109-10, 255, 346-7, 447, 456-7
mercadores: islã e, 358-60; restrições aos, 373; riqueza dos mercadores ingleses, 421-2, 600n; sociedades mercantis e tráfico de escravos, 200-3, 215, 546n; visão dos, no cristianismo, 371-6
mercadoria, dinheiro como, 44, 55-7, 66-8, 101-2, 454, 521n, 606n
mercados, origens dos: Idade Axial e, 310-1; Madagascar e, 73-4
"mercenários-escravos", como moeda corrente, 305, 572n
"*merci*" [obrigado], 163
Mesopotâmia, 28, 33; conceito de liberdade, 112; conceito de registros cuneiformes na, 59, 77; crenças sobre honra e hierarquia patriarcal, 231-44, 552n; dívida existencial na, 528n; origens do dinheiro, 59-62, 102-4, 529-30n; redenção na, 110-1; tabuletas de argila (*bullae*), 281; *ver também* Suméria
métadosis [partilhar, distribuir], 519n
metais preciosos: mineração na Grécia, 298-9, 570n; queda no valor dos, 399-400; *ver também* lingotes; ouro e prata

metais usados como dinheiro: barras brutas, 44, 60; bimetalismo, 75-6, 481, 524n; cobre, 44, 545n; ferro, 44; latão, 85, 174, 176-7, 192-4, 202-3; na Idade Axial, 293-4
México: astecas, conquista europeia dos, 406-7, 409, 420-1, 458-60; mineração de prata no, 402-3, 597n
microcrédito, 490
Midnight Notes Collective, 612n
mil e uma noites, As, 360-1
Mileto, 318, 321, 575n
militarização, economia global e, 444, 493-4
Miller, Roger LeRoy, 40
Miller, William Ian, 538n
Millett, Paul, 558-9n; *Lending and Borrowing in Ancient Athens*, 558n
"mineiros, revoltas dos", 597n
Mises, Ludwig von, 464, 501
Mitchell-Innes, Alfred, 58, 61-2, 66, 68, 521n, 523n
modelos utópicos de capitalismo, 455-8
moeda "fiduciária", 77, 319, 328, 351-2, 470, 529-30n, 576n
moeda simbólica *ver* cartalismo; sistemas de dívida baseados em moeda simbólica
moeda social, 174, 182, 203, 209
moedas/cunhagem, tipos de: *deniers* (moeda francesa), 70, 378, 521n, 523n; dinares e dirrãs, 330, 355, 358, 364-5, 393, 578n; francos malgaxes, 73; *livres* (moeda francesa), 70, 521n, 523n; minas mesopotâmicas, 60, 301; moedas de bronze, 320, 388, 401, 571n, 573n; siclos de prata mesopotâmicos, 236, 281; *sous* (moeda francesa), 521n, 523n; *ver também* dinheiro primitivo
moedas/cunhagem: campesinato livre e, 298; como vales, 67-71; "complexo de cunhagem militar escravista", 299, 305, 313, 323-4; definições de, 293; derretidas para confecção de estátuas, 346; dinheiro virtual versus, 61-2, 280, 404; dois lados das, 101; estampagem, 321; guerra e, 279-80; história do dinheiro e, 38-41; moedas lidianas, 296, 568n; poder governamental de emissão de, 70-1; sistemas de crédito versus, 279; supervalorização das, 101, 529-30n; valor no mundo antigo, 318-21; valor reduzido por liga adulterada, 44-5, 320, 529-30n

moísmo, 314, 323, 573n
monetarismo, 485, 596n, 607n
monetização da dívida, 479, 481, 613n
monges budistas: derretimento de moedas, 346; restrições aos, 306, 344-5; *ver também* budismo
mongóis, 93, 351, 356, 400, 586n, 593n
Montejo, Francisco de, 598n
Montezuma, 458-60
Moralia (Plutarco), 539n, 557-8n
moralidade: déficits governamentais como imorais, 606n; dívida impagável e, 159-61; hierarquia e, 144-50; mercado e vida humana, 119-20; moral econômica, 122-3, 529n; práticas bancárias e, 29-33, 481; variações culturais na, 150-6; *ver também* reciprocidade
Morgan, Lewis Henry, sobre as Seis Nações dos Iroqueses, 47, 132, 179, 520n, 542n
mosteiros indianos medievais, 329-30
Motolinia, frei Toríbio de, 406, 411
movimento econômico islâmico, 357-66, 585n
Mozi, 314-5, 573-4n
Muldrew, Craig, 421, 429, 599-600n
mulheres: como peoas, 184-90, 249; "esposa fantasma", 180, 209; expectativas de castidade, 233-7; hierarquia patriarcal e, 234-36, 554-5n; matriarcado primitivo, 520n; "mulheres respeitáveis", 242, 247, 249, 556n; papel nos sistemas de escambo, 47-9; usadas como moeda corrente para pagar dívidas, 22, 27, 115-6, 170-2; violência usada no controle das, 211-2; *ver também* escravas
Muller, Adam, 523n
Musaiyab, Sa'id Bin, 584n
mutilação de devedores, 433, 531n, 590n, 599n
Myers, Danny, 40

Nabucodonosor, rei, 111
Nāgārjuna (filósofo), 581n
Nalanda (centro de estudos budistas), 385
nambiquaras, indígenas (Brasil), 47, 51-2, 54, 169, 542n
nascimento como dívida, 82
Nasrudin Hodja, 136, 141-2, 252-3, 355, 363, 558n
Neemias (profeta), 111-2, 117, 171, 367, 372, 532n, 533n, 571n

Nelson, Benjamin, 590n
neokeynesianos *ver* keynesianismo
neoliberalismo, 486, 612n
New Deal, 482
Newton, Sir Isaac, 64, 439-41, 522n
nexum, 571n
Nicostrato, 253-5, 258, 558-9n
Nietzsche, Friedrich, 104-10, 433, 530-1n, 590n, 604n
Nigéria, 139, 149, 175, 198, 447, 545n
Nixon, Richard, 77, 281, 465-76, 608n
noiva, riqueza da: China e, 243; como forma de escravidão, 235; dívida impagável e, 175-7; dotes, 243, 553n, 555n; origens do dinheiro e, 174; pagamentos às noivas na Mesopotâmia, 235; preço da honra, 225-31; prostituição como dote, 237-8; *terhatum* [pagamento à noiva], 236; "vendas públicas de esposas", 235, 553n; *ver também* preço da honra
nokri [estrangeiro], 370
notas de depósito, 603n
notas promissórias, 281, 330, 404, 438, 470; na China, 295, 350; na Mesopotâmia, 568-9n; no Oriente Médio, 295-6, 358
Nova York, Onze de Setembro (2001), 466-7, 512
Nova Zelândia, povo maori, 143, 154-5
nuers, 128-9; gado como moeda corrente, 130, 179-80, 544n; vendetas, 134-5, 178
números irracionais, 574n
Nuzi (Mesopotâmia), 236-7, 552n

"obrigado": costumes de civilidade e, 158, 161-2, 164, 539n; etimologia de, 162-3
Oceania, sistemas de escambo na, 519n
Odisseia (Homero), 248, 555n, 557n
oferta e procura, lendas populares sobre, 136
"olho por olho, dente por dente", 122, 125
Olivelle, Patrick, 526n
Onze de Setembro, atentados em 2001, 466-7, 512
opheilēma [aquilo que é devido], 532n
Oppenheim, Leo, 533n, 553n
orçamento de defesa dos EUA, 472-3
Ordem Militar dos Cavaleiros do Templo de Salomão, 378
Organização das Nações Unidas, 476, 598n
Organização dos Países Exportadores de Petróleo (Opep), países da, 12, 474

Organização Mundial do Comércio (OMC), 476
Oriente Médio, 32, 95, 112, 134, 138, 157, 171, 173, 217, 240, 242, 245, 247, 250, 282, 301, 357, 364, 475, 495, 532n, 549n, 559n, 565n, 588n, 607n; bazares no, 138-9, 366
Orléan, André, 79-80, 525-6n
ouro: empilhadeiras para, 466, 468; inflação e, 466; rumores nos EUA sobre, 466
ouro e prata: China e, 102, 349, 400; como suporte para moeda corrente, 75-7; enfraquecimento da liga de, 293; mineração de, 400, 411; moedas antigas feitas de, 279, 522n, 578n; padrão-ouro, 75, 77, 440, 465, 481; usados como dinheiro, 59, 67, 192, 433-4, 440; valor atrelado ao dólar, 9, 75-7, 281, 465-74; valor intrínseco de, 319, 499, 603n

pacare [pacificar], 527n
pachtun, etnia, 52, 57
pacificação, em Madagascar, 16-7
padah [redenção], 110
padrão-ouro, 75, 77, 440, 465, 481
pagar, etimologia de, 86, 527n
pais, dívida dos filhos com os, 122-3, 343-4, 348, 392, 534-6n, 581n
Palestina, venda de esposas, 171
pânico de 1893, 76
Panóptico, 455
Panurge (personagem de Rabelais), 164-7, 431, 443, 540n
"panyarring" [penhorar], 203-4
Papai Noel (são Nicolau), 145
papel-moeda, 439, 441, 442, 446, 455, 457, 481; na China, 351-2, 400-1, 435-6, 584n; *greenbackers* [papel-moeda], 75-6, 481n, 524n; propósito do, 66; surgimento do, 390, 434, 437-8; *ver também* lingotes; moedas/cunhagem; dólar
Papua-Nova Guiné, 85, 149, 521n
Paquistão, 52, 305, 536n
"parceria dos sem dinheiro" (*sharika al-mafalis*), 359
Parkin, Michael, 40
Parsifal (Eschenbach, poema), 592-3
Parsifal (Wagner, ópera), 383-4
partilha e generosidade como valores culturais, 130-4, 137, 535n

pater familias, 263
patriarcado *ver* hierarquia patriarcal
patronagem: na Grécia, 251; servidão por dívida versus, .205-6
Patterson, Orlando, 223, 261, 550n, 561n; *Slavery and Social Death* [Escravidão e morte social], 223
Patterson, William, 604-5n
Paulo (apóstolo), 167, 416, 554n, 565n, 594n
Pāyāsi (Paesi), rei, 322, 576n
pecado *ver* culpa e pecado, conceitos de
pederastia, 246, 557n
penas, dinheiro de, 85, 192, 433
penawing (esposa de casta inferior), 208
Peng, Xinwei, 567-8, 583n
penhor, redenção de, 110
penhores, casas/corretagem de, 344, 429, 454-5, 581-2n, 602n, 606n
peões/peonagem: como punição legal, 549n; cultura lele e, 182-3, 543n, 546n; escravos versus, 186; peões por dívida, 237; peões por dívida em empréstimo, 237; peões por dívida no tráfico de escravos, 200-4, 206, 547n; *ver também* servidão por dívida
Percival e o Santo Graal, 380
"perdão", linguagem sobre dívida, 21
perdão tácito *ver "condonation"*
Período dos Reinos Combatentes, 279, 294, 307, 568n, 573n
Pérsia, 111, 117, 146, 286, 290, 293, 299, 528n, 575-6n; impostos na, 90, 353; mentira na, 282-3; moedas na, 102, 282-3; mulheres da, 247; teorias de livre mercado na, 35; tratados econômicos na Idade Média, 362
persona ficta (pessoa fictícia), 394
Peru: indígenas uitotos no, 449-51; mineração de prata no, 400, 402, 407, 597n
Peruzzi (banco), 378
peste bubônica, 398
Pitágoras, 291-2, 310, 573n, 575-6n
pitagorismo, 574n
Pizarro, Francisco, 400, 598n
Platão, 560n, 575n; sobre anjos, 394-5, 595-6n; sobre Deus, 322
Plutarco, 160, 302, 443, 515, 556-7n
pobreza: capitalismo e, 501-3; cristianismo e, 502-3; "pobreza apostólica", 376
poder absoluto: *abusus* (abuso ou destruição da coisa), 261; do Estado e monarcas,

Índice remissivo

268-70, 420, 427; *fructus* (frutos), 261; nos direitos de propriedade, 259-63; *usus* (uso da coisa), 261
Polanyi, Karl, 519n, 523n, 530n
política: Grécia e, 298-302, 573n; motivos militares e, 480; Organização das Nações Unidas e, 476, 598n
Política (Aristóteles), 41, 556n, 559n, 563n, 570n, 590-1n
política global atual, 598n
Pomeranz, Kenneth, 402, 580n
Ponzi, esquema, 482
populismo de mercado, 468, 497
"por favor": costumes de civilidade e, 161-4, 539-40n; etimologia de, 162-3
porné [meninas-escravas], 246, 248, 557n
Portugal, "escassez de lingotes" em, 596n
positivismo, 98
povo, conceito de, 462
Prakash, Gyan, 579n
prata, como moeda corrente, 33, 37, 59-61, 65-7, 69-71, 76, 85, 91, 102, 104, 192, 235-6, 279-81, 293-4, 355, 364-5, 367, 373, 401-5, 433-40, 454, 481; *ver também* lingotes; ouro e prata
precedentes islâmicos de economia, 587-8n
preço da honra, 225-32, 273, 550-1n, 555n
preço de sangue, 227; *Wergeld* versus, 177, 227
"preempção", direito de, 523-4n
Primeira Guerra Mundial, 463, 481
Princeps legibus solutus est ["o príncipe é desobrigado das leis"], 563n
prisões: campos de guerra e, 303-4; condições nas, 18-9; de devedores, 18, 31-2, 590n; Fleet e Marshalsea, 18-9, 431, 602n; formas de moeda corrente nas, 57; na Inglaterra, 18-9, 590n; nos EUA, 31-2
produto interno bruto (PIB), 30, 446
progressistas, 269, 493
proletariado, etimologia de, 76, 606n
propriedade privada *ver* direitos de propriedade
propriedades arrendáveis, 596-8n
propriedades escravistas romanas, 328, 577n
prostituição: *devadasis* ["dançarinas do templo"], 237, 553-4n; história sobre Enkidu, 238-40; honra patriarcal e, 237-44, 553-4n; na cultura hindu, 237; nas culturas grega e romana, 246-50, 556n; origens da, 237-42; prostituição masculina, 246, 557n
protestantismo: Martinho Lutero, 414-5, 418, 427, 598n; sobre a vida festiva inglesa, 399
"protobancos", 583n
Providência Divina, 64, 363
Pseudo-Dionísio *ver* Dionísio, o Areopagita
punições ao devedor, 221, 356, 371, 430, 539n
Putumayo, escândalo, 449-50, 452

Qin, Estado de, China, 307, 573n
quantificação, relações humanas e, 28, 37, 148-9
Quiggin, A. Hingston, 527n, 567n
quipo, sistema dos incas, 288, 567n

Rabelais, François, 164-7, 443
raça, hierarquia e, 147-8
racional, etimologia de, 310
racismo, pequenos varejos nos EUA e, 611n
ráfia, tecido, 183, 188-91, 543n
Ramsés II, 285
Ranavalona III, rainha, 16
Reagan, Ronald, 77, 484, 525n, 588n
reaganismo *ver* Revolução Reagan
recessões econômicas, 31, 76, 477-8
reciprocidade: ajuste de contas, 133, 148-9, 422, 425, 529n; caridade e, 144-5, 537n; ideais comunistas versus, 136, 151, 160; "olho por olho, dente por dente", 122, 125; princípio universal de, 121-3, 534n; "reciprocidade alternada", 535-6n; "reciprocidade generalizada", 535-6n; salvando uma vida e, 214-5; variações culturais nas expectativas de, 123-5, 151
redenção, conceitos de, 109-10; Egito e, 112; Índia e, 110; linguagem sobre, 109-10; Mesopotâmia e, 110-1; Pai-Nosso e, 114, 532n; visões bíblicas da dívida e, 110, 112-8; *ver também* anistia da dívida
redução de impostos, 606n
reencarnação, 25-6, 332, 342
Reeves, Eileen, 603n
reforma da falência, 518n
registros de dívidas, preservação de: China e, 59; civilização do vale do Indo e, 59, 303, 572n; Egito e, 59; Mesopotâmia e, 28, 37, 59-60, 77, 527n; moedas versus acordos de crédito e, 38; Suméria e, 59-60

regulação do mercado, papel do governo na, 414
regulamentação monetária do governo: China e, 335-8; controle dos reis sobre o dinheiro, 69-74; direitos de propriedade e, 268-70; economias sem Estado e, 85; "fé" no governo, 440; impostos e, 69-74; Índia e, 304-7; Inglaterra medieval e, 69-71; monetização da dívida e, 479, 481; relação moral humana com, 436-7; visão geral sobre, 64-5; *ver também* Federal Reserve
Reid, Anthony, 205-6
reis: avaliação do dinheiro dos, 367, 588-9n; dádiva aos, 141-3, 145-6, 536-7n; identificação com escravos, 273-5, 565n; impostos instituídos pelos, 92; preço da honra dos, 227-9, 551
relações: amigos e inimigos, 134-5; baseadas em compra e venda, 104, 190; entre credor e devedor, 165-7, 540n; interesse próprio e, 165-7, 519n, 540n; troca e relações humanas, 34, 39-40, 86-7; *ver também* relações hierárquicas
relações hierárquicas: cortesias civis e, 160-4, 539n; desigualdade nas, 132-3, 152-4, 157-8, 334-5, 535-6n, 538n; modelos matemáticos de, 150-2; partilha comunista nas, 154; patronagem e, 251; senhores e escravos, 220, 223-4; *ver também* hierarquia patriarcal; escravidão
relações morais como dívidas, 283, 425
religiões mundiais: confucionismo, 292, 307, 309, 315, 323-4, 336-40, 345, 354, 376, 385, 393, 554-5n, 574n; jainismo, 292, 303, 568n; judaísmo, 112, 292, 353, 595n; moísmo, 314, 323, 573n; taoísmo, 292, 315-6, 349, 385, 391, 573n; zoroastrismo, 110, 292; *ver também* budismo; cristianismo; hinduísmo; islamismo
ren, ideal confucionista do, 315
rendre service ("prestar favor"), 157
rentes [títulos de dívida], 437
república, A (Platão), 256-9, 528n, 534n, 576n
"repúblicas xátrias", 303, 333
reservas de ouro dos EUA, 466
"revoltas de mineiros", 597n
"revolução dos preços", 404-5, 596n
Revolução Francesa, 70, 97, 126, 445, 462
Revolução Industrial, 339, 445, 452-4, 458, 605n
Revolução Reagan, 486-7

revolução social, temor da, 126, 464
Ricardo, David, 483, 500
Richards, Audrey, 131
ricos e pobres, luta entre, 20
Rig Veda, 63, 80, 540n
riqueza das nações, A (Smith), 58, 63-6, 601-3n
rituais de sacrifício, 81-2, 526-8n; para pagar dívidas, 106-7
Robertson, Pat, 488
Rockefeller, Nelson, 537n
Roma: antiga moeda corrente em, 102-4; autoridade paterna em, 263, 562n; contratos de trabalho *nexum*, 571n; escravidão em, 261-71, 328, 562n, 577n; origens das moedas, 118, 300, 571n; servidão por dívida em, 533n; venda de crianças em, 171
Roosevelt, Theodore, 482, 524n
Rospabé, Philippe, 174-7, 180-1, 209-10, 347
ruq'a [notas], 358
Rússia, 99, 535n; comunismo na, 126; fracasso da União Soviética, 57, 455; Guerra Fria, 472, 494; ideologias de livre mercado na, 523n; servos na, 452

"*s'il vous plaît*" [por favor], 162
Sábios de Sião, 468
sahib al-mal ["donos de capital"], 393
Sahlins, Marshall, 515-6, 535-6n, 601n
sakk [cheques], 358-9, 586n
sal, como moeda corrente, 44, 103, 192, 433, 530n
Samuelson, Paul, 64-5
sândalo africano, dinheiro de, 183, 189-91, 210
sangha (mosteiros budistas), 326
Santo Domingo, ilha de, 134, 407-8, 597n
Santo Graal, 380, 383-4, 593n
sarracenos, 373, 590n
Sarthou-Lajus, Nathalie, 530-1n
Sasso, Michael, 595n
Śatapatha Brāhmaṇa, 63, 526-7n
Schaps, David, 294, 565-6n, 569-70n
School of the Tillers (Escola Agrônoma), 309, 573
Schopen, Gregory, 572n, 577-8n
Schumpeter, Joseph, 464
Seaford, Richard, 318-20, 519n, 527n, 555n, 557n, 570n, 576n
Secrets of the Temple (Greider), 607n

securitização, 29, 46, 445
Segunda Guerra Mundial, 464-5, 471, 482-3, 495
sequestro: casamento por captura, 207, 544n; para escravidão, 193, 199, 201-2, 221, 356; venda de crianças e, 221-2
servas, 86, 170, 225-7, 550n; *ver também* cumals; servos
Servet, Jean-Michel, 519n, 537n, 603n
servidão por dívida: abolição em Roma da, 533n; condições na, 171-2; filhas vendidas para pagar dívidas na, 22, 27, 111, 115-6, 170-2; Haiti e, 17; Jubileu, Lei do, 13, 112, 504; peões/peonagem, 204-6; revoltas contra a, 300-1, 571n; servidão por contrato e, 451
servos, 91-2, 201, 268, 286, 301, 329-30, 334, 371, 375, 451-2, 549n, 555-6n, 562-3n, 577n; *ver também* servas
Seton, Ernest Thompson, 122-3, 125, 534n
sexo, indústria do *ver* escravas; prostituição
Shakespeare, William, 540n; sobre mutilação de devedores, 374, 531n; sobre prostituição, 557n
Shapur I, imperador, 248
sharika al-mafalis ["parceria dos sem dinheiro"], 359
Sharples, Margaret, 429, 431
Shell, Marc, 318, 384, 593n; "Accounting for the Grail", 593n; "The Ring of Gyges", 560n, 575n
shi [vantagem estratégica], 574n
si li [interesse próprio], 574n
siclos de prata mesopotâmicos, 236, 281
Sículo, Diodoro, 533n
Sídon, 296, 299
Sieyès, Abbé, 462-3
símbolo: dinheiro como, 387-91; etimologia de, 387
Simmel, Georg, 519-20n
sindicatos, 482, 484
Síria, islamismo na, 354
"sistema bancário primitivo", 603n
sistema elemental chinês, 575n
sistema elemental grego, 575n
sistema quipo dos incas, 288, 567n
sistemas bancários modernos, 378, 435, 443, 603-5n
sistemas de crédito: cartões de débito e crédito, 475, 486; China e, 287-9, 349-50, 567n; confiança nos, 77, 101-2, 280, 404, 423-6,
434-5, 438, 474-5; Grécia e, 300-1; Índia e, 331-5; Mesopotâmia e, 281-5; microcrédito, 490-1; Oriente Médio e, 282, 357-61, 585-6n; sistema quipo dos incas, 288, 567n; *suftaja* muçulmana, 358, 378; visões negativas dos, 431; *ver também* empréstimos a juros; dinheiro virtual
sistemas de dívidas baseados em moeda simbólica, 61, 69-70, 583n; cartalismo, 68-9, 72-3, 78, 336, 438, 523n, 528-9n, 576n; dinheiro simbólico de madeira, chumbo ou couro, 102, 421
sistemas de mercado autorreguladores, 469
sistemas de trocas, 348, 498; *ver também* escambo, sistemas de; troca de ofertas (dádivas), costumes
sistemas de vilarejo na Índia, 304-6
sistemas europeus medievais, 61, 70-1, 102-4, 583n
sistemas heroicos de honra, 252-5
sistemas monetários globais, 474-7
sistemas tributários, 89, 146, 401; na China, 479-80
Smith, Adam, 35, 41-2, 46-7, 52-60, 63-6, 71-4, 104-10, 269, 271, 274, 362, 432-3, 455-6, 483, 497, 500, 514-5, 519n, 521-2n, 524n, 530n, 565n, 587n, 601-3n
Snell, F. J., 523-4n
sociabilidade: calvinismo e, 407-8, 600n; capitalismo e, 488; como valor básico linguagem da, 27; nos sistemas de escambo, 46-51; *ver também* relações
socialismo fabiano, 463
sociedade, conceitos de, 151; baseada em suposições de eternidade, 133-4; divisões de classe e, 141-4, 159, 536-7n; ideias de dívida para com a, 93-4, 181, 500n; Nietzsche sobre, 106-8; variações na, 150-2
Sociedade dos Aventureiros-Mercadores, 395-6; *ver também* aventureiros-mercadores
sociedades anônimas *ver* corporações
sociedades heroicas, 155, 273
sociedades igualitárias, individualismo nas, 548n
"sociedades primitivas", 134
sociedades sem Estado, economias nas, 72, 85
sociedades tradicionais, 171, 211, 548n

sociologia, termo, 97-8; disciplina da, 99
Sócrates, 94, 247, 256-7
sodomia, leis contra a, 557n
solidarismo, 529n
Sólon, 501; reformas de, 297, 555n
sous (moeda francesa), 521n, 523n
Spufford, Peter, 522n, 596n
Stamp, Charles, 443, 604-5n
Stiglitz, Joseph, 40
Stillman, Sarah, 148
stock [fundos, reserva], 601n; etimologia de, 70, 598-9n
Stout, William, 423
Stuart, período, na Inglaterra, 429, 433, 602n
subsistência, direito à, 363
Sudeste Asiático: colonialismo no, 452; dívida internacional do, 474-6; tráfico de escravos no, 205-8
sudras, casta, 333, 578-9n
Suécia, bancos centrais na, 66
suftaja (carta de crédito) muçulmana, 358, 378
suicídio, 297, 340-4, 526n; como resultado de dívida, 492
Suméria: conceito de liberdade na, 92, 283-4; costumes matrimoniais na, 554n; economia dos templos e palácios na, 59-60, 521n; empréstimos a juros na, 283; história econômica da, 59-60, 238; honra patriarcal na, 171; origens das moedas na, 282-3; prostituição na, 235, 553-4n; registros de dívida na, 59-60; venda de crianças na, 171; *ver também* Mesopotâmia
symbola de Dionísio, 390-1, 594n
symbolon [reunir, juntar ou comparar; talha], 384n, 387-9, 594n

tabaco, como moeda corrente, 44, 50, 58-9, 103, 192
tabuletas de argila (*bullae*), 281
Tailândia, servidão por dívida na, 206; títulos do Tesouro dos EUA e, 18; uso de fichas de porcelana chinesa, 102
taille [talha], 425
Taiwan, 18, 474, 479-80, 609n
talhas, 70, 349-51, 367, 387 390-1, 404, 442, 481, 522-4n, 567n, 582-3n, 594-5n
tally sticks [talhas de madeira], dinheiro, 70, 349

Tambiah, Stanley J., 555n
taoismo, 292, 315-6, 349, 385, 391, 573n; espontaneidade no, 315-6; intuição no, 315-6
Tattirīya Sarphita, 526-7n
Taussig, Michael, 605n
"taxa preferencial", 608n
tecido de ráfia, dinheiro de, 183, 188-91, 543n
templários, 378, 593n
templos e palácios, 59-61, 90-2, 110, 281-2, 285-6, 521n
Tenochtitlán, 406-7, 409, 459
Teologia simbólica (Dionísio, o Areopagita), 594n
teoria creditícia da moeda, 66-74
teoria da dívida primordial, 79-80, 107, 181, 525n
"teoria da escolha racional", 121
Teoria dos sentimentos morais (Smith), 64, 515, 522n
teoria monetária chinesa, 336
teoria monetária moderna *ver* cartalismo
teorias da conspiração sobre atividades bancárias, 466-7
teorias da dívida *ver* teorias econômicas
teorias econômicas: bimetalismo, 75-6, 481, 524n; cartalismo, 68-9, 72-3, 78, 336, 438, 523n, 528-9n, 576n; "esferas de troca", 56, 544n; estruturalismo, 121; keynesianismo, 76-7, 482-3, 525n, 576n; Nietzsche sobre, 104-10, 433, 530-1n, 590n, 604n; precedentes islâmicos nas, 587-8n; Revolução Reagan, 486-7; solidarismo, 529n; teoria da "mão invisível", 64, 362, 432, 522n; teoria da dívida impagável, 174-81, 209-10; teoria da dívida primordial, 79-80, 107, 181, 525n; "teoria da escolha racional", 121; teoria da troca social (Homans), 121; teoria do crédito, 66-74; teoria monetária chinesa, 336; teorias do contrato social, 79; teorias dumontianas, 335, 525-6n, 548n; teorias estatais da moeda, 72-3; Tesouros Inesgotáveis, 330, 343-5, 348, 394, 578n; thatcherismo, 486; *ver também* capitalismo
teorias estatais da moeda: cartalismo, 68-9, 72-3, 78, 336, 438, 523n, 528-9n, 576n; dólar dos EUA e, 75-7
teorias monetárias *ver* teorias econômicas
Terceiro Mundo, dívida do, 12-5, 18, 476-7
terhatum [pagamento à noiva], 236

Índice remissivo

terminologia alemã: *Geld* [dinheiro], 84; *Schuld* [culpa, falta, dívida], 105-6, 539n
terminologia árabe: *ruq'a* [notas], 358; *sakk* [cheques], 358-9, 586n; *sharika al-mafalis* ["parceria dos sem dinheiro"], 359
terminologia aramaica: *hoyween* [dívida], 532n
terminologia chinesa: *fu* ou *fu hao* [símbolo], 387; *li* [lucro], 312; *li min* [lucro público], 574n; *shi* [vantagem estratégica], 574n; *si li* [interesse próprio], 574n
terminologia espanhola: *"de nada"*, 163; *"gracias"* [obrigado], 539n; *"por favor"*, 162
terminologia francesa: *"de rien"* [de nada] 163; *"merci"* [obrigado], 163; *rendre service* [prestar favor], 157; *"s'il vous plaît"* [por favor], 162; *taille* [talha], 425
terminologia grega: *métadosis* [partilhar, distribuir], 519n; *opheilēma* [aquilo que é devido], 532n; *porné* [meninas-escravas], 246, 248, 557n; *symbolon* [talha], 387-9, 594n; *tīme* [honra], 231-2, 244, 555n
terminologia hebraica: *goal* [redenção], 110; *nokri* [estrangeiro], 370; *padah* [redenção], 110
terminologia inglesa (do inglês antigo): *Geild* [sacrifício], 84; *"welcome"* [de nada], 163; *"wilcuma"* ["seja meu convidado"], 540n
terminologia latina: *abusus* [abuso ou destruição da coisa], 261; *appretiare* ["dar um preço"], 539-40n; *bullae* [tabuleta de argila], 281; *capitale* [capital], 598-9n; *charta* [folha de papel, ou papiro, carta, lâmina de metal], 68; *corpus intellectuale* [corpo intelectual] ou *corpus misticum* [corpo místico], 395; *dominium* [propriedade], 259, 261-3, 267-8, 561n; *familia* [família], 263, 561n; *fructus* [frutos], 261; *gratia* [influência ou favor], 539n; *hostis* [hospitalidade], 536n; *ius* [propriedade como direito], 260-1, 561n; *ius gentium* [lei das nações], 220, 267, 563n; *juros* [títulos de dívida], 437; *liberto* [livre], 266; *lucrum cessans* [lucro cessante], 591n; *pacare* [pacificar], 527n; *persona ficta* [pessoa fictícia], 394; *rentes* [títulos de dívida], 437; *usus* [uso da coisa], 261
terminologia portuguesa: "obrigado", 158, 161-4, 539n

terminologia suméria: *amargi* [liberdade], 92, 283, 528n; *ur* [honra], 217
Terra de Arnhem *ver* Austrália
Terra Nova, 44, 58
Tesouro dos EUA *ver* títulos do Tesouro dos EUA
Tesouros Inesgotáveis, 330, 343-5, 348, 394, 578n
Testart, Alain, 8, 10, 541n, 544-5n, 606n
Thatcher, Margaret, 77, 484
thatcherismo, 486
Théret, Bruno, 79, 82-3, 525-6n, 529-30n
Thévenot, Melchisédech, 525n
Thierry, François, 567n
Thompson, Edward Palmer, 600n
Tibério, imperador, 102, 142, 265
tīme [honra], 231-2, 244, 555n
tinglits, povo, 155
Tiro, 297-300
títulos de dívida pública, 437
títulos do Tesouro dos EUA, 18, 467, 470-1, 473-4; China e, 18, 476-9
tiv, povo (Nigéria), 139, 144, 164, 175-6, 192, 544n
Todorov, Tzvetan, 406, 598n
torres gêmeas, mitos do ouro e, 466
totoloque (jogo asteca), 459
trabalhadores cativos, 261, 299, 345; *ver também* escravidão
trabalho, divisão do: islamismo e, 364; sindicatos, 482, 484; sistemas de escambo e, 42-4
trabalho assalariado, 158, 270, 395, 437, 445, 452-5, 458, 484, 492, 553n; 564n, 572n, 582n, 600n
trabalho como algo virtuoso, 503
trabalho forçado *ver* escravidão; peões/peonagem
trabalho livre *ver* escravidão; trabalho assalariado
"tradição alternativa", 77-8
Trasímaco, 257, 314
Tratado sobre a moeda (Keynes), 77-8
Traven, B., 397
Três Estágios, Escola dos *ver* Escola dos Três Estágios
tributos, trocas de, 479-80, 610n
troca competitiva de dádivas, 156-7
troca de objetos, 209-10

troca de ofertas (dádivas), costumes, 140-2, 155-6, 531n, 537n
troca e escambo, etimologia de, 53; *ver também* escambo, sistemas de
troca e "mutualidade", 136
"trocas imediatas", 520n
Troyes, Chrétien de, 380-1
truck e *barter* [troca e escambo], etimologia de, 53
tsav [carisma], 194-6
Tucídides, 314, 570n, 574-5n
Tuck, Richard, 269-70, 561n, 563n
Tudor, período, na Inglaterra, 404, 429, 433-4, 600n, 602n
tugudu (tipo de tecido lele), 194
Turquia, 252, 293, 581n
Tusi, Nasir al-Din, 362-3, 425

uitotos, indígenas (Amazônia colombiana e peruana), 449-51
ulemás (sábios versados em direito), 354, 584-5n
Ulpiano, 262, 550n, 563n; *ver também* direito romano
União Cristã, 418
União Soviética *ver* Rússia
ur [honra], 217
Urukagina, 283
Usher, Abbot Payson, 591-2n, 603n
usurário/usura *ver* agiotagem/agiotas
usus [uso da coisa], 261

vadiagem, 429, 601-2n
Vale do Indo, civilização do, 59, 303, 572n
vales, talhas como, 70; *ver também* sistemas de crédito
"valiosos", 423
Van de Mieroop, Marc, 528n, 553n
vantagem, conceito de, 311
Vedas, 28, 80, 90, 218, 535-6n
vegetarianismo, 332
"vendas públicas de esposas", 235, 553n
vendetas, 86, 135, 177-8, 209
"véu monetário", 65
véu obrigatório, 234, 247, 554n; 556n
Vickers, Adrian, 208, 547n
vida como dívida infinita, 347; dívidas de leite, 343-4, 348, 392, 581n; dívidas de sangue, 181-2, 184-7, 189; dívidas de vida, 185-6, 342

vikings, escravidão e, 550n
"violações aos direitos humanos", 564n
violência: assassinato como forma de pagamento de dívida, 180-1, 542n; coleta de empréstimos e, 18-20, 28, 254-5; comércio de escravos e, 191, 193, 210, 214-6, 547n; como causa de desigualdade social, 150; desumanização e, 255; expressões filosóficas da, 28; mercados impessoais e, 28; origens do princípio de troca e, 34-5; troca de ofertas e banquetes, 48-52, 140, 155, 169; usada para controlar as mulheres, 210-1, 548-9n; vendetas, 86, 135, 177-8, 209
virgindade *ver* castidade e honra
Virgínia, tabaco como moeda corrente na, 44, 58-9, 103
Visa, 475
vitoriano, período, na Inglaterra, 463
Vitry, Jacques de, 23
Von Glahn, Richard, 583n, 597n

Wagner, Richard, 383-4, 593n
Wall Street Journal, 610n
Wall, Nancy, 40
Wallerstein, Immanuel, 462
wampum [moeda-concha], 85, 172, 179-81, 541n
Wang Mang, imperador, 337, 562n
Weber, Max, 336, 407, 464, 530n
"wilcuma" ["seja meu convidado"], 540n
Williams, Brett, 612n
Wright, David P., 533n
Wright, Steven, 19-20
Wu-Ti, imperador, 324
Wycliffe, John, 532n

xátrias, repúblicas, 303, 333
Xenofonte, 146, 537n

Yama (deus), 81, 527-8n
Yang, Lien-sheng, 567-8n, 583n
yin-yang, símbolo, 391, 595n
Yung-Ti, Li, 567n

Zinskauf [propriedade arrendada], 598n
zona do euro, criação da, 79-80
Zongliu, Ye, 597n
zoroastrismo, 110, 292
zumbi, histórias de, 197, 223

1ª EDIÇÃO [2023] 1 reimpressão

ESTA OBRA FOI COMPOSTA POR MARI TABOADA EM DANTE PRO E
IMPRESSA EM OFSETE PELA GRÁFICA HROSA SOBRE PAPEL PÓLEN DA
SUZANO S.A. PARA A EDITORA SCHWARCZ EM FEVEREIRO DE 2025

A marca FSC® é a garantia de que a madeira utilizada na fabricação do papel deste livro provém de florestas que foram gerenciadas de maneira ambientalmente correta, socialmente justa e economicamente viável, além de outras fontes de origem controlada.